퀴어코리아

주변화된 성적 주체들의
한국 근현대사

퀴어 코리아

QUEER
KOREA

토드 A 헨리 편저

성소수자 대학원생/신진연구자 네트워크 옮김

산처럼

| 일러두기 |

1. 이 책은 Todd A. Henry가 편집한 *Queer Korea* (Duke University Press, 2020)를 번역한 것이다.
2 외래어 인명과 지명은 국립국어원의 외래어표기법에 따라 표기했다.
3. 원서의 필자가 작성한 주는 미주로, 본문에 설명이 필요한 부분에 옮긴이가 작성한 주는 각주로 정리했다.

한국어판 머리말

토드 A. 헨리 지음
정성조 옮김

나는 일본 식민주의의 역사에 관한 박사학위 연구의 일환으로 한국어를 공부하고자 1990년대 말 처음 서울에 왔다. 당시 나는 한국에 동성애자가 없다는 말을 자주 들었다. 처음에는 그 얘기를 듣고 깜짝 놀랐으나 금세 터무니없는 주장이라는 것을 알았다. 하지만 사회 정의와 평등을 위해 애쓰는 연구자로서 나는 이 집단적인 자아상이 어떠한 역사적 기원에서 비롯했는지 탐구할 필요가 있다고 생각했다. 그러한 자아상이 더는 '성소수자sexual minorities'를 억누르지 못하도록 말이다. 이를 위해 2003년 나는 한국사 세미나를 위해 다니던 서울대학교의 신생 LGBTI 학생 단체(당시 이름은 '마음 005')에 가입했다. 당시 나는 이태원의 한 게이바에서 종업원으로 일하기도 했다. 그곳에서 나는 레즈비언, 게이, 바이섹슈얼, 트랜스젠더, 인터섹스, 그 밖의 비규범적인 시민들과 자주 교류했는데, 그들의 억눌린 이야기는 식민지 시대 사람들의 역사에 관한 글을 쓰도록 영감을 주었다(이 연구에 관해서는 다음을 볼 것. 『서울, 권력 도시: 일본 식민 지배와 공공 공간의 생활 정치』, 산처럼, 2020).

나는 '노 게이 신화no gays myth'가 진실에 관한 서술이 아니라 LGBTI 시민의 경험을 사실상 더욱 주변화하는 정치적 기제임을 알았다. 20세기 후반 권위주의 정권 아래, 경제 발전과 국가 안보에 집중하는 시민사회에서 성소수자가 자신의 목소리를 내기 위해 고군분투해왔다는 것도 알게 되었다. 물론 한 세기가 넘어가면서 LGBTI 운동이 성장함에 따라 오늘날에는 보수적인 한국인들조차 '노 게이 신화'를 주장하는 것이 몹시 어렵게 되었다. 그렇지만 이러한 신화는 민주주의와 인권에 대한 논의뿐만 아니라 역사, 문화, 사회 전반에 관한 논의 속에서 성소수자가 인식되는 방식에 여전히 영향을 미치고 있다. 2010년대 중반부터 시작된 LGBTI 활동가와 기독교 근본주의자 사이의 대립은 한국이 동성애와 젠더 다양성으로부터 청정한 지역이라는 뿌리 깊은 관념이 어떻게 모든 한국인의 표현의 자유, 행복, 사랑, 일할 권리를 침해해왔는지 명백하게 보여준다.

『퀴어 코리아』는 북미와 한국, 그 밖의 여러 곳에 기반을 둔 다양한 연구자, 활동가, 예술가 사이의 초국가적인 협력으로서, 이 교착상태에 대한 응답으로 만들어졌다. 이 책은 종속된 사람과 집단 들이 정치적·경제적·사회적·문화적 지배 양식을 어떻게 가로질러 왔는지 조명하면서, 오늘날 절망의 정치에 휘말린 개인과 집단에게 긍정의 힘을 불어넣는 서사를 제공하고, 새로운 형태의 친밀성, 생존을 위한 의미 있는 연대, 더 인도적인 삶의 양식을 창출할 잠재력을 제시한다. 시대와 주제, 방법론에 있어 차이는 있지만, 이어지는 장들은 한국의 퀴어성queerness에 대해 1)소수화, 2)보편화, 3)지방화라는 세

가지 뚜렷한 접근법을 취한다. 주변화된 사람들에 대한 관심에서 일부 저자는 하위문화 공동체의 형성과 발전뿐만 아니라 그 구성원이 놓인 사회적 관리와 문화적 종속을 주되게 다룬다. 이 저자들은 역사적으로 여러 시기에 젠더 및 성적 '무법자'가 어떻게 대중적 관심의 대상이 되었는지 혹은 사회 변화의 주체가 되었는지를 드러낸다. 물론 사료란 지배계급의 말을 반영하는 경향이 있기에, 이들의 삶을 사료를 통해 복구하기란 쉽지 않다. 그렇지만 소수화 접근 방식은 주변화된 개인과 그들의 중요한 유대 관계 등 연구되지 않았던 이야기를 복원할 수 있다. 두 번째 접근 방식은 상대적으로 적은 개별 집단의 경험을 선별하는 대신, 특정한 정체성과 무관하게 모든 이들이 경험하는 보편적인 퀴어성을 개념화한다. 지배의 구조적 과정과 그에 대한 대응을 조명하는 이 접근 방식은 다양한 권력 체제가 주류에 맞춰진 제도로부터 배제된 사회적 타자를 만들어냄으로써 기능함을 밝힌다. 이를테면 한국인이 시간을 다양한 방식으로 경험하기란 좀처럼 어려웠다. 결혼, 출산, 저축 혹은 부모로부터의 독립의 여부나 그 시기는 상당히 제한되어 있었다. 이는 제국주의, 자본주의, 군사주의, 가족주의와 같은 근대 역사가 만들어낸 이성애가부장적이고 후기 식민주의적인 민족주의가 가하는 동질화하는 힘에 따른 것이었다. 보편적인 퀴어성을 개념화하려는 접근은 전부는 아니더라도 대부분의 개인이 사회적 결속과 문화적 순응의 강력한 체제에 시달려왔다는 점을 보여준다. 마지막으로, 이 책은 지금까지 중간계급 백인 남성의 경험 분석에 지나치게 치중하면서 그 밖의 개인(여성, 비백인, 하위 계급)을 희생시킨 퀴어성에 관한 논의를 탈중심화 혹은 '지방화'하고자 한다. 이런 의미에서 한반도와 같은 비서구 지역 연구는 북미와 서유럽에 거주하는 특정한 개인을 쉽게 보편으로 전제하는 학문, 정치, 정책을 바로잡고자 한다는 점에서 중요하다. 그리하여 퀴어한 삶의 방식에 대한 고민은 (그러한 삶이 눈에 띄는 방식이든 '아무도 모르는' 방식이든 간에) 식민 통치, 냉전으로 인한 분단, 종족적-인종적 순수성에 대한 강박 등 한국학에서 강조해온 중요한 역사적 현상에서 적절하게 고려되지 않았던 측면을 실증적·이론적으로 갱신한다.

한반도의 퀴어 연구를 높은 수준의 윤리적 기준을 갖추고 생산하는 것은, 특히 연구자의 위치성과 관련된 문제와 균등하지 않은 지식 생산의 지정학을 고려하면 여전히 상당한 도전이다. 나는 이미 자료를 찾는 어려움을 언급했는데, 대부분의 퀴어 당사자는 1990년대 이전에 글을 쓰지 않았기 때문이다. 그렇지만 긴급한 방법론적 질문이 여럿 이어지고 있는데, 이 분야의 향후 연구와 깊이 관련된 중대한 문제이기에 여기서 언급하고자 한다. 개별 연구자(그리고/또는 예술가나 활동가)로서 '우리'는 자료와 정보원을 해석함에 있어, 해당 텍스트와 인터뷰 속의 개개인 간에 항시 존재하는 차이를 인지하는 것과 일반화 사이에서 어떻게 균형을 맞출 수 있을까? 우리, 즉 여러 개인이 모인 집단은 어떠한 방식으로 인종, 계급, 성적 지향, 출신 국가 등의 요소를 통해서, 혹은 그로부터 벗어나 자신을 정의하는가? 또 하나의 중요한 문제는, 연구 대상의 어떠한 부분을 연구자들이 선택적으로 다루게 되는데, 그 과정에서 생산된 지식들이 어떻게 서로 다른 지정학적 입장에 놓여 있는 독자들에게 (예를 들어 남한과 북한, 혹은 재외 한국인 등) 읽히는가에 대한 것이다. 특히 어떤 연구자가 자신이 연구하고자 하는 하위문화 공동체의 구성원으로 여겨지지 않는 경우에, 연구에서 이러한 대화를 어떻게 존중하고 힘을 실어줄 수 있을까? 우리는 같은 집단으로 추정되는 구성원 사이에서라면 공유된 정체성을 전제해도 괜찮을까? 심각한 사회적 낙인과 신상 노출 등의 피해를 끼칠 가능성을 안고 있는, 한반도의 퀴어에 관한 책에서 우리는 인물과 주제를 어떻게 배치해야 할까? 이러한 질문에는 다양한 이해 관계자(연구자, 활동가, 변호사, 일반 시민) 사이의 지속적이고 무수한 토론이 필요하다. 이 분야의 연구가 특히 한국에서 증가하는 프라이버시의 요구 등 문화적으로 민감한 전문적 기준을 준수하지 못하는 경우를 방지하기 위해서 말이다. 이러한 노력에는 이를테면 연구에서 언급된 개인이 그로 인해 부정적인 영향을 받지 않게끔 보장하기 위해 그리고 언제나 개인이나 집단의 동의를 얻을 수는 없는 연구자를 위해 이름이나 사적인 세부 사항을 익명화하는 방안이 있을 것이다.

『퀴어 코리아』의 한국어 번역을 하고 있는 중에, 나는 한 저자가 이 책의 다른 저자들과 달리 윤리적 기준을 따르지 않았다는 사실을 고통스럽게 깨닫게 되었다. 이 책의 원고를 묶은 편집자로서 나는 모든 당사자와 긴밀히 협력하여 이러한 과실을 바로잡고, 그것이 초래한 피해를 줄이기 위해 할 수 있는 모든 일을 했다. 나의 노력은 듀크대학교 출판부가 해당 글을 이 책에서 빼고 재출간하는 데 큰 영향을 미쳤다. 이 번역본은 불균등한 지식 생산의 지정학과 연구 위치성의 문제에 대한 민감성은 유지한 채, 급변하는 윤리적 기준의 최고 수준에 따라 한반도의 퀴어에 관한 수준 높은 학문을 모든 독자가 누릴 수 있게끔 하는 개정을 반영한다.

나는 각기 다른 위치에 있는 다양한 저자(북미와 한국에서 교육받은 한국인, 백인 미국인, 한국 디아스포라, 대만 출신의 비백인 연구자)와 광범위한 학제적 전통(역사학, 문학, 문화연구, 영화학, 인류학)을 포함하는 독특한 선집을 만들기 위해 들어간 무수한 노력을 독자들이 높게 평가해주기를 바란다. 『퀴어 코리아』는 2013년 내가 방문학자로 있던 한양대학교 비교역사문화연구소의 소규모 학술대회에서 출발하여 2020년 영어로 처음 출간되었다. 그 행사에서 지식을 나누고 내가 계획을 세우도록 도와준 학술 구성원과 여기에 참가한 영화감독, 공동 주최자 들에게 감사를 표한다. 더불어 나는 2014년 소속 기관인 캘리포니아대학교 샌디에이고 캠퍼스UCSD에서 국제 학술대회, 영화 회고전, 미술 전시 등을 주최하여 주로 한국인이던 명단에 한국은 물론 아시아 각지와 미국, 캐나다에서 활동하는 한국인이 아닌 연구자, 예술가, 활동가를 더할 수 있었다. 이 행사를 준비하는 데 도움을 준 UCSD에 감사드린다. 이 번역본에 포함된 일부 한국어로 된 글(루인과 하신애의 것)은 영어로 번역되어 영어권 독자에게 소개할 수 있었다. 번역에 힘써준 맥스 발혼과 어경희의 노고에 감사를 표한다.

이 한국어 번역판은 이러한 태평양을 넘나드는 협력 정신으로 성소수자 대학원생/신진연구자 네트워크(https://www.jsnqueer.com)의 노고와 아낌없는 헌신에 힘입은 것이다. 아홉 명의 구성원이 『퀴어 코리아』 번역에 자원했다. 나는 무척이나 읽기 쉬운 한국어로 정성을 들여 번역에 힘써준 한 사람 한 사람에게 감사를 표한다. 이들의 노고가 없었다면, 저자 대부분은 한국 독자들을 만날 수 없었을 것이다. 우리 연구에 관심을 보여준 독자들에게도 감사한다. 이 서문 뒤로 이어질 소중한 내용을 탐험해보기를 바란다. 도서출판 산처럼

의 윤양미 대표에게도 감사의 말씀을 전한다. 윤양미 대표는 학자로서 나를 믿어주었을 뿐만 아니라 이 다국적 프로젝트에 크나큰 신뢰를 보내주었다. 마지막으로, 이 책을 한국어권 독자에게 보여준다는 도전적인 기대를 이끌어준 미국과 한국 등지의 동료들에게도 고마움을 표한다. 쉽지 않은 과정이었지만, 결국 결실을 맺을 거라는 확신을 보여준 동료들 덕분에 마칠 수 있었다. 생각컨대, 급증하는 한반도에 관한 퀴어 연구가 어떻게 생산되고, 전파되고, 소비되는지에 대한 불평등을 해소하기 위해서는 더욱 많은 협력이 필요하다. 그래야만 모든 한국인이 문화적 관습을 따르라는 집단적 요구를 고수하지 않고서도 행복과 즐거움, 노동의 길을 추구하면서 '노 게이 신화'의 지속적인 힘을 넘어설 수 있을 것이다. 역사적인 날이 곧 도래하기를 기원한다!

2022년 9월
미국 캘리포니아 샌디에이고에서
편저자 토드 A. 헨리

감사의 말

토드 A. 헨리 지음
이호림 옮김

책, 특히 편저서는 저절로 씌어지지 않는다. 이 책 역시 예외가 아니며, 현재의 책이 가능해지기까지 많은 시간과 자원이 들어갔다. 역사를 거꾸로 돌려보면 이 점은 명확해진다. 이 책은 2014년 캘리포니아대학교 샌디에이고 캠퍼스UCSD에서 열린 국제 심포지엄과 영화제, 전시회로 시작되었다. 「퀴어 코리아를 기억하기Remembering Queer Korea」는 한반도의 역사와 문화를 비규범적 주체와 퀴어 분석의 관점에서 다시 생각하기 위해 연구자와 감독, 예술가들이 한데 모여 벌인 첫 번째 행사였다. 이진경과 김민정, 김한상은 토론자로서 학회 발표문을 재구성하는 데 도움을 주었다. UCSD의 트랜스내셔널 한국학 프로그램Program in Transnational Korean Studies(TKS)의 코트니 히바드와 제니퍼 디엘리는 무한한 행정적 지원을 제공했다. 정재경은 정은영의 「여성국극 프로젝트: (오프) 스테이지/마스터클래스」(2013) 전시 홍보물 제작과 작품 설치에 중요한 역할을 했다. 대중에게 공개되는 전시 기간 동안 스태프로 일한 근로장학생들에게 고마움을 전한다. 영화제에서 「화분」(1972)과 「사방지」(1988) 등 한국영상자료원이 소장한 역사적인 영화들을 상영할 수 있었던 것은 김한상이 한국영상자료원과 조율해주었기에 가능했던 일이다. 샌디에이고 태평양예술운동Pacific Arts Movement의 예술 감독이자 현재 샌디에이고주립대학교의 교수인 브라이언 후는 캘리포니아 남부의 폭넓은 관객에게 한국 퀴어 영화가 다가갈 수 있도록 해준 훌륭한 협업자였다. 태평양예술운동의 전 대표 김리안은 이 단체를 샌디에이고에서 가장 눈에 띄는 단체 중 하나로 만든 진정한 선각자다. 한국학중앙연구원은 중요한 재정적 지원을 했고, 60만 달러의 후한 기금으로 UCSD의 트랜스내셔널 한국학 프로그램을 시작하도록 도움을 주기도 했다. 추가적인 지원은 UCSD의 예술인문학부Division of Arts and Humanities와 시각예술학과Visual Arts Department, 미국아시아학회Association for Asian Studies, 필름아웃 샌디에이고Film Out San Diego가 제공했다.

이 영화제의 축소 버전이 2013년 한양대학교 비교역사문화연구소에서 개최됐다. 한국의 잊힌 역사에 대한 영화 상영회를 기획할 수 있도록 허락해준 임지현에게 감사를 드린다. 나는 영화감독들이 한반도의 퀴어 연구에 대한 최고의 역사가 중 일부라고 굳게 믿고 있으며, 이들의 놀라운 성취를 보여주고자 했다. 권종관, 소준문, 김혜정, 박재호와 같은 이들의 작품 중 일부를 2013년(과 2014년)의 맥락에서 소개할 수 있어서 감사했다. 비교역사문화연구소의 김청강과 정연보, 홍성희의 도움과 노고로 이들의 영화를 상영할 수 있었다. 한채윤과 박정미, 루인, 김지혜, 김경태 등 한국의 젠더와 섹슈얼리티 분야의 지식인들이 인상 깊은 대화에 참여했다.

2000년대 초부터, 한국 '성소수자'의 보호와 안녕을 위해 일하는 활동가 단체와 커뮤니티 조직에 참여한 것은 나의 지식과 이 책이 제기하는 주제들에 대한 접근을 증진했다. 나는 이들의 지칠 줄 모르는 열정과 너그러운 가르침에 계속 기대고 있다. 15년도 더 전에, 나는 1995년 연세대학교에 최초의 LGBT 학생 조직인 컴투게더를 만든 서동진과 운 좋게 친구가 되었다. 그는 2019년 현재, 이러한 조직이 전국에 75개가량 있다는 사실을 알면 기뻐할 것이다. 그리고 비록 그가 자주 LGBT 연구에서 '은퇴'했다고 주장하지만, 최근 식사를 함께하며 다시 만나보니 나는 그가 한국 퀴어 운동의 살아 있는 보물 중 한 명이라는 확신이 들었다. 성소수자에 대한 지칠 줄 모르는 헌신으로 견줄 데 없는 한채윤 역시 마찬가지다. 그 외에도 무수한 이들이 1990년대 후반 이후로 번창하고 있는 수많은 LGBTI 단체에서 일해오고 있다. 여기에서 이들 모두의 이름을 댈 수는 없지만, 오늘날 매년 열리는, 다수가 비교적 최근에 시작된 퀴어 프라이드 행사들을 채우는 부스에 방문한다면 독자들은 이들의 역동성을 확인할 수 있을 것이다. 이들 단체에서 활동하는 수많은 고무적인 사람들은 너그럽게 자신들의 조예 깊은 지식과 깊은 헌신, 끝없는 열정을 수년간 나에게 나누어주었다. 여기에는 나영정(타리)과 정은영(세이렌), 김지혜, 윤캔디, 루인, 류민희, 김조광수, 히지김양, 이호림, 김경묵, 김대현, 허윤, 이혁상, 이종걸, 윤김명우, 중간계, 최은경, 김용민, 김비 등이 포함된다. 디아스포라의 활기 넘치는 한국 게이/퀴어 공동체의 모습이 무엇인지를 보여준 로스앤젤레스의 스테파노 박, 이상, 장승과 그들의 동지들에게도 감사한다.

　주로 한국의 '외부'에 있지만 언제나 한국과 함께 대화하며, 한반도와 그 디아스포라에 대한 퀴어 연구에 헌신하는 연구자 집단은 내 연구를 지지해주었고, 이 분야를 키워내기 위해 많은 일을 해왔다. 이들은 송제숙과 한주희(주디), 조성배, 샘 페리, 앨런 심슨, 드레지 강, 패티 안, 에리카 조, 존 트리트, 김은정, 신라영, 카터 에커트, 레이철 미영 주, 앤서니 Y. 김, 한우리, 정민우, 어경희(사비나), 김영란, 셸 존스, 윤수련, 김응산이다.

이 책이 결실을 맺기까지, 처음부터 이 기획을 믿고 이를 현실화하기 위한 모든 단계마다 도움을 준 듀크대학교 출판부의 편집자 켄 위소커에게 감사한다. 나는 그의 지혜와 우정으로부터 많은 것을 배웠다. 니나 포스터와 올리비아 포크, 사라 리온 등 듀크대학교 출판부의 많은 이들이 원고를 다듬는 데 도움을 주었다. 두 명의 재능 있는 심사위원은 글을 명료히 하고 책을 보다 이해하기 쉽도록 비평을 아끼지 않았다. 혁신적인 선집인 '비뚤어진 근대성들Perverse Modernities'에 『퀴어 코리아』를 포함해준 리사 로와 잭 핼버스탬에게 감사드린다. 내가 쓴 부분을 읽고 보다 설득력을 가질 수 있도록 도와준 안잘리 아론데카르와 하워드 치앙, 재니스 김, 스티븐 손, 소냐 김에게도 고마움을 전한다. 공저자들은 『퀴어 코리아』를 응집력 있도록 만들기 위해 많은 편집에서의 요구를 감내했다. 우연히도 한국 최초의 트랜스젠더 바 중 하나의 이름과 같은, 나의 '열애'를 참고 견뎌준 공저자들에게 고마움을 전한다. 어경희와 맥스 발혼은 영어권 독자들에게 처음으로 소개되는 한국 기반의 연구자들의 글을 번역하는 엄청난 작업을 해냈다. 이처럼 언어를 전환하는 작업이 더 많이 지속되기를 바라며, 해방적 지식과 실천이 태평양의 이쪽에 있는 우리들을 깨우치는 방향으로 점차 나아가길 바란다. 사회 변화를 위해 자주 거리로 나서는 수많은 한국인의 열의는 길거리로 나를 계속 나서게 한다. 장래의 취업에 대한 어떤 약속도 없이 퀴어 주체에 대한 연구를 생산하고 있는 많은 대학원생에 대해서도 마찬가지다. 그들 중 너무 많은 이들은 자신의 연구가 오해받고, 평가절하당하고, 심지어 외면받을 가능성이 있다는 사실을 알고서도 각 분야에 들어선다. 나는 그들 중 적어도 한 명이 한국 대학에서 정년 보장을 받을 때까지 쉬지 않을 것이다. 그 일은 한마디로 내 운동의 기반이다.

이 감사의 말을 이 프로젝트가 원래 시작된 곳에서 끝마치게 되어 무척 기쁘다. 정확히 20년 전인 1999년, 나는 한국과 한국어를 공부하고, 한국의 퀴어 공동체와 친해지는 여정을 시작하기 위해 서울에 왔다. 2003~2004년 사이 이태원 게이바에서 일하던 시간과 당시 '마음 005'라 불렸던 서울대학교의 LGBTI 학생 조직에 참여한 일은 나의 지적 활동이 내가 생각하고, 말하고, 쓰고자 노력하는 공동체에 보다 의미 있을 수 있게 했다. 내 가족과 내가 어떻게 퀴어와 그 밖의 주변화된 이들과 연결될 수 있고, 또 그렇지 않을 수 있는지에 대해 잔인하도록 솔직하게 말해주는 데릭 신의 애정 어린 지원에 대해 각별한 고마움을 전한다. 과거와 현재, 미래의, 알거나 알지 못하는 모든 퀴어와 주변화된 이들에게 이 책을 바친다. 개인적이고 집단적인 평화와 행복 그리고 무엇보다 (어떻게 정의하든) 해방이 속히 도래하길 빈다.

퀴어 코리아
주변화된 성적 주체들의 한국 근현대사

차례

제2부

탈권위 시대의 시민과 소비자, 활동가

퀴어 코리아

참여의 장을 향해

토드 A. 헨리 지음
이호림 옮김

2013년 9월 7일, 만다린 칼라의 반짝이는 베이지색 튜닉 재킷을 야하게 차려입은 두 한국인 남성이 서울 도심에서 공개 결혼식을 올렸다.[1] 평소 이성 커플과 가족들로 붐비는 청계천을 따라 라스베이거스 스타일의 장관을 연출하며, 게이 활동가이자 영화감독인 김조광수와 그의 오랜 연인이며 여러 차례 영화 작업을 같이해온 김승환은 서로에 대한 사랑을 맹세했다. 대중매체 유명 인사들의 축사에 더해, 결혼식에서는 게이 남성 합창단의 신나는 노래와 신혼부부가 직접 코믹하게 공연한 세레나데가 펼쳐졌다. 이보다 화제가 된 것은 김조광수와 김승환이 다른 동성 커플을 지원하는 민간단체를 만드는 데 결혼식 축의금을 기부하며,* 혼인 평등을 위한 국가적 시험 사례

---

* 김조광수 감독은 2013년 결혼식을 하기 전에 기자회견을 열어 축의금을 다른 동성 커플만이 아니라, 성소수자를 위한 재단의 설립에 쓰겠다고 밝혔다. 실제 축의금은 2015년 비영리 사단법인 '신나는센터'의 설립에 사용되었다.

로 자신들의 상징적인 결합을 활용하기로 공언했다는 것이다. 그러나 (2016년에 결국 이들의 혼인신고를 거부한) 국가의 사법 체계가 이들 관계의 적법성을 숙고하기도 전에, 기독교 근본주의자들은 지지자와 구경꾼들에게 동성애가 죄라는 성경의 맹비난을 상기시키며 무대를 인분으로 뒤덮는 시위를 벌여 또 다른 장관을 연출했다.[2] 이 극적인 대치 이후, 진보 정치인 대부분은 '성소수자'를 보호하는 정책에 반대하기 위해 프라이드 퍼레이드를 비롯한 퀴어 행사를 자주 이용하는 극우 유권자들에게 굴복했다. 예를 들어, 박원순 시장은 2014년 서울 시장에 재선된 지 몇 달 후, 한국의 국제적 자격을 입증하고자 하는 허울뿐인 관용의 몸짓일지라도, (아시아—옮긴이) 지역과 더 넓은 세계를 향해 한국이 아시아에서 동성 결혼gay marriage을 법제화하는 첫 번째 나라가 될 것이라고 말했다.[3] 그러나 김조광수와 김승환을 비롯한 한국의 동성결합same-sex union 지지자들에게는 불행하게도, 2017년 5월 대만 헌법재판소가 현행 혼인법의 위법성을 밝히는 획기적인 결정을 통과시키며 대만이 그 명예를 가져갔다. 이는 이 아시아 국가의 게이, 레즈비언 커플의 결혼을 향한 길을 닦는 획기적인 결정이었다.

"항문섹스는 인권이 아니다"라고 버젓이 주장하는 근본주의 보수주의자들의 LGBTI 시민들에 대한 지속적인 악마화에 대항하는 반차별 정책을 입안할 것을 정부 관료들에게 지속해서 요구해온 퀴어 활동가의 시각에서 볼 때, 한국은 대만과 마찬가지로 격한 논쟁의 여지에도 불구하고, 자유주의적 포용의 목적론적 경로, 즉 혼인 평등이라는 성배가 놓인 종점으로 향하는 길 위에 있다고 할 수 있다. 지난 15년 동안 혼인 평등을 진전시키는 움직임은 서유럽과 북미의 대다수 지역, 남미와 오세아니아의 일부 지역과 아프리카의 한 나라에서 동성 결혼이 법제화되면서, 전 세계 많은 지역으로 실로 빠르게 퍼져나갔다. 이런 의미에서, "결혼에 대해 한 수 앞선"다고 할 수 있는 일에 한국도 동참하자는 박원순의 논쟁적인 요청과, 동성 결혼을 지지한 2015년 미국 대법원 판결 등 세계적 선례를 활동가들이 인용하는 것은 한국이 이 점과 관련해 세계의 다른 지역에 비해 그저 다소 뒤처져 있는 정도임을 시사한다.[4] (뒤에서 더 논의할) 이러한 '지구적 퀴어화global queering'의 점진적 모델에 따르면, 한국은 1980년대 이후 자본주의적 발전과 절차적 민주주의의 면에서 그러했듯이, 시간이 흐르면 궁극적으로 더욱 진보한 국가의 반열에 합류할 것이다.[5]

그러나 한국의 성소수자 운동과 이에 반대하는 보수적인 이성애 민족주의자heteronationalist들을 면밀히 검토해보면, 이 후기 식민주의적postcolonial·탈권위주의적postauthoritarian 사회에서의 퀴어의 삶은 북미와 서유럽(의 사례)에 지속적인 특권을 부여해왔던 퀴어 연구의 실증적이고 인식론적인 범위 바깥에 놓여 있는, 이와 연관되어 있으면서도 다른 서사를 드러낸다. 게다가, LGBTI 정체성을 가진 다수의 한국인이 (표면적으로 혼인 평등을 진보로 여기지만) 이 논쟁적인 주제에 대해 공개적인 입장을 내보이기를 꺼린다는 사실은 개인의 비규범적 섹슈얼리티non-normative sexuality나 젠더변이gender variance를 알리거나 드러내는 일의 사회적 결과와 사적인 이해관계에 대해 탐구할 필요가 있음을 시사한다. 세계의 다른 지역과 마찬가지로, 한국에서 결혼의 관행은 국가로부터 법적 인정을 받으려는 두 명의 원자화된 개인뿐만 아니라 가족 구성원과 가까운 친구와 동료까지도 깊이 연루되는 일이다. 결혼에 진입하는 대부분의 이성 커플에게 이 중첩된 공동체는 이들의 물질적 안정과 심리적 안녕을 적극적으로 증진하는 데 결정적인 역할을 하지만, 퀴어 주체에게는 잠재적으로 위협이 될 수 있다. 심지어 동성 결혼의 가장 적극적인 옹호자 중 한 명인 김조광수조차도 그의 파트너인 김승환과 더 나아가 그의 가족이, 의심할 여지없이 그들이 전국적으로 각광을 받을 만한 공개 결혼식을 승낙하도록 설득하는 데 몇 년이 걸렸다. 결국, 이들 커플의 부모는 아들들의 관계를 축복하기로 했고, 김조광수의 어머니가 감동적인 연설을 하기도 했다. 하지만, 2013년의 결혼식에 이들의 부모와 친척들이 참가한 것은 이들을 이 책의 일부 저자들이 호출한 개념인 "동성애 혐오의 연좌homophobia by association(또는 트랜스 혐오transphobia의 연좌)"의 가능성에 시달리게 했다.[6] 이는 한국전쟁(1950~1953) 전후, 공산주의자라는 혐의를 받은 사람의 가족을 처벌하기 위해 사용되었던 연대 책임 제도인 '연좌제'의 변종으로 성소수자와 나아가 그 친족을 주변화시키려는 유사한 낙인을 일컫는다.[7] 동성애 혐오와 트랜스 혐오의 연좌는 심지어 디아스포라 내부의 퀴어 한국인들까지 쫓아갈 수 있다. 예를 들어, 미국에서는 디아스포라인 사람들이 체류국의 인종 차별과 경제적 변동에 대항해 교회 등의 기관을 중심으로 자신을 보호하기 위한 공동체를 형성하지만, 이들은 그곳에서도 자주 보수적인 공동체 조직들의 반-LGBTI 의제에 직면하곤 한다.[8] 이런 의미에서, 최근 '커밍아웃'한 자녀를 지지하는 일부 부모가 프라이드 퍼레이드 등 대중 행사에 가시적으로 참여한 것은 다른 곳들처럼 개인주의와 가족주의가 엇비슷하게 남아 있는 한국에서 퀴어 정치의 매우 논쟁적인 단면을 차지한다.[9]

최근 몇 년 동안, 성소수자의 곤경은 한국의 일부 진보적인 사람들, 특히 나이 든 세대에 비해 문화적 다양성을 지지하는 경향이 있는 밀레니얼 세대를 결집시키는 의제가 되었다. 그러나 동성 결혼에 대한 높아진 가시성과 지분은 아이러니하게도 많은 비규범적 공동체의 관심을 자유주의적인 형태의 포용과 인권 보호, 정체성 정치 identity-based politics를 위한 대중적 옹호 활동으로부터 멀어지게 만들었다. 특히 지금의 신자유주의적 소비 시대에, 인터넷과 스마트폰 기반의 데이트 애플리케이션 등 디지털 기술은 새로운 세대의 한국인이 넓은 범위의 자기중심적인 (성적—옮긴이) 친밀성을 실천할 수 있도록 했지만, 이들이 가족이나 사회, 국가로부터의 소외의 위험에 빠뜨리는 공적인 페르소나를 형성하는 것을 수반하지는 않았다. 서구 중심적인 렌즈로 보면 이들의 삶은 "벽장 속에 있는 것closeted"으로 단순화될 수도 있지만, 한국 현지에 기반한 한 분석들은 성소수자로서 정치화된 개인들이 "레이더 아래의"* 현존을 능숙하게 만들어냈다고 주장한다.[10] 한국인 LGBTI들은 온·오프라인 공간에서의 은밀한 사회성을 통해 다른 젠더변이적인 주체나 성적으로 비규범적인 주체들과의 친밀성을 구축하는 동시에 김조광수와 김승환 같은 소수의 활동가만이 감내하려고 하는 대중의 집중적인 심문으로부터 자신을 보호할 수 있었다. 2013년 가을, 이들의 상징적 결합을 지지하기 위해 청계천 주위에 모인 많은 군중만큼이나 주목할 만한 것

---

* 성소수자와 관련한 은어인 '게이더'는 게이와 레이더의 합성어로 누군가가 성소수자임을 알아보는 직관적인 능력을 의미한다. 본문의 표현은 성소수자 커뮤니티 외부에서 '게이더'에 잡히지 않도록 자신의 성소수자 정체성과 관련한 정보를 통제하며 살아가는 성소수자의 삶의 방식에 대한 은유적인 표현으로 보인다.

은, 그 공공장소에 존재함으로써 그들이 그동안 신중하게 피해왔던 종류의 시인성視認性(legibility)을 경험하게 될 것을 우려해, 그 행사에 참여하지 않은 훨씬 많은 수의 레이더-아래의 퀴어가 있다는 것이다.[11] 이러한 노력에도 불구하고, 최근 몇 년 동안 군 고위 장교들은 게이 남성의 하위문화에 침투하기 위해 디지털 기술을 이용해왔다. 이 고위 장교들은 현역 군인에게 (부대 바깥에서 합의하에 이루어진 행위라도) 동성애 행위를 범죄화하는 낡아빠진 규정을 적용하면서, 항문성교(계간鷄姦)의 사적인 실천을 과열된 공적인 우려와 국가 안보의 문제로 전환했다.

비록 동성 결혼이 오늘날 한국 퀴어의 삶의 한 측면만을 극명하게 강조하고 있지만, 한반도와 한국인 디아스포라 그리고 아시아와 더 넓은 세계와의 관계 속에서 동성애와 젠더 횡단적 정체화cross-gender identification, 비규범적 친밀성 등의 다른 역사적 양태는 여전히 곤란한 맹점이기에 이 책에서는 바로 이를 다루고자 한다. 이러한 맹점들은 집단 불평등과 만연한 자살, 성희롱, 가부장적 지배, 노동 이주, 시민권 등 뜨겁게 논의된 문제들의 허용 가능한 경계에 대한 현대의 논쟁을 성가시게 한다. 또한, 이는 식민 지배와 민족주의 정치, 권위주의적 발전을 포함한 한국 근대성의 치열한 과정의 측면에서 과거가 상상되고 재조명되는 방식을 제한한다. 한국의 정치화된 역사 서술에서 퀴어성queerness의 문제적인 배제는 젠더와 섹슈얼리티의 비규범적 관행이 과거의 전통에 존재하지 않았다는 것을 강조하며 현대에 발현된 것으로 프레임화하려는 언론의 권력에서 아마도 가장 분명하게 나타날 것이다. 2013년 광란의 팡파르로 돌아가자면, 주류 신문은 김조광수와 김승환의 결합을 국내 **최초**의 동성 결혼으로 알렸다.[12] 분명, 그들의 공적 의식이 결혼의 법적 정의를 둘러싼 전국적인 논쟁을 촉발하면서, 그들의 관계를 공식적으로 인정받으려는 노력은 (이 의제에 대한—옮긴이) 전환점을 만들어냈다.[13] 그러나 이 최근의 사건에 대한 선정적인 보도에서 망각된 것이 있다면, 동성 결혼은 국가로부터 보호를 추구하는 공적 의식으로서든, 가족과 친구들의 눈앞에서 퀴어적 관계의 존엄성을 드러내기 위해서든, 또는 주변화된 개인들이 경제적 안녕을 도모하기 위한 실용적인 메커니즘으로 채택한 것이든 한반도에서 새롭거나 이국적인 일이 결코 아니라는 사실이다.[14] 실제로 2013년 행사에 대한 소란스러운 보도는 동성 커플이 자신들의 결합을 인정받으려 했던 종전의 시도를 간과했다. 예를 들어, 2004년 한 레즈비언 여성은 사실혼 관계를 인정받기 위해 전 여자 친구를 고소했는데, 사실혼이란 공식적으로 결혼하지 않은 이성애 배우자를 보호하기 위한 제도적 관행이다. 결국, 법원은 이 레즈비언 커플의 재산 분할에 대한 주장을 기각했다. 그러나 유럽의 선례를 연구한 바 있었던 당시 재판의 젊은 재판장은 이들의 관계를 보호할 수 있는 방식으로 시민결합을 옹호함으로써 성소수자의 불안정한 현실에 대해 응답했다.[15]

비록 이 진보적인 제안이 여전히 정치적으로 인기가 없고 법적 결실을 보지 못하고 있어도, 한국 노동계급 여성들 사이의 동성결합은 잘 알려지지는 않았어도 상당히 긴 역사를 자랑한다. 이 책에서 내가 쓴 제6장의 내용을 보자면, 이러한 유대 관계는 치명적인 갈등이었던 한국전쟁으로 이성애가부장적 친족 관행이 심각하게 교란되면서 뿌리내리게 되었다. 이러한 국가적 비극 이후로 나타난 여성 동성애적 하위문화에 대한 반응으로 기자들은 1950년대부터 1980년대까지 여성-여성 결혼식을 일상적으로 다루었다. 하지만 이는 단지 영리 목적의 흥미 유발 전략으로만 이루어졌으며, 결혼하지 않았거나 버려진 여성의 경제적 곤경을 축소하는 방식에 그쳤다. 2013년 결혼식에 대한 언론 보도와 다르지 않게, 한국전쟁 전후의 보도들은 이러한 퀴어 결합을 반복적으로 이 나라의 첫 번째 사례라고 보도했는데, 이는 이러한 보도가 명백히 믿을 수 없는 지경에 이르러서도 마찬가지였다. 이러한 당대 보도의 정확성과는 무관하게, 나는 동성 결혼식에 대한 선정적인 보도들이 이러한 비규범적인 친족 실천을 이성애 결혼 문화에 순응시키려 했다고 주장한다. 이들 보도에서는 퀴어 여성이 서로에 대한 욕망을 표현하기 위해 사용하는 하위문화 용어인 바지씨와 치마씨를 참조하기보다는 남성 복장을 한 여성을 '남편'으로, 여성 복장을 한 여성을 '부인'으로 표현하는 방식을 사용했다. 즉 이러한 영리적 보도들은 그들 관계의 지속 불가능성과 덧없음을 강조하면서 체제 전복적인 형태의 호모에로티시즘*을 자본주의적 축적과 국가적 충성이라는 (재)생산적 목표 증진을 향한 방향으로 전환하는 교훈담으로도 기능했다.

『퀴어 코리아』는 이렇게 사회문화적 불안이 가득했던 순간을 상기시키는 역사화된 설명을 제공하는 것 외에도 "비규범적 표현과 욕망을 모두 침묵시키고 지우고 동화시키려는 권력의 장"[16]에서 이들 과거의 지속적인 영향을 살펴본다. 이를 위해 우리는 면밀한 독해, 아

---

* 호모에로티시즘(homoerotism)은 동성 간의 성적인 끌림과 관계를 의미한다. 동성애(homosexuality)가 보다 항구적인 상태의 정체성이나 성적 지향을 의미하는 반면, 호모에로티시즘은 욕망 그 자체를 의미하며, 일시적인 끌림과 관계를 모두 포함하는 개념이다.

카이브 연구, 시각적 분석 및 문화기술지ethnography적 현장 연구와 같은 학제 간 방법론을 사용하여 그동안 잘 연구되지 않은 한반도에서의 퀴어성의 재현과 이러한 재현이 자주 가족 및 공동체의 이상화된 관념을 공고히 하거나 혹은 개발이나 시민권 등의 경로를 강요하는 데 착취적으로 악용되었던 과정을 추적하고자 한다. 아울러 이 책은 비규범적 섹슈얼리티와 젠더변이에 대한 담론과 실천의 도구주의적 성격을 탐구함으로써, 민족주의적 궤도와 이와 유사한 균질화하는 권력의 작동을 진전시키는 경향을 가져온, (기존의) 특권적이지만 제한적인 형태의 지식에 도전한다. 언론 보도와 마찬가지로, 한국에서의 주류 학문적 서술에서는 퀴어성에 대한 지속적인 관심이 제공하는 비판적 통찰력을 계속 간과하고 있으며, 종종 암암리에 퀴어성을 국가적·종교적·성애적/젠더적 자아의 집단적 이미지에 대한 이질적이고 위협적인 존재로 여기기도 한다. 분명, 최근 몇 년 동안 한국 대학교에서 LGBTI 관련 주제에 관심을 두는 학생의 수는 급격하게 증가했다. 그러나 대략 1990년대까지도 퀴어 주체가 자신의 경험을 기록하거나 언어화하는 것을 주저하도록 했던 사회에서, 가장 열성적인 연구자들조차도 분석을 위한 자료를 찾고 인터뷰에 기꺼이 응할 정보 제공자를 찾기 위해서는 고군분투해야 한다. 아마 가장 불리한 점은 많은 학생이 자신의 연구에 대한 제도적 지원의 부족을 경험하고, 이로 인해 일부는 해외 대학교에서 학위를 따도록 강요받는 것이다. 비록 소수의 헌신적인 학자들이 비규범적 섹슈얼리티와 젠더변이에 대한 선구적인 연구를 출판해왔지만, 여전히 퀴어 연구에 적대적이거나 무관심한 (한국) 학계에서 성공할 수 있는 사람은 거의 없다.[17] 다수의 활동가 중 적지 않은 수가 대학원 과정에서 훈련받은 바 있지만, 이들은 LGBTI 차별에 대항하는 일에 몰두하고 있기 때문에 과거에 '문제적인' 몸이 재현되었던 방식이 어떻게 그들의 현재 중심적 생존 전략을 위태롭게 하는지를 적절히 조사하지 못한다.

이러한 인식론적·정치적 조건은 2014년 가을 캘리포니아대학교 샌디에이고 캠퍼스에서의 국제학회와 영화제, 전시로 시작된 이 학문적 기획이 얼마나 시급한 것인지 알려준다. 당시 '퀴어 코리아를 기억하기Remembering Queer Korea'라는 제목이었던 이 기획은 착수 단계에서부터 문자 및 시각자료 형태로 한국어에서 영어로, 영어에서 한국어로 다각적인 다국어 교류를 촉진하는 것을 목표로 했다.[18] 아쉽게도 이 책의 독자들은 캘리포니아대학교 샌디에이고 캠퍼스와 샌디에이고에 있는 영화 단체 태평양예술운동Pacific Arts Movement이 공동으로 자막을 붙여 상영한 (한국 퀴어—옮긴이) 영화들이나, 한국 여성 국극의 거의 망각된 역사를 다룬 전시인 정은영의 「(오프) 스테이지/마스터클래스」(2013)에 더는 접근할 수 없다.[19] 그러나 이 초국적 대화의 정신은 한국에 기반을 둔 학자와 활동가가 쓴 뒤 영문으로 번역되어 이 책에 실린 두 편의 글에서 잘 드러난다. 이 두 편의 글은 언어학과 문화학 분야에서 활동하고 있는 한국 학자들이 진행한 퀴어 코리아에 관한 선구적인 연구들을 독자들이 전례 없이 쉽게 접근할 수 있도록 한다. 이들 연구는 한국이나 한국인 디아스포라 공동체에서 성장한 이 책의 영문 저자들과는 (시각이) 다르면서도 여전히 연관성을 갖고 있다.

따라서 이 책의 글들을 묶은 편집자인 나는 한반도 밖에 있는 우리 중 많은 이들이 영감을 얻는 데 의지하고 있는 한국 기반의 학자와 영화감독, 예술가들을 중시하려고 노력했다. 그러나 결국 이 책에 포함된 글의 다수는 북미 기반의 학자가 썼다. 한국과의 지리적·비판적 거리는 이 저자들이 한반도의 퀴어성에 대한 지식 생산을 매우 어렵게 하는 무수한 제도적·문화적 장벽과 협상할 필요 없이 이 주제에 접근할 수 있도록 했을 것이다. 그러한 제약들은 아마도 이 책에 북한과 관련된 연구가 부재하다는 사실에서 가장 두드러질 것인데, 이는 이에 대해 다수의 학자가 접근하기 어렵거나 관심이 부족하기 때문이다.[20] 그러나 이러한 명백한 결핍이 북한이 남한의 의식에 침범하지 못하거나, 혹은 남한이 북한의 의식을 범하지 못하는 것을 의미하지는 않는다. 또한, 이는 북한이 아직 압도적으로 남한에 집중된 한반도에 관한 서술의 일부가 될 수 없거나, 되어서는 안 된다는 신호도 아니다. 만일 남북한이 한국전쟁을 공식적으로 종식하고 (혹은 결국 통일을 해서) 서로 국경을 개방한다면, 북한의 비규범적 섹슈얼리티와 젠더변이의 침묵된 역사는 민족주의적 사회주의nationalist-socialist 원칙과 김씨 일가 통치를 통해 계도된 이 후기 식민주의적 권위주의 국가의 생생한 경험에 대해 많은 것을 가르쳐줄 것이다. 실제로, 『퀴어 코리아』의 전제는 그러한 냉전 지정학이 한반도와 그 디아스포라 공동체의 비규범성에 대한 언어와 지역 정치에 직접 영향을 미친다는 것이다. 따라서 이어지는 장들은 단순히 한반도 역사에서 LGBTI 주체들을 찾으려는 회복 운동으로 퀴어성의 초국적·지역적 표현을 탐구하려는 것이 아니다. 한반도에서의 그들의 주변화된 위치를 입증함으로써 그러한 '예속된 지식'을 부활시키는 것은 성소수자, 특히 정체성 정치를 비롯한 자유주의적인 포용을 수용하는 이들에게 유익할 것이다. 이러한 가능성을 장려하는 한편, 우리는 지정학적 조건과 이와 관련한 인식론의 집합을 변화시킴으로써, 배제되거나 활성화된 규율의 메커니즘과 저항의 힘을 밝히기 위해 한반도 퀴어성의 과거 표현들을 탐구한다. 우리는 신비화와 혼동화, 주변화의 유사하고 중첩된 역학 관계 속에서 (퀴어성과—옮긴이) 함께 공전하고 있는 장애인, 이주민, '혼혈인', 비혼 여성, 프롤레타리아계급 등의 역량 강화를 위한 서사와 투쟁을 지지하는 것을 목표로 한다.

이러한 정신에서 『퀴어 코리아』는 앞서 동성 결혼의 의도된 새로움과 이질성을 통해 제시한 바와 같이 비규범적 섹슈얼리티와 젠더변이의 실천이 어떻게 지속해서 무시되거나 잊혀왔는지를 문제 삼는다. 그러한 대중문화적·학문적 신화에 대항하기 위해, 우리는 일반적인 민족주의적 서사에서 일본 식민 지배와 내전, 민족 분단, 냉전 경쟁 체제 등 20세기(와 그 이전)의 비극의 집단적 희생자로 묘사되는 한반도와 그 주민들을 둘러싸고 있는 만연한 '퀴어 무지'에 주목한다. 이러한 트라우마적인 경험으로 인해, 학자들은 한반도 사회와 문화를 인종 및 민족적 그리고 이성애가부장적 순수성이라는 틀에 넣으려는 경향이 있다. 분명, 이러한 '생존주의적 인식론'은 외부 세력에 의해 지속해서 포위되었던 것으로 인식되는 공동체를 위한 생활공간을 만들어내는 것을 목표로 했다. 그러나 민족주의적 및 탈민족주의적 서술 모두 식민주의와 민족주의, 자본주의, 신자유주의 등 연속적이고 교차적인 권력 구조의 작동 방식을 설명할 수 있는 비규범적 섹슈얼리티와 젠더변이의 비판적 통찰을 간과해왔다. 이러한 포괄적인 방식으로 생각을 하면 퀴어성은 분열적인 힘이나 내분의 전복으로 나타나기보다는 한반도 역사의 중요한 역동과 그 사회와 문화를 드러내는 해석으로 나타난다.

우리는 한반도의 사례를 검토함으로써 민족주의적이고 이성애규범적으로 남아 있는 한국학을 퀴어화하는 것뿐만 아니라 유럽-아메리카 (중심의) 비규범적 섹슈얼리티와 젠더변이를 대체하는 것에 주목해온 퀴어 연구 비평에 이바지하고자 한다. 세계의 "은자의 왕국"*이라는 지속적인 평판에도 불구하고, 한반도는 식민지 시기 및 후기 식민지 시기 동안 특히 강한 초국성transnationality을 지닌 장소로 기능했다.[21] 따라서 한반도의 퀴어 연구는 오리엔탈리즘적 연구 질문이나 지역학의 냉전적 적용 이상의 역할을 한다.[22] 뒤에 등장할 글들에서, 한국은 안잘리 아론데카르Anjali Arondekar와 지타 파텔 Geeta Patel이 "퀴어 연구의 지정학"이라 불렀던 것을 탐구할 수 있는 중요한 공간으로 역할을 하는데, 이 경우에는 식민지 근대성과 권위주의적 발전, 신자유주의적 가족주의 등의 역사적 과정과 긴밀히 연결된 공간으로서 그러하다.[23] 퀴어 아시아에 관한 다수의 새로운 학문적 저작들과 마찬가지로, 이 책은 북미와 서유럽의 자유주의적 다원주의pluralism와 다문화적 동화multicultural assimilation의 맥락에 고정된 비규범적 섹슈얼리티와 젠더변이에 대한 접근 방식을 '지방화 provincialize'하는 것을 목표로 한다. 앞서 언급된 동성 결혼의 사례가 잘 보여주듯이, 한국의 일부 활동가들은 분명 성소수자를 정상화된 인권의 대상으로서 정치적으로 포용하는 데 필요한 조건들을 만들도록 국가를 압박하고 있다. 그러나 공식적으로는 1993년에 권위

---

* 은자의 왕국(Hermit kingdom)은 은유적으로든 실질적으로든 의도적으로 외부와의 접촉을 완전히 차단한 국가나 조직, 사회를 뜻한다. 윌리엄 엘리엇 그리피스 (William Elliot Griffis)가 1882년에 펴낸 『은자의 나라 한국(*Corea: The Hermit Nation*)』(신복룡 옮김, 집문당, 2019)이라는 책 제목에서 유래하여 중국이나 일본보다 서구 세계에 늦게 알려진 조선과 대한제국을 일컬었다.

주의 통치가 종결됐음에도 여전히 성소수자를 이러한 보호에서 배제하고 다양한 문화적 소외에 지속해서 노출시키는 이 후기 식민주의 사회에서, 대다수의 퀴어 주체는 일반적으로 정체성 정치를 뒷받침하는 종류의 공적인 가시성을 의식적으로 회피해왔다. 『퀴어 코리아』는 이러한 곤경에 주목하면서, 비자유주의적 정권들이 신체적 차이의 이른바 괴물성monstrosity이라 여겨지는 것을 통제하려 했거나, 이를 가족이나 사회, 국가, 제국에 대한 유기적 개념에 대한 위협으로 보고 말소하고자 했던 역사적 분기점들에 주목하고자 한다. 과거 한반도의 이러한 정치화된 순간들을 강조하면서, 우리는 현재를 지배하게 된 절망과 폭력의 정치를 넘어서서 생각하고 행동하는 새로운 방식을 만들어내고자 한다.[24] 일부 개인들은 동성 결혼과 같은 법적인 수단을 통해 이 곤경을 해결할 수 있을지 모르지만, 우리는 이러한 수단들을 이용하는 자유주의적이고 동화주의적인 (퀴어) 구성원들이 자신의 생활 방식으로 인해 사회적 존중과 문화적 수용성의 변방으로 내몰린 다수 타자들의 생존과 안녕을 위한 조건을 만들어 줄 것이라고 가정할 수는 없다. 아마도 오직 이러한 불편한 퀴어적 입장, 또는 로런 벌랜트Lauren Berlant가 "잔인한 낙관cruel optimism"이라 부르는 것만이 한반도와 이와 유사한 비체abjection의 장소들에 놓인 주변화된 주체들이 적대적인 국가나 선정적인 대중매체에 의존하지 않고 자신의 경제적 능력이나 정서적 만족을 증진할 수 있는 새로운 해방의 가능성을 상상할 수 있도록 할 것이다.[25]

식민지 및 후기 식민지 근대성의 규율할 수 없는 주체들

실증적 연구의 대상으로든 비판적 분석의 주제로든, 퀴어성은 국가 근대화의 시련에 압도적으로 집중해온 남성 중심적이고 엘리트 중심적인 것들에 묻혀, 한반도 연구에서 대체로 비가시화된 채 남아 있었다. 한국의 역사 서술에서 일본의 통치(1910~1945)와 이후 후기 식민주의적 권위주의 아래에서의 반공주의적 또는 반자본주의적 발전 경험에 대한 내용이 지배적인 경향이었기 때문에, 과거에 대한 비규범적인 이야기는 거의 남아 있지 못했다.[26] (이러한 비규범적인 이야기가—옮긴이) 언급되더라도, 비규범적 섹슈얼리티에 가담하거나 젠더변이를 표현하는 사람들을 비롯해, 이러한 집단적 서사의 '적절한' 주체로 여겨지지 않는 개인들은 사회적 위협으로 과대 대표되거나, 더 나쁘게는 친일파로 제시되었다.[27] 비록 그런 꼬리표는 식민지 시대에 통용되기 시작했지만, 이후 전문가들은 이를 한국전쟁 과정과 그 이후의 강력한 주체화의 도구로 배치했다.[28] 계속되는 냉전 정치의 맥락에서, 이성애규범성heteronormativity*과 시스젠더주의cisgenderism** 의 의기양양한 표현은 38선 양쪽의 신체적 순수성을 증진하고 보장하기 위한 국가 안보의 강력한 이데올로기로 유지됐다. 예를 들어, 북한에서는 재생산적 건전성reproductive wholesomeness에 대한 미디

---

* 이성애규범성은 이성애만을 기준으로 삼아 정상적이거나 선호되는 섹슈얼리티로 규정하는 이데올로기다.

** 시스젠더는 출생 시 지정 성별과 성별 정체성이 일치하는 이들로, 트랜스젠더가 아닌 이들을 말한다. Erica Lennon & Brian J. Mistler, "Cisgenderism", *TSQ* 1, nos. 1~2, 2014, pp. 63~64.

어와 문학의 이미지가 이른바 향락에 빠진 남한과 그 종주국인 미국에 대한 역사적 투쟁에서 집단 동원의 주요 전략으로 지속해서 기능하고 있다. 즉 조선민주주의인민공화국의 지도자들은 (남한과 미국이) 동성애를 비롯한 '변태perversions'[29]를 조장한다고 주기적으로 비난하고 있다. 이와 비슷한 주장은 남한에서도 대동소이한데, 최근 들어 점점 더 많은 근본주의 기독교인들은 성소수자가 친북 경향을 가졌다거나 AIDS 바이러스를 퍼트린다고 대담하게 비난하고 있지만, 그들의 과장되고 배타적인 주장을 입증할 증거는 제시하지 않고 있다.[30] 이러한 불안 조장의 공식에서 "동성애 혐오(와 트랜스 혐오)의 연좌"는 이들의 생물학적 가족에 국한된 낙인찍기를 넘어, 비규범적 섹슈얼리티나 젠더변이의 개별적인 표현을 부단한 감시와 반복적인 처벌, 더 심한 주변화가 필요한 국가적 위협으로 변형시킨다.

일탈에 대한 이러한 도구주의적 담론을 통해, 퀴어성의 재현은 비순응적인 육체적 실천을 한반도의 연이은 정권들의 (재)생산적 목적에 수용시키는 것을 지향해왔다.[31] 비록 완전히 성공한 적은 없지만, 여성 호모에로티시즘에 대한 글(제6장을 보라)에서 "인식론적 개입epistemological interventions"이라고 부른 이러한 담론은 신체적 차이에 대한 상상된 괴물성을 집단적 목적에 동원해서 동화시키려고 노력했다. 또 이미 이런 방식으로 폄하되지 않았을 때에도 민족주의자와 대다수의 탈민족주의자 학자들은 "비뚤어진perverse" 몸들의 하위문화가 그들 각자의 학문적 의제에서 중요하지 않거나 당혹스러운 것이라 여기며 이들을 대체로 무시해왔는데, 그들이 페미니스트이거나, 마르크스주의자이거나 또는 그 반대의 경우에도 그러했다. 이와는 대조적으로, 이 책의 저자들은 문화적 동질화의 역사적·인식론적 과정에서의 망각과 힐난의 순간들을 적극적으로 상기한다. 동시에, 이들은 제국주의와 민족주의, 군국주의, 산업화와 같이 이성애를 정상화하는 권력에 의문을 제기하면서, 아카이브와 시각 문화, 문학, 문화기술지의 기록에서 드러나는 "규율할 수 없는unruly" 주체의 생생한 경험과 그들의 종속적 지위에 주목한다. 한편, 우리는 퀴어성을 소수자 혹은 가시성의 패러다임으로만 취급하는 주변성에 대한 게토화ghettorized된 접근 방식을 피한다. 앞서 언급했듯이, 이 자유주의적 모델은 남한에서 1990년대 동안에만 등장했고 여전히 북한을 포함하지 않고 있다. 비록 상당히 불균형한 방식이긴 하지만, 우리는 정체성 정치의 지구화된 논리의 침투성을 상정하기보다는 한반도의 **모든** 주민을 짓누르게 된 훈육적·생명정치적biopolitical·죽음정치적 necropolitical 정상화의 구조들을 추궁하기 위해 퀴어적 분석을 배치한다. 따라서 『퀴어 코리아』는 남성 중심적인 가족주의나 자본주의 (또는 사회주의)적 발전과 같은 집단적 국가 목표에 의문을 제기하기보다는 이를 발전시키려는 경향이 있는 서사를 복잡하게 만들고자 한다.

1910년 일본 관리들이 한반도를 강제 합병하기 몇십 년 전, 주로 유교 고전에 통달해 있던 남성 지식인 집단은 스스로를 조선 왕조 (1392~1910)의 가부장적 후견인이라고 자임했다. 그들의 관점에서 조선 왕조는 국가 자치권을 유지하기 위해 필사적인 '근대화'를 필요로 했다. 동일한 개혁주의적 목표를 많이 공유하고 있었음에도, 이러한 엘리트들은 동학 추종자들이 주창하는 천년왕국millenarian 사상과 한국 페미니스트 1세대를 포함한 여타 풀뿌리 운동의 반체제 의제를 내걸었던 하층계급의 전술에는 완강히 반대했다.[32] 일부 민족주의 지도자들은 대중을 자신들의 지도 아래에서 이끌기 위해, 서양과 일본에서 영감을 받은 '문명개화'의 모델을 따르며 유교적 관행을 포기했다. 그러나 이러한 근대적 패러다임의 인식론적 틀은 제국주의자의 틀을 그대로 재현하는 경향이 있었기 때문에, 조선의 주권을 지키고자 하는 민족주의자들의 능력을 약화시켰다.[33] 익숙한 유교적인 언술에 기반하여, 왕조의 보수적인 충신들을 회유하고자 했던 근대화의 토착적 양식인 '동도서기東道西器'조차 제국주의 침략으로 위태로운 시기에 대한제국(1897~1910)을 보호하기 위한 전략으로서는 실패했다.[34] 병탄 이후, 개혁의 성격과 속도는 조선 엘리트들의 민족건설 노력을 교묘히 강탈한 일본 통치자들의 손에 넘어갔다. 이들은 메이지明治 시대 초기의 지도자들이 본국에서 했던 것과 다르지 않게, 새로운 식민지 근대성의 도덕적 기초로서 이성애가부장적 전통을 부활시키고 이상화했다.

이제 외세인 제국을 섬기게 된 무력화된 지도자들에게, 일본의 점령이라는 충격적인 경험은 어떤 개인들이 점점 더 방어적인 국민 서사에 나타났는지 그리고 조선인들이 집단적 역사의 정당한 주체로서 어떻게 배치되었거나 또는 스스로를 어떻게 배치하고자 했는지를 알려주었다. 예를 들어, 여성의 낮은 지위를 조선의 소위 뒤떨어진 '민도民度'의 걱정스러운 지표로 인식한 가부장적인 개탄의 목소리는 이 주변화되었지만 점점 더 목소리를 높여가는 하위 집단을 민족의 일원으로 편입시켰다. 한편, 문맹인 조선 여성에 대한 부르주아적 도구화는 모순적으로 교육을 절실히 필요로 하는 '무지몽매'하고 '이교도적'인 주체에 대한 제국주의적이고 기독교적인 관점으로 수렴하여 여성성에 대한 남성 중심적 관점을 생산했는데, 이는 단지 여성을 '현모양처'로 양성하기 위한 것이었다. 한편, 이러한 남성 지배적 담론은 소수의 교육받은 신여성들이 재강화된 이성애가부장제heteropatriarchy 체제로부터 해방을 추구하도록 부추겼다.[35]

이런 젠더 전쟁이 이어지는 가운데, 식민지 조선의 관료와 의사 그리고 그 밖의 규제력을 가진 전문 인력은 '여성'과 '남성'을 인식론적으로는 이분법적이고 생물학적으로는 이형적dimorphic인 용어로 정의하게 되었다. 이러한 용어들은 여성성과 남성성에 대한 매우 흡사하면서도 똑같이 강고한 관념으로 확장되었다. 이처럼 강력한 섹스와 젠더의 범주는 식민지 조선인과 일본인 거류민들에 의해 채택된 다양한 퀴어적 실천과 비규범적 생애 주기를 난해화하는 데 일조했다.[36] 아시아태평양전쟁(1937~1945) 동안 관리들은 '황국 신민'을 범주화하기 위해, 식민지 자본주의가 의존하는 재생산적 이성애 체계를 유지하는 신체 규범에 대한 충실한 준수와 기만적인 일탈이라는 이분법적 패러다임을 동일하게 채택했다. 신여성의 경우와 마찬가지로, 식민주의자와 민족주의자, 선교사 아카이브에서의 실증적 기록의 부족, 특히 퀴어 주체가 스스로 목소리를 낸 흔적이 부족한 점으로 인해, 연구자들은 규율할 수 없는 몸들이 사회주의, 아나키즘 등 집단적 동원과 개인적 경쟁의 여타 양식과 더불어 제국주의와 민족주의의 강력한 융합에 어떠한 중요성을 지녔는지를 제대로 인식하는데 어려움을 겪어왔다.[37]

샤머니즘에 대한 논문에서 메로즈 황Merose Hwang은 훗날 한국인의 본질적 정신으로 묘사되었지만 그동안 잘 연구되지 않았던 이 민속 종교가 제국주의 권력자와 식민화된 민족주의자 모두의 규율적 상상 속에서 행했던 역할을 입증함으로써 중요한 지점을 밝혀낸다.

그는 총독부 경찰의 감시와 자국 지식인의 지적 심문 아래에 놓였던 가지각색의 집단인 주술사와 점쟁이, 여성 예능인의 퀴어성을, 영적 치유의 대중적 관행을 미신으로 치부했던 엘리트 지배적이고 남성 지배적이었던 식민지 근대성의 공식을 교란하는 능력으로 위치시킨다. 독립의 근간으로 도덕적으로 '건전한' 사회를 증진하려던 부르주아 민족주의자들은 숭신교회조합*의 구성원을 (자율) 통치의 규율할 수 없는 문제로 간주했다. 남성 민족주의자들에게 (추후 많은 이들이 그들에게도 적용할 꼬리표인) 부역자로 비난받았음에도, 숭신교회조합의 추종자들은 식민 지배자의 문화적 외투라고 할 수 있는 신토神道의 열성 신자로 과감하게 옷을 갈아입었는데, 신토는 총독부가 한국인을 '동화'시키기 위해 사용한 일본의 영성 체계였다.[38] 이 조합이 갖게 된 주변자로서의 관점을 상상함으로써, 메로즈 황은 특히 1919년 3·1운동 이후, 대부분이 무속 의례의 여성 스승들이었던 이 조합의 재간 많은 구성원들이 감시가 더욱 심해진 체제하에서 살아남기 위해 영적인 품위를 전복시키는 '드래그drag'**를 입게 되었다고 주장한다. 무당들은 식민 지배자에게 표면적으로 순응하면서도, (조선인—옮긴이) 엘리트들이 이성애가부장제를 수용하는 동시에 민족의 종교적 전통 통제에 우려를 표하는 것에 대해 의문을 제기했다. 메로

---

* 원문에는 Sowi Church Guild라고 되어 있는데 이는 인용한 신문 기사(https://newslibrary.chosun.com/view/article_view.html?id=5919200702e10312 &set_date=19200702&page_no=3) 제목의 소위(所謂)를 고유명사로 착각한 것으로 보이며, 관련 자료(http://encykorea.aks.ac.kr/Contents/Item/E0019242)를 찾아본 결과 이는 숭신교회 또는 숭신인조합을 일컫는 표현으로 보인다.
** 퀴어 당사자는 '드랙'을 더 널리 쓰고 있지만 외래어표기법에 맞춰 '드래그'로 표기한다.

즈 황은 식민지 시기의 통제 노력이 국가 폭력과 사회적 유리流離의
긴 역사로 이어졌다는 사실 역시 보여주는데, 이는 왜 (세상에―옮긴
이) 불만을 품은 한국인들이 이러한 치유자들에게 끌리게 되었는지
를 설명하는 맥락이다.

　무속 지도자들은 바로 그들 자신의 퀴어성 속에서도 식민지의 위
험한 존재로 폄하되기보다는, 영웅적으로 저항하는 또 다른 정치화
된 외피를 입고 나타났다. 따라서 메로즈 황은 조선의 무속인들이
식민 지배와 문화 말살, 민족주의적 전유專有(appropriation) 사이의
좁은 공간에 걸쳐 있었다는 것을 보여준다. 비록 (무속 지도자들은―
옮긴이) 여성과 결혼하지 않았다는 이유로 비난받고 성적 도착sexual
perversion에 빠졌다고 매도당했지만, 최남선(1890~1957)이나 이능화
(1869~1943) 같은 유명한 남성 지식인들은 주변화된 여성의 식민지
이전 전통을 활용해, 보다 넓은 대륙의 무속 문화 속에서 조선과 만
주를 재중심화시키는 찬란한 민족의 이야기를 만들어냈다. 이러한
범한국적 정체성을 공통 조상에 대한 일본 주도의 이데올로기* 위로
올림으로써, 트랜스젠더 실천과 동성결합 등의 퀴어적 관습은 이제
자랑스러운 토착 문화의 핵심 속성으로 보이기 시작했다. 민족주의
지식인들의 인도로 남성화masculinize가 이루어졌을 때 이 문화는 그
들의 이성애-정상화heteronomalizing적 의제에 따라 식민지 동화에 맞
서는 보루 역할을 할 수 있었던 것이다. 메로즈 황은 식민지 규율과
민족주의 정치의 강력하지만 모순된 역동을 폭로하는 대중적 무속

---

* 일본의 야마토(大和) 민족과 조선 민족이 같은 뿌리에서 나왔다는 이론인 일선동
조론(日鮮同祖論)을 의미한다. 일선동조론은 일본의 제국주의적 침탈과 황국신민
화, 민족말살정책을 정당화하는 이론적 토대로 활용되었다.

인의 전복적 성격을 강조한다.

규율적 불안과 무속의 전복적 실천에 관한 메로즈 황의 글과 마찬가지로, 존 트리트John Treat는 이상(1910년 출생)의 선구적인 소설을 이용해 이 유명하면서도 악명 높은 작가와 식민지의 퀴어 시간성queer temporality에서의 그의 위치에 대해 (메로즈 황과) 비슷한 문제적인 차원을 드러낸다. 이상이 1937년에 요절한 이후, 그에 대한 학문적 평가는 크게 위축되는 경향이 있었다. 초기의 저술들은 이상의 문체가 당혹스러울 정도로 개인주의적이며 따라서 집단적이고 진지한 관심사를 표현하지 못한다고 비난했지만, 후대의 설명들은 그의 글이 감탄하리만큼 전위적avant-garde이며, 따라서 당대 조선의 모더니즘에 걸맞는다고 옹호했다. 트리트는 민족주의적인 해석을 넘어서기 위해, 호세 에스테반 무뇨스José Esteban Muñoz의 퀴어적 시간queer time 개념을 적용하여 이상의 1936년 단편소설 「날개」를 비정체성주의적으로 독해한다. 트리트는 저자의 순응성conformity(또는 그것의 결여)을 평가하는 기준으로 작가의 성적 욕망이나 젠더화된 자아gendered selfhood에 초점을 맞추기보다는 작품 자체의 분리된 시간성을 강조한다. 그는 이것이 후기 식민주의 및 퀴어 문체론의 중층적으로 결정된 동시성을 폭로한다고 주장한다. 그는 이 모더니스트의 소설이 가지는 이동적 성격을 중시하면서, 경성역 시계와 같은 공공의 아이콘에 배태된 식민지 근대성의 이성애-선형적 시간straight time이 식민지 수도인 경성과 제국의 메트로폴리스 동경을 넘나드는 저자의 소요하는 움직임을 강조하는 제목인 「날개」에서 어떻게 끊임없이 변위變位되는지를 보여준다. 이러한 규율할 수 없는 실천을 통해 남성 화자 '나'와 그의 아내는 일제 식민지 지배자와 조선 민족주의자 모두에 의해 제도화된 권력 체계인 일부일처제와 재생산 섹슈얼리티의 이성애규범적 생애 주기에서 가까스로 일탈하게 된다. 또한, 트리트는 「날개」의 섬세한 독해를 통해, 소설의 퀴어적 시간은 조선 작가가 식민화된 주체로서 또는 퀴어적 시간에만 글을 쓴다고 가정하도록 하는 이성애-선형적 시간에 대한 유토피아적 비평으로 이해해서는 안 된다고 제안한다. 오히려, 그는 이상의 소설을 식민지의 재생산 미래주의reproductive futurism와 이 점령된 땅에 사는 다수 주체의 해방이 거의 불가능하도록 소외시키는 체제의 변두리에 존재하는 현실 사이의 골치 아픈 조우로 이해한다. 하지만 트리트의 분석에 따르면, 그러한 소외는 또한 이상처럼 비관습적인 작가들에게 그 해방이 개인적인 면에서 도달하는지, 집단적인 면에서 도달하는지를 막론하고 더욱 홀가분한 미래에 대한 희망을 제공했다.

식민지 근대성의 본질적 퀴어성은 극복하기 어려워 보이는 지배의 구조와 유토피아적 표현을 통해 무력화하는 힘을 드러내는 일탈적 주체들의 기묘한 능력으로 정의할 수 있다. 이는 식민지 조선에서의 '자유 연애戀愛(일본어로는 렌아이れんあい, 중국어로는 리엔아이戀愛)'에 대한 첸페이전의 검토에서 더욱 나아간다. 식민지적 감각과 일제 통치의 정동적 토대를 검토하기 시작한 연구들을 바탕으로, 그는 비규범적 섹슈얼리티와 젠더 비순응성nonconformity에 대한 문학적 재현과 공적 논쟁이 주로 규제 메커니즘으로 기능했다고 주장한다.[39] 첸페이전은 식민지 근대성 아래에서의 퀴어적 표현에 대한 분석에서 엘리자베스 포비넬리Elizabeth Povinelli의 친밀성 사건intimate event이라는 개념을 차용했다. 이는 포비넬리가 "자기 논리적autological" 또는 자기 기술적self-authored(이고 따라서 자유로운)인 형태의 지식과 "계

보학적genealogical" 또는 담론적discursive(이고 따라서 구속적)인 형태의 지식의 만남으로 개념화한 것이다. 첸페이전은 이러한 인식의 틀을 바탕으로, 동성애적 (그리고 이성애적) 형태의 사랑이 유교적 친족이라는 전통적인 패러다임에서 축출된 후, 종종 비극으로 끝나곤 했던 위험한 선택에 결부된 것으로 점차 이해되었다고 주장한다. 서양에서 일본을 거쳐 한반도에 도착한 초문화적이고 번역된 형태의 자유주의인 낭만적 자유의 표현은 문명과 계몽의 근대화 체제 아래에서 보급된 성과학적 틀에 의해 심각하게 구속되었다. 흔히 근대성의 실험실로 묘사되는 한국 등의 식민지는 계보학적 지식을 보급하는 비옥한 토대가 되었는데, 그 주된 기능은 자결과 해방보다는 규율과 착취였다. 더 많은 자유주의적 형태의 사랑이 번성했던 식민 본국metropole에서는 볼 수 없었던 정도로, 퀴어적 욕망queer desires 등 비규범적 체현에 대한 식민지적 담론은 조선인 신체의 젠더화되고 성애화된sexualized (무)능력을 관리하기 위한 국가 정책과 민족주의적 이데올로기와 함께 작용했다.[40]

1910년대부터 1930년대까지의 조선 문학과 대중매체 재현에 대한 분석에서 첸페이전은 남성 작가들이 성과학의 과학적 패러다임 아래에서 자신들이 "도착적perverted"인 것으로 보게 된 것을 회피하는 방법으로 동성 간 친밀성same-sex intimacies을 정신화spiritualize했다는 것을 역시 보여준다. 그러나 이 작가들은 남성 간의 친밀한 관계를 동정同情이라는 호모에로틱한 관계와 민족주의 열정의 용인 가능한 표현의 틀 안에 넣었으면서도, 젊은 여성 사이의 비슷한 유대를 성애화시키는 관음적 서사를 관행적으로 서술했다. 첸페이전은 여학생들의 동반 자살과 같은 여성 호모에로티시즘의 해방적(또는 자기 논리적)으로 보이는 묘사가 (실제로는—옮긴이) 식민지 근대성의 (재)생산적 목표의 안티테제로 간주된 삶의 궤적으로서의 성인 (여성들의) 레즈비어니즘lesbianism을 어떻게 좌절시켰는지를 드러낸다. 첸폐이전은 사랑의 "올바른" 관계로부터의 일탈로 여겨진 동성 관계의 재현을, 비록 통제할 수 없는 욕망의 좌절된 표현일지라도 대항 담론의 서발턴적 자취를 내포하는 미완의 기획으로 재평가한다. 이 대항 담론은 종종 젊은 시절에 대한 회고적 노스탤지어나 호모에로틱한 유대에서 이성애적 결혼으로의 전환에 대한 거부로 표현되는데, 이는 조선 문화의 이성애와 일부일처제, 재생산으로 좁게 정의되는 여성적 사랑의 '전통'을 정상화하는 것에 암묵적으로 의문을 던지는 개인적 비극으로 나타났다.

하신애는 첸폐이전이 동성애에 대한 논의를 끝낸 지점인 1930년대 후반과 1940년대 초반의 분석에 착수하면서, (당대) 조선 문학계의 퀴어한 저변을 탐구한다. 이 시기의 연구들이 실증했듯이, 아시아태평양전쟁의 동원은 일본 관리들이 전후 질서를 위해 길을 터주면서 그들의 적인 연합국과 경쟁할 수 있는 통치와 시민권의 새로운 모델을 개발하도록 했다.[41] 경멸받는 타자들을 명백하게 다민족적이고 탈인종주의적인postracist 제국으로 통합하려는 더욱 광범위한 노력에도 불구하고, 관리들은 강압적 성노동은 물론 중공업과 군수, 광업을 포함하는 구식의 강제 동원 방식에 끊임없이 의존했다.[42] 역사적으로 소외된 주체로서 조선인 등 식민지인은 천황에 대한 충성심을 증명하는 고난을 견뎠다.[43] 하신애의 글은 이 논쟁적인 기간 동안 생산된 국문학에 대한 페미니스트 분석을 제공함으로써 '황민화皇民化'의 불균질한 효과와 이에 대한 다양한 반응을 더욱 복잡화한다. 그는 '일본인' 되기가 식민지 여성에게 추가적 부담을 수반했다고 주장한다. 군인의 어머니로서 그들은, 군사적인 봉사를 통해 자신들 일부와 가족들로 하여금 자기희생을 하도록 하면서 혜택을 볼 수 있게 했던 군인의 아버지들보다 잃을 것이 훨씬 더 많았다. 제국주의적 주체화의 생명정치적 문제가 조선 남성에게는 역량 강화의 새로운 가능성을 제공한 반면, 이 고도로 젠더화된 대중 동원 기획은 '현모양처'로 복무하는 식민지 여성의 괴로운 '선택'이 이들을 식민지 근대성의 전시戰時가 되풀이되는, 깊고도 풀리지 않은 균열에 노출시켜 더욱 박탈당하도록 했다.

전시戰時에 대한 하신애의 탈민족주의적인 검토는 조선인 '자매' 간의 동성 간 친밀성의 문화적 의의의 변화를 다룬다. 그는 비록 이러한 여성 동성애적 관계가 대중 동원의 정상화된 명령 아래에서 더욱 멸시되어왔지만, 이러한 관계는 식민지 말기의 여성 지배와 주체성에 대해 중요한 실마리를 던져준다고 주장한다. 그는 일제하의 가부장적 전철과 마찬가지로 여성 동성 관계를 이성애적 모성과 재생산을 향한 필연적 경로의 일시적 국면으로 축소해온 경솔한 학자들을 비판한다. 분명, 이러한 생명정치적 의무는 근대 교육이 조선 신여성에게 제공해온 해방적 가능성을 배제해버린 것이 사실이다. 대중 동원이 동성 간의 사랑을 비국민적으로 여겨지는 반사회적 실천으로 축소했음에도 여성 전용 교실과 기숙사에 대한 강력한 기억은 조선 여성의 총체적 이미지에 계속해서 출몰했다. 장덕조(1914~2003)와 최정희(1912~1990)라는 두 여성 작가가 쓴 프로파간다 소설의 지저분한 밑바닥을 노출하면서, 하신애는 제국적 주체화의 젠더규범과 성적 규범sexual norms을 드러내는 여성 주체의 내적 주체성을 혁신적으로 발굴한다. 여기에서 그치지 않고 그는 전시 명령의 고통과 전쟁 전 자유의 기쁨을, 비록 잠정적이었음에도 여성이 근대성의 여성적 표현을 일탈로 사소화하는 초가부장적hyper-patriarchal 체제로 진입하는 고조된 임계점으로 드러낸다. 이 외부화된 정체화 과정 내내, 공적으로 승인된 가치에 대한 순응 거부는 해방에 대한 노스탤지어적 회고로 조용히 재등장했는데, 이는 후기 식민지 통치의 여성 지배에 대한 일상적인 저항과 지연, 교란을 포괄하는 형태의 것이었다.

1945년 해방과 동시에 한반도의 지도자들은 주권국가 수립을 기초하기 위해 손상된 친족 연결망을 복구하려고 노력했지만, 식민지 말기의 취약한 헤게모니는 해방 직후까지 이어졌다.[44] 탈식민화decolonization의 파생물로 시작된 동족 간 갈등 속에서 전시의 군사 방어 전략은 1948년 이후 두 개의 대립되는 경제체제로 분열된 국가를 보호하고자 하는 냉전의 새로운 위기로 빠르게 통합되었다. 치명적이었던 한국전쟁 이후로도 서로 경쟁하는 두 국가는 유사한 대중 동원과 이데올로기적 설득 전략을 채택했고, 퀴어성은 38선 양쪽에서 중추적인 역할을 했다. 후기 식민지적 저널리즘과 영화에 관한 두 장에서 실증하듯이 (한반도에서의) 냉전 지정학은 경직되었지만 완전히 침투 불가능한 것은 아니었던 경계의 수립과 유지로 이어졌는데, 이 경계는 이 두 정권에서 각각 정상과 비정상적인 시민의 자질과 더불어 가족생활, 경제발전 그리고 대중문화 등의 주요 영역에서의 참여를 확정劃定하는 것에 목표를 둔 것이었다.

비록 남한은 북쪽보다는 더 큰 자유가 허락되었지만, 박정희 시대 (1961~1979) 동안 퀴어성의 대중적 재현은 혁명적 열기에 휩싸여 있는 불안한 시기에 규율할 수 없는 주체들과 비규범적 실천을 길들이고자 했다. 김청강과 나는 이 시기에 만들어지고 전파된 문화적 산물을 다루면서 임지현이 말한 '대중독재'가 발전하는 데에 미디어가 담당한 중요한 역할을 실증하고자 한다.[45] 세계적으로 민주주의가 권위주의 사회를 빠르게 대체하던 1990년대 초에 만들어진 이 신조어는 엘리트들이 독재국가의 공식적인 종식 이후로도 비자유주의적인 정치적 형성에 참여할 뿐만 아니라 다양한 수준에서 이러한 행위를 지속하는 예상치 못한 행태를 가리키는 용어로 만들어졌다. 이러한 독재의 유산은 국가 분단의 정치가 퀴어한 개인과 공동체를 이성애가부장적이고 젠더규범적인 명령에 끊임없이 종속시키는 한반도에서 특히 두드러졌다. 냉전 상황과 냉전이 생산한 자기훈육적self-disciplinary 습관은 학자들이 동성 섹슈얼리티와 젠더변이에 대한 질문을 제기하지 못하도록 했는데, 이는 다른 측면에서는 진보적인 입장에 서서 대중 동원 이론을 적용해 어떻게 권위주의 체제가 권력을 위해 사회적 단결과 문화적 순응성에 크게 의존하고 있는지를 설명해왔던 지식인들 역시 마찬가지였다. 게다가 이들은 이러한 형태의 동의를 생산하는 대중매체의 역할에도 충분한 관심을 기울이지 않았다.[46] 김청강과 내가 실증하고자 했듯이, 한국의 독재 정권 아래에서 국가에 대한 대중적 이미지는 이성애가부장적이고 시스젠더적인 반공적 발전의 기반을 강화하기 위해 퀴어적 주체의 존재를 무시하는 한편, 이들을 자주 등장시킴으로써 이득을 얻었다.

김청강은 1960년대 후반과 1970년대 초반의 B급 영화에 대한 글에서 이 인기 있지만 덜 연구된 장르에서 젠더변이에 대한 시각적 재현이 일으키는 긴장을 강조한다.[47] 그는 성차sexual difference에 대한 해부학적인 이분법적 관념에 반대하면서, 그간 국가와 자본에 의한 정치경제적 억압이나 학생 및 노동자 중심의 대중 저항운동의 측면에서만 연구되었던 박정희 정권기 동안에 비규범적인 체현이 확산되었다고 상정한다. 김청강은 이 개발주의 국가의 전능함을 상정하는 대신, 당대 코미디 영화에 등장하는 여장 남자가 냉전 체제 한국 대중문화의 반헤게모니적 기저를 어떻게 노출했는지 보여준다. 분명, 박정희의 권위주의 정권은 전통적인 젠더규범과 건전한 성역할을 이상화하는 국가의 이미지를 선전하기 위해 다양한 법을 제정하고 검열 규정을 공포公布하면서 영화 산업을 적극적으로 규제했다. 그러나 한국전쟁의 여파로 1960년대 중반에 이르러 가부장적 통제와 유교적 도덕에 대한 위기가 다시 등장했는데, 이 시기는 급속한 산업화와 극심한 도시화가 이루어져 사회적으로 혼란한 시대였다.[48] B급 영화감독들은 단순히 국체國體(national body)에 생긴 균열을 개탄하는 대신 다양한 관객, 특히 그 수가 늘고 있는 도시로 이주한 하층계급 노동자의 감성에 호소하는 코미디 영화를 제작함으로써 이 같은 균열을 창의적으로 활용했다.

예를 들어 김청강의 글에서 초점이 된 심우섭 감독의 「남자(와) 기생」(1969)*에서의 남성 가장이자 한 회사의 사장인 허씨는 강골인 아내의 조롱거리가 된 반면, 그의 전 직원인 구씨는 기생집으로 도피

---

* 심우섭 감독의 이 영화는 「남자 기생」(1969)이 원제목이지만 "제목이 '너무 직선적인 퇴영적 인상'이 강하므로 '건전한 이미지의 것'으로 개제하라는" 검열 당국의 지적에 따라 「남자와 기생」으로 변경되어 개봉되었고, 따라서 현존 필름 역시 「남자와 기생」으로 남아 있다. 박선영, 「1960년대 후반 코미디 영화의 '명랑'과 '저속'」, 『한국극예술연구』 51, 2016, 169~201쪽.

한 뒤 여장을 하고 기생 노릇을 하며 다른 기생과 레즈비언 관계로 보이(지만 사실은 그렇지 않은)는 관계를 맺게 된다. 하지만 관객들은 구씨가 여성으로 가장한 생물학적 남성이라고 전제하고 있기 때문에 허씨가 구씨를 더듬고 밤을 함께 보내자고 제안하는 추잡스러운 장면에서 포착된 허씨의 구씨에 대한 끌림은 억누를 수 없는 퀴어적 욕망을 암시한다. 이 호모에로틱한 가능성은 자기 회사의 남성 직원으로 돌아와 다시 젠더규범을 따르게 된 구씨에게 허씨가 한 추잡한 키스에서 아마도 가장 잘 드러난다. 김청강의 섬세한 분석에 따르면, 「남자(와) 기생」과 같은 코미디 영화의 관객에게 남는 것은 이성애규범적 회복과 퀴어적 전복이 불편하게 뒤섞인 해결 불가능한 '젠더 트러블'의 사례다.

권위주의 시대 한국에서의 여성 호모에로티시즘의 역사적 의미에 대한 내 글은 이성애가부장적인 서사의 정상화와 여성 동성애적 친밀성이라는 소위 파괴적인 하위문화 사이의 긴장감을 찾고자 한다. 나는 1950년대부터 1980년대까지 발행된 주간지와 대중잡지를 활용해, 섹스와 젠더의 이분법에 대한 의료화된 관념을 기초로 삼은 동성 결혼에 대한 언론 보도가 호기심 있는 폭넓은 독자층을 즐겁게 하는 강렬한 이야기를 생산하면서 동시에 이들을 훈계하는 역할을 수행했다고 주장한다. 이러한 선정적인 보도들은, 비록 그 숫자는 미미했지만 이성애가부장주의의 가장 가시적인 상징을 사용해 그 억압적 체계에서 빠져나옴으로써 이에 도전한 여성들을 만류하고자 여성-여성 결합의 (확립된 전통이 아닌) 놀라운 진기함을 거듭 강조했다. 동성 결혼의 문화적 저항을 최소화하기 위해, 언론 보도와 그 관련 이미지들은 동성 결혼이 이성 결혼의 의복이나 의례적인 관습에 의

손한다는 사실을 강조했다. 오지랖 넓은 기자들은 젠더화된 의례의 하위문화적 의미를 검토하는 것을 거부하면서, 이 의례의 이른바 '좀먹는 효과'를 억제하기 위한 인식론적 개입으로 이러한 강조점을 전략적으로 배치했다. 이러한 측면에서, (동성 결혼에 대한 당대 언론 보도는—옮긴이) 이들 범주의 불안정성을 암시하는 이분화된 호칭, 즉 남성 복장을 한 파트너를 '남편'으로, 여성 복장을 한 상대방을 '아내'로 지정했다. 결국 (공교롭게도, 퀴어 여성이 자신의 젠더화된 주체성을 드러내기 위해 사용했던 용어가 아닌) 이러한 이성애규범적인 꼬리표는 여성 호모에로티시즘의 저항을 적절히 다룰 수 없었다. 이처럼 관음적인 매체들은 퀴어 여성을 독특하고 심지어 위험한 존재로 묘사함으로써 암묵적으로 여성 호모에로티시즘을 인정할 수밖에 없었다.

중간 취향middlebrow의 대중매체는 이들 여성의 하위문화적 현실을 기록하기보다는, 이 여성 프롤레타리아에 대한 2차적 착취에 통속소설의 서사적 관습을 결합했다. 대중적 보도는 수익 창출 전략으로 독자들을 즐겁게 하는 것 외에도, 반공 시민 만들기의 젠더화된 기획을 위한 교훈담cautionary tales으로 기능했다. 주로 부르주아 남성들의 리비도libido를 겨냥했음에도 불구하고, (여성을—옮긴이) 탈성애화하는desexualizing 대중매체의 논리에 따르면 남성의 여성 혐오misogyny는 학대받는 여성들을 다른 여성과 미국인의 품으로 몰아넣는 것이었다. 이처럼 불안을 조장하는 서술에서, 서로 상징적인 결합을 형성한 여성들의 운명은 예상대로 불행한 레즈비언의 미래인 것처럼 보인다. 따라서 이들의 짧고 비극적인 삶에 관한 서술은 여성 독자들에게 자기 규제self-regulation를 위한 도덕 지침을 제공했고, 이 시기의 인기 있는 이념적 유행어였던 '탈선'을 단념하게 했다. 하지만 그러한 폄하적인 글조차도 '그림자 독자shadow readers'들이 소비할 때에는 뜻을 같이하는 주체들의 공동체를 상상하는 기묘한 방식을 퀴어 여성에게 제공할 수 있었다. 미디어가 검열을 받고 제한적이었던 시대에 이러한 대중적 보도는 여성 프롤레타리아를 비롯한 주변화된 독자가 한국의 권위주의 발전의 대중적 문화 위에서 친밀성과 쾌락의 공간들을 개척할 수 있도록 하는 진정한 지침서의 역할을 하게 되었다.

탈권위주의 시대의 시민, 소비자, 활동가

한민족이 주체가 된 근래의 비규범적 섹슈얼리티와 젠더변이의 탈권위적인 표현은 한반도나 한국인 디아스포라를 막론하고 (신)자유주의적 논리이자 서구 사회의 퀴어적 분석queer analysis을 계속 지배하고 있는 의제들인 가시화 정치visibility politics와 인권, 다문화적 다양성과는 결을 달리하고 있다. 우리의 지적 기획이 한국 근대성의 비자유주의적인 밑바닥과 이것이 주변화된 하위 집단에 미치는 불균일한 영향에 초점을 맞추고 있는 한, 이 책은 백인 중산층 게이 남성의 특권적 관점을 넘어 퀴어 연구의 시야를 확장하고자 하는 유색인 퀴어queer-of-color 비평과 공명한다. 유색인 퀴어 비평은 초국적·디아스포라적 접근을 통해 북미와 서유럽 자유주의 사회의 모순된 균열 속에 살고 있는 인종적 소수자racial minorities의 종속적 지위에서의 저항적 행위자성agency을 드러내왔다.[49] 우리는 정체성 정치를 통해서만 자아의식을 표현하지는 않지만, 자신의 국가와 디아스포라 공동체에서 생존과 유지를 위해 비슷한 투쟁을 하고 있는 한국 퀴어의 역사적 힘과 반체제적 주체성을 강조한다. 서양에서와 마찬가지로, 한국 퀴어는 온라인과 오프라인 모두에서 여성과 무슬림, 난민을 포함한 사회적 소수자를 침묵시키고, 말살하고, 심지어 (직접적인) 위해를 가하려는 자경단 스타일의 난동꾼vigilante trolls과 종교를 구실로 한 외국인혐오자의 위협이 증가하는 와중에 더해, 소비자주의와 원자화라는 전 지구적 자본주의의 논리 아래에서 투쟁을 벌이고 있다.[50]

유색인 퀴어 비평을 지지하면서, 이 책은 활기를 더해가는 아시아 퀴어 연구 분야에서 통찰력을 얻고자 한다. 넓은 지리적 영역과 상이한 방법론적 접근을 망라하고 있지만, 이 작업의 많은 부분은 퀴어 연구의 서구 중심적 초점과 토착주의적nativist 경향을 '지방화'하려고 노력해왔다. 게다가, 아시아의 퀴어 연구는 연구하는 지역의 이성애규범적 가정과 더 최근에는 그 민족국가주의적 기반에 의문을 제기해왔다.[51] 1990년대 이후 아시아 퀴어 연구가 출현한 원인은 복합적이고 복잡하다. 이 지역을 연결하는 중요한 저류 중 하나는 아시아와 태평양의 많은 지역에서 민주적 제도의 수립이 가시화되던 기간 동안 LGBTI 단체와 영화제, 정치적 조직들이 거의 동시에 발전했다는 것이다. 이처럼 퀴어와 트랜스, 인터섹스 공동체의 가시성 증대를 위한 전제 조건은 분명하게 지역적이자 전 지구적인 범위를 망라해왔다.[52] 명백하게 초국가적인 연관성에도 불구하고 인류학과 역사학, 문학 등 인문학 분야에서 훈련받은 학자들은 지역적 맥락에서 비규범적 섹슈얼리티와 젠더변이를 분석해 이러한 변화에 대응했다. 지역 연구의 냉전 전통에 의해 부분적으로 조건화된 이러한 연구는 종종 단일한 민족국가 내에서 퀴어와 트랜스젠더 공동체의 용어와 시간성, 맥락을 구체화하는 것을 목표로 했다. 최근 몇 년 동안, 이 연구들은 점점 더 지역적 방향으로 진전되고 있다.[53] 수많은 책의 장과 학술지의 논문 외에도, 이제 아시아의 언어로 된 것은 말할 것도 없이, 영어권 아시아 연구의 거의 모든 국가별 하위 분야에서 관련 연구를 찾아볼 수 있다.[54] 이들은 일본과 중국과 대만, 홍콩, 싱가포르 등 중국어권 국가, 인도네시아, 태국, 인도를 포함한다.[55] 이 책은 아시아 퀴어 연구의 범위에 한반도를 포함함으로써, 한반도에서의 젠더변이와 비규범적 섹슈얼리티의 지역적 발현을 분석하기 위한 예비적이지만 필수불가결한 노력으로 기획되었다. 앞에서 제시했듯이, 작지만 성장하는 한반도에 관한 퀴어 연구의 장은 종종 우리 시대 이전에 있었던 일에 불리하도록 근 과거(예를 들어 1990년대 이후)에 초점을 맞추는 경향이 있는데, 우리는 이 시간적 범위를 확장하고자 했다. 우리는 이러한 희미한 역사를 돌이킬 수 없거나 현재와 무관한 것으로 취급하기보다는, 한반도 안팎에서 벌어지는 (탈)식민 시대의 규율할 수 없는 신체의 발현과 현재의 퀴어 주체의 투쟁 사이에 생동감 넘치는 연결고리로 그려내고자 한다.

동성 섹슈얼리티와 성별 비순응성의 아시아적 표현에 관한 대부분의 연구는 지역을 가로지르는 동시대적 발전을 이해하기에 적합한 모델로서의 퀴어 지구화queer globalization를 옹호하는 서구 중심적 주장에 대한 반응으로 발전해왔다. 실제, 1997년 북미와 서유럽의 LGBTI 운동이 아시아와 태평양 전역으로 빠르게 전파되었다고 주장한 데니스 올트먼Dennis Altman에게 도전하는 것은 비판적인 학자들의 관행이었다.[56] 비록 논쟁의 여지가 있지만, 퀴어 지구화는 부분적으로 가시성 정치와 인권 담론을 수용한 성소수자 주체성에 관한 중요한 연구들에 박차를 가하는 데 도움이 되었다. 올트먼의 패러다임은 특히 서구의 백인 중심적 공동체에 거주하는 이민자 주체와 관련한 것일 때, 국경을 넘나들거나 디아스포라 상태에 놓인 동성애와 비규범적 젠더를 연구하는 것에 대한 생산적인 논쟁을 불러일으켰다.[57] 모든 점에서 미루어볼 때, 이러한 연구는 제국주의적 확산이나 배척주의적 저항의 모델을 지나치게 단순하게 채택하지 않고 아시아와 태평양의 퀴어성을 분석하는 일의 해석상에서의 어려움을 드러냈다.

남반구의 다른 저개발국 지역과 마찬가지로, 제국주의/식민주의와 군사 점령, 초국적 자본주의 등 외세의 개입으로 인한 소외의 과정은 아시아와 태평양의 다양한 인구를 잠식해왔다. 이 과정의 영향에 대해 즈란 D. 상Tze-Lan D. Sang은 "비서구에서 번역된 근대성의 복잡함은, 탐구를 위한 특정한 비서구 공간이 표면적으로 국가로 인정될 때조차도, 우리가 무엇이라 부르든 식민적·제국적·초국적·국제적·지구적 존재와의 결합으로 언제나 이미 가득 차 있다는 사실"이라고 주장해왔다.[58] 개발도상국에 대한 서구적 (그리고 제2차 세계대전 이전의 아시아에서, 우리는 이를 일본으로 확장할 수 있다) 망령의 영향에 대한 우려는 많은 후기 식민주의 비평가를 비슷하게 사로잡았다. 지배받은 민중의 얽혀 있는 역사를 서술하는 해방적인 방법을 모색하면서, 이들은 그 자신의 역사를 동일화시키는 경향이 있었던 불평등한 권력 관계를 확인했다. 디페쉬 차크라바티가 남아시아의 관점에서 이 지적 기획을 설명한 것처럼, "유럽을 '지방화'한다는 것은, 유럽의 관념들이 보편적이지만 또한 동시에 그 어떤 보편적 타당성도 주장할 수 없을 만큼 매우 특수한 지적·역사적 전통들에서 나왔다는 것, 바로 이것이 어찌 된 일이며 어떤 의미인지를 알아내는 것이었다."[59]

이와는 대조적으로, 일부 지식인, 특히 아시아-태평양에서 일하며 사는 이들은, 후기 식민주의의 역사적 곤경과 퀴어 지구화의 위협이라고 여겨지는 것에 젠더변이와 비규범적 섹슈얼리티에 대한 토착주의적 설명을 주장함으로써 대응해왔다. 소수이지만, 그들은 서구적 범주의 불가입성impenetrability(不可入性)을 주장한다. 대신, 토착주의자들은 하워드 H. 치앙Howard H. Chiang이 "자기 동양화 또는 재동양화"라고 적절히 설명한 공식으로 아시아 퀴어의 급진적 차이를 상정한다.[60] 예를 들어 중국학 분야에서 와샨 추Wah-Shan Chou는 "성애적 대상의 선택이 아니라 가족 혈연 체계가 한 사람의 정체성의 기초"라고 대담하게 제안했다.[61] 와샨 추의 모델은 대만과 중국, 홍콩에서의 호모에로티시즘의 지역적 특수성을 해명하는 데 유용하기는 하지만, 그 사회를 섹스와 계급, 종교, 세대의 측면에서 사회적으로 미분화된 것으로 취급하는 경향이 있다. 그는 내부적 차이를 억제하는 방식으로 변하지 않는 문화적 본질을 주장한다. 게다가 와샨 추는 이 지역이 외부 세계와 상호작용하는 것이 아니라 고립되어 있다는 관점으로 자신의 주장을 뒷받침하고 있다. 이 "은자의 왕국" 패러다임에서 중국 사회는 분석적으로 중국어권 너머의 문화적 지역과 교차 문화적 상호작용으로부터 봉쇄되어 있다.[62]

일부 학자들은 외부의 힘을 부정하거나 최소화하는 토착주의 모델을 채택하고 있지만, 많은 아시아 퀴어 연구자들은 서구 등 지배적인 장소로부터의 지식을 번역의 관계적이며 행위자 기반의 분석에 맡기는 방식으로 재배치하고자 노력해왔다. 문화기술지적 현장 조사나 텍스트 해석textual exegesis, 시각과 청각 자료에 대한 연구 등 어떤 방식으로 행해지든 간에, 번역 모델은 (LGBTI 정체성 범주와 같은) 구조를 지구화하는 부정할 수 없는 힘을 인식하면서도 이 초국가적 힘과 적극적으로 협상할 수 있는 지역 주체의 능력을 강조한다. 예를 들어, 톰 벨스토르프Tom Boellstorff는 (인도네시아 영화나 TV 프로그램에서의) 더빙의 기술적·문화적 함의를 인도네시아의 레즈비언과 게이들의 복잡한 주체성을 이해하기 위한 틀로 배치하고, 이들이 외부 메시지로부터 완전히 자유롭지도 전적으로 지배되지도 않는다고 주장한다. 벨스토르프가 서술했듯이, "더빙된 사운드트랙의 가능성의 범위는 다른 곳에서 발원한 이미지에 의해 형성되므로, '더빙된' 주체-위치subject-position와 그 위치를 어떤 방식으로든 차지하는 개인은 자신이 원하는 대로 그 주체성을 선택할 수 없다."[63] 그는 외국 영화와 텔레비전 쇼 등 대중매체의 역할에 초점을 맞추면서, 토착주의적 퀴어 아시아 연구에서 전통의 변치 않은 기능으로 환원되는 경향이 있는 정통성의 복잡한 문제 역시 다룬다. 이와는 대조적으로, 그의 섬세한 문화기술지 연구는 인도네시아 소비자가 문화 상품의 본래 의미를 어떻게 재의미화하는지를 보여준다. 벨스토르프는 번역의 중재적 과정을 통해 그 자신의 비규범적 주체성이 서구를 비롯한 자신과 거리가 먼 사회나 문화로부터 나온 균열적이지만 영향력 있는 담론과 연결된 경우에도 (반드시 모두는 아니지만) 일부 개인 역시 '게이'나 '레즈비(언)' 등의 정체성 범주를 정통적으로 경험할 수 있디고 주장한다.[64]

당대 한국에서의 퀴어와 트랜스젠더의 주체성의 위치를 추궁하기 위해 인류학을 비롯한 비판적 접근법을 사용하면서, 마지막 세 장은 신자유주의적 자본주의와 탈권위주의적 민주주의, 이성애가부장적 체제 순응주의 아래의 규범적 정치에 대한 행위자 중심적이고 문화적으로 특정적인 분석에 초점을 둔다. 한반도의 일상생활에 여전히 영향을 미치고 있는 냉전과 함께, 이 교차적인 역학 관계는 소비자와 활동가로서의 개인적 분투를 조장하면서, 동시에 개별적 시민들인 이 인구에 집단적인 부담을 주고 있다. 탈권위주의 한국에 관한 이 연구는 마이클 워너Michael Warner가 한때 동성 결혼을 위한 미국의 동화주의적인 방식의 운동에 관한 분석에서 "동성애규범성 homonormativity"이라고 불렀던 것과 관련이 있다.[65] 거의 20년 동안, 북미와 서유럽의 이성애규범성에 대한 비판은 퀴어 연구를 하는 다수의 학자와 활동가들 사이에서 활기를 띠었다. 앞에서 논의한 바와 같이, 유색인 퀴어 비평은 데이비드 엥David Eng이 "퀴어 자유주의 queer liberalism"라 부르는 것의 불균등한 효과를 강조했다.[66] 예를 들어, 재스비어 푸아Jasbir Puar의 호모내셔널리즘 개념은 젠더변이와 비규범적 섹슈얼리티가 노동 이주와 대규모 인구이동, 안보화된 지정학에 의해 지구화된 세계에서 테러리스트 주체를 어떻게 무력화시키는지를 폭로함으로써 백인성과 시민권이라는 특권에 대한 검증되지 않은 가정에 도전했다.[67] 호세 에스테반 무뇨스는 라틴계 드래그 퍼포머에 대한 그의 선구적인 분석에서 다중적으로 주변화된 주체들이 어떻게 이성애규범성과 백인 우월주의, 여성 혐오에 의해 생성되는 낙인찍힌 이미지를 섹시함과 화려함을 발산하는 저항과 생존의 힘을 북돋는 미학으로 변형시키는가를 강조하기 위해 탈동일시 disidentification의 개념을 제안했다.[68]

이 책의 저자들은 앞의 연구들에서 영감을 얻으며 아시아 퀴어 연구에서 발전한 지방화 분석을 채택한다. 우리는 고도의 원자화와 LGBTI 정치성에서 권리 중심적 모델의 헤게모니를 가정하는 경향이 있는 이성애규범성과 동성애규범성의 비역사적 적용에 질문을 던진다. 페트루스 리우Petrus Liu가 썼듯이, "미국에 기반을 둔 퀴어 이론은 인종과 젠더, 계급, 섹슈얼리티, 종교 등 인간성의 구별 표지 사이의 관계를 재고할 수 있게 하지만, 사회적 차이에 대한 퀴어 이론의 개념은 매우 미국적인 정체성 정치의 자유주의적 다원주의 문화에 국한되어 있다."[69] 리우는 한국과 마찬가지로 일본 제국주의와 냉전의 결과로 분리된 분단국가인 중화인민공화국과 중화민국(대만) 사이의 역학 관계를 더 잘 포착하기 위해, 그가 "비자유주의적 퀴어 이론nonliberal queer theory"이라고 부르는 것의 전통 안에서 활동하는 중국어권 지식인들을 탐구한다. 이 인식론적 틀은 정체성과 가시성, 소비로서의 LGBTI 정치의 모듈화를 확인하는 동시에, 자본주의적 지구화와 인권을 당대 아시아 사회의 유일한 지배적 논리로 받아들이는 것을 거부한다. 비슷한 맥락에서, 야우 칭Yau Ching은 서유럽과 북미에 정박된 퀴어 자유주의에 대한 논의에서 종종 나타나는 문화적으로 특수한 규범성의 개념을 문제시해왔다. 그가 쓰듯이, "규범성은 '얼룩지고, 줄 그어지고, 모순되는' 개념으로 중시하고 추궁할 필요가 있을 뿐만 아니라 … 세계 대부분의 지역에 있는 다수에게 접근이 어려운 상대적인 이상으로서의 규범성을 기억하는 것 역시 중요하다."[70] 그는 주체 중심의 연구를 통해 중국과 홍콩의 많은 주민이 때로는 가족과 친구, 동료와의 유대를 유지하려는 방법으로, 이상화되었지만 강력한 규범성의 개념에 가까워지고자 투쟁한다고 주장한다. 루세타 Y. L. 캄Lucetta Y. L. Kam, 엘리사베스 L. 엥게브레첸Elisabeth L. Engebretsen 등 중국 연구자들은 문화기술지적 접근법을 사용해 중국 퀴어의 주체성을 강조함으로써 반규범적 비평을 유사하게 지방화하고자 노력했다.[71] 예를 들어, (중국의) 레즈비언들은 "정상적" 삶을 추구하는 과정에서 이성애가부장제의 견고한 구조에 도전하지만 이를 반드시 파괴하지는 않는 (성애적—옮긴이) 관계를 추구하면서, (그와 동시에) 편안함을 제공하지만 요구 사항이 많은 친족 간 유대를 유지하고자 하는 복잡한 욕망을 표현한다.[72] 게이와 레즈비언 간의 '계약 결혼' 유행은 동아시아의 퀴어, 특히 전문가 계급의 이들이, 여성을 희생시켜 남성에게 특권을 부여하는 혼인과 효의 관습에 의지해 이 얽히고설킨 상황을 다루는 방식에 대한 유익한 사례라고 할 수 있다.[73] 또 다른 사례로는 중국의 젊은 레즈비언들이 "노출과 공공의 감시에 대한 두려움 없이 서로 교제할 수 있는", 생물학적 가족 바깥의 새로운 친족 형태인 라라 가구lala households가 있다.[74]

조성배는 연속적 규범성의 측면에서 남성 동성애에 대한 문화기술지를 구체화하면서, 생명정치적 가족주의와 신자유주의적 개인주의라는 자본주의 발전의 두 가지 모순된 힘이 1970년대 이후 한국 게이 남성의 주체성을 형성해왔다고 주장한다. 이 역사적 설명에 따르면, 변화를 겪으면서도 여전히 국민 생활의 기둥으로 고이 간직되어온 이성애 핵가족은 남성이 동성애적 욕망을 표현하고 비규범적 친밀성을 형성하는 방식을 제한하는 데 중요한 역할을 했다. 조성배는 1970년대와 1980년대를 후발 발전주의로 묘사하면서, 긴 군사독재 기간에서 자본주의적 성장의 초남성적hypermasculine 이데올로기의 중심성을 밝힌다. 그는 한국의 권위주의적 발전이 생물학적 성에 대한 이형적 관념에 기반하여 시민의 '적절한' 생애 주기를 규정하는 연대기적 용어로 표현되었다고 주장한다. 그 전제가 고도로 젠더화된 냉전 이데올로기는 남성에게 산업적 노동과 군 복무를 통해 국가 경제에 이바지할 것을 요구했을 뿐만 아니라, 이성애가부장적 구조를 따르도록 했다. 그 결과, 서로에게 끌렸던 남성들도 결국 여성과 결혼해 혈통을 이어나갈 남성 후손을 생산할 것을 강요당했다. 대부분의 전후 세대 게이들은 (자신의) 동성애 정체성과 장기적인 (동성) 연애 관계를 형성하는 것을 단념 당하면서, 일시적으로 크루징 cruising* 구역으로 변모한 군부대와 남자 기숙사, 영화관 등에서 순간적인 '스킨십'만을 할 수 있었다. 하층계급의 여성 성 노동자를 폄하하는 단어인 갈보를 뒤집은 보갈이라는 단어는 이 음지에 숨어 있는 남성들의 (자기) 비하와 부르주아적 관점을 가장 잘 포착한다.[75]

뒤이은 정치적 자유화와 경제적 지구화의 시기(1990년대 중·후반) 동안, 퀴어 주체들은 새로운 담론적·기술적·공간적 네트워크를 활용해 더욱 주체적인 자아를 형성했다. 그러나 조성배에 따르면, 이등 시민의 지위를 일컫는 이반이라고 불리게 된 게이 남성들은 정체성 정치에 참여하기보다 '평범한' 애인을 찾는 데 주력하는 경향이 있었다. 이 표현은 "아웃팅"**된 사람의 가족 구성원을 수치스럽게 할 수

---

* 크루징(cruising)은 길거리나 화장실, 극장, 공원 등의 공공장소 혹은 게이 대상 업소 등을 돌아다니며 성적 파트너를 찾는 것을 의미하는 게이 용어다. 친구사이 LGBT Dictionary 참조, https://chingusai.net/xe/term/116324
** 아웃팅은 성소수자 본인의 의사에 반해 타인이 성소수자 성체성을 노출하는 행위다. 원문에는 농사형 "out(ed)"으로 표현되어 있으나, 한국 독자들에게 친숙한 용어인 아웃팅으로 번역했다.

있는 것을 포함해 이성애 결혼에 대한 압박과 동성애 혐오로부터 보호받는 별도의 중산층 삶에 대한 뿌리 깊은 욕망을 의미한다. 그러나 조성배는 그들의 주체성을 완전히 퀴어 하지 않은 것으로 이해하기보다는 주체 지향적 규범성의 의미를 강조한다. 조성배의 분석에 따르면, 서로를 찾고 지속 가능한 사회성의 연결망을 만드는 행위 그자체가 현대 한국 게이 남성의 생활정치life politics의 핵심적 차원을 구성하는 것이며, 이는 이러한 개인적 정치 행위가 항상 목적론적이고 확산론적인 퀴어 지구화의 관념에서 예상되는 권리 기반의 운동으로 탈바꿈하지 않는다 해도 마찬가지다.

조성배는 생명정치적 가족주의에서 원자화된 개인주의로의 변화를 추적하고 있지만, 21세기 초반에 대한 그의 논의는 퀴어 주체를 낙인찍고 소외를 야기하는 새로운 힘 속에서 이성애가부장적인 순응성에 대한 논의와 실천이 어떻게 자아의 신자유주의적 표현을 굴절시키는지를 강조한다. 아마도 이때의 (상호—옮긴이) 모순적 힘을 가장 잘 보여주는 것은 최근의 게이 '박쥐' 현상일 것이다. 이 신자유주의적 남성들은 지구화로 인한 불안에 전략적으로 대응하면서 게이 공동체로부터 물러서는 것을 선택했고, 대신에 자기 계발self-cultivation과 경제적 안정에 집중했다. 그러나 게이 박쥐, 그중에서도 특히 물가가 비싼 도시에 사는 이들은 이러한 (사회적) 자원을 가족생활의 이성애규범적 압력으로부터 탈출하기 위해 사용하는 대신 물질적으로나 심리적으로 안정감을 주는 혈연관계의 경계 안에 남아왔다. 요컨대, 가족적 제약과 개인의 자유, 정치적 동성애 혐오의 복잡한 중첩은 한국 게이 남성이 가시성 증가나 권리 증진의 길을 따른다는 진보의 서사로 반드시 환원될 수 없으며, 이들이 거쳐온

실을 냉전 자본주의라는 연속적 체제의 정치적·사회적·문화적 매트릭스 속에 위치 지어야 한다는 것을 보여준다.

조성배와 같이 신라영도 물질적인 접근 방식을 취해 한국의 LGBTI 인구 중 더욱 불안정한 일부인 젊은 퀴어 여성들의 젠더화된 실천과 체현된 주체성에 대해 검토한다. 그는 신자유주의적 자본주의 아래에서의 젠더 순응성과 동성애규범적 동화에 대한 서구 중심적 논의의 지방화를 시도하면서, 1997년 IMF 위기 이후 정부 주도의 경제적 구조조정 정책을 통해 개인적 생존의 근간으로서 핵가족이 재조명되었다고 주장한다. 신라영의 문화기술지 연구는 부르주아 남성과 비교했을 때 물질적으로 지원 받기 위해 가족 구성원들에게 더욱 의존할 수밖에 없었던 노동계급 레즈비언 여성들에게 이러한 사회경제적 변화가 어떻게 더더욱 부정적인 영향을 끼쳤는지를 보여준다. 제조업의 침체에 대응해 대기업의 미디어 활동에 투자하는 국가 주도의 전략인 한류의 부상은 젊은 여성들이 자신의 젠더화된 자아를 다르게 꾸밀 수 있는 새로운 미학적 방식을 제공했다. 그러나 신촌공원과 같은 공공장소에 잠시 전시된 퀴어 여성의 개인적인 여성남성성female masculinity의 표현은 2010년대 초에 이르러 한국에서 동성애 혐오적 반동backlash을 불러왔다. 이 가시적 표현과 인권운동, 착취적인 미디어 재현을 통해, 대중은 여성 동성애에 대해 알게 되었고, 이를 부치butch 레즈비언의 비규범적 몸과 연관 지었다. 그 후 서로에게 욕망을 품은 퀴어 여성들은 젠더-규범적인gender-normative 방식으로 자신을 새롭게 꾸미게 되었으며 자신의 외모를 "이성애화straighten"하는 것을 꺼릴 경우에는 더욱 은밀한 형태의 온라인 상호작용을 통해 대중적 가시성을 적극적으로 피했다.

신라영은 이러한 문화기술지적 관찰 내용을 퀴어 자유주의나 동성애규범적 동화의 서사로 위치 짓지 않는다. 그 대신에 젊은 레즈비언들의 젠더변이적인 표현이 이성애적 표상화로 현저하게 변화한 이유가 LGBTI에 대한 법적 보호를 제공하는 데 실패한 동성애 혐오적인 제도에서 비롯된다고 설명한다. 젠더 순응성의 지역적 원인에 주목해볼 때, 레즈비언 여성에게 퀴어성을 공개적으로 전시하는 것은 가족으로부터의 소외와 사회적 거부라는 낙인을 찍는 시선, 경제적 고통의 불안정한 경험에 시달리게 한다. 신라영은 젊은 여성의 비가시성에 대한 욕망을 한국에서의 동성애규범적 동화나 퀴어 자유주의의 출현을 나타내는 탈정치적 관행으로 독해하는 것이 아니라, 이를 퀴어, 특히 하층계급인 이들의 정서적·물질적 안녕을 계속 도외시하는 탈권위주의 체계의 문제적 증상으로 파악한다. 그는 주체 중심적인 분석을 통해, 복장이나 머리 모양 등을 통한 규범성의 표현은 퀴어 여성이 생존과 지원을 위해 의지해야만 하는 친구나 친척, 동료에게 커밍아웃하거나, 더 나쁘게는 아웃팅을 당하게 될 경우에 마주할 수 있는 다양한 형태의 해악과 상실로 끊임없이 이들을 위협하는 사회를 살아가는 데 필수적인 생존 전략이라고 판단한다.

조성배와 신라영이 세계시장의 신자유주의화와 지역 일상의 이성애정상화heteronormalization로 인한 경제적 및 정서적 불안정성이 한국 게이와 레즈비언의 복잡한 주체성에 영향을 미쳐온 방식에 초점을 맞추는 한편, 이 책의 마지막 장은 이 탈권위주의적 민주주의 사회의 또 다른 중요한 특징을 강조하는데, 이는 국가 안보와 자본주의적 축적의 이름으로 퀴어 시민의 안녕을 위험에 빠트리는 경향이 있다. 스스로 '트랜스젠더퀴어'로 정체화하는 연구자이자 활동가인

루인은 비규범적 표현들을 신자유주의적 정체성의 원자화된 작용으로 단순히 이해하는 것이 아니라, 냉전 지정학의 역학 관계를 집산화하는 방식을 통해 동성애와 젠더변이를 전달해야 할 필요성을 주장한다.[76] 그*는 한국 주민등록제도의 생명정치적 효과를 조사하는 한편, 이로 인해 가장 부정적인 영향을 받는 비규범적 시민들에게 이 배타적 기관을 해체하는 해방적 방법을 제시한다. 루인은 조선 왕조부터 식민지 시기까지 이 제도의 기원을 추적하면서, 주민등록제도는 박정희의 통치 기간에 뿌리내렸고, 공산주의의 동조자로 고발된 개인에 대한 국가 주도의 폭력으로 이어졌다고 주장한다. 이 전능한 인구 통제 메커니즘은 시간이 흐르면서 한국의 군 징병제와 노동 동원, 가족 등록, 의료 규제의 체계와 깊이 뒤엉키게 되었다. 생물학적 성이 이형적이라는 (그리고 최근까지도 변할 수 없다는) 관념이 여전히 이 국가 제도를 구성하고 있는 한, 남성과 여성 사이의 엄격한 경계에 부합하지 않은 몸들은 혹독한 시선과 다양한 형태의 물질적·정신적 고통에 직면한다.[77] 한국전쟁 이후 '빨갱이' 혐의를 받은 이들의 상황과 다르지 않게, 한국인 트랜스젠더와 인터섹스들은 반공적 군사주의와 시스젠더 이성애가부장제라는 경직된 용어로 자기를 규정하는 탈권위주의 사회 내부의 추방자 위치에서 생존하기 위해 투쟁하고 있다. 지속적인 한국 가족의 붕괴는 출산율 저하와 LGBTI 운동의 성장, 결혼 이주 여성과 이주 노동자의 유입 등과 함께, 비혼 여성과 이혼 인구의 증가로 입증되고 있다. 기독교 보수주의자들은 이

---

* 원문은 여기에서 루인을 가리키는 성별 대명사로 zhe를 사용하며, 이것이 루인이 선호하는 성별 대명사라는 것을 밝혔으나, 여기에서는 '그'로 옮겼다. 또한, 이 장의 번역에서 모든 성별 대명사는 가리키는 대상의 성별과 관계없이 '그'로 옮겼다.

러한 인구 변화를 그들이 심각하게 우려하고 혐오 집회를 여는 종말론적 원인으로 매도하고, 이러한 긴장을 악화시켰다. 루인은 주민등록증과 강제 지문날인을 폐지하기 위한 노력에 공감하면서, 한국의 섹스-젠더 체계의 이분법적 논리를 해체하기 위한 일련의 날카로운 질문을 던진다.

트랜스젠더의 생애 경험은, 비록 모든 시민의 권리 보호를 공언하지만 실상은 매우 불균질하고 차별적인 방식으로 이를 수행하는 민주적 체계 아래에 있는 주민등록제도의 인간성 말살의 효과를 추궁하기 위해 결정적인 자료를 제공한다. 예를 들어, 군법과 민법은 남성과 여성 사이에 엄격한 경계를 만들어왔고, 의료 전문가는 그 경계를 감시하는 역할을 담당했다. 한편, 성별화되고 젠더화된 몸을 가져야 하는 한국의 트랜스젠더와 인터섹스는 매우 미묘하고 비공식적인 방법으로 이 정치화된 이분법을 교란한다. 예를 들어, 루인은 그가 호칭으로 가족 구성원을 부르는 방식에서 남성과 여성의 위치를 모두 차지한다. 젠더를 감시하는 엄격한 환경에서 생존하기 위해, 트랜스젠더 활동가들은 (성별을 표시하는) 주민등록번호 후반부의 첫 번째 숫자를 바꾸고자 했다. 루인은 주민등록제도로 강화된 섹스-젠더 이분법을 수용하는 것처럼 보이는 이 활동가들의 입장을 개인의 생존과 심리적 안녕을 추구하는 것이라고 해석한다. 이런 방식으로 생각할 때, 자신의 주민등록번호를 바꾸려는 노력은 이미 냉전적 위기로 좁혀진 섹스-젠더 체계 내에서 트랜스젠더가 자신의 자아 감각을 지정할 권리의 보장을 추구하는 것이며, 이를 통해 어떤 의미로는 군대와 정부, 의료 당국이 확정한 정의定義에 의존하지 않는 것이다.

결론

　루인의 강력한 호소가 명확히 한 것처럼, 사회운동은 트랜스젠더, 게이 군인, 동성 결혼을 염원하는 사람들과 장애인, 가난한 사람, 이주민 등 광범위하게 주변화된 주체들의 인간성과 삶을 보장하기 위한 필수적이지만 도전적인 수단으로 남아 있다. 분명 개인의 젠더와 계급, 섹스, 지향, 세대, 지역 등에 따라 경험이 다르겠지만, 한국인 LGBTI들은 동성애 혐오와 트랜스 혐오, 유독한 남성성, 여성 혐오 등 주변화의 압력이 퀴어(와 다른 소외된 시민)의 심각하게 높은 자살이나 자해를 조장하는 사회 속에 살면서 무수한 장애물에 직면한다.[78] 민주적 제도가 명목상으로 개인의 필요와 욕구를 표명하도록 하는 절차적 메커니즘을 제공하는 오늘날에도, 한국에서 LGBTI로 산다는 것은 모든 것을 아우르는 정체성을 가시적으로 드러내거나, 권리 기반의 인정 정치에 관여하는 것 이상을 수반한다. 이는 특히 자신의 정체성을 "당당하게 드러낸" 표현 양식이 친족들을 기쁘게 하고, 연애 관계를 유지하고, 노동 시장에서 성공(하거나 생존이라도)하기 위한 개인의 능력을 위태롭게 할 때 더욱 그렇다. HIV 양성인 한국인 일부는 친구와 동료, (잠재적인) 애인, 가족 구성원에게 감염 사실이 알려지면 낙인찍힐 것이라는 만연한 두려움 때문에 질병을 효과적으로 관리한다고 알려진 항레트로바이러스 약품을 복용하는 것을 꺼릴 것이며, 이는 치료를 위해 국가에 등록해야 하기 때문*이다. 이는 단순한 진단 자체만으로도 예방 가능한 조기 사망으로 이어질 수 있다는 슬픈 사실을 드러낸다. 북한에서 비규범적 섹슈얼리티와 젠더변이에 대한 공적인 표현은 엄밀한 의미에서 금지되지는 않았지만, 사회주의적 민족주의 국가의 이성애가부장적 신조를 위반했다는 이유로 중한 처벌을 받는다는 사실이 일화를 통해 알려져 있다. 사형 집행에 대한 단편적이지만 불확실한 증거는 이 초법적 정책의 죽음정치적 결과를 암시한다.[79]

이어지는 장에서 우리는 비규범적 주체가 국가 폭력과 언론의 심문, 사회적 낙인, 문화적 소외, 경제적 빈곤에 지나치게 노출되어온 방식을 강조함으로써, 퀴어의 불안정한 존재 방식을 다룬다. 식민 지배 아래 근대적 민족주의에서 권위주의 시대의 반공주의, 현대의 신자유주의적 지구화와 난동꾼 자경주의 시대의 국가 안보에 이르기까지 어떤 방식으로 표현되든, 38선의 양쪽과 디아스포라에서의 집단적 생존을 위한 반복된 투쟁은 젠더변이와 동성애 등 비규범적인 삶의 형태를 평가절하하고 비인간화하는 경향을 보여왔다.[80] 서유럽과 북미에서 (종종 다른 사회적 소수자들을 희생시키면서) 일부 LGBTI 공동체의 행복과 복지를 증진하는 것을 목표로 하는 관용의 자유주의적 수사와 법적인 포용 너머를 본다면, 우리는 특권과 이성애규범적 권력에 대한 접근성이 여전히 매우 불균질하다는 사실을 발견할 것이다. 한국인 퀴어와 다르지 않게, 이주민과 여성, 트랜스젠더도 민주적 보호를 자랑하는 사회에서조차 극심한 소외와 매서운 차별을 끊임없이 경험한다. 예를 들어, 자주 "자유의 땅이자 용감한 이들의 고향"이라 선전하고, 일부 진보적인 한국인에게 사회운동에 대한 영

---

* HIV/AIDS 감염인은 국가에 실명 등록을 하지 않더라도 치료를 받을 수 있다. 단, HIV/AIDS 치료비 중 본인 부담금 10퍼센트에 해당하는 비용은 실명 등록을 한 경우에만 세금으로 지원이 되기 때문에 실명 등록을 하지 않을 경우 치료에 대한 경제적 부담이 크다.

삶을 주는 곳으로 떠받들어지는 미국에서도 여러 취약한 공동체들은 퀴어와 트랜스젠더, 특히 여성과 유색인인 이들에게 언어적·신체적 폭력을 가하고 이들을 무참히 살해하는 가해자라는 추가적인 부담에 직면하고 있다.[81] 트럼프 정부가 공식적으로 승인한 혐오는 이런 잔인한 현실을 더욱 선명하게 만들었다. 이 점에서 미국과 남북한은 태평양(과 38선) 양쪽 대부분의 진보주의자가 인정하고자 하는 것보다 훨씬 많은 공통점을 갖고 있다.

폭력적인 국가 동원과 대상화하는 언론 관행, 소외를 만드는 문화적 규범이 퀴어와 트랜스젠더 등 사회적으로 경멸받는 주체의 삶을 심각하게 위태롭게 했다는 바로 그 사실 때문에, 주변화된 공동체들은 가능한 한 자신들의 안녕을 보호하고 유지하기 위한 친밀성과 노동, 쾌락의 공간을 구축하려고 노력해왔다. 이러한 인간의 기본적 욕구와 한반도(와 다른 곳들)에 관한 서술에서 이들이 사실상 삭제되었다는 사실을 고려한다면, 유사한 일이 계속 등장하지 않도록 이 망각된 종속에 관한 이야기를 상기할 가치가 있다. 19세기 후반 이후, 서로 중첩되는 다양한 집단의 생존 위기는 역설적으로 제국주의적 저항과 민족주의 정치, 자본주의 권력 등 문화적으로 동질한 지배와 발전의 체계라는 규범적 틀에 맞지 않았던 "규율할 수 없"고, "일탈적인" 한국인의 존재 자체를 위태롭게 했다. 이 역사적으로 뒤늦은 깨달음에 이어 이제 학자와 학생, 활동가, 그 외에 뜻을 함께하는 지지자들은 마침내 한반도 근대성의 뚜렷하게 비뚤어진 이면을 인식할 때가 왔다. 설령 그것이 비자유주의적인 용어나 자유주의적인 용어, 혹은 이 두 상상의 양극단 사이의 무언가로 표현되든 간에 말이다. 『퀴어 코리아』는 균열을 내는 탐구라는 공동의 목표와 이것이 만들어낼 힘을 북돋는 통찰로 비판적 에너지를 보내고자 한다.

마지막으로, 나는 한반도의 머지않은 과거에 존재했으나 잘 알려지지 않았던 퀴어성은, 한국인들이 개별화된 고통과 국가의 보호 이면에 있는 세대 간의 동맹과 공동체를 횡단하는 협력, 복원된 대중정치를 구축하도록 함으로써 현재 LGBTI 운동과 신자유주의적 소비주의의 난국을 극복하기 위한 중요한 통찰력을 제공한다고 이야기하고자 한다. 1990년대 절차적 민주주의가 확립되고 '성소수자'가 유권자로 추정되는 존재로 등장한 이후, LGBTI 시민의 역량을 강화하기 위한 노력은 당연하게도 군형법 제92조의6을 비롯한 차별적 관행을 근절하는 것에 집중되어왔다. 권위주의 시대 관행의 아성을 감안한다면, 그러한 비자유주의적 제도를 제거하는 것은 당연히 필수적인 첫 단계라고 할 수 있다. 하지만, 이러한 노력은 활발한 대화나 변혁적인 교육에 관여하기보다는, 특히 문화적으로 보수적이고 정치적으로 반동적인 시민들과의 성난 대립의 형태를 취하는 경우가 많다. 최근 성소수자 운동의 성장과 함께, 동성애 혐오와 트랜스 혐오, 여성 혐오를 고조시키는 근본주의적 움직임도 개인화된 고통과 법률적 해결책을 중심으로 한 자유주의적 인정의 정치에 대한 주요한 장애물로 부상하기도 했다. 한편, (다수가 온라인인) 수많은 소비자 공간에서 개인의 젠더와 섹슈얼리티를 표현할 수 있는 일견 해방적으로 보이는 상태는 역설적으로 대부분의 성소수자가 고립된 영역에서 경제발전의 과실을 누리기 위해 대중의 시선으로부터 후퇴하여 점차 원자화되고, 경쟁적이며, 적대적인 문화를 만들어왔다.

이와는 대조적으로, 세대 간 협력과 계층을 아우르는 탈정체성 post-identity 동맹의 보다 급진적이고 포괄적인 모델은 현재의 절망과 분열의 환경에 대한 실현 가능한 대안을 제공한다. 실제 오늘날 대부분의 운동에서 결여된 것은 그들 중 다수인 상당히 가난한 비규범적 주체들이 신뢰할 수 없는 국가나 적대적인 사회에 의존하지 않고 어떻게 스스로의 안녕을 증진하기 위해 노력했는지에 대한 역사적인 인식이다. 그들의 삶과 유대를 재탐색하는 것은 종종 집단적 정치를 해치기도 하는 원자화된 개인과 국가가 승인한 해결책에 집중하는 오늘날의 운동을 초월하는 하나의 방안을 제공하기도 한다. 이 신자유주의적 교착상태에 직면한 상황에서, 과거의 행위자들이 불가능해 보이는 상황과 압도적인 소외에 직면한 상태에서 어떻게 의미 있는 행동을 취했는지를 상기해볼 필요가 있다. 이러한 행동을 더 이상 현재에 맞지 않는 정치화 이전 또는 권위주의 시대의 잔재라고 여기기보다는 이들의 개인적 생존과 '레이더 아래'의 동맹의 전략은 다양한 범주에서 주변화된 개인들이 세대와 공동체를 가로지르고 계급을 횡단하는 운동의 일부로서 서로 관계 맺고 상호 배울 수 있는 역량을 강화하는 자원을 제공하는 것이라고 생각할 필요가 있다. 만약 『퀴어 코리아』가 이러한 급진적 변혁의 과정에 어떻게든 도움이 될 수 있다면, 이 책을 출판하기 위한 분투는 충분히 노력할 가치가 있었을 것이다.

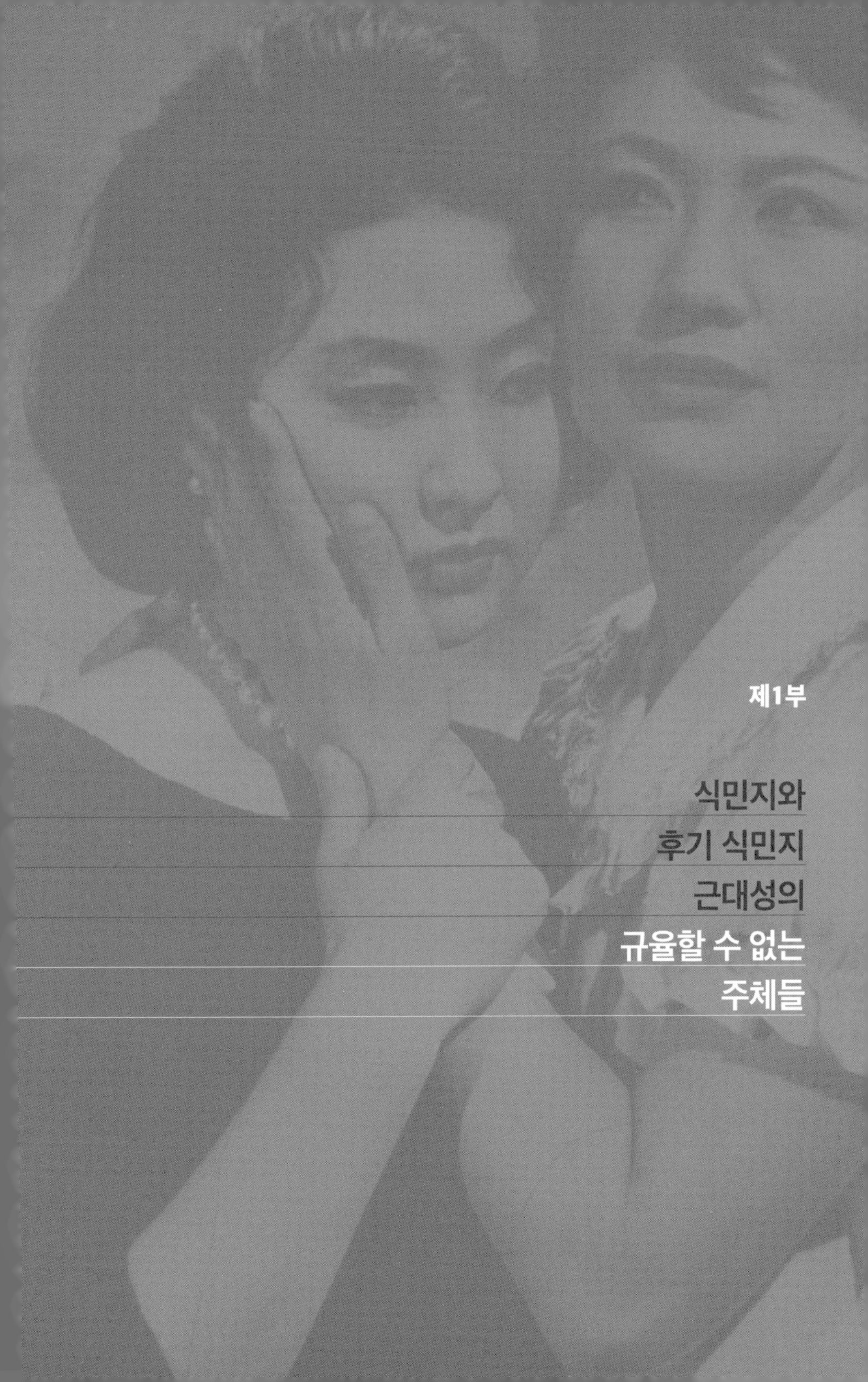

제1부

식민지와 후기 식민지 근대성의 규율할 수 없는 주체들

제1장

식민주의 드래그의 의례儀禮 전문가들

1920년대 조선의 샤머니즘적 개입들

메로즈 황 지음
이시마 옮김

1920년 7월, 3·1운동(1919)의 피비린내 나는 여파 속에서 억압적인 식민지 정권은 더 설득력 있는 통치 전략을 채택하기 위해 움직였다. 이 역사적인 순간에 김태익이라는 한 남성이 어떤 조합을 공개했는데, 이는 한 신문 보도에서 이른바 '숭신교회조합'[1]이라고 일컬어졌다. 당시 샤먼, 주술사, 점쟁이, 여성 예인, 화랑은[2] 이들의 직업이 '전통' 계승 분야 중에서 급성장하고 있다는 것을 인정받기 위해 조합, 혹은 노동조합과 문화조합을 결성하려는 움직임을 보이며 학생들을 모집하고, 수업을 실시하고, 시험을 집행하고, 견습생을 육성하고, '샤머니즘 노동'을 전문화하기 위한 자격증을 발급했다.[3] 숭신인조합崇神人組合*은 문화 공연들을 조직하고, 전위적인 연극을 공연하며 실

---

* 숭신인조합은 1920년에 결성된 대표적인 무당 조직이었으나, 1926년 경찰의 수사로 그 부패가 드러나 숭신인조합 본부가 폐쇄되었다. 이후 이를 대신하려는 군소 단체가 생겼는데 그중 하나가 숭신교회조합이다.

험적인 시도들도 벌였다. 그들의 공연은 전업주부나 지식인에서부터 식민지 관료들에 이르기까지 모든 유형의 관객들을 끌어들였고[4*], 식민지 시대 말기인 1945년에 이르러서는 60개 이상의 전국적인 제휴 기관으로 확장될 정도로 숭신인조합은 성공을 거두었다.

조선 언론은 10년 동안 식민지 관료들에 의해 탄압당했으나 1920년대 초에 다시 활성화되면서 이 문제에 대한 의견을 앞다투어 게재했다. 당시 가장 큰 신문사 중 하나였던 『동아일보』는 이 숭신인조합이 어떻게 거대 의례를 성공적으로 조직하고 홍보하는지에 대한 뒷이야기를 중점적으로 밝혔다. 『동아일보』는 이 "왕성한" 공동체-기반 공연들이 미신을 조장하며 근대화에 심히 역행한다고 주장했다.[5] 그렇다면 이 임박한 재앙과 관련해 식민지 정부는 무엇을 하고 있었을까? 『동아일보』는 그들이 별다른 조치를 취하지 않고 있다면서 "거짓말이거나 참말이거나 하여간 문화통치를 표어로 하는 이때에 기괴한 것은 소위 숭신인조합이란 것이 날마다 발전하여가는 일"이라고 역설했다.[6]

이 장에서는 문화적 재현 다툼에 연루된 식민주의-민족주의-정신주의spiritualist 행위자들의 삼각관계를 보여주기 위해 '식민주의 정신동화', '샤머니즘 민족주의', '식민주의 드래그' 등 세 가지 개념을 소개한다. 샤먼들에게 정신적/의례적 행위 주체라는 특권적 지위를 부여하기를 희망하면서, 나는 제국주의 신민이자 문화민족주의의 상징

---

* 해당 기사는 숭신인조합이나 악마 숭배와는 관련이 없으며, 1930년대 에로 그로테스크 넌센스 열풍에 따른 어느 에로틱 그로테스크 넌센스 부녀회의 한심한 작태를 비판하는 기사다. 에로 그로테스크 넌센스란 쇼와(昭和) 시대에 에로(선정적) 그로테스크(엽기적) 넌센스(웃긴) 세 단어를 합친 용어로 퇴폐주의 풍조를 나타내는 말이다.

으로서 샤먼들이 퀴어적 근대의 가능성을 담고 있는 반규범적 보고寶庫를 창조했다고 주장한다. 집단적 기억을 상기시키고, 공유된 의식을 평가할 수 있는 샤먼의 능력에 대한 고찰은 샤먼적 수행의 정치성에 대한 대안적 해석을 가능하게 한다. 숭신인조합의 공동체 연극은 변화하는 공적 의례들을 포함하며 사람들의 진실과 현실에 대한 인식을 바꿀 수 있는 잠재력을 가지고 있었다. 식민지 언론이 초규범적 혹은 비규범적인 성적 행위들로 판단한 것들은 식민지 동화 및 민족 말살이라는 환경 속에서 저항적 행위로서 지속되었던 신사를 수호하는 척하던 위장자들shrine patron impersonators과 문화역사기술지ethnohistographical를 기술하는 트랜스젠더들이었을 가능성이 있다.

이 장은 식민지 문화 사업이 양면적인 효과를 낳았다는 공통된 입장에 의문을 제기하기 위해 한국 역사에 퀴어적 개입을 제안한다. 한국 역사 속 퀴어의 삶에 대한 나의 해석은 식민주의 아래에서 강화된 권력의 계층화에 기초한 역사적 주체성을 고려함으로써 우리의 정체성주의 정치에 의문을 제기한다. 조선의 퀴어 정신주의의 식민주의 코스모폴리탄적 희망은 문화통치라는 정치적으로 예측 불가능한 시대에 대한 선언적 내용을 담고 있다. 1920년대 조선 샤머니즘에 내재된 이론적·역사적 함축에 대해 논의하기 위해 나는 중요한 두 명의 이론가가 제시한 틀에 주목한다.

첫째, 호세 에스테반 무뇨스가 제시한 후기 식민주의 수행성과 퀴어적 미래라는 임무에 대한 논의를 통해, 숭신인조합이 제국주의와 가부장적 민족주의의 억압이 해소된 미래의 비전을 만들기 위해 고대 왕족들을 통해 왕족 샤먼주의 시대를 되돌아보는 까닭을 살펴보려 한다.[7] 이는 숭신인조합이 과거로 회귀하는 현재를 비판하고 후기-국가주의적 미래를 촉발하기 위해서다. 샤먼들을 겨냥하는 식민주의적·민족주의적 주장은 동성애, 트랜스젠더리즘 또는 여성적 지배의 욕망과 같은 그들의 성적 비정상성에 대한 혐오에 근거해 있으며, 이는 애도, 근친상간, 심지어 살인 등의 욕망과 경험에서 파생되었다.[8] 숭신인조합은 이러한 식민주의 양극성에 대한 대안으로서 토착민 주체를 사로잡은 문명화를 향한 충동과 우발적 식민주의의 재현을 극복하기 위한 의외의 방향들을 제안하고 탐색했다.

둘째, 페트루스 리우가 제시한 '비자유주의적 퀴어 이론'이라는 역사적 분석틀을 통해, 비규범적 시간성에 관한 백인 퀴어 연구의 관점으로 과거를 바라보는 경향을 완화시키려 한다.[9] 로럴 켄달은 성적·젠더적 유동성이 조선 샤머니즘 공동체의 핵심 요소라고 주장했다.[10] 페트루스 리우는 이러한 젠더 논의를 역사적 주체들로 확장함으로써 그들의 젠더화된 표현을 퀴어의 사회적 정체성에 대한 동시대 서구의 개념과 혼동해서는 안 된다는 사실을 보여준다. 리우의 백인 동성애규범적 정치에 대한 경고를 염두에 두면서, 나는 켄달의 의례적 유동성 논점을 통해 식민지 시대에는 여자 샤먼들이 이성애중심적 참여권membership에 대한 공적인 요구에 부응하기 위해 가부장제의 기호들로 되돌아가 그것들로 무장하려 하는 자원을 가지고 있었다고 주장하려 한다.[11] 그러면서도 또한 나는 샤먼적 행위성과 지정학적 비전을 위한 공간을 구성하여 식민지 언론이 만든 샤먼들에 대한 여성 혐오적 인상을 뒤집으려 한다. 샤먼 행위를 정동affect, 정서, 체현, 감각으로서 설명하려는 시도는 샤머니즘에 대한 언론의 무미건조한 혐오 너머의 차원을 만들며 의례 형태의 샤먼적 장엄함을 위한 공간을 가능하게 한다. 샤먼들은 억압을 극복하기 위해 지방적·지역적·보편적 신들을 호화롭게 겹쳐 입고, 대안적인 지정학적 질서를 대담하게 소환했다. 나는 이러한 극복의 방법에서 독창성을 찾아내, 살아진 식민지 경험들을 더욱 풍부하게 하려 한다. 퀴어적 형태를 띤 분석은 역사 기록에서 누락된, 아직 문화적으로 독해 가능하지 않은, 체화된, 비합리적인, 집합적인 경험들을 구체화할 수 있게 해준다.

식민지적 정신 동화

종교적 관습들을 관리하고 규제하기 위한 조선의 근대화 운동은 식민 지배 이전에도 있었지만, 일제는 근본적으로 '민속'에 대한 관리까지 포함하도록 정부의 감독 체제를 재정비했다. 세기의 전환점을 지나며 조선 전역의 종교 단체들은 여러 식민지 행정부들과 협력할 수밖에 없었다.[12] 조선통감부는 1906년부터 종교의 선포에 관한 규칙을 발표하며 일본 불교 단체들이 조선 사찰寺刹들을 행정적으로 관리하도록 했다. 그 후 한반도의 모든 종교 활동을 보다 효율적으로 관리하기 위해 조선총독부는 1915년에 포교 규칙을 실행했다. 무단 통치기武斷統治期 동안 조선총독부는 사당을 파괴하고, 의례에 사용되는 그림을 몰수하고, 마을의 부랑자들을 쫓아내고, 의례 지도자들에게 벌금을 부과하고, 나아가 투옥하기에 이르렀다. 샤먼과 같은 분권화된 의례 지도자들을 범죄화하는 것은 점쟁이들, 기생들과 마찬가지로 그들을 도덕적·윤리적으로 부적절하다고 보는 관료들의 시선에서 오는 오랜 차별에 의해 촉발되었다.[13] 그러나 식민지 정권은 순찰과 징벌적 벌금을 아무리 강화해도 조선의 샤먼 수호자들과 의례 업계의 은밀한 네트워크를 와해할 수 없다는 것을 서서히 깨닫게 되었다.[14] 마을 주민들의 (자발적인) 감시 운동에도 불구하고 경찰, 식민지 행정부, 지역 지식인과 언론은 자신들이 이길 수 없는 싸움을 벌이고 있다는 것을 결국 알게 되었다. 1920년에 가까워질수록 조선총독부는 샤먼에 대한 박해를 서서히 느슨하게 관리하게 되었다.

1920년대의 식민지 정책은 조선 샤먼들에게 새로운 도전과 기회를 제공했다. 1919년 3월 1일, 일제 식민 정부를 타도하려는 전 국민적인 운동이 일어나자 유혈이 낭자하도록 억압해서 진압했다. 이러한 사태는 세계적으로 주목받는 스펙터클이 되어 일본 관료들이 조선을 관리하는 방법을 재고하도록 했고, 곧 부드러운 형태의 '문화통치'를 실행하게 되었다. 안보 측면에서 그들은 먼저 옛 총독부를 개편하고, 감시와 형벌 제도를 한반도 전역으로 확대했다. 또한 사회 규제를 가장 효과적으로 통합하기 위해 지방 공동체의 구성원 중 일부를 직접 선발하여 새로운 식민 통치에 대한 자문을 맡기고, 기존의 지방 정책들을 조사하도록 위임했다. 마지막으로, 일본 제국 정부는 조선에 세워질 일본 신사의 수를 급격하게 늘렸다. 나카지마 미치오中島三千男는 신토神道* 신사의 기하급수적인 증가란 "일본 정부가 한국으로 제국주의 통치를 확장하는 데 얼마나 진지했는지를 보여준다"고 주장한다.[15]

신문사의 인쇄기가 다시 가열되자마자 신문들은 정부의 '부드러

---

* 일본의 민족 종교로서 민속신앙, 자연신앙, 조상 신앙 등이 혼합되어 있다. 자연과 신이 하나이며 제사를 통해 신과 인간이 이어질 수 있다고 믿으며, 이 제사의 공간이 신사(神社)다.

운 손길'이 샤머니즘과 신토가 사회를 장악하도록 할 것이라며 불만을 토로했다.『동아일보』는 "장님을 불러 경을 읽고 무당박수를 불러 굿을 하는 것은 재래로 전해져 내려오는 미신으로 재등_齋藤_* 총독의 문화정치가 이것을 금지하지 않는다"며 충격에 빠졌다. 기자들은 무엇보다 좀 더 "현대적인"(기독교로 추정되는) 단체들에 대한 박해와는 대조적으로, 샤면적 활동에 대한 "행정적 통제 미비"를 분노했다.[16] 『동아일보』는 일본이 "조선에 새로운 문화를 정착시키려는 시도를 하고 있다"고 비난했다.[17] 조선의 지식인들은 식민지 이전 조선에도 신토가 존재했었다는 것을 알고 있었고, 샤머니즘에 참여하는 것은 자신들이 민족주의적 시각에 반대되는 일본의 종교적 헤게모니와 식민지 동화를 심화시킬 수 있다는 것을 알고 있기에 두려워했다.[18] 『동아일보』는 「샤먼들을 박멸합시다」라는 제목의 기사에서 경찰이 소위 "미신적" 활동들에 대해 "무책임한 비개입적 정책"을 취하고 있다고 보도하며, 이 정책이 일본의 식민 정책이 약속한 공공보건의 증진에 악영향을 미칠 것으로 보고 있다.[19] 『동아일보』는 인기 있는 의례 지도자들을 금지하는 것에서 회유하는 것으로 정책을 전환한 데 대해 이러한 질문을 하며 입장을 밝혔다. "그런데 경찰에서는 모르는 체함으로써 일반 인민은 이것도 문화정치의 한 표현인가 (하는 의문을 갖는다)?"[20] 실제로 식민지 행정부는 의례 공동체들을 중앙화하기 위해, 공동체 내에서 샤먼 등의 "일반 인민"들이 따라야만 하는 유례 없이 많은 수의 규제들을 도입했다.

---

* 사이토 미코도(齋藤實. 1858~1936) 제3대 조선 총독(1919~1927)을 한국식으로 음독한 것이다.

이러한 식민 지배의 전환점에 샤먼들은 대중매체에서 묵과되고 근대 문화기술지에 잘못 재현되는 와중에도, 실험적인 형태의 자기-재현을 통해 자기 자신들의 생계를 적극적으로 꾸리는 서발턴 공동체를 뜻하는 "눈에 띄는 토착민conspicuous indigenes" 개념으로 이해될 수 있다. 최초의 식민지 신문을 시작으로 일간지들은 서발턴에 대한 식민지 정부의 법적·형벌적 조치, 즉 기독교 교회와 같은 엘리트적이고 가부장제적인 종교 기관을 효과적으로 특권화해주는 법률의 엄격함을 유지하라며 식민지 정부에 창피를 주고 심지어 간청하기까지 했다. 이들은 눈에 띄는 토착성의 번성이 조선의 '진보'를 방해할 것이며, 샤먼 단체들이 "경찰의 공식 인정"을 받는다면 일본 정부가 "가장 후진적인 문화"를 가능케 할 것이라고 우려했다. 숭신인조합원들은 "사회 각 방면에 해독을 끼친다"며 경계의 대상이 되었고, 그들의 토착적인 의례는 "일반 여항에 … 깊이 뿌리박은" 풍습이라고 불렸다.[21] 또한 "조선 사회가 침체하여 감에 따라 권태倦怠를 느끼는 민중은 더욱 만연될 염려가" 있는 것을 식민지 정부가 용인하고 있다고 주장했다.[22] 일간신문들은 일본이 조선을 "근대화"하겠다는 약속을 이행하지는 않고 국가의 파괴를 조장하고 있다고 독자들에게 전달했다.

의심할 여지 없이, 식민지 담론은 급격한 변화를 맞이하고 있었다. 무라야마 지준村山智順(1891~1968)은 조선의 새로운 문화통치 행정부에서 일한 최초의 학자였다. 그는 종교 활동을 조사하고 통제하기 위해 임명된 범죄학 연구 중심의 사회학자로서 조선의 샤먼들을 효과적으로 관리하기 위해 추가 연구를 했다. 그 예시로 1919년 8월 20일 공포된 칙령 제386호는 학무국을 승격시켜 종교과와 학무과를 감독하게 했다.[23] 이들은 분권화된 정신적 활동들에 대한 공식적인 인준을 확대하여 모든 종교 및 정신적 관행을 제국주의 승인하에 일원화했다.[24] 식민지 정부는 공공보건 및 위생 정책에 대한 대규모적인 협력을 얻기 위해 종교 등록을 확대했고 식민지 경찰과 긴밀히 협력했다. 무라야마 지준은 조선의 사상과 특성을 평가하는 임무를 맡았다. 그는 한반도에 대한 보다 효과적인 감시와 통제 수단을 설계하기 위해 샤먼들과 같은 '반동분자'의 전과 기록을 가지고 연구했다. 조선총독부는 경성제국대학교에 사회학과와 인류학과를 신설해 제국주의적으로 훈련된 문화기술지 연구자ethnographer들이 조선의 토속 신앙들을 연구해서 "반란의 싹을 제거할 수 있는" 기반을 만들었다.[25]

종교 잡지들은 숭신인조합과 마찬가지로 문화통치를 종교 정체성을 견고히 할 수 있는 기회로 삼았다. 한편 일본 정부는 '회유 정책'과 각각의 종교 단체에서 차출된 '협력자'를 통해 종교적 반란에 반격하려고 했다.[26] 이러한 새로운 종교 정책은 어떤 단체가 가장 문명화된, 합리적인 종교인가를 겨루게 되는 시발점이 되었다. 활자로 자기표현이 어려운 상황이었음에도 불구하고 샤먼적 의례 전문가들은 토착 신앙의 한 지배적 부류로 재현되면서 종교 논쟁에서 조용하지만 중요한 경쟁자로 부상했다.[27] 모든 신앙과 교파들은 그들의 종교가 근대적이고 이성적이며, '샤먼적이지 않다'는 점을 강조하는 글을 썼다.[28] 샤먼적 요소가 포함되어 있는 동학東學을 바탕으로 발전한 천도교天道教조차도 앞장서서 『천도교회월보天道教會月報』에 "비록 그러하나 종교의 성질이 다 같지 아니하여 미신에서 시작해 미신에서 끝나는 자가 있으니 세계의 다른 종교들은 이 한계에 머물 뿐이며, 미신에서 시작해 진짜 믿음에서 끝나는 자도 있으니 우리 종교가 바로 그러하니라"라는 합리주의적 발언을 실었다.[29] 『천도교회월보』의 후속격인 『개벽開闢』은 "반사회 반현실의 반동 세력"들이 "반종교운동"을 선동하고 있다고 비판했다.[30] 식민지 구조 및 기구의 제약에 의해 한계를 마주했던 종교 잡지들은 정부의 호의를 추구하면서 행정적 이득을 얻으려고 서로를 진창에 밀어넣기도 했다.

식민지 정부가 가장 급진적인 조직을 찾아내 통제하고 싶었다면, 이러한 종교 간 논쟁은 그 목적에 정확하게 맞아들어갔다. 샤먼들에 대한 일방적인 토속 신앙의 반대는 조선총독부가 이러한 눈에 띄는 토착민들을 그들의 영역으로 끌어들일 수 있는 기회들로 이어졌다. 식민 지배자들이 샤먼에 반대한 연합 세력과 연대하는 것을 선택했던 것은 3·1운동의 급진적 추진력을 분산시키기 위해서였다고도 생각할 수 있다. 토속 전통의 토큰적* 행위자들이 정부의 제재에 딸려온 특권을 누리는 동안, 이 '정교한' 문화통치는 조선의 정신적 공동체들이 서로 싸우도록 하면서 다양한 방식의 억압을 자리 잡게 했다.[31] 그 동기가 무엇이든 간에 조선총독부는 60여 개의 종교적 파벌이 있는 신흥 교회를 새로 세우는 데 도움을 주려고 행정적 감독자들을 제공했고, 숭신인조합은 그중 하나로 부상했다.[32] 숭신인조합은 본부가 수도인 경성에 있었고 시내에 있는 일본인 거류민들과 잘 어울렸기 때문에 눈에 띄는 샤먼 파벌들 중에서도 가장 눈에 띄었다. 그들은 공개적으로 일본의 신토 축제들에 참가했으며, 조선총독부에 일조하는 것은 종교적이기보다는, 도리어 시민으로서의 행위였

---

* 토큰(token)은 형식적인 맥락에서 소수자를 특정 집단에 소속시키는 것을 말한다.

다.[33] 조선 언론은 조선인들이 일본인이 될 위기에 처해 있다고 주장하기 위해 신토와 샤먼의 관계를 과장해서 보도했다.[34] 숭신인조합이 신토의 신사참배 강요에 순응하는 모습을 보이자, 조선의 지식인들은 조선의 정신적 전통을 지배하려고 식민지적 헤게모니를 만들어내는 일본의 노력에 저항하기 위해 숭신인조합과 신리종교神理宗敎*같은 관련 기관의 정당성을 비판했다.

샤먼의 정치적 기회주의는 식민지 시대에만 있었던 것은 아니다. 되려 조선과 일본 사이의 토속 사회 관습과 정신적 교류에 대한 담론적 속임수는 적어도 19세기 후반으로 거슬러 올라간다. 이 샤먼 공동체가 조선과 메이지明治 시대의 의례 세계 사이의 장벽을 허물기 위해 스스로 신토의 상징물들로 치장하고 자신들의 의례를 보다 일반적인 '신토'처럼 보이도록 했어도 그리 놀라운 일은 아니었을 것이다. 김태곤은 조선 샤먼들과 신토 신사들이 조선 후기에 협력했던 방식을 살펴본다.[35] 샤머니즘 단체들은 또한 전통적 대승불교의 초기 지역적 발전을 선점하여 정치적 이득을 얻으려고 했다.[36] 샤머니즘의 정치적·성직적 포용의 흔적은 고대 도교 기록에서도 발견된다.[37] 가장 명백한 형태의 종교적 기회주의는 조선 후기에 발견되며, 이 시기의 칙령을 통해 당시 정부가 세수를 늘리고 신-유교적 지배 이데올로기를 강화하기 위해 세금을 효과적으로 규제했다는 것을 알 수 있다. 이러한 규제들은 이단異端 의례 공동체에 직접적인 악영향을 끼쳤다.[38] 조선은 중국의 고대 도교와 샤먼 신들을 숭상하는 의례들을 허

---

* 신리종교는 1922년 윤수성이 창시한 종교로, 단군(檀君)과 일본의 아마테라스 오미카미(天照大神)을 모시는 무격(巫覡) 종교다.

가했다가 허가를 취소하는 등 의례의 적절성을 판단하는 기준을 줏대 없이 바꾸었다.[39] 또한 관행을 따르지 않는 의례자들을 재정상의 이유라는 명목을 내세워 정부의 세금 징수의 기반으로 만들며, 이는 곧 관료들에게 샤먼 등록 및 인허가제를 도입할 수 있는 좋은 구실을 만들어주었다. 이러한 이유들로 정부는 샤먼들에게 수도의 (사대)문 바로 바깥에서 샤먼이 조직을 만들 수 있는 공간을 허가했다.[40] 한일합병 이전까지 조선의 의례 전문가들은 정부, 국교國敎와의 길고 복잡한 관계를 유지하고 있었다.[41]

'샤머니즘'이 식민지적 비유로서 조선에 수입되자, 제도화되지 않은 의례 전문가들이 새로운 국가적 논쟁의 대상이 되었다.[42] 식민지 지식인들은 이단異端 의례 실천들에 대한 오래된 신-유교적 비판을 반복하면서도 근대성에 대한 엘리트주의적 레토릭을 동원했다. 샤머니즘은 식민지 환경의 특수성에 따라 국가적 멸망의 희생양으로 이용되었다. 조선 언론은 샤먼 단체들이 마치 새로운 현상인 것처럼 보도하며 이러한 규제들의 실천을 식민지 정부가 통치를 확장하는 방법으로 보았지만, 1920년대 일본 정부는 단순히 조선 후기의 관습 정책을 부활시키고 있다고 주장했다.[43] 그러나 조선총독부는 의심할 여지 없이 샤머니즘을 더욱 정치화하는 데 기여했다. 일제 치하 종교학자들은 그들의 고대 정신적 관련성 이론theory of ancient spiritual affinities에 따라 조선의 샤머니즘과 일본의 신토를 결합시키려고 노력했다. 숭신인조합이 '민간 신앙'이라는 분류에 샤머니즘을 편입시켰을 때, 이 외부자적인 성격이 강한 단체를 조선총독부가 그들의 종교 정책에 받아들여야 하는지에 대해 갑론을박을 벌였다.[44] 조선의 의례자들은 신토 신사들에 종교 관계자가 아닌 일본의 식민 사회

'관습'과 정치철학의 일원으로 등록되어, 문화 대사大使로서의 활동에 대해 높은 가시성과 유연성을 보장받았다.[45] 이를 통해 그들의 직업은 양지로 부상하며 유례없는 방식으로 강화되었고, 민족주의 엘리트들의 눈에 띄는 타깃이 되었다.

샤먼적 민족주의

1920년대의 종교에 대한 논쟁은 조선의 종교 단체들과 영성 spirituality 단체들*에 학문적 오점으로 남았다. 일본 정부는 최남선(1890~1957)과 이능화(1869~1943)에게 조선총독부 산하의 조선사편수회에서 조선사朝鮮史 편찬을 의뢰했다.[46] 숭신인조합의 공적인 업적이 공공연하게 저평가되었던 점과 달리, 1920년대에 최남선과 이능화는 정치적 경계선에서 은밀하게 조선학의 범주를 넓혀갔다. 1927년, 그들은 조선 샤머니즘에 관한 논문들을 공동으로 집필했는데, 이것은 조선 샤머니즘의 관점으로 조선 역사를 전체적으로 이해하는 최초의 연구였다. 그들은 샤머니즘 연구가 새롭게 발달한 문화기술지 연구와 공존하며 나아갈 길을 정의했고, 이는 훗날 인류학이라는 범주로 상정되었다.[47]

이 논문의 역사적 중요성을 더 잘 이해하기 위해 이러한 질문을 던질 수 있다. 무슨 목적으로 샤머니즘을 통해 한국사를 이해하려고

---

* 식민지 정부는 이들을 유사 종교 단체(pseudo-religious group, 類似宗教の團體)라고 판단했다

했을까? 이는 누구의 이익에 도움이 되었나? 그것은 확실히 식민 지배자들에게 이익이 되었는데, 조선인들이 후진적이고 스스로 통치할 능력이 없다고 왜곡함으로써 식민 통치를 정당화했기 때문이다. 그러나 나는 이 논문과 저자들이 일본 제국이 지워내고 있었던 한 국가와 감정적으로 공명하게 만드는, 아직 평가된 바 없는 효과 또한 산출했다고 말하려 한다. 그들은 소멸하고 있던 국가를 애도하고 소생시키기 위해 샤머니즘을 전례 없는 방법으로 이용했다. 이들의 논문은 성, 섹슈얼리티, 젠더 정체화의 새로운 보편 모델들을 가로지르며 본질적으로 파편화된 주체인 식민지-국가를 파악해가는 식민지의 혼종적 표현 방식이었다.[48] 나는 이러한 움직임이 서구 지적 계보의 피식민적 실천, 1920년대의 식민지 현실을 보다 정확하게 평가하기 위한 새로운 역사적 관점을 개척하는 것이라고 판단한다. 그러므로 최남선과 이능화의 샤머니즘 연구는 그들 자신의 피식민의 결과물인 것이다.

그들은 상실을 표현하면서도 희망적이었다. 그들은 상당히 가시적이나 기록되지 않은 이러한 주제를 통해 사라진 남성적인 날들에 대한 향수를 불러일으키고, 식민주의의 덧없음을 강조하고, 해방 이후의 탈식민적 미래를 위한 운동을 자극하고 감정을 극대화했다. 1920년대 조선의 미래에 대한 이러한 관찰은 이전에 제시되었던 식민 지배 아래의 국가적 손실에 대한 논의들보다 놀라운 관점을 제시한다. 이들은 조선의 원천이 정신적으로 샤먼적인 과거에 뿌리를 두고 있다는 데에서 시작하며[49] 강렬하게 젠더화된 특성들을 통해 조선의 독특하고 대륙적이며 역사에 선행하는 뿌리를 강조했다. 그들의 연구는 교묘하게 국가의 민족-정신적 아버지를 강조하며, 찬반의 대상이 되는 "눈에 띄는 토착민" 논쟁의 방향을 김성례가 말하는 "근대적 지식인의 민족적 자의식"의 보다 풍부한 가능성에 대한 검토로 전환하며 샤먼이 초래한 사회적 퇴행과 식민지적 동화의 위험을 해소했다.[50]

이 논문은 조선이 북방 대륙과 친연성을 가지고 있다는 식민지 이전의 이해를 반복하는 것에서 나아가 트랜스젠더화된 샤먼적 역사가 조선의 새로운 대륙적 지향인 "퀴어 대륙주의queer continentalism"라고 밝혔다.[51] 그들의 작품을 '퀴어 연구'의 일부로 분석하는 접근은 서양의 문화 제국주의적인 관점을 또 다른 동양의 주체에 부여할 가능성을 가지고 있다. 최남선의 글은 영국의 사회분류학으로 점철되어 있으며, 문헌 검토는 주로 미국의 사회과학 출판물들로 이루어 졌다는 점에서 손쉽게 이러한 비판의 대상이 될 수 있었다.[52] 이 역사적 실험은 조선이 식민지적 '게토'에서 벗어나 대륙 정체성의 옷을 입고 북유럽 샤머니즘과 같은 미지의 국제적 친연성들을 탐험할 수 있는 가능성을 실험했다.[53]

최남선은 보편적인 현상에 대해서 이런 종류의 사고실험을 수행하는 것을 즐겼지만, 그의 실제 임무는 국가로서의 조선을 회복하는 것이었다. 그는 한학과 서양 인류학에 대한 폭넓은 지식을 바탕으로 1919년 3·1운동에 박차를 가한 대한독립선언문 초안도 작성했으며, 이로 인해 2년 동안 수감 생활을 했었다. 그는 석방되자마자 이 샤머니즘 연구를 포함한 다수의 민족주의 연구들을 출판하며 정치화政治化된 학문의 경계들을 넓히는 데 힘썼다. 이러한 연구 결과로 조선총독부는 최남선에게 이능화와 10여 명의 다른 조선 학자들이 진행하고 있던 조선사편수회 활동에 협력해달라고 했다.[54] 최남선은 시베리아와 연계되었다는 그의 결론이 조선이 일본과 민족적 기원을 공유한다는 식민주의적 관념을 불안정하게 한다는 것을 알면서도, 조선사와 샤머니즘 연구에 대한 식민지 정부의 관심을 호소했다.[55]

최남선은 조선의 역사적 뿌리가 일본열도와는 반대인 아시아 대륙 내부로 향한다는 점을 제시함으로써 긴밀하다고 논의되어왔던 한일 관계를 단절할 수 있었다.[56] 그는 북부 대륙횡단지대地帶를 포괄적으로 그려낸 신석기 시대 샤먼적 전통에 대한 현장 연구에 영감을 받아, 연대의 추정이 이루어지고 있던 지대들을 다음과 같이 지적했다.

아시아의 동북부(시베리아)를 중심으로 하여, 동은 베링 해협으로부터 서는 '스칸디나비아'의 국경에 이르는 고古 아시아의 모든 유민과, 그 남에서는 '아이누', 일본, 류큐琉球, 조선, 만주, 몽골로부터 중앙아시아를 지나서 동부 유럽까지에 이르는 '우랄알타이'의 제諸 종족의 사이에 정령 숭배(내지 '애니미즘')에 기초를 두고, 주사呪師(혹 무의巫醫)가 중요한 직사職司를 행하는 일종의 원시적 종교(내지 자연적 종교, 종교적 주술, 고신앙)가 공통으로 유행하니, 이것을 학자가 살만교薩滿教(영 Shamanism: 독 Schamanismus: 불 Chamanisme)라고 일컫습니다.[57]

이 지대를 따라 샤머니즘의 기원, 즉 조선과 일본의 영적 기원이 일본이라는 일본의 논점을 흐릿하게 함으로써 조선의 진화에 기여했다는 일본의 독점을 약화시켰고, 그 자리를 시베리안 다원적多原的(polygenetic) 확산이 대신하게 되었다. 더욱이, 어떤 지역의 샤머니즘을 특정할 수 있다는 것은 그 지역이 '발전 중'이며, 아직 '선진화'되지는 않았다는 점을 보여준다. 일본을 이 지대에 연관 짓는 의의는 샤먼적 장소들이 이미 진화의 대상이 아니기 때문에 일본은 조선보다 우위를 차지할 수 없게 된다는 것에 있었다.

샤머니즘의 지리적 경계를 재조명한 이유는 일본의 제국주의 확장론의 대응책으로서 퀴어 대륙주의 전략을 사용하여 동북아시아적 지향을 만들어내기 위해서였다. 최남선은 일부 시베리아 부족에서 자신들이 찾은 샤머니즘이 유일한 범주라고 주장했던 특정 학자들을 주목했다. 즉, 시베리아 문화기술지 연구자들이 모든 토착 공동체를 연구하기 위한 분석 범주로 삼았던 샤머니즘은 시베리아에 국한되어야만 하며, 이들 부족 바깥의 관행들은 완전히 다른 시각으로 봐야 한다는 것이다. 광범위하게 잘못된 전유의 예시는 사회인류학 분야를 설립했다고 인정받고 있는 영국의 인류학자 에드워드 타일러의 이론을 유사하게 따라갔던 일본의 식민지 모델에서 찾을 수 있다. 최남선에 따르면 "시베리아에서 살만교의 조사에 종사한 이는 다 타일러의 '애니미즘'설의 영향을 받아서 '영혼'이란 말을 남용"하고 있다고 추측했다.[58] 그는 일본의 인류학자들이 일본의 식민 통치를 자연화시키기 위해 타일러의 문화진화론에서 빌려온 문화적 '생존' 모델에 대해 의문을 제기했다.

이 새로운 샤머니즘 지리학은 트랜스젠더리즘의 문화적 특수성으로 뒷받침되었다.[59] 조선인의 뿌리는 몽골 북동부 부족과 시베리아 동부 연안과 연관이 있다고 추정된다. 조선-부랴트족-시베리안 연계는 '성적 변환change of sex'을 겪은 의례 전문가들과 역사적 사회에 의해 도출되었다.[60] 부랴티 샤머니즘을 바탕으로 한 남성 샤먼은 조선의 샤먼들에게서 '사제司祭(Priest)', '의무醫巫(Medicine-man)', '예언자Prophet'라는 세 가지 부류로 나타났다.[61] 최남선은 조선의 샤먼들이 본디 "성인이나 성직자와 유사하다"는 점에서 시베리안 전문가practictioner들과 비슷했다고 주장한다. 이 세 가지 지역적 문화는 남성 지배 전통을 통해 그들의 기원과 연결되었다.

보다 최근의 여자-에서-남자female-to-male 샤먼들의 우위는 기존 시베리아 관습에서 새로운 시베리아 관습으로의 젠더화된 시간적 전환을 시사했다. 최남선은 "이 '성의 변경'은 '추크치', '코랴크', '캄차달', '아시아 에스키모' 등 구 시베리아 종족의 사이에 행합니다"고 강조했다.[62] 「살만(샤먼) 성적 전환」이라는 제목의 글에서는 후기 시베리안 샤먼들이 트랜스젠더 관습에 어떻게 참가했는지 설명하면서 남성의 여성화가 주권국가 쇠퇴의 첫 조짐이라고 주장했다. 그의 판단에 따르면, 특정 남성들은 복장 전환cross-dress을 하고 성性을 변경하는 것 이외의 치료법이 없는 정신적 병에 빠졌다. "'샤먼'은 거의 언제든지 처음에는 평상平常한 사람이다가, 뒤에 신령의 영감靈感으로써 성을 변하지 아니하면" 안 되었으며, 남성 영혼들과 동성결혼을 하기도 했다.[63] 그 후 그들의 공동체는 (오늘날의 트랜스 커뮤니티에서 몇몇이 부르는 것에 따르면) 남자-에서-여자male-to-female 사람과 남자 영혼의 결합을 인정하고, 이 커플을 이성 간의 부부 결합으로서 포용할 수 있었다. 트랜스젠더화된 샤먼은 여자처럼 옷을 입고, 말하고, 행동하는 것을 통해 패싱passing*된 여자로서 관계한다. 영혼들의 지

---

* 백인과 흑인 사이에서 태어난 사람이 백인인 척하는 것에서 유래한 말로서, 사회에서 특정한 몸에게 기대하는 성별의 외형을 갖추는 것을 통해 해당 성별로서 사회적으로 인정되는(pass) 것을 말한다.

도 아래 그리고 그들 공동체의 지원으로 그들은 즉시 남자다운 책임을 버리고, 빠르게 여자의 가사노동과 공공 노동을 익혔으며, 심지어 '여성 전용 영역'에 입성했다. 예를 들어 이러한 '트랜스 의례자'들은 여성이 출산을 하는 침실과 같이 시스남성이 허용되지 않는 곳에서 중심적인 역할을 했다.[64] 그들은 출산 전후의 산파 역할을 하며 공동체의 안녕을 총괄했다.

최남선은 비이성애적 관습의 등장이 공동체가 건강하지 못하다는 것을 드러내는 신호라고 믿었고, 이를 식민지화된 지역을 파악하는 데 사용했다. 그는 트랜스-의례자들을 여성이라기보다는 "부드러운 남성들"로 간주하면서, 성과학의 세계적 연구자들과 동조하는 한편으로 스스로를 토착 공동체의 외부인으로 위치 지었다. 그는 그들의 공동체가 트랜스 샤먼들을 여성으로서 행동하게 하는 것뿐만 아니라 (이성 영혼 결합을 무시하며) "동성애자" 생활을 하도록 허용했다고 말했다. 샤먼적 동성애를 이야기하기 위해 시베리아와 초기 미국 원정대의 기록물들에서 재인용했다. 최남선은 이런 식으로 크라세니니코프*의 1755년 저술에서 가장 중요하다고 믿는 것이 무엇인지를 강조한다. "이 현상을 기전記傳한 이가 많은데, 그 기록이 통상의 일체양성一體兩性(Homosexualism)과 상이한 바는 (성의 변경은) '샤먼'의 영감靈感에 말미암는다 하는 점"이다.[65] 최남선은 트랜스-의례자들을 "병적"이라 정의하는 오래된 문화기술지적 진단을 받아들이며 그

---

* 스테판 크라세니니코프(Stepan Krasheninnikov, 1711~1755). 러시아의 지리학자로 시베리아를 연구했다. 『캄차카반도의 역사(Описание земли Камчатки)』(1755)라는 책에서 우랄산맥, 서부 시베리아, 예니세이스크의 자연사, 동물행동학, 언어학 등을 연구한 최초의 캄차카반도 연구자다.

들을 "기이한 현상", "성의 신비적 변경", "변성變性"으로 설명했다.[66] 이러한 트랜스-의례자 공동체들에 대한 병리학적인 해석을 제공하는 것과 더불어, 최남선은 "유남柔男" 즉 "부드러운 남성들"의 우위와 그들의 "여성적인 습관들"이 최근의 역사적 발전을 구성하고 있다고 강조하며 그들을 최근의 식민지 경향과 동일시했다.

이능화는 국가의 남성적 기원을 기록하려는 최남선의 남성주의적 논리를 되풀이했다. 친불교적 저술로 잘 알려진 그는 조선사편수회의 최고참 위원 중 한 명이었다.[67] 그는 최남선보다는 세계적인 마인드를 덜 가졌는지는 모르지만, 그보다는 더 기록 중심적인 역사학자였다.[68] 이능화는 국가는 명백한 남성 기원을 가지고 있다고 믿으며 그 이유를 고조선의 시조인 단군檀君이 단지 국가의 시조始祖일 뿐만 아니라 최초의 샤먼 왕이자 샤먼 신이었기 때문이라고 말했다.[69] 이능화는 이어 고대 기록들에서 "원조" 남무男巫*들을 추적하며 그들과 같은 남성이 조선의 과거 황금기를 이끌었다고 주장했다.[70] 이 남성들은 박수博數, 화랑花郎이라고 불리기도 했다. 그는 "귀족들의 자제들 가운데 아름다운 자를 뽑아 분을 바르고 곱게 단장하여 이름을 화랑이라 하고 나라 사람들이 모두 높이고 섬겼다"는 고대 관습에 대한 증거를 찾았다.[71] 이 아름답고 남성적인 화랑들은 신라 시대(기원전 57~기원후 935) 사회 계급의 가장 우위에 있는 '촌장'으로서 대접받았다.[72] 이능화는 11세기에서 14세기 사이에 무격巫覡들이 왕궁에 초대되어 무격과 국가 간의 유대 관계를 보여주는 '기우제'를 행했던

---

* 낭중(郎中) 혹은 랑중. 조선 시대에 남도 지역에 있는 남자 무당을 가리키는 북한 말이다.

다수의 사례를 발견했다.

그는 공동 저자인 최남선과 같이 트랜스젠더를 국가의 역사적 쇠퇴로서 기록하며 촌장과 화랑들에 대한 긍정적인 평가와 그가 주장하는 더 최근의 여성스러운 샤먼들에 대한 평가를 병치시켰다.

이능화의 여자 샤먼들에 대한 연구 결과는 지난 왕조 시대에서 도출된 것으로 조선에서 샤머니즘이 점점 더 불리한 입장에 놓이고 있음을 보여준다. 예를 들어, 1482년(성종 13) 형조刑曹의 기록은 "여성스러운 화랑"과 "여자 샤먼"으로 알려진 사람들에 대한 "처벌을 강화"하는 법안이 발의되었음을 보여주었다. 그의 추측에 따르면 조선 시대의 '무업(샤먼업)'에 대한 비난이 고조된 것은 화랑들이 "여자애 같아지는 것", 여자 샤먼들이 하늘 높은 줄 모르고 날뛰는 것, 조선 조정 내 파벌이 심화되는 것에서 비롯되었다. 다수의 관청 기록은 왕, 왕비, 왕족들이 여성 샤먼들에게 의례와 유흥을 요청했고, 문인들은 그들의 출입을 제한하려고 시도했다는 것을 보여주었다.

이능화는 남무들의 세가 강해지는 시기를 식별하고, 이를 기점으로 국가가 쇠퇴하기 시작했다고 주장했다. 그는 독자들에게 "지금 세속에서 남자 무당을 화랑이라 하는 것은 원래의 뜻을 잃은 것이다"라고 강조하면서, "화랑년花郞女"이라는 경멸적인 용어에 대한 역사적 근거를 고려해줄 것을 부탁했다.[73] 그는 화랑은 여자 샤먼들과 언제나 "같지" 않다고 강조하며, 화랑녀는 화랑과 여성 샤먼들이 결탁하는 역사적 관습을 나타낸다고 말했다. 그들의 최근 트랜스젠더 활동은 순종적인 일본 식민지로 전락한 남성적인 국가로서의 조선에 대한 역사적 환유어換喩語였다. 이능화는 1471년(성종 2)의 기록에서 화랑들이 여성 샤먼들과 유사한 불법 행위를 했다고 성종의 신하들이 의심한 정황을 포착했고, 1503년(연산군 9) 2월 관청 기록에는 충청, 전라, 경상 지역에서 특정 유형의 남무男巫를 모집하여 제사를 지냈다는 것이 남아 있다고 한다. 관찰사들은 이런 유형의 관습을 근절하기 위해 애썼지만 별다른 성과를 거두지 못했다. 심지어 남무들이 여장을 하고 양반가를 드나들고 있다는 소문까지 돌았다.

최남선의 대륙적인 관점을 반영하듯, 이능화는 조선을 대륙적 이웃인 중국과 연관 지었다. 화랑의 여성화는 곧 중국 확산주의에 대한 비판으로 기능했다.[74] 이능화는 조선왕조가 중국의 훈고학에서 벗어나 근대화로 나아가는 대신 맹목적으로 중국을 모방함으로써 자신의 운명을 결정했다고 시사한다.[75] 그는 이 역사적 퇴행을 설명하기 위해 샤먼들과 어울린 소년들을 논의한 1513년(중종 8) 전라감영의 기록을 인용했다.

이때 남녀가 뒤섞여 음란한 말을 주고받거나 음탕한 모양은 하지 못하는 것이 없어, 사람들로 하여금 민망해서 듣더라도 손뼉을 치며 웃게 만드는데, 이것을 즐거움으로 여깁니다. 간혹 약관의 나이로 수염이 없는 자가 있으면, 여자 옷을 입히고 분을 발라 화장을 시켜 사람들의 집을 드나들게 하고, 저녁이나 밤에는 집 안에서 여자 무당들과 섞여 있다가 틈을 엿보아 다른 사람의 처자들과 간통합니다. 그러나 그 형적이 은밀하여 적발하기 어렵습니다.[76]

이는 관료들이 접근할 수 없는 공간인 안채에서 무슨 일이 벌어지고 있는지 추측하고 있었다는 점을 시사한다. 만약 여장 남자 화랑들이 안채에 접근할 수 있었다면, 16세기 조선에 대해 많은 질문을 할 수 있다. "진정한 위협은 이 소소한 남성 관료들이 다른 남성들의 이익을 위해 여성으로 패싱하는 것에 있나?", "이 매력적인 남자아이들이 여성으로 치장한 것은 이것이 그들의 정신적 공동체를 미적으로 만족했기 때문인가?" 이 기록은 성리학적 부적절함에 대한 우리의 상상력에 양분을 부여하는 것 이상의 역할을 한다. 이것은 이능화가 살던 시대에 이르기까지 수백 년 동안 '지상'에 동성사회적이고 젠더 유연적bending 관습들이 존재했다는 가능성을 의미한다. 나아가, 이러한 젠더 위반에 대한 이야기들은 이능화가 독자들에게 무력화된 식민지 현실에서 벗어나 국가권력과 남성적 기원의 시대를 역사적으로 상상해보도록 하는 방법이었다.

최남선과 이능화의 남성적인 고대 역사에 대한 감성적인 접근은 조선이 국가로서 회복될 수 있다는 희미한 가능성을 보여주었다. 이와는 대조적으로, 근대적 형태의 샤머니즘에 대한 그들의 부정적인 평가는 조선 사회가 지나치게 여성화되었다는 식민지 지식인들의 일반적인 히스테리와 크게 다르지 않았다. 그것은 젠더에 기반하는 사회적 퇴행의 논리를 만들고, 국가가 외국의 통치자에게 굴복하게 되는 결과를 낳았다. 최혜월은 식민 통치 시대의 신여성에 대해 "그들은 완강하며 구속적인 한국 민족주의와 가부장제적 위계를 위반하고 위협했다"고 말한다.[77] 젠더와 섹스 측면에서 비규범적이었던 여성들은 샤머니즘과 융합하며, 최남선과 이능화는 누가 사회의 긍정적이거나 부정적인, 혹은 관습적이나 위반적인 구성원인지를 결정하기 위해 씨름했다. 최남선의 시베리아 연구와 이능화의 조선 역사 연구들은 조선의 샤먼들을 "눈에 띄는 토착민"으로 만들며, 토착적 연대의 형성과 식민지 이국화 사이의 미끄러운 비탈길을 드러냈다.

이들은 '완전한' 국가를 상상하고 갈망했다. 숨죽여 식민 지배를 애도하는 동안, 최남선과 이능화는 문화정치를 기회로 삼아 그들의 국가를 위한 기념비를 세웠다. 그런 의미에서 그들은 근대성이 전근대성의 (심지어 비근대성의) 존재와 맞닿아 있는 식민지적 혼종 공간을 점유했다. 식민지 이전의 정신적 공동체에 대한 그들의 열망은 현재의 조건들에 의문을 제기하고 대안적인 미래에 대한 희망을 제안하는 과거를 탐구하게 했다.[78] 이러한 각도에서 저항에 접근하면서, 나는 (예를 들어) 일본의 샤머니즘 금지나 샤머니즘이 그들의 "오리엔탈적 발명"이라는 주장에 의문을 제기함으로써 식민주의에 대한 섬세한 이해를 제안한다.[79] 최남선과 이능화가 자신들의 주제를 다루는 방법이 오늘날의 우리에게 문제적으로 비쳐지는 경향이 있으나, 나는 이들이 조선 샤머니즘 연구의 길을 닦았다는 점을 강조하며 피식민 행위성을 위한 공간을 확보하려 한다. 그들은 남자에서 여자로 젠더를 횡단하는 시베리아의 샤먼 풍속을 새로운 대륙적·정신적 동지애라는 개념으로 엮은 탈식민주의 공식을 제공했으며, 민족적·성적·문화적으로 반일본적이었던 역사를 인격화하고 일본의 열도적 영향력에서 한반도를 자유롭게 했다. 이러한 식민지화된 지식인들은 반동적인 연구를 생산하지 않을 수 없었는데, 동화 정치체제(의 내용)가 현재 일본의 정책인지 아니면 기존 중국의 현태現態인지를 문제 삼기 위해 문화를 이용했기 때문이다.

식민지적 드래그

앞에서 언급했듯이, 샤머니즘은 식민주의적·민족주의적 목적을 위해 사용되었다. 나는 여기서 제3의 목적을 제시한다. 의례자들은 제국과 민족을 조종하고 문제화하기 위해 샤먼적 비유들을 재생산했다. 민족주의 신문들은 3·1운동의 불씨를 살려두기 위해 애쓰는 것과 동시에 제국주의 헌신과 동화의 흔적을 추적하고 있었다. 그러나 이들이 부딪힌 벽은 식민지적 '승인'만은 아니었다. 『동아일보』는 조선인과 일본인이 동일하게 숭신인조합의 모든 운영 단계에 관여하고 있다고 보도했었으나 실제 지휘자는 일본인들이었다.[80] 보도는 서울에 거주하는 일본인 거류민들이 숭신인조합의 활동에 매혹되었으며, 일본 기업과 공무원들도 나서서 기부를 하고, 그 수가 강당을 가득 메울 정도라고 지적했다.

이러한 제국주의적 숭배를 통해 그들의 신토를 실천함으로써 이 의례 전문가들은 토속 귀신, 외국 귀신과 동시에 교류할 수 있었고, 국가 주도 가부장제 사회의 구성을 면밀히 조사하고, 문화적-정신적 헤게모니 그 자체를 조종할 수 있었다. 숭신인조합원들은 중앙 신토 신사인 경성신사京城神社*에서 새로운 외국의 신격인 메이지 천황明治天皇을 추앙했다.[81] 신문들은 스스로 신토 신자로 위장한 뒤 이러한 새 정책을 남용하며 식민지 정권을 기만하는 무당(여성 무당)과 허위

---

* 일제강점기에 남산에 세워졌던 신토 신사다. 1897년 남산대신궁이라는 이름으로 당시 경성에 살던 일본인들이 창건했고, 이후 1916년 정시 신시 허가를 받았으며 1945년 해체되었다. 1915년부터 1925년 조선신궁(朝鮮神宮)이 완성되기 전까지 국가 제사를 대행하며 경성에 거주하는 일본인들의 대표적인 종교 시설이었다.

의례에 대해 보도했다. 『동아일보』는 숭신인조합의 "해이", "방만"이 "법령으로 취체함이 불가하다"고 적으며, 언론들은 나아가 경찰 당국이 제재 방안을 진지하게 재평가하도록 촉구했다.[82] 신문들은 총독부 경무국이 적절한 행정 감독을 하지 않았다고 판단하여 스스로 신토 신사에 등록된 무당을 추적하고 신토 숭배 관련자들을 감시하기 시작했다.

나는 조선의 의례 전문가들이 내가 급진적인 형태의 저항이라고 정의하는 '식민지적 드래그'를 행하고 있었다고 말하며 '허위'에 대한 민족주의적 비난을 완전히 역전하려 한다.[83] 새로운 형태의 의례 권력에 접근하기 위해서 조선의 의례자들은 당대 가장 강력한 정치적 형상이었던 아마테라스오미카미天照大御神, 메이지 천황과 같은 역사적으로 끊어지지 않고 지속되어온 일본 제국 군주제의 공식적인 이데올로기를 상징하는 두 신을 인정할 필요가 있었다.[84] 무당이 "일본 제국과 좋은 관계를 쌓아가고 있다"는 언론의 비난은 도리어 여성 샤먼들이 헌신을 연기하고, 가장하고, 거짓으로 꾸미고 있을 수 있는 위험한 가능성을 제기했다.[85] 이러한 문화동화주의의 관습은 식민지 주체성subjecthood의 한 유형을 드러내며, 관광객들은 이 유형에서 이상한 쇼, 행동, 공연을 목격했을 수 있다. 그러나 의례 공동체들이 일본 영혼들을 감싸는 것은 단순히 식민지 개척자를 포용하기 위한 것일뿐더러 나아가 샤먼적 의례 다원주의에서도 필수적인 혼합적 실천이었다.[86] 이들 의례 전문가들은 그들의 동시대 주변의 신을 인식하고 지역적 참여를 독려하는 데 전문가였다.[87] 제국주의적인 영적 우주론에 경의를 표하는 것은 양가적 모방 이상이었다. (거의 동일하지만 딱 그렇다고 말할 수는 없는 정도의 차이가 있었다.) 이 젊은 여자 공연자들은 이 식민 지배자들 앞에서 '드래그'를 수행하며, 자신들의 행위가 "콕 집어" 일본이나 조선, 남성 혹은 여성에 속하지 않는다는 명백한 사실을 즐기고, 젠더화된-민족적 정체성들의 한계를 확장하며 그들 공동체의 필요와 욕망을 충족시키고 있었을지도 모른다.[88] 무뇨스가 드래그 수행자들의 정치를 "생존을 전략화하고, 그러한 몸에 대한 가시성이 거부되도록 구성된 문화 영역에서 자아의 주장을 상상하는" 것이라고 말하고, 주디스 버틀러가 드래그는 "안과 밖의 정신적인 공간의 구분을" 전복한다고 말하는 것처럼, 나는 숭신인조합의 신토 수호와 전위적인 실험이 숭신인조합의 문화적 생존을 위해 국가주의적이고 가부장제적인 의례주의를 드래그하는 것으로 본다.[89]

그들의 유연하고 창의적인 본성은 샤먼들을 영적 실용주의와 정치적 기회주의 사이의 불안한 위치에 놓이게 하며 1920년대 샤머니즘에 대한 부정적인 시각을 부추겼다. 신토식 샤머니즘 숭배를 일종의 패러디로 그려낸 것은 사람들이 제국주의적 친연성의 표현에 동참하면서도 이를 전복시킬 수 있다는 문화 정책의 참여적 본성을 드러낸다. 이러한 비판들은 식민지적 정체성이 '드래그'될 수 있으며, 식민지적 정책들이 자기 자신의 민족-정신적 정체성에 대한 진실을 불안정하게 하기 위한 노력의 일환으로 패러디적 모방과 반복, 의미와 가치의 전복, 이성애규범적 수행을 통해 조작될 수 있음을 보여주었다.[90] 무당에 대한 민족주의적인 우려는 숭신인조합의 조합원들이 그들의 인종적으로나 정치적으로 다양한 관객들에 대한 정확한 인지에서 비롯된, 식민주의자들이 기대했던 순종적인 주체를 고분고분하게 연기한 의례적 연극의 전문가였다는 점을 둘러싸고 일어났다.[91]

식민주의자들은 그러한 조잡한 모조품들을 보고 기뻐했을지도 모르지만, 민족주의자들은 그 묘사가 거짓되었다고 몰아붙이며, 보편적 원시주의를 자기보존의 수단으로 여기고 의례자들을 쫓아내려고 했다. 숭신인조합은 샤먼으로서의 가장 큰 장점을 정치적 장벽을 넘나들고 정치적 권력을 가진 종교를 포용하며 이를 의례에 혼합시키는 데 사용했다.[92]

숭신인조합은 종교와 문화 행사를 기획하는 것 이상의 일을 했다. 그들은 문화 교육, 전문 인허가, 비영리 기금 모금, 자선 사업과 같은 가장 근대적인 사업들에 참여했다. 그들은 지방사무소를 개발하기 위한 면허를 취득하고, 민간 기부자와 회원을 모집하고, 회비를 징수하고, 지역 봉사를 실시했다. 숭신인조합원들은 때로 돈세탁, 부의 축적, 의도적 괴롭힘 등의 혐의를 받기도 했지만, 그들은 어려운 시기에 도움과 자원을 제공하기도 했다.[93] 경성에서 홍수를 비롯한 각종 자연재해가 발생하여 많은 이재민이 생기자 숭신인조합은 옷 기증, 응급처치, 기타 긴급 구호를 위한 모금 운동을 벌였다.[94] 이러한 상황들에 대해 언론은 숭신인조합이 사회에 공헌을 하고, 다른 단체에 모범을 보였다며 찬사를 보냈다.

숭신인조합은 의뢰인과 가족을 치유하는 것에 기반을 두었던 대부분의 무소속 무당과는 달리, 사적인 집과 동네 기반의 의례에서 전략적으로 벗어났다. 민간 의례는 대개 식민지 의료법을 위반하는 모종의 형태를 띤 치료 서비스를 포함한다.[95] 숭신인조합은 그 대신 중요한 탄신일들, 샤먼적 기념일, 상서로운 날들, 종교 휴일와 같은 대형의 공공 굿들을 우선시했다.[96] 이들은 탈춤, 아방가르드극(서양 연극적 요소와 샤먼적 요소를 혼합한)보다 전통적인 형태의 굿을 실시하며 샤먼적 공동체의 경계를 넓혀갔다. 숭신인조합의 행사는 흥분, 웃음, 큰 소란들로 가득했다. 관객들은 활기차고, 사회경제적으로 다양하며, 인종적으로 섞여 있었다. 조선의 엘리트들에게는 유감스러운 일이었지만, 이러한 행사들은 1920년대에 믿을 수 없을 정도로 인기가 높았고 큰 지지를 받았다.[97]

때로는 긍정적인 시각으로 비쳐지기도 했지만 숭신인조합의 의례 전문가들은 주로 젠더 규칙을 어기고 급진적인 반체제적 삶의 방식을 제시했다는 점에서 질책의 대상이 되었다.[98] 민족주의자들은 그들을 여성 변칙anomaly들로 취급하며 그들을 이성애규범을 지향한 사회를 향해하는 수단으로 이용했다. 의례 전문가들은 주로 젊은 여성이었지만, 단순히 그것에서 그치진 않았다. 그들은 그들 자신의 조선 남성성을 드러내는 갓과 검을 차려입은 시스젠더의 재현을 넘어서 화랑 장수, 유교 현인, 심지어 단군과 같은 페르소나들을 과시하고, 공연에서 의례화된 드래그를 수행했다.

한편, 그들의 남성 의례 수행원들과 배우자들은 젠더 이분법의 반대편에 놓고, 불능, 불임이라고 특징 지었다.[99] 의례 전문가들은 이미 수호령과 혼인해서 맺어진 상태였기에 인간과 혼인을 하지 않았다. 이 여성들은 자신들은 영적 동반자를 섬길 도리가 있다고 말하며, 이것이 자신들의 물질적 삶의 방향을 결정하는 영적 완결이라고 믿었다. 혼인 여부, 이혼, (동성이나 이성과의) 성관계, 출산에 대한 결정은 모두 그들의 의인화된 영혼들의 의지와 반해서 저울질되는 결정들이었다.[100] 수호령의 영적 숙주가 인간과 결혼하는 것을 원치 않는다면, 여자 의례자들은 이러한 생활방식을 남지로부터의 해방이라기보다는, 되려 그들의 까다로운 영혼에 얽매여야 할 짐이라고 받아들였다. 그들이 결혼을 했다면 이는 다른 주변화된 종교의 수행자인 경우가 대부분이었다.[101] 그러나 출판 언론은 이러한 정신적 관계들을 묵살하고 샤먼들과 그 관계자들의 부적절한 성적 성향이나 행위를 의심했다.[102]

샤먼들에 대한 언론의 집착은 식민지 '여성 문제'에 대한 집착과 겹치며, 두 주제 모두 인구의 힘에 영향을 미치는 것이었다.[103] 조선의 민족주의자들은 주로 건강한 자녀를 낳았거나 낳을 '민족의' 여자들에게 관심을 가졌고, 그들은 샤먼들이 이러한 국가적 목표를 방해한다고 믿었다. 아이러니하게도, 대부분의 의례는 가족과 재생산에 대한 이성애규범적 기대를 지지하는 것을 목표로 했다. 예를 들어, 샤먼들은 때때로 훌륭한 중매쟁이로 여겨지거나, 평판이 좋은 중매쟁이를 사람들에게 추천하기도 했으며 어머니들은 자녀들에게 적합한 이성 결혼 상대를 찾기 위해 샤먼들을 찾아 나섰다. 이러한 중매망을 단절시키기 위해『동아일보』는 1934년에 「정월이면 더 발호하는 무당판수를 박멸합시다」라는 기사를 실었다. 이 기사는 조상의 위패를 통해 운세를 점치는 사람들과 결혼 운세를 점친 사람들을 분류했다.[104]

『조선중앙일보』는 독자들에게 샤먼적인 결혼을 경계하라고 경고했다.『조선중앙일보』는 "음력 시월 초팔일에 … 신부의 자택에서 혼례식을 무사히 거행"한 한 남녀의 사연을 실은 뒤, "밤 9시경에 이르자 신랑이 무당집 자식인 것이 발각되어 신부집에서는 대경실색하여 일대 소동이 일어났으므로 전기前記 신랑은 도주해버"렸다고 적었다.[105] 이 기사는 독자들이 그러한 아이들이 무당 어머니로부터 '비정상적' 특징을 물려받았다는 것을 이미 알고 있다고 가정하고, 그들이

'정상적인' 삶을 추구하려고 하는 것을 경계할 것을 간청했다. 『동아일보』는 경찰이 무당들을 "위법한" 여자로 인정하지 않고 있기에 "국가의 건강"이 위태롭다고 믿었다.[106] 『동아일보』는 "남자보다 여자가 더 많이" 샤먼을 "믿는다"고 지적했다.[107] 그러나 샤먼 고객층, 단순히 샤먼들과 연관된 남자들도 "폭력적이고" "제정신이 아니며" "자살 가능성이 있고" "살의가 있다"고 특징지었다. 『동아일보』는 이 같은 비정상적인 성향들이 미신의 원인이거나 영향을 받았다고 주장했다. 신문들은 근대적 네트워크를 통한 결혼을 장려하려고 싸우면서도, 건강하지 않은 집단으로 분류된 샤먼들과 그 관계자들에 대한 산아 제한과 부정적인 우생학을 신봉했다.[108]

샤머니즘 논란은 '여학생 교육'을 위한 공공 캠페인을 둘러싼 여성 문제와 충돌했다. 여성 무당 등 자격 없는 사람들이 '여자 일'의 전문가로 활동했다는 게 조선 언론의 한결같은 입장이었고, 이는 사회적 혼란의 공식이었다. 여학생 교육이라는 새로운 영역은 대부분 가정 돌봄과 육아라는 두 가지 주제로 한정되어 있는 반면, 숭신인조합과 같은 단체들은 젊은 여성들이 가정 밖에서 직업 훈련을 할 수 있도록 허가하고 있었다. 『동아일보』는 한반도 서남 지역에 "고택과 정부 관리"에 출입하는 고소득 샤먼들이 증가하는 경향을 보인다고 보도했다. "무당, 점쟁이, 상쟁이, 사주쟁이, 작명쟁이 등이 무지한 사람들의 주머닛돈을 구걸하는 일을 한다. 우리가 전라남도의 1,489명의 남자와 1,541명의 여자를 더하면 3,030명은 큰 문제가 된다."[109]

이런 종류의 일을 해서 여성들은 독립적으로 부유해질 수 있었다. 기사는 이들 여성이 "일반 사회에 미치는 악영향"을 서술했다.[110] 기사는 숭신인조합이 만들어낸 이 "새로운 문화"*를 제거하는 최적의

방안을 젊은 남자 단체들이 연구를 해서 대중에게 조언해야 한다고 제언했다.[111]

결론

식민지 언론을 통해 샤먼에 대한 부정적인 인식들이 확산되었을 때, 왜 무당들은 자신을 방어하기 위한 글을 쓰지 않았을까? 1920 년 이전의 샤먼적 의례 전문가들은 지역을 중심으로 시작된 범죄화의 지속적인 위협 아래 종종 비공식적으로, 은밀하게 무리지었다.[112] 어느 정권이 집권했든 간에, 의례자들은 영구적인 구조적 변화를 제정하기 위해 노력하며 지역적이고 일상적인 저항 투쟁의 중요성을 피력했다.[113] 샤먼들은 높은 사회적 기대치를 충족시킬 것을 요구받고 있었다. 제국이나 국가, 또는 가족의 가부장들에게 인간의 부정不正을 인정하라고 요구하는 것이 불가능할 때, 샤먼적 의식은 유일한 시정 방법이 되었다.[114] 도리어 정해진 대본보다 수행을 특권화하는 것이 "탈동일시의 세계를 만드는 권력"을 야기했을 수도 있다.[115]

자기-저술의 부재가 반드시 샤먼 공동체를 제한한 것은 아니었고, 그들은 타인에 의해서 존재의 표현이 가능한 빈 깡통들이 아니었다. 그들이 조직화하려고 했던 노력이 보여주듯이, 20세기 초 자신들의 정신적 활동을 가치-창출적인 교환의 형태로 상품화하면서 친밀성

---

* 원문의 오류로, 해당 기사에서 새로운 문화는 숭신인조합 등을 몰아내고 수립해야 할 새로운 목표로서 제시되고 있다.

경제에 관여하는 적극적이고 공적-사회적 행위자들이었다. 사실 그들은 텍스트적 자기-저술에 참여하기를 거부함으로써 경찰관, 기술 관료, 문화기술지 연구자, 가부장적 민족주의자들을 외부에 붙들어 두면서 그들의 정치적, 젠더, 정신적 정체성을 창조, 모방, 조롱하고 형체를 바꿀 수 있는 여지가 더 많아졌을 것이다. 그들의 무법자적 감성으로, 1920년대에 숭신인조합은 문화 정책들의 대문을 활짝 열고 들어와 토착적인 정신적 저항에 활력을 불어넣었다.[116]

마지막으로, 이 식민지적 순간이 이 책의 다른 저자들과 이성애-선형적 시간straight time으로 교차하는 지점을 말하려 한다. 근대화의 수사修辭는 결국 단계적인 국가적 성숙으로 이어지도록 했고, 이러한 식민주의적 선형성線形性은 이성애-선형적 시간의 일환으로 볼 수 있다.[117] 그런 의미에서 나는 의례 전문가들과 문화민족주의자들의 근대성의 비동시성과 진보주의 역사에 대한 거부를 퀴어한 현상이라고 부르려 한다. 토착 의례들이 수행되고 기록된 수많은 방법은 구체적인 상황에서 자본주의의 비동기화 효과를 보여준다.[118] 언론은 헤게모니적 발전 계획을 통해 토착 의례 행위자들의 경험을 예속화하고, 주변화하고, 부인하고, 비합법적으로 만들었다. 의례 전문가들이 공동적 쾌락의 재배치를 통해 과거에 대한 대안적 이해를 도출할 수 있었듯이, 샤머니즘 역사가들은 페트루스 리우가 보는 "최대 생산성을 향한 인간 몸의 시간규범적chrononormative* 조직"과 정반대 방식

---

* Elizabeth Freeman, *Time Binds: Queer Temporalities, Queer Histories* (Durham, N. C.: Duke University Press, 2010), p. 3. 시간성과 역사가 퀴어 정치에 필수불가결한 장치라는 것을 강조한 책이다. 시간규범성 개념은 개별 신체를 최대 생산성이라는 목표를 위해 재조립하는 방법으로서 시간을 사용하는 것을 말한다.

으로 대중적 역사 의식을 재구성했다.[119] 선택적인 정신적 공동체는 그들의 대리 가족들과 혼합 민족적인 기원들을 정교한 의례들과 고대 텍스트들을 통해 사회화했다. 그들은 주로 전통적인 가부장제적 사회조직의 가장 기본적인 단위를 반영하면서도 한편으로는 그것으로부터 벗어나 근대성과의 시간적 비동시성 그리고 퀴어한 식민지 시간을 확립했다.

제2장

이성애 제국에서
퀴어의 시간을 이야기하기

이상의 「날개」(1936)

존 휘티어 트리트 지음
이호섭 옮김

'여기 그리고 지금'은 감옥과도 같다.

— 호세 에스테반 무뇨스, 『크루징 유토피아*Cruising Utopia*』

다만 시간이 좀 너무 더디게 가는 것만 같아서 안타까웠다.*

— 이상, 「날개」

혜겔과 마찬가지로, 우리는 여전히 시간이 '역사'로 묶여서 거침없이 앞으로 나아간다고 믿는다. 하지만 우리는 또한 어떤 이들은 시간의 소용돌이에 휘말린 채 뒤에 남고, 어떤 이들은 시간을 추월할

---

* 본문에서 인용된 이상 작품의 텍스트는 권영민이 엮고 현대 한국어 표기로 옮긴 『이상 전집』(전 4권, 태학사, 2013)에서 그대로 인용했고, 김윤식·이승훈이 엮은 『이상 문학 전집』(전 5권, 문학사상사, 1989~2001)과 김주현이 엮은 『정본 이상 문학 전집』(전 3권, 소명출판, 2009)을 함께 참고했다.

수 있다고 생각하며 앞으로 치고 나아간다는 것을 안다. 그리고 대부분은 시계나 달력이 우리에게 상기시키는 것을 잊지 않으면서 매일 지속되는 일상에 머무르려고 애쓴다. 하지만 이 모두가 하고 있는 것이 있다. 우리는 다양하고 중첩되어 있으며 서로 상반되는 시간들 속에서 살아간다. 업무를 위해서 강제당하는 시간들 그리고 우리가 여가를 위해서 간신히 훔쳐내는 시간들. 어떤 시간들은 거의 헤게모니적이다. 그러니까 우리에게 불가피하게 일어날 거라고 말해지는 삶의 단계들 말이다. 더 포괄적으로 말하자면, 근대성, 발전, 생산성이라는 세계화의 규율에 의해서 우리의 민족nation, 민중, 종족ethnicity 그리고 부족tribe이 처하게 되는 시간들. 그러나 다른 시간에서 우리는 강제된 시간의 미완료된 규율로부터 도주하고, 저항하고, 심지어는 방해 공작을 벌인다. 회의에 고의로 늦는가 하면 진짜 나이를 속이면서 우리는 어떤 불확실한 미래에 내기를 걸고, 심지어는 사회적·경제적 발전을 위해서 그들의 시간표를 강제하고자 하는 '선진국'에 대항하여 무장 투쟁을 치르기까지 한다.

그리하여 퀴어한 시간queer time이 있다. 이 글에서 나는 일반적으로는 함께 다루어지지 않는 두 가지 주제, 즉 식민지 시간colonial time 과 퀴어한 시간을 다룬다. 학문적 담론에서 그것들의 역사적 연관은 취약하다. 19세기부터 이미 식민지화가 되면서 일상적 삶이 강제적으로 재조직되었는데 우리가 다양하고 강제적인 이성애규범성 heteronormativity의 제도 아래에 있는 퀴어의 삶을 유럽인의 지배 아래에 놓인 아시아인 및 아프리카인의 삶과 유비적으로, 또는 이 글에서처럼 일본인의 지배 아래에 놓인 조선인의 삶과 유비적으로 생각하기 시작한 것은 20세기의 일이기 때문이다. 퀴어한 시간은 이러한 맥락에서 서발턴으로, 여러 종류의 강제적 규범에 대한 양가적인 도전으로 간주되어야 한다. 나는 퀴어한 시간이 식민지 시간에 관해 무언가를 우리에게 가르쳐주고, 그 역도 마찬가지라고 주장한다. 조선의 경우, 퀴어한 시간은 식민지 근대성의 반사적인 효과가 아니라 처음부터 그곳에 있던 것이었다.

한국에서 가장 유명하면서도 혹평을 받았던 모더니즘 작가 이상李箱 (1910~1937)의 삶과 경력은 19세기와 20세기의 연속에 교묘하게 겹쳐 있다. 역사적으로 우리가 제국과 퀴어의 결합을, 또는 길항을 위치시킬 수 있는 곳에 이상이 있다. 그의 짧은 생애 동안(작가로서 그의 경력은 8년뿐이다) 그가 갖고 논 이름들은 추문에 오르내렸고, 그 자신의 이름도 마찬가지였다.[1] 이상은 한일합병 일주일 후에 태어나서 서울(일본에 의하여 '경성京城'으로 이름이 바뀌었다)의 도심에서 자랐다. 그가 태어났을 때 '김해경'이라는 본명이 주어졌지만, 스스로 필명을 골랐다. 필명에 담긴 말장난은 아직도 논쟁의 대상이 되고 있는데, 어떤 것은 음담패설이기도 하다. 대부분의 설명은 이렇다. 이 탁월한 모더니즘 문학가는 처음부터 예술가를 꿈꾸었지만 공학도 및 건축가로 훈련을 받았고, 조선총독부 건축과에서 일하는 동안 그의 일본인 동료들은 그들이 공유하고 있던 제국의 언어로 그를 '이상さん', 즉 '이씨'라고 불러서 필명을 그렇게 정했다는 것이다. 하지만 이 설명은 틀렸다. 우리는 그가 경성고등공업학교 학생이던 시절에 이미 자신을 이상으로 불렀다는 사실을 알고 있다. 10여 명의 건축과 학생 가운데 이상은 유일한 조선인이었다. 좀 더 터무니없는 설명도 있다. 어떤 이에 따르면 '이李'는 일본어로 '자두나무'이고 '상箱'은 관棺을 고쳐 쓴 것이므로, 그의 묘지 위에 꽃잎들이 흩날리며 떨어지는

병적이고 낭만적인 이미지를 연상시킨다고 주장한다. 그러나 이것은 그의 아방가르드 시에서 사용된 어떤 이미지와도 비슷하지 않다. '이상'을 '이상理想'으로 읽으려는 사람들도 있다. 이것 역시 그의 삶이나 글과는 어울리는 조합이 아니다. 최근에는 그의 이름을 '이상已喪', 즉 "이미 죽은 사람"으로 읽으려는 이도 있다.[2] 우리는 '이상'을 한국어 용언 '이상異常'의 동음이의어로 남겨둔다. 사실 이상이 최초로 발표한 시의 제목이 「이상한 가역반응異常＋可逆反應」(1931)이다. 그러나 앞으로 서술할 몇 가지 이유에서, 나는 모든 '이상들'을 '퀴어'로 옮기겠다.

나는 이상과 그의 대표적인 단편소설 「날개」(1936)를 통해 식민지 시간과 퀴어한 시간의 변증법적 작동에 접근하고자 한다. 이상이 어떻게 두 종류의 시간을 사용하는지 보여주기 위한 긴 인용을 양해 바란다.

사방 한 자 남짓한 까만색 널빤지 한복판에 피부 색깔로 '69'라는 수자가 적혀 있었다. 이것이 그 다방의 간판이자 상호였다. '가고파'도 '도라지'도 아닌 괴상한 상호에 고개를 갸웃하면서 들어선 손님은 의자에 앉으면서 또 한번 얼떨떨해지고 말았다.

의자가 유난히도 낮아서 거의 마루바닥에 닿을 정도였기 때문이다. 엉덩방아를 찧을 뻔하면서 간신히 자리를 잡은 손님은 또 다른 어느 다방보다도 실내의 조명이 어둠침침하다는 것을 알게 되었다.

둘러보니 실내 장식이라곤 화분 하나도 없었다. 벽에 걸린 유화 한 폭이 이른바 실내 장식의 전부인데 거기에는 수염이 창劍대 같은 사나이의 얼굴이 그려져 있었다.

별난 다방이라고 생각하면서, 손님은 좀 전에 문 밖에서 본 69라는 간판을 머리에 떠올렸다. 그러고 보니 그 괴상한 다방 이름부터가 알다가도 모를 노릇이었다.

"69라? 육구?" 하면서 고개를 갸웃하던 손님이 한참만에 그럴듯하게 중얼거린다.

"오오라! '육구리(천천히를 뜻하는 일본말)' 쉬었다 가시라는 뜻이겠구먼?"

그 말을 들은 사나이 하나가 저만치 계산대 가까운 의자 위에서 쓸쓸레한 웃음을 웃고 있었다. 창대 같은 수염이 벽에 걸린 한 폭의 그림을 닮았으니까 그가 아마 이 다방의 주인일 것이다. 이 사나이의 웃음은 쓸쓸레하다 못해서 조소하는 표정마저 역력했다.

왜 그랬을까? 얌전하신 신사분께서 내리신 69라는 수수께끼의 해답이 동문東門에 서답西答이었기 때문이었다. 이 수수께끼는 육구리 따위 일본말 부러진 것을 찍어다 붙였다고 해결이 되는 문제가 아니었다. 퉁소 불고 전복 딴다는 뜻이라고 해석을 하면 달밤의 운치 있는 술자리를 연상하겠지만, 그런 이태백李太白이 식의 연상이 적용되는 것도 아니었다.

그럼 69는 무슨 뚱딴지 같은 방정식方程式의 해답인가? 방정식은 방정식인 것이, 이것은 음陰+양陽의 방정식이다. 이 숫자의 동그란 부분은 남녀 한 쌍의 머리요, 길다랗게 뻗친 부분은 그 한 쌍의 하체下體이다. 즉 그것은 음양陰陽의 방정식을 거꾸로 뒤집어 놓은, 해괴망칙한 해답의 상형象形이었다.

이런 해괴망칙한 상형 문자가 그나마도 한술 더 떠서 새까만 바탕 속에 피부 색깔인 도색桃色으로 선명하게 그려져 있었다. 그런데도 얌전하신 신사분들은 열이면 열 모두가 기껏 '육구리'라고밖에는 생각을 못했다. 그러면 그렇지 너희 같은 속물이 무얼 알겠느냐고 창대 같은 수염의 경영주는 조소를 터뜨리곤 했던 것이다.[3]

이 인용문은 임종국(1929~1989)[*]의 것이다. 그의 가장 중요한 작업은 『친일문학론』(1966)인데, 여기서 임종국은 이상, 그 수염 난 남자를 친일 협력의 혐의에서 면제한다. 왜냐하면 이상이 너무 빨리 죽었기 때문이다. 그보다 오래 살아서 총력전의 몇 해를 견디며 시험을 치러야 했던 동시대인들에 비하면 말이다. 그러나 민족주의자들은 그의 작품에서 나타나는 요코미쓰 리이치橫光利一(1898~1947)[**]와 안자이 후유에安西冬衛(1898~1965)[***]와 같은 일본 작가들의 영향을 미심쩍게 바라보았다. 그가 공공연한 어떤 정치적 의미에서 '친일'이었던 것은 아니지만—친일 인사 3,090인[****]의 이름을 총망라하여 수록한 것으로 유명한 『친일인명사전』(2009)에 이상의 이름은 실려 있지 않다—, 그는 생애 동안 반골로, 심지어는 이단으로 취급되

---

[*] 시인, 비평가, 사학자. 본문에서 언급되는 『친일문학론』을 저술했고, 같은 해에 『이상 전집』(1966)을 펴내어 이상 연구의 기폭제가 되었다.
[**] 소설가, 비평가. 프롤레타리아 문학을 비판하고 현실을 감각적으로 재창조하는 문학을 주창했던 '신감각파'를 이끈 대표적인 소설가로 유명하다.
[***] 시인. 일본의 모더니즘 시문학을 선구적으로 주도했으며, 대표작으로 시집 『군함 마리』가 있다.
[****] 저자의 오류로, 3,090명이라는 수는 2005년 8월 29일 자 민족문제연구소 및 친일인명사전편찬위원회의 기자회견에서 발표된 1차 명단에 근거한 것이다. 이후 2008년 4월 29일 발표된 2차 명단에는 4,776명을 언급했으나, 2009년 11월 8일 발간된 『친일인명사전』에 최종적으로 수록된 인물은 4,389명이다. 물론 최종 확정된 4,389명의 명단에도 이상의 이름은 실려 있지 않다. 『한국민족문화대백과』, 「친일인명사전」 항목 참조.

었다. 그는 한국문학의 전통을 거부하고 비정치적 모더니즘을 수용했기 때문이다. 선구적인 시인이었던 정지용(1902~1950)*의 비호 아래, 그는 한국 시의 새로운 흐름에 참여했다. 그것은 서양에서는 이미 친숙했고, 일본에서는 약간은 덜 친숙했던 것이었다. 그는 1933년 공무직을 그만두고, 그다지 성공적이지는 않았던 카페 경영자로 두 번째 경력을 시작했다. 1934년에는 작가 동인이었던 구인회九人會**의 회원으로 명성을 얻었다. 그는 다다와 초현실주의 그리고 수학에 관련된 실험적인 작품으로 주목을 받았다(이상의 구체시具體詩***에는 알베르트 아인슈타인의 영향이 발견된다.****). 1936년 가을, 이상의 명성은 아이러니하게도 갑작스레 끝나버렸다. 결혼한 지 얼마 되지 않아 가족을 남겨둔 채, 아무에게도 계획을 말하지 않고서 동경으로 혼자 떠났을 때였다. 그해 겨울, 동경 당국은 이상을 '불령선인不逞鮮人'의 혐의로 체포했다. 이에 더해 사상범의 혐의가 추가된 이상은 니시칸다西神田 경찰서에 유치되었다. 한 달 후, 만성 결핵이 악화되어 친구들의 도움으로 동경제국대학교 부속병원에 이송되었다. 그리고 그해 4월 17일에 죽었다. 한국에서 일반적인 견해는 수감되는 바람에

---

* 시인이며, 대표 작품으로 「향수」 등이 있다. 『가톨릭 청년』 편집 고문으로 재직하면서 이상의 시를 세상에 알렸고, 본문에서도 언급된 구인회(九人會)에 이상, 박태원 등과 함께 참여하여 모더니즘 문학 운동을 이끌었다. 이상의 단편소설 「실화(失花)」에서 언급된다.

** 1933년 경성에서 조직된 문학 동인으로, 경향주의 문학에 반대하여 순수문학을 추구했다. 구성원으로 이상 외에도 이태준, 이효석, 김기림, 정지용, 박태원 등이 활동했다.

*** 시의 본문이 특정한 시각적 형태를 갖도록 구성하여 시각성을 강조하는 시를 말한다. 예컨대 「오감도」 연작에서 시제 4호는 0에서 9까지의 숫자를 거울에 비친 형태로 쓰고 정사각형으로 배치하여 시적 주제를 전달하고 있다.

**** 「선에 관한 각서」라는 제호의 연작으로 구성된 『삼차각설계도』를 말한다.

이상의 건강이 무너졌다는 것이다. 젊은 학자 최진석은 최근 논문에서 쓰고 있다. "동경에서 이상은 문학적 모더니스트이기 앞서 불령선인이었다."[4] 전해지는 이야기에 따르면 이상은 레몬 향기를 맡으면서 죽었다고 하는데, 이는 일본의 모더니즘 작가 가지이 모토지로梶井基次郎(1901~1932)*를 떠올리게 한다. 그 또한 대표작 「레몬」(1925)을 쓰고 나서 몇 년 후에 결핵으로 죽었기 때문이다. 이 소설은 서점의 선반 위에 레몬 하나를 올려놓고 그것이 폭발하는 상상을 하는 결핵 환자를 그리고 있다.

이 이야기는 지나치게 감상적이기는 해도 꽤 근사하다. 이상은 자신을 만신창이로 만들려고 했다. 앞에서 인용한 임종국의 글에서 이상을 묘사한 "해괴망측한"과 같은 단어는 반어적인 의도로 사용된 것이 아니다. 이상은 살아 있는 동안에도 터무니없는 나르시스트라고 비난받았다. 카페 69의 벽에 걸려 있던 초상화는 실제로, 한때 화가가 되고자 했던 이상이 조선미술전람회朝鮮美術展覽會(약칭 '선전鮮展')에 제출했던 자화상이었을지도 모른다. 그 당시, 일본의 압제하에 있던 문학의 최고 관심사는 대체로 조선 민중의 민족주의적 열망이라고 간주되었다. 그의 장시 『오감도』(1934)는 너무나도 관습에 어긋났기 때문에 그의 정신 상태를 의심하는 독자까지 있었다.[5] 다른 독자들은 연재 중단을 요구했는데, 30편**으로 계획된 연작의 절반밖에 발표되지 않았을 때였다.[6] 이상이 천재였는지 아니면 단순한 정신질환자였는지는 아직도 논쟁이 되고 있다.[7]

---

* 소설가. 서정성이 풍부한 문체로 20여 편의 단편소설을 남겼으나, 31세에 폐결핵으로 요절했다.

요양하기 위해 방문한 온천에서 만난(그가 경성을 떠난 것은 몇 차례 되지 않는데 그중 한 번이다) 기생의 도움으로 이상은 몇 개의 카페를 운영했는데, 모두 실패로 끝났다. 그중에는 한국어로 '제비(속어로는 젊은 기둥서방을 이른다)', 일본어로 '쓰바메ツバメ'라 불리던 카페도 있었다. 그 카페들은 청계천을 중심으로 북쪽에 있는 조선인 거주지 인사동과 남쪽에 있는 일본인 거주지 혼마치本町에 위치해 있었다. 건강이 나빠지기 시작하자 이상은 건축가라는 직업을 버리고 시와 단편소설, 에세이를 쓰는 데 전념했다. 그는 머리와 수염을 기른, 조선의 국산 보헤미안 댄디가 되었다. 그는 동아시아의 여느 '모던 보이'처럼 보타이를 즐겨 매었고, 해방 이전에는 물론 이후에도 문란한 난봉꾼으로 비난받았다. 마약을 하며, 난잡한 술자리를 갖는가 하면, 중혼重婚을 하고, 어쩌면 양성애를 했다는 소문이 돌았다. 한 미국인 작가는 그를 두고 한국의 "어두운 양심이요, 마약 중독자이며, 결핵에 걸린 저주받은 시인poète maudit"이라고 불렀다.[8] 한국에서는 비평가 김우창이 모든 "한국 사회의 질적인 붕괴는" 이상의 "소외와 아노

** 『오감도』 연작이 30편으로 계획되었다는 것은 『오감도』 연재가 독자들의 항의로 중단된 이후 『조선중앙일보』 지면에 발표한 「『오감도』 작자의 말」에서 이상이 언급한 내용을 근거로 삼는다. "왜 미쳤다고들 그러는지 대체 우리는 남보다 수십 년씩 떨어져도 마음 놓고 지낼 작정이냐. 모르는 것은 내 재주도 모자랐겠지만 게을러빠지게 놀고만 지내던 일도 좀 뉘우쳐 보아야 아니하겠느냐. 열아문 개쯤 써보고서 시 만들 줄 안다고 잔뜩 믿고 굴러다니는 패들과는 물건이 다르다. 이천 점에서 삼십 점을 고르는 땀을 흘렸다." 그러나 현존하는 이상의 유고들 가운데 2천 점의 초고는커녕 30편 가운데 발표되지 않은 나머지 15편도 발견되고 있지 않다. 이 때문에 이상의 말을 어디까지 신뢰할 수 있는지는 분명하지 않다. 김연수의 소설 『꾿빠이, 이상』(문학동네, 2001)은 바로 이 미발표 원고들 가운데 「『오감도』 시제16호」가 발견되었다는 설정을 토대로 이 원고의 진위 여부를 추적하는 과정을 줄거리로 삼고 있다.

미의 ⋯ 개인주의"에서 발견될 수 있다고 말한 바 있으며, 심지어 이
상을 두고 "사회로부터 완전히 소외된" 예술가라 부르기도 했다. 김
우창은 쓴다. "식민지 사회에 있어서의 현대 예술가의 소외를 집중적
으로 드러내주는 것은 李箱이다."[9] 그럼으로써 김우창은 이상을, 그
의 구체시 및 다른 작품에서 발견되듯, 언어에서 후퇴하여 무기물적
수(69?)와 기술적 상징과 어휘(방정식?)로 침잠한, 일본의 사악한 영
향에서 나온 허위적 부산물로 그려낸다.[10] 이상을 "두 문화 사이의
회색지대에 서식하는 기생충"으로 칭하며 김우창은 다음과 같이 결
론짓는다. "李箱의 다방처럼 그의 단편들은, 봉건적 기반에서 풀려
난 사람의 추상적인 자유와 이 자유를 조장하면서 그것을 무의미한
것이 되게 하는 식민지의 테두리 사이에 끼인, 식민지 문화인의 자기
모순을 표현하고 있다."[11]

그러나 이상은 결국 비평가들에게 인정받을 것이고, 심지어는 부
활할 것이었다. 최남선이 한국 근대시 수립이라는 기획을 시작한 지
20년 만에 대담한 '패륜아bête noire'를 만들어낸 한국 현대문학의 역
량을 입증하는 불가사의한 증거로서 말이다. 그의 이름을 따서 만
든 권위 있는 문학상이 1977년 이래로 수여되어왔다. 오랫동안 이상
이 한국에 '너무 일찍' 왔던 것은 아니었나 하는 질문이 제기되었지
만, 오늘날 그 답은 '아니다'로 보인다.[12] 크리스 핸스컴이 이상의 "헝
클어진 머리와 흰 구두는 ⋯ 불가해한 모던을 욕망하는 젊은 예술가
와 잘 어울린다"고 말할 때, 그는 이상을 놀리고 있는 것이 아니다.[13]
그의 '퀴어성queerness'—흰 구두라니, 말이 되는가?—이 더 이상 비
판이 아니라 칭송의 이유가 된다는 것은, 이상의 복권復權에서 중요한
부분을 차지한다. 동아시아의 정전正典에서 퀴어성의 흔적을 샅샅이

찾아내는 일은 최근 학계에서 인기 있는 스포츠가 되고 있다.[14] 증거가 발견되면, 그것은 성도착의 새로운 문화 자본으로써 중국, 한국, 일본을 포스트-이성애규범적post-heteronormative 세계로 진입시킬 것이다. 이상은 강력한 후보로서, 그 결과 비록 일본 및 서양에 비교한다는 암묵적인 맥락에서의 이야기이지만, 한국 현대문학의 조숙을 상징하는 일종의 '포스터 보이poster boy'*가 되었다.

약 20년 전, 월터 루는 그의 중요하고도 영향력 있는 에세이 「장 콕토의 거울 보기: 이상의 거울 시에 관한 호모텍스트적 독해Jean Cocteau in the Looking Glass: A Homotextual Reading of Yi Sang's Mirrors Poems」에서 이처럼 새롭게 평가된 이상을 우리에게 소개해주었다. 루는 글을 시작하면서 이상이 받았던 광범위한 문학적 영향을 지적하는데, 이 영향은 몇 가지만 예로 들어도 이미 "이백李白(701~762)** 과 진 아서Jean Arthur(1900~1991)***, … 막심 고리키(1868~1936)**** 부터 고다 로한幸田露伴(1867~1947)***** … 그리고 동료 시인 정지용"

---

* 특정 자질이나 집단, 가치를 상징하는 인물을 가리킨다.
** 당나라 시인. '이태백(李太白)'이라고도 하며, 두보(杜甫)와 함께 중국 시의 쌍벽을 이룬다. 이상의 단편소설 「종생기(終生記)」에 다음과 같이 언급된다. "이태백. 이 전후만고의 으리으리한 '화족(華族).' 나는 이태백을 닮기도 해야 한다. 그렇기 위하여 오언절구(五言絶句) 한 줄에서도 한 자가량의 태연자약한 실수를 범해야 한다."
*** 미국의 배우이며 대표작으로는 「한 여자와 두 남자(The More The Merrier)」(1943)와 「셰인(Shane)」(1953) 등이 있다. 이상의 단편소설 「실화(失花)」에서 다음과 같이 언급된다. "ADVENTURE IN MANHATTAN에서 진—아—서—가 커피 한 잔 맛있게 먹더라."
**** 러시아의 소설가로 사회주의 리얼리즘을 제창한 소비에드 문학의 내표 작가보 평가받는다. 대표작으로는 장편소설 『어머니』가 있으며, 이상의 단편소설 「환시기(幻視記)」 등에서 다음과 같이 언급된다. "처녀가 아닌 대신에 고리키 전집을 한 권도 빼놓지 않고 독파했다는 처녀 이상의 보배가 송군을 동하게 했고 지금 송군의 은근한 자랑거리리라."

에 이르며, "이상의 작품들 도처에서 나타난다/사라진다dis/appears"[15] 같은 작품에 대한 비평에서 루는 나타나는/사라지는 것이 무엇인지를 기묘하게 예견하는데, 그것은 호모에로틱한 것이다. 본디 루가 초점을 맞추고자 하는 것은 이상이 장 콕토(1889~1963)*와 하고 있는 교활한 "협업"으로, 웨인 쾨스텐바움이 "밀수품의 사랑스러운 아우라"를 가지고 있다고 묘사한 그러한 종류의 문학적 협업을 뜻한다.[16]

콕토와 함께 이상을 읽음으로써, 이상에 관한 연구를 유효하지 못하게 만들었던 이성애주의적 전제들로부터 거리를 둘 수 있다. 그 작가는, 얼마나 피로했든지 간에, 이렇게 썼던 것이다. 그는 "설령 남성 대 여성을 넘어선 특별한 어떤 유일한 것이 되는 한이 있더라도 용감하게 앞으로 나서야" 한다고 말이다.** … 애정의 대상이 다른 남자였을 때, 이상은 콕토, 와일드, 로버트 루이스 스티븐슨과 같은 작가들의 은밀한 호모에로틱한 작품 안의 인물, 장면, 상징들로부터 거의 알아채기 힘들 정도로 이식된 시적 퍼즐과 혁신적인 코드에 의존할 필요가 있었다.[17]

***** 일본의 소설가로 대표적인 소설로는 『오층탑』이 있다. 이상의 수필 「산촌여정」에서 언급된다. "그것은 이웃 방에 묵고 계신 노신사께서 내 나타와 우울을 훈계하는 뜻으로 빌려주신 고다 로한 박사의 지은 바 『인(人)의 도(道)』라는 진서입니다."

* 프랑스의 작가로 소설 『앙팡 테리블(Les Enfants Terribles)』을 포함하여 시, 희곡, 심지어 영화까지 전위적이고 독특한 작품을 남겼다. 이상의 단편소설 「실화(失花)」, 「동해(童骸)」에서 언급된다. 이상 작품에서 발견되는 장 콕토의 영향에 대한 연구로는 송민호, 「아방가르드 예술의 한국적 수용 (1): 이상(李箱)과 장 콕토(Jean Cocteau)」(2013)를 참조하라.

루는 이상이 동성애자였다고 '아우팅'하려는 게 아니다. 그는 이상과 다른 한국 작가들의 작품에 대한 방대한 비평에서 호모에로틱한 것에 관한 언급이 빈틈으로 남아 있다는 것을 지적하는 것이다. 루는 콕토를 향한 이상의 잘 알려진 헌신은 "이상의 삶에서 가장 '동성애적인' 관계"였을 수 있다고 말한다. 두 남자는 결코 직접 만난 적은 없지만(그들은 동경에서 엇갈렸다)***, 조선에서 유통되고 있던 일역본을 통해 이상이 콕토의 작품에 익숙했을 것이라는 점을 루는 설득력 있게 보여준다. 루의 시선이 비평가만큼이나 이상이라는 작가에게도 초점을 맞추게 된 것은, 비록 "이전 연구에도 충분히 함축되어 있던" 것이기는 하지만, 정확하게는 루가 "그들의 작가들이 이미 오래전부터 명시적으로 공표될 수는 없었던 비밀을 공유해온 것은 아닌지"에 호기심을 품은 후의 일이다.[18] 루가 밝혀낸 것은 이상의 문제적인 섹슈얼리티가 아니라, 차라리 '호모텍스트성homotextuality'에 대한 문학사의 주의 깊은 은폐다.

　이상의 시에서 퀴어의 흔적을 발굴하기 위한 방법은 꽤 많다. 한

** 이 구절은 이상이 1936년 『조선일보』에 연재한 12편의 연작시 『위독(危篤)』 가운데 「매춘(買春)」에 등장한다. 이 구절이 등장하는 행 전체를 한국어 원문으로 옮기면 다음과 같다. "나를넘어뜨릴피로(疲勞)는오는족족피해야겠지만이런때는대담(大膽)하게나서서혼자서도넉넉히자웅(雌雄)보다별(別)것이어야겠다." 권영민은 자신의 웹사이트에 게시한 비평문 「매춘(買春)과 매춘(賣春)」에서 '자웅'이라는 표현을 "강약, 우열 등을 겨루다"는 의미의 비유로, 그리고 '별것'이라는 표현을 '다른 방식으로'라는 의미로 읽어서 "자웅보다별것이어야겠다"는 구절을 "맞서서 겨루기보다 그것을 이겨내야 한다"는 뜻으로 새긴다. 이와 달리 루는 '자웅'과 '별것'을 축자 그대로의 의미로 새기며 '퀴어적' 독해를 시도하고 있는 셈이다. 본문에서는 루의 관점을 선명히 드러내고자 영어 원문에서 옮겼다.
*** 장 콕토는 1936년 5월에 동경을 방문하여 그달에 떠났고, 같은 해 10월에 이상이 동경에 도착했다.

가지 예를 보도록 하자. 「『오감도』 시제 2호」에서 이상은 쓰고 있다.

나의아버지가나의곁에서조을적에나는나의아버지가되고또나는나
의아버지의아버지가되고그런데도나의아버지는나의아버지대로나의아
버지인데어쩌자고나는자꾸나의아버지의아버지의아버지의 … 아버지
가되니나는왜나의아버지를껑충뛰어넘어야하는지나는왜드디어나와
나의아버지와나의아버지의아버지와나의아버지의아버지의아버지노릇
을한꺼번에하면서살아야하는것이냐

루의 해석에 따르면 이 구절은 "부계 전승의 단일한 연쇄로부
터 분리되는 것에 대한 불안"을 표현한다.[19] 괜찮은 해석이지만, 나
는 작품의 구체적인 메커니즘 또한 퀴어하다고 덧붙이고 싶다. 말
을 더듬는 듯한 '아버지'의 반복은 로런 벌랜트의 『잔인한 낙관Cruel
Optimism』(2011)의 한 구절을 떠올리게 한다(이것은 이 글 말미에서 내
가 돌아가고자 하는 유토피아주의의 한 표현이기도 하다). "반복, 특히 읽
기와 다시 읽기의 과정으로 나타나는 반복은 통제되지 않는 섹슈얼
리티의 주체를 회복하는 효과가 있다. 이러한 방법의 퀴어적 경향은
애착을 놀이와 즐거움으로, 지식으로, 언어로 되돌려놓는 것이다. 이
는 그것들이 중요하다는 것을 인정하는 것이다."[20] 마치 섹스를 하면
서 연인의 이름을 열정적으로 되풀이하는 것처럼, 이상의 시에 쓰인
아나포라anaphora*는 '투쟁'을 어머니가 아닌 아버지와의 근친상간으
로 그려내면서 루가 '오이디푸스적인 것the Oedipal'이라고 불렀을 만

---

* 단어 또는 구(句)를 반복하는 수사법을 가리킨다.

한 것을 호모에로틱한 것으로 만든다. 그러나 벌랜트보다 훨씬 앞서 글을 썼던 루는 다른 길을 간다. 루는 이상의 작품, 특히 시에서 주요한 모티프로 사용되는 거울 이미지에 초점을 맞춘다. 시 또는 소설 속의 목소리는 거울 속의 자기 이미지에 다가간다. 그는 그 이미지가 자신이라는 것을 알지만, 그 속으로 들어가려 하거나 심지어 이미지와 대화를 나누려고 하다가 실패하여 좌절한다. "화자는 거울에 비친 그의 반영 없이는 살아남기 어렵다는 것을 깨닫지만, 그 반영을 전달하는 거울 또한 그 둘이 서로 악수를 나누지 못하도록 막는 하나의 벽이다."[21] 루가 여기서 말하고자 하는 것은 그가 고유하게 해석한 오이디푸스적인 것이다. 이전의 연구들(예컨대 루가 자식으로서 그의 글을 헌정하고 있는 김윤식, 이어령, 임종국의 연구)은 이 '분열된 자아'를 다음의 세 가지 가운데 한 가지 방식에 따라 기계적으로 해석하고 있다. 정신분석의 관점에서, '오이디푸스적 투쟁'을 수행하고 있는 화자. 반反식민주의의 관점에서, "민족주의자 또는 조선인으로서의 자아와 식민화된 자아의 대립." "자의식에 주어진 사실"로서, 이상적 자아와 범속한 자아의 대립.[22] 루는 다음과 같이 쓴다. 이러한 연구가 상상하지 **않는** 것은,

이상의 작품에 타자성과 이중화의 또 다른 두 가지 흔적이 있다는 것이다. 1) 강렬하게 잠재되어 있는, 다른 남성 인물을 향한 욕망 또는 흠모. 2) 거울 상징을 중요하게 사용하는 다른 작가와 예술가들의 작품에 대한 상호텍스트적 반영. 이 글은 이러한 두 가지의 흔적을 거울 시의 '호모텍스트성'에 대한 분석에서 통합하고자 한다. 자족적인 "거울 속의 나"로 영민하게 위장된, 이상의 거울 유리 뒤 욕망의

대상이자 텍스트로서 남성 타자(또는 금속박^箔*)를 설명함으로써 말이다.[23]

루를 분노하게 하는 것은 이상이 아니라 "한국문학사 연구에서 남성 동성애에 관한 논의 일반이 부재"한다는 것이다. 콕토만큼이나 괴상한 작가의 작품임에도 불구하고, 어떻게 거울 시에서 "진짜 이름을 발설할 수 없는 한 남성에 관한 욕망을 숨기면서 … 그 호모에로틱한 암시를 완전히 제거하고 있는지"를 포함해서 말이다―심지어 「『오감도』 시제 9호」에서 이상은 다음과 같이 쓰고 있다. "나는내소화기관에묵직한총신을느끼고내다물은입에매끈매끈한총구를느낀다." 이 시구는 한국 비평가들의 고된 여정 끝에 "고독한 이성애자의 자위를 비유한 것"으로 귀착되었다.[24]

이 실수를 두고 한국의 비평가들을 지나치게 비난하는 것은 공정하지 않을 것이다. 분명히 이러한 독해는 이전의 세대들보다는 루와 우리에게 속하니 말이다. 허먼 멜빌Herman Melville(1819~1891)**, E.

---

* 거울 뒷면에 발라져 있는 얇은 금속판을 의미한다. 유리의 한쪽 면이 거울이 되기 위해서는 이처럼 다른 면에 금속판을 덧대야 한다. 루는 이 표현을 로돌프 가셰(Rodolphe Gasché)의 『거울의 금속박: 데리다와 반성철학(*The Tain of the Mirror: Derrida and the Philosophy of Reflection*)』(1986)에서 빌리고 있는데, 이 책에서 가셰는 자크 데리다의 해체철학이 반성철학에 대해서 행하는 작업을, 거울의 반사작용을 가능하게 하는 '금속박'을 드러내는 작업으로 은유한다. 따라서 루가 이 표현을 사용하며 암시하는 것은 이상의 작품에서 남성 타자에 관한 욕망이 드러날 뿐만 아니라 그 타자가 이상의 '거울 시'에서 발견되는 반성적 시선을 가능하게 하는 조건이라는 것이다.

** 미국의 소설가. 포경선에서 선원으로 생활한 경험을 바탕으로 하는 장편소설 『모비딕(*Moby Dick*)』이 대표작이며, 「필경사 바틀비」와 같은 뛰어난 단편소설도 남겼다. 퀴어 연구에서 멜빌의 작품 곳곳에서 발견되는 섹슈얼리티와 동성애 코드를 주목한 바 있다.

M. 포스터Edward Morgan Forster(1879~1970)***, 나쓰메 소세키夏目漱石 (1867~1916)****가 '퀴어'가 된 지도 그리 오래되지 않았다. 비평가들에게 새로운 프로젝트가 주어진 셈이다. 그리고 오늘날 우리가 이상을 읽으면서 아직 그의 작품에서 보지 못한, 이름 없는 '패러다임'이 무엇인지 누가 알겠는가. 그러나 루의 글은 분명히 한 걸음 더 나아간다. 그가 이상에게나 우리 자신에게나 어떠한 수치나 당혹감 없이도 이상을 자유롭게 읽을 수 있는 맥락을 넓혀주었다는 의미에서 말이다. 여전히 루가, 내 생각에는 이전의 연구자들과 마찬가지로 이상과 그의 텍스트 사이에 정체성의 어떤 통합을 의도하고 있기는 하다. 그가 이상의 텍스트에서, "금지된 사랑 또는 충족될 수 없는 동성애 욕망"을 "공적인 동성애 관계에 대한 사회적 금기 때문에" 시에서는 감추어졌고 비평에서는 누구나 알기는 하지만 언급할 수 없는 문제로서 설정할 때가 그렇다.[25] 이상이 자전적인 작품을 썼던 것은 사실이지만, 중요한 중첩은 다른 곳에 있다. 말하자면 호모에로틱한 또는 퀴어한 욕망이 위치하는 장소는, 시 또는 산문에서 발화되는 주체(이상의 작품에서 주로 작가 자신을 가리키는 것으로 이해되는 1인칭 대명사 '나')다.

루와 마찬가지로 나는 이상의 "음탕한(루가 쓴 단어다)" 섹슈얼리티

***英국의 소설가·지식인. 대표작으로 『전망 좋은 방』, 『하워즈 엔드』가 있다. 계급 갈등과 멜로드라마를 유머러스하게 그려내는 영국 소설의 전통을 잇는 소설가로 평가되나, 『인도로 가는 길』 빌표 이후 지식인 활동에 전념했다. 사후에 자신의 경험을 바탕으로 하는 동성애 소설 『모리스』가 발표되었다.
****일본 근대문학을 대표하는 소설가. 대표작으로 『나는 고양이로소이다』, 『미움』 능이 있다. 『마음』은 자신의 과거에 대한 어두운 비밀을 감추고 있는 '선생님'과 남성 화자 '나' 사이의 미묘한 감정이 동성애 코드처럼 해석되곤 한다.

든, 아니면 그의 성적 지향이 어떠하든 간에 이상이라는 인간 자체에는 관심을 갖고 있지 않다.[26] 내가 하고 싶은 것은 '이상'이라는 기표記標, 특히 한국에서 '의식의 흐름' 기법을 최초로 사용한 작품으로 알려져 있는 독백체 단편소설 「날개」에서 발견되는 퀴어적인 것에 접근하는 것이다. 한국뿐 아니라 서구에서도 「날개」에 대해서 설득력 있는 여러 해석을 제시했는데, 그중에는 몇 년 전 역사학자 헨리 엠이 제시한 이데올로기적 접근이 있다. 엠은 이 소설의 난해한 언어를(사실 이 소설은 이상의 작품들 가운데 읽기 쉬운 편에 속한다) "식민지 체제하의 작가"들이 보이는 증상이라 설명한다. 하지만 이 증상은 또한 '벽장' 속에 있는 동성애자에게서도 되풀이된다. 엠은 이상의 언어가 "공개적으로 소통할 수 없고 훼손되어버린 담론의 언어로서, 은신처에서 빠져나와서 그것이 계속 억제해야만 하는 관념과 욕구를, 오직 반쪽짜리 논리만 갖춘 채로 표현하기를 감행하는 언어"라고 쓴다. "나는 「날개」를 어떻게 지식인 세대 전체가 완전히 사적으로 변화함으로써 식민지 체제에서 생존을 도모했는지에 관한 알레고리로 읽을 수 있다고 제안한다. 그들은 자기기만조차 불가능하게 될 때까지 그것으로 자신들을 보호했다."[27]

내가 돌아가려 하는 것은, 이상의 대표작에서 등장하는 '퀴어'하면서 동시에 '반식민주의적인 것'이다. 스스로를 퀴어라고 명명하는 많은 퀴어들이 의식적으로 '후기 식민주의적post-colonial'임을 주장하기 위해서 말이다. 하지만 그에 앞서, 비교적 낡기는 했지만 여전히 유용성을 갖고 있는 두 개의 비평 개념을 짚고 넘어가겠다. 이 개념들, 즉 '이성애-선형적 시간straight time'*과 '퀴어한 시간queer time'이라는 개념들은 우리로 하여금 '욕망'의 불가피한 심리학적 체제(그리고 그것이 인간화된 주체의 추정적인 전기소傳記素(biographeme)**로 불가피하게 자리를 잡는다는 것)로부터 일시적으로 벗어나서 다른 곳으로 이동할 수 있도록 해준다. 말하자면 통용되지 않는 시공간적 양식들로 조직되는 시간 속을 움직이는 사람들, '퀴어'나 '이성애자', 또는 어떤 다른 사람들의 운동으로 초점을 이동할 수 있도록 해주는 것이다. 여기에는 '일탈적인', '변태적인' 사람들도 포함된다. 나는 '이성애-선형적 시간'과 '퀴어한 시간'이라는 용어의 (동성애자는 두 시간 모두에 살고 있으므로 그것들은 결합되어 있다) 연대를 주디스 잭 핼버스탬의 『퀴어한 시간과 장소에서: 트랜스젠더의 몸과 하위문화적 삶*In a Queer Time and Place: Transgender Bodies, Subcultural Lives*』(2005)으로 지정한다. 서양 문화 바깥에 관해서는 배울 점이 별로 없기는 하지만, 그럼에도 핼버스탬은 우리에게 요긴하게 쓰일 만한 것을 알려준다. "시간과 장소의 퀴어성은 부분적으로 가족, 이성애, 재생산이라는 제도와 대립하면서 발전한다"는 일반적인 관찰로 책을 시작하면서 말이

---

* 영어에서 'straight'라는 단어는 일차적으로 '곧은'이라는 뜻이지만 이성애자를 가리키는 말이기도 하다. 이는 '곧다'는 뜻에서 파생된 '관습에 어긋나지 않는'이라는 뜻과 연관되어 있다. 이 점에서 'straight time'이란 근대성이 조직하는 탄생-성장-생산-죽음이라는 일련의 생애 주기 프로그램에 연관된 선형적 시간을 내포하는 동시에, 그러한 관습적인 프로그램에서 벗어나지 않는 이성애적 삶을 함의한다. 이에 상반되는 '퀴어한 시간' 또는 '퀴어 시간성'이라는 개념은 따라서 선형적 시간에서 벗어나는 주체화의 시간성을 내포하는 한편으로, 그러한 주체화의 계기에 포함되어 있는 '퀴어성'을 함의한다.

** 롤랑 바르트의 『밝은 방』(김웅권 옮김, 동문선, 2006)에서 차용한 번역어다. 바르트는 다음과 같이 쓰고 있다. "… 나는 한 작가의 삶에서 나를 몇몇 사진들과 동등하게 매혹시키는 어떤 전기적 특질들을 좋아한다. 나는 이 특질들을 '전기소들'이라 불렀다. 사진은 전기소가 전기와 맺는 동일한 관계를 역사와 맺고 있다."(46쪽) 요컨대 '전기소'란 한 개인의 생애에 관한 기록을 구성할 때 채택하게 되는 세부적 특질을 의미한다.

다.[28] 논쟁의 여지가 없다. 동성애자들은 대체로 대다수의 일과와는 별 관계가 없는 삶을 영위하며, 여가 시간에는 더더욱 그렇다. '정시에'라는 것은 우리에게 '한두 시간 늦게'와 다르지 않다. 게이 남성과 브런치 약속을 해본 사람이면 누구나 증언할 수 있듯이 말이다. 그러나 진지하게 말하자면, '퀴어한 시간'은 내 세대의 미국 게이 남성들이 절반쯤은 예상하고 있는 짧은 수명을 가리키기도 한다. 몇 해 전, AZT*를 정확한 시간 간격으로 복용하는 일은 많은 사람들에게 상당히 짜증나는 일로 느껴졌다. 극장이나 레스토랑에서, 적절하지 않은 '시간'에 손목시계 알람이 울려 퍼질지도 모른다. 약을 건너뛰는 것은 불가능하다. 그것은 우리 게이들의 삶을 이성애-선형적 시간에 맞추어 사는 데에서 기인하는 트라우마들 가운데 하나였다. 어떤 식으로든 '정시에' 맞춘다는 것은 '아버지의 법'과 그의 규칙들에 관한 악취를 풍겨왔다. 케인 레이스는 다음과 같이 쓴다. "새로운 치료 요법의 담론과 요구에 적응하면서, HIV에 감염된 게이 남성들은 시간성에 대한 경험에서 중요한 변화를 경험했다." 이어서 그는 마이클 플린을 인용한다. "우리는 약을 정량대로 올바른 시간에 복용하기 위해 우리의 일과를 재조정해야만 했다. ⋯ 저녁을 먹으러 나가는 일, 친구와 술을 마시는 일, 집 밖에서 외박하는 일, 밤새 파티를 하는 일이 이제는 군사작전처럼 주의깊게 계획되어야 한다."[29] 다시 말해, 그러한 요법들에 대한 우리 동성애자들의 **순응**은 어떤 조선의 식민지 주체의 **복종**이 그러했을 수도 있는 만큼이나 강제적이어서, 그것들 모두는 낮과 밤의 일상적인 시간을 흐트려버린다.

---

* 아지도티미딘(azidothymidine). 1980년 최초의 에이즈 치료제로 공인된 이후 현재까지 사용되고 있다.

시계와 달력이 우리에게 말하는 모든 것은 이미 이성애-선형적 시간이다. 이것이 핼버스탬이 의도한 바는 아니긴 하지만 말이다. '퀴어한 시간'에서 '퀴어'란 정확히 무엇인가? 재생산을 하지 않는 퀴어들에게는, 이성애-선형적 시간에는 예비되어 있는 '우리 아이들의 삶'이나 '우리 손자들의 삶'과 같은 표현들이 존재하지 않는다. 하지만 요점은 다른 데에 있다. 퀴어한 시간은 우리의 즉각적인 자아들을 넘어서는 시간을 그리는 데에 단지 실패하는 것 이상이어서, 종종 어떤 긍정적인 미학으로서 자신을 표현하기도 한다. 예컨대 모더니즘이 있다. 보들레르는 "덧없는 것, 무상한 것, 우연적인 것"에 몰두했으니, 그는 '퀴어'다."[30] 이상도 마찬가지이며, 그에게 모더니즘과 보들레르는 중요했다. 이상은 「날개」의 화자를 통하여 쓰고 있다. "나는 … 까닭을 잊어버린 채 이 거리 저 거리로 지향 없이 헤매었다." 내가 하고 싶은 말은, 우리 모두가 '퀴어한 시간'에 산다는 것이다. 예컨대 마약 중독자도 그렇다. (이상 또한 그렇다는 소문이 있었다.) 그들은 "미숙하고 심지어는 위험한" 것으로 여겨지는 "질풍노도"의 시기에 있기 때문이다.[31] 하지만 퀴어한 시간은 또한 희망적인 해방의 장소이기도 하다. 핼버스탬은 쓴다.

나에게 퀴어한 시간이란 어두운 나이트클럽이고, 유년기-결혼-재생산-육아-은퇴-죽음이라는, 청소년기에 주어지는 서사적 정합성으로부터 변태적으로 등을 돌리는 것이며, 이른 성인기 대신 늦은 아동기를, 또는 책임 대신에 미숙함을 껴안는 것이다. 그것은 세계에 존재하는 한 가지 방식으로서 퀴어성의 이론이며, 우리 중에 가장 퀴어한 이조차도 개인적 성장의 주요한 지표들을 거쳐 규범 안으로 밀어넣고

야마는 세심한 사회적 각본에 대한 하나의 비판이다.[32]

　햄버스탬은 더 나아가서 **유토피아**에 거의 이르는데, 나는 이 유토피아가 퀴어한 시간에 대한 우리 논의에서 언제나 하위텍스트subtext로 있음을 보이고자 한다. "나의 주요한 주장들 가운데 하나는 퀴어 시간성queer temporality이 시간의 규범적 서사를 흐트러트린다는 것이었다. 이 서사는 우리의 거의 모든 이해 방식에 존재하는 인간에 관한 대부분의 정의定義의 기초를 형성하고 있다."[33] 이는 관습적인 '이성애적인 것'과 '동성애적인 것' 또한 포함한다. 햄버스탬은 우리에게 퀴어성을 성정체성으로부터 분리해낼 것을 요구한다. 성정체성은 퀴어라는 용어의 적용 범위를 극히 제한하는 요인들 가운데 하나인데 지금은 이를 제쳐두도록 하자. 햄버스탬이 원하는 것은 우리가 **섹스**를 하는 하나의 방식이 아니라 **삶**을 살아가는 하나의 방식으로 퀴어를 이해하는 것이다. 그리고 이것은 어떤 사람들에게는 꽤 불편할 것이다. 이것이 바로 이상이, **그때**는 퀴어가 아니었다고 해도, **지금**은 분명히 퀴어인 이유다. 한국의 이성애-선형적 시간에서, 그의 이름을 내건 문학상이 매년 수여되고 있다는 점을 염두에 둔다면 더더욱 그렇다.

　햄버스탬은 게이 시인 마크 도티를 인용한다. "평생 동안 내가 믿어 온 미래는 끊임없이 줄어들기는 해도 결코 사라지지는 않았다."[34] 그러나 퀴어한 시간이라는 개념을 취해서 동성애자에 관한 현재의 논쟁과 미래의 전망으로 넘겨주는 과제를 맡은 것은 고故 호세 에스테반 무뇨스의 『크루징 유토피아: 퀴어한 미래의 그때 그곳Cruising Utopia: The Then and There of Queer Futurity』(2009)이다. 이 논쟁은 대체로

리 에델만의 영향력 있는 저서 『미래는 없다: 퀴어 이론과 죽음 충동No Future: Queer Theory and the Death Drive』(2004), 리오 버사니의 훨씬 영향력 있는 저서 『호모들Homos』(1996)에 의해 정신분석적 관점에서 이루어졌다. 그들이 이론화한 것은 무뇨스가 '소위 반反-관계성antirelationality 논제'라 일축한 것으로, 벌랜트나 무뇨스처럼 우리의 미래에 대해 보다 낙관적인 사람들이 문제 삼는 것이기도 하다.[35] 우리가 에델만과 그의 동료들로부터 얻을 수 있는 것은 우리의 성적 절정에 동반되는 그 '작은 죽음들'뿐이고, 그것은 하찮은 것이라고 무뇨스는 생각한다.

정치적 희망은 퀴어를 망친다. 그것은 의미작용signification과 마찬가지로 애초에 우리를 위해서 만들어진 게 아니기 때문이다. 그것은 오직 재생산적 미래의 층위에서만 공명할 뿐이다. 에델만은 퀴어들이 차라리 희망을 포기하고 상징계 속 우리의 비체卑體(abjection)*에 걸맞은 어떤 부정否定(negation)을 포용하기를 권한다. 이러한 교환에서 우리가 얻는 것은 … 어떤 주이상스**다. … 에델만의 정신분석적 관점은, 이미 언제나 분열되어 있는 퀴어 주체에게 사회적인 것은

---

* 프랑스어와 영어에서 'abjection'은 비참하거나 비천한 것, 그러한 사람이나 상태를 일컫는데, 프랑스의 정신분석학 및 문학 이론가 쥘리아 크리스테바는 '비체(abject)'를 상징계로의 진입에 저항하는, 의미가 와해되는 지점으로 개념화한다. 이러한 의미에서 비체는 주체(subject)도 객체(object)도 아니다.
** '주이상스(joiussance)'는 프랑스어로 '향락' 또는 '희열'을 뜻한다. 정신분석학자 자크 라캉(Jacques Lacan)은 고통에 수반되는 쾌락을 일컫기 위해서 이 단어를 사용한다. 일반적인 쾌락이 법과 금기 안에 머무르며 쾌락원칙을 따른다면, 주이상스는 법과 금기, 쾌락원칙을 위반하는 고통 자체를 쾌락으로 경험하는 것이다. 이 점에서 주이상스는 죽음 충동이라는 인간의 근원적 욕망을 보여준다.

실행 불가능한 것임을 드러낸다.[36]

무뇨스는 우리가 이보다는 더 잘 할 수 있다고 믿었다. 그의 퀴어한 미래는 도티처럼 "사라지는" 미래가 아니다. 그 미래는 커다랗게 떠오르며, 어떤 아우라와도 같이 언제나 현존하고 있다. 그것은 우리가 아직 다다르지 못했고 어쩌면 결코 다다르지 못할 어떤 "이상적인 상태"다. 그러나 우리는 그것을 "잠재성에 물든 어떤 지평선의 따스한 빛무리"처럼 느끼고, 그래야만 한다. 왜냐하면 우리의 "지금, 여기는 감옥"이고, "미래는 퀴어의 영토"이기 때문이다.[37] 무뇨스의 정의에 따르면, "퀴어함은 우리를 계속해서 앞으로 나아가도록 만드는 갈망이고 … 우리로 하여금 이 세계는 충분하지 않고, 무언가가 부족하다고 느끼도록 만드는 그것이다." 이와 같은 방식으로 우리 중에 많은 이가 퀴어한 시간을 서성이면서 세계를, 언제나 경험하는 것은 아닐지라도, 이미 상상하고 있다. 에른스트 블로흐를 따라서 무뇨스는 쓴다. "우리의 일상적 삶에서 추상적인 유토피아들은 진부한 낙관주의에 가깝다. … 구체적인 유토피아들은 교육된 희망의 왕국이다."[38] 그리고 강제적 이성애의 조건들 아래에서, 퀴어들은 교육받지 않는다면 아무것도 아니다.

에델만과 다른 사람들은 동성애자들이 도움을 받지 않고는 재생산을 할 수 없기 때문에 우리가 미래의 가능성을, 그러니까 아이들을 갖지 못한다고 주장했다. 그가 무슨 말을 하는지 우리는 알고 있다. 분명히, 무뇨스의 예시를 빌리자면, 우리의 게이 동네에서 SUV 유모차 편대가 우리를 인도 바깥으로 내쫓기는 한다. 하지만 어떤 퀴어들은(에델만은 아니겠지만) 여하간에 '가족'을 꾸리는 해결책을 제시해왔다. 다른 글에서 나는 아이를 암묵적으로라도 포함하지 않는 '동성혼'의 개념은 존재하지 않는다고 주장한 바 있다. 설령 그것이 허깨비 같은 존재라고 해도 말이다. "모든 결혼을 이성애주의적이고 유물론적으로 만드는 것은 아이라는 **상상**이다. 그 또는 그녀가 실제로 있든 있지 않든 말이다. 재생산이라는 게 바로 그런 것이기 때문에 이성애주의적이고(우리가 복제 인간을 만들 수 있을 때까지는 그렇다, 아마도 그때도 그렇긴 하겠지만), **생산**이라는 게 바로 그런 것이기 때문에 유물론적이다. … 실제로 침대에서 욕망하는 것이 무엇이든 간에, 욕망의 대상은 **언제나** 아이인 것이다."[39] 이상은 기회가 꽤 있었지만 우리가 알기로는 아이를 만든 적이 없다. 그러니까 그는 결혼하기는 했지만(여러 차례, 그것도 겹쳐서) 이성애-선형적 시간을 살았다고 말하긴 어렵다. 무뇨스라면, 이상이 계속해서 동경과 경성을(조선과 일본이 아니다) '허깨비 같은' 유토피아로 그려내는 방식을 두고 곧바로 퀴어라고 불렀을 것이다. 높은 빌딩이라고는 거의 존재하지 않는 서울에 관한 시[40], 그가 도착하자마자 실망해버렸던 동경에 관한 에세이. 일본에서 가장 유명한 근대식 극장인 쓰키지築地소극장을 두고 이상은 극장이 "서투른 설계의 끽다점" 같았다고 말하는데, 이건 분명히 진부한 논평이다.[41] 무뇨스는 주장한다. "만일 이성애-선형적 시간이 우리에게 일상적 삶의 여기와 지금 이외에 어떠한 미래도 없다고 말한다면", "퀴어성은 유토피아적이고, 유토피아적인 것에는 퀴어한 무언가가 있다."[42] 무뇨스는 유토피아란 "그저 존재하고 있는 것에 대한 규정된 부정"[43]이라는 테오도르 아도르노의 정의를 빌린다. 이를 염두에 두고 이상의 에세이 「동경」을 읽어보자.

내가 생각하던 '마루노우치 빌딩', 속칭 마루비루는 적어도 이 '마루비루'의 네 갑절은 되는 굉장한 것이었다. 뉴욕 '브로드웨이'에 가서도 나는 똑같은 환멸을 당할는지—어쨌든 이 도시는 몹시 '가솔린' 내가 나는구나!가 동경의 첫인상이다.

…

긴자銀座는 그냥 한 개 허영虛榮 독본讀本이다. 여기를 걷지 않으면 투표권을 잃어버리는 것 같다. 여자들이 새 구두를 사면 자동차를 타기 전에 먼저 긴자의 포도鋪道*를 디디고 와야 한다.

낮의 긴자는 밤의 긴자를 위한 해골骸骨이기 때문에 적잖이 추하다. '살롱하루' 굽이치는 '네온사인'을 구성하는 부지깽이 같은 철골鐵骨들의 얼크러진 모양은 밤새우고 난 여급女給의 '퍼머넌트 웨이브'처럼 남루하다.

한때 동경에 있었던 이상의 유토피아 희망은 그가 도착하자마자 유예된다. 처음은 뉴욕으로, 다음은 그 너머 어딘가로. 1936년 일본에서 이상은 편지에 이렇게 쓴다. "기어코 동경 왔소. 와보니 실망이오. 실로 동경이라는 데는 치사스러운 데로구려!"[44] 존 프랭클은 인용한다. "동경에서 (이상은) '경교京校 곁 지하 공동변소에서 간단한 배설을 하면서 동경 갔다 왔다고 그렇게나 자랑들 하던 여러 친구들

---

* 권영민은 "포도(輔道)"로 옮기고 있으나, 음이 맞지 않으므로 '포도(鋪道)'로 수정했다. 김주현 편, 『정본 이상 문학 전집』 제3권(증보판, 소명출판, 2009)에 따르면 이어령 편, 『이상 수필 전작집』(갑인출판사, 1977)과 이승훈·김윤식 편, 『이상 문학 전집』이 포도(鋪道)로 수정하고 있다. 김주현 편, 『정본 이상 문학 전집』 제3권, 148쪽, 653번 주 참조.

의 이름을 한번 암송해 보았다.'"[45]

우리와 마찬가지로, 이상은 우리의 유토피아가 도대체 어떠한 것일지에 대해 구체적으로 말하게끔 요구받고 있다. 그러나 아도르노로 돌아가자면 우리에게 필요한 것은 단지 "그저 존재하고 있는 것에 대한 규정된 부정"을 행하는 것이다. 이상이 잘못된 시간(이성애-선형적 시간?)에 긴자를 방문하여 그곳의 여자들에게 도대체 홀리지를 못 하고 있을 때, 우리는 그저 이상이 꿈꾸는 것이 그의 지금 여기에 있는 **그런 것들이 아니고** 그저 무뇨스가 말하는 "잠재성에 물든 지평선"에 있는 무언가라고 말하는 것으로 충분하다. 분명히, 이상의 에세이를 식민지의 지식인과 제국의 대도시의 불가피한 조우라고 읽는 것은 합리적이고, 여러 차례 그렇게 해오기도 했다.[46] 그러나 이 시점에서 나는 퀴어한 시간과 '식민지' 시공간을, 반드시 똑같은 거리에 있지는 않을지라도, 각각 퀴어/후기 식민주의적 유토피아의 전망과 대칭적인 관계를 갖는 것으로서 연결하고 싶다. 내 생각에 그러한 전망은 분명히, 성적으로나 국가적으로나 주권을 획득하기 위한 조건이 성숙해 있지 않았던 식민지 조선에서, 유토피아적인 움직임이었다고 할 수 있다.

논의에 도움이 될 만한 것이 있다. 무뇨스는 자신이 이해하는 "퀴어성이란 방황할 의도로 가득 차 있다는 것"이라고 썼다. 곧이어 그는 이렇게 말한다. "노예에서 벗어난 자유민들 또한 방황했다. 이는 퀴어성과 인종화racialization 사이에 있는 중요한 반향이다."[47] 이상은 '방황하려는 의도'를 품고 있다. 이때 이상은 단지 모더니스트일 뿐만 아니라 보들레르적인 '산책자flâneur'이기도 하며, 이는 이상의 친구이자 동료 작가였던 박태원朴泰遠(1909~1986)*이 작품에서 탁월하게 묘사했던 것이기도 하다. 발터 벤야민에 따르면, 산책자는 군중 속의 한 사람이 아니다. "그는 이미 제자리를 벗어나 있다."[48] 이상은 경성을 떠돌면서 그곳이 파리(또는 동경)라고 상상했을지도 모른다. 그러나 일본의 경이로운 수도에서 **정말로** 길을 잃은 불령선인 이상은 근대성을 상징하는 유명한 랜드마크를 알아보지 못했으니, 그로서는 너무나도 거대한 것을 상상했기 때문이었다. 그 또한 일본 제국의 중심에서 "이미 제자리를 벗어난" 조선인으로 인종화되었다—그러므로 나는 주장하는 것이다. 한밤중에 상대를 찾아서 부두를 서성이는 다른 남자들처럼, 한낮에 동경을 방황하면서 제시간에 잘못된 장소에 있었다고 체포당하는 위험을 무릅쓴 이상 또한, 퀴어였다고 말이다.

이 시점에서 프레드릭 제임슨의 에세이 「모더니즘과 제국주의」를 보는 것이 유용하겠다. 우리는 잠시 동안 퀴어한 시간에 관한 물음에서, 비록 그것과 식민지의 관계까지는 아닐지라도, 벗어날 수 있을 것이다. 제임슨은 제국주의적 소설은 제국 자체에 관한 것이 될 필요가 없을뿐더러 대체로는 그렇지도 않다고 주장한다. 제국주의에 영합하는 것은 소설의 주제가 아니라 **형식**이다. 그리고 제임슨이 드는 예시에서 그 형식은 모더니즘적일 뿐만 아니라 매우 정치적이다. 그는 이렇게 쓴다. "제국주의의 구조가 문학 언어와 예술 언어에 있어

---

* 소설가. 대표작으로 『소설가 구보씨의 일일』이 있는데, 이 소설은 박태원의 필명이기도 한 구보(仇甫)라는 이름의 인물이 하루 종일 경성을 돌아다니며 마주치는 사소한 풍경들과 스쳐가는 내면의 생각들을 기록하고 있다. 이 점에서 볼 때 본문에서 언급하듯 보들레르적인 '산책자' 캐릭터를 한국 근대문학에 본격적으로 도입한 것으로 평가받는다. 이는 앞에서 언급되었듯 박태원 또한 이상, 정지용 등과 함께 구인회 활동을 통해 한국문학의 근대화를 적극적으로 시도했던 것과 무관하지 않다.

서의 새로운 변종, 즉 다소 느슨하게 정의되는 모더니즘의 내적 형식 및 구조에도 각인되어 있다."⁴⁹ 이는 한국문학의 경우에도 해당할 수 있다.

제임슨의 모델은 제임스 조이스의 『율리시스』다. 1904년 당시 영국의 지배 아래에 있던 도시 더블린을 배경으로, 산책자 레오폴드 블룸의 약속된 만남과 우연적인 조우가 하루에 걸쳐서 이어진다. 서울과 마찬가지로, 아일랜드인은 동쪽을 바라보았다. 더블린이 아니었으나 누군가는 더블린이 그러했기를 바랐던 곳, 런던이 있기 때문이었다. 제임슨의 개작에서 우리 시대를 대표하는 모더니즘 소설은 영국의 제국주의를 배경으로, 유대인 혼혈 레오폴드 불룸의 매일 반복되는 기이한 방황을 통해서 재상연된다. 그는 도시에 만연하여 있는 아일랜드 민족주의에는 무관심하다. 제임슨은 이 소설의 이데올로기적 작동은 지붕을 계속해서 쌓아올리는 제국의 건축물에 비추어보지 않고서는 파악할 수 없다고 말한다.

그런데 『율리시스』의 경우 내러티브의 틀을 만들거나 의미를 획득하기 위해서 공간이 상징적으로 만들어져야 할 필요는 없다. 즉 『율리시스』의 틀은 식민 상황 자체에 의해 주어진 객관적인 것이며 … 폐쇄는 식민지 상황 그 자체에 의해서 객관적인 것으로 주어져 있기 때문이다. 조이스에게 있어서 우연한 만남은 더블린이라는 도시 자체에 주어져 있으니, 그 아담한 규모가 시대착오적이게도 고대의 도시국가와 같은 새로운 고대적 삶을 가능하게 만드는 것이다. 그러므로 그 도시와 별도로 내러티브의 틀이라는 미적 형식을 생산할 필요가 없다. 반면 제1세계 모더니즘의 경우, 내러티브의 틀이라는 미학적 형

식은 형식 자체가 행사하는 힘에 의해, 일종의 보상으로서 도시에 강제적으로 부가되어야만 한다.[50]

내가 이해하기로 제임슨이 말하고자 하는 바는, 『율리시스』의 '모더니즘'이 지방 도시로서 더블린이라는 설정에 의해서 이미 보장되어 있었다는 것이다. 그것은 영국 제국주의 안의 준准-주변부적 위치에 따른 고유의 미적 형식을, '폐쇄'를 자연스럽게 가질 수 있었다. 나는 이상의 「날개」에 관해서도 유사한 주장을 하고 싶다. 이 소설 또한 지방 도시 경성을, 이상이 "한적한 농촌"으로밖에 여기지 않았던 도시를 배경으로 하고 있기 때문이다.[51] 나는 또한 **시간**이 이 소설을 **퀴어**하게 만드는 구조적인 요인임을 보이고자 한다. 공간이 이 소설을 모더니즘 소설로 그려내듯이 그리고 문학사가 이 소설을 일제 치하 조선이 경험한 억압에 관한 가장 중요한 기록 중 하나로 보듯이 말이다.

이제 이상의 「날개」로 돌아가보자. 나는 이 소설을 통해 퀴어와 제국을 연결하고, 이 소설에 대한 후기 식민주의적 독해와 퀴어적 독해의 일치를 제안하고자 한다. 거칠긴 해도 이 소설은 정확히 "서울의 중심을 돌아다니는 환각적인 밤을 제외하면 자신의 어두운 방 안에 틀어박혀 있는, 소외된 지식인의 정신적 삶"에 관한 일인칭 서사라고 요약할 수 있다. 이에 따라 「날개」는 다음과 같은 분석을 예상하기 쉽다. 1) 현대문학에서 자주 등장하는 반영웅적 '잉여 인간'의 서사, 2) 프란츠 파농(1925~1961)*과 조지프 콘래드(1857~1924)**에서 V. S. 나이폴(1932~2018)***과 치누아 아체베(1930~)****에 이르는 작가들의 작품에서 만날 수 있는, 고향을 상실한 식민지인의 서사.[52] 이러한 독해는 모두 느슨하게나마 '실존주의적'이라고 말할 수 있는데, 그 이유는 주인공의 곤경을 그를 구속하고 있는 사회적 속박으로부터 벗어나 진정한 존재를 손에 넣기 위한 길고 가망 없는 시도로 보기 때문이다. 그러나 이러한 독해는 이 소설을 평가하기에 너무 부족하거나 또는 너무 과장되어 있다. 나는 이 소설이 철학적이거나 추상적이라고는 조금도 생각하지 않는다.

「날개」는 우리에게 서술적 현재형('-오')으로 말하는 1인칭 화자('나')의 서술로 시작한다. 소설의 몇몇 단락들은 서술적 과거형('-씨다')으로 바뀌기도 하지만, 단지 화자가 어떤 때는 독자에게 인식론적으로 가까이 다가오지만(현재 시제) 어떤 때는 뒤로 물러선다는 것(과거 시제)을 암시하는 것 이상의 의미를 읽어내기는 어렵다. 어떤 경우든 화자는 자신의 시점視點을 결코 놓지 않는다. 소설은 밀실에 공포를 느끼는 그의 시점에 엄격하게 제한되어 있다. 비록 아이러니

* 프랑스령 마르티니크 태생의 비평가, 철학자, 정치가. 대표작으로 『검은 피부, 하얀 가면』이 있다. 제국주의적 폭력과 인종차별에 대한 본인의 경험을 바탕으로 탈식민주의 사상을 개진하면서 알제리 독립운동, 아프리카 통합운동에 참여했다.
** 영국의 소설가. 폴란드 태생이지만 청년기에 선원으로 일하면서 영어를 배웠고 이후 영국으로 귀화하여 영어로 소설을 발표했다. 대표작으로 『어둠의 심연(*Heart of Darkness*)』이 있다. 해양 생활의 경험을 바탕으로, 문명화의 명목으로 아프리카 원주민 사회를 수탈하고 파괴하는 유럽의 폭력을 비판적으로 그려내 이후 탈식민주의 비평가들에게 주목받았다.
*** 영국령 서인도제도의 트리니다드토바고 태생의 인도계 영국 소설가. 대표작으로 『도착의 수수께끼』, 『미겔 스트리트』가 있다. 유년기에 목격했던 식민지의 피폐한 생활을 묘사하는 한편으로 식민시 내부의 갈등 또한 적나라하게 드러냄으로써 제국주의의 폭력과 제3세계의 모순을 동시에 고발한 것으로 평가받는다.
**** 나이지리아의 소설가. 대표작으로 『모든 것이 산산이 부서지다』 등이 있다. 서구 분명의 침입으로 파괴되는 아프리카 토착민의 생활을 그려낸 현대 아프리카 문학의 대표 작가로 평가받는다.

가 그의 지각과 판단에 대한 독자의 신뢰를 방해하지만 밀이다. 이 소설에 대화는 전무하다. 오직 기억, 인상, 사변이 보고될 뿐이다. 엠이 적은 것처럼, 이 소설은 "침묵의 독백"에 불과하다.[53]

26세의 '나'는 우리에게 그가 "유쾌"하다고 말한다. 하지만 우리는 곧장 그 이유를 알 수 없게 된다. 그의 정신은 "백지"이며, 그가 어떤 "여인"—아마도 그의 "안해"—과 살아가는 생활은 "연애 기법에마저 서먹서먹해" 있다. '나'는 그에게 미래가 있다고 상상한다. "나는 또 여인과 생활을 설계하오." 그러나 그 미래는 결코 오지 않는다. 그들은 아이도 직업도 없다. 두 사람은 18개의 가구가 살아가고 있는 공동 주택("33번지")에서 (미닫이문으로) 나누어져 있는 방 하나를 함께 쓴다. 그들 모두는 "여인"의 직업으로 추정되는 매춘과 비슷한 생활을 영위한다. 그들의 시간은 '평범한' 사람들이 살아가는 시간과 정반대다.

해가 들지 않는다. 해가 드는 것을 그들이 모른 체하는 까닭이다. 턱살밑에다 철줄을 매고 얼룩진 이부자리를 널어 말린다는 핑계로 미닫이에 해가 드는 것을 막아버린다. 침침한 방 안에서 낮잠들을 잔다. 그들은 밤에는 잠을 자지 않나? 알 수 없다. 나는 밤이나 낮이나 잠만 자느라고 그런 것은 알 길이 없다. 33번지 18가구의 낮은 참 조용하다.

조용한 것은 낮뿐이다. 어둑어둑하면 그들은 이부자리를 걷어 들인다. 전등불이 켜진 뒤의 18가구는 낮보다 훨씬 화려하다. 저물도록 미닫이 여닫는 소리가 잦다, 바빠진다.

'나'는 그의 여인을 사랑하지만, 그가 보여주듯, 그녀의 일상생활에서 자신을 없애고 있다. 그 삶은 비록 산업 자본주의의 정시 체제에 지배되고 있지는 않지만(그녀의 고객들은 그럴지 모른다), 그럼에도 매우 합리적으로 짜여 있다. 노동으로 인해 방해받는 일이 없는 '나'의 일상생활의 특징은 오로지 권태뿐이니, 이것은 이상의 다른 몇몇 작품에서 활용되는 키워드이기도 하다. 화자는 "어지간히 인생의 제행이 싱거워"져 있다. 그의 하루 대부분을 차지하는 것은 시간을 일부러 유예하기 위한 낮잠이다. 이미 그는 식민지 도시의 역동적인 템포에서 벗어나서, 그의 나태가 만들어내는 무언가 속으로 물러나 있다. 말하자면 시간 속에 얼어붙은 그의 생각들이 있는 사적인 공간에 전념하는 생활. "그냥 그날그날을 그저 까닭 없이 펀둥펀둥 게으르고만 있으면 만사는 그만이었던 것이다. 내 몸과 마음에 옷처럼 잘 맞는 방 속에서 뒹굴면서 축 처져 있는 것은 행복이니 불행이니 하는 그런 세속적인 계산을 떠난, 가장 편리하고 안일한, 말하자면 절대적인 상태인 것이다. 나는 이런 상태가 좋았다." '나'가 임금노동을 하지 않는다는 것으로 인해, 퀴어한 시간이 오직 자본주의적 식민지의 시간의 요구들 바깥에 있는 사람들에게나 가능한 것은 아닌지, 계급에 따라서 불평등하게 배분되는 여가 시간의 산물은 아닌지에 관한 질문이 제기될 수 있다(노동자 계급의 게이 남성은 주중에는 두 시간짜리 브런치 시간을 가질 수 없다). 그러나 '나'의 일상생활은 '여가'라고 말할 수 없다. 그것은 근로의 대가로 번 오락이 아니고, 근무 중의 휴식 시간도 아니기 때문이다. 그는 소외되고 비참한 무기력 속에서 불행한 노동을 지속하고 있을 뿐이다.

그러나 자궁과도 같은 '절대적인 쉼터' 속에 있는 '나'의 고립조차,

그의 여인이 일을 할 때마다 방해를 받지 않을 수 없다. 사실 그들 또한 그들만의 스케줄을 따르고 있다. 낮 시간에 그는 여인의 방과 분리되어 있는 자기 방에 웅크려서 게으르고 멍청하게 시간을 보낸다. 그는 먹지도 않고 며칠을 보내고, 수염도 깎지 않고 몇 주를 보낸다. 그러나 밤이 되면, 남자들이 그의 여인에게 찾아와 돈을 놓고 가므로(어째서 그러는 걸까? 그는 궁금해한다), 집을 나와서 돌아가도 괜찮다는 생각이 들 때까지 거리를 떠돌아야 한다. 그는 "시간이 화살 닫듯" 하기를 바라지만 그렇게 되지 않는다. 그는 '사치스럽다'고 간주되는 시간에 도시를 떠돈다cruise. 그러나 그가 만약 섹스 상대를 찾고 있는 게이 남성이었다면, 그 시간은 "전략적으로 기회를 노리는" 시간일 것이다.[54] '나'는 말한다. "나는 아내의 밤 외출 틈을 타서 밖으로 나왔다." 요즘 말로 '은둔'*처럼 말이다.

동시에 '나'는 그의 여인이 그에게 해주는 것들에 감사한다. 그녀는 마치 시계처럼 그에게 그쪽 방에서 혼자 먹을 밥을 가져다준다. 머리맡에는 용돈을 놓아둔다. 그는 직장 여성에게 의존하고 있는 성인이지만, 이 사실을 그는 받아들이지 않는다. 그는 여러 차례 자문한다. "아내에게 직업이 있었던가?" 하루는 그녀가 준 은화들을 변소에 내다 버려서 그녀를 자극하고자 하지만, 소용이 없다. 그녀는 그저 다시 돈을 놓고 간다. 그는 그 돈을 어떻게 써야 할지를 모른다.

---

* 원문은 'DL(down-low).' 자신을 이성애자로 정체화하지만 남몰래 남자와 섹스를 하는 남자들의 행동 방식을 가리킨다. 한국의 남성 동성애자 사회에서 '은둔'이라는 용어는 이러한 의미에 어느 정도 부합한다. 차이가 있다면 '은둔'은 자신을 동성애자로 정체화하면서도 동성애자 커뮤니티에 적극적으로 참여하지 않는 이를 가리킬 수도 있다는 점이다.

그는 돈을 벌지도 않고 쓰지도 않는다. 그는 완전히 무력하여서 그 자신을 "한 덩어리 베개와도 같은 한 벌 신경神經"으로 여긴다. 엠은 이렇게 쓴다. 그들의 "관계는 시공간의 철저한 분리에 의해서 구조화되어 있다. 낮은 아이처럼 놀기 위한 시간이고, 밤은 어른으로 일하기 위한 시간이다."[55] 다르게 말하면 이렇다. '나'는 그의 얇은 커튼 너머에서 벌어지는 '어른의 사업'의 원초적인 이성애의 장면을 목격하지도 못 하고, 알아챌 일도 없을 것이다. 그의 전도된 시간에서는 일어나지 않는 일이기 때문이다.

어느 날 밤, '나'는 일찍 방으로 돌아오는 바람에 남자 손님을 접대하고 있는 여인을 방해하고 만다. 나중에 그는 사과하지만 다음 날 아침이 되자 그녀는 사라지고 없다. 그녀가 집을 드나드는 것은 거의 제멋대로다. 그날 밤 그는 나가서 지난밤에 그가 저질렀던 실수를 피할 수 있을 정도로 오랫동안 밖에 있기로 한다. 이 지점에 이르면 「날개」에서 평범한(이성애-선형적) 시간은 완전히 사라진다. 그의 아내는 매일 아침 열한 시에 세수를 하지만, '나'에게 있는 것이라곤 '어둠'과 '빛'뿐이다. 그들은 집에 있을 시간에 밖에 있고, 깨어 있을 시간에는 잠들어 있고, 그 반대도 마찬가지다. '나'는 자신이 시간을 착각하여 집에 너무 일찍 돌아올까봐 걱정이 되어, 경성역 바깥의 시계탑을 확인한다.((도판 2-1) 참조) 그는 이 시계는 정확해야 하리라고 추론한다. "… 여기 시계가 어느 시계보다도 정확하리라 … ." "경성역 시계가 확실히 자정을 지난 것을 본 뒤에 나는 집을 향했다."

이 시계탑은 일제가 경성에 지은 가장 악명 높은 건축물 가운데 하나였다. 근대의 제국들 도처에 세워진 시계들처럼, 정확한 24시간제의 부과는 생산적 시간의 규제와 식민지 근대성에 따라 노동을 위

〔도판 2-1〕 경성역 시계탑.

해서 조직된 인구의 규율을 가능하게 만들었다. 엘리자베스 그로츠에 따르면 시계는 일반적으로 "균질화homogenization와 환원reduction을 통해서 획일성과 총체성을 추출한다, 아니 차라리 부과한다."[56] 기차역의 시계탑은 이와 같이 식민지 시간을 대표하는 상징이며, 나는 또한 그 시간을 이성애-선형적 시간이라 부르고 있다. '나'는 집에 돌아가서 '평소의' 일과를 다시 시작하기 위해 새로운 하루가 시작되었다는 것을 알려줄 시계가 필요하다. 그러나 집의 시간—퀴어한 시간—은 예측 불가능하다. '나'는 그의 여인이 절대 일을 하고 있는지 결코 확신할 수 없다. 그의 여인/아내가 손님들과 실제로 무엇을 하고 있는지도 확신할 수 없다. '나'의 신체와 정신의 건강은 점점 커져가는 스트레스와 피로에 시달린다.

다음 날 밤, 여인은 '나'에게 평소보다 늦게 돌아오라고 부드럽게 말한다. '나'는 이번에는 기차역 안에 있는 카페로 피신한다.

제일 여기 시계가 어느 시계보다도 정확하리라는 것이 좋았다. 섣불리 서투른 시계를 보고 그것을 믿고 시간 전에 집에 돌아갔다가 큰 코를 다쳐서는 안 된다.

나는 한 박스에 아무것도 없는 것과 마주 앉아서 잘 끓은 커피를 마셨다. 총총한 가운데 여객들은 그래도 한 잔 커피가 즐거운가 보다. 얼른얼른 마시고 무얼 좀 생각하는 것같이 담벼락도 좀 쳐다보고 하다가 곧 나가버린다. 서글프다. 그러나 내게는 이 서글픈 분위기가 거리의 티룸들의 그 거추장스러운 분위기보다는 절실하고 마음에 들었다. 이따금 들리는 날카로운 혹은 우렁찬 기적 소리가 모차르트보다도 더 가깝다.

가장 정확한 시계의 지배 아래에서, 여객들은 모던한 카페 안에서 모던한 음료를 마시고는, 모던한 기차의 출발을 알리는 모던한 증기기관의 소리가 울리자마자 황급히 떠난다. '나'는 카페에서 유일하게 '모던'한 할 일이 없는 손님으로, 그것을 서글프다고 느끼면서도 마음에 들어한다. 그는 저들의 이성애-선형적 시간과 자기만의 퀴어한 시간을 동시에 살아가고 있다. 서양에서 19세기 후반 도시 풍경에 거대한 철도역이 나타나는 동시에 동성애라는 근대적 현상이 나타났다는 것이 과연 우연일까? 사회학자 헤닝 베크가 관찰했던 것과 같이, 그것들은 모두 **도시를 집중시킨다.** … 모든 구성 요소들이 그곳에, 한정된 공간에 압축되고 밀집된다. 군중들, 새로운 사람들의 끊임없는 흐름, 상호 간의 이질감과 무관심 속에."[57] 그러나 경성역은, 그것이 수송 체계의 지리학적 공간을 조직화하는 만큼이나 정확하게, 도착과 출발을 통해서 식민지 시간의 스케줄을 작성한다. 어떤 것도 '나'와는 무관하다. 어디로도 여행을 하지 않고, 죽일 시간이 넘쳐나는 그는, 천천히 커피를 홀짝이면서 그의 유토피아를 바라본다—크루징한다.*

이번에도 그는 집에 너무 일찍 와서 자기 방에 있는 그의 여인을 방해하고 만다. 다음 날 그가 일어나자 열이 나고 있었고 그리하여 그는 대가를 치른다. 그의 아내가 매일 그에게 먹인 약은 아마도 수면제였고, 그로 인해 '나'는 얌전하게 한 달을 침대에서 지냈던 것이다. 이로 인해 그는 평소의 시간 밖으로 빠져나온다. "나를 조끔씩 조끔씩 죽이려던 것일까?" 평소와 마찬가지로 '나'는 확신이 없다. 그녀를 마주하는 대신 그는 몇 시간 동안 도시를 돌아다니다가, 문득 자기가 미쓰코시三越백화점(경성역 및 시계탑과 마찬가지로 일제의 근대성의 아이콘이었다. 「날개」 전체에서 고유명사로 언급되는 것은 기차역과 이 백화점뿐이다) 옥상에 있다는 것을 깨닫는다. 그곳에서 그는 아내와의 "스물여섯 해"를 되돌아본다. 저 아래 거리에 보이는 군중은 옥상 정원 상점에서 파는 어항 속에 갇힌 금붕어를 떠올리게 한다. 그는 그와 그의 아내가 똑같이 그들만의 소외된 관계에 갇혀 있었다는

---

* '크루징(cruising)'은 '크루즈 여행'이라는 단어에서 알 수 있듯이 일차적으로는 유람선을 타고 여행하는 것을 의미하지만, 남성 동성애자 사회에서는 야외나 공공장소에서 서성이면서 섹스 파트너를 찾는 행태를 가리키는 은어로 사용된다. 정체성을 밝히기 어려운 환경에서 서로를 알아보고 관계를 맺기 위한 은밀한 커뮤니케이션 방식이 그리고 그러한 커뮤니케이션을 수행하기 위한 특정한 장소가 공유된 것이다. 본문에서 자주 언급되고 있는 무뇨스의 저서 『크루징 유토피아』의 제목은 '크루징'에 담긴 이러한 중의적 의미를 통해서 유토피아에 대한 의식이 내포한 일견 여유로워 보이는 어떤 서성임에, 사회의 주류와는 동떨어진 환경에서 공유되는 은밀한 긴장감과 망설임 등이 있음을 전달한다. 여기서 저자가 「날개」의 화자의 행태를 '크루징'으로 묘사하는 것도 이와 상통한다.

것을 깨닫는다. "우리 부부는 숙명적으로 발이 맞지 않는 절름발이인 것이다. 내나 안해나 제 거동에 로직을 붙일 필요는 없다. 변해辯解할 필요도 없다. 사실은 사실대로 오해는 오해대로 그저 끝없이 발을 절뚝거리면서 세상을 걸어가면 되는 것이다. 그렇지 않을까?"

그의 생각은 정오를 알리는 높은 사이렌 소리에 끊어진다. "사람들은 모두 네 활개를 펴고 닭처럼 푸드덕거리는 것 같고 온갖 유리와 강철과 대리석과 지폐와 잉크가 부글부글 끓고 수선을 떨고 하는 것 같은 찰나, 그야말로 현란을 극한 정오다." ─식민지 경성과 글로벌 현대의 이성애-선형적 시간에 설치된 모든 함정들. 이상의 소설은 여기, '나'가 그가 한때 갖고 있었으나 이제는 "희망과 야심의 말소된" 환상이 되어버린 날개를 상상하면서 끝난다. 이 영웅이 미쓰코시백화점 옥상에서 죽음을 향해서 몸을 던졌는지 아닌지는 독자의 상상에 맡기지만, 이러한 결말 때문에 많은 비평가는 그가 그랬을 것이라고, 나아가 그의 투신은 경성을 떠나서 동경이라는 약속의 땅("신천지")으로 가고자 하는 그의 욕망을 상징한다고 주장한다.[58] 나는 이 해결되지 않은 문제─한국 모더니즘 문학에서 어떠한 작품의 결말도 이 결말만큼 논쟁의 대상이 되지 못했다[59]─에는 관심이 없다. 시끄러운 사이렌의 소리가 '나'의 우울한 몽상을 방해하는 그 정도만큼도 안 된다. 그 소리는 '나'에게 발부된, 퀴어한 시간을 뒤로하고 이성애-선형적/식민지 시간으로 돌아오라는 소환장과 같다. 그러나 그렇게 하는 대신 그는 가장 드라마틱한 탈출을 감행한다. 「날개」의 마지막 구절은 운문처럼 쓰여 있다.

나는 걷던 걸음을 멈추고 그리고 어디 한 번 이렇게 외쳐보고 싶었다.

날개야 다시 돋아라.

날자. 날자. 날자. 한번만 더 날자꾸나.

한번만 더 날아 보자꾸나.

아마도 시일 테지만, 비평가들은 따분하게도 산문처럼 읽는다. 이 소설의 제목은 '날개'이고, 누군가는 분명히 '날' 필요가 있었다. 건물에서 벗어나기 위해, 또는 일본을 향하는 이상이 타고 있는 배에 오르기 위해. 그런데 내가 궁금한 것은, 비록 이상이(그의 모더니스트 친구들과 마찬가지로) 열렬한 영화 애호가였다는 사실 이외에는 아무런 증거가 없지만, 그가 파라마운트사에서 제작한 무성 영화 「날개」를 보았는가 하는 것이다. 이 영화는 일본과 조선에서 「쓰바사っ ばさ」라는 제목으로 개봉되었고, 영화 잡지 『키네마 쥰뽀キネマ旬報』에서 1927년 최고의 영화 10편 리스트에 올랐다.[60] 클래라 보—그녀는 동아시아 팬들에게 '모던 걸'의 상징이었다—가 주연을 맡은 이 영화는 제1차 세계대전을 배경으로 두 명의 남자 군인과 한 명의 여자 사이의 삼각관계 이야기를 담고 있다. 이 영화는 혁신적인 촬영 기술뿐 아니라 아카데미 작품상을 수상한 것으로 영화사에서 주목을 받았고, 파리의 나이트클럽에서 레즈비언 커플이 카메오로 잠깐 출연하는가 하면 남자가 다른 남자에게 키스하는 장면을 담은 최초의 영화이기도 하다. 이상이 이 영화를 놓쳤으리라곤 상상하기 어렵다. 그의 작품이 곧 그렇게 될 것처럼, 당시 하나의 스캔들—퀴어?—이었으니 말이다.

이상은 「날개」의 허구적인 등장인물처럼, 영화 「쓰바사」의 조종사처럼 일찍 죽었다. 조선인들에게 1937년은 '좋은' 해가 아니었지만, 더 나쁜 게 이어졌다. 재닛 풀은 그녀의 연구 『미래가 사라질 때*When the Future Disappears*』(2014)를 "시간의 문제가 (책의) 중심"에 있다는 문장으로 시작한다. 그녀의 주장은, 이상이 전혀 경험하지 않았던 '총력전'의 몇 해를 포함한 일제 강점기의 마지막 10년이 "미래가 사라진다는 느낌과, 변형된 현재를 상상하고자 하는 분투에 의해서 불타올랐다"는 것이다.[61] 나는 이러한 주장에서 에델만과 무뇨스를 포함한 미국의 퀴어 이론가들 사이에서 벌어지는, 미래와 그 속에서 동성애자의 삶의 전망에 관한 논쟁을 떠올린다. 에델만은 그런 것들(아이들, 정치적 권력, 우리 자신을 넘어서는 삶의 감각)은 우리를 위한 게 아니라고 주장하지만, 무뇨스는 우리 자신을 위한 **다른** 것들, 즉 퀴어한 것들에 대한 권리를 보장하기 위해 우리가 '유토피아'의 개념을 다시 고안해야 한다고 반박한다. "퀴어성은 유토피아적이고, 유토피아적인 것에는 퀴어한 무언가가 있다."[62]

엠을 비롯한 다른 사람들이 그랬던 것처럼, 「날개」를 식민지 체제의 모든 조선인에 관한 알레고리로 읽을 수도 있다. 왜 안되겠는가? 하지만 민족주의적-역사적인 맥락 외에도 다른 맥락들이 있다. 존 프랭클은 말한다. "한국 근대문학사 비평은 대체로 한반도의 모든 경험을 '한국적'인 것으로 총체화해서, 그 안에 개인의 경험이나 성향을 위한 자리는 거의 없거나 아예 남아 있지 않다." 「날개」를 알레고리로 읽는 관점을 내가 주저하는 이유는, 그것이 화자를 **모든** 조선인으로 만들기 때문이나. 나는 화자를 유일무이한 **퀴어**로 간주하고 싶다. —그것은 프랭클을 따라 우리가 신중하게 '성벽性癖(proclivity)'이라고 부를 수 있는 것이다.

일제 치하의 조선 작가들은 대체로 작품의 예술적 가치가 아니라 이른바 그들의 민족의식 또는 외국 정부에 대한 저항—그것들이 얼마나 은밀하든 간에—을 기준으로 평가된다. 작품이 외세의 지배와 억압에 처한 조선의 민족국가적 역경에 노골적으로 무관심하지 않다면, 비평가들은 그것에서 암暗-민족주의적인 알레고리적 의미를 발굴해낸다. 그러한 독해가 가능하지 않다면, 작가는 민족의식을 결여하고 있다는 이유로 비난의 대상이 된다. 이상은 이러한 이분법의 가운데에 정확하게 끼어 있다.[63]

알레고리는 무언가에 관한 알레고리여야 하고, 그 무언가는 일반적으로 이성애-선형적 시간 속에서 해명된다. 나는 우리에게 반식민주의적 해석과 퀴어적 해석을 한꺼번에 허용해주는 타협안을 제시하고 싶다. 하나는 '집단적'이고 다른 하나는 '개인적'이라는 타협안이 아니라, 사건들이 다중의 프레임 속에서 전개된다는 타협안이다. 이를 통해 우리는 시간이라는 지렛대로 돌아간다. **그들의** 시간 그리고/또는 **우리의** 시간—구조적(이성애적·제국주의적) 시간과 주체적(퀴어적·식민주의적) 시간. 반식민주의적 해석은 화자의 서사를 용감하기는 하지만 비극적으로 그리는 경향이 있는데, 나는 여기서 용감하면서도 **동시에** 긍정적인 무언가를 본다. 죽음 충동에 시달리는 멜로드라마를 우리의 희망찬 게이 코미디로 바꾸었던 무뇨스의 정신을 따라서 말이다.

앞에서 나는 형용모순처럼 보이는 벌랜트의 '잔인한 낙관'을 언급했다. 그때 나는 결론에서 유토피아주의로 돌아오겠다고 약속했다. 그것으로 내가 말하고자 했던 것은 '해피엔딩', 그러나 관습적인 의미에서 '행복'하다고 말할 수 있는 보장은 전혀 없는 그런 '해피엔딩'이다. 단지, 그냥, **'이건 아냐'**. 아마도 유토피아는 지금 여기에 있는 모든 것에 대한 그러한 '부정'에 있을 것이다. 그것이 설령 건물에서 몸을 던져 자신의 삶을 허무에 내던지는 것일지라도 말이다. 결국 '나'는 처음으로 단호한 결심을 내린 것일지도 모른다. 그의 결정에 뒤따르는 결과가 끝에 가서는 그가 대안으로 마주하고 있었던 것보다 더 낫다고 우리가 확신하는 척을 할 순 없다. 그리고 그럴 수 없다면, 퀴어한 시간에 오리라고 상상할 수 있는 또 다른 유토피아가 있을 것이다. 하지만 무뇨스라면 덧붙일 것이다. "아직은 아니다."

누군가는 이성애규범성과 동성애규범성homonormativity을 잇는 '시간규범성chrononormativity'이라는 개념이 보편적으로 통용될 수 있다고 생각할지 모르겠다.[64] 하지만 핼버스탬은 이 개념을 활용하며 다음과 같이 말한다. "**서양 문화**의 경우, 우리는 위험하고 통제되지 않는 청소년기에서 벗어나 어른이 되는 것을 성숙의 욕망에 따른 과정으로 기록한다. … 그리고 장수長壽에 대한 존중을 전혀 또는 거의 보이지 않는 삶의 방식을 병리화한다.[65] 핼버스탬의 '우리'라는 표현의 문제를 제쳐두자면, '서양 문화의 경우'라는 한정을 단지 그 외의 문화에 친숙하지 않다는 것에 대한 수사적 표현 이상으로 이해할 필요는 없을 것이다. 내가 제안하는 것은, 1930년대 식민지 조선의 특수한 역사에 주목하면서 이상의 「날개」를 읽는다면, 정확히 똑같은 점이 발견된다는 것이다. 이상의 소설이 이성애와 민족주의의 '재생산 미래주의reproductive futurism(에델만의 용어다)'*를 거부하는 것과 마찬가지로, '청소년기'의 연장에 대한 핼버스탬의 주문은 곧, 아내에 대한 '나'의 유아적이고 나약한 의존과 같은 것이다. 나아가서, 일본 제국주의의 근거로 여겨진 것은 조선의 미성숙이었다. 퀴어 이론에 대한 「날개」의 기여 또는 수정 사항은, 퀴어한 시간은 단지 이성애-시간규범성에 대립하는 것으로 정의될 수 없고, 오히려 식민지 근대의 시간규범성을 포함한 다른 시간규범성과의 퀴어한 마주침을 통해 생산되는 무언가라는 것이다. "이성애규범성, 자본주의, 근대성 그리고 종말론(의 선형적이고 천년왕국설적인 구조)으로 구성된 담론들의 연관에서 형성"되는 이성애-선형적 시간에 대한 톰 벨스트로프의 정의에 우리는 식민주의 담론을 추가할 것이고, 퀴어한 시간의 정의에 대해서는 그에 대한 거부를 추가할 것이다.[66] 이것은 이상의 '한국적 특성'이 몇몇 기묘한, 어휘에서 공유되는 퀴어성의 부분집합으로 있다는 의미가 아니다. 그것은 서양 이외 모든 곳의 특수성에 대립하는 서양의 보편성을 승인할 뿐이다. 내가 보기에 그것은 또한, 퀴어함에 관한 우리의 논의가 역사적 경험의 **결과**라는 역사적 사실을 은폐한다. 그 경험은 근대성, 국민국가, 자본주의, 산업혁명, 식민지 확장을 생산해냈다. 그리고, 그것들과 함께, 동성애자를.

이상은 「날개」에서 쓴다. "그대 자신을 위조하는 것도 할 만한 일이오. 그대의 작품은 한 번도 본 일이 없는 기성품에 의하여 차라리 경편輕便하고 고매高邁하리다." 이것보다 퀴어한 게 있을까? 이성애자

---

* 에델만에 따르면 재생산 미래주의는 '순진무구한 아이'라는 유토피아적 이미지를 환기하며 재생산을 통한 미래의 지속과 보호를 정치의 목적으로 설정하는 이념이다. 에델만은 이러한 이념이 좌우를 막론하고 정치의 근본적 조건으로 간주되어왔으나, 미래의 약속을 통해서 현실의 모순을 은폐하고 그 해결을 유예하면서, 재생산을 거부하며 따라서 '미래'를 보장하지 않는 일탈적 주체들을 적대시하는 이데올로기적 특성을 갖는다고 주장한다. 이에 따라 '재생산'과 '미래'를 거부하는 '퀴어'는 '현재'를 정치적 이념의 장소로 규정하는 주체로 호명된다.

들이 우리는 안중에도 없이 자기들을 위해 설계한 시간과 장소를 퀴어들이 견뎌내기 위해서는 이것을 믿어야만 하지 않는가? 그러나 이 또한 파농이 프랑스령 마르티니크에서의 생활에 대해서 그토록 말했던 것이고, 아체베가 영국인의 압제 아래에 있었던 나이지리아에 대해 말했던 것이다. 이상이 마침내 동경에 이르러 그 도시가 완전히 '위조'라는 것을 알았을 때, 그는 퀴어로서가 아니라 동아시아 제국의 신민으로서 반응했다. 하지만 또다시, 욕망의 대상이 자신에게 계속해서 환멸을 안겨주는 것을 원하지 않을 퀴어가 누가 있겠는가? 미래는 끝없이 유예되어서, 결코 지금이 아니고 언제나 '아직 아닌' 것인데 말이다. 최근 몇 년 동안 퀴어 이론은 이 세계에 속하는 존재가 되기에 크게 실패해왔다. 그리고 핼버스탬은 이 주제에 관한 책에서 이렇게 쓴다. "실패야말로 퀴어가 하는 것이고 언제나 특출나게 잘해온 것이다."[67] 이상은 삶의 끝 무렵에 썼다. 뉴욕은 동경만큼이나 그를 실망케 하리라. 그러나 이상은 그곳도 집처럼 느꼈을 것이다.

제3장

사랑을 문제화하기

식민지 조선의 친밀성 사건과 동성 간 사랑

첸페이전 지음
백종륜 옮김

다양한 사회적·정치적 변화에 직면했던 19세기 후반부터 20세기 초반까지 동아시아의 선구적 지식인들은 유교와 관련해 근대성의 문제를 다루었다.[1] 이는 사회체제와 정치형태의 혁명, 전통적인 친족 관계로부터 개인의 해방, 근대적 교육 및 문명화에 대한 옹호라는 결과로 이어졌다. 20세기 동아시아에서 '사랑'은 '문명화', '근대화', '민족국가 건설' 등의 담론들과 동시에 하나의 사회 현상으로 출현했다.[2] 이윽고 사랑은 투명하고 보편적인 가치로 자연화naturalized되었으며, 인간의 사회관계를 정의하는 지배적 서사로 등장하게 되었다. 따라서 근대적 사랑의 구성을 살펴보는 일이란 곧 상이한 사회적 서발턴들을 창조하고 분할했던 지배적 이데올로기를 더욱 드러내 보이는 일이다.

19세기 후반에 걸쳐 조선 역시 전통적인 사회체제에서 근대적 식민지 체제로의 급격한 변화를 경험했다. 결혼의 개혁(자유결혼)과 친밀한 관계의 새로운 형식(자유연애*)은 문학 생산과 근대 사회의 발전에서 중요한 역할을 수행했다. 1910년부터 1930년대까지 조선에서 자유결혼 및 자유연애를 둘러싼 논의는 사회 개혁과 문명화 기획에 초점을 맞추었다.[3] 식민 권력을 경유한 근대화 과정에서 사랑의 경험은 스스로를 재발견하는 중요한 기회였지만, 한편으로 피식민자들은 식민 권력의 이분법을 구조화했던, 개인의 자율성에 대한 요구와 사회적 제약 사이에 놓여 있기도 했다. 인류학자 엘리자베스 포비넬리Elizabeth Povinelli는 미국과 오스트레일리아의 정착 식민지settler colonies에 관한 연구에서 이러한 상황을 가리켜 "친밀성 사건intimate event"**이라고 불렀다. 그는 사랑이라는 개념이 어떻게 개인적 자유와 사회적 유대의 교차점에서 생산되는지를 추적함으로써, 식민지 상황에서 "친밀성 사건"이 어떻게 기능할 수 있었는지에 대해 설명했다.[4] 이와 같은 이해를 식민지 조선의 경우에 적용한다면, 개인적인

---

* 원문은 'free love'다. 뒤에서 저자가 밝히듯이 'love'는 한국어로 '사랑' 또는 '연애'로 번역되는데, 담론의 이름을 가리키는 경우에는 당시 조선에서 통용되던 용어인 '자유연애'로 옮겼다.

** 엘리자베스 포비넬리에 따르면, 사랑 같은 친밀성은 개인적 자유와 사회적 제약을 둘러싼 담론, 실천, 환상 등이 서로 교차하면서 형성된다. 이러한 형성 과정에서 권력은 생명, 재화, 가치 따위를 차등적으로 분배하려는 특정한 목적 아래 개입한다. 포비넬리가 분석한 사례에서 이 일련의 과정은 친밀성에 대한 자유주의적 관점을 규범화하는 데 기여한다. '친밀성 사건'이라는 다소 낯선 개념은 이처럼 어떠한 친밀성이 정상적인 것으로 규범화되는 과정이 여러 담론, 실천, 환상, 권력 사이의 복잡한 상호작용에 의한 것이라는 점을 명시하기 위해 사용된 것이다. 예컨대 이성애만이 '자연스러운/본능적인' 것이고 그 외의 섹슈얼리티는 '비자연적인/일탈적인' 것이라는 관념은 전(前) 담론적인 불변의 진리가 아니라, 다양한 사회적·문화적 요소들이 서로 영향을 주고받으며 형성된 것으로서, 역사적 분석의 대상이라고 할 수 있다. 첸페이전은 식민지 조선에서 이성 간의 근대적·낭만적 사랑이 규범적 사랑의 지위를 획득해나가는 과정을 면밀한 분석을 요하는 하나의 '사건'으로 파악하고, 동성 간 사랑이 그 사건의 진행 과정 속에서 가졌던 다층적인 의미를 설명한다.

것과 사회적인 것으로부터의 이중적인 힘은 사랑의 이름으로 직동하는 해방-억압의 메커니즘을 야기했으며, 이는 편재遍在하지만 거의 인정되지 않는, 한국 문화에 대한 식민주의의 영향을 강조하는 것이라고 할 수 있다.

이러한 역사적 상황을 더욱 잘 이해하기 위해, 나는 20세기 초반이라는 격변기에 생산된 친밀성 사건으로서의 사랑에 관한 공적 논의와 문학적 재현 들을 살펴보고자 한다. 더욱 중요하게는, 낭만적 사랑에 대한 식민지적 개념화에서 동성 간 사랑이라는 개념이 어떻게 작동했는지를 논의할 것이다. 또한 나는 '문명'의 진전에 있어 평등, 해방, 진보의 이름으로 행해졌던 사랑의 제도화가 가지는 내적 모순과 그러한 제도화에 대한 도전을 밝혀보려 한다.

근대적 사랑의 제도화

근대적 개념으로서 사랑의 등장을 검토할 때 중요한 것은 이 문화 현상의 초국가적이고 번역적인 특성을 강조하는 것이다. 또한 사랑 담론의 상이한 국면들을 다시 살펴보는 것 역시 긴요하다. 먼저 '신소설'의 발전과 나란히 이루어졌던, 식민지 조선에서의 근대적 사랑의 등장은 근대계몽기(1876~1910)의 자유결혼 사상에 기반을 두고 있었다. 근대계몽기는 일본 제국주의 권력이 확대되고 아시아를 침범하기 시작한 시기였다. 이는 조선인에게 애국심을 불러일으켰고, 19세기 후반과 20세기 초입에 걸쳐 이루어진 다양한 사회 개혁으로 이어졌다. 문학·문화연구자인 권보드래가 주장했듯이, "1900년대에 사랑은 기독교와 애국주의의 영향 아래 공적인 가치가 되었는데, 기독교는 사랑의 윤리를 설교했으며, 민족국가nation-state의 형성에서 국가를 향한 헌신과 열정이 강력히 권장되었기 때문이다."[5] 이 시기에 '사랑'이라는 단어는 성적 혹은 낭만적 욕망과는 거의 관련이 없었다.[6] 권보드래에 따르면, 영어 단어 '러브love'는 한국어로 '연애' 또는 '사랑'으로 번역될 수 있다. 두 번역어 사이의 중요한 차이란 다음과 같다.

> '연애'라는 말은 … 남녀 사이의 사랑만을 번역한다. 신神에 대한, 인류에 대한, 부모에 대한, 친구에 대한 사랑은 … '연애'는 아니다. … 주지하다시피 한국어에서 '사랑하다'는 오래도록 '생각하다'는 뜻이었다. 기독교의 전래 이후에야 '사랑'은 신의 사랑이라는 뜻으로 널리 전파되었다. 1900년대에 이 단어는 국가론의 자장 안에서 발음되기도 했다. … '사랑'은 먼저 신과 나라를 배경으로 합법화되었다.[7]

따라서 권보드래는 연애라는 용어의 발전 및 낭만적 사랑과의 관련성에 집중하기 위하여 연애와 사랑을 구별한다.

나아가 1910년 일본의 조선 강점과 1919년 3·1운동의 실패 이후, 교육 및 문화 개혁에 대한 열정이 연애를 둘러싼 다양한 논의들과 함께 공적 매체에 등장하기 시작했다. 이 시기 동안 연애는 대중성을 획득했고 점차 낭만적 사랑을 핵심적인 의미로 가지게 되었지만, 그것은 이미 민족국가 건설 이데올로기에 포섭되어 있는 것이었다. 즉 연애는 해방이자 동시에 억압이라는 역설적인 구조를 가지고 있었다. 정혜영과 류종렬은 자신들의 연구를 통해, "영적spiritual 사랑"*이 육체적 욕망을 대체한 사랑 담론에서 "처녀성"이 지배적인 역할을 수행했다고 주장했다. 저자들은 선구적 지식인과 소설가 들의 문학적 글쓰기를 살펴보는데, 이 작품들은 남성과 여성 간의 육체적 관계가 어떻게 비극으로 귀결되며 그들의 미덕을 상실하게 만드는지를 묘사함으로써 관계의 영적 형식을 공고화하려 한다.[8] 서구 작품의 일본어 번역과 유럽 학문의 영향을 받아, 이 지식인과 작가 들은 결혼의 개혁과 자유로운 사랑의 옹호에 관한 상당한 양의 글을 남겼다. 예컨대 당대 동아시아 사회는 스웨덴의 페미니스트 엘렌 케이 Ellen Key(1849~1926) 같은 인물들과 1911년에 영역본이 출간된 케이의 저서 『사랑과 결혼Love and Marriage』 등에서 기원하는, 사랑을 둘러싼 매우 영향력 있는 생각들을 공유하고 있었다. 20세기 초 일본 및 서구 페미니즘 운동에서 중요성을 가지는 이 텍스트는 많은 사회 비평가들이 가지고 있던 사랑, 결혼, 모성 관념의 기반이 되었다.[9]

남성 지식인이 쓴 여성 해방에 대한 많은 수의 공적 비평에서 여성들은 역설적인 방식으로 다루어졌다. 선구적 지식인들은 여성의 사회적 권리, 교육, 자유의지를 강조하면서도, 동시에 여성들로부터 자율성을 추구할 자격을 박탈함으로써 여성의 가부장제적 종속을 재생산했다. 이 같은 방식으로 그들은 사랑을 옹호하는 한편, 신여성을 비판했다. 예를 들어, 조선의 작가이자 문학평론가인 김동인의 「김연실전」(1939)은 당대의 유명한 신여성이었던 김명순을 모델로 한 작품이라 여겨진다.[10] 이 작품에서 김동인은 다음과 같은 말로 신여성을 비판했다. "연실이는 연애와 성교를 같은 물건으로 여기었다. …

---

* 이하에서 'spiritual'은 맥락에 따라 '영적'과 '정신적' 두 가지로 번역했다.

문학(이란—옮긴이), 즉 연애요, 연애와 성교는 불가분의 것으로 믿는 연실이는 … 문학의 실체인 연애를 좀 더 잘 알기 위하여 엘렌 케이며 구리가와 박사[11]의 저서도 숙독했다. … 연애를 모르는 조선에 태어났기 때문에 연실이는 연애의 형식과 실체(감정이 아니다)를 몰랐다."[12] 여기에서 김동인이 주장하는 바는 신여성이 맹목적으로 사랑(연애—옮긴이)의 유행을 추구하지만 그러한 사랑이 가지는 문명적이고 영적인 정신에 대해서는 이해하지 못한다는 것이다. 그러나 이러한 식의 비판은 당대의 지식인들이 민중에게 강조했던 사랑의 '자유로운' 특성과 상충한다.

유교가 비판되고 민족이 형성되던 시기 동안, 근대적 사랑 담론은 여성을 새로운 민족 주체로 함양하려는 이데올로기적 경향과 여성에 대한 전통적이고 규제적인 관념을 강화하려는 이데올로기적 경향 사이에서 동요하고 있었다. 사랑에 관한 이 시기의 주장들이 보편적인 성적 욕망을 직접적으로 다루고 있었음에도, 문학작품과 언론 비평에서 여성들은 대체로 구여성과 신여성의 이중화된 모습(예컨대 기생과 신여성, 전통적인 어머니와 반항적인 딸)으로 그려지고 있었으며, 여성들은 (너무 무지해서 혹은 자살로 생을 마감해서) 대개 근대적 가족의 영역에서 실패를 겪는 것으로 표현되었다. '현모양처'에 대한 식민지 시기의 강조는 여성에게 주어진 성역할과 종속적 위치가 어떻게 사랑이나 성의 해방에 의해서도 결코 재사유되지 않았는지를 보여준다.[13] 그렇다면 혹자는 다음과 같이 질문할 수 있다. 누가 근대적 사랑을 추구할 수 있는 자격을 부여받았으며, 사랑이 성교와 관련될 때 무엇이 문제인가? 조금 더 구체적으로, 근대적 사랑 담론에서 사랑과 성 사이의 관계는 무엇인가? 조선의 식민국이었던 일본에서의 근대적 사랑과 성의 역사적 구성을 다시 살펴보는 일은 이 질문들에 대답하는 데에 도움을 준다.

　문학비평가이자 문화비평가인 사에키 쥰코佐伯順子는 일본의 개화기에 '사랑'이 가졌던 중요한 역할과 그것이 메이지明治 시대(1868~1912) 이후 근대문학에 끼친 영향을 분석한 바 있다.[14] 사에키에 따르면, 메이지 시대에 부상하여 히라가나로 '라부らぶ', 한자로 '아이愛'로 번역되었던 빅토리아 시대의 사랑 개념은 에도江戸 시대(1600~1868) 혼외의 성적 욕망/행위의 형식이었던 '이로色'를 대체하게 되었다. 나아가 '아이'는 종종 '렌戀'과 함께 쓰여 '렌아이戀愛'라는 합성어를 이루었는데, 이 단어는 낭만적 사랑을 지시하며 육체적 욕망보다는 정신적 관계를 강조하는 것이었다. 1885년 이후 일본 작가들에게 근대적 형식의 '사랑'은 필수 요소였는데, 이는 사랑의 정신적 형식을 강조하고 육체적 욕망/성적 행위를 억압함으로써 남성과 여성 사이의 관계를 근본적으로 변화시키기 위해 그들의 작품에서 활용되었다. 쓰보우치 쇼요坪内逍遥(1859~1935)*, 오자키 고요尾崎紅葉(1868~1903)**, 모리 오가이森鷗外(1862~1922)*** 등을 포함한 당대 작가들은 정신과 육체flesh 혹은 신체body의 분리에 동의했으며, 신체적

---

* 1885년 『쇼세쯔신즈이(小說神髓)』를 통해 서구 사실주의를 일본 문단에 소개하면서 근대문학의 출발을 알린 작가로 평가된다. 이 책에서 그는 교훈적·도덕적인 고전소설의 문법을 탈피하고 세태, 인정, 욕망 등을 있는 그대로 묘사할 것을 요청했다.
** 일본 문학의 서양화에 맞서 겐유샤(硯友社)라는 문학 단체를 결성하고 의고전주의를 주창했던 대표적인 작가다. 언문일치체를 사용한 것으로 유명한 그의 소설 『다죠타콘(多情多恨)』은 근대 과도기 일본인의 성 인식을 잘 보여주는 작품이기도 하다. 한국에 가장 잘 알려진 그의 작품은 『곤지키야샤』로, 조중환에 의해 『장한몽』으로 번안된 바 있다.

접촉이나 욕망을 수반하는 '이로'와 반대되는, 순수하고 관념적인ideal 사랑을 찬양했다. 이러한 방식으로 사랑과 성의 (혹은 영육의) 분리는 '근대적 성'이 출현하는 데 일조했다. 가라타니 고진柄谷行人이 설명하듯이, '근대적 성'은 억압을 통해 생산된 성의 '새로운' 형식으로 이해되어야 한다.[15]

근대적 사랑에 대한 일본의 경험은 번역의 초국가적 양상을 공유하던 식민지 조선에서의 사랑의 발전에 지대한 영향을 끼쳤다. 권보드래에 따르면, 1910년 최남선은 빅토르 위고Victor Hugo의 『레미제라블Les Miserables』(1862)의 일부를 번역하면서 연애라는 용어를 사용한 바 있다. 그 글에서 연애당戀愛黨(사랑패love gang 혹은 낭만을 좇는 사람)이라는 용어는 다음과 같은 인물을 묘사하기 위해 활용되었다. "꽃을 사랑하더라, 피리를 불더라, 속된 노래를 짓더라, 인민에 연착戀着하더라, 부인에 애상哀傷하더라, 소아에 희소嬉笑하더라, 반귀班貴의 머리를 벤 혁명에 몹시 염오하는 정을 품더라."[16] 최남선이 창간에 관여했던 문예지 『소년』(1908~1911)에 발표된 그의 한국어 번역이 프랑스어 원본이 아니라 일본어 번역본을 중역重譯한 것이라는 점은 주목을 요한다. 즉 연애당이라는 용어는 일본의 창안을 받아들인 것이다. 이와 유사한 상황은 다른 문학작품 번역에서도 발견할 수 있다. 낭만적 사랑과 관련된 연애라는 용어는 연재소설 『쌍옥루雙玉淚』

***

*** 나쓰메 소세키(夏目漱石)와 함께 일본 근대문학의 거장으로 평가받는 작가다. 군의관 신분으로 독일에 유학했고, 귀국 이후 소설 창작, 서양 작품 번역 등을 하며 일본 문단에 낭만주의를 도입했다. 한편 그는 쓰보우치 쇼요의 문학관이 지아, 주관, 이상(idea) 등을 배제한다는 점을 비판하고 그와 몰이상논쟁(沒理想論爭)을 벌이기도 했다.

에서 처음 등장했다. 1912~1913년 『매일신보』에 연재된 이 소설은 "청년 남녀의 연애라 하는 것은 극히 신성한 일이라고 가르쳐주"겠다는 캐치프레이즈를 내세웠다. "연애라 하는 것은 신성한 물건이다"와 유사한 진술은 같은 신문에 연재된 『장한몽長恨夢』(1913)에서도 발견된다.* 조중환의 이름으로 발표된 이 두 소설이 기쿠치 유호菊池幽芳의 『오노가쓰미己が罪』(1899~1900)와 오자키 고요의 『곤지키야샤金色夜叉』(1897~1902) 같은 일본 소설의 번안이라는 점은 주목할 만하다. 『곤지키야샤』는 영국 소설가 버사 M. 클레이Bertha M. Clay의 『여성보다 약한Weaker than a Woman』(1878)을 번안한 작품이다.[17]

이 번안소설들은 메이지 문화로부터 정신적 사랑의 개념을 얼마간 이어받고 있다. 그러나 낭만적 사랑을 가리키는 용어인 연애와 이 번안소설들의 유통의 결과는 그것들이 다층적이고 멀티텍스트적multitextual임을 보여준다. 예를 들어, 소설 연재 소식을 알리기 위한 광고에서 『장한몽』에 대한 인식은 다음과 같이 나타나 있다.

신소설, 장한몽

- 이 소설은 항용 있는 소설이 아니올시다
- 이 소설은 이 세상의 인심세태를 그려낸 소설이올시다
- 이 소설은 한번 보면 뉘 아니 눈물을 흘리며 뉘 아니 탄복하오리까[18]

---

*『쌍옥루』와 『장한몽』에 대한 설명은 권보드래, 『연애의 시대: 1920년대 초반의 문화와 유행』(현실문화연구, 2003), 12쪽에서 재인용한 것으로 보인다.

이 광고는 조중환의 번안소설을 "신소설"이라고 소개한다.[19]* 특히 조선 민중을 '계몽'하기 위한 방법으로서 신소설의 기저에 놓인 이데올로기는『곤지키야샤』를 번안하려는 조중환의 의도는 물론, 청년들에게 정신적 양식을 제공한다는 그의 희망에도 두루 영향을 끼쳤다.[20] 조중환의『곤지키야샤』번안에 대한 연구들은 일본어 원문과 한국어 번안 사이의 차이를 규명하고, 식민지 조선에서의 양자의 인기를 설명해왔다.[21] 여기에서 내가 강조하고자 하는 바는 조중환의 일본 대중소설 번안이 근대적 사랑, 번역 활동, 신소설 관행 사이의 교차를 지역적local 맥락에서 구체적으로 드러낸다는 점이다. 나아가 더욱 중요한 것은 외국 텍스트의 현지화localization란 오직 (근대적이고 싶은 욕망인) 정신적인 것과 (근대적 기술을 갖춘) 물질적인 것 양자가 민족의 근대화에 기여할 준비가 되어 있을 때에만 이루어질 수 있다는 점이다. 번역/번안translation/adaptation과 원본은 모두 식민지 조선이라는 지역의 문학적·사회적 맥락에 영향을 준다. 이러한 현상의 구체적인 증거는 초문화적 소통과 자본주의 발달을 통해 '사랑'이 어떻게 교환가치를 획득하는가를 그린 이광수의 창작소설『재생』(1924~1925)에서 찾아볼 수 있다.[22]

나아가 일본 문학에서 사랑의 근대적 개념을 발전시켜나갈 때, 일본 작가들은 일본어에서 각각의 글자가 가지는 함의를 따져 묻는trace 것을 피할 수 없었다.[23] 그러나 식민지 조선에서의 사랑의 번역에는 이러한 언어적 협상이 부재했다. 번역의 문제는 서로 다른 언어들과 개념들 사이의 아무런 의심 없이 받아들여지는 동일성을 중심

---

* 맥락에 따라 'translation'을 '번역'과 '번안' 두 가지로 번역했다.

으로 공전한다. 다시 말해, 식민지 지식인들은 일본어 '렌아이'를 빌려와, 일본과 서구를 출처로 하는 동일한 개념을 번역하기 위해 아무런 협상 없이 '연애'라는 단어를 채택했다. 이러한 주장은 다른 새로운 개념들에도 마찬가지로 적용될 수 있다.[24] 한자라는 언어적 자원을 공유하고 있다는 사실을 매개로 사랑이라는 근대 일본의 발명품을 곧이곧대로 채택할 수 있는 이러한 편리성은 이 개념을 투명하고 보편적인 가치인 양 자연화하는 것으로 귀결되었다고 나는 주장한다. 사회적 혹은 언어적 협상 없이 '사랑'을 전적으로 수용하는 식민지 조선의 사례는 피식민자가 근대적 주체가 되고자 욕망하는 바로 그 순간에 그렇게 되는 데 실패한다는 식민지적 양가성을 드러낸다. 즉 피식민자는 식민지 현실을 극복하고자 하지만 기실 행동을 취할 수 없는 것이다. 부분적으로 조선 사회에서, 또 조선이 제국 권력과 맺고 있던 관계에서 사랑이라는 공통의 경험은 상이한 계급들과 젠더들 사이의 간극을 메우는 기능을 했다.

그러므로 식민지 조선에서 사랑이라는 개념은 현실적이라기보다는 염원적인 것으로 남아 있었다고 할 수 있다.[25] 이데올로기적 혹은 성적 차이와 관계없이, 근대적 사랑에 대한 당시 구성된 대부분의 각본은 사랑의 경험이 개인의 자발적 선택에 기반을 두고 있다는 데 동의했다.[26] 그러나 친족을 퀴어하게 독해하면서 캐스 웨스턴Kath Weston이 주장했듯이, "선택이란 세속적인 제약에 구애받지 않으면서 사람 및 사물과의 관계를 형성하는 '나'의 주체적 힘에 초점을 맞추는 개인주의적이며 말하자면 부르주아적인 개념이다."[27] 여기에서 웨스턴은 '선택'을 친족의 핵심으로 특권화하는 것이란 곧 그러한 자율성의 완전한 행사를 방해하는 신체적 차이나 지역적 애착을 가장 적

게 가진 사람들을 특권화하는 것이라고 암시한다. 이처럼 낭만적 사랑을 둘러싼 사회적·문학적 담론 연구는 해방-억압 메커니즘을 나타내는 사랑-섹슈얼리티의 근대적 형성을 드러내 보이는데, 이 메커니즘 속에서 조선인들은 식민 권력에 의해 대폭 강화된 근대의 양가성을 경험할 수밖에 없었다.

이러한 주장은 동성 간 사랑이라는 사회 현상에 의해 뒷받침된다. 다음 절에서 나는 동성 간 사랑이 어떻게 문명화 과정의 역설과 딜레마를 드러내는지, 또 그것이 규범적인 친밀한 관계와 사회적 관계를 공고화하는 예외적 지위를 차지한다는 점에서 얼마나 중요한지를 논의하려 한다. 포비넬리가 설명하듯이, (아마도) 우리 모두는 "여성, 동성애자, 비백인非白人이 아니거나, 그렇게 간주되는 것이 아닌 한" 이 친밀성 사건에 참여할 수 있는 자유를 가지고 있을 것이다. 이는 "친밀성 사건에 대한 상상은 언제나 예외의 논리에 의해 붕괴되고 또 공고화된다"는 것을 보여준다.[28] 이러한 현상은 청년들로 하여금 이성 교제를 멀리하게 만들기 위해 어떻게 식민지 사회가 여학생 등 특정 집단이 동성 간 사랑에 참여하는 것을 승인했는지, 또 그리하여 어떻게 정신적 문명을 찬미했는지 등을 통해 확인할 수 있다. 이와 동시에 동성 간 사랑은 재생산적 관계에 대한 강조를 목표로 하는 성교육과 함께 의료화되기도 했다.

동성 간 사랑의 재현과 시간성

동성 간 사랑을 가리키는 일본어 용어는 일본식 한자어 즉 와세

이칸고和製漢語인 '도세이아이同性愛'로서 1920년대에 처음 등장했다.[29] 여러모로 일본어 용어 도세이아이의 형성 및 변화는 한국어 개념인 '동성애'에 영향을 주었다. 병탄 이후 조선은 일본과 유럽의 성과학으로부터 근대적 지식을 수입했다. 예컨대 1913년에 일본어로 번역된 리하르트 폰 크라프트에빙Richard von Krafft-Ebing의 『광기와 성 Psychopathia Sexualis』(1886)이나 사카키 야스사부로榊保三郎(1870~1929)의 『성욕 연구와 정신분석학性慾研究と精神分析學』(1919) 등은 동성 간 사랑을 성적 도착으로 동아시아 사회에 소개했다. 1910년 이후, '동성애', '동성연애', '동성 간의 사랑' 등을 비롯해 동성 간 사랑을 지시하는 한국어 합성어들은 '남색男色' 같은 전근대적 용어를 대체했다. 이용어들은 외국 작품의 번역에서도 공존했으며, 동성 간 사랑이나 호모에로티시즘homoeroticism을 가리킬 때 사용되었다.[30] 그러나 1920년대 중반 이후부터 1930년대까지 동성애라는 용어가 특히 여성들 사이의 동성 간 사랑과 관련해 두드러지기 시작했다. 물론 동성애라는 용어가 등장했다고 해서 그것이 현재 우리가 알고 있는 동성애적 주체나 레즈비언 정체성이 당시에 존재했다는 것을 의미하지는 않는다는 데 주의해야 한다. 그러나 이 용어의 등장은 **명명**의 힘을 보여주기도 한다. 이러한 의미에서 이 용어의 시간성, 언어 차이, 지시 대상 등을 추적하는 것은 이 근대적 개념의 통시성 및 공시성과 더불어 사회역사적 특수성을 밝혀내는 작업이라고 할 수 있다.

이러한 개념적 사항들은 다음과 같은 식민지 조선의 사례에서 관찰할 수 있다. 1910년대에 동성 간 사랑이 처음 등장했을 때, 그것은 빠르게 병리화되고 의료화되었다. 조선의 의사인 정석태는 "성욕이라는 것은 보통에 있어서 이성 간에 일어나는 것이고 동성 간에는 없는 것이나 병적 성욕의 일종으로 동성 간에도 일어나는 일이 있는 것은 누구나 짐작하는 일이다. 이것을 동성 간의 성욕, 다시 말하면 동성애라고 하는 것이다"[31]라고 말한 바 있다. 성적 욕망에 관한 이 글에서 정석태는 이성애자들 사이의 성적 욕망을 정상화normalize하고 동성 간의 성적 욕망은 의료화했다. 이러한 견해는 이 시기 의료 전문가들이나 여타 지식인들 사이에서 일반적인 것이었다. 예컨대 김 윤경은 동성 간의 (성적—옮긴이) 행위를 성병 또는 살인으로 귀결되는 강간, 중혼, 변태적 학대 등의 도착적 섹슈얼리티와 연결시켰다.[32] 이러한 의료적 서사는 병적인 혹은 '도착적인' 주체로 여겨지는 사람들의 자율성이나 행위성agency을 부정했다. 몇 가지만 꼽아보면, 이 와 같은 의료적 서사는 교육pedagogy, 가족/결혼, 의학 같은 여러 사회제도와 복잡하게 얽혀 있었는데, 이 제도들은 모두 '성'을 '남성과 여성 사이의 자연스러운 성적 욕망'으로 정상화하는 것을 목표로 했다. 이러한 담론의 목적은 명백히 재생산적 이성애라는 이상화된 실천으로부터 다양한 성적 형태들을 배제하는 것이었다. 매독 같은 성 매개 질환이나 자위와 마찬가지로, 동성 간 사랑은 재생산으로 이어지지 않는, 그리하여 제국 건설과 군사력에 별 도움이 되지 않는 성적 행위로 간주되었다.

그러나 역설적으로 동성애가 승인되는 식민지 사회의 한 부분이 존재했다. 바로 여학생들 사이의 정신적 사랑이었다. '동성애는 여성의 전유물'이라는 시각은 1932년 『동아일보』에 실린 「동성애 만담」 제1편에서 찾아볼 수 있다. "동성애라면 곧 여성을 상상하리만큼 여성에게만 있어 마땅한 듯한 합리성을 가진 듯이 일반은 생각한다. 그러나 동성애란 일종의 기태적奇態的 내지 병적 현상은 남성에게도 많이 있는 것이다. … 현대에서는 동성애는 여성의 전유물인 것처럼 일반에게 인상되어 있을 따름이다."[33] 이 글의 저자인 이석윤은 식민지 조선에서 발생한 여성들의 동반 자살에 대한 고찰로부터 이러한 진술을 이끌어냈다.[34] 그가 '성욕', '병적', '성적 도착' 등과 같은 용어를 사용하는 것은 그의 성과학 지식을 보여준다. 즉 근대라는 상황하에서 이루어진 동성애에 대한 그의 논의는 동성애를 규범에 반하는 비관습적인 사랑의 한 형태로 병리화하고 범주화하는 것을 목표로 한다. 이후 이석윤은 「동성애 만담」 제2편에서 조선시대(1392~1910)에 남성들이 권력과 명성을 획득하기 위해 활용했던 성적 관행인 남색과 오입쟁이 같은 용어를 논의하면서 동성 간의 (성적—옮긴이) 문화를 소개했다.[35] 그가 전근대적 남색을 경유해 근대적 동성애를 추적한 것은 사에키 쥰코가 일본어 '이로'에서 '아이'로의 변화를 관찰한 것과 공명하는데, 이 또한 정신적 실천과 육체적 실천 사이의 명백한 단절을 나타낸다.

이후 작가이자 개혁가였던 김여제(1895~1968)는 (미국, 이집트, 영국, 프랑스, 독일, 이탈리아를 포함한) 다양한 나라의 동성 간 사랑 문화를 각 사회의 특정한 문화적 맥락에 초점을 맞춰 논하는 장문의 글을 썼다. 이 주제에 대한 폭넓은 이해를 바탕으로 김여제는 "동성 연애란 것은 심리학상 의학상 한 흥미 있는 문제가 될 뿐 아니라 또한 교육상 사회상 중요한 문제가 되는 것"이라고 설명하면서 동성 간 사랑을 향한 대중의 주목을 촉구했다.[36] 흥미롭게도 이석윤이 '남색'과 '동성애'의 문화사를 탐구하는 데 흥미를 느꼈던 것과 달리, 김여제는 "아직도 우리에게는 '남색'이란 말이 있는 것을 보면 동성연애란 것은 우리 사회에 있어서도 적지 않은 폐해를 끼치는 것을 짐작할 수 있"다고 서술한다.[37] 계속해서 그는 "동성연애란 것은 역시 한 인간성의 발로인 것은 사실이지만 우리는 남녀 양성의 원만 발달과 성생활의 조화와 순화를 위하는 점에 있어서 동성연애와 같은 반사회적 본능을 아무쪼록 통제하고 전향 치환하기에 부단의 노력을 다하지 않으면 안 될 것"[38]이라고 주장한다. 이석윤과 김여제 두 사람이 그들의 장황한 글에서 제시한 것은 건강한 사회를 보호하기 위해서 동성애 현상이 규제되어야 한다는 것이다. 그들은 동성애와 관련된 비극(자살 및 범죄)과 도착倒錯(일탈적 욕망 및 비도덕성)으로부터 동성 간 사랑이 규범적 사랑과 사회질서에 속하지 않는 예외적인 것이라는 생각을 이끌어냈다.

남색이나 동성애 같은 용어는 식민지 조선이라는, 그리고 이 시기 언어 및 개인 주체의 근대화라는 특정한 문화적 레퍼런스를 드러낸다. 이러한 문화적 특수성은 특별한 고찰을 요구한다. 앞 절에서 논의했듯이 육체적인 것에서 정신적인 것으로의 성적 욕망의 변화, 문명화 이데올로기, 문학 생산과 번역 실천 등은 모두 사랑이라는 개념의 구성과 담론에 영향을 미쳤던바, 동성 간 사랑 담론을 이해하는 데에 필수불가결하다. 우리가 남색과 동성애라는 용어에서 살펴본 대로, 남성들 사이와 여성들 사이의 동성 간 친밀성 발달에도 뚜렷한 젠더 차이가 존재했다.

이어지는 절에서 나는 1910년대 남성 간의 친밀성과 1920~1930년대 여성 간의 사랑이 성적 행위에 대한 언급을 피하기 위해 강력하게 정신화spiritualized되었다고 주장할 것이다. 그러나 남성 작가들은 여성 간의 친밀성을 재현하면서 종종 에로틱한 장면들을 묘사하기도 했다. 앞에서 서술한 젠더 차이는 여성의 성과 신체가 사랑을 둘러싼 규제적 메커니즘에서 매우 큰 중요성을 차지하고 있었음을 보여준다. 나아가 남성 간의, 혹은 여성 간의 사랑에 대한 대중매체의 묘사와 문학적 재현은 '미완의 기획'으로 나타났다. 따라서 나는 동성 간 사랑을 단지 사랑과 근대화의 실패한 판본으로서가 아니라, 오히려 다른 삶의 형태들에 대한 전체주의화totalization에 반대하는 하나의 대항 담론으로서 독해할 것을 제안한다. 이를 위해 나는 한국 역사에서 동성 간 사랑이란 "퀴어한 삶의 방식queer modes of life"을 향한 대안적 가능성을 모색하는 중요한 장소로 여겨져야 한다고 제안하면서 결론을 맺을 것이다.[39]

문명화 정신으로서 남성끼리의 동성 간 사랑: 동정

1930년대에 여성 간의 사랑에 대한 재현이 매스미디어를 점령하기 이전, 1910년대 식민지 지식인들의 문학적 글쓰기에서는 남성 간의 사랑이 나타났다.[40] 여러 연구자들이 설명해왔듯이, 이러한 사랑 담론은 두 가지 정치적 충동 아래에서 쓰였다. 첫 번째는 전통적 사회관계, 특히 유교적 사회질서에 대한 비판에서 비롯되었다. 따라서 결혼과 가족이 근대적 개인의 해방을 위한 개혁의 대상이 되었다. 두 번째는 신체적 욕망을 격하하는 한편 정신적 사랑을 격상함으로써 문명화 기획에 적합한 개인을 양성하는 것이었다. 그러나 이어지는 논의에서 내가 보여주듯이, 남성 주인공들 사이의 '사랑'은 성적 욕망과는 거의 관련이 없었던 대신, 정신적인 돌봄caring이나 동정에 초점을 맞추고 있었던바, 사랑은 언제나 미완의 기획으로 남아 있었다.

작가이자 미술비평가인 백악白岳 김환*은 그의 단편소설 「동정의
누淚」(1920)에서 다음과 같이 썼다.

나와 B와의 두 사람 사이에도 사랑의 인력이 생기어 서로 정신상
위안을 상대자에게서 받게 되었었다. 하루만 서로 보지 못하여도 보
고 싶은 생각이 간절하며 공연히 심사가 산란하다고 말한다. 나는 다
만 B의 처지를 불쌍히 여겨서 동정할 뿐이라고 하며 B는 내가 자기
를 동정하고 사랑하니까 나의 동정과 사랑을 받는 자기도 자연히 나
를 사랑하는 맘이 생긴다고 단순하게 생각하지마는 제삼자의 눈으로
관찰하면 두 사람의 관계를 소위 '동성연애'라는 명칭을 붙일 수밖에
없이 되었었다.[41]

남성들 사이의 '사랑'을 묘사한 문학작품 가운데 '동성연애'라는
용어를 언급한 것은 김환의 작품이 유일한데, 그는 동성연애를 동정
적 사랑이라는 광의의 개념과 동일한 것으로 간주한다. 이정숙이 주
장했듯이, "민족의 어려움을 '동정'할 수 있는 정서적 연대가 필요했
고, 그것은 '우정'의 형태를 띤 '동성 애인'의 관계로 견고하게 성립되
고 한동안 유지되었다."[42] 이정숙은 김환과 이광수를 비롯한 여러 작

---

* 식민지 시기의 문인. 김동인, 주요한, 선영택 등이 참여했던 동인지 『창조』에서 실
무를 담당했다. 그는 작품 자체보다는 김동인과 염상섭 사이의 비평 논쟁, 소위 판
사론 대 변사론 논쟁의 계기를 제공한 것으로 문학사에서 기억된다. 그러니 김환이
1910~1920년대 초 『창조』에 발표한 여러 산문과 소설은 당시 남성들 사이의 친밀
성이 어떠한 방식으로 형성·유지되었는지를 보여준다는 점에서 주목할 만하다.

가들의 문학작품을 검토하면서 이렇게 주장했다. 그는 이 작품들을 통해 계몽의 완수를 위한 수사적 장치로서의 동정을 강조하는데, 그러한 충동은 민족정신을 발견하는 과정에서 동성 간 사랑과 동시에 발생했다.

김현주가 주장하듯이, 민족정신을 고취하려는 이러한 노력은 개인이나 민족 같은 새로운 주체의 창조만을 목적으로 하는 것이 아니라, 문화와 문학에 대한 새로운 시각 및 식민 권력에 대한 저항을 생산하기 위한 것이기도 했다.[43] 한국 근대문학에서 동정의 정치는 분명 1910년대의 정신적 문명이라는 개념과 공명한다. 이광수는 이 주제에 대한 자신의 생각을 다음과 같이 표현한 바 있다.

동정이란 나의 몸과 맘을 그 사람의 처지와 경우에 두어 그 사람의 심사와 행위를 생각하여 줌이니 실로 인류의 영귀靈貴한 특질 중에 가장 영귀한 자者ㅡ라 … 동정은 정신의 발달에 정비례하나니 (정신의 발달은 곧 인도人道의 발달이니) … 정신 발달의 도度가 높은 개인이나 민족은 동정의 염念이 부富하고 정신 발달의 도가 낮은 개인이나 민족은 동정의 염이 핍乏할지라.[44]

서영채가 주장하듯이 동정에 대한 이러한 강조는 "이광수는 헐벗고 굶주리는 조선의 민중들을 구원해야 한다는 계몽주의적 열정으로 인물들의 내적 갈등을 봉합"[45]하고자 했음을 보여준다. 이 시기 즈음에 생산된 문학작품에 등장하는 인물들은 대부분 불행한 유년시절로 고통받았던 청년들로, 그러한 트라우마가 슬픔과 외로움으로 변한 상태에 놓여 있다.[46] 그러므로 치료법은 대체로 동지애, 우정, 사랑 등을 통해 표현되었다. 문학평론가 김윤식은 이러한 이광수 작품의 특징을 "고아 의식"과 "사랑 기갈증"으로 평가하면서, 이를 이광수 세대 청년들의 공통된 경험으로 간주했다.*

그러나 나는 이광수가 묘사한 동성 간 사랑의 파국적 특성이 문명개화와 민족국가 건설이라는 미완의 기획을 부각시킨다는 점을 강조하고자 한다. 이광수는 1910년대에 동성 간 사랑을 다루는 몇 편의 단편소설을 썼다.[47] 상호텍스트적 관계를 이루는 그의 단편소설 「아이카愛か(사랑인가)」(1909)와 「윤광호」(1917)는 사랑이라는 미완의 기획의 증거다. 이 두 소설에 대한 연구들은 인종적 차원과 식민지 지식인의 양가성에 대한 면밀한 독해를 통해 식민지적 복잡성에 초점을 맞추어왔다.[48] 이와 같은 연구들은 조선인과 일본인 사이의 인종적 차이가 어떻게 불균형한 욕망의 흐름을 야기했는지를 강조한다.[49] 이러한 분석에 따르면, 조선 청년들은 식민지적 욕망을 수용하는 동시에 그것에 저항했던바, (사랑은—옮긴이) 문명화되는 동시에 식민화되고 있다는 데서 기인하는 착종된 느낌이었다. 두 소설에서 식민자인 미사오와 P를 향한 조선인 주인공 문길과 광호의 사랑 및 투항은 "백인 남성이 되고 싶은 유색인 남성"의 멘탈리티mentality라는 프란츠 파농Frantz Fanon의 개념이나 아시스 난디Ashis Nandy가 "친밀한 적"이라고 이름 붙인 것 등과 공명하는데, 이 둘은 모두 자기 식민화의 형태들이다.[50]

그럼에도 이 작품들에 나타나는 식민지적 양가성은 동성 간 사랑이라는 주제론에 의해 가려져 있다. 「윤광호」에 대한 반응은 당대 사

---

* 김윤식, 『이광수와 그의 시대』 제1권, 솔, 1999 참조.

람들이 자살로 귀결되는 동성 간 사랑을 못마땅해했음을 보여준다. 이광수와 동시대인인 박영희는 이 소설이 여성이 아닌 남성과의 실연("남색적 실연")을 다루었다는 사실을 분명하게 알아본다. 박영희는 이러한 욕망을 실연의 슬픔과 비교하면서, 그것을 슬픔보다 더 이상한 "불쾌한 남색적 기분"으로 묘사한다.[51] 이광수 자신도 「윤광호」는 … 실재의 인물과 실재의 사실이 뿌럭지(뿌리―옮긴이)가 되어 만들어진 것"이지만, 그 인물의 명예를 지키기 위해 그의 신원을 밝히는 것은 피하겠다면서 이 점을 명확히 한다.[52] 이러한 언급들은 동성 간 사랑이 1910년대 후반에 이미 악명을 얻었던 까닭에 독자들이 동성 간 사랑을 명확히 알아볼 수 있었다는 사실을 보여준다. 그러나 이 언급들에서 동성 간 사랑이 지니는 부정적 함의에도 불구하고, 「윤광호」에서는 동정과 애정이라는 용어가 여러 차례 등장하며, 이는 조선인 인물이 자기 회의의 독백 속에서 일본인 남성을 향한 내밀한 느낌과 갈등을 벌이는 「아이카」에서 '아이愛'가 반복적으로 사용되었던 것과 유사하다. 자신에게 실연을 안겨준 일본인 상대방의 무정無情함을 비난하면서 조선인 인물이 '정情(감정과 사랑의 더 넓은 범위)'을 실천하는 것은 자기성찰self-reflection과 역량 강화empowerment를 나타낸다. 존 트리트John Treat가 잘 지적했듯이, 그것은 "인물 성격의 자기반성적introspective 변화이자, 근대적이고 내면화된 자아self의 창조"[53]다. 두 소설에서 사랑의 파국적 특성과 인물들의 자살 경향은 식민지 지식인의 절박한 정신 상태를 징후적으로 드러내면서, 식민화 및 근대화 기획에 관한 성찰을 불러일으킨다. 즉 남성 간의 사랑을 다룬 문학적 글쓰기는 성적/권력 관계의 구성 과정이 남성/여성, 이성애자/동성애자 사이의 질서와 관련될 뿐 아니라, 식민자/피식민자, 민족국가 건설/정치적 전복 등을 반드시 포함한다는 것을 보여준다.

여성 간의 사랑과 퀴어한 삶의 방식

앞서 논의한 문학작품들에서 남성 작가들이 남성 간의 관계를 순전히 정신적인 방식으로 썼던 것과 달리, 여성들 사이의 관계에 대한 남성 작가들의 묘사는 에로티시즘과 밀접한 관련을 맺고 있었던 바, 이는 동성 간 사랑 개념의 젠더 위계를 드러낸다. 예를 들어, 이광수의 『무정』(1917)에서 여성 주인공 영채가 가족을 구하기 위해 스스로 기생이 되었을 때, 유명한 기생인 월화는 영채의 멘토가 되어준다. 두 사람은 다음과 같이 친밀한 사이가 된다.

> 한번은 영채와 월화가 연회에서 늦게 돌아와 한자리에서 잘 때에 영채가 자면서 월화를 꼭 껴안으며 월화의 입을 맞추는 것을 보고 월화는 혼자 웃으며 '아아, 너도 깨었구나— 네 앞에 설움과 고생이 있겠구나' 하고 영채를 깨워,
> "영채야, 네가 지금 나를 꼭 껴안고 입을 맞추더구나" 했다. 영채는 부끄러운 듯이 낯을 월화의 가슴에 비비고 월화의 하얀 젖꼭지를 물며 "형님이니 그렇지" 했다.[54]

여기에서 이광수는 남성을 향한 영채의 성적 욕망을 대체하고자 여성 간의 에로티시즘을 이용한다.[55]

비슷한 묘사는 상이한 사회 계급에 속한 두 여성 사이의 호모에 로티시즘을 그린 이효석의 「개살구」(1937)에서도 발견된다. "사내가 그(경성집—옮긴이)에게 반한 듯이 점순도 그에게 반한 셈이었다. 여자로 태어나 마을의 뭇 사내들이 탐내 하는 그의 곁에서 지내게 되는 것을 다행으로 여겼다. … 뒤안에 물통을 들여다 놓고 그 속에서 목물을 할 때 그 희멀건 등줄기를 밀어주노라면 점순은 그 고운 몸뚱이를 그대로 덥석 안아보고 싶은 충동이 솟곤 했다."[56] 남성 작가들은 근대문학에서 삭제된 남성과 여성 사이의 육체적 욕망과 사랑을 여성끼리의 동성 간 에로티시즘으로 대체하는 타협안을 취했다. 또한 여성 주체를 에로티시즘과 관련시킬 때, 그들은 여성에게서 근대적 사랑을 추구할 수 있는 자격을 박탈했으며, 그 결과 여성은 문명화와 민족국가 건설 기획에서 실패하는 것으로 그려졌다. 이러한 경향은 내가 앞에서 논의한, 신여성에 대한 김동인의 묘사와 유사하다. 그럼에도 여성 간의 사랑에 대한 더 많은 재현은 정신적 관계에 중점을 두고 있었다.

여성들에 의한 재현에서, 여성 지식인들은 동정의 고귀한 정서를 강조하고 성적 욕망의 가능성은 은폐했다. 1930년 잡지 『별건곤別乾坤』에 실린 「여류명사의 동성연애기」라는 글에는 네 명의 신여성, 즉 언론인 황신덕, 산부인과 의사이자 이광수의 부인인 허영숙, 기독교 활동가 이덕요 그리고 익명의 네 번째 여성이 등장한다.[57] 이 신여성들은 고등학교 시절 '동성연애'* 경험에 대해 인터뷰를 했는데, 텍스

---

* 저자는 'same-sex love'라고 표현하고 있으나 기사에는 '동성연애'로 되어 있으므로 '동성연애'로 옮겼다. 아래에서도 맥락에 따라 'same-sex love'를 '동성연애'로 번역하기도 했다.

트는 각 인터뷰 대상자의 일인칭 서사로 이루어져 있다. 그 서사들에서 동성연애는 여학생 시절의 공통된 경험이자 유행으로서 서로를 향한 동정과 돌봄에서 생겨났다고 언급된다. 황신덕은 다음과 같이 쓴다.

여학생 시대에 동성연애를 안 해본 사람은 별로 없으리다. 나도 그 축에 빠지지 않고 여러 차례의 경험도 없지는 않습니다마는 나는 대개가 순로順路로 모두 친했기 때문에 재미있는 일화는 별로 없습니다. 지금 생각하면 우스운 일은 더러 있지요. 이때까지 잊히지 않는 것은 숭의학교 있을 때에 태천서 온 동무하고 퍽 친하게 지낸 일이 있습니다. 그 동무는 부모도 없는 퍽 불쌍한 사람인데 처음의 동기는 아마 동정에서부터 일어났던 모양이지요. … 이것이 나의 최초의 동성연애인가 봅니다. 그 후로도 많은 동무를 친했지마는 그때 적같이 순전한 감정으로만 사랑해본 적이 없습니다.[58]

허영숙은 이렇게 쓴다.

14, 5세 때에 진명학교를 다니면서 동성연애를 많이 했습니다. 별로 남에게 뒤지지 않게 많이 했을걸요! 지금 중앙고보 모 선생의 부인 김경희 씨가 배화여고에 있을 때에 재미있게 지냈지요. 그이는 기숙사에 있었고, 우리 집은 바로 야주개에 있었지요. 학교도 서로 다르기 때문에 1주일에 한 번 예배당에 가서만 만나 보는데 이 7일간이 어떻게도 멀던지요. 기다리고 기다려서 가 만나서는 너무 반가워서 껴안고는 무슨 말이 그렇게 많았는지요. … 또 한 사람은 같은 진

명학교의 상급생이었는데 지금 신의주에 있는 배영순 씨입니다. 어떻게 나를 귀해주었는지요. … 그렇게 사랑하던 언니가 다른 사람과 사랑한다는 말이 들리겠지요. 너무 성이 나서 하루는 그 언니를 붙잡고 마음껏 울고는 그 사람을 거절하지 않으면 죽겠다고 그런 일이 있었지요. 좌우간 내가 시기가 많았던 모양이지요. 그 동무가 시집을 갈 때는 퍽도 섭섭하여 무척 울었답니다.[59]

몇 가지 사항이 황신덕과 허영숙의 서사에서 반복되는데, 여학교 내 동성연애의 유행[60], 그 사랑의 순수성, 여학생 기숙사 및 교회 장면 등이 그것이다. 이러한 점들은 내가 앞서 주장했던 바를 보여준다. 즉 서구적/기독교적 사랑 개념이 20세기 초 동아시아 사랑 담론에 영향을 미쳤으며, 문명의 상징으로서 정신적 사랑을 신체적 욕망이나 성적 행위와 구별 지었다는 것이다.

신체적 욕망 또는 성적 행위에 대한 명시적인 억압은 류○준의 서사에서 확인할 수 있다. 류○준의 이야기는 여학교에서의 생활 경험, 기숙사 장면, 사랑과 동정이 착종된 감정 등을 언급한다는 점에서는 유사하다. 그러나 류○준은 자신에게 혐오감을 유발했던 과거의 경험을 자세히 드러내 보인다.

어쩐 까닭인지 그는 나를 그렇게 사랑하여 주건마는 나는 그를 사랑한다는 것보다도 퍽 무서워했습니다. 그의 얼굴이라든지 몸 모양이 그다지 밉게 생기지도 않고 나에게는 그 외 없는 사랑을 하여 주건마는 다만 그의 손이 어쩌나 보기에 무섭고 징글징글했던지 밤에나 낮에나 그의 손만 보면 그만 몸살이가 나고 무서워서 도무지 견디지를 못했습니다. 밤에 같이 자다가도 그의 손이 가까이만 오면 마치 큰 구렁이가 덤비는 것 같은 생각이 나서 징그럽고 무서워 불불 떨었습니다. 지금도 그이 이야기를 하면 먼저 그 손 생각이 납니다. 손발이 잘못생겨서 내외간에 정 없는 사람도 있다더니 참으로 그런가 봐요. 아이구 참 그의 손![61]

비록 그가 자신의 이름을 정확히 밝히지는 않았지만, 류○준은 가장 긴 이야기를 썼고 다른 사람들보다 더 부정적인 생각들을 언급했다. 문제가 되는 '손'은 신체적 욕망의 억압에 대한 물음을 제기한다. 서사의 말미에서 류○준은 자신이 경험한 손이 영화에 나오는 "악귀의 손"보다도 더 무서웠다고 진술한다. 짐작하다시피 이 손은 두 여성 사이의 성적 행위와 연결된다고 할 수 있는데, 이는 류○준이 그러한 경험을 사악한 무언가로 치부하고 부정했다는 점을 보여준다.

신여성들의 동성연애 관행은 보통 기독교계 학교와 교회라는 장소에서 이루어졌다.[62] 식민지 조선의 신여성 지식인들은 극히 복잡한 사회적 역할을 수행했다. 그들은 지식이 개인(더 나아가 민족)을 문명으로 이끌 것이라는 희망을 체현했다. 그들에게 사랑의 경험은 전통적인 사회관계로부터 개인을 해방하고 그들을 근대화 기획으로 이끄는 한 가지 방법이었다. 그러나 동시에 식민지 근대성은 신여성들에게 제약을 가하기도 했는데, 이들은 새로운 근대적 주체이자 문화적 구성물로서 지식-권력의 전시를 위한 장소가 되었다. 앞서 인용한 텍스트는 자아의 구성(사랑이라는 결정적 경험)과 해체(영원히 사라진 경험)를 모두 보여준다. 그렇다면 이렇게 물어야 한다. 왜 그 순수한 사랑을 두 번 다시 경험하지 못하는 것일까?

앞에서 언급한 비슷한 요소들 외에도 그들의 서사에는 동성 간 사랑의 경험이 모두 여고 시절이라는 특정한 기간에 시작되고 끝난다는 유사점이 존재한다. 지속 가능하고 재생산적인 이성애 관계와 대조적으로, 정신적인 동성 간 사랑 관계의 상대적으로 짧은 기간은 프랜 마틴Fran Martin이 동시대 중국의 재현에서 발견한 일종의 "뒤돌아보는 시선backward glance"으로 기능한다.[63] 즉 젊은 시절 여성끼리의 동성 간 관계는 (주로 순수한 감정에 대한 찬양으로서) 소중한 것이자, 동시에 (성인 시민으로서의 자격을 얻기 위해) 강제로 포기한 것으로 재현된다. 따라서 이러한 서사는 비판적인 퀴어 행위성을 암호화encode하는 한편, 그러한 서사의 증가는 또한 성인 여성의 동성애에 대한 사회적 금지를 반영한다. 앞서 언급한 기사로 돌아가면, 허영숙은 언니가 결혼하게 되었을 때 언니와의 관계를 유지하거나 변호하는 데 실패했던 사실을 회고하며, 이후 그녀 자신 역시 이광수와 결혼한다. 마찬가지로 황신덕은 이전에 발표된 다른 인터뷰에서 남편과 아내 사이의 사랑을 옹호한 바 있다. 결국 동성 간 사랑을 실천했던 사람들 대부분은 순수한 사랑을 '포기'하고 삶의 다음 단계로 나아갔다. 누군가는 이렇게 물을 수 있다. 만약 그들이 관계를 유지하고 주류의 기대에 맞서 싸우기를 원했다면 어떻게 되었을 것인가? 적어도 공적 기록이 우리에게 말해주는 바에 관한 한, 그 대답은 긍정적이지 않다.

우리가 발견할 수 있는 것은 1931년 홍옥임과 김용주의 동반 자살 같은 비극적 사례들뿐이다.

지난 4월 8일 오후 4시 45분 영등포역에서 오류동 편으로 2킬로

가량 되는 경인선 레일에서 때마침 경성을 향해 오는 경인 열차에 몸을 던져 자살을 한 젊은 두 여성이 있었다.

그들 중에 한 사람은 경성 정동 이화전문학교에 입학한 의사 홍석후 씨의 장녀 홍옥임이라는 방년 스물한 살 되는 처녀이며 또 한 사람은 경성 덕흥서림주主 김동진 씨의 장녀로 동덕여고 3학년까지 다니다가 동막 부호 심정택 씨의 장남 심종익 씨에게로 출가한 김용주라는 방년 열아홉 되는 젊은 여성이었다. … 그러면 과연 그들은 무엇 때문에 죽음의 길을 밟았는가? 그 추측은 구구하여 아직 판단을 구하기 어(렵다—옮긴이).**64**

당시 동반 자살 즉 정사情死라는 현상이 언론에 자주 보도됨에 따라, 그들의 죽음은 큰 화제가 되었고 열띤 논쟁에 불을 붙였다.**65** 데이터베이스와 아카이브를 검색하면 일본식 용어 '도세이신쥬同性心中'와 한국식 용어 '동성애 정사'가 나오는데, 두 용어는 모두 '사랑하는 동성 간의 동반 자살'을 의미한다. 이 용어들은 1920년대에 공적 매체를 통해 유통되기 시작했다. 나아가 동반 자살은 여성 간의 사랑이 대중의 관심을 받게 만든 핵심적인 사건이었다. 남성 인물의 단독자살에 대한 이광수의 묘사와 대조적으로, 당시 언론에 보도된 거의 모든 동성 연인의 자살 사건은 여성들끼리의 죽음이었다. 여성들의 동반 자살(혹은 정사)의 높은 가시성은 식민지 사회가 규제적 관념을 발전시키기 위한 장소로 겨냥했던 여성에 대한 사회의 관심을 드러낸다.

마찬가지로 여성 간의 사랑과 동반 자살에 대한 비판 역시 '여성문제'와 근대적 여성 주체에 대한 규제를 중심으로 이루어졌다. 일반적으로 여성들끼리의 동반 자살 사건에 대한 보도는 다양한 근대적 여성 주체들을 다루었다. 심지어 언론은 여성들 간의 성적이지 않은 낭만적 우정에서조차 상호적 자기 파괴라는 소위 비자연적unnatural 행위를 도출해냈다. "작부 2명이 정사"와 "동성상애同性相愛의 여직공" 같은 관련 기사의 제목들은 여성들의 직업을 강조하는 경향이 있었다.[66] 작부와 여직공은 당시 이러한 여성 직업의 출현을 대표하는 신조어였다. 공적 매체에서의 논의는 여성들끼리의 동반 자살의 원인으로 '결혼 문제'에 집중했는데, 여기에서 여성들은 (예컨대 남편과의 나이 차이나 가족 구성원과의 다툼 때문에) 결혼으로부터 탈출하고 싶어 하거나 불행한 결혼 생활을 유지하는 것으로 묘사되었다. 앞에서 언급한 동반 자살의 경우, 두 젊은 여성은 교육받은 중산층 출신이었는데, 의사의 딸은 아직 미혼인 반면 지식인의 딸인 다른 여성은 공군에 복무 중인 군인과 결혼한 사람이었다.

사건은 1931년에 발생했으며, 이에 대한 광범한 언론 보도는 자살 문제와 관련된 많은 논의와 저술을 생산했다. 이후 언론계는 이 사건을 '동성 정사'로 규정했다. 그들은 이 비극의 원인을 한 여성의 비관주의와 다른 한 여성의 불행한 결혼 생활이라고 간주했다. 그럼에도 논자들은 이 젊은 여성들의 개인적 상황과 사적인 삶 자체보다 이 사건이 10대 청소년과 더 큰 사회에 미칠 부정적인 영향에 대해 주의를 환기했다. 사건을 둘러싼 비판, 연민, 비난 등은 다음과 같은 지점들로 수렴되었다. 1) 개인주의로 인한 효孝와 의義의 상실, 2) 이러한 유의 비극을 막기 위해 가족과 학교가 취할 수 있는 해결책, 3) 중매결혼에 대한 비판, 4) 정신질환을 예방하기 위한 방법, 5) 동성연애 및 순결 문제를 간과하지 말 것에 대한 경고 등이 그것이다. 조선의 사회 개혁가인 윤치호는 이 비극이 '비관주의' 때문에 일어났으며, "일본인 작가들의 지나치게 감상적인 소설 속에서 여자 주인공은 죽거나 자살하지 않으면 절대로 행복할 수 없다. … 교육받은 조선인 소녀에게 이런 소설들이 지금 큰 해악을 미치고 있다"라면서 비극의 또 다른 원인을 제시했다.[67]

이 비판들은 사건을 사회제도와 연결시켰음에도 문제의 핵심을 파악하는 데에는 실패했다. 여학생 로맨스의 경우와 마찬가지로 이러한 사회 문제의 불편한 진실은 바로 동성 간 사랑의 "불가능한 미래성impossible futurity"이다. 이는 리 에델만Lee Edelman이 미래에 대한 어떤 정치적 개념으로서 "재생산 미래주의reproductive futurism"라고 부른 것과 정반대의 것이다. 재생산 미래주의와 대조적으로, 퀴어성queerness은 "미래의 재생산에 관한 우리의 근본적인 믿음에 균열을 일으킴으로써 그러한 개념을 '시민 질서civil order'로 재정의할 필요가 있으며 반드시 재정의해야 한다."[68] 동반 자살과 동성 간 사랑에 반영되어 있는 불가능한 미래는 자유로운 사랑 자체의 한계를 보여준다. 이러한 자유는 정신적 로맨스에 한정된 조건부적인 것이었을 뿐, 결국 '진정한' 사랑은 재생산적 관계로 이어진다고 말해졌던 것이다.

이러한 식민지 여성들의 생애 경험lived experience, 즉 투쟁, 우울, 죽음으로서의 동성 간 욕망에 대한 여성들의 서사는 단지 청년기를 향한 여성들의 향수나 성장에 대한 거부를 통해서뿐 아니라, 거의 모든 이야기에서 반복되는 비극들을 통해서도 저항을 고려할 수 있는 가능성을 나에게 가르쳐주었다. 이 심각한 디스포리아dysphoria[*]는 수동성이나 내적 금지로 간주되는 것이 아니라, 오히려 목소리의 반복을 통한 서발턴의 저항으로 이해되어야 한다. 제니퍼 로버트슨 Jennifer Robertson이 말한 것처럼, "레즈비언 동반 자살과 자살 미수는 민법에 의해 승인되는 ('현모양처'라는) '전통'의 정상화 기능에 맞선 반란에 근거를 둔 것이었으며, 이 반란의 비유로 활용되고 비판받았다."[69] 따라서 사랑 담론의 기저에 놓인 논리, 특히 여성에 대한 규제적 관념은 여성 간의 사랑과 자살에 대한 검토를 통해 더욱 문제화된다. 결국 이 과거의 생애 경험은 다음과 같은 사실을 우리에게 가르쳐준다. 즉 식민지 조선의 근대적 사랑이 일대일적이고 이성애적이며 재생산적인 관계에 대한 지배적 상상력에 의해 전형적으로 틀 지어져 있었다고 할 때, 동성 간 사랑과 동반 자살은 그러한 억압의 역사를 사유하게 하는 대안적 실천을 만들어냈다는 사실이다. 이러한 서발턴의 목소리들은 지배적 과거에 도전하고 그것을 교정하면서 그리고 퀴어한 삶의 방식의 대안적 동맹을 가능하게 하면서 서로에게 말을 걸고 서로를 상호 참조한다.

---

* 젠더불쾌감, 젠더불일치감, 젠더위화감 등으로 번역되는 젠더 디스포리아(gender dysphoria)를 염두에 둔 표현인 듯하다. 젠더 디스포리아는 트랜스젠더를 정신질환자로 병리화하는 데 활용된 용어여서 많은 비판을 받아왔다. 그런데 루인을 비롯한 몇몇 트랜스젠더 이론가들은 이 젠더 디스포리아를 트랜스젠더의 삶하고만 결부시키는 것에 반대하면서, 모든 사람은 지정성별(태어났을 때 부여받은 성별) 및 젠더 규범과 불편한 관계를 맺으며 살아갈 수밖에 없다고 주장한다. 저자가 사용한 디스포리아 역시 식민지 조선의 여성들이 당대의 사회 규범과 불화하는 과정에서 경험했던 부정적인 감정을 가리키는 듯하다. 다음 책의 역주를 참고할 것. 수잔 스트라이커, 제이·루인 옮김, 『트랜스젠더의 역사』, 이매진, 2016, 37쪽.

결론: 사랑의 탈식민화를 향하여

2012년 중반, 「콩칠팔 새삼륙」(사소한 것을 재잘거린다는 뜻)이라는 제목의 뮤지컬 공연이 서울에서 첫선을 보였다. 이 작품은 전술했던 1930년대 경성에서 발생한 여성들끼리의 동반 자살을 소재로 삼았다. 작가와 작곡가의 인터뷰에 따르면, 이 뮤지컬은 그들이 이 사건에서 발견한 "파릇파릇하고 순수한 사랑"에서 영감을 얻었다. 이 작품은 어떠한 사회적 발언을 목표로 하는 것이 아니라 "그냥, 사랑" 이야기를 보여준다.[70] 하지만 사랑에 대한 현재의 사전적 정의는 친밀한 관계가 오직 이성 간에만 이루어져야 하며, 그러한 사랑의 미래란 궁극적으로 결혼이어야 한다고 제시한다.[71] 비록 문명 계몽과 민족 이데올로기가 이러한 사랑의 의미에 직접적으로 부과되어 있는 것은 아니지만, 강제적 이성애, 궁극적인 목적으로서 결혼, 여성을 규제 대상으로 삼는 것 등의 경향은 식민지 시기에 발전한 사랑 개념으로부터 물려받은 것이다.

이 장에서 나는 식민주의와 민족주의가 어떻게 복잡한 방식으로 서로 연결되어 있었는지, 또 그것들이 식민지 조선에서 근대적 섹슈얼리티와 사랑의 발전에 어떻게 이바지했는지를 지적했다. 앞서 설명했듯이 친밀성 사건으로서의 사랑 담론은 근대적 자아, 젠더 차이, 문학적 근대성 등의 관념을 형성했지만, '해방'은 동시에 억압의 조건을 만들어내기도 했다. 사랑으로의 이러한 회귀는 식민성의 역사와 긴밀하게 연관된, 문명과 근대성의 궤적을 둘러싼 질문들을 재상연한다. 나는 자유연애 담론과 성과학 담론이 식민지 조선이라는 특정한 역사적 맥락에서 (민족적/성적) 근대 주체의 등장에 기여했다고 주장했다. 이를 통해 나는 사랑이 평등하고 자유롭다는 잘못된 의식을 조명하기 위해 근대적 사랑 개념을 문제화했다. 흔히 사랑은 모든 사회 구성원, 심지어 모든 인간에게 적용 가능하며 보편적인 것으로 인식되지만, (동성 간 사랑과 같은) 다른 형태의 사랑은 부인된다. 더 구체적으로 말해, 여기서의 역설은 사랑의 보편성이 언제나 반드시 '예외'의 논리를 통해서만 유지되고 확보된다는 것이다. 결국 이러한 '타자들'은 근대화의 모순을 체현함에도 불구하고 식민주의와 민족국가 건설이라는 주류 이데올로기에서 매우 중요하다. 다시 말해, '타자들'은 근대화 혹은 민족국가 건설 실현의 걸림돌이 아니라, 이 기획에 꼭 필요한 존재다.

상징적 타자들은 사회 혹은 민족의 동질성을 유지하기 위한 전제 조건이 아니라, 지배적 권력들 사이의 동맹을 보장하기 위한 전제 조건이다. 예컨대 근대적 사랑의 관습 속에서 식민주의, 가부장제, 자본주의, 이성애 등은 제국/민족국가를 건설하기 위해 재생산적 관계, 젠더 분할, 시장, 군사력 등을 공고화하는 동맹을 이미 맺고 있는데, 이때 성병에 걸린 사람, 임신 중단을 한 사람, 성매매에 참여한 사람, (동반) 자살(이나 정사)을 한 사람, 또는 (동성 간 사랑을 포함해) 다른 종류의 '도착적' 섹슈얼리티에 관계된 사람 등은 실격당한 자가 된다.[72] 그렇게 해서 이 '타자들'은 '근대적 사랑'이 등장하기 이전부터 존재했음에도, 사랑 담론에 의해 생산되고 그 결과 규범의 기준이 되는 것이다. 이 과정에서 이러한 주체들은 훨씬 더 정교하고 광범위한 규제적 기술이 존재하는 새로운 사회체제나 사회관계(와 그 이면의 다양한 권력 메커니즘)를 위해 명명, 소환, 분할된다. 그럼에도 식민지 시기의 동성 간 사랑과 정사의 사례 그리고 동시대 뮤지컬 공연에서의 식민지 사건에 대한 회상 등은 사랑의 거짓된 평등에 대한 직접적인 비판을 가능하게 하는 바로 그 성적 서발턴의 존재를 재현한다. 서발턴들이 자신들 스스로의 권력 동맹으로 그러한 분할을 극복할 때, 그들은 이 억압적인 역사를 다시 쓸 수 있게 될 것이다.

제4장

전시체제하의 여성성과 징후로서의 동성애

하신애 지음
정성조 정리 · 진행

'동성연애': 여학교라는 공간과 '씨스타'의 풍속

박태원은 1939년 『조광』에 연재된 소설 「미녀도」의 첫 장에서, '풍속風俗'이라는 소제목하에 "한 십오륙 년 이전"[1] 여학교라는 공간 내에서 행해지던 일련의 풍속들에 대한 기억을 환기시킨 바 있다. 첫 번째는 "색씨가음을 고르기" 위해 머리에 "밀기름"을 칠한 아낙네들이 "매파"를 앞세우고 여학교 교실을 두리번거렸던 '중매'의 기억이며, 두 번째는 여학생들 사이에서 "씨스타sister"라는 호칭으로 통용되곤 했던 '동성연애'의 기억이다. 작품 집필 시기로부터 십오륙 년 전이라면 박태원이 그려내고자 했던 시기는 약 1923~1924년인 것으로 추정할 수 있으며, 그렇다면 위 작품에서 제시된 두 가지 풍속이란 1920년대 여학교라는 공간의 성격을 분석하는 데 있어서 흥미로운 고찰 지점들을 제공한다고 볼 수 있을 것이다. 즉 당시 여학교란 '중매'로 표상되는 전근대적인 시선이 교원의 허락 없이도 여전히 학교의 "낭하"를 헤매 돌다 교실 "창 안"으로 고개를 "쑤욱 들이밀" 수 있는 공간이었던 동시에, "아무하구두 결혼 말구, 우리 둘이서 서루 언제까지나 사랑하구 지내"기를 다짐하는 여성들 간의 결속이 '씨스타'라는 근대적 호칭과 더불어 신생新生하는 공간이기도 했던 것이다.[2]

'사랑언니', '사랑동생'이라는 말로 지칭되기도 했던 여학교 내의 이 새로운 현상—'동성연애'에 관해서는 이미 몇몇 사실들이 알려진 바 있다. 즉 동성연애란 1920년대 여학교에서 자연스럽게 통용되었던 일종의 '유행'이었으며, 학창 시절 동성연애에 빠졌던 여학생이라 할지라도 졸업 후에는 대부분 남성들과 결혼하여 2세를 낳고 정착했다는 측면에서 오늘날 거론되는 성적 취향/정체성으로서의 동성애와는 차이가 있다고 한다.[3] 가령 1930년 11월 『별건곤』에 실린 「여류 명사의 동성연애기」의 경우, 화자인 황신덕은 "여학생 시대에 동성연애를 안 해본 사람은 별로 없"다는 점을 밝혀 당시 동성연애의 유행 정도를 짐작케 하고 있거니와, "청춘남녀 간 연애보다도 몇 층 이상으로 더 격렬"했다는 "내 사랑하는 김씨"와의 추억을 회상하는 황신덕·허영숙·이덕요 등의 여성들이란 기실 기사가 작성될 시점에 이미 아내이자 어머니의 위치에 오른 지 오래였던 것이다.[4] 따라서 당대 문사들이 동성연애를 "얼마 되지 아니하여 없어지고 마는" 과도기적 감정, "남녀 간의 풋사랑에 대한 유혹을 면하기" 위한 대리 만족적 행위 혹은 남성과의 관계에 대비하기 위해 "정서의 애틋한 발달을 재촉"하고자 하는 예행연습 정도로 파악하여 "해는 없을 관계"라는 결론에 도달했던 것도 무리는 아니다.[5] 다시 말해 당시 동성연애란 그 폭발적인 유행에도 불구하고 기존의 사회질서에 위협이 될 만한 젠더적 움직임으로 간주되지는 않았으며, 동성연애에 대한 사회 전반의 인식 역시 이들의 '사귐'이 결국 여학교 '창 안'을 들여다보는 '중매'의 시선 속으로 수렴되어버리고 말 것이라는 점을 확신하고 있었던 것이다.

그러나 이처럼 동성연애를 '무해한' 것으로 만들어버렸던 당대의 사회적 인식에도 불구하고, 동성연애를 유발하는 동인動因을 과도기적 연령대의 불안정성 혹은 남성과의 (지연된) 관계 욕망에만 국한시키는 것은 자칫 이 현상이 지닌 특수한 국면을 포착하기 어렵게 만들 수 있다. 단순히 "성性적으로 하등의 지식이 없"는[6] 여학생들이 무지로 인해 '곧 사라질' 과도기를 겪게 되었다거나, 혹은 결혼 전까지 금지된 남성과의 관계를 의사 체험해보고자 했다는 식의 분석만으로는 해명할 수 없는 지점들이 동성연애 현상의 도처에 존재하는 것이다. 가령 1930년대 초반 '동성애정사同性愛情死'로 온 조선을 떠들썩하게 만들었던 '영등포 철도 자살 사건'의 경우를 보자. '정사'의 주인공 김용주·홍옥임은 각각 "상당한 교양과 상당한 가정"을 갖추었다는 동덕여고보 출신의 신여성으로, 학창 시절 "꽤 친밀"한 사이이긴 했으나 동성 연인은 아니었다. 그러나 김용주가 학교 중퇴 후 "동막東幕 부호 심정택沈貞澤의 맏메누리"로 뜻에 없는 결혼을 하게 되고, 또한 학창 시절 "학교의 유행을 리—드"하며 "많은 동성 애인"을 거느렸던 홍옥임 역시 부친의 불륜·남성의 배신 등으로 인하여 실의에 빠지게 된 후 "홍洪과 김金과의 교제"는 "급전즉하急轉卽下로 그 열도熱度를 가加"하게 되었다는 것이다. 시댁의 "봉건적 지배력"에 짓눌려 "꼼짝도 못할" 생활을 영위하게 되었거나, 혹은 "홍등청주紅燈靑酒"의 거리를 헤매는 남성들의 "방종"으로 인하여 고통 받게 된 상황에서 두 사람이 유일하게 "엷은 위안"을 찾을 수 있었던 곳, "봉건적 지배력"을 벗어날 수 있었던 곳, 또한 이전과 같이 "밤낮없이 공원으로 극장으로 돌아다니는" '근대의 일원'으로서의 자아를 누릴 수 있었던 곳이란 바로 여학교 시절에 체험했던 것과 같은 '동성연애'의 관계 내부인 것으로 제시된다.[7] 실로 이 두 여성은 양장을 차려입고 "스카트" 자락을 휘날리며 "철도"에 뛰어드는 자살 방식을 선택함으로써, 마지막 순간까지 근대의 일원으로 존재하고자 하는 욕망을 숨기지 않았던 것이다.[8] 그렇다면 이 김용주·홍옥임의 사례는 남성과의 관계에 대비하기 위한 '예행연습'으로서의 동성연애가 아니라 오히려 연애·결혼 등 남성과의 관계 체험을 통해 진입하게 된 부계적 질서에 대한 '대응' 혹은 '도피'로서 형성된 관계를 선보이고 있는 바, 따라서 이들의 동성연애란 성적인 '무지'로 인하여 불가피하게 겪게 되는 과도기적 불안정성에 의해 생성된 것이 아니라, 오히려 스스로의 결단을 바탕으로 하여 선택된 행위의 수행인 것으로 이해될 수 있다. 즉 '곧 사라져버릴' 현상 정도로 치부되었던 동성연애의 심층에는 부계의 시선으로부터 벗어난 '근대'의 공간에 머무르고자 하는 여성들의 욕망이 자리하고 있었으며, 이들이 이러한 욕망을 온전히 구현할 수 있었던 장소, 또한 스스로에게 '근대인으로서의 위상'을 온전히 부여할 수 있었던 장소란 동성과의 관계를 떠나서는 존재하기 어려웠던 것이다.

그러므로 박태원의 「미녀도」에 묘사된 여학생들이 유독 '씨스타'라는 외국어 호칭으로 동성연애 상대를 지칭하기를 원했던 이유, 또한 이들의 사귐이 굳이 "아무하고도 결혼하지 않겠다"라는 서약으로써 뒷받침되어야만 했던 이유 역시 동일한 맥락에서 설명될 수 있다. 「미녀도」에서 동성연애란 무엇인가 근대적이고 세련된 것, "징그러웁고 무서운" 부친의 면모와는 대조를 이루는 것으로 그려진다. 「미녀도」에서 처음 동성연애를 거부하던 여학생 남보배는 "이름조차 사내같은" 선배 정경수가 싫어 러브레터에 답장을 쓰지도 않았으나, 어느 날 모녀를 버리고 떠났던 아버지가 "개기름이 지르르 흐르는 얼굴"로 돌아와 함께 "만주"로 가자며 "딸자식 팔아먹을 생각"을 내비치자 비로소 "Your sister from"이라고 서명된 "꽃봉투"의 편지에 호응하여 정경수를 찾아가게 되는 것이다.[9] 열여섯 살이라는 연령대로 인하여 더 이상 교실 창문 안팎을 넘나드는 "매파"의 시선으로부터 자유로울 수도, 또한 자신을 만주에 "팔아먹기" 위해 등굣길에 버티고 서서 "손목을 덥썩 잡"으려는 부친의 추적으로부터 자유로울 수도 없게 된 상황에서, 남보배는 그간 무시해왔던 동성의 프러포즈에 대하여 "일찌기 없던" "그리움"과 "감격"을 갑작스럽게 느낀다.[10] "구렁이" 같은 아버지의 집요한 추적으로 인하여 더 이상 학교에 다닐 수도 없게 된 지경에 이르렀을 때, 남보배에게 도피처가 되어주는 것이란 오로지 동성연애의 관계밖에 없는 것으로 제시된다. 즉 "뚜쟁이" 부친의 개입으로 인하여 학업을 포기한 후 더 이상의 근대적 전망을 기대할 수 없는 상황에 놓였을 때, "큰길거리에 오고 가는 사람이 모두 아버지인 듯"한 공포를 느끼는 남보배에게 유일하게 부친의 위협으로부터 벗어나 '여학교 시절'과 같은 자유를 누릴 수 있는 공간을 제공해주었던 것, 또한 남보배를 근대적 연애의 대상으로서 호명함으로써 잃어버린 '여학생'의 지위를 대신하여 다시금 근대의 일원이 될 수 있는 발판을 마련해주었던 것은 다름 아닌 정경수와의 관계였던 것이다. 그렇다면 "꽃봉투"에 담겨 전달되는 '씨스타'의 프러포즈란 동성을 향한 '연애'의 초대만은 아니며, 연애라는 형식을 빌려 전달되는 '근대'로의 초대이기도 했다. 즉 이들은 단순히 연애를 하고 싶었던 것이 아니라 '근대적' 연애를 하고자 했다. 또한 서로를 '근대적 연애'의 대상으로 호명함으로써 서로에게 '근대의 일원'으로서의 입지를 안겨주고자 했다. 남성과의 연애와는 달리 전통적인 가족제도의 "봉건적 지배력"이나 "쌔컨드"로의 전락 위협이 없는 동성연애의 공간 속에서, 여성들은 비로소 '근대적 여성'에 걸맞은 형상으로 스스로를 구성하고 온전히 향유할 수 있었을 터였다. 그렇다면 "아무하고도 결혼하지 않겠다"라는 '씨스타'들의 서약이란 결국 (부계적 질서에 종속되지 않는) '영원히 근대적인 여성으로 남겠다'라는 의지의 표명이기도 했으며, 이를 통해 근대에 대한 욕망과 부계적 질서로부터의 도피 욕망이 상호 교차하며 당대 동성연애의 동인으로 작용하고 있었음을, 또한 '예행연습'이라는 무해하고 합법적인 표면 혹은 위장하에 기실 보다 깊은 층위의 욕망들이 추구되고 있었음을 관찰할 수 있다.

그러나 자살로 끝날 수밖에 없었던 김용주·홍옥임의 사례나 미완으로 끝나버린 남보배의 이야기를 생각할 때, 다음과 같은 의문이 떠오르는 것은 필연적인 귀결일 것이다. 즉 이 여성들이 만들어낸 '동성연애'의 공간이란 과연 얼마나 지속될 수 있었으며, 남보배는 부친의 위협으로부터 얼마나 오랫동안 달아날 수 있었던 것일까? 1930년대 후반으로 가면, 기존의 동성연애 담론과는 다른 논조의 기사들이 눈에 띄기 시작한다. 가령 동성에 대하여 "해는 없을 관계"라는 결론을 내렸던 1920년대의 기사와는 대조적으로, 1937년 발표된 김여제의 「동성연애」에서는 동성연애를 "반사회적 본능"이라고 규정짓고 있으며, 나아가 "동성연애와 같은 반사회적 본능"이란 "아무쪼록 통제하고 전향 치환"하도록 노력해야 한다는 결론을 내리고 있는 것이다.[11] 1930년대 초반 여류 명사들이 호탕한 웃음과 함께 "남에게 뒤지지 않게 많이 하였"다는 동성연애의 추억을 자랑한 바 있다면,[12] 전시체제에의 돌입을 기점으로 천황 중심의 부계적 질서가 강화되고 "국가와 전쟁 수행을 위한 2세의 양육"[13]이라는 모성애의 논리가 배포되었던 1930년대 후반에 이르러서는 동성연애의 경험이 더 이상 자랑이 되지 못하며, 오히려 '조롱'의 대상으로 전락하는 사례를 볼 수 있다. 가령 1938년 『삼천리문학』에 연재된 박영희의 「반려」의 경우, "동성연애도 잘 하면 정사까지 한대 …. 하긴 동성연애 제물에 산아제한이 되고 편할 거야 하하하"라는 "농담"을 선보인 바 있는 것이다.[14] 전쟁을 수행하기 위한 인적자원의 생산이 여성 본연의 임무가 되었던 전시체제의 상황하에서, "제물에 산아제한이 된다"라는 동성연애의 면모란 실로 '반사회적'인 것으로 간주되지 않을 수 없었으며, 또한 '꽃봉투'나 '금반지'를 주고받으며 '프러포즈'를 하던 동성연애의 근대적 속성 역시 물자 절약과 통제경제를 본령으로 하던 전시체제의 상황하에서는 서구 자본주의에 물든 사치스러운 악습惡習으로 평가받지 않을 수 없었다. 그렇다면 이제는 '유해한' 것으로 판명된 동성연애에 대한 부계적 통제가 강화되고 현모양처를 향한 '씨스타'들의 전향이 강요되던 시기, 자살에 실패한 채 살아남은 수많은 김용주·홍옥임 혹은 부친의 욕망에 붙들려버린 남보배에게는 과연 어떠한 삶이 준비되어 있었던 것일까? 제국의 감시망에 둘러싸여 '군국 모성'으로 거듭나야만 했던 시기, 이들 여성에게 있어서 동성연애로 대표되는 근대적 여성성의 경험이란 과연 어떠한 의미를 지닌 채 기억되거나 혹은 은폐되어야만 했던 것인가?

제국의 전쟁에 대한 여성성의 동원이 본격화되었던 전시체제의 시점에, 박태원이 「미녀도」를 통해 "딸을 팔아먹으려는" 부친의 위협으로부터 벗어나 동성연애의 공간으로 도피하고자 하는 여성의 욕망을 포착하고 있었던 것은 우연이 아닐 것이다. 마찬가지로 이 시기 제국 주체로서 스스로를 정립시키고자 했던/정립시켜야만 했던 여성들의 작품에서, 예기치 않게 옛 '씨스타'들의 형상이 소환되어 제국의 '행로'에 오르려는 이들의 발길을 머뭇거리게 했던 것 역시 우연이 아니다. 이들이 지니고 있던 여학교 시절 동성연애의 "꿈같이 랑만하고 가지가지 재미있던"[15] 기억이란, 이들이 제국 질서의 견고한 벽에 부딪힐 때마다 일종의 억압된 징후와 같이 출현하여 이제는 금지된 '근대에 대한 욕망'을 다시금 환기시켰을 것이기 때문이다. 더불어 부계적 질서에 대한 대응적·도피적 의미를 띠고 있던 동성연애의 결속이란, 전시체제하의 강화된 통제에도 불구하고 여전히 식민지 여성의 제국 진입을 망설이게 하는 장치로써, 또는 제국의 감시를 피해 금지된 욕망의 기억들을 주고받기 위한 일종의 암호로써 작용하며, 이들 작품의 일관된 맥락을 흩트리고 작품 곳곳에 '유해한' 흔적들을 남기게 되었을 것이다.

그렇다면 실제로 이 시기의 여성들이란 동성연애의 기억에 대해 어떠한 기술들을 남기고 있는가? 앞서 제시된 질문들에 대한 답을 구하기 위하여, 이 글에서는 전시체제기 여성 작가들의 소설에 나타난 동성연애의 흔적들을 추적함으로써 이 시기 여성들의 내면 층위를 살펴보고, 아울러 전시체제라는 강화된 부계적 질서에 직면하여 동성연애란 다시금 어떠한 대응적 의미를 띠고 문학 속에 나타나게 되는지를 분석하게 될 것이다.

제국의 노선과 자기애의 추억

전시체제기 여성들을 '총후의 전사戰士'나 '군국 모성'으로 양성하고자 했던 제국의 젠더 기획이란, 무엇보다도 기존에 영위하고 있던 여성들의 근대적 정체성을 부정하는 것으로부터 시작되었다는 점을 상기하자. 대동아전쟁의 선포 이후 제국은 "물질과 기능技能에 지배된" 서구에 대항하여 "도의道義의 문명"에 기반을 둔 "동양"을 내세우고자 했으며, 이때 서구 근대성에 대한 욕망이란 "외형적 화사華奢함에 눈이 현혹되고, 그들의 생활을 부러워한 나머지 그들 자체를 숭배하게" 될 위험을 지닌 것으로 판단되어 통제의 대상으로 부각되었다.[16] 특히 근대에 대한 욕망에 '현혹'되어왔던 식민지 여성들의 경우 제국의 이념과 배치되는 비국민적 성향을 띤 것으로 간주되어 자아비판의 대상이 되지 않을 수 없었는데, 가령 1942년에 개최된 연설회에서 모윤숙은 "온갖 향락성, 개인주의 관념"으로부터 비롯된 "영미국英米國"의 "사탄"과 같은 "죄상"들을 지적하여 청중의 경각심을 유도한 후, 그간 여성들이 겪어야 했던 근대의 위험천만한 유혹들을 회상하며 다음과 같은 탄식을 남긴 바 있는 것이다. (서구는) "향료의 나라 음악의 나라 영화의 나라 청춘의 나라 기개의 나라 돈의 나라 이 모든 조건을 가지고 우리 동양의 청춘남녀를 얼마나 유혹했습니까? 아니 우리 반도 여성들은 얼마나 그 모든 조건을 구비한 나라에 동경을 가졌습니까?"[17] 흥미로운 것은, 이처럼 반성의 포즈를 취하고 있는 모윤숙에게서 '향료·음악·영화·청춘·기개·돈'의 공간인 근대에 대한 '동경' 혹은 아쉬움의 여운이 여전히 배어나오고 있다는 점이다. 즉 서구를 "청춘의 나라"라고 명명했을 때, 모윤숙의 뇌리에는 향료와 음악과 영화를 향유하며 근대를 소비하던 그녀 자신의 '청춘' 시절이 무의식적으로 스쳐 지나갔을 것이기 때문이다. 통제경제의 벽에 둘러싸인 제국의 영토 안에서, 기존에 향유하던 것과 같은 근대의 '조건'들을 온전히 누리기란 더 이상 쉽지 않을 것이다. 그럼에도 불구하고 모윤숙은 전쟁이라는 '새 세계의 정문'을 맞이하여 여성들이 '산 가치'를 발휘하고 '대외적 활동'의 기회를 얻을 수 있으리라는 희망을 설파하고 있으나, 이러한 기회를 얻기 위해 여성들이 '근대의 공간에 머무르고자 했던' 여학교 시절의 결속을 깨고 그간 회피해왔던 부계적 질서 속으로 회수되어야만 한다는 점은 과연 어떻게 받아들여야 하는가?

이제 "고가한 의복에 파-마넨트를 하고 화장을 몹시" 하는 여성들의 근대적 차림새란 "일체一切 격멸"되어야 할 "사치"이자 "추태"인 것으로 간주되기 시작했으며, "영화 구경이나 거리를 쓸데없이 돌아다니는 데 돈을 쓰는" 여성들의 근대적 풍속을 대신하여 "단돈 1원짜리 채권"을 사라는 권고가 떨어지기 시작했다.[18] 여성들은 그간 영위해왔던 근대성에 대한 '동경'의 역사를 뒤로 한 채 "몸뻬もんぺ"를 입고 "도의道義"의 길을 걷는 "동양 여성"이라는 정체성을 새로이 구성해야 하는 시점에 놓였으며, 맹모·정몽주의 모친·신사임당 등의 전통적 부덕婦德을 지닌 여성들이 다시금 모범적 여성상으로 회자되었다.[19] 그렇다면 이 시기 여성들이 수행해야 했던 '제국 신민'으로의 정

체성 교체로부터 몇 가지 시사점을 읽어낼 수 있는 바, 첫 번째는 제국 신민의 정체성 구성 과정에서 조선인/일본인이라는 인종적 정체성뿐만 아니라 근대/전통이라는 문화적 정체성의 교체 역시 수반되었다는 것이며, 두 번째는 총후 부인·군국 모성 등 '제국 여성'으로서의 정체성이란 기존 여성들이 영위하고 있던 정체성에 대한 배제를 통해서만이 획득될 수 있었다는 것이다.

전자의 경우, 조선인 여성에서 제국 신민으로의 이행이란 식민지 근대성을 영위하던 여성에서 '야마토다마시大和魂'에 복무하는 동양적 현모양처로의 이행과 동시에 일어났다는 점을 상기할 필요가 있다. 즉 전시체제하의 황민화 기획이란 조선 민족을 일본 국민으로 자리바꿈하게 하는 단선적 과정[20]만은 아니었으며, 식민지 여성들로 하여금 근대적 여성성을 부정하고 제국이 장려하는 전통적 부녀의 위치로 재진입하도록 하는 보다 복합적인 과정이기도 했던 것이다. 따라서 이를 통해 전시체제기 정체성 구성 문제에 있어서 제3의 요소인 '문화'의 개입을 읽어낼 수 있으며, 이때 여성의 경우 민족 혹은 제국이라는 인종적/국國적 정체성의 교체보다는 문화적 정체성의 교체가 좀 더 절실한 위협으로 느껴졌을 수 있다는 가능성을 염두에 두지 않으면 안 된다. 즉 이것은 여성이 전 생애 주기에 걸쳐 쌓아왔던 인격, 관습, 생활 방식을 전면적으로 재양식화re-stylization하라는 명령이기 때문이며, 또한 최경희가 지적한 바 있듯이 성별 분리와 성차별적 위계질서가 식민지 조선의 문화 관습적 원리 속에서 여전히 견고하게 작동하고 있었다는 사실을 떠올린다면, 제국 신민으로의 이행이 성별/세대/사회적 지위에 관계없이 모든 조선인들에게 동일한 종류의 정체성 훼손을 의미했으리라고는 보기 어렵기 때문이다.[21] 다시 말해 식민지 여성이 제국으로 진입하고자 했을 때, '전향'을 앞두고 보다 강한 머뭇거림의 요소로 작용했던 것은 '민족'이었을까, 혹은 그간 그토록 열망해왔던 '근대'였을까? 제국의 황민화 기획이 본격적으로 가동되었던 전시체제기에, 여성들의 반발을 무엇보다도 눈에 띄게 불러일으켰던 것은 복장 통제 등으로 대표되는 '문화적' 변혁이었음을 다시금 상기할 필요가 있다. 즉 '몸뻬 필착 운동'[22] 등의 황민화 정책에 직면한 식민지 여성들이 "촌스러운" 전통 몸뻬 대신 "서양감"과 "하이힐"을 활용하여 "서양 냄새가 물씬 나는" "하이칼라" 몸뻬를 해 입고 나섰을 때[23], 제국의 명령에 대한 대응의 기반으로 작용했던 것은 민족적 정체성이라기보다는 오히려 근대적 여성성이라는 문화적 정체성이었음이 드러나기 때문이다.

마찬가지로, 기존의 민족/제국이라는 관점만으로는 식별해낼 수 없었던 문화적 '전향'으로 인한 균열의 양상들이 당대 여성 작가들의 작품 속에 내재되어 있음을 발견할 수 있을 것이다. 가령 전시의 열기가 한창인 1942~1944년의 시점에, 장덕조·최정희 등 여성 작가들의 작품 속에 등장하는 여성들은 약속이나 한 듯이 '여학교 시절'을 회상한다. 총후 부인·군국 모성으로서 이미 제국에 자리를 잡은 듯 보이는 시점에 이들은 왜 '상실된 무언가'로서 여학교 시절을 떠올리고 있는가? 또한 프로파간다의 메시지에 전념하고자 하는 이들의 눈앞에 뜻밖에도 옛 '씨스타'의 모습들이 스쳐가는 이유는 무엇인가? 여학교로 대표되는 교육 공간으로의 편입을 통해 이들이 근대적 공적 공간의 양식 및 관련 담론들을 영위한 바 있음을 상기한다면[24], 이들이 회상하는 여학교 시절의 기억이란 곧 이들이 향유했던 '근대'의 기억이며 나아가 이제는 금지된 근대적 자아에 대한 욕망을 암시하는 것임을 알아챌 수 있을 것이다. 그렇다면 (후자의 명령이 시사하듯) 제국의 호명을 수취하여 과거의 정체성을 "한때의 틀린 생각"이나 "문득 궤도를 벗어난 사상"[25]의 탓으로써 부인해야만 하는 이들의 눈앞에 스쳐가는 옛 '씨스타'의 모습이란, 이들이 한때 공유했던 근대적 전망의 흔적이자 동시에 이들이 배신해야만 하는 또 다른 자아에 대한 죄책감의 환영이기도 할 것이다. 더불어 이처럼 부인되고 은폐되어버린 정체성이란 이들이 과거의 자아에 대해 지녔던 애착의 증거로서, 혹은 프로파간다라는 '합법적' 표면하에 잠복된 근대적 여성성의 징후로서 찾아와 종종 이들의 발길을 붙들기도 했을 것이다. 그러면 이제, 제국의 신민이 되기로 결심한 한 여성의 '행로'를 따라가보자.

장덕조의 「행로行路」는 1944년 5월에 간행된 『반도 작가 단편집』에 실린 일문日文 소설로, 이 단편집에 실린 다른 작품들과 마찬가지로 프로파간다적 성격을 띠고 있으며 식민지 여성이 제국의 '군국 모성'으로서 새로이 태어나게 된다는 주제 역시 타 선전물들과 크게 다르지 않은 듯 보인다. 「행로」의 여성 화자는 현재 아들을 데리고 여행 중이며, 친정인 대구로 향하기 위해 경부선 열차를 타고 있는 것으로 제시된다. 여행의 표면적인 목적은 친정아버지의 문병이지만, 작품 초반 이들이 탄 열차가 관부연락선을 매개로 하여 내지內地까지 연결된다는 사실이 지적되고 있는 것으로 볼 때 이 여행에는 내지로 표상되는 '제국 공간'으로의 진입이 이면적 목적으로서 숨겨져 있음을 짐작할 수 있다. 즉 이들이 탄 열차의 종착역이란 바로 제국이며, 이 식민지의 모자는 의식적이건 무의식적이건 간에 이미 제국의 노선 위에 올라 있는 것이다. 여행이 끝난 후 "일장기가 파도처럼 흔들리고, 용맹한 군가 소리가 가라앉은 하늘 높이 울려 퍼지는"[26] 기차역에 내리면, 이들 모자는 제국의 병사 혹은 '군국의 어머니'라는 예정된 위치로 향하게 될 것이다. 그렇다면 이 작품에서 열차란 단순히 여행의 공간만을 의미하는 것은 아니며, '제국 신민'을 향한 정체성 이행의 공간을 의미하는 것이기도 하다.

그런데 이처럼 정체성 이행을 앞둔 여성 화자가 제일 먼저 느끼는 감정이란 뜻밖에도 "소녀와 같은 애수"인 것으로 제시된다. 즉 어수선한 시국으로 인하여 텅 빈 열차 안에서 "멍하니 창밖을 바라보고" 있던 화자는, "역명을 읽을 틈도 주지 않고 지나가버리는" 급행열차의 속도와 대조적으로 한자리에 서서 묵묵히 왕겨를 말리는 노인을 보자 문득 전시의 속도와는 별개로 존재하는 과거의 한 지점을 회상하게 되는 것이다. 이 여성이 떠올리게 되는 것은 다름 아닌 "여학교 시절"이며, 그녀는 "경주나 부여에 수학여행을 간 일"이나 "이제 얼굴마저 잊어버린 친구의 이름" 등을 상기하며 "잊고 있던 처녀 시절의 일"에 대한 "그리움과 사랑스러움에 가슴이 메"인다.[27] 그렇다면 '제국 신민'으로의 진입을 앞둔 이 시점에, 그녀를 사로잡는 '애수'의 정체란 과연 무엇인가? 그녀는 왜 "삼십을 넘어 사십 고개에 다다른 자신의 일"을 돌아보며 "낮게 한숨"을 쉬는가? 제국을 향해 달리는 기차 속에서, 이 여성이 과거에 대한 애착을 드러내고 있다는 점은 명백해 보인다. 과거 여학교 시절이야말로 "사십 고개에 다다른" 그녀의 인생 중 유일하게 '근대의 일원'으로서의 자아를 영위할 수 있었던 기간이었기 때문이며, 또한 여학교 졸업 후 10여 년 동안 "영옥 어머니", "영철 어머니", "한 선생님 사모님"으로만 불려왔던 그녀가 제국으로 진입하고 나면, 군국 모성이라는 보다 거대한 명칭 속으로 수렴되어버릴 것이라는 사실을 이미 알고 있기 때문이다. '한숨'과 함께 떠올리는 "신로심불로身老心不老"의 격언에도 불구하고, '제국 신민'의 정체성을 수취한 이후 그녀에게 '처녀 시절'과 같은 근대적 자아를 다시금 영위할 수 있는 기회란 더 이상 허락되지 않을 것이다. 그러므로 그녀가 느끼는 "소녀와 같은 애수"의 정체란 결국 정체성 이행을 앞두고 배제되어야만 하는 여학교 시절의 자아에 대한 아쉬움 혹은 애도의 표현인 것으로 이해될 수 있다.

유일하게 스스로의 이름을 걸고 활동했던 여학교 시절, 그녀가 지녔던 근대에 대한 욕망이란 흥미롭게도 윤애라라는 동급생에 대한 '동경'과 중첩되는 양상을 보인 바 있다. 즉 "재학 시절부터 미인이었고 음악을 좋아했고 말재주가 좋기로 유명했"으며 "내지의 전문학교를 나와 여류 문인으로 명성을 날렸던" 윤애라는 그녀에게 있어서 동일시의 대상이자, "유아가 어른을 올려보듯이" 우러러보는 근대적 여성성의 화신化身 그 자체였던 것으로 그려지고 있는 것이다. "열렬한 여권론"이나 "결혼 문제 등에 관한 무척 자유로운 견해"를 선보였다는 윤애라의 형상이 곧 당대 여학생들 사이에서 회자되던 근대적 전망을 대변하는 것임을 알아채기란 어렵지 않으며, 이처럼 근대적 여성 담론의 정점에 서 있는 것으로 제시되는 여학교 시절의 '우상'이란 그녀가 결혼을 통해 부계적 질서에 진입한 이후에도 끊임없이 근대적 자아에 대한 욕망을 일깨우도록 하는 원인으로 작용하기도 했다. 즉 10여 년 전 경부선 열차 안에서 만난 이 세련된 '씨스타'는 "짧게 자른" 단발을 휘날리며 "희고 고운 팔"에는 "친아버지에게 돌려줄" 예정인 사생아를 안은 채, "무엇을 희생하더라도 우리 여성은 자기 자신부터 먼저 살지 않으면 안 된다"는 여성적 자아의 중요성에 대해 역설함으로써 "아이는 무슨 일이 있어도 어머니가 책임지고 길러야" 한다는 여성 화자의 '촌스러움'을 얼굴이 창백해질 정도로 상기시켰기 때문이다.[28]

그런데 오늘, 여성 화자가 "잊고 있던" "처녀 시절의 일"을 회상하며 "낮게 한숨"을 쉴 때, 과거에 대한 그녀의 애착이 불러내기라도 한 듯이 열차 안으로 윤애라가 걸어 들어와 그녀의 이름을 호명한다. "실례지만 저기, 순덕 씨, 김순덕 씨가 아닌가요?" 그녀의 귀에 들려온 이 여학교 시절의 명칭이란 단지 우연한 사건일 뿐일까, 아니면 이제 곧 배제될 정체성과 여성 화자를 마지막으로 대면시키고자 하는 작가의 의도된 장치일까? 10여 년의 시간이 흐른 후 재회한 윤애라는 충격적이게도 "삭발한 비구니"의 모습을 하고 있는 것으로 제시된다. "검게 물들인 두루마기에 짚신을 신"고 "짙은 녹색의 안경"을 쓴 차림새로 나타난 윤애라의 형상에서는 기존에 영위하고 있던 근대적 여성성의 면모가 더 이상 드러나지 않으며, 그간 "사랑하는 사람에게서는 외면을 당하고, 세상으로부터는 뒤에서 손가락질을 당해" "죽으려고 생각하고 철도 선로에 서 있기도" 했다는 윤애라의 고백이란 부계적 질서에 의해 내몰려 자살을 결행했던 김용주·홍옥임의 처지를 연상케 하는 것이기도 하다. 부계적 질서로의 종속을 거부한 끝에 "죽지도 못하고, 살 힘도 없"는 상태로 사회로부터 완전히 배제되어버린 듯한 윤애라의 모습이란 아직까지 제국의 공간으로 진입하는 것을 망설이던 식민지 여성들에게 경각심을 불러일으키기에 충분하며, 이제 제국의 공간으로 접어들고 있는 열차 안에서, 여성 화자에게 남은 역할이란 윤애라에게 군국 모성이라는 제국적 전망을 새로이 제시함으로써 부계적 질서로의 '전향'을 권하는 것밖에는 없는 것처럼 보인다.

　그러나 이처럼 '씨스타'와의 대면이라는 장치를 도입함으로써 작가가 과연 어떠한 효과를 이끌어내고자 했던 것인지에 대해서는 좀 더 세심한 분석을 적용해볼 필요가 있다. 즉 "옛 껍질을 모두 벗고 새롭게 태어나" "아이들을 훌륭하게 키우는" 여성적 사명에 충실할 것을 권유하는 김순덕의 태도로 미루어보건대 이 작품은 일견 계몽자-참회자의 전형적인 구도를 취하게 되는 듯 보이며, 실제로 이러한 교화적 구도야말로 기존 연구자들로 하여금 「행로」가 "국책에 동조"하고 "일본의 지배 논리를 내면화"[29]한 작품이라는 평가를 내리도록 하는 주된 근거로써 작용한 바 있음에도 불구하고 우리는 이 작품이 김순덕-윤애라의 관계에 의거한 또 하나의 서사 층위를 선보이고 있다는 점에 다시금 주목하지 않으면 안 된다. 즉 프로파간다의 메시지 전달이라는 맥락에 충실하고자 했다면 김순덕은 왜 제국의 호명에 대한 감격이 아니라 "소녀와 같은 애수"라는 위험한 감정을 내비치는 인물로 설정되어 있는 것인가? 또한 김순덕-윤애라가 과거 '여학교'라는 공간을 기반으로 하여 '유해한' 애착 또는 전망을 공유하던 관계였다는 점을 상기한다면, 한때 그토록 동일시하고자 했던 여학교 시절의 우상 혹은 성취하고자 했던 자아 이미지와 재회한 이후 김순덕이 정녕 말하고자 했던 바는 무엇인가?

　「행로」의 전면에 내세워진 프로파간다의 이면에는 윤애라로 표상되는 동성연애-근대적 여성성의 서사가 깔려 있으며, 이들은 '십여 년' 만에 재회했음에도 불구하고 제국의 맥락에 걸맞게 상대방을 군국 모성 혹은 몰락한 비국민의 형상으로 인식하기보다는 여전히 여학교 시절의 동료 혹은 짝사랑했던 씨스타의 이미지로서 인식하고자 한다는 사실을 기억해야 한다. 즉 윤애라는 "사십 고개에 다다른" 여성 화자에게 남아 있는 "옛날 모습"을 기반으로 하여 그녀를 호명하는가 하면, 김순덕은 "삭발한 비구니"로 표상되는 윤애라의 훼손된 면모에도 불구하고 과거 사랑했던 우상의 "짙은 녹색의 안경 너머로 훔쳐보는 눈동자"가 여전히 "무척 아름답다"고 생각했던 것이다.[30] 이처럼 제국의 맥락에 의거하기보다는 오히려 여학교 시절의 공유된 기억에 의거하고자 하는 여성들 간의 결속이란, 작품 전면에 내세워진 '애국적' 의도에도 불구하고 제국이 바라는 프로파간다의 메시지 이면에 그와 어긋나는 맥락들을 끼워 넣게 될 것이다. 가령 "언제나 나만 좋으면 그것으로 만족"이었던 "개인주의, 자유주의, 영미사상英美思想"을 벗어나 여성 본연의 "사명"에 충실하고, "후방 봉공"의 신념을 향해 나아감으로써 "나라를 위해서 다시 살 작정"이라는 윤애라의 '참회'를 한창 듣던 중, 김순덕은 한때 동경했던 과거의 우상을 향하여 불쑥 다음과 같은 질문을 던지게 된다. "그럼, 환속하나요?"[31] 황국신민으로서의 '재생'을 이야기하던 중 느닷없이 불거져 나온 이 여성적 삶의 복귀에 관한 질문이란, 프로파간다의 맥락으로부터 미세하게 초점이 벗어나 있는 것이기도 하다. 곧이어 돌아오는 "네. 하지만 그런 건 문제가 아니에요"라는 대답처럼, 전시체제의 시점에 중요한 것은 사실 환속 여부가 아니기 때문이다. "들떠 있던 것을 모두 버리고 진실한 것만을 구하는 마음, 그 마음"을 얻었으며, "인간이란 마음의 문제만 해결하면 몸은 어떠한 경우에도 자신의 신념을 향해 나아갈 수 있다"는 윤애라의 '결연한' 선언에서 볼 수 있듯이 이 시기 중요한 것은 제국에 대한 '봉공'의 마음 혹은 신념이지 환속과 같은 소소한 개인적 신상의 문제가 아니다. 그러나 근대적 여성성을 상실한 채 눈앞에 나타난 이 신체, 한때 그녀가 그토록 사랑했고 성취하고자 했으며 이제는 배반하고자 하는 '근대적 여성'으로서의 신체가 그녀에게는 여전히 중요하다. 이후 군국 모성의 길로 접어들게 되면, 삭발을 하고 나타난 윤애라의 형상에 못지않게 그간 자신이 애착을 가져왔던 근대적 여성성의 면모 역시 훼손되어버릴 것이 자명하기 때문이다. 따라서 "환속하느냐"는 질문은 여학교 시절의 우상을 향해 던져진 것인 동시에, 실상 그녀 자신을 향해 던져진 것이기도 하다. 즉 군국 모성이 되어 근대적 여성으로서의 신체/자아를 상실한 이후, 나는 과연 언젠가 '환속'할 수 있을 것인가? 작품 초반 되뇌었던 "신로심불로身老心不老"의 격언과 같이, 여학교 시절의 '마음'만 간직하고 있다면 나는/그녀는 언젠가 다시 과거의 정체성을 향해 돌아올 수 있을까? 이 지점에서 그녀는 스스로의 자아를 잃고 싶지 않다는 것, '근대의 일원'으로서의 정체성에 대한 전망을 잃고 싶지 않다는 것, 더불어 '군국 모성'의 길로 나아가는 데 여전히 머뭇거리고 있다는 것을 드러낸다. '후방 봉공'에 대한 공허한 대화에 비해, 오늘 자신을 불러 준 이 유일한 '호명'이 상기시킨 근대적 전망에 대한 애착이 보다 더 생생하기 때문이다.

그럼에도 불구하고, 기차가 "일장기가 파도처럼 흔들리고, 용맹한 군가 소리가 가라앉은 하늘 높이 울려 퍼지는" 대구역에 도착한 이후, 그녀는 언젠가 출정하는 아들을 향해 "멀리서 무언의 축복을 비는" 군국 모성이 될 것을 예감한 채 기차에서 내리게 될 것이다. 그녀는 "뜨거운 눈물"을 흘리며 윤애라 혹은 자기 자신을 향해 "다시 살아줄" 것을 당부하지만, 그녀가 다시 살아야 한다고 지칭하는 대상이란 과연 제국적 삶인가, 아니면 근대적 삶인가? 예전에 버렸던 아들의 모성적 호명이 적힌 편지를 손에 쥔 채로, 윤애라는 여전히 제국을 향한 정체성 이행의 노선 위에 남는다. 이때 기차에 남겨진 머뭇거림, 그리움의 감정, '본명'으로 표상되는 또 다른 자아에 대한 사랑의 기억이란 작품 초반 여성 화자가 느꼈던 "소녀와 같은 애수"와 더불어 프로파간다의 일관된 맥락으로 환원되지 않는 생생한 불확정성의 요소들로 작용하게 될 것이다. 따라서 이를 통해 이 작품이 제국의 산물인 것만큼이나 근대에 대한 여성적 욕망의 산물임을, 즉 제국의 프로파간다와 근대를 향한 욕망이 교차하는 유동적인 장場임을 읽어낼 수 있다. 일견 균질적인 것으로 보이는 프로파간다의 서사 속에 틈입하는 '씨스타'의 형상이란 전시체제기 제국에 의해 유포되는 '주체 정립'의 견고한 환영에도 불구하고 제국 신민으로의 이행 과정에서 여성들이 지닐 수밖에 없었던 불안정한 위치성을 예기치 않게 가시화하고 있다는 측면에서 중요하며, 나아가 이는 그간 전시체제기 여성 작가들에 대하여 제국 주체의 지위가 보장하는 '사회적 위상'이나 '여성 해방에 대한 기대감'에 눈이 멀어 "전쟁 동원의 논리에 동조"[32]했다는 비판이 제기된 바 있음에도 불구하고 실상 이들이 제국 신민이 되기 위해 치러야만 하는 대가/희생이 무엇인지에 대해 그 누구보다도 명료한 인식을 지니고 있었음을 시사한다는 측면에서 주목해야 하는 것이기도 하다. '스스로에 대한 배제를 바탕으로 스스로를 구성할 것'을 요청하는 제국 주체의 조건이란 그 자체로 이미 '해방'이 아닌 '억압'의 명령까지도 내포하는 것이었으며, 따라서 그처럼 확고해 보이는 프로파간다의 메시지 이면에 식민지 여성들의 근원적 불안 혹은 과거 회귀의 심성이 '씨스타'의 형상을 띤 채 그림자처럼 출몰함으로써 제국을 향한 이들의 결단을 지체/교란시키게 되는 것은 실로 예정된 결과였던 것이다.

한편 작품 내에서 여학교 시절 동경했던 근대적 여성성에 대한 사랑이자 곧 상실될 과거의 자아에 대한 사랑으로서 나타났던 이 동성연애-자기애의 추억이란, 제국을 향한 문화적 '전향'의 문턱에서 여성들의 진입을 망설이게 하는 장치였던 동시에, 이후 제국의 호명을 수취한 여성들로 하여금 근대적 공간을 향한 '환속'의 욕망을 되새기게 하는 무의식의 징후로서 문학 내에서 다시금 작동하게 될 것이다. 후자의 경우를 고찰하기 위해, 다음 절로 넘어가보자.

여성은 왜 여성의 징후인가: 훼손된 신체와 증상의 귀환

이 절에서 살펴보고자 하는 바를 간략히 제시하자면, 다음과 같은 질문으로 요약될 수 있다. 즉 「미녀도」에서 아버지의 욕망에 의해 붙들린 남보배 혹은 「행로」에서 제국의 질서 내부로 진입한 김순덕은 이후 과연 어떻게 되었는가? 장덕조의 「행로」가 '열차'로 표상되는 제국을 향한 정체성 이행의 공간에서 일어난 이야기를 다루고 있다면, 유사한 시기에 발표된 최정희의 「여명」은 제국 신민으로서의 정체성에 대한 자기 동일화의 압력이 심화되던 시기, 제국 질서의 내부에 소속/배치되어 군국 모성으로서의 삶을 이미 영위하고 있던 한 식민지 여성을 중심으로 이야기를 전개하고 있다. '전향'의 문턱에서 머뭇거림을 표출했던 김순덕과는 다르게, 제국의 감시망에 둘러싸여 생활하는 '전향' 이후의 삶을 그려내는 「여명」에서 여성 화자는 과거의 정체성에 대한 애착이나 현 상황에 대한 회의 등을 겉으로 드러낼 수 없는 상태에 있으며, 따라서 이 작품에서 동성연애의 기억으로 표상되는 근대적 여성성에 대한 욕망이나 부계적 질서로부터의 도피 욕망이란 '애수', '한숨' 등의 감정적 형태로는 표현/전달될 수 없는 일종의 억압된 징후/증상symptom 혹은 무언無言의 암호code와 같은 형태로서 나타나게 될 것이다.

「행로」와 마찬가지로 그간 프로파간다적 성격을 띠는 것으로 파악되어왔던 「여명」의 첫 장면이란, 흥미롭게도 '씨스타'의 출현과 더불어 시작되고 있다. 즉 "소화 십륙년이 마지막 가려는 섣달금음 날 저녁", "종로 전차 정류장에서 마악 전차를 타려"던 은영은 자신을 향해 "손을 내밀어 덥석 붙잡는" 혜봉을 발견했던 것이다. 이때 은영은 "꿈이나 아닌가 해서" 혜봉의 얼굴을 "다시 다시 바라다보"았으며, 이것이 꿈이 아닌 "분명한 현실"임을 깨달았을 때 "혜봉이가 잡은 손을 혜봉이보다 더 힘있게 흔들"었다고 한다.[33] 제국의 전차에 오르려는 은영을 붙잡는 것으로써 10여 년 만에 자신의 존재를 드러낸 혜봉은 여학교 시절 "동성연애를 한다는 말을 드르리 만큼" 은영과 친밀한 사이였으며, 여학교를 졸업하던 날 "아모리 생각해봐도 서로 떠나서는 못살 것 같"아 은영과 "둘이서 한종일 얼사안고 교실 구석에서 울"기까지 했던 것으로 제시된다.[34] 그러나 "꿈이나 아닌가" 의심할 정도로 반가웠던 혜봉과의 재회, "세상에서 제일 사랑하는 줄 알았"던 옛 연인과의 재회가 가져다준 "기쁨"이란 「행로」에서와는 달리 오래 지속되지 못한다. 즉 10여 년 만에 은영을 만난 혜봉의 첫마디란 "웨 그렇게 얼굴이 못쓰게 됐느냐, 옛날 모습이라군 입가에밧게 남아 있지 않다"는 것이었으며, 이제 "못쓰게 된 얼굴"을 영위하는 것으로 그려지는 은영은 "누구를 만나든지 그런 이 얘기만 하자는 사람은 싫"고 "그런 이 얘기를 듣는 때처럼 마음이 우울해지는 일이 없"다고 생각했던 것이다.

그렇다면 「행로」에서 김순덕이 드러낸 바 있는 그리움·사랑스러움 등의 감정과는 대조적으로, "옛날 모습"으로 표상되는 과거의 정체성을 상기할 때 은영이 내비치는 경계심 혹은 우울함의 감정이란 무엇인가? 은영의 "못쓰게 된 얼굴"이 제국을 향한 정체성 교체의 결과라면, "옛날 모습"의 언급과 관련하여 은영이 유독 민감하게 드러내는 경계심이란 '전향' 이전 자신이 영위해왔던 정체성이 노출되는 것에 대한 두려움의 표현일 수 있으며, 이때 은영의 두려움이란 은영의 가정 내부에까지 침투한 제국의 감시를 의식한 탓이라고 할 수 있을 것이다. 실제로 은영이 제국의 감시망에 둘러싸여 살고 있다는 사실은 명백해 보인다. 즉 식민지 경성의 중심부인 '황금정'에 위치한 은영의 가정은 그야말로 전시체제기 규율의 장場인 것으로 그려지고 있으며, 작품 속에서 "조금두 빈자리가 없이 꽉 들어찬" 소국민小國民과 같은 형상으로 묘사되는 은영의 아이들이란 "조금만 어쩌두 엄만 웨 그러느냐구 항의"를 함으로써 은영에게 제국의 규율을 끊임없이 환기시키는 감시자와 같은 역할을 하고 있는 것이다. 이 아이들은 영화 뉴—쓰관에서 황군이 만세 부르는 장면을 볼 때 은영이 따라 부르지 않으면 "엄만 웨 안 부르느냐, 엄만 기쁘지 않으냐"고 야단을 하는 것은 물론이고, 정월 초하루 음식을 준비할 때에도 "전쟁 나간 헤이따이상(병사)들은 추운 데서 고생하구 떡두 못 먹을지 모르는데 이게 뭐냐"는 핀잔을 받을 것을 염려하게 하는 한편, 무심코 내뱉은 춥다는 말에 대해 "헤이따이상들이 고생하는데 그런 말"을 한다며 앞으로는 춥다는 말을 할 때마다 "일쩐씩 벌금을 내라"는 '처벌'을 내리기까지 한다.[35] 이처럼 완연한 제국의 후계자로 자라난 아이들로 인하여 집안 어디에서건 부계적 질서의 감시를 피할 수 없게 된 은영에게 남은 길이란, 결국 한순간도 제국 여성의 정체성을 벗을 수 없게 된 자신의 위치를 깨닫고 필사적으로 과거의 "감정들"을 "청산"함으로써 어떻게든 아이들과 "똑같은 보조를 맞춰나가"고자 하는 노력을 기울이는 것밖에는 없었던 것으로 보인다. 실제로 은영은 그간 "나 자신을 그 아이들과 똑같이 백지로 만들"고자 했다는 점을 언급한 바 있거니와, 여학교 시절의 동무들로 표상되는 과거의 정체성과는 이젠 "못 만나"거나 만나도 "별루 반가워들" 하지 않은 채로 오로지 아이들이 요구하는 "광명한 길"에만 몰두해왔다는 점을 밝히고 있는 것이다.[36] 그렇다면 과거 영위했던 '감정들' 혹은 정체성을 언급하려 할 때 은영이 드러내는 경계심/거부감의 표현이란, 제국의 감시 내에서의 주체적 생존과 관련된 맥락에서 이해될 수 있을 것이다.

그러나 이처럼 필사적인 자기 동일화의 노력 끝에 자식들과 "보조를 맞춰" 과거의 '감정들'을 '청산'한 듯 보임에도 불구하고, 은영은 왜 우울해하는 것일까? 또한 이러한 노력의 결과로 얻어진 은영의 새로운 정체성이란 작품 속에서 왜 자랑스러운 '제국 여성'의 얼굴이 아니라 "못쓰게 된 얼굴"로서 지칭되고 있는가? 제국의 전차에 오르려던 은영을 붙잡아 "웨 그렇게 얼굴이 못쓰게 댔느냐"는 첫마디를 던진 후, 혜봉은 "좌우간 어디 좀 들어가 얘기나 하자"며 가까운 찻집으로 발을 옮긴다. 노력 끝에 얻어진 은영의 새로운 정체성이란 기실 과거에 영위하던 정체성의 '훼손된 흔적'일 뿐임을 단번에 간파하며, 과거에 대한 기억을 공유하는 이 유일한 인물은 은영의 "입가에" 남은 "옛날 모습"의 흔적을 다시금 들춰내려 할 것이다.

찻집에서 행해지는 두 여성 간의 대화란, 일견 이 작품의 주된 주제인 듯 보이는 프로파간다의 메시지와 옛 연인들 간의 무언無言의 소통이 겹겹이 교차하는 복잡한 양상을 드러낸다. 표면적으로 볼 때, 이 장면은 군국 모성의 길에 대한 각성을 통해 이미 주체로서의 입지를 다진 은영의 캐릭터와 "갈 데를 아직도 모르고 있는" "몽매한 여자"인 혜봉의 캐릭터가 서로 대조를 이루며 "먼저 깨달은 사람"인 은영의 교화가 펼쳐지게 되는 대목인 듯한 인상을 준다. 즉 「행로」와 마찬가지로 「여명」은 계몽자-참회자의 전형적인 구도를 취하게 되는 듯 보이며, 이때 은영은 대동아공영의 기치에 대해 회의적인 자세를 보이는 혜봉을 향하여 "서양 사람의 덕으루 자라났"기 때문에 생긴 망설임을 버리고, "동양의 피를 받구 동양의 산천 정기를 받은 사람"답게 "아세아 십억의 종족"이 가는 길에 동참하여 "팔을 부르걷어야" 한다는 점을 일러 주고 있는 것이다. "성서와 아편을 한품에 품구서 동양인이 사는 언덕 언덕 구석 구석을 찾어다니며, 속히구, 유린을 하구, 강탈"을 했던 서양인들의 "요술에서, 마술에서, 헤어나 그들의 정체를 똑바루" 보아야만 한다는 은영의 말이란 과연 대동아의 결의를 선전하기에 부족함이 없는 듯하며, 은영 역시 이러한 '연설'을 통해 제국이 바라는 '동양 여성'으로서 거듭난 자신의 입지를 다시금 명확히 표명하게 되는 듯하다.[37]

그러나 이처럼 강력한 자기 동일화의 선언에도 불구하고 은영의 캐릭터란 어딘지 모르게 불안하고 위태로운 인상을 지우지 못하는데, 즉 혜봉을 향한 은영의 '연설'에는 기실 은영 자신이 과거 영위했던 정체성에 대한 부인否認의 의미가 내포되어 있기 때문이다. 다시 말해, 과거 "서양 사람의 덕"으로 자라났던 사람은 누구인가? 서구적 근대의 '요술', '마술'로부터 헤어나지 못했던 사람은 누구인가? 여학교 시절 영위했던 근대에 대한 욕망의 기억을 완전히 은폐시켰다고 믿는 채로, 은영은 "휘황찬란히 밝고, 라디오에선 황군의 승전 뉴—쓰가 기운차게 전파"되는 찻집이라는 제국적 배경 앞에서 '국민'의 연기를 펼치고 있는 듯 보인다. 그러나 "못쓰게 된 얼굴"로 표상되는 훼손된 정체성의 흔적이란 여전히 은영의 '전향'을 누설하는 증거이자 우울함의 증상을 유발하는 원인으로서 "입가에" 남아 있는 바, 은영의 얼굴에서 "애처로운 시선을 떼지" 못하던[38] 혜봉은 이러한 지점을 놓치지 않은 채 제국의 맥락 이면의 대화를 시도하게 될 것이다. 즉 혜봉은 "문을 꼭꼭 처닫구 들어앉었는 몽매한 여자들"을 "타이르고 팔을 끌어 잡아댕기구 해야" 한다고 주장하는 은영을 향해 그들을 끌어당겨서 가야 할 목적지란 과연 어디이며, "우리들이 갈 데"가 대동아공영이라는 "빤-한" 지표로서 "분명히 또렷이, 눈앞에 보인다구 하드래두" 서양 사람으로부터 "내가 받은 사랑"이나 "은혜"는 "저버리지 말아야" 하지 않겠느냐는 반론을 제기하는 것이다.[39] 더구나 제국의 대의를 향해 나아가려 해도 "우리들의 오랫동안의 습관이랄까, 생활량식이랄까, 이런 것들이 자꾸만 앞을 가로질러서 순순히 나갈 수 없"다는 점을 "간절한 표정"으로 내세우는가 하면, "서양 사람이라구 다 나쁜 게 아니"라며 짐짓 여학교 시절의 서양인 교장이나 영어 선생 미세쓰 원을 "그리워하는 낯색"을 지어 보이는 혜봉의 의도란 대체 무엇인가?[40] 서양에 대한 무조건적인 배격을 요구히는 대동아의 허점을 들춰내는 한편으로, 혜봉은 '전향' 이전에 영위해왔던 정체성에 대한 "저버릴 수 없는" 애착을 은영에게 환기시킴으로써 대동아공영이라는 제국의 허구적 목표를 위해 상실되어야만 했던 은영의 '옛날 모습'에 대한 욕망을 다시금 일깨우고자 하는 것으로 보인다. 실로 여학교 시절, 그녀들이야말로 근대의 사랑을 받았던 수혜자가 아니었던가? 또한 "밤낮없이 공원으로 극장으로 돌아다니"는 근대적인 습관과 생활양식을 공유하며, 근대적 사랑의 대상으로서 서로를 호명해내지 않았던가?

이제는 더 이상 유효하게 존속되지 못하는 '서구적 세계'인 여학교 시절에 대한 '그리움'의 감정을 가시화하고자 하며, 혜봉은 제국이 제시하는 대동아의 미래보다도 오히려 더 "나쓰까시懐かしい—"하게 느껴지는 근대의 추억들을 은영의 눈앞에 펼쳐놓는다. 이로 인하여 은영은 여학교 시절의 "꿈같이 랑만하고 가지가지 재미있던 일"들이 "머리를 덥석 둘러싸는 것"을 느끼고, 다시금 근대를 향한 '환속'의 욕망을 되새기게 되지만, "혜봉의 앞에서 혜봉과 같이 자기 마음을 자기감정을 이야기해서는 안 될 것"을 떠올리고 황급히 감정을 추스른 후 "아무것도 생각지 않을 테야, 모든 것을 다 잊어버릴 테야"라는 필사적인 자기 동일화의 결의를 늘어놓음으로써 가까스로 제국 여성으로서의 정체성을 유지한다. 이 대목에서 은영에게는 「행로」에서와는 달리 이미 머뭇거림의 순간이 허용되지 않고 있음을, 강화된 부계적 질서하에서 당대 여성 주체들은 이미 사라진 것으로 간주되는 과거의 정체성에 대한 그리움이나 애도 등의 감정들을 표현하는 것마저도 불가능하게 되었음을 관찰할 수 있다. "모든 것을 다 잊어버"리고 스스로를 '백지' 상태로 만들어야 했던 이 시기 여성 주체들에게 있어서 혜봉이 환기시킨 것과 같은 그리움이란 "한 개의 쎈치에 지나지 못하는 값싼 감정"에 불과한 것으로 치부되어 "하루바삐 머리에서 몰아내어야" 하는 것이었으며, 오로지 "우리의 아이들

을 위해서 그들의 행복을 목표 삼고 나가"는 군국 모성의 정체성만
이 유일하게 합법적인 길로 남았던 것이다.[41]

　　그러나 이처럼 발설 불가능하고 더 이상 존재하지도 않는 것으로
간주되는 정체성에 대한 상실의 경험, 혹은 제국이라는 상징적 질서
를 구축하기 위한 '공백'으로서 배제되어야만 했던 근대적 여성성의
기표란, 제국 여성의 지위를 얻는 대신 얼굴을 못쓰게 만들어버림으
로써 이것이 결코 제국이 약속하는 '주체'의 얼굴이 아님을 상기시
키는 '증상'으로 다시금 제국의 맥락 내에 귀환하게 될 것이다. 정신
분석학의 명제가 시사하듯이, "상징계로부터 배제된 것은 실재로서
의 증상으로 되돌아오기" 때문이다.[42] '증상'이란 "상징적인 소통의
회로가 끊어진 곳에서 출현"하는 오점이자 "사회적인 유대의 네트워
크 속에 포함될 수 없는 얼룩"임을 상기한다면[43], 동성연애의 결속으
로 표상되던 근대적 여성성의 회로가 끊어지고 '대동아'의 질서가 새
로이 구축되었던 시기, 자신이 무엇을 잃어버린 것인지도 제대로 알
지 못하는/알고자 하는 것이 금지된 식민지 여성들의 신체에는 난
데없는 '얼룩' 즉 훼손의 흔적이 출현하여 이들이 영위하는 '허구적
인' 제국 주체의 외양을 폭로함으로써 우울함을 유발하는 원인이 되
었을 것이며, 또한 제국 질서의 산물인 프로파간다 내부에는 몰락한
'씨스타'의 형상들이 서사의 오점과 같이 출몰함으로써 제국의 메시
지를 못쓰게 만들어버리는 불안정성의 요소로 작용하게 되었을 것
이다. 더구나 '증상'이란 소통의 회로가 끊어진 곳에서 나타나는 "다
른 방식을 통한 소통의 연장"이며 큰 타자를 향하는 일종의 "암호"
이자 "코드화된 메시지"라는 점을 상기한다면[44], 「여명」에서 제시되
는 은영의 "못쓰게 된 얼굴"이란 부계적 질서의 명령에 복무하게 된

은영의 '괴로움'과 '번민'을 무심결에 노출시켜버리는 폭로의 형태로 작용하고 있을 뿐만 아니라, 나아가 과거 맺었던 결속에 대한 애착이 제국 여성의 외양하에 여전히 잠복되어 있음을 확인하기 위한, 혹은 과거의 자아에 대한 배제를 통해서만 도달할 수 있는 제국 정체성의 폭력적 체계를 가시화/경고하기 위한 무언無言의 암호로써 작품 내에서 활용되고 있다고도 볼 수 있을 것이다.

찻집에서 나누던 대화의 막바지에 이르면 은영은 "탁자 우에 목을 썩 내밀어 혜봉의 얼굴에 거이 제 얼굴이 닷도록 해가며" "혜봉이 이제 알아들었지?"라고 "힘을 넣어" 묻고, 혜봉은 은영에게 "알아들었어, 네 말이기 때문에 더 잘 알아들었어 … "라고 "만족히 대답"을 해주는 것으로 이야기를 끝낸다. 그러나 "연설에 가까운 어조로" 늘어놓던 은영의 설명에 대하여 시종일관 "감격하는 것도 아니고 그렇다고 실증 내는 기색도" 아닌 채 "은영의 긴장된 얼굴만 빤히 건너다보"던 이 옛 연인의 태도란 과연 무엇을 의미하는 것일까?[45] "누구보다두 총명"한 것으로 평가되는 혜봉이 은영과의 대화를 통해 실제로 "알아들은" 것은 은영이 그토록 필사적으로 전달하려 하는 듯 보였던 프로파간다의 메시지인 것일까, 혹은 과거의 정체성에 대한 '백지'화를 통해서만이 제국 주체로서 간신히 생존할 수 있었던 당대 젠더 정체성 체계의 공포를 체현體現함으로써 뜻밖에도 제국의 명령과 상충되는 경고의 메시지를 암호와 같이 발산하고 있던 은영의 우울하고 못쓰게 된 '얼굴'인 것일까?

결국 이 작품은 표면적으로 드러나는 프로파간다의 주제와 더불어 제국의 의도와 배치되는 욕망/기표를 여성의 훼손된 얼굴을 경유하여 징후적으로 전달함으로써, 엇갈리고 상충되는 메시지들을 나란히 재현하는 양가적ambivalent 텍스트로서의 면모를 보이고 있다고 할 수 있다. 얼굴과 목소리로부터 동시에 흘러나오는 이 메시지들의 혼선混線이란, 제국이 허락하는 합법적인 '목소리'의 균질성에 틈입함으로써 '씨스타'와의 (금지된) 공모의 지점을 만들어내고, 나아가 몸짓·표정 등 프로파간다의 언어를 배반해버리는 신체 언어들을 작품 내에 등장시킴으로써 제국의 맥락과 반대되는 메시지를 전달하기 위한 일종의 장치인 것으로 볼 수 있다. 즉 프로파간다라는 형식이 담지하게 되는 선전의 고유한 의도에도 불구하고, "갈 데를 아직도 모르고 있는" 옛 연인을 향해 은영이 궁극적으로 전달하게 되는 것은 제국을 향해 '전향'하라는 회유나 설득의 메시지가 아니라 오히려 제국 정체성으로부터 '달아나라'는 경고의 메시지로 귀결되기 때문이다.

그렇다면 「여명」에서 은영이 최종적으로 도달하게 되는 이러한 양가성의 국면이란 그 자체로 전시체제기 식민지 여성들이 감수해야만 했던 내적인 균열을 드러내는 동시에, 일견 제국을 향한 정체성 교체를 이미 완료한 듯 보이는 여성이라 할지라도 실상은 제국으로의 이행을 앞두고 접어들었던 머뭇거림/지체의 상황에 교착된 채 벗어나지 못하고 있었음을, 과거 영위했거나 현재 영위할 것을 명령받은 두 가지 정체성 사이에서 여전히 결단을 내리지 못한 채 '씨스타'에 의해 촉발된 과거의 기억에 부딪힐 때마다 부계적 질서로부터의 도피 욕망만을 되새기고 있었음을 시사하는 것이기도 하다. 그러므로 동성연애로 표상되는 근대적 여성성에 대한 애착의 기억이란, 전시체제기 강화된 제국의 질서에도 불구하고 제국의 명령에 복무하는 식민지 여성의 얼굴에 언제든지 출몰하여 '제국 여성'의 외양을 망쳐버릴 수 있는 증상으로서, 혹은 '종로' 한복판에 불현듯 나타나 제국의 행로에 오르려는 여성들의 손을 '덥석' 붙잡은 채 '환속'할 것을 종용하는 징후로서 여전히 제국의 맥락에 대한 대응의 의미를 담지한 채 나타나고 있었으며, 이 시기 여성들이 영위했던/영위하고 있다고 믿었던 제국 주체의 지위란 실상 이러한 불안정성의 요소들이 '누설'될 것을 애써 억누름으로써만 가능했던 소모적이며 일시적인 지연遲延의 효과에 불과했던 것이다.

제국의 행로, 무의식의 암호(code)

마지막으로, 지금까지 전시체제기 여성 작가들의 작품을 바라보는 관점이란 대부분 민족/제국이라는 범주에 고정되어 있었음을 상기시키고 싶다. 즉 이 시기 장덕조·최정희 등의 작품을 바라보는 관점이란 대체로 "식민지 여성들이 일본 제국주의 체제를 얼마나 내면화했는가"[46]의 문제와 결부되는 경향이 있었으며, 이처럼 민족 혹은 제국이라는 특정한 "범주 중심성"에 입각하여 여성 작가들의 작품을 연구하는 방식이란 (그간 소기의 성과를 거둔 바 있음에도 불구하고) 젠더, 문화, 관습, 풍속 등 "다양한 요소들과 그것들이 상호 작동하는 측면"을 분석해내지 못한 채 자칫 협력/저항이라는 단선론적·목적론적 이해에 머무를 위험이 있다는 측면에서 주의할 필요가 있는 것이다.[47] 따라서 이 글에서는 그동안 소위 '친일' 문제로 축약되어왔던 기존 민족/제국의 대립적 프레임을 벗어나 여성 작가들의 작품 속에 내포된 또 다른 의미들을 읽어내기 위한 시도로써 '문화'라는 제3의 틀을 활용하고자 했으며, 이때 제국이 요구하는 전통적인 '동양 여성'으로서의 정체성 교체를 앞두고 문화적 '전향'의 위기에 직면한 식민지 여성들의 내면을 읽어내기 위한 키워드로서 '동성연애'라는 근대 여성들의 풍속·유행·문화에 주목했다.[48]

전시체제기 식민지 여성들의 제국 진입이란 그간 '제국 여성으로의 지위 상승' 혹은 '공적 영역에서의 활동 기회 보장'이라는 '여성 해방'의 측면에 의거하여 수행되었던 것으로 주로 인식되어왔으며, "가문에서 쫓겨나더라도 나라에서 쫓겨나지 않는 아내 며느리"가 되자고 부르짖었던 모윤숙의 저 유명한 연설이란 실로 전쟁을 '기회'로 삼아 식민지 여성들의 지위를 향상시키고자 했던 당대 지식인 여성들의 욕망을 대변하는 듯 보이기도 한다. 그러나 전시체제기 지식인 여성들을 향해 실제로 "여성 해방을 남녀 간의 단순 대립으로 이해"하여 "성과 민족, 계급의 복합적인 관계에 대한 고려 없이 고립된 여성성만을 추구"함으로써 "제국주의적 성 정치의 급류에 휘말려"드는 "불행한"[49] 결과를 초래하게 되었다는 평가가 내려진 바 있음에도 불구하고, 기실 이러한 평가란 전시체제기 제국에 의해 요구되었던 '정체성 교체'가 지닌 복합적인 측면을 간과하고 있다는 것이 이 글의 입장이다. 즉 제국의 황민화 정책이 요구했던 정체성 교체란 단순히 식민지 조선인에서 제국의 신민으로 이행하게끔 하는 단선적인 과정만이 아니었으며, 식민지 여성들로 하여금 근대적 여성성을 부인하고 제국이 장려하는 전통적 부녀의 위치로 재진입하도록 했던 문화적 '전향'의 과정이기도 했던 것이다. 그러므로 자칫 민족/제국이라는 두 요소의 대립으로만 파악되기 쉬운 전시체제기 정체성 형성의 장이란 실상 문화적 정체성이라는 제3의 요소까지도 고려해야 하는 것이었으며, 이를 통해 제국의 황민화 정책에 의해 '배제'를 선고받았던 것은 단지 조선인이라는 인종적 정체성만은 아니었음을, 근대적 여성성 역시 배제의 대상이었음을 확인할 수 있다. 그렇다면 전시체제기 식민지 여성들이 추구했던 것으로 가정되는 '여성 해방'이란 그 자체로 기실 '해방'이 아닌 '억압'의 측면을 지닌 것이었음이 드러나며, 이는 다음과 같은 질문의 기반이 되는 것이기도 하다. 즉 전시체제기 여성들은 과연 그간 추구해왔던 근대에 대한 욕망을 한순간에 저버린 채 제국을 향한 '결단'을 내릴 수 있었던 것일까?

그러나 전시체제에 접어들었다고 해서 식민지 모던 보이들이 전부 사라진 것은 아니듯이, 제국의 호명을 수취했다고 해서 그간 영위해왔던 근대적 여성성에 대한 애착 혹은 그로 인한 머뭇거림이 완전히 사라졌을 리는 없을 것이다. 가령 '제국 신민'을 꿈꾸었던 대표적 여성으로 회자되는 김활란의 경우, 서구에 대항하는 '대동아'의 이념을 충분히 인지하고 있었으면서도 1939년 봄, 미·일 관계의 악화로 인하여 이화여전의 제8대 교장이었던 미스 아펜젤러가 조선을 떠나게 되자 "일본 당국의 매서운 눈초리에도 불구하고" "조선 딸들의 생활에 씨앗을 심었던 자애 깊은 이화의 어머니"를 인천까지 과감히 전송했던 것이다. "적국어"라는 이유로 이화여전에 "영어 폐지령"이 내려지거나, 혹은 "미국 선교사들의 본거지였던 곳이라 비위에 맞지 않는다"는 시학관視學官의 비판이 가해지기도 했던 전시체제하의 반서구적/반근대적 상황을 "슬픈 형벌"[50]로서 회고하고 있는 김활란의 면모란, 일견 제국의 여성 주체로서 온전히 자리 잡은 듯 보임에도 불구하고 그 이면에는 (기독교로 표상되는) 서구적 근대에 대한 욕망이 여전히 지속되고 있었음을, 또한 제국의 명령에 의해 금지된 근대적 관습/생활양식/정체성에 대한 애착으로 인하여 내적인 균열의 상황을 겪고 있었음을 보여주는 사례이기도 하다. 그러므로 자칫 민족/제국이라는 양자택일의 딜레마로만 읽히기 쉬운 전시체제의 국면이란 실상 종교·관습·문화 등 보다 복합적인 요소들의 산물이었음을 알 수 있으며, 그렇다면 이 시기 여성 정체성 역시 단일한 제국의 산물이기보다는 제국·식민·문화 등이 교차하여 형성되는 불확정하고 불균질하며 유동적인 성격을 지닌 것으로 파악될 수 있을 것이다.

이 글에서는 전시체제기 황민화 정책이 민족적 정체성에 대한 위협이었던 것만큼이나 식민지 여성들이 영위해왔던 근대적 정체성에 대한 위협이기도 했음을 지적하고자 했으며, 나아가 제국의 의도 구현을 목적으로 하는 프로파간다의 서사 내부에 뜻밖에도 동성연애로 표상되는 근대적 여성성의 기억/결속이 '씨스타'의 형상을 띤 채 출몰함으로써 제국을 향한 대응의 기반이 되었음을 제시하고자 했다. 이를 통해 제국의 황민화 정책에 대한 대응의 동력이란 단지 민족만이 아니었음을, 여학교 시절의 동성연애로 표상되는 근대적 여성성의 기억 역시 프로파간다의 맥락 이면에 잠복된 징후로서 제국의 '행로'에 오르려는 여성들을 향해 끊임없이 머뭇거림의 순간을 만들어내거나, 혹은 과거의 정체성을 향한 '환속'을 부추김으로써 제국이라는 부계적 질서에 대한 대응 혹은 도피의 의미를 담지한 채 작동하게 되었음을 밝혔다.

대동아의 '미래'로 향하고자 했던 프로파간다의 서사와는 달리, '여학교 시절' 영위했던 근대적 정체성을 향한 회귀의 욕망을 되새기도록 하는 동성연애의 서사란 제국이 배포하는 '동양'이 아닌 '근대'

야말로 여전히 이 시기 여성들을 잡아끄는 코드였을 수 있다는 것을, 다시 말해 전시체제기 군국 모성의 '행로'에 오른 식민지 여성들의 무의식에 접속하기 위한 암호 역시 뜻밖에도 '민족'이나 '제국'이나 '전쟁'이 아니라 여전히 '근대'였을 수 있다는 점을 시사한다는 측면에서 중요한 의의를 지닌다. 즉 전시체제기의 여성성을 연구할 때 무엇보다 중요시되어야 할 것은 민족이나 제국에 의해 수행되는 사회적·정치적 운동일 수 있겠으나, 「행로」와 「여명」에서 볼 수 있듯이 전시체제기 젠더 수행의 주요한 동인動因으로 작용했던 것은 오히려 과거 이들이 향유한 바 있던 근대적 문화에 대한 욕망이자, 아울러 이러한 욕망을 고수하기 위하여 형성된 '동성연애'의 결속일 수 있는 것이다.

제5장

여장 남자가 노래하는 국가 서사

영화 「남자 기생」과 1960년대 한국의 젠더와 섹슈얼리티 정치[1]

김청강 지음
이동윤 옮김

여기 뜨개질과 바느질, 빨래하기를 좋아하는 근육질 몸매의 키 큰 남성이 있다. 그의 이런 모습은 회사 사장에게 혐오를 불러일으키고 급기야 그는 회사에서 해고된다. 생계를 위해 여성으로 변장하고 기생집에 들어간 그는 그곳에서 가장 인기 있는 기생이 된다. 하지만 그는 곧 자신의 '비도덕적인' 생활에 죄책감을 느낀다. 결국 그는 여자 친구와 결혼하여 남들 같은 '정상적인' 삶을 살기 위해 기생을 그만두고 화장품 판매원이 되어 새로운 삶을 시작한다.

이 이야기는 코미디 영화 「남자 기생」*의 간략한 줄거리다. 「남자 기생」은 1960년대 후반 '젠더 코미디 영화'라고 불리는 장르 중에서 큰 인기를 얻었던 작품 중 하나다. 영화는 제목에서부터 '기생'과 '남

---

* 「남자 기생」의 공식적인 제목은 「남자와 기생」이다. 하지만 저자는 이 영화의 제목이 검열에 의해서 「남자와 기생」으로 수정되었다는 점을 밝히며 본문에서 「남자 기생」으로 표시하고 있다. 따라서 저자의 의도를 반영하여 「남자 기생」으로 번역한다.

성'을 연결하며 관객들의 호기심을 자극했다. 또한 영화의 기술적인 결함과 상투적인 서사 요소들(가난한 시골 출신의 남성과 여성이 근대화된 도시에서 살아가면서 삶의 역경을 극복하고 사랑과 가족을 찾는다는 전형적인 이야기)에도 불구하고, 많은 관객의 사랑을 받았다. 「남자 기생」의 감독인 심우섭은 1968년에서 1970년 사이에 30편 이상의 영화를 연출했는데, 특히 코미디 영화를 주로 만들었다. 그의 작품 중 다수는 흥행에 성공했다. 특히 「남자식모」는 서울에서 개봉한 지 2주 만에 12만 명이 넘는 관객을 불러 모으며 파산에 직면했던 신필름을 경제적 어려움에서 벗어나게 했다.[2] 이 코미디 영화들은 복장 전환cross-dressing*, 성역할 전도, 동성애와 같은 퀴어 모티브를 바탕으로 남성의 성적 무기력과 가학피학증加虐被虐症 같은 다양한 성에 관련된 주제들을 다루었다.[3] 물론 정체성 정치에 대해 의식적으로 질문을

---

* cross-dressing은 대개 '복장 도착'으로 번역되나 이는 여장 남자, 또는 남장 여자를 '도착증'이라는 병리적 현상으로 파악하고 있다는 점에서 부정적 인식이 반영되어 있다. 한편 영문 음역인 '크로스 드레싱'은 트랜스젠더 정체성의 하위분류로 규정되기도 하고, 트랜스젠더가 아닌 시스젠더의 복장 전환적 상황 또한 반영하고 있다는 점에서 중의적이다. 여성 옷을 입은 남자들을 소재로 한 영화들에 나타난 퀴어성을 분석하는 이 글의 특성을 고려할 때 '크로스 드레싱' 또한 틀린 번역은 아니나 가급적 한국어와 의미가 비슷한 '복장 전환(服裝轉換)'으로 번역한다. 이미선은 'transvestism'을 복장 전환으로 번역하기 위해 다음과 같이 설명한다. "복장 전환에는 '변장(disguise)'과는 조금 다른 의미가 있다. 변장은 남성이 다른 남성으로, 여성이 다른 여성으로, 남성이 여성으로, 혹은 여성이 남성으로 모습을 바꾸는 것으로, 변장에서는 성의 변화가 일어날 수도, 일어나지 않을 수도 있다. … 반면에 '복장 전환'은 성의 변화가 일어나는 변장으로 제한된다. 그러므로 복장 전환은 변장의 제한적인 한 형태다. 남성이 여성 복장을 하고, 여성이 남성 복장을 한다는 의미에서 '복장 전환'을 나타내는 'transvestism'이라는 단어는 종종 'cross-dressing'으로 대체되기도 한다." (이미선, 「복장 전환: 남근으로 존재하기 위한 여성의 전략: 『베니스의 상인』을 중심으로」, 『한국셰익스피어학회』 45(1), 2009, 89~90쪽.)

하고 있지는 않아 이러한 작품들을 '퀴어' 영화로 부르는 것에는 무리가 따르겠지만, 이 작품들이 성적 범주와 실천에 대한 정상성에 도전하고 있음은 분명하다.[4] 이 시기 한국 대중영화의 이러한 현상은 주디스 버틀러가 명명한 "젠더 트러블"*로도 불릴 수 있을 것이다.[5]

또한 이 영화들이 박정희(재임 1963~1979) 독재 정권에서 제작되었다는 점은 더욱 주목해볼 만하다. 박정희 정권은 가장 중요한 국가적 어젠다로서 '발전주의적' 경제성장을 채택하고, 수출 주도의 경제성장을 위해 다양한 경제적·교육적·법적 정책들을 시행했다. 현재까지 박정희 정부의 무소불위적 규율, 경제정책이나 이에 대한 반정부적 사회정치운동 등, 이 체제의 정치경제적 방면에 관해서는 많은 연구가 진행되어왔다.[6] 그러나 이에 비해 박정희 정부의 사회적 관계와 문화적 역동성에 관한 연구는 그리 많지 않다. 최근에야 여러 학자들이 박정희 체제의 '통치의 테크놀로지technology of government'에 주목하여 권력이 하향식으로 작동하는 측면뿐만 아니라 국민의 일상에 침투해 들어갔던 측면까지 관심을 갖기 시작했는데,[7] 특히 이 방면에는 페미니즘 학자들의 성과가 상당했다. 페미니즘 학자들은 젠더와 섹슈얼리티 관점을 활용하여 박정희의 남성주의적 군사적 발전주의가 어떻게 공적 영역과 사적 영역을 관통하며 공고해졌는지 밝혀냈다. 또한 그들은 이 체제의 규범적 구조들이 남자를 '산업 역군'

* 주디스 버틀러에게 '젠더'는 역사적 맥락 속에서 늘 가변적이고 모순적으로 성립되는 개념이다. 신체적 성은 젠더를 결정짓는 고정적 개념이 될 수 없으며 모든 젠더는 사회제도의 담론 질서에 의해서 재구성된다. 이로서 정체성은 언제나 유동적으로 변화될 가능성을 지니며 그 과정 중에서 다양한 젠더 교란과 위반이 발생한다. 그런 의미에서 젠더는 언제나 '트러블'의 가능성을 담지하고 있다.

으로, 여자를 '주부'로 구성하는 가족 중심적 센더와 섹슈얼리티를 기반으로 지탱되어왔다는 점을 입증했다.[8]

하지만 성별 역할의 구분에 초점을 맞추는 페미니즘적 연구 결과들은 의도치 않게 이성애규범적인 젠더 이분법을 강화하는 효과를 가져왔고, 박정희 정권 시기의 주변화된 섹슈얼리티가 지니는 다양성에 대해서는 간과한 면이 없지 않다. 또한 이들의 분석은 국가 폭력—예를 들어 미군 부대 주변의 성매매와 일본 관광객들의 기생 관광에 대한 묵인—에 주로 주목했기 때문에 이 산업 내부에 종사했던 역사적 행위자들의 주변적 목소리 또한 충분히 다루지 못한 측면도 있다.[9] 이 시대의 젠더와 성규범에 관한 역사에 보다 균형적이고 세밀한 시선을 제공하기 위해서, 이 장에서는 1960년대 후반 코미디 영화 속 다양한 퀴어의 모습들이 어떻게 이데올로기적으로 복원되거나 문화적으로 전유되었는지 보여주고자 한다. 이를 통해 발전주의 체제의 '국가 효과'가 어떻게 문화적으로 작동했는지 그리고 성의 생물학적 본질주의가 어떻게 젠더화된 자본주의적 질서를 만드는 데 공헌했는지 탐구하고자 한다.[10]

미셸 푸코는 근대 유럽의 통치성이 섹슈얼리티의 규제를 기반으로 이루어졌음을 밝히며, 섹슈얼리티 담론의 확산을 통해 성에 관한 진실의 체제a regime of truth가 구축되는 생명정치에 대해 탐구한 바 있다.[11] 또한 냉전기 미국에서 동성애를 국가적 위협으로 여기던 담론이 팽배했으며, 마찬가지로 한국에서도 성을 규제하는 것은 국민의 신체와 삶을 규율하여 정상성을 만들어내는 기초가 되었다.[12] 비규범적이거나 정상성에서 벗어난 섹슈얼리티는 반공주의에 대한 심각한 위협이 되거나 건강한 국가 윤리에 악영향을 끼칠지도 모르는 열등

한 문화로 수사화修辭化되었다.[13]

이 장에서는 박정희 체제의 젠더와 섹슈얼리티 정치를 논의하기 위해, 매우 희귀한 문화적 창구로서의 B급 젠더 코미디 영화들을 살펴보고자 한다. 박정희 체제의 젠더와 섹슈얼리티 정치는 이성애-가부장적이고 자본주의적인 발전주의 체제를 확고히 지지했지만, 동시에 그 표현들은 이러한 이데올로기로부터 벗어난다. 따라서 '퀴어' 또는 젠더 부조화적 요소들을 지니고 있는 많은 1960년대 젠더 코미디 영화들에 특별히 관심을 두면서, 성적 정상성에 기초한 민족적 개발 이데올로기가 어떻게 시각 매체를 통해서 사회와 문화에 침투할 수 있었는지 살펴보고자 한다. 1960년대 박정희 체제는 영화를 검열, 공연물 시행 세칙, '양질'의 영화에 보조금을 지급하는 방식 등의 법적 장치를 마련해서 이를 젠더와 섹슈얼리티를 규제하기 위한 중요한 국가 장치로서 이용했다. 이런 상황에서 생산된 젠더 코미디 영화들은 이성애규범적 주류 문화의 양식과 이러한 양식을 거스르는 주변적 성적 하위문화의 임계 공간liminal space을 드러내는 복잡한 문화적 텍스트였다. B급 젠더 코미디 영화는 국가 이데올로기의 산물이라기보다는 문화의 헤게모니와 반헤게모니적 투쟁이 일어나는 변증법적인 장으로 파악할 수 있을 것이다.[14] 영화에 나타나는 정상적인 성역할에 기초한 가족의 이상화된 이미지는 훈육적이고 자기 규제적인 권력으로 기능함으로써 섹슈얼리티를 규제했던 반면, 이와 동시에 영화 속 퀴어 재현은 저항적 측면을 드러내는 한 예가 되기도 했다.

이데올로기적 국가 장치로서의 영화

한국전쟁(1950~1953)은 한국 사회에 거대한 물질적 손실과 북한과 남한 사이의 이데올로기적 갈등, 회복하기 힘든 정신적 피해를 남겼다. 이러한 사회적 혼란 속에서 이승만(재임 1948~1960)은 식민적 관료제와 냉전 정치, 반공주의를 이데올로기적 근간으로 독재 체제를 구축했다. 이데올로기적 목표를 성취하기 위해서 영화를 활용하는 것은 아시아태평양전쟁(1937~1945) 기간 동안 일본의 식민정책에서 처음으로 시작되었고, 해방 이후 남한으로 이어졌다. 한국어로 제작된 영화들은 매우 많은 관객들을 불러 모았고, 정부는 보다 효과적으로 국가의 프로파간다를 전파할 수 있었다.

1957년 문화교육부는 '공연물 검열 세칙'을 통해, 대중 공연에서의 성적 표현에 대한 규제 사항을 발표했다. 이 세칙에는 "성교를 표시한 것. 특히 근친 간의 성교를 암시", "강간, 색정, 도착, 변태성욕 등에 관련된 구체적인 언동의 표시", "매음을 정상화한 것", "과격하고 음란한 키스, 포옹, 선정적인 자세"와 "불의의 성관계가 정당화되거나 매혹적으로 취급된 것" 같은 성 표현에 대한 규제가 담겼다.[15] 한국 역사상 처음으로 국가는 남성과 여성 사이의 "올바르고 정상적"인 성적 관계를 정의하기 시작한 것이다.

이러한 기준들은 전후 남한 사회에서 고정된 성역할을 위반하는 대중 영화제작의 증가를 억제하는 일시적 효과를 낳았다. 정부가 이러한 일련의 조치를 취하기 이전에 한국 영화에는 섹슈얼리티가 강한 여자들이 종종 등장했다. 예를 들어 「자유부인」(1956)은 중산층 가정주부의 외도를 그린 멜로드라마였는데, 지식인들 사이에 성윤리 위반에 대한 큰 논란을 낳기도 했다. 젠더 질서를 위협하는 상징으로서 '양공주'의 사치스런 삶에 대한 묘사 또한 많은 영화에 나타났다. 이렇듯 영화에 성윤리에 위배되는 양상이 많이 나타난 이유는 많은 여성들이 생계를 위해서 가정 밖의 일을 해야 했던 전쟁 경험에 기인한 것으로 볼 수 있다.[16]

　1961년 박정희의 군사 쿠데타 이후, 정부는 영화법과 검열 규정들을 공표하여 보다 더 적극적으로 영화를 규제했다. 박정희 정부는 개별 영화사들을 통합시켰고 영화제작을 표준화했다. 1962년의 영화법과 1963년의 개정 법안은 할리우드 시스템을 모방하여 60개의 영화사를 여섯 개로 통폐합했다. 각 영화사는 1년에 15편 이상의 영화를 제작해야 했다.[17] 이런 이유로 많은 영화사 연구자들이 공통적으로 지적했듯이, 이 시기의 영화들은 지나치게 이데올로기적 주제들과 모티브를 드러내면서 예술로서의 질은 떨어지는 편이었다.[18] 정부규제 아래 만들어진 영화들은 젠더와 성역할도 고정하여 표현함으로써, 이상적인 국가의 이미지를 선전하는 역할을 했다.[19] 영화의 내용을 규제함으로써, 정부는 국가의 환유로서의 가족과 섹슈얼리티에 대한 규범적 시선을 만들어내려 했다. 예를 들어 정부는 현대적인 핵가족의 새로운 모델을 사람들에게 선전하기 위해서 '가족계획 영화'와 같은 이른바 '문화 영화'를 제작하기 시작했다.[20] 다른 한편 극영화에서의 '성'에 대한 묘사와 재현은 엄격하게 규제되었다.

　1960년대 초기 많은 영화는 할리우드 고전 영화들의 서사, 스타일, 기술들을 모방하여 당시 부상하던 도시 중산층의 이야기를 그려냈다. 이 영화들은 한국전쟁에 의해 파괴되었던 가부장적 권위의 위기를 행복한 가정이 어떻게 극복하는지 보여주었다. 「로맨스 빠빠」

(1960), 「삼등 과장」(1960)과 같은 영화들의 중심 플롯은 가족 구성원의 사랑과 지지를 바탕으로 가족 모두가 갈등을 극복하는 긍정적인 모습으로 귀결된다.[21] 특히 중산층 가장의 일상 속 분투와 젊은 세대의 삶을 묘사하는 것은 인기 있는 주제였다. 이는 국가 내에서 가중되는 가족 중심주의와 그 윤리를 시각적으로 드러낸 것이었다.

그럼에도 중산층 가정의 행복한 삶에 대한 이상적 이미지와 실제로 자신의 생계를 책임지며 살아가던 당대 사람들의 삶의 차이는 현격했다.[22] 때문에 이 영화들의 이데올로기적 효과는 불분명하다. 1960년대 초, 국가로부터 지원받은 영화들과 다양한 형태의 미디어에 나타난 행복한 가족의 삶에 대한 이미지는 한국전쟁 이후 대다수의 한국인들의 절망적이고 가난한 삶과 극명하게 대비되어 나타났다.[23] 엄밀히 말해서 이 영화들이 국가 선전용 영화는 아니었지만 여전히 건전한 가족적·국가적 주체들의 이미지를 전파하는 중요한 역할을 수행했다. 이는 어찌 보면 한국전쟁 이후 영화를 통해서나마 가난에서 필사적으로 벗어나려 했던 당대 상황의 반영으로도 볼 수 있을 것이다.[24]

급성장하는 하위문화와 젠더 코미디 영화

1960년대 후반, 가부장제와 가족의 위기에 대한 주제가 한국 대중 영화에 다시 등장했다. 「미워도 다시 한 번」(1969)의 전례 없는 인기는 이처럼 새로운 주제를 담은 영화의 유행을 예고하는 것이었다. 「미워도 다시 한 번」은 유부남과 순진한 여자 사이의 불륜 관계를 그려내며 당대 최고의 인기를 얻었다. 가부장제 위기를 암시적으로만 다루는 1960년대 초 영화들이 핵가족의 화합에 초점을 맞추고 있는 것과는 달리, 1960년대 후반의 영화들은 중산층 가족의 갈등, 불륜, 남성의 성적 불능, 퀴어성queerness의 재현과 같은 주제들을 다루었다. 그중에서도 젠더 코미디는 1960년대 중·후반 빠른 속도로 성장한 장르였다.[25] 이 젠더 코미디 영화들은 이데올로기적으로 조작된 이상적인 가족을 재현했던 1960년대 초 영화들과는 확연히 달랐는데, 1968년에서 1971년 사이에 그 전성기를 누렸다.

영화를 분석하기 이전에, 젠더 코미디 영화와 같은 주제적 전환을 가능케 한 역사-경제적 조건들을 이해하는 것이 중요하다. 영화역사학자 이영일에 따르면, 첫 번째 젠더 코미디인 「여자가 더 좋아」(1965)는 서울에서 거의 3만 명이 넘는 관객을 동원했다. 하지만 젠더 코미디의 인기가 정점에 이른 것은 「남자식모」가 만들어진 1960년대 후반이었다. 「남자식모」의 성공은 새로운 주제의 코미디 영화를 영화 산업에 추동시킨 계기가 되었고, 「남자미용사」(1968), 「남자기생」(1969), 「특등 비서」(1969), 「남자식모(속)」(1970)를 포함한 일련의 시리즈물과 모방작 제작에 불을 지폈다. 심우섭 감독은 1950년대 후반부터 영화감독으로 활동해왔지만, 1960년대 후반 이 시리즈들이 인기를 얻으며 유명해졌다. 특히 빠른 영화제작 속도와 (제작 비용의 가장 중요한 부분인) 필름 사용을 최소화하는 촬영 방식은 제작자들에게 큰 인기를 얻었다. 2004년 필자와의 인터뷰에서 그는 단 일주일 만에 영화를 만들었다고 말하기도 했었다.[26] 심우섭 감독의 막대한 상업적 성공은 다른 감독들에게도 짧은 제작 기간 안에 저예산으로 영화를 만들라는 압박을 받게 했고, 이에 대해 많은 감독들

이 불평을 할 정도였다.[27]

젠더 코미디 영화가 인기를 끌었던 것은 감독들의 촬영 진행 방식과 영화 관람 문화의 전환뿐만 아니라, 1960년대 후반 서울의 도시인구가 빠르게 증가하여 가능해진 것이기도 했다. 박정희 정부는 1961년 권력을 장악한 이후 국가 경제개발을 약속했는데, 1960년대 후반에 이르면 국가 개발의 불균형, 특히 도농 격차는 사회적 불안을 증가시켰다. 인구 문제는 상황을 더욱 악화시켰는데, 1968년부터 1970년까지 서울의 인구는 젊은 청년들이 농촌 지역에서 서울로 이주해오면서 15퍼센트 이상 증가했다.[28] 이는 정부의 예상을 훨씬 뛰어넘는 것으로, 1960년에 240만 명이었던 서울 인구가 1970년에는 580만 명을 넘어섰다.[29] 이로 인해 높은 인플레이션과 실업률이 사회 문제로 대두되었고, 도심에는 거대한 슬럼가가 형성되었다. 가족 없이 홀로 생활하는 청년들은 (서울 인구의 3분의 1에 해당하는) 300만 명에 달했고, 이들은 '벌통'이라 불렸던 황폐한 주거 지역에 살았다.[30] 이렇게 빈곤에 빠진 인구의 요구를 수용하고 주택난을 해결하기 위해서, 전문가들은 부심지附心地(suburbs) 개발의 필요성을 역설했다. 이에 따라 1970년대까지 10퍼센트에서 15퍼센트의 서울 인구가 부심지로 이주했다. 종묘, 홍등가와 같은 도심 인구의 55퍼센트 정도가 구도심의 외곽에 위치한 새로운 12개의 부심지suburban centers로 이주했다.[31]

엔터테인먼트에 대한 수요도 급증하는 도심 인구와의 긴밀한 관계 속에서 성장했다. 1961년 한 해에 거의 100편 정도에 달하던 영화제작 편수는 1968년과 1971년 사이에 200편까지 증가했다.[32] 또한 극장을 찾는 관객의 규모는 1961년에는 대략 5800만 명이었는

〔도판 5-1〕『경향신문』 1968년 12월 30일 자에 실린 「남자 기생」 홍보 포스터.

데, 1968년에는 1억 7100만 명을 넘어섰다. 특히, 1962년에서 1966년 사이에 20퍼센트의 증가율을 보였고, 1970년대 초에는 정점을 찍었다. 이러한 성장의 대부분은 부심지에 있는 재개봉관에 해당되었다. 예를 들어 1970년 관람객 8500만 명 중 700만 명이 재개봉관을 방문했고 이는 저렴한 관람료와 접근성에 기인한 것이었다.[33] 개봉관들이 여전히 명맥을 유지하는 가운데 재개봉관들은 상영작을 결정하는 데에 좀 더 유연한 방식을 취함으로써 상업적 이득을 취할 수 있었다.[34] 다시 말해, 1960년대 후반에 이르러 한국의 도심과 부도심 관객들 모두 이전보다 개봉 영화들을 볼 수 있는 기회가 훨씬 더 많아진 것이다.[35]

젠더 코미디 영화제작자들도 이렇게 새로워진 영화 관람 방식을 통해 수익을 늘릴 수 있었다. 「남자식모」의 성공 이후, 심우섭 감독은 신필름에서 「남자 기생」을, 주식회사 대한연합영화사에서 「남자 미용사」를 연이어 만들었다.[36] 비록 도심에 위치한 개봉관이었던 국제극장에서 개봉한 「남자식모」만큼 흥행을 하진 않았지만, 이 두 작품은 모두 낮은 제작 예산과 값싼 극장 대관 비용 덕에 상업적으로 성공을 거두었다. 예를 들어 「남자 기생」은 설 연휴 기간 동안 다섯 개의 재개봉관에 배급되었다.((도판 5-1) 참조) 이 영화는 "내가 사는 구역에 소문난 영화"라는 광고 선전 문구와 함께 영등포(서울극장), 용산(용산극장), 명동(고려극장), 종로(동대문극장) 그리고 청량리(통일극장)의 재개봉관을 타깃으로 배급했다. 배급사들은 개봉관까지 가지 않아도 되는 편리함과 저렴한 입장료(90원, 개봉관은 130원)를 강조했다.[37]

저렴한 입장료에 대한 강조는 비평가들로 하여금 재개봉관 관객들을 젠더 코미디 영화와 같은 '싸구려 영화들'이나 보러 다니는 저속한 관객들로 치부하게 했다. 반면 1968년에 이르러 『주간한국』, 『선데이 서울』, 『주간조선』, 『주간중앙』, 『주간여성』과 같은 타블로이드 주간지들은 젠더 코미디 영화들의 리뷰와 분석을 싣기 시작했다.[38] 1964년 즈음 출판되기 시작한 이러한 주간지들은 유명 일간지들과 월간지들이 다루지 않았던 유명인의 가십, 성적인 이야기들, 관능적인 사진들을 게재했고, 코미디 장르 영화들과 B급 영화들을 소개함으로써 이 영화들이 도시 하위문화로 정착하는 데 큰 기여를 했다.[39] 이런 면에서 하위 대중문화라는 것은 경제적 계급의 문제라기보다는 적어도 부분적으로나마 소비 주체에 의해 새롭게 형성된 것이라고 볼 수 있을 것이다.[40]

「남자 기생」에서의 젠더 트러블

이 시기에 새로운 관객들을 위해 만들어진 영화는 서울로 갓 이주한 사람들의 취향에 부합했다.[41] 「남자 기생」은 이러한 영화들의 전형이었다. 이 영화는 서울에서 직업을 찾기 힘든, 그래서 생활비를 벌기 위해 남성에서 여성으로 가장해야 하는 시골 출신의 한 남자 이야기를 담고 있다. 도시의 발전된 모습과 중산층을 이상화하는 이미지 대신에, 젠더 코미디 영화들은 1960년대 후반 가족 붕괴에 대한 패닉 상황에 집중한다. 특히 박정희 체제가 그려낸 웅장한 국가와 정치적 수사에는 거의 재현되지 않는 하층계급 여성들 삶의 불유쾌한 현실을 그대로 보여준다. 젠더 코미디 영화들의 주인공들은 제목이 암시하듯이, 주로 시골에서 올라온 여성들이다. 이 영화들은 특별한 기술이나 교육적 배경 없이, 중산층으로 사는 것이 불가능한 하층계급 여성들의 삶을 그린다.[42] 이러한 하층계급 여성과 그들의 노동은 국가경제에 분명히 기여했음에도 불구하고, 영화 속에서 가족 중심의 사회경제체제에 위협을 가하는 것으로 재현되었다.[43] 또한 주로 서비스산업 종사자였던 이 여성들은 '젠더 트러블'의 원천이자 관음증적 시선의 대상으로 그려졌다.

「남자 기생」 역시 국가 발전 서사와는 어울리지 않는 문제투성이의 가족 이야기를 중점적으로 다룬다. 이 영화는 시골 출신의 주인공 구씨가 처음 서울에 도착하는 장면에서 시작한다.[44] 「남자 기생」은 심우섭 감독이 만든 시리즈물의 세 번째 작품이었는데, 관객들은 이미 「남자식모」와 「남자미용사」를 통해서 구씨 캐릭터를 알고 있었다. 이전의 두 영화에서처럼 「남자 기생」의 카메라는 구씨의 시점 쇼트를 통해 옷가게의 마네킹과 도시 극장들, 문화의 중심지들, 현대화된 수택들을 패닝panning*하며 담아낸다. 이러한 방식으로 「남자 기

---

* 카메라의 위치를 고정한 상태에서 수평으로 카메라를 회전하며 촬영하는 기법이다.

생」은 새롭고 복잡한 도시 환경 속에서 표류하는 '시골뜨기'의 혼란을 묘사한다. 플롯은 가정집과 기생집이라는 두 개의 상반된 공간을 중심으로 나뉜다. 박정희 시기 영화에서 흔히 나타나는 가부장적 가족 안의 아내에 대한 묘사와는 달리, 「남자 기생」에서 아내는 바지를 입고 있다. 야생적이고 섹시한 이미지의 여배우인 도금봉이 연기한 아내는 동신 캐시미어라는 회사의 성공한 사장이자 남편인 허사장을 철저히 굴복시키는 인물이다. 그녀는 돈 낭비를 일삼고 심지어 남편에게 물리적 공격을 가하기도 한다. 그 결과 가부장적 아버지의 존재는 공처가이자 조롱의 대상으로 전환된다. 한편, 허사장 회사의 직원이었던 구씨는 동신 캐시미어에서 직업을 잃은 후 남자 식모로 그리고 미용사로 일을 하지만 모두 실패한다. 이런 사정으로 허사장과 구씨에게 기생집은 일종의 피난처가 되고, 두 사람은 그곳에서 각각 손님과 종업원으로 만난다. 구씨는 기생집에서 여자로 가장해야 하는 일이 석연치 않았지만 결국 기생이 된다. 무서운 아내로부터의 도피처든, 경제적 필요에 의한 최후의 선택이든 기생집은 성적 타락과 '젠더 트러블'이 나타나는 장소가 된다.

「남자 기생」의 가장 문제적 장소는 기생집 그 자체다. 이곳은 남자 주인공인 구씨와 허사장의 성적 경계가 교차하는 장소다. 예를 들어, 구씨가 여장하고 나타났을 때 기생들은 그(녀)의 남자 같은 외모를 비웃는다. 그러자 그(녀)는 자신이 이 직업을 택할 수밖에 없었던 이유를 거짓으로 늘어놓는다. "어떤 여자치고 화류계 생활을 좋아서 하는 사람은 없을 거야. 현모양처가 돼서 행복하게 지내는 게 여자들의 공통된 소망이 아닐까? … 어떤 대학생이 내 가슴에 돌을 던졌어. 난 그 학생을 사랑하게 되었어. 미래를 약속했어, … 그러나 난 속았어. … 그걸로 끝난 거야." 이렇게 대중적인 멜로드라마 혹은 신파극의 전형적인 이야기를 자신의 이야기로 들려주며 눈물을 흘리자, 기생들은 구씨를 동료로 받아들이게 된다. 마치 여자처럼 멜로드라마 장르를 능수능란하게 연기하는 구씨에게서 관객들은 큰 즐거움을 느꼈을 것이다. 그런데 구씨가 여성의 모습으로 다른 기생들과 친구가 되면서, 이 영화의 퀴어적 하위텍스트는 분명해진다. 다들 구씨를 여자로 여기는 가운데, 구씨는 기생 중 하나인 정미와 사귀게 된다. 정미는 그가 남자란 사실을 알고 있는 유일한 인물인데, 둘의 헤테로적 관계는 다른 기생들에게는 레즈비언 욕망으로 비쳐지고, 구씨는 구태여 이를 부인하지 않는다. 심지어는 이렇게까지 말한다. "그래, 동성연애한다, 왜?"[45]

남성과 여성의 역할을 오가며 구씨의 섹슈얼리티는 더욱 복잡해지는데, 이는 구봉서가 지닌 스타 캐릭터에 의한 효과라고 볼 수 있다. 남자답고 잘생겼지만 재미있는 모습으로 유명했던 구봉서는 단순한 여성적 몸짓만으로도 웃음을 유발할 수 있었다.[46] 심지어 그가 두꺼운 화장과 긴 가발로 완전히 치장했을 때에도, 관객이 구봉서의 남성성에 대해 혼란스러워했을 가능성은 낮다. 따라서 영화 서사에 담긴 약간의 젠더 불협화음은 결코 급진적인 성역할의 전복으로 발전되지 않는다.

이와는 대조적으로, 회사 대표이면서 공처가인 허사장은 숨겨진 강한 동성애적 욕망을 가지고 있는 인물로 그려진다. 영화 초반 허사장은 구씨의 여성스러움에 불편함을 느끼고 구씨를 해고한다. 그럼에도 남자다운 여자로 바뀐 구씨의 새로운 모습을 보고, 그가 구씨임을 알아보지 못한 채 사랑에 빠진다. 허사장은 '여성스러운 남자'

를 혐오했음에도 첫사랑을 떠올리게 만드는 이 남자다운 여자에게 매력을 느낀다. 허사장의 경우, 기생집은 이성애 남성으로서 고정된 젠더와 성정체성에서 벗어날 수 있는 일종의 도피처가 되는 것이다.

허사장의 퀴어성은 영화 초반, 기생집 마담에게 '뉴페이스'가 있는지 물어보는 첫 장면부터 드러난다. 허사장의 요구에 기타를 연주하던 남자 종업원이 잠시 사라졌다가 여성으로 변장한 뒤 나타난다. 거기에는 가발을 쓰고 짙은 화장을 한 (여)남성이 검은 시스루 베일로 가려진 비키니를 입고 있다. 종업원이 이국적인 음악에 맞춰 춤을 추기 시작하자 허사장은 그(녀)를 욕망 가득한 눈으로 바라본다. 이 순간 그의 이성애적 욕망은 불확실해진다. 남성에서 여성으로 변한 신체를 욕망하는 허사장의 퀴어적 욕망은 춤을 추던 종업원의 베일이 벗겨지자 더욱 확실해진다. 사실은 그(녀)가 방금 사라졌던 남자 종업원이었던 것이다.

또한 구씨를 유혹하기 위한 허사장의 거듭된 노력을 그릴 때에, 허사장의 애매한 퀴어적 섹슈얼리티의 일탈적 쾌락은 더욱 강하게 드러난다. 예를 들어, 호텔 방 장면에서, 허사장은 구씨의 신체를 더듬으며 그에게 밤을 함께 보낼 수 있는지 묻는다. 관객은 구씨가 여성으로 분장한 남자라는 사실을 알고 있기 때문에, 이 장면은 섹스를 하려는 두 남자의 스펙터클한 장면으로 보인다. 하지만 구씨가 허사장의 구애를 교묘하게 피하는 순간 성적 긴장은 빠르게 사라진다. 이 장면은 비록 구씨의 사랑을 얻으려는 허사장의 터무니없는 행동으로 보이게끔 만들어졌지만, 동성애 가능성에 대한 쾌락적 긴장은 여전히 남는다.

영화의 마지막에 두 캐릭터가 스스로의 젠더규범적인 모습으로 돌아간 후에도 그들은 온전하게 이성애자로 표현되지 않는다. 영화의 마지막 장면에서 이제는 화장품 회사의 판매원이 된 구씨가 본인은 여성이 아니라고 고백한다. 구씨의 폭로로 분노한 허사장은 구씨에게 소리를 지른다. 하지만 구씨가 울면서 경제적 필요 때문에 남자 기생으로서 자신의 삶을 살아야 했던 이유를 설명하기 시작하자 허사장은 그를 용서한다. 허사장은 구씨를 다시 직원으로 고용하겠다고 제안한 뒤 그에게 충동적으로 키스를 한다. 이 장면은 도발적인 클로즈업으로 포착된다. 젠더규범적인 모습으로 회복된 두 사람의 캐릭터가 순간적으로 깨지는 것이다. 그리고 관객들은 그들의 퀴어적 자아가 쉽게 '이성애화'될 수 없음을 깨닫게 된다. 이로써 이 영화는 전복과 회복의 행위 사이를 진동하며 젠더 트러블의 불안정한 혼재를 보여준다.

이러한 퀴어적 쾌락의 예들은 젠더 코미디의 전복적 가능성을 보여준다. 주디스 버틀러는 젠더 패러디가 젠더와 섹슈얼리티에 대한 지배적인 관념들을 잠재적으로 전복시킨다고 지적한 바 있다.[47] 이러한 현상은 정치적으로 억압적인 체제의 맥락 속에서 더 현저히 드러난다. 젠더 구분과 이성애규범적 가족을 정상화하려 했던 박정희 정부는 이를 위한 탄탄한 수사적 경계를 만들어내려고 노력했지만, 「남자 기생」은 패러디를 통해 이를 전복한다. 마조리 가버가 주장했듯이 복장 전환transvestism과 동성 간same-sex 욕망, 동성애는 성에 대한 근본주의적 생물학적 정의를 넘어서서 특정한 주이상스jouissance를 만들어낸다.[48] 구씨의 드래그와 허사장의 동성 간 욕망은 관객에게 강렬한 즐거움을 제공하며 젠더와 가족에 대한 보수적인 규범들을 전복시킨다.

국가 효과: 검열과 문화 위계에 관한 담론

이와 같이 B급 영화들은 박정희의 권위적이고 젠더-표준적인 체제 아래에서 전복적인 공간을 구성했다. 하지만 이러한 성적 자유의 공간도 정부의 성적 표현에 대한 억압적인 검열로 인해 위축되었다. 문제적인 섹슈얼리티에 대한 담론이 확산되면서, 국가권력은 사람들의 일상적 행동 양식에 침투해 들어갔고, 한국의 규범적 성문화는 고상한/적절한/건전한 섹슈얼리티와 저속한/부적절한/타락한 섹슈얼리티 범주로 나뉘었다.[49] 한국 정부는 1960년대 하위문화—약물, 히피, 조직 폭력 행위, 성매매, 젠더 코미디 영화들 속에 담긴 비규범적 젠더/성적 요소들과 연관된 것들—를 저급문화로 간주했다. 그리고 국가로부터 이러한 하위문화를 추방하려 했다.

1960년대 후반 박정희는 '정화운동'을 하겠다고 발표했는데, 이는 당시 범람하던 통속 대중문화의 흐름을 저지하기 위한 것이었다. 다양한 인기 있는 드라마와 라디오 프로그램이 즉각적으로 정부 검열의 대상이 되었다.[50] 또한 대중문화에서 조직 폭력 행위, 성매매, 약물중독을 재현하는 것은 "나라와 사회에 악영향을 미치는 허다한 비정상적 현상"[51]으로 여겨졌다. 국가는 타락해가는 문화를 정화하기 위해 구체적인 시행 계획을 세우고, "여성의 나체", "포르노", "동성애"를 시각화하는 등 도덕적 시각 문화의 경계선 밖에 놓여 있다고 간주되는 행위들과 실체들을 명시했다. 영화에서 이러한 것들을 묘사하는 것은 국가의 "윤리적 질서와 관습"[52]을 혼란시킨다고 여겼다. 이러한 저속한 문화를 서양의 변태적인 문화의 영향이라고 일갈하며, 정부는 강력한 민족주의적 수사를 사용했다. 같은 맥락에서 조풍연은 "서구의 성윤리와 우리의 성윤리가 같을 수 없다"고 일갈했다.[53] "남자의 혓바닥이 여자 입으로 들어가는 꼴", 또는 "여자가 남자의 발가락을 쪽쪽 빨아 먹는" 성적인 장면들은 정화운동의 일환으로 정부 검열관들이 무자비하게 삭제했다.[54] 「춘몽」(1967), 「벽 속의 여자」(1969), 「내시」(1968), 「너의 이름은 여자」(1969)의 영화감독과 제작자들은 체포 대상이 되었고 도덕적 논란을 일으켰다. 또 영화에 노골적인 성적 표현이나 일탈적인 섹스가 등장했다는 이유로 이 영화들은 '음화淫畫'라고 불렸다.[55]

유현목 감독은 「춘몽」에서 6분 동안 여성의 나체를 부적절하게 드러냈다는 이유로 '음화 제조' 혐의로 기소되었다. 영화감독과 제작자들이 탄원을 했으나 거부당했고 벌금 3만 원이 부과되었다.[56] 판결문에서 판사는 이 영화에는 "정상적인 대중"을 타락시키는 "혐오감이나 수치감을 갖게 한다"고 적시했다.[57] 이 판결문은 1966년 공보국장 홍천의 발언을 근거로 하고 있는데, 그는 엄밀하게 말하자면 아직 북한과 전쟁 중에 있는 남한의 상황에서, 영화는 "밝고" "건설적"이어야 한다고 주장했다. 이러한 상황에서 노골적인 섹스 장면이나 노출은 한국의 반공주의 정신을 훼손시키는 전복적인 행동으로 간주되었다.[58]

이와 같은 억압적 조치들은 비록 지식인들과 영화제작 커뮤니티 모두의 저항을 불러일으켰지만, 이들이 벌인 논쟁의 층위는 달랐다. 이른바 A급 영화를 만드는 많은 영화제작자와 기자는 정부의 검열에 저항하기보다는 공정하고 투명한 기준들을 요구하는 것에 더욱 초점을 맞추었다.[59] 그들은 A급 영화들이 무자비하게 검열을 받는 동안 B급 영화의 경우 정부 검열에서 '프리패스'를 받는다고 불평했다.

예를 들어, 「오대복덕방」(1968)은 저속한 성적 컨텐츠인데도 불구하고 정부 검열을 통과했다.[60] 『조선일보』와 같은 일간지들은 "대중의 눈살을 찌푸리게 하는" B급 영화는 검열을 해야 한다고 주장했다. 많은 영화제작자들은 "「먹구름」*, 「처제」**가 어둡다면 「규방」이나 「남자 기생」 등의 제목이 검열에서 통과된 것은 우습지 않은가?"라며 불평했다.[61] 이러한 검열 기준을 책임지고 있는 공보국에 대한 대중의 비판은 B급 영화에서 비규범적 성적 표현들이 증가하면서 더욱 거세졌다. 윤익삼 문화평론가는 1970년 한국 영화에 대한 평론에서 젠더 코미디 영화들을 "여자 깡패가 떼 지어 스크린을 횡행했다. 여장한 남자 배우가 온갖 주접을 떨었다"며 비판했다. 그는 "이런 스타일의 영화가 범람하면서 수많은 국산 영화 관객들을 중독성 환자로 타락시켜갔다"고 주장했다.[62] 이렇듯 성규범에서의 일탈은 불건전하고 유혹적인 마약의 속성에까지 비유되었다.

검열은 궁극적으로 고급문화와 저급문화 사이에 분명한 경계를 만들어냈다. 지식인과 A급 영화제작자들은 박정희 군사독재처럼 명목상 민주주의인 사회에서조차 표현의 자유를 지키는 것이 중요하다고 믿었으면서도, 선을 넘는 표현이라고 판단되면 저속한 문화에는 표현의 자유를 줄 수 없다고 생각했다. 이러한 이유로, '남자' 시리즈의 고정 배우인 구봉서는 필자와의 인터뷰에서 자신의 필모그래피에 이 영화들을 포함시키고 싶지 않다고 말할 정도였다. 그는 젠더

---

* 「먹구름」은 심의 과정 중 「후회」로 제목이 바뀌어 개봉되었다.
** 「처제」는 심의 과정 중에 영화 제목을 「언니의 일기」로, 부제를 '처제'로 표시하고 있다. 개봉할 때 영화 제목은 「언니의 일기」다(한국영상자료원 영상도서관 참조. https://www.koreafilm.or.kr/library/main).

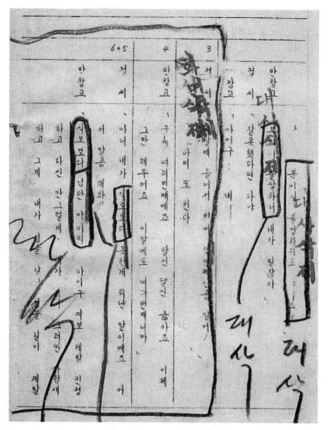

〔도판 5-2〕 검열당한 「남자식모」의 시나리오(한국영상자료원 제공).

코미디 영화들이 결코 긍정적인 영화평을 받지 못했을 뿐만 아니라, 이로써 자신이 좋은 배우로 여겨지지 못했기 때문에 B급 영화에 출연한 것을 후회했다.[63]

그렇다고 해서 B급 영화감독과 제작자들이 정부의 감시 체제로부터 자유로운 것은 분명 아니었다. 예를 들어 「남자 기생」이 문화공보부에 처음으로 제출되었을 때, 기관 담당자들은 '남자'와 '기생' 사이에 '와' 자를 넣을 것을 요구했다. 이는 '남자 기생'이란 제목이 받아들여질 수 없었기 때문이다. 대부분 남자로 이루어진 검열위원회에서는 남자가 기생집에 간다는 생각은 할 수 있어도, 남자가 기생이라는 생각은 받아들이지 못했다. 결과적으로 「남자 기생」은 1969년 「남자와 기생」이라는 제목으로 개봉되었다.[64]

B급 영화들은 제작 과정 중 시나리오와 최종 상영본 프린트를 대상으로 '대사 삭제'와 '화면 삭제'라는 검열을 받아야 했는데, 이는 '이중 검열 제도'의 흔적이었다. 「남자 기생」과 같은 영화의 대본에도 '대사 삭제'와 '화면 삭제'와 같은 검열의 흔적이 상당하다는 점을 감안하면 당대의 비평가들이 생각했던 것처럼 B급 영화들이 검열에서 문제를 겪지 않았다고 단정하기는 어렵다. 그럼에도 불구하고 심우섭과 구봉서는 모두 남자 시리즈가 검열을 심하게 받지 않았다고 믿었다. 여기서 "심하지 않았다"는 표현이 중요한데, 검열로부터 완전히 자유로울 수 없었던 감독이 검열을 피하기 위해서 다양한 전술과 전략을 사용했음을 암시하기 때문이다.

B급 영화의 '부조화'의 순간들

검열이 항상 그리고 절대적으로 억압적이었다는 추측은 영화제작자들이 검열을 피하기 위해서 다양한 기법들을 개발했다는 사실을 통해서 반박될 수 있다.[65] 토머스 도허티가 할리우드 검열 제도에 대해서 주장한 바와 같이, 검열은 의도치 않게 새로운 영화언어를 만들어내는 역할을 하기도 했다.[66] 한국 영화감독도 이와 비슷한 방식으로 영화를 만들었다. 예를 들어 성교 장면을 암시하기 위해서 감독은 남자의 등을 클로즈업하거나 또는 여자의 신음 소리를 사용했다. 「춘몽」에서는 구강성교 장면을 은유하는 것으로, 치과 의자에 앉은 한 여성의 입에서 침이 떨어지는 모습을 보여준다. 또한 여성 신체를 빈번하게 클로즈업하여 영화의 성적 긴장감이 증가되었음에도 불구하고, 영화의 마지막에 이 모든 것을 꿈으로 처리하면서 성적 내용들을 모두 부정한다. 이러한 영화 기법을 통해 감독들은 (검열이 우려되는 부분을) 대본에는 명시하지 않는 방식으로 섹스를 묘사할 수 있었다.

민감한 성적 문제들을 다루기 위한 다양한 알레고리를 사용하는 것 외에도 일반적으로 검열관을 속이기 위해 보다 많은 공공연한 전략들이 사용된다. 예를 들어, 1960년대에 왕성한 활동을 했던 영화감독 김수용은 검열에 걸리지 않았으면 하는 장면들을 지켜내기 위해, 검열될 만한 노골적인 성적 표현을 일부러 삽입하여 연막으로 활용했다. 신상옥 감독 또한 조선시대 궁녀들 사이의 동성애를 그린 「내시」의 관객 수를 늘리려고 의도적으로 정부 검열로 인한 논란을 일으켰다. 결국 이 영화는 비평가들의 저급하다는 비판에도 불구하고 박스오피스에서 성공을 거두었다. 이러한 전략이 항상 성공적이진 않았지만, 이것이 검열 제도 아래에서 자신만의 창작권을 지키려 했던 감독들의 다양한 전술 중 하나였음에는 분명하다.[67]

B급 영화감독들이 검열 제도 아래에서 자신의 창작권을 지키려 했던 또 다른 전략 중 하나는 정부의 검열 기준을 형식적으로 충족시키는 것이었다. 정부는 1960년대 검열 정책의 일환으로 '양질의 영화'라는 개념을 만들어 주입했다. 양질의 영화는 반공주의 국가정책을 지지하는 영화들로 정의되었고 노골적인 선전용 영화가 아닐지

라도 다양한 공적 메시지를 포함하는 영화가 좋은 영화라는 기대를 갖도록 만들었다. 이러한 정부의 요구에 감독들은 정부 검열을 피하려면 그냥 "반공주의적인 주제를 가진 에로틱한 영화"를 만들면 되겠구나 하고 (자조적으로) 말할 정도였다.[68] 그러나 멜로드라마, 사극, 또는 스릴러와 같이 인과적 서사 구조나 긴장감을 만들어낼 필요가 있는 장르의 영화에 반공주의적 메시지를 직접적으로 표현하기는 어려웠다. 반면에 B급 액션 영화와 코미디처럼 '덜 그럴듯한' 이야기에는 공적인 메시지들을 비교적 어렵지 않게 담아낼 수 있었다. 예를 들어, 액션 영화의 인기 소재 중 하나는 주인공이 북한에서 넘어온 간첩을 잡아 하룻밤 사이에 백만장자가 된다는 이야기였다. 이런 영화에는 등장인물이 영화적 디에게시스diegesis*라는 '제4의 벽'을 벗어나 국가의 영광을 설파하는 '부조화'의 장면이 종종 등장했다. 이는 완성도가 저급하다는 비평가들의 비난을 감수하면서까지 영화를 교훈적인 국가 서사의 전달 미디어로 변형시켜 '양질의 영화'라는 평가를 얻어내려는 전략의 결과였다.

「남자 기생」에도 이런 '부조화'의 순간이 나타난다. 기생집에서 손님이 (기생으로 분장한) 구씨에게 노래를 부르고 춤을 춰보라고 하는 순간, 그는 무대에 올라 노래하며 다음의 메시지를 쏟아낸다. "네놈들 돈 많다고 자랑하러 여기 왔나. … 이 녀석들아 이 녀석들아 냉수 먹고 속 차려라. 여기서 쓸 돈이 있으면 고생하는 마누라 자식의 옷이나 사다 입혀주어라. … 너희들도 국가를 위해 무언가 할 생각해

---

* 일반적으로 영화 연구에서 디에게시스는 '서술된 영화의 허구적 세계 전체'로 이해된다.

보거라.” 이 순간의 구씨는 두 종류의 다른 관객들, 즉 디에게시스에 존재하는 술집 손님들과 극장에서 영화를 보는 관객들 모두에게 노래를 통해 연설을 한 것이다. 이런 식의 이중 발화는 그 예가 무수히 많다. 「남자미용사」에서 구씨는 여성 고객들에게 국산 화장품의 가치에 대해 설파하며 정부의 ‘국산품 애용 운동’을 노골적으로 홍보한다. 검열을 피하려는 의욕에서 비롯된, 코믹하지만 거슬리는 ‘이상한’ 순간들은 결국 국가의 경제개발계획을 강화하는 수단이 된다.

영화 텍스트에 숨겨진 이러한 ‘부조화’의 순간들은 젠더적 측면에서도 엿볼 수 있다. 「남자 기생」의 마지막 부분에서 구씨는 기생집 단골손님의 아내들에게 아내의 역할에 대해 가르치며 “남편의 마음을 잡아주는 방법은요. 첫째도 서비스, 둘째도 서비스, 셋째도 서비스, 넷째도 서비스”라고 말한다. 이 장면에서, 여성으로 복장을 전환한 구씨는 자신은 흉내 내고 있을 뿐인 여성성을 진짜 여성들에게 가르치는 셈이 되는 것이다. 아버지들은 모두 그들의 가정으로 돌아가고 가정주부들은 어머니/아내와 같은 역할들을 올바로 수행할 것을 요구하는 구씨의 도덕적 목소리는 이렇게 국가 발전이라는 국가의 목표를 강화하는 데 일조한다. 비록 영화의 서사 구조는 젠더규범, 섹슈얼리티 그리고 가족의 붕괴에 초점이 맞추어져 있지만, 영화는 궁극적으로 가족제도를 온전하게 유지하는 것이 여전히 중요하다는 결론을 내리고 건강한 가족만이 국가 발전의 기초를 제공할 수 있다고 주장한다. 게다가 여성으로 분장한 구씨의 전복적 성격은 그가 남성 정체성으로 되돌아가면 지극히 이성적이고 자기 규제적이 되어버린다. 예를 들어, 마지막 장면에서 구씨는 기생집에서 있었던 경험을 되짚어보며 여자 친구에게 이렇게 말한다. “남자는 가정에 충실하지 않으면 안된다는 걸 깨달았어." 이에 여자 친구는 "우리만이라도 깨끗하게 진실하게 살아요"라고 답한다. 이렇게 이데올로기를 재차 반복하는 장면을 통해서, 영화는 올바른 시민과 가족에 대한 규범적 이미지들을 관객들에게 다시 확인시킨다.

2004년, 「남자 기생」의 감독 심우섭과 인터뷰를 하면서 필자는 「남자 기생」에 담긴 교훈적인 장면들에 대해 설명해달라고 요청한 적이 있다. 젠더 코미디 장르의 영화들이 정부의 시책을 단순하게 반영했을 거라는 많은 학자들의 추정과 달리, 심우섭 감독은 영화의 교훈적 부분이 가족에 대한 자신의 관점을 반영한 것이라고 답했다.[69] 그의 대답은 국가의 가족 중심주의에 대한 감독 자신의 지지로 읽힐 수도 있고, 또는 자신의 영화가 한국의 어두운 성문화에 대한 비판적 시각을 가지고 있으며 이를 통해서 B급 영화로만 여겨졌던 자신의 영화를 비판적 시각이 담긴 영화로 인식했으면 하는 욕망이 반영된 것일 수도 있다. 하지만 그는 왜 그렇게 한국의 '부정적 측면'을 지나치게 강조했는지에 대해서는 답하지 못했다. 필자가 그에게 앞으로 어떤 영화를 만들고 싶은지 물었더니 그는 여고생들의 은밀한 성생활을 다룬 영화를 만들고 싶다고 답했다. 그가 한국 여학생들의 성적 자유를 지지하는 영화를 만들려는 것이었는지, 아니면 반대로 그녀들을 비판하는 영화를 만들려는 것이었는지는 확실하지 않다. 젠더 코미디 영화의 경우, B급 영화 관객이 이러한 교훈적 메시지를 통해서 어떤 교훈을 얻었는지도 확실하지 않다. 심우섭 감독 같은 영화감독들의 의도와는 상관없이 한 가지는 분명하다. 이러한 부조화의 순간이 있었기에, 어쩌면 결코 드러날 수 없었던 주변적 성문화에 대한 묘사가 (역설적으로) 가능했다는 것이다.

결론: (비)가시적인 것의 재현

이 장에서는 1960년대 초 박정희 정권 아래에서 규범적 섹슈얼리티가 어떻게 구축되었는지 그리고 1960년대 후반에 이러한 규범적이미지들이 관객과 경제적 상황의 변화에 따라 어떻게 변모했는지를 살펴보았다. 「남자 기생」에 나타난 '퀴어성' 분석을 통해서, 이 장은 비규범적인 섹슈얼리티와 젠더 다양성을 탐구하기 위한 장으로서의 대중문화와 그 전복성에 대해 논의했다. 비록 박정희의 권위주의적 체제는 젠더와 섹슈얼리티를 억압적으로 규제하는 것으로 악명높았지만, 젠더 코미디들 속에 담긴 퀴어성 재현은 새로운 도시 관객의 취향이 어떻게 국가 주도적 문화에 접목되었는지를 잘 보여주는예다. 이 영화의 감독과 제작자들은 검열에 앞서 관객의 취향을 충족시키기 위해 새로운 영화적 스토리텔링과 재현 기법들을 개발했다. 예를 들어 젠더 코미디 영화들은 종종 의도적으로 '부조화'의 장면을 삽입했는데, 이것은 역설적으로 비규범적 섹슈얼리티의 재현과국가적 프로파간다 서사를 결합하여 오락과 교훈적 메시지 둘 다전달되는 결과를 낳았다. 앞서 살펴본 바와 같이, 박정희 정권 아래에서는 지식인들의 성 담론과 검열법을 통한 국가의 직접적인 성 통제가 맞물리면서, 국가의 문화가 고상한/적절한/건전한 문화와 저속한/부적절한/타락한 문화로 위계화되었다. 이러한 문화적 위계 속에서 젠더 코미디 영화들에 '부조화'의 순간이 많이 나타났던 것은 권위주의적인 사회의 억압적 검열 정책들을 벗어나기 위한 B급 영화감독과 제작자들의 전술tactics로 볼 수 있다. 이와 같은 생존 전략과 전술을 통해 한국의 개발 시대와 같이 절대적 이성애 중심의 문화 안에서도 비규범적 성적 표현이 가능한 임계의 공간이 만들어질 수 있었다.

문화의 위계화는 발전주의 시대 속에서 한국에 주변화된 것들을 재현하는 문화 정치와 연관된다. 예를 들어 1969년 12월, 『조선일보』는 성전환자 김씨에 대한 르포 기사를 보도했는데, 그의 삶의 행적은 '남자' 영화 시리즈의 서사와 기이할 정도로 닮았다. 기사에 따르면 이 남자는 열두 살 때 다른 소년들과 성적 실험을 하던 중 자신의 섹슈얼리티를 발견했다. 이후 김씨는 가족으로부터 쫓겨났고, 남자 식모, 남자 기생, 남자 미용사로 일했다.[70] 이렇게 보면 1960년대 후반 '남자' 시리즈 영화는 퀴어한 신체에 대한 상상적 재현이 아니라 실제로 하위문화적 성경제sexual economy의 어두운 곳에서 성전환을 통한 노동으로 살아가야 했던 김씨 같은 주변화된 성적 주체들의 삶을 직접적으로 보여주는 것이었다고도 볼 수 있다.

1990년대 한국 사회에 게이-레즈비언 운동이 등장한 이후에도, 주류 문화 안에서 성소수자들을 아웃사이더가 아닌 존재로 재현한 영화들을 찾아보기란 여전히 어렵다. 이런 면에서 본다면 1960년대 B급 영화와 이에 대한 황색 저널리즘의 기사는 보수적인 사회가 계속해서 부인해왔던 공간, 퀴어 섹슈얼리티의 임계의 공간을 보여주는 귀중한 창을 제공했다고 말할 수 있을 것이다.

제6장

교훈담*이 된 퀴어의 삶

한국 권위주의 시대의 여성 호모에로티시즘과
이성애가부장주의적 상상

토드 A. 헨리 지음
차영화 옮김

오직 역사와 물적 조건 그리고 맥락만이
게이 친족 이데올로기의 구체적인 내용과
특정한 등장 시점 그리고 사람들이 일상에서
이데올로기를 사용했던 다양한 방식들을 설명할 수 있다.
— 캐스 웨스턴, 『우리가 선택한 가족*Families We Choose*』[1]

성소수자의 삶은 한국의 근대성에 관한 역사 기록에서 대부분 누락되었지만, 세기가 바뀐 이후로 한국의 영화감독과 시각예술가 그리고 대안 문화의 여러 창작자들은 성소수자에 대한 경멸적이고 착취적인 재현들을 전복시키려는 작업을 진행해왔다.[2] LGBTI 운동의

---

* 원서의 'cautionary tales'는 반면교사의 교훈을 주는 이야기를 뜻한다. 여기서는 교훈담(教訓譚)으로 번역했다.

변화에 발맞춘 이러한 대담한 자기표현들은 오랜 시간 지속되었던 군사독재 끝에 나타난 것으로, 성공과 실패를 반복하면서 나아갔던 격정적인 시기의 노동운동과 반정부 시위의 결과로 얻어진 것이었다.[3] 냉전 동안 많은 권위주의 정권들이 그러했던 것처럼 한국의 지도자들도 국가 방위와 자본 축적을 우선시하며 반공 국가라는 공인된 목표를 위해 노동계급의 젊은 여성들과 다른 취약 계층들을 희생시켰다. 이러한 억압적 환경에서 동성 간의 사랑과 비규범적 젠더 관행에 참여한 사람들을 비롯한 소외된 주체들은 일상의 저항, 문화적 적응, 공동체 형성이라는 다양한 방식을 통해 노동 공간과 생활공간들을 개척해왔다.

한국 최초의 퀴어 영화 중 하나인 박재호의 「내일로 흐르는 강」(1995)은 제도적 폭력과 협상 투쟁의 격동적인 역사를 반영하고 있다.[4] 이 선구적인 영화는 나이 든 유부남 승걸과 사랑에 빠진 30대 남성 정민의 용감한 이야기를 그린다. 아내와 자식들이 있는데도 승걸은 정민에게 빠져들고, 그렇게 두 남자는 연인 관계가 된다. 승걸의 곁에서 정민은 마침내 박정희 정권(1961~1979)의 족쇄와 가부장적인 아버지의 억압적인 명령에서 벗어나 자신을 해방시킨다. 두 사람이 정민 어머니*의 칠순 잔치에 함께 참석하는 마지막 장면은 아들인 정민의 효심을 보여준다. 그러나 둘은 유교적 관습에 따라 큰절을 올리는 대신, 매우 극적으로 자신들도 결혼한 사이라고 가족들

---

* 영화에서 정민은 아버지 박한섭(명계남 분)과 그의 네 번째 부인인 명희 모(안해숙 분) 사이에서 태어났다. 하지만 영화의 마지막 장면에서 정민이 방문한 칠순 잔치의 주인공은 친어머니인 명희 모가 아닌 박한섭의 세 번째 부인 종기 모(양희경 분)다. 따라서 이 문단에서 '정민 어머니'는 종기 모를 지칭한다.

에게 대담하게 선언한 후 어머니 앞에서 통속적인 사랑 노래를 부른다. 감독은 그들의 폭로가 순화될 수 있도록 이 비밀을 과장된 농담으로 연출했지만, 정민의 어머니는 그들의 동성애 관계에 충격을 받아 실신하고 만다.

「내일로 흐르는 강」은 동성 간 친밀성이 한국의 이성애가부장적 질서에 도전할 수 있다는 것을 시사한 최초의 게이 영화 중 하나다.[5] 이후의 작품들도 과거에 존재했던 것들을 포함하여, 퀴어 친족 이데올로기의 파괴적인 힘에 대해 다루고 있다. 그런 점에서 LGBTI 예술가/활동가들은 현대의 학문적 서술에서 아직 다루어지지 않은 비규범적인 관계들에 대한 중요한 역사학자 역할을 하고 있다. 예를 들어, 소준문의 단편영화 「올드 랭 사인Auld Lang Syne」(2007)은 1960년대 후반에서 1970년대 초반까지 연인이었지만, 결혼과 재생산에 대한 압박 때문에 헤어질 수밖에 없었던 나이든 두 남성이 우연히 재회하는 가슴 아픈 이야기를 다룬다.[6] 또 「후회하지 않아」(2006), 「백야」(2012) 등을 연출한 창의적인 명감독 이송희일은 1990년대 말 노인들을 대상으로 선구적인 인터뷰를 진행했는데, 이는 한국전쟁(1950~1953) 이후 공공 공간과 게이 사회성sociality의 관계에 대한 새로운 통찰력을 보여준다.[7] 하지만 지금까지도 이러한 이야기들은 상대적으로 덜 알려져 있다. 아마도 이런 이야기들이 한국 최초의 LGBTI 잡지 중 하나인 『버디Buddy』에 실렸기 때문일 것이다. 그 결과, 한국 현대사에 대한 대부분의 역사적 연구들의 기저에 있던 이성애규범적이고 실증주의적인 가정과 방법들은 재정립되지 못하고 그대로 남아 있게 되었다.[8]

한편, 퀴어 친족 관행에 대한 몇몇 단편영화들과 다큐멘터리들은 자본 축적을 목표로 하는 권위주의 정권 아래에서 비판적인 행위자로서, 규범에 순응하지 않는 여성들을 전면에 내세우며 그들의 알려지지 않은 과거를 보여주었다. 2000년 권종관은 「이발소 이씨異氏」(2000)를 연출했다. 1980년대의 격동적인 10년을 배경으로 한 이 선구적인 단편영화는 가슴을 붕대로 감고 남성 고객들의 여성 혐오적인 농담을 피하면서 노동계급 이발사로 살아갔던 한 여성의 모습을 담고 있다. 주인공의 여성 파트너가 이발소라는 지극히 남성적이고hypermasculine 또 이성애중심적인heterosexist 공간으로부터 배제되어 있긴 하지만, 아이를 입양하여 키우는 것의 어려움에 관한 (주인공과 여성 파트너의―옮긴이) 뜨거운 논쟁으로 증명된 그들의 퀴어 관계는 한국 경제발전 시기에 이성애가부장주의적 압력이 얼마나 강하게 존재했는지 보여준다. 더 최근의 작품으로는 독립영화계에서 회자되고 있는 이영의 「불온한 당신」(2015)이 있다. 영화는 생물학적으로 여성이지만 박정희 시대와 그 이후 많은 시간을 한국 남자로 살아왔던 이묵의 알려지지 않은 이야기를 보여준다. 이묵의 여성들과의 로맨스는 오래 지속되지 못했다. 그러나 이묵이라는 사람에 대한 이 흥미진진한 이야기는 관객들과 진보적인 학자들에게 이러한 억압된 과거들을 되짚어보는 것의 중요한 가치를 깨닫게 한다. 제목에서도 암시되듯이, 「불온한 당신」은 기독교 근본주의 운동이 소란을 피우는 장면과 이묵의 순응하지 않는 삶을 같이 보여준다. 이는 성소수자를 비롯한 사회적인 소수자를 배제하려는 목소리가 커지고 있는 오늘날 한국에서 퀴어 주체들의 역사적인 의미가 무엇인가를 생각하게 한다.

LGBTI 주체들이 여전히 소외되고 있는 현실을 고려했을 때 1990

년대 중반부터 영화감독들이 포착해낸 퀴어 친족 관계들은, 이 장에서 밝혀낼 특정 시기의 인쇄 매체와 시각 문화에 정기적으로 등장했던 권위주의 하위문화에 대한 주목할 만한 징후들manifestations이다.[9] 비록 신문과 잡지가 이들의 이야기를 이익을 얻기 위해 이용하긴 했지만, 특히 여성들 사이에서의 비규범적인 형태를 띤 가족적이고 공동체적인 친밀성은 냉전 기간 독재하에서 산업자본주의를 지탱했던 남성 중심 메커니즘에 대한 비판적 관점으로 작용했다. 그런 점에서 나는 권위주의 시기에 영화와 라디오처럼 소비되었음에도, 현대 한국의 역사적 논의에서는 상대적으로 잘 다루어지지 않았던 주간지로 돌아가려 한다. 주간지는 1960년대 중·후반 많은 신문사들이 발행하기 시작했는데, 일본에 있던 유사한 출판물들에서 영감을 받았고, 또 서양 잡지들과도 가깝게 교류했다. 남성들 사이에서 큰 인기를 끌었던 주간지는 1970년대까지 연간 100만 부 이상의 발행 부수를 자랑했다. 이발소, 커피숍, 기차역, 군대 막사와 그 외 공공장소들에서 이보다 훨씬 더 많은 수의 독자들이 이 상업적인 출판물을 무료로 봤을 가능성도 있다. 크리스티나 클레인Christina Klein의 냉전 오리엔탈리즘 연구를 참고하여, 나는 주간지를 본질적으로 중간 취향*의 장르이자, 심각한 사실에 대한 탐사 보도와 허구적인 스토리텔링의 장난스러운 창작 사이에서 완벽하게 균형을 이루는 유연한

---

* 중간 취향(middlebrow)은 상류층이나 지식인층의 문화처럼 향유하기 위해 교육이 필요한 문화와 대중문화처럼 누구나 접근할 수 있는 문화 사이에 있는 장르이며, 특정한 장르들을 의미하는 것이 아니라 맥락에 따라 다른 장르와 매체를 의미할 수 있다. 여기서는 실제 보도 기사(일간지)와 완전한 허구 사이에 있는 주간지의 특성을 의미하는 말로 사용되었다.

형식을 가진 것으로 간주했다.[10] 근거 없는 내용과 외설스러운 분위기 때문에 대부분의 한국 학자들은 주간지에 관심을 갖지 않았지만, 이 인기 있던 출판물들을 자세히 읽어보면 여성 호모에로티시즘에 대한 남성 지배적이고 이성애중심적인 서술이 자본주의 가부장제의 생산과 유지에 어떻게 교훈담으로서 작동하고 있었는지 알 수 있다. 그래서 나는 냉전 상황에서의 동성 간 섹슈얼리티same-sex sexuality와 젠더변이gender variance의 정치경제적 이면에 초점을 맞춰 대중매체와 이들의 전국적인 독자층을 분석했다. 동시에 이것은 (신)자유주의 정권 아래 특히 대도시를 배경으로 주체성subjectivity과 소비에 대한 원자화된 질문만을 강조하는 경향이 있는 서구 중심적인 퀴어 연구 방향을 재정립하려는 시도이기도 하다. 기존의 연구 경향과는 대조적으로, 나는 자본 축적을 위한 비자유주의 정권하에서 친족 규제와 경제적 불평등의 실제 현실lived realities에 대해 알아보고자 했다. 이를 위해 비록 인쇄 매체를 통해 여과된 것이긴 하지만, 나는 전국의 퀴어 여성들의 일상적 투쟁에 주목했다. 이들은 이성애가부장주의에 기반한 규범적 관습을 거부함으로써 그들 삶의 선택들을 길들이려고 했던 대중문화의 가장자리에서 살아남고자 노력한 사람들이었다.[11]

주간지에서 다루어진 다른 '이색적인' 주제들과 마찬가지로 여성-여성 관계에 대한 기사는 추문적인 오락거리와 진지한 설교 둘 다를 계획적으로 균형 있게 포함하고 있었다. 이러한 두 요소는 임지현이 획기적으로 명명한 '대중독재'를 조장하는 데 필수적인 역할을 한다. 이 이론에 따르면 박정희 정권과 그의 후임자들은 시민들을 하향식 명령에 수동적으로 굴복하도록 만들기 위해 단순히 일련의 엄격한 규칙만을 강요한 것이 아니다. 이 정권과 대리인들은 다양한 형태의 강압을 통해 설득력 있는 권력체계를 발전시켰다. 이는 명목상으로만 자유주의 정치에 의존할 뿐 시민들에 **의해** 통제되는 것이 아니라 오히려 시민들을 **향한** 것이었다. 이러한 '행정 민주주의'의 냉전 체제 아래에서, 박정희는 임지현이 반공주의의 '규율화된 획일성'*이라고 불렀던 것을 고취시키기 위해 다양한 형태의 대중오락을 장려했다. 나는 이 이론이 압도적으로 남성 지배적이라는 페미니스트들의 비판을 바탕으로, 한 발 더 나아가 명백하게 퀴어 분석적인 시각을 덧붙였다. 여기서 나는 대중독재를, 권위주의적 발전으로 나아가는 데 필요한 문화적 상식을 만들고 유지하기 위해 여성 호모에로티시즘에 대한 문자적·시각적 재현이 대중적 참여를 이끌어낸 방법을 설명하기 위한 것으로 재정립했다.[12] 나는 이러한 상식이 표현과 목표 모두에 있어서 본질적으로 남성 중심적이고 이성애가부장주의적이라고 주장한다. 그런 점에서 이는 한국 근대성에 대한 대부분의 논의가 완전히 인지하지 못했던 중요한 지점이 될 것이다.

또한, 착취적 체제인 대중독재는 특히 프롤레타리아와 여성 대중들의 다양한 육체적 희생도 요구했다.[13] 끊임없이 저항에 부딪혔던 권위주의 정권이 효과적으로 작동하기 위해서는 적어도 일부 노동자-시민들에게 정신적인 해방과 보상적인 기쁨을 제공해야만 했기 때문이다. 다양한 남성 (그리고 일부 여성) 독자들이 정기적으로 소비했던 주간지는 이러한 전환 기능을 수행하는 한편, 이성애가부장주의적

---

* 규율화된 획일성(disciplined uniformity)이란 강제적 규율에서 출발해서 대중들에게 내면화된 획일성이다.

'전통'에 뿌리를 둔 집단적 상상력을 생산하는 데도 기여했다. 이렇게 반복적으로 규범화된 친족 관행은 문화적 순수성의 기본 모델로 기능했다. 이러한 문화적 순수성에 따르면 성적·젠더적·인종적 일탈은 '올바른' 생애 주기로 받아들여질 수 없으며, 받아들여지더라도 결국 동질화 논리homogenizing logic에 편입된다. 그래서 주간지들은 여성과 결혼한* 여성들을 포함한 일부 시민들이 '탈선(궤도를 벗어나다)'하고 있다고 우려했는데, 이것은 권위주의 시기에 이념적으로 유행했던 표현이었다. 하지만 그 시대에는 퀴어 주체들에 대한 정보가 상대적으로 부족했다는 점을 고려할 때, 모순적이게도 이러한 사회적 일탈에 대한 병적인 집착은 '그림자 읽기shadow-reading'**를 하고 있던 다른 여성들이 오히려 그러한 낙인찍힌 쾌락을 추구하도록 부추겼을 수 있다.[14]

어떤 경우이든, 새로운 산업으로서 지속적인 수익이 필요했던 주간지는 내가 '자본주의적 관음증capitalistic voyeurism'이라고 명명할 것에 많은 지면을 할애했다. 이러한 대중오락의 경영 관행은 동료 시민들, 특히 성인 남성들이 사적으로 —또, 함께 읽을 때는 집단적으로— 경제 생산과 생물학적 재생산이라는 국가적 목표에서 탈선한 삶의 관행들을 비난하도록 부추겼다. 이를 위해, 반복적으로 실린 여

---

* 주로 주간지에서 다루어졌던 기사를 기반으로 여기서 언급되고 있는 동성과의 '결혼'은 공식적인 제도적 결합이 아닌, 개인적 차원에서의 상징적인 사랑의 표현이자 그들의 관계를 존중받고자 하는 욕구가 투영된 의식(결혼식)을 치른 관계, 또는 이후의 삶을 배우자로서 함께하기로 약속한 관계 등을 의미한다. 보다 자세한 맥락은 이후 본문에 나오는 기사들의 서술을 참조.
** 'shadow-reading'은 두 가지를 의미한다. 첫째는 그림자처럼 숨어서 무언가를 읽는 행위이고, 둘째는 텍스트 속의 주체에 감정을 이입하며 따라 읽는 행위다. 두 가지 의미를 모두 고려하여 여기서는 '그림자 읽기'로 번역했다.

성 간의 결혼 이야기들은 남성 중심적이고 동성애 혐오적인 웃음을 유발했다. 이러한 웃음은 하나의 제스처로서, 그 시대의 B급 영화들이 그랬던 것처럼, 이성애가부장주의적 관습에 대한 독자들의 순응을 확고히 하는 데 기여했다. 여성 호모에로티시즘에 대한 선정적인 이야기들은 독자들을 즐겁게 만들면서도 냉전 시기 자본주의 아래에서 '현모양처賢母良妻'의 역할을 수행하지 못한 '일탈한' 여자들에 대한 심각한 우려도 드러냈다. 1990년대 이후의 퀴어 영화들이 비규범적 주체성을 문화기술지적으로 풍부하게 묘사하고 있는 것과는 대조적으로, 권위주의 시기의 주간지들은 여성끼리 연인 또는 결혼 관계를 맺거나, 아이를 낳거나, 기르는 것을 거부했던 여성들이 가졌다고 보는 괴물성monstrosity만을 강조했다.

여성 동성애적 관행gynocentric practices*에 대한 불안을 조장하는 기사들은 충격을 주기 위해 과장된 경우가 많았고, 다양한 '인식론적 개입epistemological interventions'을 통해 퀴어 친족 형태를 통제하는 데에 중요한 역할을 수행했다. 지식 생산에 대한 이러한 생명정치적 전략 중 하나는 파트너 관계인 여성의 역할을 하위문화 용어인 바지씨와 치마씨 대신 젠더규범적인 '남편'과 '아내'로 인식하게 함으로써 표면적으로 이성애를 정상화시키는 것이었다. 또한, 기사들은 주로 남성 독자들을 대상으로 했기에 레즈비언 판타지에 대한 불안은 동성 관계를 비성애화하고 플라토닉한 관계로 만듦으로써 수사적으로

---

* 'gynocentric practices'는 '여성 중심적 관행' 혹은 '여성 주체적 관행'으로 번역될 수 있지만, 이 장에서는 본래 의미를 포함하면서도 주로 여성들끼리의 결혼 또는 여성과의 파트너 관계를 맺거나 지향하는 퀴어 여성의 삶을 의미하므로 '여성 동성애적 관행'으로 의역했다.

축소되었다. 어떤 방식으로든, 주간지는 여성 호모에로티시즘을 개인적으로는 해롭고 또 사회적으로는 지속 가능하지 않다는 이유를 들며 적극적으로 부정했다. 동시에 대중매체는 이러한 교훈담들을 통해 규범적인 시민으로서 반공 국가의 (재)생산적인 목표에 이미 기여한 독자들에게 보상했다. 내가 분석한 바와 같이, 이러한 '퀴어 착취적인queersploitative' 기자들은 사회 통제의 다원적 수단 중 하나로서, 잠재적으로 비순응적인 여성들이 이성애가부장적인 관행을 따르도록 훈계했다. 이는 자본 축적을 위한 대중독재 아래에서 사회적 결속을 유지하기 위해 필수적인 것이었다.

한국전쟁 직후의 기사에 나타난 사회적 범죄와 성적 일탈

그간 미디어와 문헌들에 나타난 여성 동성 관계에 대한 재현은 여학생의 로맨스와 동반 자살(정사情死)을 비롯한 청소년들의 호모에로티시즘 경험에 집중하는 경향이 있었다. 젠더의 역사에 대한 연구들은 이러한 재현의 현대적 기원이 식민지 시기(1910~1945)까지 거슬러 올라간다고 밝히고 있다.[15] 하지만 성인 여성들 사이의 동성 동거와 결혼에 대한 대중적인 논의는 한국전쟁이 발발하면서 본격적으로 시작되었다.[16] 한국전쟁이라는 이 비극적인 사건은 수백만 명의 사망자를 냈는데, 특히 많은 수의 남성 군인들이 전사했다. 그로 인해 많은 아이들이 고아가 되었고, 수많은 여성들은 과부가 되었다.[17] 많은 남편들이 전쟁에서 죽게 되면서 일부 여성들은 이성애 결혼의 위험(과 안정)에서 벗어났고 시댁의 감시와 통제도 피하게 되었다.[18] 전쟁미망인들에 대한 구술사에 따르면, 그들 중 일부는 생계를 책임지는 가장이 되었다고 한다. 그들이 남성이 아니었음에도, 독립적인 삶을 쟁취하기 위해 자신을 남성적인 방식으로 표현했다는 것은 잘 알려지지 않은 중요한 사실이다. 젠더규범에 순응하지 않아서 때때로 북한 간첩이라는 혐의를 받기도 했지만, 이들의 공식적인 성별은 병역으로 인한 상해나 사망의 가능성으로부터 이들을 보호해주었다.[19] 남성적인 모습의 여성들 중 일부는 다른 여성 파트너와 동거를 결정하거나 비공식적으로 결혼하기도 했다. 이 경우, 파트너들은 보통 여성스러운 태도를 가진 사람들이었다. 내부 투쟁과 38선 너머에 있는 적의 공격 위협에 시달리면서 남한의 새로운 정부는 이런 퀴어 커플들을 법적으로 승인하지 않았고, 이는 1990년대 초 이후의 민주적인 정부들 역시 마찬가지였다. 그러나 법적으로 인정받지 못하는 방식이었음에도, 퀴어 여성들에게는 이러한 결합이 역설적으로 이성애 결합보다 더 많은 경제적 안정과 정서적 지지를 주었을 수 있다. 뒤에 논의하겠지만, 이러한 여성들은 결혼식을 통해 상징적으로 서로에 대한 사랑을 표현하고자 했는데 이는 이성애 결혼 관습을 통해 그들의 관계를 안정시키고 또 존중받고자 했던 뚜렷한 욕구를 보여준다. 퀴어 여성들이 예식을 올리는 모습은 동성애적이고 비관습적이었지만, 젠더규범적인 '남편'과 '아내'를 나타내는 의복과 머리 스타일을 갖추고 있었다. 그들의 예식은 가족들과 지역 공동체에 대한 존중을 나타내는 것이었고, 적어도 일부는 그들의 결혼식과 피로연에 참석하여 즐겁게 축하를 해주었다고 전해진다.[20]

이러한 이원 커플dyadic couples*은 얼핏 보면 이성애가부장주의적 기대에 수동적으로 굴복하는 것처럼 보인다. 실제로도 당시 전쟁의 사회적이고 문화적인 측면의 파괴적 영향력을 걱정했던 미디어의 논의들에서는 이들을 종종 그러한 방식으로 표현했다.[21] 예를 들어, 전후의 여성 동성애적 하위문화에 관한 최초의 장문 기사 중 하나는 '아내'를 기쁘게 하기 위해 딜도와 같은 인공 남근을 사용하는 것을 자세히 서술하면서 이를 남근 선망penis envy이라는 프로이트적 표현의 관점에서 문제시했고, 이를 통해 저자는 여성 '남편'이 그저 생물학적인 남성 '남편'의 열등한 대체재일 뿐이라고 지나치게 단순화하며 지칭했다.[22] 동성 관계에서의 '남편'과 '아내'라는 대중적인 재현들이 이성애적 모방에 대한 문화적 순응과 포르노적 묘사라는 주장이 있긴 하지만, 그럼에도 이러한 재현들은 20세기 중·후반 노동계급 여성들의 레즈비언, 퀴어 하위문화 안에서 더욱 풍부하게 이해될 수 있다. 엘리자베스 케네디Elizabeth Kennedy와 매들린 데이비스Madeline Davis가 제1차 세계대전과 제2차 세계대전 사이의 미국 뉴욕주 버펄로시에 대해 쓴 상세한 문화기술지는 '부치butches'와 '팸femmes'으로 이루어진 비슷한 결합들이 미국의 지배적인 젠더 체계의 기본 요소들을 창조적으로 사용했다는 사실을 보여준다. 이들은 이러한 이분법적인 젠더 결합이 이성애규범적 모방과 같지 않다는 것도 설득력 있게 주장한다. 저자들에 따르면, 오히려 이분법적인 젠더 개념은 여성 주체들로 하여금 공공장소에서 그들의 자율성sense of autonomy을 표현할 수 있게 해주었고, 또 동시에 서로에 대한 로맨틱한 관심도 드러낼 수 있게 했다.[23] 이런 자문화기술지적auto-ethnographic 관점에

---

* 여기서 이원 커플(dyadic couples)이란 동성 부부임에도 '남편'과 '아내'처럼 두 성이 결합된 이성 부부처럼 보이는 경우를 지칭한다.

서 보면, 바지씨와 치마씨로 결합했던 한국 여성들도 이성애가부장주의의 주류 모델을 단순히 모방한 것이 아니라 국가의 지배적인 젠더 체계를 은밀히 비판한 것으로 볼 수 있다. 그들은 프롤레타리아 여성들이 남성 종속과 이성애중심주의라는 잠재적으로 불안정하고 충족되지 않으며 위험한 환경에서 벗어날 수 있는, 친밀한 하위문화를 창조함으로써 지배적인 젠더 체계를 비판한 것이다.[24]

이전까지 여성 동성애적 관행에 대한 대중들의 지식은 상대적으로 제한되어 있었지만, 1950년대 중반을 기점으로 대중매체들은 한국전쟁 이후 국가 주도의 가족생활 재건 노력의 일환으로 비규범적인 여성들의 이야기를 한국 사회에 소개하기 시작했다.[25] 주간지가 생기기 전인 1960년대 중·후반, 신문과 월간지에 주로 게재되었던 이 기사들은 수용 가능한 이성애가부장주의적 관행과 위험하고 비순응적인 관행들 사이의 문화적 경계를 만들고자 했다. 이러한 한국 사람들의 일상생활에 대한 인식론적 개입은 전쟁 이전의 안정적이었던 친족 구조의 기능을 회복시키기 위함이었다. 동시에 제한된 성공이기는 했지만, 이러한 개입은 전후 지도자들이 황폐해진 경제를 소생시키고자 한다는 사회적 기반도 형성해주었다. 이를 위해 기자들은 한 여성 파트너는 남성복male-dressed을 입은 '남편'으로서, 다른 한 명은 여성복female-dressed을 입은 '아내'라고 지정함으로써 퀴어 관계를 이성애로 정상화하기 위해 많은 노력을 기울였다. 언론들은 그들의 규율하기 어려운 주체성을 익숙한 결합으로 축소시킴으로써 북한과 전쟁 중인 상황에서 그들을 조국에 위협적이지 않은 구성원으로 통합시키고자 했다. 하지만 예를 들면 스스로를 남성으로 지칭하지만 트랜스젠더 남성은 아닌 바지씨와 남성적인 여성은 원하지만 생물학적 남성은 원하지 않는 성향의 치마씨의 경우처럼 동화되기 어려운 관행들은, 이성애자 독자들이 퀴어 여성을 사회적 규범에서 벗어난 존재로 여기도록 만들 수도 있었다. 이러한 기사들을 통해, 독자들, 특히 교육받지 못한 남성 프롤레타리아 독자들은 자신들이 (재)생산과 애국주의에 대한 이상적인 관념을 보다 철저하게 구현하고 있다고 상상할 수 있었고, 그것은 '일탈적인' 여성 동지들보다 자신들이 지배적인 위치에 있다고 여기도록 만들었다.

한국전쟁 뒤 북한과 남한이 휴전협정을 체결한 지 정확히 5년 뒤인 1958년 『동아일보』에 실린 한 기사는 이성애를 정상화시키려는 이러한 노력의 좋은 예다.[26] 이 외설스러운 기사는 서른 살의 여성 임희숙(가명, 1928년 출생)이 그녀의 여성 '남편'인 서른네 살 최명임(가명, 1924년 출생)을 죽인 살인사건에 대한 재판 절차를 담은 보도였다. 임희숙의 증언에 따르면 두 여성은 1950년 한국전쟁이 발발하기 직전 대전에서 처음 만났다. 그들은 둘 다 파주에 있는 미군 기지 주변에서 미군들을 상대로 성노동 '위안부'로 일하고 있었다.[27] 기지촌에서 함께 사는 동안, 임희숙과 최명임은 '결혼한 커플'로 화목했고 부부간의 불화는 없었다("남녀가 결합하여 단란한(?) 「부부생활」을 영위했다")고 기사는 적고 있다. (이후에 설명할) 물음표의 삽입이 상황 표현을 제한하고 있긴 하지만, 이러한 우호적인 표현은 그들의 비규범적인 관계를 이성애 커플의 이상적인 결혼에 비유했다. 그러나 이들의 오랜 동반자 관계는 1958년 초, 임희숙이 자택에서 그녀의 '남편'을 살해하면서 갑작스럽게 끝이 났다. 당시까지도 한국 기혼 남자들 사이에서는 남성에게 주어진 특권이자 역사적 관행이던 여성 첩이 흔했는데, 최명임이 술자리에서 자신의 첩인 김희지(가명, 1928년 출생)에게 깊은 애정을 고백한 것이 살해의 도화선이 되었다. 최명임의 사랑 고백이 결국 질투심 많은 임희숙을 자극했고, 앙심을 품은 그녀는, 한반도를 뒤덮은 전쟁의 뚜렷한 상징인 파주에 주둔해 있던 어느 미군이 남긴 미제 군용 칼로 최명임의 심장을 찔러 불륜을 저지른 '남편'을 살해했다.[28]

전해지는 바에 따르면 여기서 남성 판사 유성진은 그때까지 동성애에 대해 몰랐지만, 이 여성 부부의 강렬한 애정이 이성애 부부의 것을 넘어선다는 것을 인지했다. 이러한 관점은 대중매체에서 사회비평가들이 자주 주장하던 것이었다. 실제로 한 기사는 레즈비언 커플에 대한 강렬한 두려움을 전한 이웃의 말을 인용하면서 이 살인사건에 대한 논의를 시작했고, 불안을 조장하는 이 기사는 독자들이 레즈비언 부부를 더욱 경계하도록 만들었다.[29] 또한 이 사건을 맡은 재판장은 퀴어 여성들이 정열적이라는 편파적인 의견을 가지고 있었으며, 심지어는 '이성애자처럼 행동하는' 이 삼각관계의 인물들을 고려할 때조차 동성애자들과 이성애자들 간의 차이라고 알려진 내용을 명시적으로 인용했다. 하지만 『동아일보』 기자가 이 선정적인 이야기를 전형적인 남성 불륜 사건으로 묘사했던 것처럼, 판사도 이 사건의 차이점을 특별한 유형으로 다루기보다는 정도의 문제라고 설명할 수밖에 없었다. 그들의 관계를 단일한 차원으로 과소평가하면서, 그는 이 사건을 법리학적 관행의 이성애중심적이고 남성 중심적인 범위 안에 재위치시켰다. 이에 따라 이 치정 범죄의 판결에서 판사는 임희숙의 김희지에 대한 질투와 최명임을 향한 사랑에 깊게 공감하며 임희숙의 형량을 5년으로 감형해주었다.[30]

1960년대 초 북한의 침략 위협이 잠잠해진 후에도, 여성 동성 관계에 대한 신문과 잡지의 기사들은 여성 동성애적 관행의 하위문화적 역동을 고려하기보다는, 이들에 대한 충격적인 부분만을 계속 부각시켰다. 박정희의 반공적이고 발전주의적인 명령하에서 이런 추문적인 이야기들은 범죄, 죽음 그리고 그들의 일상생활에 대한 여러 사소한 '비뚤어진' 부분들을 공개했고, 이는 독자들에게 이들이 비(재)생산적이며 잠재적으로 파괴적인 세력임을 다시 상기시켰다. 대중독재라는 새로운 기획 아래에서 이성애가부장주의와 (종종 인종적 순수성으로 설명되었던) 민족국가주의를 조장하기 위해, 기자들은 여성 결합 관계를 한국 사회의 건강과 부에 대한 위험으로 규정했다. 이들은 심지어 사회질서에 대한 집단적인 위협을 예고하면서 퀴어의 삶을 수단적으로 재현하고, 이를 통해 비순응적인 주체들의 삶을 억누르고자 했다. 하지만 역설적이게도, 그 덕분에 퀴어 여성들은 신문, 잡지 그리고 곧 주간지에서도 점점 더 빈번하게 서로에 대한 기사를 읽을 수 있게 되었다. 여성 동성 커플에 대한 대중적인 이야기들은 동성 간의 친밀한 관계로 인해 그들이 경험했다고 여겨지는 불행과 후회에 대한 개인적인 정서들을 강조했다. 대중매체의 인식론적 관점에서 특히 결혼 후, 두 여성 사이의 관계가 오래 지속되는 경우는 없었다. 또, 일부의 여성-여성 관계가 현실에서 의심할 바 없이 잘 지내고 세월의 역경을 뚫고 살아남았다고 하더라도 그들은 결코 행복할 수 없었다.[31]

1963년 『동아일보』 기사에는 남성처럼 옷을 입은 '남편'인 서른네 살의 이강숙(가명, 1929년 출생)이 '아내'인 서른다섯 살의 박민자(가명, 1928년 출생)와 동반 자살하고자 약을 과다 복용했지만, 같이 죽지 못한 채 홀로 실종되었다고 보도했다.[32] 그들의 결혼 생활에 대한 부정적인 정보들은 이미 알려진 동성 관계의 불안정성을 더 일반적인 것으로 부각시켰고, 전과자라는 그들의 사회적 지위는 상황을 더욱 악화시켰다. 이 부부는 1962년 5월 각각 절도죄와 마약류 혐의로 형을 살다가 만났고, 수감 생활을 마친 뒤 석방 직후부터 같이 살았다. 당시 세 번째 남편과 이혼한 박민자는 이전 결혼에서 얻은 두 딸(3세, 12세)을 이 새로운 퀴어 가정에 데려오기도 했다. 그러나, 1년도 채 안 돼 이강숙은 아내를 잃었고 경찰들은 이강숙이 더 극악무도한 범죄인, 아내에 대한 계획 살인을 저지른 것이 아닌지 의심하며 수사를 진행하고 있었다. 그러나 또 다른 기사는 두 여성이 박민자의 두 딸을 양육하는 데 드는 충분한 돈을 벌기 위해 고군분투하고 있었으며, 위에서 언급되었던 임희숙처럼, 이강숙이 의처증에 시달리면서 그 때문에 동반 자살을 하려다 결국 박민자만 죽게 된 것이라고 주장했다.[33] 어떤 경우든, 여성 동성 관계는 서로에게 유해한 영향을 주는 행동의 극단적인 배경이 되었고, 냉전에 대한 불안에 시달리는 상황에서 이들은 한국 사회를 전반적으로 위협하는 존재로 여겨지게 되었다.

마찬가지로 다른 기사들도 여성 커플이 물질적이고 정서적인 행복을 위해 남성에게 의존하는 것을 거부하면서 직면하게 된 불안정한 환경을 인정하기보다는, 위험한 여성 커플의 불법적인 행위들만을 조명했다. 고상한 체하는 신문 및 잡지 기자들의 눈에 남성에 의존하기를 거부하는 여성 커플들은 암묵적으로 잡범이나 다름없었다. 비교적 효도의 의무에서 자유롭긴 했지만, 그 때문에 비순응적이었던 여성들은 지역 사회의 안전에 위협이 되고, 더 나아가서는 국가의 이성애가부장주의적 질서에 위협을 가한 혐의로 자주 기소되곤 했다. 이에 대한 인식론적인 개입의 예로는, 1965년 동갑내기 '아내' 박민옥(가명, 1944년 출생)과 함께 절도 조직을 이끈 혐의로 체포된 부산 출신의 스물한 살 여성 한수미(가명, 1944년 출생)를 들 수 있다. 『경향신문』은 이웃이었던 부르주아 부부가 연극 공연을 관람하는 동안 이 퀴어 패거리가 그 집에 침입해 1만 2천 원 상당의 재산을 훔친 범죄를 취재했다.[34] 경찰의 체포와 언론의 조사를 통해 독자들은 친공산주의 잠입자들이 그랬던 것처럼, 한국 사회 안에서 정치적인 전복을 시도하기 위해 숨어 있는 비규범적인 주체들의 소문난 위험을 알게 되었다.[35] 신문과 잡지 기사들이 선택적으로 여성 호모에로티시즘을 내부적인 위협으로 규정함에 따라 이성애자 독자들은 자신의 젠더와 성적 규범성을 재확인할 수 있었고, 동시에 퀴어성queerness을 비도덕적인 혼란이자 국가의 자본주의적 발전에 대한 공격적인 장해물로 상상하며 심지어는 정말 그런 것으로 여기게 되었다.

대부분의 기자들이 퀴어 여성들을 비정상적이고 범죄적으로 묘사하기 위해 고민했지만, 그들 관계의 내적 작용과 변함없이 그들을 구성하고 있는 개인들의 복잡한 주체성을 고려하는 것은 거부했다. 여성 '남편'들은 남성들이 하는 것과 유사한 젠더적 관행에 참여했지만 생물학적인 성별 때문에 공적 영역에서의 남성적 특권에는 접근할 수 없었다. 여성의 남성성과 바지씨의 하위문화적 권력에 대한 대중의 비난은 특히 추궁하는 목소리를 담고 있는 대중매체의 미묘한 구두점의 사용에서 가장 잘 드러날 수 있을 것이다. 물음표를 자주 사용함으로써, 기자들은 결혼한 여성(아내)으로부터 남성(남편)을 구별하는 이성애규범적인 용어와 각각 가부장적인 남성성과 순종적인 여성성을 가지고 있는 그들의 매우 굳건한 결합에 대해 자주 의문을 제기한다. 앞에서 언급된 한수미와 박민옥에 대한 기사로 돌아가보면, 「동성 부부(?)끼리 도둑질」이라는 제목에서부터 두 여성이 합법적으로 결합할 수 있다는 것을 인정하지 않는다. 또한, 기사는 자본 축적의 남성 지배적인 정권 아래에서 하층계급 여성들에게 저임금의 위험하고, 성적인 노동을 담당하게 했던 젠더화된 노동시장의 역할에 대해서도 인정하지 않았다.[36]

이전과 마찬가지로, 기자의 이성애정상화적인heteronormalizing 시선은 여기서도 한수미가 부부에서 '남편' 역할을 했다고 가정하게 만들었다. 기자는 한수미가 서울에 도착한 후 머리를 자르고 이름을 '상균(가명)'이라는 남성 이름으로 바꾸었다는 사실을 근거로 이러한 가정을 했지만, 그녀는 보통 남성들에게 주어지는 고임금 일자리를 얻기 위해 이런 행동을 했을 가능성이 높다. 남성 가장의 보호적인 역할을 맡은 상균(수미)은 절도 혐의로 구속되어 비참한 처지가 된 그녀의 '아내'를 걱정하며 그녀를 풀어달라고 경찰들에게 애원했다. 하지만 이러한 간청에 대한 반응으로, 기자는 또 다른 물음표를 사용하여 '남편'으로서 상균(수미)의 대리 지위ersatz status를 거부하고 다시 한번 그들의 결합 관계가 적법한 것인지 의문을 제기한다. 이 일화에서도 알 수 있듯이, 상균(수미)과 민옥의 성애 체계는 다른 여성의 배우자가 되기를 선택한 한국 여성들 사이에서 '강력한 개인의 행동 규범이자 공동체 생활을 위한 조직적 원칙'으로 기능했을 가능성이 높다.[37] 그러나 이들의 범죄 행위를 이유로 이미 이 커플을 의심하고 있던 경찰들은 그녀의 '아내'에 대한 상균(수미)의 가부장적인 보호자로서의 역할을 거부했다.[38] 여성 배우자를 위해 생물학적 남성이 누리는 부와 안전을 찾고자 필사적이었음에도, 상균(수미)과 같은 남성적인 여성들은 공적인 영역에서 힘을 가질 수 없었다. 이러한 방식으로 언론 기사는 남성 독자들이 이성애가부장주의적이고 성차별적인 지배 형태를 통해 '다루기 힘든' 여성들에 대한 그들의 권한을 다시 주장하도록 부추기면서, 이차적인 형태의 퀴어 착취를 조장했다.

퀴어 친족 관행을 이성애로 정상화하기 위한 노력의 일환으로, 대중매체는 심지어 그들 중 일부는 스스로 남성으로 정체화했을지도 모르는 극단적으로 남자 같은 모습의 여성들에게까지 인식론적인 범위를 확장했다. 오늘날의 표현으로, 우리는 이러한 순응하지 않은 개인들을 단순히 생물학적 남성으로 인정받기 위해 노력하는 남성적인 여성이 아니라 트랜스젠더라고 묘사할 것이다.[39] 이러한 개인들 스스로에 대한 젠더 감각에도 불구하고, 신문과 잡지 기자들은 트랜스젠더 남성들을 감시하고 통제하기 위해 종종 지역 경찰 및 의료 전문가들과 협력하곤 했다. 이러한 노력을 통해 대중매체는 퀴어 주체들이 효율적인 (재)생산을 위해 권위주의적 발전이 의존했던 성별 이형성sex dimorphism*과 젠더화된 노동의 규범적인 체제를 사회적으로 위협한다고 폭로했다. 1965년 『동아일보』 '오늘의 화제' 코너에 실린 기사에 따르면 28세의 여성 유상춘(가명, 1937년 출생)이 그러한 경우였다. 그녀의 부모는 딸을 당시 대부분의 한국 가정이 선호했던 성별인 남성으로 키우기로 결정했고, 또 출생신고도 남자로 했기 때문에 그녀는 젊은 남성으로 살아가고 있었다.[40] 한수미와 박민옥의 경우처럼, 유상춘의 이야기도 경찰의 감시를 받는 상황에서 크게 화

---

* 성별 이형성(sex dimorphism)은 남성과 여성, 두 성밖에 없다는 이분법적인 사상을 의미한다.

〔도판 6-1〕 유상춘의 사례와 사진을 실은 기사. 유상춘의 여성 남성성에 대한 경찰, 매체, 지역 의사의 말을 전하고 있다. 『동아일보』 1965년 4월 2일 자.

제가 되었는데, 유상춘은 경상남도 진해의 한 이웃집에 들어가 절도 행각을 벌였다는 의혹을 받고 있었다. 이 사건에서는 한 지역 의사가 검진 후 유상춘의 성별은 여성이라고 결정했다. 그는 유상춘이 여자 이지만 흥미롭게도 낮은 목소리와 납작한 가슴만큼은 대다수 남자 들의 신체적 특징과 흡사하다고 언급했다. 2차 성징에 대한 이 유사 과학적인 판단을 지지했던 신문기자는 남성의 구별 가능한 목소리 에 대해서도 비슷한 방식으로 언급함으로써 유상춘의 여성 남성성 female masculinity에 대한 사회적 '사실'을 반복해서 강조했다.[41] 이 개 인의 남성적인 모습을 기꺼이 인정하면서도, 기사는 이러한 사실을 유상춘이 성적으로 여자에게 끌렸고 최근에는 이러한 성적 욕망에 따라 행동해왔다는 더 충격적인 하위문화의 현실을 보여주기 위해 이용한다. 그런 다음 이 기사는 유상춘의 젠더적이고 섹슈얼리티적인 '일탈'을 프롤레타리아적인 배경과 연결시킨다. 유상춘이 1960년대 초 연탄공장에서 남자로 위장해 육체노동을 했다는 사실은, 남성 노동자들의 시위가 증가하고 있던 시점에 유상춘을 사회적 분열의 주동자로 전환시켰다.[42] 또한 기사는 남장한 동성애 선동가의 공격적인 행동에 대한 시각적 증거를 제공하기 위해, 바지와 셔츠를 입고 아주 짧은 스포츠머리에 부츠를 신고서 터프한 자세를 취하고 있는 매혹적으로 보이는 유상춘의 사진을 첨부하기도 했다. 이는 전후 한국에서 극단적인 여성 남성성과 트랜스젠더 남성에 대한 퀴어 하위문화를 정의하게 된 의상과 머리 스타일 관행이었다.(〔도판 6-1〕 참조)

유상춘의 남성성에 대한 신체적·사회적 그리고 문화적 표지signs들을 간과한 채, 경찰, 언론 그리고 의료 전문가들이 벌인 이 극적인 '아웃팅outing'은 유상춘을 이성애규범적인 여성으로 재위치시키는 것을 목표로 했고, 그리하여 그들은 유상춘에게 생물학적 성별에 맞는 재생산과 효 관행을 수행할 것을 요구했다. 다시 언론의 미묘한 문법으로 돌아가자면, 이 기사는 분명한 남성 접미사인 '군'의 사용을 처음부터 부정하고, 대신 유상춘을 여성이라는 젠더에 국한된 대명사인 '양'으로 지칭함으로써 유상춘을 '다시 젠더화'했다re-genderized. 유상춘을 '현모양처'로 끼워 맞추려는 이러한 강압적인 시도는 여성의 옷을 입지 않고, 노동계급 남성들의 삶의 방식인 중노동을 계속 견디기로 한 이 개인의 결정과는 상충하는 것이었다. 심지어 기사는 순응적이지 않은 단어들을 인용하면서도, 궁극적으로는 기사의 결론 부분 문장에 두 개의 물음표를 붙임으로써 자신에 대한 성적이고 젠더화된 감각들을 정의하는 유상춘의 능력을 제한했다.

물음표 하나는 다른 여자와 결혼하려는 유상춘의 의도에 의문을 제기하는 데 사용되었고 다른 물음표 하나는 이 욕망을 뒷받침하는 여성 남성성을 무시하는 데 사용되었는데, 이는 대중매체가 경찰 및 의사들과 협력하여 애써 굴복시키고자 했던 두 가지의 퀴어 관행이었다. 이러한 신문과 잡지 기사는 도덕적 설득을 위한 오락기구로서 기능했다. 이들은 독자들에게 여성들의 성적 과잉sexual excesses을 소비하게 하면서 여성들의 동성애 관계와 비규범적인 체현은 흘겨보거나 비웃게끔 조장했다. 이런 식으로 1960년대 초, 기자들은 오직 선정적인 목적에 한해서 대안적인 친족 관계의 하위문화적 존재를 인식하게 되었다. 이들은 이러한 이성애가부장주의로부터의 '일탈'이 주류 사회에 의해 적절하게 통제되지 않는다면, 경제 회복과 국제적 명성을 향해 나아가는 국가의 앞날을 위태롭게 할지도 모르는 사회적 위험이 될 것이라며 그들을 계속해서 비난했다.

주간지에 나타난 자본주의적 관음증과 여성 동성 결혼의 수용

1960년대 후반부터 신문사들은 권위주의 국가와 그 검열 기구의 후원으로 발행된 주간지를 이용해 실험적인 기사를 발행하면서 독자층을 넓히기 시작했다. 정권이 이러한 출판물을 지지했다는 것 (그리고 이러한 출판물이 정권을 지지했다는 것)은 장기영(1916~1977)의 경력에서 확인할 수 있다.[43] 박정희의 고위 경제 고문이었던 장기영은 한국의 첫 번째 상업 주간지였던 『주간한국』의 초대 사장이 되었고, 이후 박정희 전 대통령의 민주공화당 소속으로 국회의원을 지냈다. 일간지와는 대조적으로, 이 새로운 형태의 미디어는 훨씬 더 많은 내용(1960년대 후반에는 약 75페이지, 1980년대에는 약 300페이지)과 긴 이야기(평균 2페이지에서 최대 약 10페이지까지)를 실었다. 그리고 일간지들이 하이폴리틱스high politics*와 사회적 관심사에 초점을 맞추는 경향이 있었다면, 주간지들은 증가하고 있던 언론의 문화 콘텐츠들을 이용했다. 유명 연예인 이야기를 발행하는 것 외에도, 주간지들은 성노동자, 혼혈 아동 그리고 퀴어 주체 등 비루한 사람들abject figures**에 대한 기사를 다룸으로써 틈새시장을 공략했다. 1968년부터 1991년까지 발행된 1970년대 최고의 인기 주간지였던 『선데이서울』은 자주 언급되던 동성 결혼 관행을 비롯한 여성 호모에로티시즘의 인식된 위협을 기사로 보도했다. 중산층 독자 확보를 목표로 했던 수익성 있는 기사들은 『주간한국』의 창간과 함께 1964년 말 처음으로 나타났고, 곧 이 자극적인 출판물의 경쟁지들도 빠르게 등장했다. 1968년과 1969년 사이 각 신문사들은 주간지를 발행하기 시작했다.[44] 시장 경쟁이 상당히 치열했기 때문에 선구자였던 『주간한국』은 1969년에 여성 문제들을 중심으로 한 자매 출판물을 발행했다. 1980년대 초, 다른 신문사들도 성장하는 소비 시장에 발맞춰 여성 주간지를 발행하며 그 뒤를 따랐고, 그 과정에서 회사들의 수익도 증가했다.

확실히 이러한 출판물에 글을 쓰던 일부 기자들은 공식적으로 승

---

* 군사력과 국가안보, 또는 좁은 의미의 외교 문제를 다루는 정치 행위를 말한다.
** 'abject figures'는 '비체(卑體) 형상'으로 번역될 수 있으나, 이 장에서는 이해를 돕기 위해 '비루한 사람들'로 번역했다. 여기서 '비루한 사람들'로 지칭되는 이들은 그들의 존재가 다른 사람들과 마찬가지로 동등하게 존중받아야 함에도 불구하고, 사회적 이데올로기와 환경에 의해 비루하게 여겨지는 사람들을 의미한다.

인된 친족 구조 밖에서 겨우 생계를 이어나가는 노동계급 퀴어 여성들이 직면한 개인적인 어려움을 언급하기도 했다. 하지만 대부분의 주간지 기자들, 특히 흥미로운 화제들로 독자들을 즐겁게 하는 능력을 발휘하던 기자들은 대중독재 아래에서 자본 축적을 위한 관음증적인 방식으로 퀴어 여성들의 삶에 대한 선택들을 이용하는 경향이 있었다.[45] 일상적 소비를 위한 상업적 상품으로서 비규범적인 집단들은 1970년대 100만 명이 넘는 전국 독자의 관심을 끌었는데 그들 중 반을 조금 넘는 사람들이 노동계급 남성이었고 대부분이 이성애적인 성향을 갖고 있었다. 거리에서 팔리거나 구독을 받았지만, 공공장소에서도 폭넓게 이용할 수 있었던 주간지는 다양한 소비자들에게 즐거움을 주었으며, 이들 중 절반 이상이 서울 거주자였다.[46] 이러한 주간지는 중산층 남성들(그리고 일부 여성들)에게 제공하는 정신적 보상으로 언론의 폭로 기사에 표현된 노동계급 사람들과 대비되는 그들의 부르주아적 특권을 재확인할 수 있도록 해주었다. 블루칼라 노동자들의 입장에서는 퀴어 주체들에 대한 이야기들을 소비함으로써 젠더와 섹슈얼리티 측면에서 규범적인 시민으로서의 그들 자신의 지위를 높일 수 있었다. 이성애가부장주의적인 독재에도 불구하고 특히 여성 혐오적이고 트랜스 혐오적인 오락거리로 기능했던 여성 동성 결혼식에 대한 기사와 같은, 은밀하게 성행했던 여성 동성애적 하위문화에 대한 반응은 부르주아와 프롤레타리아 계급 사이의 심화되는 불평등으로 인해 발생한 유해한 영향을 완화시키는 것에 그 목적이 있었다.[47]

중간 취향의 문화가 국내 시장에서 성장한 것 외에도, 주간지의 인기는 1970년대 초 자본주의 세계 대부분에 걸쳐 이루어졌던 '성혁명'의 맥락에서도 고려되어야 한다.[48] 박정희 정권 아래에서 정치 지도자들은 북한과 대치하는 군사적인 긴급사태를 고려하여 선진 경제를 모델로 한 개발계획을 만들었다.[49] 이러한 초국가적 맥락과 냉전은 왜 주간지들이 '프리섹스(자유로운 성관계)', 동성애 그리고 성전환 수술 같은 비규범적 관행에 대한 세심하게 만들어진 이야기들을 다루었는지를 설명하는 데에 도움을 준다. 하지만 퀴어 가정의 생활 방식에 대한 추문적인 이야기들은 종종 해외의, 특히 서구의 자유주의 사회와의 전략적인 비교 속에서 나타났다. 과거에 한국을 식민지화했고, 1960년대 중반부터 후반까지 한국의 전국적 주간지 출현에 최초로 영감을 준 일본 역시 자본 축적의 비자유적인 정권 아래에서 성적 그리고 젠더적 해방에 대한 비교적인 상상comparative imagination과 관련되어 있다.[50] 예를 들어, 한국 언론은 미국과 서유럽에서 1970년대 동성 관계의 법적인 인정을 옹호하기 시작했던 게이 해방운동gay power movement을 자세히 다루었다. 비록 서구와는 다른 방식으로 정치화되었지만, 국내 언론 매체들 또한 동성 여성과 짝을 이룸으로써 이성애가부장주의적 (하지만 법률까지는 아니었던) 관습에 저항한다고 비난받고 있었던, 당시 새롭게 여겨졌던 비순응적인 여성들에 대해 보도했다. 예를 들어, 1968년 말 창간 직후 『주간경향』은 여성 호모에로티시즘에 대한 첫 번째 기사를 발행하면서, 외국 잡지들은 이러한 추문적인 주제를 더 먼저 보도하고 있었다고 독자들에게 알렸다.[51] 이러한 역사적 선례들은 한국의 주간지들이 자본주의적 관음증의 형태로서 퀴어 집단들을 더욱 철저하게 이용할 수 있는 길을 닦아주었다.

주간지 판매는 연예인들과 (이성애자 남성들을 대상으로 했지만 또한 다른 여성에게 끌리는 그림자 독자들도 소비했을)[52] 선정적인 세미누드 여성 사진에 대한 당대의 관심 외에도, 여성 동성 결혼과 같은 매우 자극적인 이야기들을 가지고 오는 사생활 침해적인 기자들에게 의존했다. 이러한 이윤 추구적인 이야기들은 어느 정도 주간지 기자들과 정보의 흐름 및 작업 공간을 공유했던 신문기자들의 취재 기법을 따랐다.[53] 실제로, 그들의 기사는 이색적인 화제들이 사실이라는 것을 입증하기 위해, 특히 퀴어 주체들의 몸과 관행에 대해 설명하기 위해 상당한 양의 세부 사항들을 포함하고 있었다. 주간지 기자들은 일간지 기자들보다 상대적으로 창작 권한이 컸다. 그 결과, 주간지에 게재된 탐사 보도의 내용은 신문사마다 다른 경우가 많았던 반면, 일간지는 서로 비슷한 경향이 있었다. 뒤에서 논의하겠지만, 가까운 과거에 여성 동성 결혼에 대한 이야기를 이미 다루었던 주간지조차도 몇 년이 지나지 않아 발행된 비슷한 기사 속의 (새로운—옮긴이) 두 여성이 그들의 관계에 대한 상징적인 인정을 추구한 첫 번째 여성들이었다고 주장할 수 있었다.[54] 독자들에게 정기적으로 충격을 주기 위해서 주간지는 이윤 추구적인 많은 서술 전략들을 재활용했는데, 이는 여성 동성애적 관행의 파괴적인 잠재력을 억제하고자 (예를 들면 가정, 학교, 직장에서) 행해졌던 대중적인 노력과 일치한다. 이를 위해, 이들은 동성 결혼에 대한 이전의 기사들에서 이미 등장했던 한국 여성(또는 이미 사용했던 관계없는 외국 여성)의 사적인 사진을 다시 인쇄하기도 했다. 독자들이 이전의 경우들을 기억하고 있었는지는 확실하지 않지만, 사업가적인 기자들은 마치 퀴어 주체들에 대한 이야기와 이미지들이 미디어 소비자들의 기억 속에서 정말 사라진 것처럼 행동했고, 또 소비자들도 주간지의 신간이 나오면 전에 나온 주간지 발행물들을 쉽게 버렸다. 비규범적인 주체들에 대한 부인을 반영한 이러한 반복적인 삭제 관행은 한국 자본주의 자체의 정신 없는 변화 속도와 일치한다.

이러한 미디어 전략과 소비 패턴은 『주간한국』이 실은 1965년 말 서울에 있는 탑골공원에서 결혼한 두 여성에 대한 실험적인 폭로 기사에서 찾아볼 수 있다.[55] 이 이야기를 국내 최초의 동성 결혼이라고 팔아보려 했던 기자는 이 신혼부부, 즉 서른네 살 '남편' 박숙희(가명, 1932년 출생)와 서른두 살 '아내' 이명지(가명, 1933년 출생)를 열혈 독자들에게 소개하는 것으로 기사를 시작했다. 그들의 이름을 가명으로 처리한 후 기자는 당시 산업 공장이 많고, 주로 프롤레타리아계급이 거주했던 영등포 소재의 그들 집 주소를 구체적으로 밝혔다.[56] 당시 신문사들은 사생활 보호의 권리를 존중하지 않았고, 공공의 관심사로서 범죄자와 다른 '일탈자'들의 주소를 자주 인쇄했다(이러한 이유로 나는 그들의 눈 부분에 검은 막대를 두었는데, 이는 권위주의 기간 동안 대중매체에서는 행해지지 않았던 익명화 관행이다).[57] 『주간한국』이 1964년 말 창간된 이후, 상업적인 주간지에 글을 쓰던 기자들이 이러한 사생활 침해적인 기법들을 발전시켰다. 여성 호모에로티시즘에 대한 이러한 퀴어 착취적인 기사들 안에서, 대담무쌍했던 기자들은 비순응적인 여성들의 삶에 대한 선정적인 세부 사항들을 노골적으로 공개했다. 이런 방식으로 기자들은 그들의 '이색적인' 관계를 이용하려 했고, 이는 각 신문사들의 독자층을 넓히는 한편 궁극적으로는 그들의 수익도 증가시켜주었다. 앞에서 예시로 들었던 폭로 기사로 돌아가면, 이 기사는 기자의 사생활 침해적인 방식을 다시 상기시킨다. 그가 박숙희와 이명지의 자택을 무단으로 방문한 것을 마치 에로틱한 영화의 생생한 장면에 비유하고 있었기 때문이다. 이러한 소재는 주간지에서 자주 보도되는 것이었다. 그는 기사의 본문에서 이를 이렇게 표현했다. "실례를 무릅쓰고 신방을 탐방해본다." 신혼부부에게 기자는 낯선 사람이었음에도, 이 공격적인 기자는 일반적인 결혼 후의 관행을 이용하여 자기 자신을 이 부부가 부부관계를 했는지 안했는지 확인하려는 참견하기 좋아하는 가족 구성원으로 위치시켰다. 이명지와 박숙희와 같은 노동계급 부부들을 더 자세히 묘사하기 위해서, 기자는 엘리트 한국인들의 역사적 전통을 끌고 왔는데, 예를 들어 그는 그들의 로맨틱한 생활을 지칭하기 위해 '맷돌부부'라는 단어를 사용했다. 이러한 표현은 조선시대에 서로 성관계를 맺었던 것으로 알려진 궁녀들이 성기를 동시에 맞대는 것을 맷돌의 원리에 비유한 것이다.[58] 기자는 정작 박숙희와 이명지의 이웃들은 이 신혼부부에게 무관심하다는 것을 인정하면서도, 이런 선정적인 비유를 통해 간접적으로 이 퀴어 여성들의 의례적이고 일상적인 삶에 독자들을 관음적인 관객으로 초대했다.

처음 인터뷰를 하기 위해 그들의 집을 방문하면서 기자는 침실 문을 지키던 부부의 애완견 자니를 발견했다. 기자는 이것을 엄숙한 결혼식 이후의 에로틱한 일을 떠올리게 하는 또 다른 세부 사항으로 여겼다. 문자와 시각적인 표현을 결합한 창의적인 매체인 주간지는 호기심 가득한 소비자들에게 시각적 증거를 제공함으로써 취재한 '사실'을 설명하고자 했다. 이러한 증거 기법을 적용한 『주간한국』은 참견하기 좋아하는 기자가 직접 찍거나 또는 동행한 카메라맨이 찍은 것으로 보이는 이미지를 인쇄했다. 신방의 침구를 가리기 위해 커튼이 드리워져 있었음에도, 자극적인 부제목이 나타내듯이, 기자는

〔도판 6-2〕 동성 부부(기사는 '맷돌부부'로 언급)가 1965년 11월 20일 '탑골'공원에서 올린 결혼식 사진. 기사는 "어엿한 신랑·신부지만, 신랑은 여자"라고 언급하고 있다. 『주간한국』 65, 1965년 11월 28일.

결국 퀴어 부부의 사적인 장소에 침입했고 그것을 이성애자 남성들의 시선에 노출시키는 한편 의도하지는 않았지만 '그림자 읽기'를 하고 있던 여성들의 동성애적 욕망도 자극했을지 모른다. 어떤 경우든, 그는 이 침입으로, 부부가 결혼 선물로 받은 새 이불과 베개 등을 비롯해 부부의 침실을 묘사할 수 있었다.

두 번째 방문에서 기자는 부엌으로 들어갔고 그곳에서 마침내 박숙희의 '아내'를 만났다. 그는 이에 대한 사과도 없이 이것을 '습격'이라고 불렀는데, 이 습격으로 화들짝 놀란 이명지는 정당방위로 부엌문을 닫았다. 그러자 기자는 그들이 자는 방으로 난입했다. 이미 그들의 주소를 공개했던 이 기사는 다른 주간지들의 기자들 역시 그들의 일반적이지 않은 관계에 대한 더 자세한 정보를 얻기 위해 이 커플을 계속 따라다녔다고 밝혔다.[59] 심지어 한 열정적인 기자는 그가 경찰서에서 파견되었다고 주장하며, (공권력이 가진—옮긴이) 공식적인 허가의 권한을 가지고, 『주간한국』의 폭로 기사에 게재된 사진 ((도판 6-2) 참조)과 같은, 그들의 얼굴 사진을 무분별하게 찍었다.

이 사진과 비슷한 다른 사진들의 알 수 없는 출처에 대해 주목할 필요가 있다. 기자가 이명지와 박숙희를 설득해 이 결혼사진을 찍게 한 것일까, 아니면 그들이 이 사진을 기자에게 제공한 것일까? 그런 일은 거의 없었겠지만, 적어도 일부 동성 커플은 이윤을 추구하는 주간지와 관음증적 독자들의 눈앞에 자신들의 존엄을 지키는 방식으로서 그들의 관계를 공개하는 데 동의했을지도 모른다.

어떤 경우든, 동성 간의 관계를 보도한 기자들은 퀴어 친족 관행에 대한 이 하위문화적인 역동을 이성애자 남성이 이해하기 쉽고 즐길 수 있는 규범적 용어로 규정하는 경향이 있었다. 그들의 기사가 (잠재적으로) '일탈적인' 여성 독자들을 대상으로 할 때도 말이다. 예를 들어, 1965년의 한 폭로 기사는 박숙희와 이명지의 젠더화된 외모와 성격을 남성/남편, 여성/아내라는 이분법적인 구조 안에서 재정립하려고 노력했다. 그래서 남성복을 입은 박숙희의 성격은 생물학적 남성보다 더 밝고 적극적이라고 묘사되었는데, 이는 여성의 신체적 특징을 가진 그녀를 보완하기 위한 비교적인 표현이었다. 기사가 전하는 바에 따르면 그녀는 여성스러움을 나타내는 2차 성징, 즉 높은 목소리와 수염이 거의 나지 않은 얼굴을 가졌지만, 그녀의 여윈 얼굴은 대부분의 노동계급 남성들과 비슷했다고 한다. 박숙희의 모습 중 이 부분은 고향인 경기도 소사에서 농사일을 한 그녀의 중하위 계급 배경을 거울에 비춘 듯 반영한 것이었다. 그녀는 1962년 화재로 소실되기 전까지 소사에서 성공적으로 가게를 운영했다. 이에 반해 이 사생활 침해적인 기자가 이명지를 발견했을 때 그녀는 여성 스러운 분홍색 치마와 밤갈색 스웨터를 입고 현모양처에게 기대되는 집안일이라고 할 수 있는 설거지를 하고 있었다. 미용실의 주인이 었던 그녀는 또한 여성 고객들을 응대하는 데 도움이 되는 여성적인 특징인 수줍고 겸손한 성격으로 묘사되었다. 충청남도 예산 출신인 이명지는 박숙희가 1965년 여름 금발미장원을 방문하면서 그녀를 처음 만났다. 박숙희는 곧 이명지가 가장 애정하는 고객이 되었다.

결혼이 필수라는 인식이 강한 사회에서 서로에 대한 사랑을 증명하려고 올렸을 그들의 공개 결혼식에 대한 취재는 그들의 성격과 신체적인 특징들에 대한 묘사를 통해 이미 포착된 이항대립binary opposition을 공식화했지만, 이를 고착화한 것은 아니었다. 특히 주간지 기자들의 이성애를 정상화하려는 시각에서, 여성 신혼부부가 입은 옷은 이러한 이분법을 극적으로 부각시켰다. '신랑'인 박숙희는 서양식 양복을 입었고, 이명지는 전형적으로 여성들이 결혼식에 입는 한복을 입었기 때문이다. 이 두 개의 의상은 두 여성이 그들의 관계를 가족들과 친구들에게 보여줄 수 있는 유일한 방법이었을 것이고, 기사에 따르면 그들은 100명이 넘는 사람들에게 결혼식에 와달라고 설득했다고 한다. 하지만, 비록 일부의 사람들이 오해를 하긴 했지만, 박숙희와 이명지가 이성애규범을 모방하거나 또는 이성애 부부로 보여지기 위해서 단순히 남성적이고 여성적인 결혼식 의상을 입은 것은 아니었다. 오히려 그들은 이러한 미적 관습을 재배치하여 여성들이 공개적으로 다른 한쪽을 **여성으로** 인식하는 것을 전제하는 성애적 체계에 중심을 둔 퀴어적 자기표현의 독특한 스타일을 발전시키

고자 했다. 이러한 의복적인 대조들은 그들의 결혼 의식에 초점을 맞추기보다는 이러한 여성들의 성애적 삶을 시각화하려는 의도를 가진 주간지들의 사진들에서 종종 드러났다. (나중에 논의할) 1970년에 발행된 한 기사에서는 부부의 공식적인 결혼사진([도판 6-3] 참조)의 이분법적인 의복 스타일과 부부가 서양식 옷을 입고 집에서 쉬고 있을 때 찍은 사진([도판 6-4] 참조) 속 그보다는 덜 이원적인 의복 스타일 사이에 상당한 차이가 있음을 보여준다.[60]

[도판 6-3] 동성 부부의 이원적인 의복 관행을 보여주는 사진. 기사는 사진에 대해 "400여 하객 '구경꾼' 속에 결혼식을 마치고 카메라 앞에 나란히 포즈를 취하고 있다"고 설명하고 있다. 『주간한국』 313, 1970년 9월 27일.

비록 1965년의 이 동성 결혼은 완전히 새로운 현상으로 화제를 모았지만, 한국 여성들이 서로를 향한 사랑을 공식화한 것이 그때가 처음은 아니었다.[61] 『주간한국』은 그들의 기사가 역사적이라고 홍보했지만, 박숙희는 서울 전역의 여러 예식장에서 최근 비슷한 예식들이 열렸다는 사실을 독자들에게 알리며 이 정직하지 못한 주장을 반박했다. 게다가 그들이 새롭지 않다고 분명하게 밝히면서, 그녀는 한국의 이성애 결혼 전통에 대항하여 여성들의 동성 간 사랑을 인정받고자 한 그들의 노력을 주간지 기자들이 이용했다는, 이전까지 거의 없었던 비판을 제공했다. 하지만 박숙희의 용기 있는 비판에도 불구하고, 주간지들은 새롭게 보이는 퀴어 결합이 한국에서 처음이라고 반복적으로 과장하면서 이러한 이윤 추구적인 이야기들을 계속 이용했고, 그때마다 기사들은 기사의 주인공을 비정상적이고, 따라서 생명정치적인 관리가 필요한 존재로 만들었다.[62] 서울의 레즈비언 공동체에 대한 한 초기 기사는 "여자가 남자와 결혼해서 산다는 것은 하등 얘깃거리가 될 게 없다. 그러나 여자가 여자하고 결혼한

〔도판 6-4〕 동성 부부의 이분법적이지 않은 의복 관행을 보여주는 사진. 기사는 "결혼식을 마치고 보금자리에 앉은 동성 부부"라고 설명하고 있다. 『주간한국』 313, 1970년 9월 27일.

부부처럼 침실 생활을 즐기며 살고 있다면 이건 얘기가 된다"고 인정했다.[63]

1960년대 말 등장했던 이전의 비슷한 폭로 기사들은 잊은 듯, 『주간한국』과 자매지 『주간여성』은 1970년에, 사실이 아니었음에도 「한국의 첫 번째 동성 결혼식」이라는 제목으로 선정적인 두 개의 이야기를 실었다.[64] 보도에 의하면 이 선정적인 기사가 9월 27일에 가판대를 장식하기 일주일 전, 강원도 시골의 한 예식장에서 열린 이 결

혼식에 100명이 넘는 하객 외에도 이미 400명 이상의 열렬한 구경꾼이 모였다고 한다. 한 기사에 따르면 이 기록적인 인파는 지방 예식장에서 행해진 다른 어떤 결혼식보다 더 많았다. 이런 통계적인 주장은 그 정확성과 상관없이 결혼식에 대한 대중들의 관심을 불러일으켰고, 동성 결혼에 대한 이전의 묘사들이 그러했던 것처럼 많은 관음증적인 독자들의 간접적인 참여를 유도하고자 했다. 또한, 이 결합이 시골에서 이루어졌다는 사실은 전국적인 언론 소비자들에게 여성 호모에로티시즘이 한국의 도시 지역을 넘어 가장 먼 마을까지 퍼져 있음을 시사했다. 첫 번째라는 거짓된 논리를 이용했던 심히 과장되고 국가주의적인 한 기사는 1970년 서른두 살의 여성 서지성(가명, 1938년 출생)과 그녀의 서른한 살 배우자 최철화(가명, 1939년 출생)의 결혼이 "단군 이래 가장 충격적인 소식"이라고 주장하며 동성 결혼의 역사적인 의미를 보여주었다. 여성 결혼을 어디에나 있는 위험으로 정의한 기자들은 자본 축적을 위한 냉전 정권 아래에서 그들의 사회적 정당성에 의문을 던지며 여성 동성애적 결합들을 깎아내렸다. 기자들은 이러한 비순응적 관행들을 존중받는 친족 관행에 대한 기이한 징후로 묘사함으로써 폄훼했으며, 이를 통해 주간지 독자들이 여성 동성애적 결합들을 동성애 혐오적이고 여성 혐오적으로 비하할 만한 일로 여기게 만들었다. 1970년대 사건으로 돌아가면, 기자는 결혼 주례자가 부부에게 그들은 이룰 수 없다고 모두 알고 있는 이성애가부장적인 기대인 자녀 출산을 장려했다는 점을 상기시키며 서지성과 최철화의 일반적이지 않은 관계를 강조했다. 기자가 이 농담을 직접 들은 것인지, 아니면 다른 사람으로부터 전해들었는지, 또는 희극적인 효과를 넣기 위해 삽입한 것인지는 명확하지 않다. 어떤 경우든, 기사에 따르면 '신랑'과 '신부'로서의 젠더규범적인 부부의 외모에도 불구하고 주례자의 축사는 이 부부의 신체적인 비밀을 이미 알고 있던 군중들 사이에 강렬한 웃음을 만들었다.

그들의 관계는 결혼식과 그 이후 그들을 따라다닌 남사스러운 소문으로 이어졌지만, 이 일반적이지 않은 사랑 이야기는 대중적인 소비를 위해 이성애규범적으로 '바로잡아'졌고, 권위주의적 발전 아래에서 이상화된 한국의 친족 관행에 대한 기사로 만들어졌다. 이를 위해 기자는 서지성과 최철화의 하층계급이라는 지위와 그들의 주목할 만한 투쟁의 역사에 대한 집단적인 동정심을 만들어냈다. 그들의 퀴어성에 대한 언급이 대체로 젠더규범적이고 이성애적인 (대부분 남자이고 일부만 여자였던) 노동계급 독자들의 지위에 호소하는 것이긴 했지만, 그들은 또한 부르주아 소비자들의 계급 특권도 향상시켜주었다. 예외적인 연애담을 통해 나타난 서지성과 최철화의 공통적인 빈곤의 역사는 대중매체가 그것을 전쟁 후 성공 사례로 설득력 있게 제시하면서 대중에게 반향을 불러일으킬 수 있었다. 따라서, 대중독재 아래에서 프롤레타리아에 대한 노동력 착취가 오직 중산층과 상류층만을 더욱 풍요롭게 했던 바로 그 순간에도, 이 이야기는 프롤레타리아에게 물질적인 포부를 갖게 하는 희망을 주었다. 비록 수익을 추구하는 주간지들이 종종 여성끼리의 결합을 과잉 성애화하는 경우가 있었지만, 이와 대조적으로 하층계급의 연대에 대한 집중은 비순응적인 여성들을 플라토닉한 경제적 생존의 관점에서 묘사하는 상충적인 서술countervailing narratives로 이어졌다. 서지성과 최철화에 대한 이야기는 이러한 탈성애적desexualizing 개입의 예를 보여주는데, 이런 개입을 하는 목적은 그들의 퀴어 친족 관행을 대중

독자들의 이성애가부장주의적 상상력에 수용시키기 위해서였다. 여러 기사들에 따르면, 이 부부는 1970년 4월 8일, 석가탄신일에 만났다. 이 상서로운 날, 미용사였던 서지성은 이웃 마을에 놀러 갔고 그곳에서 미래의 '아내'인 무당 최철화를 만났다. 굿을 하는 동안 노래 부르고 춤추는 최철화의 모습에 매료된 서지성은 같은 해 5월 함께 살기 전까지 매주 최철화를 보러 갔다. 서로에게 성적으로 끌린 것도 있었겠지만, 기사에 따르면 그들을 함께하게 만든 것은 가난에 대한 공통된 경험이었는데, 이는 전후 기간 동안 여성 동성 부부에 대한 많은 기사에서 언급되는 주제였다. 예를 들어, 서지성은 일곱 남매 중 막내였다. 가난이 닥치자 고향인 경상북도 포항을 떠나 강원도로 가기로 결심했고, 그곳 동네 미용실에서 그녀는 성실히 일하는 많은 여성들이 괜찮게 생활비를 벌 수 있는 직업으로 평판이 좋았던 미용 일을 시작했다. 기사에 따르면 미혼이고 아이도 없었던 톰보이 같았던 서지성과 달리, 최철화는 스물다섯 살에 한 남자와 결혼하여 두 아이를 낳았다. 그러나 무당이라는 낙인찍힌 직업에 대해 그녀의 남편은 불만을 가지고 있었고, 남편이 이혼을 원하면서 그녀는 혼자 아이들을 키우게 되었다. 그녀가 버림받은 이야기는 이성애가부장주의의 변덕과 무책임한 남편/아버지로부터 야기된 고통을 드러냈으며, 전후 한국의 특히 노동계급 여성들의 물질적이고 정서적인 분투에 호소했을 것이다. 반면, 모순되게도 서지성과 같은 남성적인 여성은 여성과의 부부관계에서 남성들이 따라야 할 온정적인 사랑의 모델로 기능하게 되었다. 상호 존중의 미덕을 극찬한 1970년의 기사는 이성애 결혼과 가부장적 의무에 평생 헌신하는 것을 바람직한 것으로 강조했다. 하지만 기사는 또한, 퀴어 여성들의 친족 관행이 입양된 아이들은 키울 수 있더라도 그들이 '자연적으로' 남성들의 아이를 낳는 것은 불가능하게 한다는 점에서 여성 호모에로티시즘의 사회적 비정상성도 강조했다. 비록 '현모양처'가 되는 물적 보답은 할 수 없었지만, 최철화는 대안적이고 여성 동성애적인 방식으로 서지성을 부양하며 헌신했다. 기자는 이들 관계의 성적 본질을 폄하하기 위해 이 결정을 이용하면서, 서지성의 말을 다음과 같이 인용했다. "마음을 주고받고 의지할 사람이 필요했습니다. (중략) (그녀에게) 육체적으로는 위안을 줄 수 없지만 정신적인 위안을 나눌 수는 있다고 믿어요."[65] 따라서 그들의 관계는 이성애가부장주의적인 국가 체제 안에서 수사적으로 수용되었지만, 그들은 국가의 경제적·문화적 주변부에서 불안정한 위치에 있었다. 이러한 곤경은 권위주의 시대 동안 동성 커플들 사이에서 매우 드문 관행이었던, 그들의 결혼에 대한 법적 인정을 받기 위한 노력에서 가장 잘 드러날 것이다.[66]

마찬가지로 주목할 만한 것은 그들의 관계를 흐릿하게 하는 언론의 선정성에 대한 반응으로, 서지성이 그들의 관계를 직접 기사로 써서 독자들과 소통하려고 시도했다는 점이다.[67] 1971년 초 한 여성 잡지에 실린 이 1인칭 시점의 기사는 퀴어 주체가 그녀 자신의 언어로 자기 이야기를 할 수 있게 해주었고, 이는 권위주의 시대 동안 극히 드문 일이었다. 「우리 성생활을 묻지 마라다오」라는 제목에서 알 수 있듯이, 서지성은 전략적으로 그들 관계의 성적인 특성을 제거했고 이러한 방식으로 최철화와의 관계를 정상화했다. 이를 통해 서지성은 이성애자이고 젠더규범적인 독자들이 이해할 수 있는 방식으로, 남성적 여성인 그녀 자신과 그들의 동성 관계가 존중받을 수 있도록 만들었다. 독자들의 공감과 인정을 얻기 위해 그녀는 계급투쟁과 가족 희생에 대한 감동적인 이야기를 공들여 만들었고, 그녀 자신을 개발도상국의 효녀로 위치시켰다. 한국의 엄격하고 이원적인 젠더와 섹스 체계를 고려하여, 서지성은 처음부터 그녀를 남성으로 정의했고, 그녀의 사회적 지위를 (그녀처럼―옮긴이) 여성과 결혼한 남성들의 지위에 비유했다. 그녀는 그들 사이의 유일한 차이점이 이성애가 부장주의적 요구에 따라 남성 후계자를 출산할 수 없다는 점이라고 주장했다. 다른 여성과 결혼한다는 점에서 사회적 남성으로 스스로를 규정한 서지성은, 그들의 여성 신체에 기반한 부부의 재생산 문제를 설명하도록 강요받았고, 그녀는 그들의 신체를 인터섹스 및 트랜스젠더의 신체와 대비했다. 비록 서지성이 불임인 남자 혹은 여자들을 명시적으로 언급하지는 않았지만, 불임이라는 공통된 상황에 익숙했던 독자들은 자신들의 사회적 곤경을 이 동성 커플의 자녀 없음과 연관지어 상상했을지도 모른다.

서지성은 규범적인 경계의 관점에서 그녀 자신을 위치시키기 위하여 젠더와 섹스에 대한 이분법적인 정의들을 실용적으로 사용했고, 이를 통해 자신이 어떻게 그 자체로 바로 이런 이분법적 분류를 불안정하게 만드는 대담한 행위인 생물학적인 여성의 몸을 가지고 사회적 남성으로 살아가는 삶을 살게 되었는지 설명했다. 그녀의 눈물 어린 기사는 독자들로 하여금 어떻게 대중매체의 재현이 퀴어를 착취하고 이들을 더 큰 고통에 빠트리는지를 다시 생각해보도록 만들었다. 서지성의 생애는 계급에 기반한 가난과 젠더화된 의무가 가족들의 생계를 위해 그녀로 하여금 남장을 하게 하고, 남성들의 노동에 참여하게 만들었던 과정에 중점을 두고 있었다. 효도의 측면에서 스스로를 사회적 남성으로 정의하면서, 그녀는 트랜스젠더 정체성이나 젠더 비규범성과 거리를 두었다. 그녀는 원자화된 주체성에 초점을 맞추는 것이 아니라 어촌 가정의 자녀 열 명 중 한 명으로서 자신의 낮은 계급 위치를 강조했다. 어린 시절의 비극을 고통스럽게 되돌아보며, 서지성은 1950년 초 포항에서 멀지 않은 곳에 묻혔던 그녀의 세 남자 형제의 죽음을 공개했고 이를 통해 빈곤을 강조했다. 가족을 부양하기 위해 필사적으로 애쓰던 그녀는 한국전쟁 중에 그리고 그 이후 소위 양공주라고 불리는 이들의 빨래를 하는 등 여성적인 일을 맡으면서, 이런저런 일을 모두 하는 머슴애가 되는 극단적인 방법을 택했다. 서지성은 심지어 열일곱 살 때, 고등학교에 다니기를 원하는 부모님의 말을 거역하고 전문 기술을 찾아 포항 근처로 도망갔다. 바느질 공장에서 1년간 일하면서 1만 원을 모은 뒤, 그녀는 당시 여성들 사이에 인기 있었던 직업인 미용사가 되려고 6개월 과정의 수업을 들었다. 하지만 여성으로 계속 산다면 당시 미용 산업에서도 일하기 시작했던 일부의 남성 동료보다 낮은 임금을 받게 될 것이었다.[68] 그녀는 남자 형제들이 학교와 군 복무를 마칠 동안 가족을 부양하기 위한 경제적인 선택을 해야 했고, 그래서 그녀는 더 높은 연봉을 받기 위해 전략적으로 남장을 선택했다. 서지성의 성공적인 효도에 대한 설명에 따르면, 이 결정은 결국 성공했고, 덕분에 그녀는 효자의 전통 모델 안에서 아버지의 환갑잔치 비용을 부담하며 집으로 돌아갈 수 있게 되었다.

스물여섯 살 무렵, 그녀는 점차 '완전한 남성으로 동화'되고 있었고, 마침내 다른 여자와 결혼하는 것을 고려하게 되었다. 그러나 그녀가 자신의 로맨스적 관심사를 추구하게 된 것은 가족의 경제적 생계를 보장하고 오빠들의 직업적인 성공을 도운 이후였다. 앞서 논의했듯이, 그녀의 섹슈얼리티에 대한 묘사에서 서지성은 그들의 관계를 다룬 기사를 통해 대중매체가 매우 선정적이게 보여주었던 여성 호모에로티시즘적인 일탈에 대한 언급을 최소화했다. 10대일 때 자신이 잘생긴 남자보다 아름다운 여성에게 더 끌렸다는 것을 인정하면서도, 서지성은 그녀의 동성애에 대한 욕망이 시작된 것은 포항 미용실에서 상사였던 여성 커플을 통해 비순응적인 여성들을 처음 알게 되면서부터였다고 설명했다. 레즈비어니즘lesbianism에 대한 서지성의 친숙함은 1960년 여성 호모에로티시즘을 처음으로 영화에서 묘사한 첫 번째 한국 영화 「질투」를 본 후로 더 발전하게 되었다.[69] 그녀는 그러한 여성 동성애적 재현들을 통해 그 당시 특히 결혼하지 않은 성인으로서 사실상 말할 수 없었던 그녀의 동성애적 욕망에 대한 과거의 기억을 다시 쓸 수 있었을 것이다. 영화에서는 여자 주인공이 가졌던 남성들을 향한 깊은 증오에 대한 정신적인 치료가, 의사들이 조현병이라고 (잘못) 진단 내림으로써, 그녀의 레즈비어니즘을 끝내버리도록 만들었다. 하지만 이와는 대조적으로, 서지성에게는 이 중요한 영화를 언급invocation하는 것이 다른 여성들과의 로맨틱한 관계의 정당성에 힘을 실어주는 원천이 되었고, 이렇게 생긴 친밀한 유대는 그녀가 이런 관계를 질병이 아닌 것으로 인식하도록 만들었다. 관음적인 독자들은 그녀가 동성끼리의 친밀성을 언급하지 않아 실망했을지도 모르지만, 주변화된 여성으로서는 이성애가부장주의와, 남성적인 머슴애(나중에는 남장한 미용사)로서는 불우한 성장 배경과 연결된 서지성의 관계는 그녀가 스스로를 사회적 남성이라는 퀴어한 자아로 규정하도록 만들었다. 이런 식으로, 그녀는 가족과 국내 독자들의 인정을 얻으려고 노력하는 한편, 여자와 결혼하고

자 하는 자신의 소망도 따랐다. 또한, 대중매체의 관음증적인 시선으로부터 그들 부부의 성생활을 보호함으로써, 서지성은 대중의 관심을 레즈비언이자 원자화된 개인으로부터 멀어지게 할 수 있었으며, 남성 중심 가족에 대한 여성들의 집산화된 종속에 비판적인 관심이 향하도록 만들 수도 있었다. 한편, 본질적으로 생물학적 남성 후계자를 생산할 수 없는 그녀 자신의 여성 동성애적 가족의 창출은 퀴어 여성을 제한하지만 통제하지는 못했던 규범적인 범위를 넘어서는 새로운 친족 관계를 만들어냈다. 서지성은 독자들이 이 부부의 고난에 공감해주기를 그리고 기자들에게는 그들의 삶을 이용하는 것을 자제해주기를 촉구하며 그녀의 놀라운 기사의 결론을 맺었지만, 궁극적으로 그 어느 집단도 그녀의 간곡한 부탁을 들어주지 않았다.

비극적인 이야기로서 퀴어 로맨스와 이성애규범적 결말

여성 호모에로티시즘에 대한 관음적 설명은 주로 퀴어 여성을 희생시키면서 이성애 남성(특히 프롤레타리아)에게 권한을 부여하는 역할을 했지만, 역설적이게도 이는 남성 독자를 특히 남편이라는 그들의 역할 안에서 믿을 수 없고 때로는 심지어 폭력적인 모습으로 묘사하는 경향도 있었다. 동성 간의 결혼식에 대한 동기를 설명할 때, 기자들은 종종 그러한 학대가 없었다면 규범적으로 살았을 여성들이 학대로 인해 정서적·경제적 부양과 성애적 쾌락을 위해 서로의 품에 안기는 문제가 생겨났다고 주장했다. 기자들이 남성 독자들의 관심을 사로잡고 이를 통해 이윤을 얻기 위해 여성 동성애적 관행들을 과잉 성애화하긴 했지만, 그들의 남성 중심적인 관점은 로맨틱한 친밀감과 물질적 안정에 대한 퀴어 여성의 욕망을 경시하고 그 대신 다루기 힘들지만 바뀔 수 있다고 간주되는 남성의 자질에 초점을 맞추었다. 따라서 동성 결혼식에 대한 주간지 기사들은 남성의 여성 혐오가 '그들의' 여성을 다른 한국 여성에게, 또는 더 나쁘게는 반공주의 방어벽으로 국내에 주둔하고 있는 미군들에게 잃게 되는 결과를 야기한다는 내용을 담고서 남성을 향한 교훈담으로 기능했다. 사회·문화적 흐름이 급격하게 변화하고 있는 시대에, 이러한 남성 중심적인 재현은, 특히 억압적인 유신 체제(1972~1979) 아래에서, 또 박정희의 독재 정권을 넘어서, 이성애가부장주의와 민족국가주의를 자본주의 발전의 규범적 원칙으로 강화시켰다.[70]

이전에 언급한 대로, 주간지를 심층적으로 분석해보면 상징적으로 결혼한 여성들이 어린 시절의 빈곤, 남성에 대한 부정적인 경험, 비규범적 젠더 체현과 동성애적 욕망의 복잡한 혼합을 경험했음을 알 수 있다. 이러한 이유로, 그들은 종종 더 안정적이지만 잠재적으로는 불만족스러운 이성애 결혼 관계의 밖에 있는, 다른 여성과의 관계가 개인적으로 만족스럽고 경제적으로 지속 가능한 생계를 추구하려는 자신들의 욕망을 충족시켜줄 것이라는 희망을 표현했다. 비록 그들이 한국 사회의 주변부에서 살기를 선택하긴 했지만, 결혼식을 수행하기로 한 결정은 (다시) 결혼하도록 압박하는 가족과 친구들에게 자신들의 도덕적인 품위를 증명하기 위해서였을 것이다. 그러나 동성 커플이 그러한 공개적인 선언을 했을 때, (가족과 친구들과 같은—옮긴이) 그들이 사랑하는 사람들이 반드시 그들을 받아들여주는 것은 아니었다. 특히 그들이 생물학적인 후계자를 낳을 수 없다는 것은 가족들에게도 해가 될 수 있었기 때문이다. 선정적인 오락거리로 남성 독자들을 즐겁게 해주었던, 퀴어 친족 관행에 대한 언론 보도들은 1970년대와 1980년대에 다시 등장했는데, 이들은 또한 다른 (잠재적으로) '일탈한' 여성들에게 암시적인 경고 역할도 했다. 동성 결혼에 대한 기사들은 열전 발전주의Hot War developmentalism* 아래에서 문화적 순응을 위한 이성애가부장주의적이고 민족국가주의적인 이데올로기를 전개하면서, 동성 관계를 불효이자, 심지어는 국가에 대한 불충으로 비하하는 경향이 있었다. 이러한 인식론적 개입은 여성 동성애적 결합이 지속 불가능하기 때문에 때때로 불편하고, 폭력적인 방식으로 해체될 가능성이 높다며 하찮아 보이게 만들었다. 한편, 퀴어 로맨스에 대한 주간지 기사들은 이러한 결과들을 권위주의 국가가 그들의 관계를 제재하거나 보호하려는 의향이 없어서 초래된 것이라고 설명하기를 거부하고, 대신 이를 여성 행위자들 스스로의 탓으로 돌렸다. 이처럼 대중매체는 퀴어 여성들의 비참한 삶이 지속적으로 가부장적 통제와 성적 종속의 대상이 되어왔음에도 불구하고, 오직 한국 남성과의 (재)결합을 통해서만 개선될 수 있다고 가정했다.

1974년에 발행된 두 개의 주간지 기사는 이러한 인식론적 개입의 교활한 성격을 보여준다. 다른 노동계급 부부와 마찬가지로, 41세 여성 김진미(가명, 1933년 출생)와 그녀의 30세 '아내' 임애자(가명, 1944

---

* 열전 발전주의(Hot War developmentalism)는 미국과 소련이 이념 전쟁(냉전)을 할 때, 그것이 아시아 국가에서는 실제적인 폭력을 수반하는 무력 전쟁(열전)으로 나타났음을 표현하는 용어다. 저자는 이 장에서 한국의 전후 산업화 시기의 발전주의 체제를 냉전 발전주의가 아니라 열전 발전주의로 명명하여 사용하고 있다.

년 출생)도 남성을 포기함으로써 오랜 고통의 역사를 극복한다. 김진미는 불교 철학에서 흔히 볼 수 있는 정식定式에 따라 현재의 고통스러운 경험을 전생의 몹시 노한 업業의 결과로 설명했다.[71] 김진미는 아버지가 일용 노동자였던 가난한 가정의 네 자녀 중 하나로 항구도시 인천에서 태어났다. 중학교만 졸업할 수 있었던 김진미는 미군이 점령한 인근 기지촌을 떠돌았다. 억압당하는 여성들이 쉬이 택하던 대로 그녀는 부평에 주둔한 미군의 가정부로 일했다. 이 일을 하며 그녀는 독립적인 삶을 찾아 기지촌을 떠날 수 있었고, 돈도 충분히 모을 수 있었다. 하지만 도박으로 그녀가 저축한 돈을 탕진했던 불성실한 24세의 한국 남자와 데이트하면서 그녀는 전 재산을 날렸다. 설상가상으로 그는 그녀를 자주 폭행했는데, 이 범죄는 기소되는 일이 드물었음에도 결국 그는 감옥에 갔다. 그 후, 한국 남자와 결혼하여 자식을 낳을 수 없었던 김진미는 미국인 하사관 윌리엄에게 의지했다. 기사는 그녀가 그의 현지처로서의 삶에 만족했다고 전하고 있지만, 가족과 친한 친구들은 그녀를 '양색시'라고 비난하며 그들의 관계를 경멸했다.[72] 서로 다른 인종 간의 친밀성을 통해 빈곤에서 벗어나고자 했던 김진미의 시도는 미국의 열전 동맹국으로서 한국이 종속되어 있어 가능했던 것이지만, 결국 인종적 순수성에 대한 민족국가주의적 이데올로기에 의해 좌절됐다. 이 이데올로기는 김진미와 같은 미군에 의존하도록 내몰린 하층계급 개인들을 경시했지만, 그들의 신제국주의적 존재는 자본 축적이라는 국가적 목표를 지지하는 한국 사회의 부르주아 집단에 도움이 됐다. 이 의존성은 궁극적으로 그들의 관계를 충격적인 결말로 이끌었다. 윌리엄은 파병 임무를 마치고 미국으로 돌아간 지 얼마 지나지 않아 교통사고로 사망한 것으로 알려졌다. 이 비극적인 사고로 김진미는 지속적인 빈곤을 극복할 수 있는 남성의 물질적 지원도 없이 두 번이나 버림받게 되었다.[73] 심지어 그녀가 부유하다고 여겨지는 기지촌에 의존했을 때조차도 말이다.

한 기사에 따르면 극심한 고통의 바로 그 순간에, 김진미는 윌리엄이 인근 용산 미군 기지로 이적한 이후 거주하고 있던 이태원 근처 미용실에서 미용사로 일하고 있던 미래의 '아내'를 만났다고 한다.[74] 충청북도 산골 출신의 임애자도 가난하게 성장했다. 저소득의 면직 노동자였던 그녀의 아버지는 그녀가 네 살 때 돌아가셨고, 가족에게는 안정적인 수입원이 없었다. 생계를 이어가기 위해 임애자는 어머니와 함께 일을 찾아 서울로 올라왔다. 국민학교를 마친 임애자는 미용실에서 견습생으로 일했고, 몇 년 동안의 고된 노동 끝에 마침내 정식 미용사가 되었다. 김진미처럼 그녀도 남자들과 많은 것을 시도했지만, 그녀의 약혼자가 이미 결혼했고 어린 자녀가 있다는 것을 알게 되면서 그를 떠났다. 이성애 결혼에 실패했던 그녀는 마침내 김진미를 만났고 그들의 비참한 삶을 서로 위로할 수 있었다. 두 여성은 가까워져서 김진미의 고향인 인천에서 결혼식을 올리기로 결심했다. 부부는 이후 소박한 집에 살며 서양 수입품을 파는 작은 가게를 운영했다. 그들은 심지어 문 앞에 수상하게 등장한 두 살배기 어린 고아 소녀를 키우기도 했다. 그들과 그 소녀가 혈연으로 묶인 것은 아니었지만, 그들은 그 소녀를 자식으로 키우며 임애자의 성을 부여하고 호적에 입적시켰다고 기사는 전했다. 그들의 노력이 항상 성공했던 것은 아니었지만, 다른 많은 여성 부부들도 지역 고아원에서 아이를 입양하거나 남자인 친구들의 도움을 받아 자손을 낳고 싶은

〔도판 6-5〕 여성 동성 커플의 아이 양육을 보여주는 사진. 기사는 "남산공원에서 주말 오후 한때를 보내는 이색 잉꼬부부. 왼편이 신랑 오른편이 신부"라고 설명하고 있다. 『아리랑』 1969년 8월.

강한 욕구를 표현했다.(〔도판 6-5〕와 〔도판 6-6〕 참조)[75]

확실히 이 기사는 임애자와 김진미 같은 퀴어 여성들을 동성사회적 존재homosocial beings로 인정했고, 따라서 그들의 비공식적인 결혼과 이 경우에는 자녀의 존재를 통해 그들을 국가의 명예 회원으로 인정해주었다. 그러나 그들의 로맨틱한 삶에 대한 관음증적인 보도조차도 부부의 동성애 가능성을 부정하는 경향이 있었으며, 이는 심리적 비정상이나 이들 관계의 사소한 부분으로 설명되었다. 동성 간 욕망에 대한 이러한 거부감을 입증하는 증거를 제공하는 것으로서, 한 기자는 심지어 그들의 관계를 레즈비어니즘에 대한 또 다른 선정적인 이야기가 아닌 '플라토닉한 사랑'으로 묘사함으로써 그들의 관계를 존엄하게 표현하고자 했던 김진미를 인용하기도 했다.[76] 이 시대에 이런 표현들은 주로 성적 지향으로 인해 안정된 정체성의 확립을 거부했던 개인들의 친밀한 주체성에 대한 사회적 관행으로서 존재했을 가능성이 높다. 이는 경제적 생존이나 정서적인 성취의 수단으로서 사회적 규범에 도전했지만, 스스로를 '성소수자'라고 생각하지 않았거나 인권을 주장하지 않은 여성들 사이에서 널리 퍼져 있었을 것이다. 1990년대 이후 이러한 자유주의적 관점이 점점 더 지배적이 되긴 했지만, 오늘날에도 여전히 한국(및 다른 곳)의 퀴어 커뮤니티 모두를 포괄하지는 않는다.[77] 주간지의 기사에서 언급되었든, 또는 (그 말도 대중매체의 선정적인 시선을 통해 전달되어) 여성들에 의해 직접 표현되었든, 권위주의 시대에 여성 동성애에 대한 부정과 긍정은 대개 이성애가부장주의와 민족국가주의라는 제한된 맥락

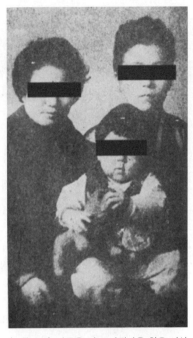

[도판 6-6] 아들을 안고 사진관을 찾은 여성 동성 부부에 대한 사진. 기사는 "아내 역(?)의 윤양(오른쪽)은 그들이 행복한 부부였다고 주장한다"라고 서술했다. 『주간여성』 50, 1969년 12월 10일.

에서 나타났다. 아니면, (그들이 레즈비언인지 여부와는 관계없이) 결혼식을 올리기로 결정한 김진미와 임애자와 같은 여성들에 대한 전복적인 기사는 이성애자인 한국 남성의 곤경과 관련하여 표면화되는 경향이 있었다. 이러한 방식으로, 보도들은 한국 여성과 결혼하지 않았거나, 그녀들을 임신시키지 않은, 그래서 결과적으로 여성이 다른 인종 및 동성과 놀아나게 만든 남성들이 초래한 결과에 대한 교훈담으로서 기능하게 되었다. 그런 점에서 여성 호모에로티시즘에 대한 거부는 국가 공동체를 결속하기 위해 사용되었는데, 국가 공동체

는 1980년대에 일반적인 용어로 점점 더 널리 사용되고 있었지만 그 안에서는 계급 긴장과 인종적 균열이 만연했다. 반드시 그렇게 명명된 것은 아니었지만, 젠더 관습과 성적 규범에 대한 비순응성은 아마도 이러한 내부 분열을 가장 극적으로 가리키고, 특히 이상적인 부르주아 형태인 '현모양처' 개념 안에서 여성성의 규범적 경계를 가장 잘 나타냈을 것이다.

이러한 역동은 1985년, 36세 여성 김순미(가명, 1949년 출생)와 그녀의 '남편'인 46세 김순화(가명, 1939년 출생)의 떠들썩했던 관계에서 찾아볼 수 있다.[78] 여러 주간지 기사들에 따르면, 이 부부는 그해 5월 강원도 원주 외곽에 있는 사찰 대안사에서 결혼식을 올렸다. 전라남도 목포에서 태어난 네 자녀 중 둘째 딸이었던 김순미는 어렸을 때 부모를 잃고 가난하게 자랐다. 그녀는 국민학교만 마칠 수 있었고, 이후에는 형제자매를 지원하기 위해 가정부로 일했다. 김순미는 특히 그녀의 오빠에게 헌신적이었다. 손위의 남자 형제에게 특권을 부여하는 사회 체계에 따라, 그녀는 오빠가 대학교에 진학하여 가족의 사회경제적 지위를 향상시켜주기를 바랐다. 1969년 스무 살이 된 김순미는 원주로 이주하여 3년 동안 이것저것 여러 일을 하다가 돈을 모아 돼지 갈빗집을 열었다. 이로써 그녀는 경제적으로 독립한 '똑똑한' 여성, '또순이'로 알려지게 되었다. 하지만 영화와 문학에서 인기 있었던 이러한 입지전적인 인물의 퀴어 버전인, 이 재주 많은 여성은 30대 중반까지 결혼을 하지 않은 상태였다.[79] 다행히도 김순미는 곧 미래의 '남편'인 김순화를 만났다. 김순화는 고향인 전라남도 광주에서 고등학교를 졸업한 후, 종종 레즈비어니즘과 관련되었던 남성 지배적인 직업인 택시 운전사로 수십 년을 일했다.[80] 여러 기사들에 따르면, 김순화는 한때 다른 여성과 결혼했었지만, 김순미와 만나려고 4년 동안의 결혼 생활을 끝내기로 결정했다고 한다. 1980년, 마흔한 살이었던 김순화는 신의 계시를 받고 그녀가 잘할 수 있는 분야인 운명 철학을 공부하기 시작했다고 한다. 몇 년 후, 그녀는 원주로 이사했고 그녀는 치유 능력으로 유명해졌다. 1984년 가을 김순미는 손님으로 김순화를 방문했으며, 김순화의 능력에 감명을 받았다. 그 후 7개월 만에 그들은 결혼식을 올렸다.

안타깝게도, 많은 동성 커플의 결혼식 이후 생활은 잘 알려져 있지 않다. 주간지들은 보통 한 커플에 대해 한 번만 다루고, 여성 호모에로티시즘에 대한 또 다른 '새로운' 이야기로 빠르게 이동하기 때문이다. 그러나 김순화·김순미 부부의 경우는 그들의 실패한 관계가 퀴어 친족 관행의 불안정성을 보다 일반적으로 보여주었다는 점에서 1980년대에 걸쳐 대중들의 지속적인 관심을 받았다. 기사는 결혼식에서 김순화와 김순미가 이성애자들보다 더 화목하게 살겠다고 다짐했음을 전했다. 이 과도하게 보상하려는 사랑의 행동은 회의적인 대중의 시선 속에서 그들의 관계를 더 존중받고자 하기 위함이었을 것이다. 하지만 결혼식에서 했던 그들의 고결한 약속은 재정 문제에 대한 의견이 일치하지 않아 2년 만에 깨지게 되었다. 무너져가는 관계를 기록하는 것에 삐뚤어진 기쁨을 느꼈던 한 기사에 따르면, 김순화가 성공한 점쟁이이긴 했지만 그녀는 '아내'가 운영하는 식당의 수입에 의존했고, 그래서 믿을 수 없는 '남편'이 되었다. 결혼식 직후, 김순화는 교육을 통해 가난한 아이들을 돕는 자선 사업에 깊이 빠져들었다. 기사는 김순화가 전 '아내'와 헤어지면서 많은 위자료를 주었고 그로 인해 경제적인 지원이 필요해졌으며, 불우한 아이들까지 후원하기 위해 더 부유한 배우자를 선택한 것이라 고백했다고 전했다.[81] 비록 이타적인 것이긴 했지만, 이 사업은 경제적인 수완이 부족했고 이는 더 보수적인 '아내'와 마찰을 일으켰다. 배우자 관계는 빠르게 악화되었고 결국 18개월 후 부부는 헤어졌다. 더 이상의 불화 없이 관계를 마무리하긴 했지만, 그녀의 이상주의적이고 독립적이지 않았던 전 '남편'은 이혼 후 행방이 알려지지 않았으며 김순미는 그 '남편'은 물론, 외로움 때문에도 계속 고생하여 이웃들에게 연민의 대상이 되었다고 알려졌다.

중간계급의 소득이 급증하면서 퀴어 결합 관계를 맺은 이들 역시 경제적 성장의 혜택을 받고 있을 때도, 여전히 언론 보도는 불쾌하게 끝나고 가끔은 폭력적인 결과를 초래하는 퀴어 결합 관계를 강조했다. 이렇게 규범화하려는 기사들에서 여성들 간의 관계는 이성애 가부장주의적 결말을 사용하여 예상한 대로 해결되었고, 이에 따라 여성 호모에로티시즘은 불만족스럽게 일시적이고, 슬픔에 가득 찬 비현실적인 것이 되었다. 예를 들어, 1987년 김순화와 김순미가 헤어진 지 불과 몇 달 만에 『주간경향』은 상당한 수입의 직업을 가진 두 여성에 대해 보도했다. 하지만 그들의 관계는 상대적으로 긴 6년이라는 기간 동안 연애를 했음에도 끔찍하게 잘못되어 있었다. 기사는 한국 남성과 이혼한 뒤 1981년 카페 매니저가 된 서른여덟 살 여성 이민숙(가명, 1949년 출생)에 대해 실었다. 곧 그녀의 '남편'이 된 김상수(가명, 1952년 출생)는 당시 스물아홉 살이었는데 인근 회사에서 일하며 이민숙의 카페를 자주 찾았다. 두 사람은 연애를 시작한 지 2년 만에, 급성장하고 있던 서울 강남에 2300만 원짜리 아파트를 사기로 결정했다. 또한, 근처 도곡동에 생선 가게를 열어 상대적으로 성공한 부부가 되었다. 그러나 몇 년 후 이민숙은 대중매체가 '비정상적인' 삶으로 병리화한 그녀의 삶에 대한 결정을 후회하기 시작했고, 결국 남자와 결혼하기 위해 별거를 요구했다. 한편 김상수는 이민숙의 흡연과 음주에 화가 났고, 그것은 그들의 새로운 사업에도 부정적인 영향을 미쳤다. 이러한 불만들로 결국 이민숙은 김상수와의 관계를 끝내게 되었다.

'남편'으로서 김상수는 너그럽게 자신의 '아내'에게 250만 원을 이혼 위자료로 주었다. 이는 이성애 이혼을 모방하는 것으로 묘사된 관행이었다. 하지만 김상수의 위자료는 이민숙의 탐욕을 만족시키지 못했다. 열정적이고 폭력적이며 심지어는 범죄적인 퀴어 여성에 대한 초기 이미지는 그들의 비순응적인 친족 관행의 맥락에서 다시 등장한다. 이 사건에서, 이민숙은 김상수의 명의로 등록된 도곡동 아파트에서 자고 있던 그녀의 전 '남편'을 무작정 찾아갔다. 이민숙은 아파트가 (불가능한 것은 아니었지만 당시 민법상 증명하기 어려웠던) 공유재산이라고 주장하며 김상수의 멱살을 잡고 1천만 원을 달라고 했고, 이는 그들의 (이성애자) 이웃들을 깨우는 소동을 일으켰다. 이에 대해 김상수는 그들 관계의 비공식적 성격, 즉 호적에 올라가거나 혼인신고가 되지 않았다는 점을 강조했다. 그녀는 자기 자산에 대한 통제권을 분명하게 유지하고자 했을 뿐이지만, 퀴어 결혼이 경제적으로나 법적으로 불안전하다는 것을 보여주는 사례로 널리 알려지게 된 이 이야기는, 기사를 읽기 전에는 이성애 결혼을 거부하는 것을 고려했을지도 모르는 다른 여성들에게 딱 맞는 경고가 되었다. 김순화와 그녀의 전 배우자의 경우를 생각했을 때, 이민숙이 위자료를 요구한 첫 번째 동성 커플이라는 한 보도의 과장스러운 그리고 허울

좋은 주장은 여성 호모에로티시즘의 이른바 열성적이고 변덕스러운 성격을 더욱 극적으로 만들었다.[82]

서로에 대한 사랑을 증명하기 위해 서약서에 서명한 비교적 성공한 여성들조차도 이 비순응적인 방식의 우여곡절에 취약했고, 이는 남성 독자들이 그들을 '구출'해야 한다는 것을 보여주었다. 동일한 이성애중심적인 논리를 사용하여 그들의 여성 상대에게 전달된 메시지는 심지어 동성결합을 고려조차 하지 말라는 것이었다. 33세의 김숙진(가명, 1938년 출생)과 그녀의 연인 임민(가명)의 경우가 이에 해당된다.[83] 전라북도에서 태어나고 자란 김숙진은 고등학교를 졸업한 후 군대에서 8년 동안 복무했는데, 이것은 한국 여성에게는 상당히 이례적인 경력이어서 대중매체는 이를 '이색 직업'이라고 묘사하기도 했다.[84] 1962년 말 제대 후 민간인으로 돌아온 그녀는 군용 지프차를 운전한 경력을 활용해 택시 운전기사가 되었는데, 이는 당시 여성에게는 비규범적인 직업이었다. 김숙진은 6년 가까이 서울에서 택시 일을 한 후에, 전라남도 목포에서 태어나 수도에서 일하고 있던 미용사 임민을 만나게 되었다. 여러 달 동안 연애한 끝에 임민은 김숙진의 '아내'가 되었고 그녀가 직장을 그만둔 후 부부는 1968년 7월 14일 그들의 결혼기념일에 함께 이사했다. 그들의 관계를 공식화하기 위해, 두 여성은 부처님 앞에서 죽음이 그들을 갈라놓을 때까지 서로를 보살피겠다고 맹세했다. 이러한 여성 동성애적 관행을 입증하기 위해 『주간여성』은 그들의 서약서 사본을 게재하기도 했다. 그들은 몇 년 동안 행복하게 함께 살았지만, 1971년 3월 임민이 실종되면서 그 약속은 사라지게 되었다. 부부의 아파트 임대료(30만 원) 빚을 청산한 김숙진은 사랑하는 사람을 잃었을 뿐만 아니라, 택시 운전사로서 생계를 유지하기 위해서도 애를 써야 했다. 이 슬픈 기사는 서로를 사랑하겠다는 그들의 열정적인 서약이 비참하게 잘못된 길로 들어섰다는 것을 보여주었는데, 기사는 비유적으로 이러한 곤경은 남자와 결혼함으로써만 치유될 수 있음을 암시했다.

다른 기사들은 식민지 시대에 시작되었지만 1945년 이후까지도 인기를 끌었던, 더 오래된 전통을 가진 재현을 상기시키며, 여전히 자살로 인한 동성 관계의 해체에 초점을 맞추었다. 주간지 기사들의 이념적인 관리 아래에서, 여성 연인들의 비극적인 죽음은 이러한 사회 순응적 관행들이 제도적 폭력의 근원이라는 것을 보여주기보다는 효와 이성애가부장주의에 대한 수용된 규범으로 재정립시켰다.[85] 예를 들어, 1975년 『선데이 서울』은 인천의 공장 노동자였던 하층계급 두 여성의 가엾은 운명에 대한 극적인 이야기를 실었다.[86] 경상남도에서 성장하며 국민학교만 졸업했던 21세 이분숙(가명, 1954년 출생)은 1973년 22세였던 경기도 출신 강씨(1953년 출생)를 만났다. 두 여성은 빠르게 사랑에 빠졌고, 이분숙의 집에서 자주 잠을 잤다. 이 연인은 항상 공장 현장에서 함께 일했기 때문에 회사 관리자는 곧 그들의 관계를 알아챘고 그들을 감시했다. 지속적인 간섭을 피하기 위해 이분숙과 강씨는 자신들을 모르는 환경에서 살면서 일할 수 있기를 기대하며 부산으로 도피했다. 겨우 집세와 빚, 그 외 비용을 낼 수 있었지만, 그럼에도 이 젊은 연인은 안정된 삶을 살기 위해 고군분투해야 했다. 생계를 유지하기 위해 이분숙은 잠시 강씨와 같이 고향으로 돌아갔다. 둘은 이분숙의 부모님과 지내다가, 부산으로 가는 왕복 차표 값을 마련하기 위해 이분숙 동생의 고장난 라디오를 전당포에 맡겼다. 이후 이분숙은 자살하면서 남긴 유서에서 이에 대해 사과했지만, 언론은 이 절도를 불효 행위라고 맹비난했다. 연인이 부산으로 돌아왔을 때, 그들의 삶은 여전히 불안정했다. 이분숙은 교육받지 못한 여성들에게 흔한 직업이었던 술집 접대부가 되었지만, 강씨를 부양하기에 그녀의 월급은 충분하지 않았다.[87] 이성애적 결말을 암시하는 예측 가능한 변화로서, 그녀의 연인은 아마도 경제적으로 더 안정되고 도덕적으로 받아들여질 수 있는 존재인 한 남성과 사귀기 시작했다. 결국 강씨의 새로운 데이트 상대는 이미 나빠진 관계를 더욱 악화시켰고, 낙담한 이분숙은 치명적인 독약으로 이 보답받지 못하는 사랑을 끝내기로 결심했다. 동성 간 사랑과 동거에 대한 이 짧은 시도는 비극적으로 끝났으며, 이는 여성 독자들에게 이분숙과 강씨의 무서운 사례를 따르지 말라는 경고를 주었다.

마지막 예시는 주간지들이 어떻게 여성들의 관계를 자살을 초래하는 병적인 것으로 강렬하게 묘사했는지 보여준다. 주간지들은 그들의 비순응적 결합을 이성애가부장주의의 규범적 체계 밖에서는 살아남을 수 없는 치명적인 친족 관행에 비유했다. 대중매체는 권위주의 국가의 빈곤한 정책이나 한국 문화의 보수적인 성격을 여성 자살의 원인으로 지목하기보다는, 대중의 인정을 위한 이 절박한 행위를 그들의 퀴어적 삶이 사회적 실패로 끝났다는 가장 극적인 증거로서 표현했다. 자기 개혁에 대한 부르주아적인 논리에 따르면, 여성들이 '현모양처'로서 이성애가부장적 의무를 수행하기로 동의할 경우 이러한 여성들 간 결합의 가엾은 결과를 막을 수 있다. 33세의 여성 빅복분(가명, 1944년 출생)과 그녀의 27세 '아내' 장민숙(가명, 1950년 출생)의 관계는 이러한 인식론적 (그리고 실질적인) 개입을 고통스럽게 보여주었다. 1977년에 발행된 기사에 따르면, 두 여성은 대전에서 처음 만났는데 그곳에서 장민숙은 양장점을 운영했고 박복분은 그녀의 직원으로 일했다고 한다. 가난한 가정에서 태어난 박복분은 자신의 고향인 충청남도 금산에서 국민학교를 다녔고, 서울로 올라와 많은 가난한 이민자들이 그랬던 것처럼 1971년까지 식모로 일했다. 당시 그녀는 1967년 인근 공장에서 일하려고 서울에 왔던, 경상남도 울산 출신의 한 남성과 결혼한 상태였다. 하지만 회사가 그를 해고하면서, 그는 이미 가난한 아내를 더 이상 부양할 수 없었고 그녀는 갑작스럽게 버림받게 되었다. 이혼 후, 박복분은 이번에는 여성과 새로운 관계를 시작했고 그녀와 장민숙은 여러 해 동안 데이트를 한 후에 1975년부터 동거했다. 그러나 적어도 그들 중 몇몇은 여성 호모에로티시즘에 대한 기사를 주간지에서 읽었을, 그들의 (이성애자) 이웃들은 곧바로 이 특이한 관계에 대해 소문을 퍼뜨리기 시작했다. 황색 저널리즘의 공통적인 특징이기도 한 이러한 악의적인 소문은 결국 장민숙의 가족에게 전해졌다. 특히 그녀가 따라야 한다고 (사회적으로—옮긴이) 기대되어지는 지침을 주어야 할 오빠들이 동생의 동성 관계를 부끄러워했다. 하지만 장민숙은 단념하지 않고 그녀의 여성 연인과 계속 살았고, 한 교조적인 기자는 그녀의 이러한 결정을 불효라는 유교 용어로 표현했다. 결국 그녀의 부모가 개입하여 그녀를 박복분과 헤어지게 만들었다. 그들은 주간지 기자가 가진 가치를 되풀이하며, 특히 (딸인—옮긴이) 장민숙이 또래 한국 여성의 의무였던 남성과 결혼하는 기회를 그르칠까봐 걱정했다. 비록 그 의도는 그들의 딸을 보호하기 위한 것이었지만, 이 개입으로 상심한 박복분은 독약을 마시고 스스로 목숨을 끊었다. 끝까지 『선데이 서울』은 그녀의 비극적인 결정 뒤에 있던, 이성애가부장주의적인 지배에 대항하여 절박한 반항적 행위로서 그녀가 자살했을지도 모른다는 가능성을 포함한 주체적인 논리는 고려하지 않았다. 대신 기자는 박복분이 남긴 글에서 그녀가 부도덕한 행위에 대해 부모에게 사과했다는 것에 주목하며, 여성들의 동성 관계를 참으로 "후회한 비극의 사연"이라고 결론 내림으로써 이를 더욱 극적으로 만들었다.[88]

결론

앞에서 제시한 바와 같이, 여성 호모에로티시즘은 잘 알려지지 않았지만, 한국 권위주의 시기의 대중적인 논쟁에서 중요한 주제였다. 이 시기의 비순응적인 여성들에 대한 선정적인 기사들은 매우 도구적인 목적을 위해 퀴어 친족 관행의 복잡한 역동을 단순화시켰다. 기자들이 이러한 여성들에 대한 이색적인 이야기로 노동계급 독자들을 즐겁게 할 때, 일탈과 범죄, 비극에 대한 그들의 진부한 서술은 사회 변화와 문화적 변동으로 혼란스러운 시기에 이성애가부장주의와 민족국가주의적 결합을 고취시키는 데 도움을 주었다. 그 과정에서 남성 중심적인 친족 체계와 맹렬한 반공주의적 발전주의 강령을 떠받치느라 이미 부담을 가지고 있던 직업 여성들은 한국의 산업자본주의와 비자유주의 정치 공식이 수반된 깊은 분열을 상징하게 되었다. 소비자-시민consumer-citizens이라는 남성 위주의 독자층을 고려해 비순응적인 여성들의 비참한 성격을 부각시킨 중간 취향의 장르였던 상업 주간지는 일간신문과 월간지의 관음증적 관행에 의지할 뿐만 아니라 이를 더욱 확장했으며, 이윤을 창출할 수 있는 가능성을 높이려고 이차적인 퀴어 착취의 형태에 적극 가담하면서 정부의 발전주의 이념을 지지하고 진전시켰다.

　퀴어성에 대한 대중적 재현은 (퀴어성이—옮긴이) 이성애가부장주의와 민족국가주의를 안정화하려는 권력에 대한 위협으로 지각된 인식을 반영하며, 전후 한국의 도시와 그 바깥에서 여성 동성애적 하위문화의 부정할 수 없는 출현을 폭로했다. 국가와 자본을 대신하며 염려 어린 글을 썼던 기자들은 비순응적인 여성들의 존재를 입증하기 위해 탐사 보도의 사실적인 기법을 사용했지만, 거의 모두가 항상 그들 존재의 유해한 영향을 과장했다. 이 때문에 독자들은 폭력 범죄자가 되거나 자살한 것으로 알려진 하층계급 여성에 대한 이야기를 자주 접했으며, 이들은 마치 반사회적 성향을 타고난 것처럼 서술되었다. 그러는 사이, 대중매체의 소비자-시민들은 서로로부터 행복과 지지를 받거나 이성애가부장주의적 자본주의 국가의 제한적인 공식의 틈 속에서 성공한 동성 연인들은 거의 볼 수 없었다. 하지만 여성 호모에로티시즘에 대한 이야기는 경멸적인 어조에도 불구하고 경제적 어려움이나 젠더변이적 자아, 비규범적인 성적 대상 선택, 남성과의 부정적인 경험 때문에 그들이 진정으로 동일시할 수 있는, 용기 있는 여성 인물을 찾고자 했던 '그림자 읽기'를 하는 여성들도 끌어들였을 것이다. 주간지의 인기가 시작되었던 1960년대 후반부터 주간지가 사라졌던 1990년대 초까지 대중매체가 병리적으로 '일탈적인' 그러나 부정할 수 없을 만큼 많았던 여성들을 정기적으로 등장시켰다는 사실은 이들이 지닌 체제 전복적인 가능성을 보여주며, 내가 인식론적 개입이라고 부르는 것을 통해 이러한 반체제적인 힘을 일상적으로 길들여야 할 필요가 인지되었음을 시사한다.

권위주의 시대 대중의 상상 속에 규율할 수 없는 몸이 만연해 있다는 사실은 한국 사회에서 신화적인 이성애가부장주의적·시스젠더적 '순수성'을 옹호했던 학계와 도시 전설의 주장과 극명한 대조를 이룬다. 적어도 2000년대까지 비규범적인 섹슈얼리티와 젠더변이가 후기 식민지 냉전 국가의 일부로 존재하지 않았다거나, 퀴어성은 퇴폐적인 서구 사회로부터 최근에 이식되어온 것이라는 방어적인 주장을 듣는 일이 드물지 않았다. 하지만 비순응적인 시민들에 대한 빈번한 보도는 퀴어성에 대한 이 강력한 신화와 상충했는데, 모순적이게도 그러한 보도는 사실상 퀴어성을 상상할 수 없었던 동성애 혐오적·트랜스 혐오적·여성 혐오적 관점 때문에 가능했다. 각각의 동성결합을 한국 최초인 것처럼 허위로 보도한 상업적인 기자들은, 정규 구독자들과 간접적 소비자들이 다음 호가 나오면 쉽게 버려지는 주간지에 재현된 퀴어 주체들의 실제 삶을 잘못 기억하고, 궁극적으로는 잊도록 훈련시켰다. 우리는 또한 비규범적인 친족 관행이 외국에 기원을 둔 것이라는 불안 섞인 주장이 대중매체를 통해 그리고 그 안에서 생성된 비교적인 상상의 산물이었다는 것도 기억해야 한다. 실제로 전 세계에 걸친 성혁명 속에서 일본과 서양의 퀴어들이 자기 재현self-representation과 법적 인정을 추구했던 바로 그 순간에 한국에서도 동성 연인들과 동성 결혼에 대한 이야기가 등장했다. 주간지들이 국내 독자에게 교훈담으로 자주 인용했던 이러한 세계적인 전례들은 국내의 토착적인 기원과 여성 결합의 반체제적인 힘을 최소화하기 위한 목적으로, 문화적 오염에 대한 이데올로기적 서사들을 제공했다. 대중독재 아래에서 언론 기사의 개별적인 소비자들도 예외 없이 동성애자가 없다는 '노 게이 신화no gays myth'라고 불렸을 것의 영속화에 참여했다. 오늘날에는 비교적 설득력이 낮아졌지만, 이성애가부장주의적이고 시스젠더적인 이 집단적 이미지는 권위주의 시대의 강력한 유산으로 지속되고 있다.

심지어는 1990년대 초 한국에서 절차적 민주주의와 시민사회가 등장한 이후에도, 문화적으로 보수적인 사람들과 제도들은 이러한 고착된 국가상을 반복적으로 동원하면서 여기에 도전하는 대안적인 시각을 적극적으로 최소화했다. 이에 대응하여, 탈권위주의적 민주주의의 중요한 산물이기도 했던 LGBTI 활동가와 영화감독들은 대중매체의 이윤 창출 관행과 학교, 법원, 경찰, 군대 등과 같은 다른 기관들의 도구적인 어젠다를 표적으로 삼아왔다. 그동안 대중매체와 이런 기관들은 퀴어 주체들을 잘못 재현해왔고, 또 이를 통해 퀴어 주체를 발전주의 국가의 (재)생산 목표에 종속시키고 있었다.[89] 수많은 활동가와 사회단체뿐만 아니라 비규범적 주체 스스로가 비규범적 주체에 대해 쓴 인쇄물과 온라인 출판물들이 정부의 지속적인 검열(예를 들어 포르노적인 콘텐츠를 포함하지 않은 성인용 콘텐츠가 있는 인터넷 사이트)에도 불구하고 번창했다는 사실은 자기 재현을 위한 노력이 마침내 동성애자가 없다는 신화를 해체할 수도 있다는 하나의 신호일 것이다. 하지만 지금도 LGBTI 활동가들은 성소수자들이 북한에 동조하여 동료 시민들을 에이즈 바이러스에 감염시킬 것이라는 기독교 근본주의자들의 의뭉스럽지만 영향력 있는 주장과 싸우고 있다. 최근 몇 년 동안, 기독교 근본주의자들은 핵가족의 실제적이면서도 동시에 상상적인 해체에 사로잡혀 있다. 그래서 이 민족주의자들은 예수 그리스도의 (잘못된) 인도 아래 이성애가부장주의라는 극도로 보수적인 공식 안에서 국가 전복이라는 열전 이데올로기를 영속화시키기 위해 퀴어 주체들을 (그리고 이슬람교도와 다른 사회적 소수자들을) 계속해서 착취하고 있다.

놀랄 것도 없이, 오늘날 한국의 이러한 문화 전쟁에서 가장 논쟁적인 것 중 하나는 동성 결혼 법제화와 성소수자 보호에 관한 것이다. 이 책의 서장에서 논의했듯이, LGBTI 운동에 적극적인, 유명한 게이 부부인 김조광수와 그의 파트너 김승환은 이 가능성에 대한 가장 가시적인 옹호자로 떠올랐다. 하지만 분명, 이러한 중간계급 시스젠더 남성들이 오늘날 그들의 개인적 정치를 표현하는 방식은 권위주의 시대에 권력에 의해 무력화되었던 경험을 가진 프롤레타리아 여성들과는 크게 다르다. 앞서 논의한 바와 같이, 여성 연인들 간의 상징적인 결혼식은 그들의 불안정한 관계를 공고히 하기 위한 것이었으며, 비순응적인 여성들이 보호와 생계유지를 위해 의지할 수조차 없었던 국가로부터 법적 인정을 추구한 적은 거의 없었다. 내가 보기에, 퀴어성이 정치화된 두 가지 순간을 직접적으로 또는 균일하게 동일시하는 것은 역사적으로 부정확하고 윤리적으로 위험한 일일 것이다. 그렇게 하는 것은 과거를 납작하게 만들고, 현재의 혁명적인 잠재력을 사라지게 만들 수 있다. 하지만 우리가 '존엄의 정치politics of dignity'*라고 부르는 것은, 특히 한국과 전 세계 사람들이 동성 결혼의 현재의 (또는 미래의) '바람직함'에 대해 고려하고 있다는 점에서, 비교를 멈추어야 할 비규범적 관계의 한 차원이다. 앞에서 분석한 여러 언론 기사들에서 알 수 있듯이, 결혼을 결심한 여성들은 혼인 관

---

* 여기서 존엄의 정치(politics of dignity)는 동성 간의 결혼이 대중들과 퀴어인 당사자들 모두에게 떳떳하고 존중받을 수 있도록 하는 일을 의미한다.

습을 따르는 방식으로 존엄의 정치를 행하는 경향이 있었다. 대중독재 아래에서 주류 독자들의 관점으로 볼 때, 이러한 선택은 성인의 결합 관계에 대한 기대나 이성애자를 전형으로 삼는 (그러나 흉내 내지는 않은) 이분법적 젠더 표현을 거스르지 않는 한에서만 (반드시 받아들여지는 것은 아니었지만) 존중받을 수 있었다. 그러나 심지어 그들이 아이를 기를 때조차 (또는 기르려고 시도할 때조차) 여성 배우자들은 그들의 결혼식은 물론 그들이 고아가 된 어린아이를 양육하는 것도 모두 법적으로 허용받지 못했기 때문에, 한국 사회의 이성애가부장주의적인 기대를 필연적으로 충족시킬 수 없었다. 이성애 부부와는 다른 이러한 중요한 차이들에도 불구하고, 더 정확히 말하면 바로 그 때문에, 비순응적인 여성들은 그들의 관계를 여전히 개인적으로 존엄한 것으로 여길 수 있었고, 사회적인 지배의 한 형태를 사용해 가장 불안정한 집단의 생존을 위한 수단으로서 새로운 형태의 친밀성과 자유를 창조해냈다. 요약하자면, 심지어 퀴어 개인들의 표현이 활발히 표명되고 (현대의—옮긴이) 학자들과 활동가들이 아직도 잘 알지 못하는 새로운 퀴어 친족 관행을 창조하고자 투쟁했던 그 순간에도, 여성의 동성 결혼과 그 이후의 퀴어로서의 삶은 시스젠더 이성애가부장주의의 집단적 존엄을 강화시킬지도 모르는 정치화된 영역을 형성했다. 여러 측면에서, 지구 전체로 빠르게 퍼지고 있는 오늘날 동성 결혼에 관한 국가와 개인의 정치 논쟁의 특징이 바로 이러한 결합의 이중성이다. 이러한 동반자 관계가 결혼의 의미를 비규범적인 성적 지향을 가진 개인까지 포함하도록 확장하려 할 때, (대부분 중간계급 게이 남성인) 대중에 얼굴을 비치는 인사들의 혼인 평등marriage equality은 자본주의적이고 이성애가부장주의적인 구조에

빠르게 농화되고 있다. 적어도 한국에서 그런 자본주의와 이성애가
부장주의의 구조는 힘이 약한 행위자들, 특히 가난한 사람, 여성, 트
랜스젠더, 남반구의 이민자들을 종속시키고 있다. 이러한 비판적인
관점에서 현재의 동성 결혼 실천은 이 장에 기록된 역사들과 공명하
고 있으며, 이는 우리가 이와 같은 권력 제도를 연결과 존속을 위한
유일하게 존엄한 선택지로 수용하기 이전에 과거에 대하여 비판적으
로 성찰하도록 독려한다.[90]

제2부

탈권위 시대의
시민과
소비자, 활동가

제7장

한국 남성 동성애의 세 얼굴

보갈, 이반, 신자유주의적 게이

조성배 지음
허성원 옮김

밤이 되면 남산은 또 다른 얼굴로 변합니다.
이곳의 밤이 깊어지기를 기다려 찾아오는 사람들이 있습니다.
자정이 넘은 시각, 이들은 남산 곳곳을 서성대며
누군가를 기다립니다. 그리고 그들 가운데 몇 명은
처음 만난 상대와 어깨를 나란히 하고 어둠 속으로 사라집니다.
– 「SBS 뉴스추적」, '양지로 나온 동성애', 1998년 6월 9일.

최근 전 세계의 후기 식민 국가들이 미국과 유럽의 정체성, 섹슈얼리티, 시민권 모델을 모방하거나 그것에 도전하면서 역동적이고 새로운 LGBT 운동의 장소로 떠오르고 있다.[1] '퀴어 지구화queer globalization'라고 회자되는 이 현상이 가속화된 미국화, 게이 문화의 동질화, '글로벌 게이'의 부상을 예고하고 있는 것은 아닌지 논쟁이 일었다.[2] 그러나 퀴어 지구화에는 하나의 모순이 존재한다. 바로 퀴어 지구화가 '퀴어 아시아queer asia'를 경유한다는 것이다. 21세기 초의 지구적 퀴어화 과정은 서구화로서의 퀴어 지구화라는 명제에 저항하면서, 중국, 홍콩, 싱가포르, 대만, 한국, 인도네시아, 필리핀은 물론, 동아시아와 동남아시아에서 급속도로 성장 중인 여러 사회를 아우르는 지역 네트워크의 확장을 이끌고 있다.[3]

이와 같은 아시아 LGBT 정체성을 관찰하다 보면 지구화되는 시장 자본주의, 지역 및 서구 문화와 담론 사이에서 강도를 더해가는 혼종화, 관광 산업과 이주를 통한 인간 이동의 증가, HIV/AIDS 예방 및 성소수자의 인권과 같은 쟁점에 대한 국제 협력의 증대 등 여러 현상이 서로 영향을 주고받고 있으며, 그 교차로를 통해 새로운 젠더/섹스 범주와 성애 문화가 증식하고 있음을 알 수 있다. 인터넷, 영화 그리고 여타 기술 또한 젠더/섹스 범주를 '서구'라는 정태적이고 정주적인 장소로부터 떼어내어 '아시아'로 이식하는 데 중요한 역할을 수행해왔다.[4]

퀴어 아시아에 대한 새롭게 출현한 문헌을 토대로, 이 장은 한국 현대사에서 남성 동성애의 세 가지 담론적 구성, 혹은 '얼굴'을 조명하고자 한다. 보갈, 이반, 신자유주의적 게이가 바로 그것이다.[5] 성적 범주에서 일어나는 변화는 갑작스럽고 때때로 혼란스럽기까지 하다는 점을 염두에 두고, 나는 1990년대 중반까지의 용례와 달리 '게이'라는 용어를 트랜스섹슈얼transsexual이나 트랜스젠더transgender를 가리키기 위해 사용하지 않는다. 대신, 다른 남자들에게 끌리는, 규범적으로 '남성적' 젠더를 지닌 남자들을 나타내기 위해 사용한다. 더욱이, '보갈'과 '이반'이라는 두 용어는 서로 다른 세대의 게이 남자들이 그들을 나타내기 위해 사용했던 문화 내적 용어인 반면, '신자유주의적 게이'는 게이 되기에서 최근 나타나고 있는 동시대의 현상을 드러내기 위해 내가 만들어낸 문화 외적 용어다. 나의 주장은, 마찬가지로 한국의 경제성장기를 후발 발전주의, 자유주의, 신자유주의라는 세 시기로 구분하고, 그 위에 남성 동성애의 세 가지 얼굴을 배치할 수 있다는 것이다. 각 시기마다 퀴어 시민권queer citizenship의 주요 요소들은 변화 중에 있는 이 국가의 지정학적 정체성과 미래 사이에서 벌어지는 상호적이면서도 비우연적인 변증법 속에서 제휴되었다.[6] 특히, 세 가지 얼굴은 당대 한국의 국가 건립 기획의 핵심에 놓인 모순과 변증법적으로 상호작용하면서 출현했던 것이기도 하다. 한국의 현대적 국가 건설 프로젝트란, 결국 ('기업'과 '국가'는 물론) '개인'과 '가족'을 동시에 사회의 기본 단위로 안착시키려는 과정이었기 때문이다.

이 장은 한국 남성 동성애의 세 가지 얼굴에 주목하면서, 새롭게 출현하고 있는 퀴어 아시아 학제에 기여하고자 한다. 퀴어 아시아 학제는 스톤월 항쟁* 이후에 나타난 '벽장'과 '커밍아웃'이라는 수사에 근간을 둔 헤게모니적 서구 퀴어 학제에 대한 대항 담론을 구성하기

---

* 1969년 6월부터 7월 사이에 미국 뉴욕시에서 있었던 가두시위다. 1969년 6월 28일 뉴욕시 경찰이 맨해튼 그리니치빌리지의 게이바 '스톤월 인(Stonewall Inn)'을 과잉 단속한 것에 대해 문제 제기하면서 시작되었다. 스톤월 항쟁은 1970년대부터 전개된 '동성애자 해방운동(Gay Liberation Movement)'이라고 일컬어지는, 시민권 및 인권 개념을 중심으로 하는 현대 성소수자 인권 운동의 효시로 여겨진다. 흔히 동성애자가 자신의 정체성을 숨기는 것은 '벽장(closet)' 안에 숨는 것으로, 자신의 정체성을 인정하고 그것을 밝히는 것을 '벽장 밖으로 나오는 것(coming out of closet)'으로 묘사하는데, 동성애자 해방운동의 목표 중 하나는 동성애자들이 자신의 정체성을 주변에 밝히고 살아가는 이른바 '커밍아웃의 정치'를 추구하는 것이었다.

시작했다. 포드주의 복지국가 체제 아래에서 오랜 기간 이이진 경제적 번영기의 미국에서 출현한 게이 정체성의 '고전적' 모델에 따르면, 동성애는 다섯 가지 사항과 결부된다. 1) 지배적인 이성애 친족 체제의 구조로부터 탈주하기. 2) 배타적인 게이 정체성과 동일시하기. 3) 동성 간 유대 맺기. 4) 대규모의 사회적 네트워크 만들기. 5) 자기 인식과 집단 정체성 갖기.[7] 이에 반해, 영화학자 크리스 베리Chris Berry가 지적하듯 한국 및 아시아 여러 지역의 수많은 퀴어들은 게이가 되기 위해 가족을 떠나길 거부한다. 게다가, 일반적으로 대중에게 보이지 않는, 주변적이고, 포착하기 어렵고, 암묵적으로 호모에로틱한 공간이 여러 곳에 존재하긴 하지만, 자기 자신의 정체성을 규정하기 위해 필요한 확고한 역할, 관계, 위계를 갖춘, 구조화된 게이 공동체는 거의 존재하지 않는다.[8]

가족 밖으로 나온 게이가 되기를 거부하는 것을 '벽장 안에 있기'를 선택하는 것으로 해석하기보다는, 퀴어 아시아 학제에 속한 학자들은 동성애homosexuality를 만들어온 특수한 사회문화적·역사적 맥락을 동아시아 내에서 계속되는 모순과 문화적 혼종성의 주요 지점으로 식별하고자 노력해왔다. 일례로, 존 어니John Erni와 앤서니 스파이어스Anthony Spires는 자본주의와 임금노동 체제 덕분에 동성애자들이 비규범적 섹슈얼리티를 중시하는 생활양식을 구성할 수 있었다는 가정을 반박한다. 어니와 스파이어스는 대만의 산업적 근대화가 가족주의와 같은 문화 전통을 촉진하기보다는, 어떻게 그러한 전통과 조응하면서 작동했는지 지적한다.[9] 결과적으로, 대만의 퀴어들이 국가와 가족 사이에 끼어 있는 와중에도 새롭게 출현하고 있는 대만의 퀴어 소비 공간은 "대만에서 게이·레즈비언의 가시성과 가족 중심적 문화정치 사이의 관계를 구축할 수 있는 기회"를 제공한다.[10] 어니와 스파이어스는 '가족 정치family politics'라는 용어를 사용하면서 미국의 서구화된 게이·레즈비언 운동의 특징이었던 계급(그리고 인종)에 기반을 둔 정체성 정치identity politics로부터 대만 퀴어들이 부딪친 가족 기반의 문화정치를 구별하고자 한다. 이 책에서 신라영역시 한국 청년 퀴어 여성들의 선택에 있어 가족 정치의 영향력을 젠더화되어 있는 자기표현 및 파트너 선택의 측면에서 설명한다. 이 장은 이러한 선행 연구를 이어받아 (연령·계급·젠더·혼인 상태로 인해 굴절된) 한국 동성애의 실질적 의미가 내가 '유교적 생명정치Confucian biopolitics'라는 용어로 일컫는 가족 통치성governmentality에 의해 틀 지어 있음을 보여준다. 유교적 생명정치는, (신)자유주의적 개인주의 개념이 예외로 남아 있는 아시아의 공동체주의적이자 비자유주의적인 사회 속에서 일차적인 통치 형태로 간주될 수 있다.[11]

유교적 생명정치는 자유주의의 '비사회적 개인'을 근본적으로 이질적인 개념으로 간주한다. 또한, 가족(그리고 국가)의 집단성에 사적인 의지와 욕망이 복속되어야 한다고 여기면서 가족 집단성을 사회적인 것의 일차적 발현으로 우선시해왔다. 무척 신중한 방식을 취하는 경우를 제외하면 이러한 가족주의는 동성애 표현을 금기시할 뿐만 아니라, 공간, 시간성temporality, 정동affect의 관점에서 퀴어한 삶의 형태와 질감을 창출하기도 한다. 이와 같은 유교의 영향력은 한국에서 가장 생생하게 목격할 수 있다고 말할 수 있고, 이는 한국이 "동아시아 일상의 근본 문화"의 수호자라면서 자긍심을 갖게 되는 원인이기도 하다.[12]

이 장은 한국학에도 기여하고자 한다. 최근 페미니스트들은, 남성성을 탈각시켰던 식민주의에 대응하면서 국가를 초남성적인 남자들의 동성사회적 유대로 구축했다고 한국의 후기 식민 민족주의 postcolonial nationalism가 지닌 남성 중심적 성격을 비판해왔다.[13] 후기 식민 페미니즘 연구에서 많은 이들이 서발턴을 또다시 젠더화하려는 시도를 비판했지만, 한편으로는 남성성과 여성성의 대립적이면서 비대칭적인 형식에 주목하면서 후기 식민 국민국가의 이성애적 젠더화를 의도치 않게 반복했고 이는 성소수자의 삶과 주체성을 지우는 결과를 낳았다. 이 장은 후기 식민 국민국가에 관한 퀴어 비평 및 퀴어 아시아의 섹슈얼리티에 관한 '포스트오리엔탈리즘' 분석을 참고하면서 한국 게이의 섹스, 민족, 시민권의 상징 정치 담론에 관한 상세한 문화기술지ethnography를 제공한다.[14] 이 장은 한국 게이들이 민족주의와 시민권이라는 남성 중심적 개념에 대항하는 한편 그러한 개념을 재생산한다고 주장한다.

이성애규범적 가부장제heteronormative patriarchy에 대한 한국 게이들의 모순적 태도는 한국 사회에서 그들의 양가적 입장에서 유래한다고 볼 수 있다. "사회의 보이지 않는 규칙에 의해 설정된 게토의 경계를 벗어나지 않는 한, 그들은 … '정상적 삶normal life'에 접근할 수 있다."[15] 한국 게이들이 성정체성에 대한 낙인을 피하기 위해 고군분투하면서 사회의 지배적인 초남성적이고 이성애규범적 체제와 어떻게 공모하게 되는지 탐문하는 것은, 선진 기술과 과잉 소비로 대표되면서도 문화적으로는 보수적인 한국 사회 내에서 주체 형성이 모순적 과정임을 보여주는 창이라고 할 수 있다.

성형수술에 대한 이혜진의 논의에 따르면, '평균적인 제3세계 게이'는 존재하지 않는다. 이혜진은 '제1세계' 페미니스트들이 '제3세계' 여자들을 억압받는 집단으로 동질화하는 경향을 지적한다. 하지만 한국 여자들은 이러한 이분법을 혼란스럽게 한다. 그들은 모성과 같은 '전통적' 역할을 받아들이면서도 성형수술과 같은 '후기 근대적' 실천에 참여한다. 마찬가지로, 한국의 게이는 한국 사회의 육중한 가부장제적 본성과 가족에 기반을 둔 이성애규범성 구조에 의해 억압받기도 하지만 동시에 새로운 소비주의와 기술에 기반한 정체성과 생활양식의 첨단에 서 있기도 하다. 즉 전통과 근대, 제1세계와 제3세계라는 단순한 이분법에 의존하기보다는, 그들의 삶을 좁게는 한국, 넓게는 아시아의 사회, 역사, 경제, 기술적 상황 속에 위치시켜야 한다.

이 장은 내가 2007년에서 2009년 사이 서울에서 박사 논문을 쓰면서 수행한 연구에 기반한다. 이 연구에서 나는 100명 이상의 게이, 레즈비언, 트랜스젠더를 인터뷰했고, 게이 채팅방, 퀴어 정치 집회, 인터넷 동호회 등에서 참여 관찰을 수행했다. 이 연구는 이른바 한국의 1세대 게이들이 이성애규범적 가족주의의 부상과 신자유주의적 재편이 확대되는 과정 속에서 감정적 친밀성, 성적 도덕성, 재정적 (불)안전성과 같은 문제를 유연하게 헤쳐 나가기 위해 인터넷을 어떻게 활용했는지 그리고 여자와 강제로 결혼하는 것을 어떻게 거부했는지 탐사한다. 이 연구는 2001년에서 2003년 사이 서울에서 수행했고 연세대학교 석사 논문으로 제출한 나의 게이 소비 공간에 대한 연구에서 몇 가지 인터뷰와 기록도 참고한다. 또한, 1995년에서 2003년 사이, 사회경제적 환경이 후발 발전주의에서 자유주의로, 나아가 신자유주의로 숨 가쁘게 이행한 한국의 격동기를 살아온 나 자신의 경험도 활용한다.[16]

나는 15만 명 이상의 회원을 보유한 온라인 공동체 이반시티와 2,500개 이상의 게이, 레즈비언, 트랜스섹슈얼 공동체의 장이었던 포털사이트 다음Daum에서 자기 자신을 게이로 정체화한 남자들을 인터뷰 참여자로 모집했다. 인터뷰는 내 오피스텔 같은 사적 공간이나 커피숍 같은 준準사적 공간에서 이루어졌고, 나는 인터뷰를 통해 게이가 자신의 삶에 있어 결혼과 가족과 같은 문제를 어떻게 바라보고 해석하는지, 그에 대해 개인적으로 어떤 서사를 갖고 있는지 물었다. 한 사람 외에는 다들 편하게 자기 이야기를 꺼냈다.[17] 인터뷰 참여자 중 일부는 나를 공동체의 대변인, 즉 이런 자리가 아니면 공적으로 공유할 수 없는 자신의 생각과 느낌을 소리 내 말하기 위한 창구로 여겼다. 예컨대, 한 참여자는 "정치적인 관점이 아니라, 게이가 어떻게 사는지 그리고 우리가 그냥 사람일 뿐이라는 사실을 세상에 알리기 위해" 자신의 삶을 책으로 쓰고 싶다는 욕망을 이야기하기도 했다.

인터뷰는 글로 옮겨진 뒤 근거 이론을 구성하기 위한 귀납적 과정을 거쳤고, 키워드, 수사, 정형화된 서사를 탐색했다.[18] 즉, 이 연구는 문화기술지 연구의 상호주관성intersubjectivity을 인지하면서 시간의 구애를 받지 않는 진리를 주장하기보다는, 자본주의, 민족주의, 가부장제로 이루어진 거대 구조에 의해 조건 지어진 사회적 삶의 흐름 속에서 언어의 형식과 미학이 어떻게 나타났는지 이론화하고자 했다.[19] 예컨대, 이들은 동성애자로 살아가는 자신의 경험을 설명하기 위해 '어둠 속'에서 살아간다는 수사를 중요하게 사용했다. 이러한 수사는 사회적으로 추방되고, 사회적 인정에 있어 국가가 용인하는 영역에서 배제된 동성애의 성격에 기인한다. 또한 각자의 사회적 정체성을 보호하기 위해 조명이 흐리거나 말 그대로 어두운 공간에서 서로를 만나는 게이들의 경험으로부터 유래한 것이기도 하다. 다시 말해, 이 장은 이러한 서사의 주관적 성격을 인정하는 한편, 이러한 특성이 현상학적 기반을 두고 상호주관적으로 생산되었으며, 궁극적으로는 거대한 사회적·역사적 과정에 의해 제약을 받는 '사회적 사실'임을 인정하고자 한다.[20] 나는 이와 같은 게이들의 수사와 그들이 수사를 사용하는 방식에 의존하여 이를테면 '어두운' 후발 발전주의 시기와 '밝은' 자유민주주의 시기를 구별했다.

후발 발전주의, 한국 동성애의 '어두운 시기'
— 1970년대부터 1990년대 중반

한국은 동아시아에서 '초남성적 발전주의 국가'의 모범으로 여겨진다.[21] 대한민국은 일제강점기(1910~1945)와 미군정(1945~1948)을 거쳐 1948년에 건립되었다. 한국전쟁(1950~1953)—냉전 블록 사이에서 벌어진 마지막 군사 대립으로, 이후 한반도에는 세계에서 가장 삼엄한 휴전선이 남았다—을 치른 뒤, 후기 식민 국가로서 한국은 압축적 근대화 프로젝트에 돌입했다. 이 프로젝트는 '여성'적인 것의 낌새를 보이는 것이라면 무엇이든 힐난하는 식민화의 남성적 과정을 닮았다.[22] 이 과정에서 한국은 초남성적 남자와 초여성화된 여자로 이루어진 부계 공동체로 그려지게 됐다.[23]

경제발전 이데올로기가 후기 식민 민족주의를 뒷받침했고, 자유민주주의와 개인주의 같은 서구적 가치를 배제하면서 부국강병한 대한

민국 건설을 위해 개인의 희생을 요구했다. 예컨대, '아시아의 네 마리 호랑이'에 이르는 한국의 경제적 도약을 이끌었다고 평가받는 박정희 대통령(1917~1979)은 서구적 가치가 "사회적 무질서와 민족 의식의 약화를 낳았다"고 믿는 등 서구적 가치에 매우 회의적이었다.[24] 그는 개인의 권리와 표현의 자유와 같은 서구의 이데올로기를 거부하면서 '유교적 부권 통치Confucian Parental Governance'에 구현된 가족 관계의 위계적 비유를 이용했다. 이러한 통치 양식에서 국가는 "아버지나 남편으로, 기업은 그 맏아들로, 사회는 어머니나 아내로, 공장 노동자는 효녀로" 묘사됐다.[25]

권위주의적인 국가 이데올로기로 인해, 1970년대부터 1990년대 초에 이르는 한국의 발전주의 시기에 동성애 같은 비규범적 섹슈얼리티에 대한 공식 정보는 극심히 통제되었다.[26] 예컨대, 서구에서 AIDS 유행이 기승을 부렸던 1980년대, 이 질병이 한국에 거주하는 외국인들 사이에서 최초로 식별되자 한국의 어느 뉴스 앵커는 "우리나라에는 동성애자가 없으니 에이즈 걱정은 없다"는 말을 하기도 했다.[27] 이 책의 서장에서 밝히고 있듯이, 후기 산업주의 시기나 그 이전의 동성애의 역사는 여전히 발굴되고 있다. 따라서 이 시기의 동성애에 대한 나의 논의도 다소 모호하다. 하지만 이 책에서 토드 A. 헨리와 김청강이 보여주고 있듯이, 이 시기에 있었던 동성애에 대한 탄압은 비규범적 섹슈얼리티에 대한 비공식적이고 통속적인 재현의 부재를 의미하지 않는다. 실제로, 주간지나 코미디 영화에는 그러한 재현이 넘쳐났고, 퀴어들은 이러한 매체의 숨어 있는 독자와 관객이기도 했다. 예컨대, 학원만 네 개를 가지고 있는 47세 기혼 남성 A씨는 동성연애자들이 많이 간다는 극장에 갔다가 동성애의 길로 빠져들었다.

영화를 보고 있는데 옆 사람이 손을 만지작거렸다. 그러나 왠지 "싫다"는 말이 나오지 않았다. 영화가 끝난 뒤 극장에서 만난 그와 얘기를 나눴다. 뭔가가 통하는 느낌. A씨는 혹시 싶어 그와 관계를 맺고 난 뒤 "아!" 했다고 한다.

아이를 둘씩이나 낳고 살면서도 '의무방어전'으로만 여겨졌던 그 일이 남자와의 경험에서는 달랐다는 것. 47년 만의 깨달음이었다.[28]

이 인용문에서 A씨는 어두운 극장 안에서 손을 만지작거리는 정동적 연결affective connection을 통해 동성애의 육체적 쾌락과 '동성연애자'라는 자신의 비규범적 지위를 깨닫는다. 이러한 쾌락은 의무적으로 수행해온 아내와의 이성애 성관계와 근본적으로 다르다. 그러나 동성애는 아무도 좋아하지 않는 무언가로 재현될 뿐만 아니라, 우발적으로 나타나는 우연으로 재현되기도 한다. 즉, 호모에로틱한 흥미를 갖는 이들을 별개의 인간 종으로 보는 (19세기 말에서 20세기 초부터 형성된) 동성애에 대한 서구의 의학적·과학적 견해와 달리, 한국에서 동성애는 여성 파트너가 부재한 상황에서 일반 남자들이 '빠질' 수 있는 변태 성욕으로 여겨졌다.[29] 다시 말해, 한국의 후발 발전주의 시기에는 집단적인 사회적 정체성으로서의 동성애의 재현, 부인, 수용이 동시에 일어나는 복잡한 과정이 나타났다.

물론, 사회적 정체성으로서의 동성애라는 서구화된 개념이 이 시기 한국에 존재하지 않았다는 사실이 다른 남자들에 대한 호모에로틱한 욕망을 품는 한국 남자들이 없었다거나 그런 남자들이 자신의 욕망을 실현할 기회를 찾아다니지 않았다는 뜻은 아니다. 예컨대, 성별에 대한 한국의 강력한 이분법은 바깥(혹은 공적 공간)을 남자에게, 안(혹은 가정 공간)을 여자에게 배정하면서 남녀유별적으로 나타나고, 남자 및 여자 중·고등학교처럼 성별에 따라 분리된 교육기관으로 구현된다. 이러한 상황에서 남자와 여자 모두 동성 사이의 에로틱한 관계를 가질 기회를 충분히 누린다(추가 설명은 이 책의 제4장 하신애의 글을 참조).[30]

군대 또한 초남성적 기관이자 "국민과 남자를 만들어내야 할" 책임을 지는 기관으로서 호모에로틱한 실험에 중요한 환경을 제공했다.[31] 게이 상수는 회상한다. "군대에 혈기왕성한 젊은이들이 모여 있다 보니 대수롭지 않게 스킨십을 나누다가 어느새 서로 수음을 해주기도 합니다." 이처럼 한국에서 외래어 '스킨십'은 반드시 성적인 것으로 해석되지 않아도 되는, 종종 동성 사이에서 일어나는 애정이 담긴 접촉을 일컫기 위해 사용되기도 한다. 이러한 행동은 대부분 동성애가 아니라 형제나 선후배 사이에 나타나는 자연스러운 형태의 친밀성으로 이해된다.[32] 게이 인재는 다음과 같이 말했다. "한국에서 동성애가 무엇인지 정확히 꼬집어 말하기는 어려워요. 취하면 남자들끼리도 야릇해진다는 믿음이 널리 퍼져 있으니까요."

마지막으로, 이 시기에 일부 게이는 동성애에 대한 매우 다른 이해를 지닌 미군이나 다른 외국인 게이(이를테면 일본 등 다른 아시아 국가에서 출장을 온 사람들)와 정기적으로 접촉하기도 했다. 이렇게 외국인을 만났던 한국인 중 일부는 미국, 유럽, 동남아시아 등 여러 나라로 여행을 떠나기도 했고, 외국에서 동성애에 대한 서로 경합하는 모델을 맞닥뜨리기도 했다. 하지만 그런 사람들은 어디까지나 소수였다.

게이를 포함하여 대다수의 한국인에게 동성애의 의미는 어둠 속에 묻혀 있었고 일시적 외도를 의미할 뿐이었다. 실제로 이 시기에 많은 남자들이 자신의 욕망에 대해 혼란스러워했고 도덕적으로도 갈피를 잡지 못했는데, 이는 동성애가 정체성이 될 수 있다는 담론적 구성물 없이 정체성으로 경험될 수 있느냐는 근본적 질문을 제기한다.

한편, 같은 시기에 수많은 남자들은 동성애에 대한 정보에 접근하지도 못 했고 동성애가 더럽고 부도덕하고 자연스럽지 않다는 널리 퍼진 믿음만 접한 채 지배적인 이성애규범적 생활양식의 압력을 받아들일 수밖에 없었다. 여자와 결혼한 또 다른 게이 YS는 "결혼하기 전에는 동성애에 대해 전혀 알지 못했어요. 다른 남자들과 신체 접촉을 하더라도 성적으로 끌린다고 생각하지 못했어요. '멋진 남자네' 라고 생각했을 뿐이죠. 나는 내 욕망을 그 정도로밖에 이해하지 못했어요"라고 말했다. 이른바 '386세대'는 특히 나이가 들면서 한국의 경제 발전주의의 '시간규범성chrononormativity'에 휩쓸렸다.[33]

나는 다나 루치아노Dana Luciano를 따라 시간규범성을 "전체 인구의 삶 속에서 시간의 성적 배치"로 정의한다.[34] 즉, 후발 발전주의 국가의 유교적 부권 통치가 이성애 핵가족을 전후 한국의 근간으로 설정했다면, 이러한 이성애 핵가족은 인구를 공적 공간과 사적 공간을 가르는 젠더화된 노동 분업 면에서 공간적으로 규제할 뿐만 아니라, 직업을 얻고 결혼을 하고 아이를 갖기 '적절한 시기'에 관한 이성애규범적 생애 주기 면에서 시간적으로 규제하는 데에도 복무했다. 인터뷰 참여자 상수가 말하는 것처럼, "그때 (인당) GDP는 3천 달러였고 모두들 섹스나 여가를 즐기길 꿈꾸기보다 집을 사려고 돈을 모았어요. 그게 가난한 사람과 부유한 사람을 나누는 경계선이었어요. 자기 집을 갖고 있느냐 아니냐."

이처럼 일반인에게 가장 중요한 삶의 목표는 가족을 부양할 집을 마련하는 것이었다. 기혼 게이로 이중생활을 영위하는 사람의 대부분은 386세대라고 말하는 것이 과장이라고 할 수 없을 만큼 이 시기에 자신의 호모에로틱한 욕망을 잠시 잊고 결혼한 남자들이 아주 많았다.[35]

추후에 논의하겠지만, 이런 남자들은 1990년대 후반에 이르러 인터넷이 널리 퍼진 이후에나 자신의 마음속 깊이 묻어둔 동성애라는 '어두운 비밀'을 파헤칠 수 있었다. 어둠 속에 산다는 수사를 다시 한 번 언급하자면 이런 남자들이 동성애를 어두운 비밀로 형상화하는 것은 이들이 섹슈얼리티를 극히 본질적이고 선천적이지만 숨기거나 억압되어야 하는 것으로 이해하고 있음을 보여준다. 인터넷은 국가의 정보 독점을 무너뜨리고 "규범적인 일과 가족 생활에 내포된 완전무결함을 파열"시킴으로써 가부장제 국가 및 이성애 가족의 중심부에 안치되어 있었던 수많은 남자들을 '동성애자'라는 서구화된 주체 위치로 호명할 수 있었다.[36]

보갈의 동성애, 김경민의 사례

한국의 후발 발전주의 시기 동안 대부분의 남자들은 여자와 결혼하고 이성애가부장으로서 분명히 '정상'적인 삶을 살아야 하는 이성애 가족 규범의 압력을 받았으며, 그런 규범을 따르지 않는 몇몇 소수자만이 '유령'처럼 서울 및 대도시의 숨겨진 호모에로틱한 공간을 배회했다.

자기 자신을 동성애자로 정체화한 사람 중 처음이자 (아마도) 마지막으로 자서전을 쓴 김경민도 이런 유령 중 한 사람이다.[37] 그는 살면서 보갈로서 불이익을 당한 적은 없었다고 한다. "한국에서 매춘부를 일컫는 가장 저속한 말"인 갈보를 거꾸로 읽은 '보갈'은 1990년대 중반 민주화 및 지구화 기류 속에서 '보갈'이 '게이'와 '이반'으로 대체되기 전까지 동성연애자들 사이에서 그들 자신을 일컫기 위해 사용되곤 했다.[38] 김경민은 말한다. "누구에게도 들키지 않으려고 철저한 방어의 벽을 쌓고 나는 그 안에서 모습을 숨기며 살아왔었다. 세상에는 왜 그리 쓸데없는 관습과 숨 막히는 관념들이 많은지 그것들을 피하기 위해 나는 이를 악물고 도망 다녔고, 숨어다녔다."[39]

한국전쟁 후 비상 상황에서 떠돌아다니는 '피란민'은 한국학에서 퍽 익숙한 수사다.[40] 그러나 '성적 난민', '정동적 이방인', '내적 망명' 같은 수사에 관한 분석은 흔치 않다.[41] 이상의 「날개」의 주인공처럼 (이 책에 실린 제2장 존 휘티어 트리트의 글을 참조) 사회에서 추방된 사람들에게는 자기 욕망을 정주시키거나 사회적 체면을 세워줄 이성애 핵가족이 없고, 사회에서 추방된 동성애자는 주류 사회 및 결혼과 아이에 기반을 둔 주류 사회의 '재생산 미래주의reproductive futurism'로부터 유리된 내적 망명자로 거듭났다.[42] 그들은 물질적 결핍 못지 않은 정동적 결핍을 겪으며 성적 박해를 피하기 위해 가족과 사회 전반으로부터 자신을 숨기고 "성적 만족을 찾고 사회적 네트워크를 꾸리기 위해" 도시를 배회하도록 내몰렸다.[43]

김경민이 자신의 글을 통해 밝히고 있듯, 벽 뒤에 숨는 것은 안전을 의미하기도 했지만 참을 수 없는 소외감을 동반했다. 이들은 이성애 핵가족과 재생산 미래주의에 인접한 사회적 네트워크에서 배제되어 '미래 없는' 비사회적 주체로 남도록 강제 당했다. "산처럼 가슴에 쌓여"* 있는 외로움을 견딜 수 없어 김경민은 (A씨처럼) 동성연애자들이 모인다고 알려진 서울 종로의 한 극장을 향했다. 중년 게이, 특히 기혼 중산층 및 중상류층 게이들은 음지화된 보갈 공동체인 종로 낙원동의 게이바에서 모이곤 했다. 그 유명한 'P극장(파고다극장)'도 종로에 있었다. 파고다극장의 전성기였던 1970년대에서 1980년대에는 휴일이면 1천 명이 넘는 보갈이 모여들었다. 『선데이 서울』등 타블로이드 지는 파고다극장에 대한 보도를 자주 내보냈다. 내가 2003년에 인터뷰한 '채플린'이라는 남자는 그가 열다섯 살이었던 1977년에 이 동성애 판에 데뷔했다. "비가 오는 우중충한 날이면 파트너를 찾아 돌아다니는 남자들이 극장에 즐비했죠."

김경민의 종로 보갈 판 데뷔도 이와 다르지 않았다. 한국의 게이들은 귀족 영애가 상류사회에 처음으로 발을 딛는 무도회나 여배우가 처음으로 무대에 서는 데뷔탕트의 이미지를 떠올리며 동성애자 사회에 처음으로 모습을 드러내는 것을 가리키기 위해 '데뷔'라는 용어를 사용했다. 서구적 개념인 '커밍아웃'에 비해 '데뷔'는 다른 보갈들로 이루어진 제한된 청중 앞에서 하는 '작은 규모의 커밍아웃'이었다.[44] 나는 데뷔라는 개념이 커밍아웃이라는 행위에 전혀 다른 의미와 논리를 불어넣었다고 주장하고자 한다. 자기 가족이나 사회 전반에 커밍아웃을 할 수 없었던 한국의 게이들은 (그리고 게이 활동가들

---

* 원문에서는 상투어로 보아 이 표현의 출처를 따로 밝히지 않아 출처를 추가한다. 『겨울 허수아비도 사는 일에는 연습이 필요하다』(김경민 지음, 성림, 1993), 163쪽.

은) 자기 자신을 일단 다른 게이들 사이에서만이라도 드러낼 수밖에 없었다. 그러므로 데뷔는 "고아가 아니면 커밍아웃을 못하는" 한국 사회의 억압적 본성을 드러낸다. 이러한 모습은 게이들 사이에서 끈끈한 유대를 맺어야 하는 한국의 게이·레즈비언 운동의 특수한 역사적·정치적 책무를 보여주기도 한다. 이러한 책무는 내가 '생활정치lifestyle politics'라고 이름 붙인 정치, 즉 **숨겨진** 지원 공동체를 꾸리는 더 큰 과제의 일환이다.

김경민은 데뷔를 통해 그를 부인한 한국 사회가 줄 수 있는 것과 다른 유형의 사회적 인정을 받을 수 있었다. "(P극장은) 그때엔 손님의 거의 대부분이 보갈이라 해도 좋을 만큼 가장 활성화된 살롱이었다. … 미리 알고 간 탓일까, 왠지 내 눈에는 전부 보갈로 보였고 또 전부 보갈이 아닌 걸로도 보였다. 종잡을 수 없는 느낌을 뒤로하고 대강 훔쳐보는데 그 사람들의 시선이 전부 내게로 쏠렸다.[45] 게이들이 극장 안에서 수다를 떨고 교류하는 휴게실을 '살롱'이라고 불렀다는 사실은 위르겐 하버마스가 살롱을 근대 초기 혁명기 프랑스의 공론장 형성을 추동한 공적 시민성 및 사회성의 공간으로 평가한 것을 떠올리게 한다.[46] 하지만 게이들의 살롱은 마이클 워너Michael Warner가 "퀴어 대항 공론장queer counterpublic"이라는 용어로 일컬은, 낙인찍힌 욕망의 주변에 조직된 사회성의 대안 공간을 창출한다.[47]

이런 공간이 보갈 정체성이라는 대안을 통해 김경민처럼 낙인찍히고 비가시화된 성적 주체를 수용하기도 했지만 고유한 형태의 성적 비체화sexual abjection*를 수반하기도 했다. 동성연애자들은 이성애 가족이라는 정동적 고정점이나 자신의 욕망을 절제할 것을 요구하는 사랑에 관한 규범적 관념 없이 자신의 성적·정동적 필요를 충족하기 위해 "성적으로 마주칠 수 있는 우연한 기회에 계속 의존해야" 했다.[48] 김경민이 쓰고 있듯, "만날 때마다 그 사람들 품에 안겨 쾌락의 뜨거운 숨결을 내뱉곤 하였지만 남자들은 늘 바람 같았다."[49] 사회적 고정점 없이 제도화된 이성애규범적 삶의 틈새 사이로 흘러갔던 게이의 욕망의 경계성과 우연성을 서술하기 위해 게이들은 '물'과 '바람'의 비유를 들곤 한다. 커밍아웃한 최초의 게이 활동가 서동진이 지적하듯, '보갈'은 "과잉 성애화된 (그리고 뿌리내리지 못한) 실존을 살아낼 것을 요구 당하는" 동성연애자들의 "자기 비하"를 나타내는 용어다.[50] 게이들의 관계가 성적인 것으로 환원되는 현상은 아마도 동성애에 대한 한국의 국가적 탄압이 빚어낸 가장 끔찍한 효과일 것이다.

한국 민주화의 '양지'와 1990년대 중·후반의 지구화: 이반

1987년 민주화와 1993년 (대중 사이에서 '세계화'로 통용되는) 지구화 흐름에 힘입어 한국에서 호모에로틱한 욕망과 동성애를 이해하는 방식도 극적으로 변화했다. 한국에서 동성애가 소수의 변태들에

---

* 프랑스어와 영어에서 'abjection'은 비참하거나 비천한 것, 그러한 사람이나 상태를 일컫는데, 프랑스의 정신분석학 및 문학 이론가 쥘리아 크리스테바(Julia Kristeva)는 '비체(abject)'를 상징계로의 진입에 저항하는, 의미가 와해되는 지점으로 개념화한다. 이러한 의미에서 비체는 주체(subject)도 객체(object)도 아니다. 이 문장에서 저자는 1980년대의 남성 동성애자들이 스스로 '살롱'과 같은 대항 공론장을 구축하고 자기 자신을 '보갈'이라고 지칭하면서 부분적으로 주체화를 경험하기도 했으나, 사회적 측면에서는 여전히 성적 주체로 자리 잡지 못하고 떠도는 현상을 기술하기 위해 주체화와 대조되는 비체화라는 용어를 사용하고 있다.

국한된, 해외에서나 볼 수 있는 현상으로 여겨지기는 했지만 점차 한국 사회의 일부로 인정받기 시작했다. 특히, 내가 '역사적 연대'라고 이름 붙인 현상, 즉 게이·레즈비언 운동, 게이 온라인 게시판, 이태원의 게이 소비 공간 사이의 연대는 게이 정체성 및 공동체로 대표되는, 점점 더 발전하고 있던 호모에로틱한 욕망의 제도화를 위한 담론, 기술, 공간을 제공했다. '이반'이라는 용어는 이러한 현상을 잘 포착한다. '이반'의 '이'는 '보통' 계층 혹은 '지배/보편' 계층의 사람이라는 의미에서의 '일반', 즉 이성애자와 '다른異' 사람 혹은 '이등二' 시민을 의미할 수 있다.

87년 체제의 발흥 이후 한국의 첫 번째 게이·레즈비언 운동 단체 초동회는 다른 아시아 국가(특히, 대만)의 게이·레즈비언 운동의 발전과 함께 1993년에 설립됐다. 비록 초동회가 게이와 레즈비언 사이의 갈등으로 인해 설립 후 몇 주 만에 와해되긴 했지만, 1994년 2월에 설립된 게이 단체 친구사이와 11월에 설립된 레즈비언 단체 끼리끼리가 빠르게 그 자리를 채웠다.

그럼에도 불구하고, 두 단체의 회원들이 공적으로 얼굴을 드러내길 꺼렸기 때문에 한국에서 동성애자임을 자인한 사람이 공적으로 모습을 드러낸 최초의 사건은 게이 활동가 서동진(1995년 3월)과 이정우(1995년 5월)의 커밍아웃이었다. 이들은 '동성연애자'와 달리 동성애자라는 속성을 자신의 사적·공적 정체성의 핵심 본질로 보았다. 서동진의 주장에 따르면, "(다른 동성애자들과 마찬가지로) 우리가 불행하지 않으려면 동성애에 대해 그리고 우리가 왜 행복할 수 없는지에 대해 말해야 한다."[51] 자유주의가 확대되던 이 시기에 서동진은 개인의 행복에 초점을 두고 "시민권의 주체로서 개인을 억압해온 민

족주의 경제발전 담론에 격렬하게 저항하는" 페미니스트 청년 단체에 합류했다.[52]

각각 연세대학교와 서울대학교 학생으로, 명문대생이었던 서동진과 이정우의 커밍아웃 이후 『선데이 서울』 같은 타블로이드 지에나 간간이 등장했던 동성애 뉴스가 봇물처럼 터져 나왔다. 1995년 12월 9일, KBS 프로그램 「독점 여성」에서 '또 하나의 사랑, 동성애'라는 제목의 에피소드가 방영됐을 때 진행자는 이렇게 말했다.

> 사회에서 얼굴을 드러내지 못하는 사람들이 있다. '그림자에 숨어있는 얼굴'인 셈이다. 하지만 이제 우리 사회에서도 동성애자들이 당당하게 얼굴을 드러내고 목소리를 내기 시작했다. 최초의 동성애자단체 친구사이가 탄생했고 서울대와 연세대에도 동성애자 모임이 생겼다. 그들은 우리 사회에 어떤 이야기를 들려주고 싶은 걸까? 그리고 우리는 그들의 사랑을 어떻게 보아야 할 것인가? 그들은 자신의 사랑이 '또 하나의 사랑'일 뿐이고, 사회의 일원으로 당당하게 살아가고 싶다고 말하고 있다.

동성애 담론이 터져 나오면서 친구사이와 끼리끼리 핫라인에도 게이와 레즈비언들의 문의가 빗발쳤다. 커밍아웃에 대한 문의보다는 어떻게 다른 동성애자들을 만날 수 있는지에 대한 문의가 많았고, 간간이 어떻게 일반이 될 수 있는지 문의도 있었다. 즉, 자신의 '일탈'적 섹슈얼리티를 어떻게 이해할 수 있는가 그리고 사랑, 섹스, 우정을 나눌 사람을 어떻게 만날 것인가, 이 두 가지가 수많은 동성애자에게 가장 중요한 문제였다.

하이텔, 천리안, 나우누리 등 인터넷 게시판 서비스와 상대방에게 1, 2분가량의 음성 메시지를 남길 수 있는 한국통신의 153 전화 사서함은 이러한 고민을 다루는 데에 중요한 역할을 수행했다. 두 서비스는 게이와 레즈비언 들이 이전까지 어둠 속에 묻혀 금지되어 있던 정보를 나누고 소통하는 것을 가능하게 해주었다.

이런 서비스가 '게이와 레즈비언'이라는 새로운 호명을 가능하게 했기에 전국적인 공동체의 기반을 닦을 수 있었다. 나는 2002년, 게이 현규와 게시판 경험에 관한 인터뷰를 진행했다. 그때 그는 다른 동성애자들에 대한 공포를 처음으로 극복하고 채팅방에 막 접속했는데 그 평범함에 놀랐다고 한다. 그의 말에 따르면, "채팅방에서 사람들과 이야기를 나누면서 동성애자는 이상할 거라는 제 고정관념도 없어졌어요. 저랑 그렇게 비슷할 수가 없었어요. **저처럼** 제가 어렸을 때 했던 거랑 비슷한 걱정을 하고 저랑 다를 것 없는 **평범한 인생**을 살아가고 있었죠." 나는 1990년대 중반부터 2000년대 초반까지 한국에서 살면서 게이들이 '평범'이라는 말을 사용하는 것을 자주 들었다. 예컨대, 많은 이들이 '평범한 외모', '평범한 직장', '무난한 성격'을 가진 남자를 만나는 것이 자신의 꿈이라고 말했고, 섹스와 소비에 치우친 게이의 삶을 벗어나 그런 남자와 '조용한 삶'을 꾸리는 기쁨을 누리고 싶어 했다.

한편으로 다른 게이와 레즈비언의 평범함에 대한 현규의 발언으로부터 성공적인 군사독재 치하의 전체주의 문화 속에서 일어나는 동질화 과정을 거론할 만하다. "개인이 국가와 가족의 정체성 외의 주체 위치에서 생각하고 행동하는 것은 위험하다."[53] 다른 한편, 현규의 발언은 게이의 정상성normality을 시사한다. 국가 보조로 운영되는 매체에서 게이를 서구에만 있는 변태 욕망을 지닌 이상한 사람으로 그리는 것과 대조적으로, 게이들이 보이지 않을지라도 한국 사회의 평범한 구성원이라는 것이다. 다시 말해, 서구의 학자들이 젠더/섹슈얼리티 비순응을 퀴어 정치의 근본적 종착지로 강조해왔다면, 인간의 영역에서 배제당했던 한국 남자들에게는 그저 사회의 평범한 구성원으로 존재하는 것이 무엇보다도 경계를 위반하는 행위로 여겨질 수 있다.[54]

우선, 게이 게시판의 채팅방 운영자들은 이런 사람들이 서로 채팅을 하고 그들의 평범함을 발견하도록 하는 데 만족했었다. 그러나 추후에 운영자들은 이런 게이와 레즈비언들을 정모, 즉 정기 모임을 통해 오프라인 단체를 조직하려고 했다. 게이가 이성애규범적 사회의 틈 사이로 보이지 않게 흘러 나가는 '바람'이나 '물' 같았다면, 이런 정기 오프라인 모임은 그들이 한데 모일 수 있게 묶어주는 사회적·시간적 구조를 제공했다. 이런 행위는 공간적으로 산포되어 존재하는 남자들을 결집시켰고 그들에게 사회성과 유쾌함을 갖춘 유대를 형성하는 구조를 부여했다. 다시 한 번 말하지만 바로 이런 행위가 내가 동아시아 퀴어들의 생활정치라는 용어로 지칭하는 것이다. 서구 학자들은 권리에 기반을 둔 사회운동을 통해 게이의 역량 강화가 이루어지고 퀴어한 미래가 도래할 것이라고 상상하곤 하는데, 생활정치는 권리 기반 사회운동에 비하면 부족해 보이는 **동시에** 그 좁은 시야를 넘어서 있다고 볼 수 있다.[55]

게시판 정모를 하려면 최대 100명에서 150명에 이르는 많은 사람들을 수용할 공간이 필요했다. 앞서 언급한 바와 같이, 종로 낙원동에는 보갈 극장과 게이바로 이루어진 숨겨진 판이 이미 존재하고 있었다. 하지만 낙원동은 기혼 게이의 활동 공간이었을 뿐만 아니라 지나치게 섹스에 치중된 공간이기도 했다. 이에 반해, 이태원이라는 새롭게 부상한 게이 공간은 퀴어 대항 공론장 내부의 비성애화된 대안으로 다가왔다. 퀴어 대항 공론장에 대한 워너의 개념화를 수용하자면 한국의 게이들은 '의사 중계적 시민사회quasi-intermediary civil society'를 설립하기 위해 과잉 성애화된 퀴어 대항 공론장 **내부**에 공적 시민성과 사회성을 표방하는 공간을 만들어야 한다고 생각했다.[56] 이태원은 (한국에 정치적으로 분단된 국가라는 고통스러운 잔재를 남긴) 용산 미군 부대와 가깝고 부대에는 상당한 수의 군인이 배치되어 있기 때문에 원래 '이질'적이고 '버려진' 공간으로 여겨져왔다.[57] 국가의 훈육과 이웃의 감시에 덜 복속된 이질적 공간 이태원은 서구화된 게이바와 댄스클럽이 들어서기에 이상적인 환경이었고 점점 더 활발해졌던 게이 게시판 모임은 물론 다른 게이 모임이 교류하기에도 제격이었다.

내면에 자리한 동성애적 자아의 표출, 끼

처음으로 오프라인에 나오는 많은 게이들은 조심스러워했고 두려워했다. 게이 유키노가 말하길, "저도 동성애에 대한 편견을 갖고 있었으니까 터부시되는 주제였던 밤 문화를 오프라인에서 접하는 것이 처음에는 무서웠었어요. 예를 들면 게이 라이프에 빠져서 더럽고, 그룹 섹스를 하고, 전염병에 걸렸다는 사람들처럼 되는 것은 아닌지 걱정이 됐었죠." 유키노와 같은 게이들은 다른 게이들과 교류하면서 게이 문화가 처음에 생각했던 것보다 매우 "건전하다"는 것을 알게 되었다. 그들은 소비 공간에서 '육체적 쾌락'을 탐사하면서 이전 세대의 "갑갑한 신체적 습관과 고집스러운 패션 코드"로부터 스스로 자유로워져갔다.[58] 게이 분당이 말하길, "저는 그런 걸 좋아하지 않았지만 클럽에 가는 건 좋아했어요. 커다란 음악 소리에 맞춰 몸을 흔들면 뭔가 이상한 느낌이 올라왔어요. 고막과 내장이 터질 것 같았죠." 게이들은 이 '기묘한 느낌'을 표현하기 위해 끼라는 단어를 사용하곤 했다. 부분적으로는 기氣에서 유래한 끼는 한 사람에게 주어진 특출한 재능, 창의력, 에너지 등을 의미했다.[59] 게이 문화에서는 끼떨다(과하게 여성스럽게 행동하거나 캠프*스럽게 행동하는 것)라는 표현이 널리 쓰였다. 게이·레즈비언 운동 공동체 형성 초창기에 친구사이 같은 게이 단체는 이런 행동이 게이가 남자보다는 여자에 가깝다고 여기는 내면화된 동성애 혐오internalized homophobia의 일종이라고 보면서 눈살을 찌푸리곤 했다. 하지만 분당의 대답에서 이 행동은 한국의 가족과 국가에 대한 상상으로부터 상징적으로 배제되는 슬픔과 외로움에 맞서 한 사람의 게이로서 살아 있다는 느낌을 가리켰다.

이태원의 G 게이 클럽에서는 일주년 축하 파티를 홍보하면서 「섹스, 댄스, 음악에 대한 모든 것」이라는 제목의 영어 포스터를 만들었

---

* 캠프(camp)는 19세기 말에서 20세기 초에 형성된, 요란하고 과장되고 인위적이고 연극적인 행동 및 몸짓과 연관된 미적 양식이나 감수성을 일컫는다. 캠프 미학은 유럽 및 북미의 동성애자 하위문화 및 드래그 공연의 미학과 영향을 주고받았다. 예컨대 여성성을 과장하고 연극적으로 보여주는 드래그 공연에서 받는 기묘한 느낌을 흔히 '캠프스럽다'고 표현한다.

다. 영어로 쓰인 포스터 문구는 다음과 같이 해석할 수 있다.

한 번이라도 가져본 적 있니?
우리는 한 가족이다.
게이로 산다는 건 뭘까?
충분한 건 없어.
열어서 보여줄래?
네 안에 있는 걸.
가져봐. 내가 시키는 대로 할래?
편하게 생각해. 난 준비됐으니까.
넣고 즐겨.
날 가져! —섹스 해! —날 범해!
오늘 밤 나와 함께 자유로워지려면 이 세 마디면 충분해.

즉, 쾌락은 충족되지만 매우 개인화되고 일시적인 성적 만남으로 동성애의 의미를 환원하던 때 게이다움은 외로움과 불행을 의미했지만, 이와 같은 게이 사회성의 집단적 전시는 과도한 성적 행위를 게이들의 연애와 우정이라는 공적 의례에 복속시켰고 "사사화私事化* 된 결혼과 핵가족이라는 규범적 모델에서 벗어난 친밀성, 성정체성, 소속감에 대한 근본적으로 다른 시선"을 제공했다.[60]
한국 역사의 자유화 시기를 보낸 게이들은 이태원의 게이 소비 공

---

* 사사화(私事化, privatization)는 공사 구분이 전제되어 있을 때 공적인 일로 여겨지던 것이 사적인 일로 치부되는 현상을 일컫는다. 주로 그러한 현상을 비판하기 위해 사용하는 용어이다.

간의 형성과 함께 한국 게이들의 안색이 밝아졌다고 밝힌다. '이반'이라는 용어에서 엿보이듯 공동체에 힘이 실리고 있다는 감각도 점차 확실해져갔다. 서동진이 밝히듯, 이반은 "이성애자들로부터 확실히 구별되기 어려운 사회 집단으로서 동성애 공동체의 새로운 의식을 가리킨다."[61]

IMF 위기와 '신자유주의적 게이'
— 1998년부터 현재까지

1997년부터 1998년 사이에 시작된 아시아의 외환 위기 이후 한국 게이들이 협상해야 하는 조건은 근본적으로 변화했다. 한국에서 재앙으로 여겨지는 이 사건은 흔히 'IMF 위기'로 회자된다. 한편으로, 경제 위기는 국가 통치 방식의 근본적 변화를 추동했다. 경제성장 동력이 국가 주도의 제조업에 기반을 두고 자본을 축적하는 후발 발전주의 모델에서 금융과 개인의 기획과 창의성에 기반을 두고 자본을 축적하는 신자유주의적 양식으로 옮겨갔다.

동시에, 중산층 가구의 남성 가장의 대량 실직이 가부장적 가족과 국가의 몰락에 대한 광범위한 공포를 자극했다. 이에 반응하여 한국 정부는 나라와 가족을 동일시하는 낡은 국가 이데올로기를 부활시켰고, 여성운동 등 "위기 이전 10여 년 동안 자유화된 사회 환경을 누렸던" 진보운동의 후퇴와 재사사화再私事化를 촉진했다.[62] 송제숙이 밝히듯, 이 시기 "신문 사설들 (역시) 동성애 가족과 노인 부부의 이혼('황혼' 이혼)을 가족 해체의 표식으로 묘사했다."[63]

새로운 게이·레즈비언 공동체는 이 모순적 변화에 발목이 잡혔다. 기업가형 개인주의의 가치가 새롭게 평가되면서 한국 게이·레즈비언 공동체는 특히 성적 소비 시장으로서 극적인 성장을 맞이하기도 했지만 국가 이데올로기의 가치가 부각되면서 게이·레즈비언 공동체는 주류 사회에 알려지지 않고 사사화된 채로 남았다. 한국 정부는 나라를 가족에 빗대는 환유를 이용해 사회의 비혼 구성원을 차별하고 이성애 핵가족에 속하지 않는 비규범적 인구를 훈육하기 위해 가족, 고용 및 여타 사회적 혜택을 이용했다.

한국이 인터넷 '강국'으로 성장했다는 사실 또한 이 모순적 경향을 더욱 복잡하게 만들었다. 한국 정부는 인터넷을 통해 한국을 '선진국' 반열로 끌어올리고 후기 산업자본주의 경쟁 시장을 개방하고자 했는데 인터넷은 그 이상의 역할을 수행했다. 인터넷은 이반시티 같은 새로운 게이 공동체 플랫폼뿐만 아니라 다음Daum과 같은 주류 플랫폼에서의 게이 공동체 형성을 야기했다. 하지만 이러한 사이버 문화의 상당수(즉 채팅방, 게시판, 즉석 메시지)는 한국 사람들에게 은폐된 채 남아 있었고, 이는 한국 게이의 일상적 삶에서 온라인 형태의 사회성이 번성하는 것이 무슨 의미가 있는지 의문스럽게 만들었다.

2007년에서 2009년 사이에 현장 연구를 진행하면서 나는 이반시티와 다음Daum이 IMF 이후의 한국에서 게이가 되는 두 가지 서로 다른 길을 제시하고 있음을 발견했다. 하나는 이반시티에서 익명성의 자유를 이용해 번개 섹스 같은 즉석 만남 등 다양한 정체성, 욕망, 활동을 실험하는 길이다. 이러한 활동은 시간제 계약직 노동으로 대표되는 유연화된 경제를 모델 삼아 외로움이나 지루함 같은 감정을 달래고 성적 비참을 쾌락으로 변형하는 데 일조했다. 시간이 경과하면서 게이들은 인터넷의 성적 자유에 막대한 비용을 치러야 함을 깨달았다. 마음대로 접속하거나 하지 않을 수 있다는 것은 온라인 교류를 매우 불안하고 우연에 의존하게 했다.[64] 다시 말해, 시간제 계약직 노동의 유연성이 노동자의 삶을 매우 불안한 것으로 만들었다면, 계속해서 새로운 파트너를 찾아야 하는 번개의 유연성은 게이의 삶에 사회적·정서적·육체적 불안과 피로를 한층 더 야기했다. 오랫동안 지속되는 견고한 인간관계를 중시하는 이성애규범의 관점에서 보면 이런 관계는 "전적으로 부정적인 결핍과 해악에 지나지 않았다."[65] 이반시티가 성 시장으로 거듭남에 따라 게이들은 몸과 계급이 계층화된 온라인 공간 속에서 자신들이 "함께이면서도 외로운" 상태에 처했음을 깨달았다. 그들은 자기 자신을, 자신의 몸을 성적 주체로 팔릴 만하게 끊임없이 개발해야 했다.[66]

다음Daum에 수백 개가 넘는 인터넷 동호회가 생기고, 뒤이어 수십만 개의 미니 홈피가 만들어지면서 성적으로 부도덕하고 사회적으로 미성숙한 것으로 보였던 이반시티의 게이들에게 새로운 길이 보이기 시작했다. 수영이나 스키처럼 취미나 관심사가 겹치는 사람끼리 모인 게이 동호회는 주말에 한 번 정도 오프라인 만남을 가졌고 공개된 장소에서의 모임이 신중하게 진행되었다. 게이가 자신의 몸과 사회적 정체성을 지닌 '윤리와 법의 주체ethico-legal subject'로 비치는 물리적 환경에서 이들은 다른 이들에게 존중받기 위해 행동을 규제할 수밖에 없었다.[67] 결과적으로, 그러한 시민성은 게이들로 하여금 이성애 가족과 그들의 아이에게 국가의 불분명한 미래가 달려 있다는 한국 정부의 재생산 미래주의를 넘어서는 게이로서의 삶과 퀴어한 미래를 꾸려 나갈 수 있게 만들었다.

그럼에도 불구하고, IMF 위기 이후 신자유주의적 개혁이 강화되면서 재정적 불안이라는 또 다른 도전이 나타났다. 수많은 30, 40대 비혼 게이들이 초남성적이고 가족 위주인 직장에서 공공연한 차별을 경험했고 흔히 가정되는 아내와 아이의 도움 없이 흐릿한 미래를 맞닥뜨렸으며, 자기 개발과 재정 안정성에 집중하기 위해 일시적으로 혹은 영원히 게이 공동체를 떠날 수밖에 없었다. IMF 이후 한국에서 비혼 게이가 공동체에서 이탈하는 동시에 '박쥐'*라고 불리는 기혼 게이가 한국 게이 공동체에서 유력한 성적 구성인자로 떠올랐는데, 이는 격화된 신자유주의적 개인주의 시대에 이성애 가족이 정동적·사회적·재정적 지원의 일차적 출처로서 지닌 역설적 중요성을 부각했다.[68] 이는 또한 신자유주의적 자본주의의 과잉에 맞선 한국의 성적 민주주의가 얼마나 나약한지 폭로하는 것이기도 했다.

IMF 이후 한국 비혼 게이의 이탈

많은 게이들이 게이 공동체에서 이탈하여 자신의 혈연 가족의 이성애적 주름 속으로 접혀 들어갔다. 1980년대 후반에 게이 공동체에 데뷔했던 게이 '가인'은 이러한 현상을 보여주는 가장 전형적인 사례 중 하나다. 그가 데뷔한 1980년대 후반에 한국에서는 1988년

---

* 한국 성소수자 하위문화에서 자주 회자되는 은어로 유래를 정확히 알 수는 없지만, '박쥐'는 게이, 혹은 동성애자라는 성정체성에 온전히 헌신하지 않는 이들을 비난하기 위해 사용되는 용어다. 기혼 게이뿐만 아니라 넓은 의미에서 양성애자를 비난할 때 사용되곤 한다.

서울 올림픽이 열렸고, '보갈'과 '호모' 같은 용어가 '게이'나 '이반'보다 널리 쓰였다. 가인과 인터뷰를 하면서 나는 그가 자신의 이름을 카인과 아벨의 '카인'에서 따왔음을 알아차렸다. 가인은 다른 게이들처럼 동성애에 도덕적 양가감정을 보였다. 그는 자신이 '선과 악의 세계' 사이에 끼어 있는 것 같다고 느꼈기 때문에 그 이름을 선택했다고 말했다. 그가 떠나고 싶지 않은 이성애 세계가 선의 세계라면 무심코 끌려 들어가는 자기 자신을 발견하게 되는 동성애의 세계가 악의 세계였다. 가인은 게이 중에서도 유독 결혼과 가족에 대해 점점 더 강한 욕망을 드러냈다. 결혼과 가족은 신자유주의적 재편을 거치며 친밀성과 경제적 안정성을 보장하는 데에 무엇보다도 앞서게 되었다. 하지만 노동계급 출신이라는 그의 배경은 그가 결혼과 가족에 접근할 기회를 차단했다.

내가 이야기를 나누었던 다른 게이들처럼 가인도 집과 학교에서 숫기가 없고 말수가 적었다. 하지만 게이로서 그의 삶은 완전히 다른 문제였다. 그는 부드럽고 여성스러운 태도와 젊음으로 게이바에서 다른 남자들의 관심을 끌었고, 그는 그럴 때면 '최고'가 된 것처럼 느껴진다고 말했다. 그의 회상에 따르면,

집이나 학교에서 저는 조용하고 말이 없는 아이였어요. 출석 부를 때 빼면 선생님도 관심을 갖지 않는 그런 아이였죠. 그렇지만 게이바에서 저는 완전 달랐어요. 학교에선 아무도 관심도 갖지 않는 애가 게이바에서는 관심의 대상이 됐죠. 마담이 술을 사주는 바가 있어서 거기에 자주 갔고, 나이든 아저씨들은 용돈을 줬어요. 영화 엑스트라였다가 갑자기 스타가 된 거죠.

가인의 집에서 종로는 고작 30분 거리였다. 그는 금세 게이바에 빠져들었다고 한다. 막차가 끊기는 자정이 되기 직전에 집에 도착해서 남동생 방 창문을 두드리거나 쓰레기통을 받쳐 자기 방 창문으로 들어가 잠자리에 들곤 했다. 하지만 40대가 되자 가인은 자신의 미래에 점점 더 불안해했다. "제 생각에 공감하는 게이들이 많을 거예요. 저는 맏아들이에요. 부모님이 나이가 드시고 주변 사람들이 게이든 일반이든 결혼하는 걸 보면서 내가 제대로 한 게 있기는 한가 싶었어요. 아무것도 없더라고요. 열심히 일해왔다고는 생각했는데 남아 있는 게 아무것도 없었어요."

가인은 자신이 한때 경멸하고 염려하던 늙은 게이가 되어버렸다고 말했다. "예전에는 같이 있어달라고 돈을 주는 아저씨를 이해하지 못했어요. 그런데 눈 깜짝할 새에 저도 나이가 들었죠. 이렇게 계속 혼자 살면 무슨 일이 생길까요? 40대가 훌쩍 지나가면 금세 50대가 되겠죠. 아직은 부모님이 살아 계시기라도 하죠. 그렇지만 앞으로는 제가 여태껏 살아왔던 대로 살 수는 없을 것 같아요." 가인이 지닌 가장 큰 공포는 "젊은 남자를 좇는 백발이 성성한 초라한 할아버지"가 되는 것이었다. 인터뷰 당시 가인은 자신의 가장 원대한 목표가 결혼해서 자기가 나이 들었을 때 자신을 돌봐줄 아내를 얻는 것이라고 말했다. 그리고 아이를 키우는 '재미'도 보고 싶다고 했다. "인생 한번 살다 가는 건데 다른 사람들처럼 평범한 삶을 살지 못하고 죽으면 억울할 것 같아요."

이성애 핵가족과 규범적 생애 주기에는 평범함에 대한 욕망이 구현되어 있는데, '동성애규범성'을 (이 책의 제8장에서 신라영이 비판한 바와 같이) 지역적 맥락을 고려하지 않고 무분별하게 적용하면 평범함에 대한 욕망과 (로런 벌랜트가 논의한) "정상성을 갈망하는" 신자유주의적 삶을 혼동할 수 있다.[69] 벌랜트에 따르면, "정상성에 대한 갈망"은 "의존할 만한 삶의 기반으로서 정상적이라는 느낌과 정상성을 느끼고 싶은 욕망이다." 의존할 만한 삶이란 "닳고 해졌을지라도 가족만이 환상이 들러붙을 만한 대상으로서, 상호성reciprocity이 성립하는 유일한 제도로 잔존하는" 격렬한 경제적 재편 시기에도 "새롭게 개발될 필요가 없는 삶"을 의미한다.*[70] 하지만 벌랜트의 논의를 그대로 적용하면 한국의 후기 식민사를 일축해버리는 것이다. 특히 한국전쟁 직후 국가든 가족이든 어떠한 안정적인 제도가 부재했을 때 널리 공유되었던 후기 식민주의적 환상으로서 평범한 삶에 대한 욕망은 모든 한국인의 마음속에 착근됐다. 환상의 구조가 익히 그렇듯이, 이러한 욕망은 자신의 섹슈얼리티나 경제적 배경으로 인해 환상에 접근하는 것이 거부된 이들 사이에서 가장 강력한 것으로 보였다.

가인 같은 게이는 정상성의 감각을 보전하기 위해 이성애 가족의 주름 사이로 물러나려고 했지만, 자신의 낮은 경제적 지위로 인해

---

* 신자유주의 시대로 이행함에 따라 대다수의 사람들은 정상성을 추구하기 어려워졌다. 게다가 로런 벌랜트의 진단에 따르면 신자유주의라는 시대적 조건으로 인해 정상성에 대한 갈망이 오히려 정상성을 획득하는 데 방해가 되는 역설적인 상황마저도 일어난다. 벌랜트는 이와 같은 역설적 상황에서도 '좋은 삶', 심지어 '덜 나쁜 삶'에 대한 환상과 애착을 포기하는 것이 그러한 환상을 버리고 현실을 받아들이는 것보다 훨씬 더 어렵기 때문에 정상성에 대한 갈망이 여전히 힘을 잃지 않는다고 분석한다. 예컨대, 저자가 인용하는 글에서 벌랜트는 1990년대 벨기에의 프레카리아트의 삶이 묘사된 다르덴 형제의 영화 「약속(La Promesse)」과 「로제타(Rosetta)」를 비평하는데, 이 비평에서 벌랜트는 제 기능을 잃은 것으로 보이는 가족이라는 사회제도에 '덜 나쁜 삶'에 대한 환상이 여전히 투여되기 때문에 벌어지는 역경을 비판적으로 조명한다. 이 영화의 주인공들은 괜찮은 가족에 대한 애착을 버리지 못하기 때문에 곤경에 처하게 된다.

그 길이 막히자 신자유주의 세계에서 유일하게 안전한 것은 돈이라고 믿고 돈에 의존하기로 한 남자들도 있다. 게이 인터뷰 참여자 중 한 사람은 이렇게 말했다.

이 공동체에서는 구속을 찾아볼 수 없어요. 다른 사람을 남자 친구라고 부른다고 해서 법적 책임이 생기는 것도 아니죠. 다른 사람을 얼마큼 좋아하든 잠재적 위험이 도사리고, 관계는 언제든 깨질 수 있죠. 어떤 관계도 깨질 수 있으면 도대체 누굴 믿을 수 있죠? 모아놓은 돈 아니면 믿을 게 없죠. 어쨌든 우리는 소수자니까 세상은 불공평하고요. 우리가 찾는 것 중에는 돈이 보충해줄 수 있는 것도 있겠죠. 그게 사회적 불평등을 완화해줄 수도 있을 거예요.

실제로, 인간관계에 대한 불신으로 인해 많은 게이가 재정적·정동적 안전을 돈에 의탁하고 있고, IMF 이후의 한국 사회에서 내가 '신자유주의적 게이'라는 용어로 지칭하는 무언가를 만들어나가고 있다.

결론

이 장에서 나는 한국 동성애의 세 가지 '얼굴'을 채색해보려 했다. 한국 사람들에게 LGBT 인구를 '얼굴'로 은유하는 것은 분명히 어색할 것이다. 이태원과 종로에서 게이 소비 공간이 풍부해지고, 수십만 개의 온라인 단체와 인터넷에 기반을 둔 오프라인 동호회가 존재하고, 동성애에 대한 영화적 재현이 새로운 전기를 맞이하고 있지만,

'평범'한 동성애자들은 한국의 공적 삶 속에서 여전히 보이지 않는다. 게이 영화감독 김경묵의 단편영화 제목처럼, 그들은 여전히 「얼굴 없는 것들」(2005)이다.[71]

아마도 '얼굴'이라는 은유가 한국 게이들이 지금까지 거부당해왔다는 지표로 쓰일 수 있을 것이다. 즉, 그들이 이성애 핵가족에 기반을 둔 사회 속에서 인간으로서 사회적 인정을 받지 못해왔음을 보여준다. 내가 유교적 생명정치와 도덕적 가족 가치 체제라고 부르는 것이 지배하는 사회질서 속에서 게이는 존재할 수 없는 변태성 perversity으로 존재한다. 이들은 이분법적 젠더 체제를 교란하고 국가가 민족국가로 존속할 수 있는 바탕인 부계 가족의 재생산을 방해할 뿐만 아니라, 자연스러운 사회질서를 뒤엎고 혼란을 일으키며 민족국가를 AIDS 등 '외래' 질병에 노출시킨다고 여겨진다. 다시 말해, 남성 동성애는 사회적 비가시성에도 불구하고 지구화의 도덕적 병폐와 사회적 병폐를 표상하는 상징적 힘을 가지고 있기에 "한국인이 경제를 지구화하더라도 그들 자신이나 그들이 맺는 관계는 지구화되지 않을 것"이라는 집단적 환상에 균열을 낸다.[72]

그러나 이 장이 명확히 보여주었듯이 동성애는 지구화 현상의 일환으로 최근에서야 국내로 유입된 '외래의 타자Other'가 아니다. 동성애는 민족국가 내부에서 '가까운 타자'로 항상 존재해왔을 것이다. 조너선 돌리모어Jonathan Dollimore가 지적하듯, "**인접**한 것의 의미작용은 타자의 형이상학적 구성에서 일반적으로 차단된다. 이때 인접한 것이란, 1) 시간적 또는 공간적으로 가까이 혹은 바로 옆에 있는 것, 또는 2) 점점 다가오고 있는 것, 따라서 3) **멀리** 있거나 **궁극**적인 것의 반대편에 있는 것"이다.[73] 다시 말해, 최근 "한국의 '순혈'이데올로기에 도전해왔던 결혼 이민자 등 '멀리서 온 타자들'과 대조적으로, 한국에서 근대 이래로 동성애는 그림자에 가려진 얼굴 없는 타자로서 이성애 가족과 항상 가까운 곳에 존재했을 가능성이 높다.[74] 따라서 히스테리적 맹목은 **'허가와 금지, 존재와 부재'**라는 복잡한 체제로서 동성애의 초(불)가시성을 수반한다.[75] 동성애가 타자라면 그 근접성을 통해 '동일한 것'으로 되돌아가는 것을 위협하고, 항상 존재해왔지만 민족주의의 동질화 담론에 의해 억압되어온 성적 타자성과 같은 여러 가지 차이를 드러낼 수 있기 때문이다.[76]

이러한 모순을 바탕으로, 한국의 퀴어 활동가들은 이전에 보갈로 알려진 다양한 성적 관행과 성정체성을 서구화된 형태의 공동체로 끼워 넣기 위해 게이와 레즈비언 정체성에 관한 서구화된 담론에 의존해왔다. 1990년대 중반부터 2000년대 초반에 이르는 게이·레즈비언 운동의 공동체 구축 단계에서 얼마간 성공을 거두기도 했지만, 1990년대 후반부터 한국 경제가 후발 발전주의, 자유주의, 뒤이어 신자유주의로 이행하면서 가족 기반의 재편이 이루어졌고 이 노력은 금세 약화되었다. 결과적으로, 소비 주체로서의 게이는 희끄무레한 유령이긴 하지만 성적 시민으로서 법질서에 이미 편입되어 있음에도 불구하고, 게이 공동체에서 나이 든 중산층 구성원은 현실에서도 상상 속에서도 아내나 자식의 보호를 받지 못하며, 불안한 신자유주의 행위자로 내몰려 게이 문화로부터 이탈할 수밖에 없다. 토드 A. 헨리가 이 책에 쓴 것처럼, 한국이라는 가족주의 국가는 가족과 국가의 생명력을 저해할 수 있는, 섹슈얼리티의 반란의 잠재력을 억제하려고 한다.

이러한 맥락에서 사회적 보수주의의 광범위한 물결과 함께 다가오는 이성애규범적 가족주의가 규범적·비규범적 인구 모두를 노동, 자기 훈육, 절제의 세계로 재교육하는 역할을 수행한다는 사실을 이해하는 것이 그 어느 때보다 절실하다. 어째서 한국에서 많은 사람들이 다른 삶을 살기를 원하고 사회적 변화를 꿈꾸지만 부모와 자식으로서 가족에 대한 헌신과 책임감 때문에 그들의 이상을 따르지 못할까? 어째서 가족제도는 안온하다는 느낌을 주면서도 무조건적 희생을 요구할까? 어째서 아내와 아이가 없는 게이들은 비참하고 외로울 뿐만 아니라 불안정한 가능성으로 인한 현기증마저 경험하는가? 아마도 한국에서 동성애의 역설적인 성격이 그 이유를 설명할 것이다. 요컨대, 퀴어들은 가족이라는 규범적 제약으로부터 유리된 **동시에** 부분적으로는 자유롭기 때문에 이성애 핵가족을 넘어 친밀성과 사회성을 나누는 새로운 형태의 삶을 창조할 수 있다.

마지막으로, 토드 A. 헨리가 언급한 게이 활동가와 기독교 우파의 충돌이 계속되고 있고(이 책의 「서장」 참조) 한국 군대가 게이 군인을 색출하기 위해 게이 데이트 애플리케이션을 사용하여 함정 수사를 감행한 최근의 상황에서, 인터넷을 통해 (신)자유주의 공동체를 구축하려는 시기가 일단락되고 네오파시즘이라는 한국 역사의 새로운 시기가 시작된 것은 아닌지 의심스러울 수 있다.[77] 한국에서 동성애에 대한 "헤게모니 담론이나 거대 서사가 발전할 수 없었다"는 점을 감안할 때, 섹스, 정동, 소비를 통해 (신)자유주의 공동체를 구축하는 개인 및 집단의 수행은 (다른 부처가 전반적으로 온건한 형태의 동성애 혐오를 나타내는 외중에 벌어지고 있는) 한국 군대의 '게이 색출'과 같은 네오파시스트 행위와 공존할 수 있다.[78]

제8장

티부(티 나는 부치성) 피하기

생존하기 위해 자신을 감추는 한국의 젊은 퀴어 여성들

신라영 지음
부영 옮김

부치들의 잃어버린 명성

한국의 젊은 퀴어 여성(이반)들과 내가 인연을 맺기 시작한 건 석사 논문 주제로 '팬코스'를 연구하던 2002년 무렵이었다.[1] 팬 코스튬 플레이fan costume play의 앞 글자를 딴 '팬코스'는 1990년대 말 젊은 여성 사이에서 급부상했다. 상업적 연예 기획사가 제작한 H.O.T. 같은 남자 아이돌 그룹에 여성 청소년들이 한창 열광할 때였다. 일부 여성 팬은 단순히 가수를 좋아하고 응원하는 것 이상의 활동을 했다. 아이돌 공연을 재현하는 팬코스 행사를 기획하기 시작한 것이다. 이들은 남자 아이돌처럼 보이려고 머리를 짧게 자르고, 젊은 남자들이 주로 입는 옷을 걸친 채 무대에 올랐다.

팬코스 팀의 약 80퍼센트 이상이 남자 그룹을 모방했다는 점을 고려할 때 이들의 공연은 여성이 남성성masculinity을 내세워 공연하는 일종의 드래그 쇼drag show라고 할 수 있었다. 이들은 유명 남자 아이돌의 공연을 재현하면서, 머리 모양, 복장, 행동, 말투, 구사하는 단어까지(한국어에서는 때로 성별에 따라 사용할 수 있는 언어가 달라진다) 자신이 맡은 아이돌 멤버의 대중적 이미지를 체화했다. 남자 가수 코스를 하기 위해서 이른바 '칼머리(칼로 재단한 듯한 느낌의 비대칭적인 커트 머리)'로 머리를 짧게 자르는 것은 기본이고, 헐렁한 티셔츠, 질질 끌리는 바지 같은 '힙합' 옷을 입었다. 이 또한 팬코스 전성기에 여러 남자 아이돌 그룹을 필두로 유행했던 차림이었다. 나아가 코스퍼*들은 자신의 외모와 어울리는 남성적인 느낌의 별명을 지었다. 예를 들어 연구 참여자 중 몇몇은 '정혁', '시혁', '정민', '규민'이라는 이름으로 불렸다. 이들은 대체로 남자 이름에 붙이는 '혁', '민' 자를 많이 썼다. 일부는 '형', '누나' 같은 남성형 호칭을 선호하는 등 남자처럼 말했다.

팬코스를 하면서 동성과 사귀고 비로소 이반으로 정체화하는 여성들도 있었다. 이 때문에 2000년대 초·중반 대중문화에 푹 빠져 누군가의 팬으로 활동하는 젊은 세대 여성이라면 팬코스를 이반들이 할 법한 것으로 간주했다. 정리하자면, 1990년대 후반부터 2000년대 초반까지 한국 대중음악계의 약진과 더불어 일부 젊은 여성들은 대중문화를 소비하면서 퀴어 문화와 공동체의 형태를 새롭게 창조해냈다.[2] 또한 젊은 여성 이반의 남성성 구현은 크게 인기를 끌었고 그 시기 하위문화에서 이것은 꽤 흔한 일 중 하나였다.

그로부터 10년이 흐른 2012~2013년, 나는 젊은 퀴어 여성에 대

---

* 코스튬 플레이어(costume player)의 줄임말로 팬코스 활동을 하는 사람이다.

한 연구를 재개하면서 퀴어 하위문화 활동에 참여하는 여성들을 인터뷰했다. 연구 참여자들과 만나면서 나는 지난 10년 동안 일어난 특정한 변화를 느낄 수 있었다. 예컨대 젊은 퀴어 여성 집단에서 남성적 레즈비언인 부치butch를 차별하거나 사회적으로 기피하는 현상이 심해진 것이다. 이 추세는 남자 가수를 따라 하는 젊은 퀴어 여성의 존재가 일반적이고 심지어 유행했던 10년 전 상황과는 극명하게 대조된다. 2000년대 초·중반에는 퀴어 여성 청소년의 아지트였던 신촌공원에서도 남성적인 차림이 대세였으니 말이다.[3]

2010년대 초 연구 참여자들이 곧잘 쓰던 '티부', '걸커' 같은 신조어들은 10년 사이에 벌어진 중대한 변화를 보여준다. '티부'란 '티 나는 부치'라는 뜻으로, 짧은 머리에 남성적으로 꾸미는 부치 여성을 가리킨다. 이런 여성은 곧 '걸커'이기도 하다. '걸커'는 '걸어 다니는 커밍아웃coming out'의 줄임말이다. 말 그대로 걸어 다니면서 커밍아웃한다는 의미로 레즈비언이나 게이로서의 페르소나persona가 너무 강해서 심지어 이성애자조차 정체를 알아챌 만한 사람을 말한다. 누가 봐도 레즈비언이나 게이처럼 꾸몄거나 그런 고정관념에 부합하는 방식으로 말하고 행동해서 쉽게 눈에 띄는 레즈비언과 게이에게도 이 표현을 쓰곤 한다. 물론 가볍게 웃자고 '티부'나 '걸커' 같은 단어를 쓸 때도 있었지만 대개는 지칭 대상을 폄하하고 경시하려고 활용되었다. 이런 신조어들의 등장은 젊은 퀴어 여성 집단에서 여성의 남성성에 대한 부정적인 정서가 부쩍 늘어났다는 사실을 뒷받침한다.

낭시 열일곱 살이던 연구 참여자 소유가 사적인 자리에서 들려준 이야기도 비슷했다. 상황인즉슨, 친구 핸드폰에 있는 소유의 사진을 보고 어떤 또래 여자 아이가 관심을 보여 소유는 친구에게 그 여자

아이를 소개받았다. 하지만 데이트하기는 좀 꺼려졌는데 소유의 말에 따르면 "(소개 받은) 걔가 티부"라서 그렇다는 것이다. 소유는 단지 그 여자애가 남성적이라는 이유로 함께 다니고 싶지 않았다. 티부를 싫어하는 이유를 묻자 소유는 큰 확신 없이 답했다. "그냥요." 잠시 동안 침묵이 흐른 뒤 "걔네(티부)는 보통 바람을 더 많이 펴요"라고 덧붙였다. 젊은 퀴어 여성이 남성적인 외모에 대한 고정관념 때문에 티부를 적대시하는 현상은 나에게 완전히 새로운 것이었다.[4]

이처럼 LGBT 공동체 안에서 특정 집단에 대한 부정적인 고정관념의 증가는 트랜스젠더 등 비순응적 젠더 주체gender non-conforming subjects를 배제하고 차별하는 결과로 이어질 수 있다. 지난 10년 동안 티부에 대한 태도가 달라진 이유는 무엇일까? 어째서 티부를 기피하고 차별하는 이들이 이렇게도 많아진 것일까? 이 장에서는 퀴어 여성 하위문화의 변화를 동시대 한국 사회의 변동과 엮어 맥락적으로 읽을 것이다. 여기에서 한국 사회의 변동이란 동성애에 대한 사회적 인식이 제고되고 있는 한편으로, 동성애 혐오의 증가, 청년 실업과 고용 불안정성의 증가 그리고 국가가 사회복지 제공의 주체로서 후퇴함과 동시에 경제적 안전과 생존의 기초 단위로서 이성애 가족heterosexual families 구성을 적극 진흥하는 상황 등을 말한다.

한국의 젊은 퀴어 여성을 둘러싼 특정 조건을 드러내다 보면 서구의 퀴어 연구자들이 발전시킨 개념인 동성애규범성*과 마주친다.[5] 하

---

* '평범하고' '정숙한' 성소수자들을 선택적으로 특권화하고 그 정상성을 인정받아 주류 사회에 동화되기를 원하는 현상을 일컫는다. 따라서 동성애규범성은 주변화된 퀴어를 억압할 뿐 아니라 오히려 현재의 지배 체제에 직간접적으로 공모하는 정치다.

지만 나는 이 개념이 한국의 특수한 상황을 이해하는 데 충분하지 않다고 주장할 것이다. 2012~2013년에 걸쳐 내가 목격한 남성성 기피 현상을, 가난한 노동계급의 젊은 퀴어 여성들이 '규범적인' 시민 범주 안으로 동화했기 때문이라고 단순하게 해석할 수 없기 때문이다. 대신에, 동성애에 대한 대중적인 가시성visibility과 인식의 증가, 교내 동성애 혐오의 점진적 제도화, LGBT를 보호하는 법의 부재, 가족의 문화·경제적 의미 등 지역적 특수성을 이해하는 작업을 경유해 '규범성'이라는 개념 자체를 재사유할 필요성을 보일 것이다.

'규범성'과 '동성애'의 관계에 대해 한국적 맥락에서 의문을 제기하면서, 이 장에서는 최근 몇 년 동안 젊은 퀴어 여성 사이에서 젠더 순응성gender conformity*이 증가하는 현상을 새로운 방식으로 설명해볼 것이다. 우선 이성애 사회에서 퀴어를 평가하는 인식과 관념의 확장이 젊은 퀴어 여성의 남성성 기피 현상으로 이어졌다는 관점에서 분석할 것이다. 둘째로, 젊은 퀴어 여성들이 온라인·오프라인에서 눈에 띄지 않으려 노력하는 사례들을 검토할 것이다. 이는 가시화되는 것에 대한 퀴어들의 공포가 어떻게 2010년대에 접어들며 일반화되었는지 보여주기 위해서다. 셋째 절에서는 제도화된 교내 동성애 혐오가 심화되면서 결국엔 퀴어 여성들이 대중의 눈에 띄지 않으려 노력하게 되는 과정을 밝힐 것이다. 넷째로, '가시성', '아웃 앤드 프라우드out and proud(당당하게 드러내라)' 선전에 입각한 퀴어 정치를 비

---

* 이분법적 젠더규범에 들어맞는 젠더 표현을 지향하는 상태나 성질이다. 예를 들어, 여성으로 지정받은 사람이 소위 '여성스럽게' 말하고 행동하고 꾸민다면 젠더 순응성이 높다고 말할 수 있다. 젠더 순응성은 '젠더 비순응성' 혹은 '젠더 비관행성'의 반의어로서 등장한 용어다.

평하며 한국과 서구에서 통용되는 커밍아웃의 의미가 서로 다르다는 것을 드러낸다. 그렇지만 기존의 '아시아적' 가족 개념에 의존하지는 않을 것이다. 그보다는, 경제적 어려움이 심화되고 사회복지 체제가 후퇴하는 가운데 가족의 경제적 기능이 젊은 퀴어 여성이 생존하기 위한 필수 조건으로 등극한 현실을 강조할 것이다.

신자유주의와 동성애규범성

한국 퀴어 청년들의 하위문화에서 일어난 변화의 특성들은 서구의 사례와 비교할 때 더 잘 이해될 수 있다. 특히 자본주의의 발달이라는 측면에서 그렇다. 첫째로, 존 디밀리오가 주장하기를 미국에서는 1920년대에 자본주의가 발달하며 도심지의 신세대를 중심으로 게이 정체성이 확립되고 이런저런 공동체들도 형성되었다. 그는 특히 '자유노동'의 성장을 강조하면서 젊은이들이 가족으로부터 독립할 만한 수입의 새로운 원천과 자립에 적합한 여건을 확보했다고 말한다.[6] 피터 드러커는 "전통적인 레즈비언/게이 정체성이라고 불리는 것의 성장과, 자본주의 영향 아래 '자유' 노동력이 발달한 현상 사이에서 발견할 수 있는 연관성은 이제 전혀 새롭지 않다"고 말한다.[7] 그에 비해, 한국의 도심지에 거주하는 젊은 퀴어 여성끼리 퀴어 정체성을 형성하고 공동체를 발달시킬 수 있었던 것을 포드주의Fordism(자유노동, 완전고용, 가족으로부터의 독립이 심지어 학생이나 노동계급에서도 가능한 체제)적 자본주의로 촉발된 '자유' 노동계급의 성장 때문이라고 하기에는 무리가 있다. 오히려 이는 1997년 IMF 경제 위기와 함께 도래한 후기/신자유주의적 자본주의에 기반한 소비 성장과 관련 있다.

둘째, 드러커는 미국 등 서구 지역의 LGBT 공동체 안에서 '젠더 순응성'이 증가하는 경향이 신자유주의적 자본주의로의 전환과 맞물려 있다고 주장한다. 이런 전환에 힘입어 중산층 레즈비언과 게이들이 정체성을 확립하고 공동체를 안정적으로 이룩할 수 있었다는 것이다. 드러커에 따르면, 많은 LGBT가 젠더 순응성을 받아들이면서 '신자유주의적 사회질서와 성적sexual 질서'에 편입되었고 이 과정에서 그런 자본의 논리를 따르지 않는 다른 성소수자들은 소외되었다.[8]

최근 10년 동안 퀴어 연구자들은 백인 중산층 레즈비언과 게이 운동에 대한 이런 논의를 펼쳐왔다. 리사 두건은 동성애규범성 개념을 활용해서, 게이와 레즈비언 운동이 신자유주의 정치에 기초한 이성애 사회의 근본적 '규범'을 위협하지 않는다고 주장한다.[9] 그는 이 현상을 '새로운 동성애규범성the new homonormativity'이라 이름 짓는다. 이는 "조직적인 사회운동은 이만 끝내고 가정생활과 소비에 기반한 탈정치적이고 개인화된 동성애 문화로 돌아가리라 약속하면서, 지배적인 이성애규범성의 전제 및 제도와 경합하지 않고 오히려 이를 옹호하고 고수하는 정치"라는 의미다.[10]

전 세계 LGBT 공동체에 나타나고 있는 다양한 동성애규범성이 어떻게 인종, 계급, 젠더, 정체성, 국적, 민족에 대해 이미 존재하는 차별과 위계를 강화시키는지는 두건 이후에도 많은 학자들이 탐구했다.[11] 그리고 차별과 위계의 강화로 인해 '국가가 인정하는 퀴어' 혹은 '잘나가는 동성애자'들은 이성애 사회에서도 자격 있는 시민으로 인정되는 반면 유색인이거나 노동계급의 퀴어들은 배제된다고 주장했다.[12] 동아시아의 맥락에 한하면 드니스 체샹 탕Denise Tse-shang Tang, 리사 로펠, 조성배가 각각 홍콩, 중국, 한국에서의 동성애 인식 변화에 신자유주의가 미친 영향을 분석한 바 있다.[13] 그들은 신자유주의가 '욕망'을 생산해낼 뿐 아니라 '옳고' '존중할 만하며' '생산적인' 욕망을 체화한 동성애자와 그렇지 않은 동성애자 사이의 대립을 만드는 방식을 효과적으로 보여준다.

어떤 면에서 티부를 기피하는 것은 기존의 젠더규범에 대한 순응이라고 할 수 있다. 하지만 이성애 사회로의 동화를 시도하는 중산층 레즈비언과 게이를 비판하고자 사용된 동성애규범성 개념을, 내가 만난 연구 참여자들의 상황에 기계적으로 적용하기는 어렵다. 티부를 꺼리기 시작한 참여자 대부분은 "노동계급 안에서도 특정 범주" 출신으로서 이 집단은 드러커가 지적하는 바와 같이 "저연령에, 쓸 만한 기술이 적고, 조직화되지 않은, 저임금 노동자"다.[14] 심각한 빈부 격차, 청년 실업과 비정규직의 증가를 초래한 10년 동안의 경제 재건기를 지나오면서, 연구 참여자들은 "저연령, 저숙련, 미조직, 저임금"이라는 조건에 더해 퀴어이기까지 한 위치로 몰렸다.

젊은 노동계급 퀴어 여성으로 살아가는 연구 참여자들은 자기 자신이나 같은 처지의 사람들을 잉여라고 부르곤 했다.[15] 잉여는 본래 '쓰고 난 후 남은 것'을 의미하는 단어임에도 청년들이 스스로를 지칭하는 데 활용되었고 구체적으로는 직업을 구하지 못하거나 사회에 기여하는 바가 없는 '찌꺼기 같은' 사람이나 '패배자'를 가리켰다. 청년들은 이 단어를 통해 자신의 무직 상태나 본인이 전반적으로 무가치한 존재라는 사실을 자조적으로 묘사하거나 다른 청년들의 무용성을 지적했다.[16] 이런 단어 선택은 한국에서 고용 불안정성이 심화된 후 청년 사이에 퍼진 전방위적인 좌절감을 표현하고 반영하는 것이다.

실제로 통계를 보더라도 한국의 청년 실업률은 2013년에 약 8퍼센트, 2017년 2월에 12.3퍼센트였다.[17] 이 수치는 2013년, 2017년에 각각 3.1퍼센트, 5퍼센트였던 전체 경제활동인구의 평균 실업률보다 거의 두세 배가 높은 수치다. 하지만 이 통계마저 취업을 하는 중이거나 몇 번의 시도 끝에 취업을 포기한 청년 인구는 포함하지 않았기 때문에 현 실정에는 못 미친다. 경제학자 윤진호는 청년층의 잠재 실업률이 약 18퍼센트일 것이라 평가하며 청년유니온 정책실장 양호경은 실제 청년 실업률은 21퍼센트에 이른다고 추정한다.[18] 실업률 증가와 별도로, 비정규직화, 노동 유연화 경향은 단지 연령과 성별만 보는 이런 통계로는 파악도 되지 않는다.[19]

이는 10대에서 20대 사이의 거의 모든 젊은 여성, 특히 고졸인 경우는 시간제 계약직 서비스 노동자일 가능성이 높다는 사실을 의미한다. 19~22세 사이 연구 참여자 대부분은 이런 종류의 고용 불안정성을 경험하며 자신의 불투명한 미래를 두려워하고 있었다. 중산층 퀴어들과 다르게 '규범적' 사회로 진입하기 위한 '사치스러운' 걱정에 빠질 여력이 없는 것이다. 다시 말해 이들은 애초에 '규범적' 사회에 속한 적이 없기 때문에, 이성애규범적 사회에 진입하기를 원하는 욕망 혹은 고용 안정을 바라는 욕망 때문에 남성성을 피한다거나 젠더규범에 순응한다고 간단하게 축소해 말할 수 없다.

게다가 한국 사회에서 중산층 레즈비언과 게이는 상업화된 시장 체제와 신자유주의적 범주 안으로 아직 포착되지 않은 집단이다. 조성배가 이 책의 제7장이나 다른 논문에서 보여주었듯이 대부분이 중산층이라고 상정되는 한국의 30, 40대 게이 중 일부는 경제 위기와 재구축되는 신자유주의 사회를 직면하면서 실제로 '동성애'로부터의 '후퇴'를 선택하기도 한다. 게이들의 처지가 이러하니, 젠더 불평등이 만연한 한국 사회에서 상대적으로 더 가난한 레즈비언 여성이 사정상 동성애자로서의 삶을 포기하는 이야기는 그 이상으로 그럴듯하게 들린다. 실제로 김순남의 논문은, LGBT가 경험하는 경제적 불안정은 젠더, 계급, 연령에 따라 정도가 다르기 때문에 특히 레즈비언이 더 취약하다는 점을 보여준다. 예컨대 2007년 LGBT를 대상으로 이루어진 한국 성소수자 사회의식 조사에 따르면, 설문에 참여한 레즈비언 중 73.8퍼센트가 월 소득이 150만 원 이하이고 오직 8.5퍼센트의 레즈비언만이 월 소득이 250만 원 이상이라고 응답했다. 반면에, 51.3퍼센트의 게이는 월 소득이 150만 원 이하이고 게이들 중 19.8퍼센트가 250만 원 이상을 번다고 답했다.[20]

자본주의의 전환 그리고 LGBT 정체성이 확립되고 공동체가 성장하는 현상 간 모종의 연관성에 주목하더라도 이처럼 한국과 서구의 상황은 분명 차이가 있다. 1940~1950년대에 포드주의가 부상한 후, 1970년대에 동성애자 인권 운동과 성공적인 법적 투쟁 덕분에 동성애자의 사회적 입지가 향상되는 흐름을 타고 앵글로 아메리칸 레즈비언과 게이들은 경제적 위치를 확고히 다졌다. 물론 시간이 지나 공동체들이 무참히 찢겨지고 '동성애규범성'과 '호모내셔널리즘 homonationalism'*이 대세가 되었지만 그들에게는 적어도 이런 긴 여정을 거치며 게이와 레즈비언 인권의 토대를 다질 기회가 있었다.[21] 반면 경제적 안정성이나 탄탄한 LGBT 운동의 토대, 쟁취된 법적 권리가 부족했다는 점에서 한국 퀴어들의 상황은 서구와 달랐다. 물론 LGBT 단체가 발전하고 활동가가 늘어났으며, 이들이 활발하게 정치에 참여하긴 했지만 LGBT 권리를 보호하기 위한 법적이고 제도적인 성취는 미완성인 상태다. 게다가 두 연구 사이의 기간인 10년 동안 신자유주의적 경제체제가 강화되면서, 특히 젊은 퀴어 여성처럼 소외된 계층은 고용의 기회도 희박한 데다 먹고살 만한 수준의 경제력을 기르는 것도 어려워졌다.

이러한 사회적 차이를 감안하면서, 이 장에서는 동성애규범성 논의를 넘어 젊은 퀴어 여성 사이에서 젠더 순응성이 증가한 상황의 원인을 탐문할 것이다. 한국의 레즈비언과 게이들이 처한 상황을 고려한다면 서구에서 만들어진 동성애규범성 개념을 동일하게 적용하는 것은 무리다. 야우 칭이 역설했듯이 "상대적인 이상으로서 규범성은 대부분의 세상 사람에게는 접근하기 어려운 것이다."[22] 다시 말해, 우리가 '규범성normativity' 개념 자체를 의문에 부치고 한국사 안에서 맥락화한다면, 한국 사회에서 시스젠더 레즈비언과 게이들이 관용의 대상이 되거나 수용 받은 적이 정녕 있었는지 되물을 수밖에 없다.

---

* 퀴어를 '관용'하는 진보적 이미지를 도구로 동원하여 국가주의, 민족주의, 제국주의를 강화하고 동시에 차별을 정당화하는 현상을 비판하기 위해 재스비어 푸아(Jasbir Puar)가 고안한 개념이다. 호모내셔널리즘은 동성애민족국가주의, 동성애애국주의, 동성애국민주의, 동족주의 등 다양하게 번역되고 있으나 특정 단어로 번역할 경우 본래의 의미가 축소될 수 있다고 번역자들이 판단하여 이 책에서는 원어그대로 음역했다.

남성성 기피 현상: 스스로 숨기를 선택하다

한국에서 남성적인 퀴어 여성을 차별하거나 기피하는 현상이 생긴 건 레즈비언으로 인식되지 않으려는 젊은 퀴어 여성 당사자들의 욕망 때문이다. 연구 참여자인 열일곱 살 준희는 다음과 같이 말했다.

잘생긴(남성적인) 여자애들이랑 공원에서 종종 놀았었거든요. 재밌기도 했고 잘생겼잖아요. 근데 요즘엔 티부랑 노는 게 좀 그래서 일반 스트랑 다녀요. 걔네(티부)랑 놀면 완전 눈에 띄고 누가 알아볼 수도 있어서 위험하니까요. 그런 애랑 같이 사진 찍어서 올리면 다들 물어볼걸요, "얘 누구야? 여자야, 남자야?" 하고요.[23]

앞의 인터뷰에서 알 수 있듯, 준희가 티부와 노는 걸 꺼리기 시작한 건 주의를 끌거나 이반으로 인식될 위험성이 높기 때문이지 유독 티부가 싫다거나 부정적인 고정관념이 생긴 탓은 아니었다.

단어의 뜻 그대로 티부는 손쉽게 레즈비언으로 식별된다. 주류 사회가 예전에 비해 정체성으로서의 동성애와 친숙하기 때문에, 사람들이 여성적feminine 남성을 게이로 식별하는 일만큼이나 남성적인 여성을 레즈비언이라 생각하는 빈도도 잦아졌다. 즉, 한국인 사이에서 비순응적 젠더 표현은 개인의 성정체성sexual identity*을 암시하는 흔한 방식으로 통용되는 것이다. 예를 들어 짧은 머리를 한 여학생

---

*성적인 혹은 로맨틱한 끌림을 누구에게 느끼는지와 관련해 한 개인을 정체화하는 개념이다. 번역어로 성적 정체성 혹은 성정체성 등이 혼용되나 이 책에서는 성정체성으로 통일했다.

이 있다면 동급생들은 쑥덕거리며 레즈비언 아니냐는 둥 지레짐작할 것이다. 심지어 교사나 청소년 기관의 사회복지사조차 젠더 표현과 성정체성 사이의 이 같은 연관을 알아채기 시작했다. 내 첫 연구가 진행된 2000년대 초반 이후 이런 인식은 급증했고 급기야 2000년 대 중·후반이 되면서는 보편적으로 자리 잡았다. 남성스러운 코스퍼로 연구에 참여했던 진실은 열다섯 살 무렵 공연을 연습하러 서울의 어떤 청소년 기관에 갔을 때 있었던 일을 들려주었다. "선생님(청소년 기관 소속 사회복지사)이 저한테 "너 왜 이렇게 머리가 짧니?" 하고 물어서 저는 그냥 "긴 머리는 춤추기 불편하니까요" 했는데 계속 "그게 왜 불편하냐?"고 묻는 거예요. 그러고는 단도직입적으로 "너 레즈(레즈비언)니?" 하기에 제가 화나서 "네, 맞아요. 그게 뭐 어때서요?" 대답했죠. 그랬더니 선생님들이 우르르 나와서 저를 쳐다봤어요."[24] 이 사건은 성정체성이 젠더 표현과 관련 있다고 보는 인식이 파다한 현실을 증명하면서 동시에 교사와 사회복지사조차 퀴어로 판명된 청소년들을 보호하지 않고 오히려 차별한다는 점을 보여준다. 다음 절에서 부연 설명하는 바와 같이, 2000년대 중반기에 학교는 제도화된 동성애 혐오의 공간으로 변모했다. 이런 현실을 고려한다면 젊은 퀴어 여성들은 자기 자신을 스스로 지켜야 할 필요를 느끼고 퀴어로 보이지 않기 위한 방법들을 찾아냈다고 할 수 있다. 그 첫 시작은 남성성을 기피하고, 부치나 티부같이 동성애자로 쉽게 분류되는 퀴어 여성과 친구가 되지도 연애하지도 않는 것이었다.

젊은 이반 여성들의 연애 문화도 자연스레 달라졌다. 2012~2013년 무렵, 티부가 가장 인기 없어진 반면에 일반스트는 비교적 더 매력적인 연애 대상으로 낙점되었다. 2000년대 초반에는 부치-펨

femme 커플이나 부치-부치 커플이 가장 보편적이었으나 10년이 지난 후 일반스트의 비율과 펨-펨 커플의 수가 확연히 늘었다. 긴 머리에 하이힐을 신는 등 전형적인 여성 직장인처럼 치장하는 일반스트 커플인 주희와 고운을 처음 만났을 때, 그동안 달라진 연애 문화에 대해 들을 수 있었다. 그들은 결국은 이별했으나 3년에 걸쳐 만났다 헤어지기를 반복한 커플이었다. 둘의 이야기에 따르면 연애를 처음 시작했던 2010년에는 주변 레즈비언 친구들이 둘이 사귀는 걸 알면 화들짝 놀라면서 어떻게 펨끼리 만나냐고 물었다고 한다.[25] 2009~2010년 당시만 하더라도 부치가 아닌 여성들 사이의 연애 관계는 드물었다. 주희는 이렇게 덧붙였다. "진짜 드물어요. 그때 이런 식(펨-펨 커플)으로 사귀는 건 제가 아는 애들 중엔 저희가 유일했어요."

부치-부치 커플인 코스퍼 예림과 승호는 "부치-펨이나 비투비(부치-부치)는 있는데 펨-펨은 한 커플도 없었어요. 팬코스하는 애들 중엔 한번도 못 봤어요"라고 말했다. 다시 말해, 얼마 전까지도 일반스트 커플은 흔치 않았고 퀴어 여성들이 티부를 멀리하지도 않았다. 그러나 이제는 연애 대상으로 일반스트가 각광받고 일반스트 커플의 존재도 특별하지 않은 일이 되었다. 이러한 현상이 발생한 일차적인 원인은 레즈비언으로 인식되지 않으려는 퀴어 여성의 욕망에 있다. 이를 두고 레즈비언 공동체에서 갑작스러운 취향 변화가 일어났다거나 남성적 여성을 특정해서 차별하려는 의도가 있다고 설명하기는 어렵다.

공개적인 장소에서 자취를 감춘 여성들의 동성애

이반으로 발각되지 않기 위한 조치는 티부와의 연애를 꺼리는 것에서 그치지 않았다. 현장 연구 내내 연구 참여자들은 대중에 노출되는 것에 대한 공포를 여러 방식으로 표현했다. 예를 들어, 어떤 팬코스 팀들은 레즈비언으로 보일까 두려워 공개적인 포털 사이트에는 공연 촬영 영상을 올리지 않았다. 장기간 활발히 활동한 코스퍼 초희가 들려준 이야기는 이렇다. 블로그와 커뮤니티형 웹사이트social networking sites가 상용화되면서 한 팬코스 팀이 공연 영상을 포털 사이트에 올렸는데 대부분의 댓글과 반응이 코스퍼의 젠더와 섹슈얼리티에 대해 왈가왈부하는 내용이었다. 예를 들어 "얘네 남자야? 여자야?"라거나 "왜 여자애들이 남자 춤을 추지?", "얘네 레즈비언인가?" 식의 의문 일색이었다. 이런 반응을 받은 후 팬코스 팀들은 인터넷에 공개되기를 더 이상 원치 않았다. 그전까지 인터넷은 코스퍼를 모집하고, 관중을 끌어 모으고, 행사를 홍보하는 가장 주된 공간이었음에도 불구하고 말이다.

이뿐만이 아니다. 온라인 괴롭힘의 증가, 개인 정보를 악용한 사기와 더불어, 인터넷을 규제하고 감시하는 정부 정책은 온라인에 스스로를 드러내는 일을 더 무섭게 느끼도록 만들었다. 그 결과 젊은 퀴어 여성들은 자기방어 수단을 발전시키게 되었다. 가령 학교 교사나 부모에게 성정체성을 폭로하겠다며 젊은 퀴어 여성을 협박한 사기 사건이 몇 차례 발생했고 피해를 방지하기 위해 몇몇 레즈비언 웹사이트와 온라인 카페는 엄격한 가입 절차를 도입했다. 이성애자나 동성애 혐오자가 몰래 유입할까 염려스러워 내린 결정이었다. 대표적으로, M온라인 카페는 몇몇 연구 참여자들이 잘 아는 곳이었으나 기존 가입자에게 초대를 받은 사람만 가입할 수 있었고 이런 방식은 외부인으로 하여금 카페를 발견하기 어렵게 만들었다. 게다가 (가입자가 아닌 이상 답을 알기 힘든) 특정 질문에 답변해야 하고, 가입에 성공하더라도 글쓰는 방식이나 사용할 단어를 고르는 데 까다로운 규칙을 따라야 했다. 온라인에서든 오프라인에서든 동성애 혐오적인 사회로부터 스스로를 보호하기 위한 이런 방법들은 젊은 퀴어들을 중심으로 점차 발전했다. 하지만 동시에 이런 규제는 내부인도 억압하는 결과를 야기했을 뿐 아니라, 사이트의 가시성이 떨어져 젊은 퀴어 여성들이 공동체를 발견하고 새로이 유입되기 힘들어졌다.

특히 젊은 세대 여성들은 온라인에서 정체가 탄로 나는 상황을 특히 더 걱정했다. 그들은 언제든 "상상도 못할 정도로 널리 알려질 수 있는 가능성"을 내재한 디지털 미디어가 일상화된 사회에 살고 있었다.[26] 다나 보이드의 글을 인용해 말하자면 "미디어로 연결된 대중은 전체 시공간에 걸친 모든 사람이 될 수 있다."[27] 디지털 미디어 사회가 도래한 후 젊은 퀴어 여성들은 모든 종류의 신상 노출을 우려하는 지경에 이르렀다. 그도 그럴 것이 퀴어 정체성과 연결 지을 수 있는 그들의 사진이나 게시물, 대화는 쉽게 검색 가능하고, 시간이 지나도 사라지지 않으며, 복제까지 용이하다. 이처럼 자신과 관련된 온라인 정보를 읽거나 볼 수 있는 사람을 통제할 수 없다는 사실은 '상상 불가능한' 대중에 대한 공포를 불러일으켰다.

대중의 감시를 피하기 위한 신경전은 컴퓨터 바깥에서도 일어난다. 많은 팬코스 팀은 팬코스 단독 행사에서만 공연하고 서울시 청소년 기관이 주최하는 청소년 축제나 밀리오레나 두타 같은 쇼핑몰 공개 무대에서 열리는 공연은 불참하기 시작했다.[28] 2006~2007년까지만 하더라도 팬코스 팀들은 공개 무대에서 공연하곤 했다. 하지만 2012~2013년 들어서 코스퍼들은 부정적 반응을 몸소 경험한 후 대중 앞에 서기를 주저했다. 팬코스 팀 미로틱Mirotic 코스퍼들의 넋두리는 그 경험이 어떤 것인지 가늠케 한다. "일단 사람들한테 머리를 짧게 자른 여자는 보통 비호감이에요. 일종의 편견이죠. 그러니까 우리가 짧은 머리를 하고 춤을 추면 안 좋아할 거예요." 성별을 분명하게 추측할 수 없다는 이유로 대중은 남성적인 여성 코스퍼를 환영하지 않았고 때로는 끔찍한 비난을 쏟아내기도 했다. 나름의 대처로, 코스퍼들은 공개된 장소에서 공연하는 것을 그 어느 때보다도 강하게 거부한 것이다.

대중 노출을 우려하는 마음은 M청소년센터가 주최한 팬코스 행사에서 확연히 드러났다. 한국의 다른 많은 청소년 기관과 다르게 M청소년센터는 팬코스 문화를 더없이 지지하는 입장이었다. M청소년센터 소속 사회복지사인 세미는 아이돌의 골수팬이기도 했고 많은 코스퍼와 유달리 친하게 지냈다. 그러던 어느 날, M청소년센터가 행사 보도 자료를 내보냈을 때 예상치 못한 문제가 발생했다. 해당 M청소년센터는 시립 기관인지라 주기적으로 개최 예정 행사를 알려야 했고 당연히 팬코스 행사를 홍보하는 일도 M청소년센터의 일상 업무 중 하나였다. 2012년 11월, M청소년센터 주최의 팬코스 행사 현장을 찍은 사진이 몇몇 인터넷 신문에 게재된 후 행사 책임자인 세미에게 전화와 문자가 쇄도했다. 가족이나 친구, 동급생들이 알아볼까봐 무서우니 사진을 지워달라는 코스퍼들의 요청이었다. 이들은 어떤 형태든 미디어에 노출되는 것 자체에 굉장히 민감했다. 그러나 그 인터넷 신문사 측에서는 사진을 삭제하지 않겠다고 버티는 탓에 세미는 이루 말할 수 없이 난처했다.

이런 역동은 2013년 퀴어문화축제를 배경으로 다시 등장한다. 현장 연구를 하고 있던 당시에 나는 연구 참여자인 희철과 그의 팀 코스퍼들을 축제에 초대했다. 다른 참여자에 비해 퀴어 정치에 관심이 많았던 희철은 퀴어문화축제에 매번 가고 싶었는데 참여할 기회가 지금껏 없었다고 말하곤 했다. 다른 코스퍼들도 희철만큼은 아니지만 LGBT 운동에 관심을 보였기 때문에 나는 그들이 북적거리는 인파 속에서 공연을 보고, 연사들의 발언도 듣고, 다양한 부스를 구경하면서 즐거워할 것이라고 기대했다.

그런데 퀴어문화축제의 일환으로 퀴어 퍼레이드가 예정되어 있던 날, 코스퍼들은 행사가 반이나 지나서야 겨우 모습을 비추었다. 그마저 희철을 제외하고는 축제를 즐길 새도 없이 행사장을 떠나기 급급했다. 여러 공연을 보고 다양한 LGBT 공동체와 관련 단체들이 운영하는 부스를 들여다보면서 하루를 꼬박 보낸 건 나와 희철뿐이었다. 얼마 후에, 그날 서둘러 떠났던 코스퍼들 중 하나인 하이를 만났다. 하이는 개방된 '퀴어' 축제 공간이라는 점에서 본인을 포함한 코스퍼들이 두려움을 느꼈다고 설명했다. 축제 현장에서 학교 친구나 지인을 우연히 마주쳐 퀴어로 찍히는 상상이 공포스럽게 다가오는 것이다. 이성애자를 포함해 누구든 자유롭게 행사장에 들어올 수 있기 때문에 혹여 참여자들이 그곳에서 지인을 마주친다고 해도 대수롭지 않게 넘길 것이라고 나는 생각했었다. 하지만 퀴어 행사에 참여한 것을 들켜서 레즈비언으로 여겨지는 상황에 대한 공포는 젊은 퀴어 여성에게 더 실제적인 문제였다.

이 일화들을 통틀어볼 때 현재 한국 사회의 젊은 퀴어 여성들이 이반으로 낙인찍힐까봐 느끼는 공포가 전보다 심해졌다는 것을 알 수 있다. 일반스트를 선호하고 티부와 걸커는 꺼린다거나 어떠한 공개적인 노출도 거부하는 것은 온라인에서나 오프라인에서나 이성애 규범적 사회에서 '보이지 않는 채'로 있으려는 노력의 결과물이다. 미국은 상황이 다소 달랐는데, 1980년대 포드주의 하락세와 함께 젠더 순응성이 증가했고 사람들은 LGBT가 "섹슈얼리티를 대놓고 과시하지는 않는 쪽을 선호했지만" 그렇다고 해서 섹슈얼리티를 반드시 숨길 필요도 없었다.[29] 반면 한국의 젊은 퀴어 여성들이 남성성을 기피하는 건 스스로의 섹슈얼리티를 완전히 숨기기 위한 방안이었다. 한마디로 말하자면, 이들은 레즈비언으로 비쳐지기를 거부했다. 성정체성 자체를 대중에게 숨기는 행위는, 레즈비언이나 게이를 이미 널리 받아들이는 이성애 사회에 만족하지 않고 한발 나아가 '정상'임을 인정받기 위한 호소와는 다른 것이다.

한국적 '동성애규범성'인가, 아니면 생존 전략인가?

앞서 언급했듯, 한국과 미국에서 비가시성과 젠더 순응성의 의미가 서로 다른 이유는 각국의 동성애자 관련 법 제정 현황과 국민 정서에 차이가 있기 때문이다. 미국에서는 동성애에 대한 법적 보호가 시작된 1970년대 이래, 적어도 베이비붐 세대인 중산층 레즈비언과 게이의 경우는 경제적으로 성공했을뿐더러 사회적 수용도가 높아진 덕분에 스스로를 보호할 수 있었다. 하지만 한국에서는 LGBT 단체와 몇몇 진보 국회의원이 차별금지법 제정을 강하게 요구했음에도 동성애자의 권리를 보장하는 법은 아직 없다. 물론 법적인 차별 방지책이 갖추어진다고 해서 곧 현실에서의 차별이 근절되는 것은 아니다. 다만 퀴어들이 자기 자신을 지키기 위한 최소한의 토대를 마련하고, 공적으로 때로는 명시적으로 차별에 가담하는 정책 때문에 학교나 직장에서 분쟁에 휘말렸을 경우 대응 근거를 제공한다는 데에 의의가 있다. 학교 교사나 청소년 기관의 사회복지사조차 수업에서 차별을 조장하고 동성애 혐오 발언을 해온 역사를 고려하면 법의 이러한 역할은 매우 중요하다. 하지만 현실에서는, 차별방지법이 부재한 자리를 오히려 동성애를 공식적으로 차별하는 군형법軍刑法이 채운다.[30] 비록 교내에서 성적 지향 등의 이유로 차별하는 것을 방지하는 학생인권조례가 2010년부터 몇 개 지자체에서 통과되었으나 실제 학교 현장에서 제대로 적용되고 있지는 않다.[31]

우리는 여기서 동성애 혐오가 증가하는데도 젊은 퀴어들에 대한 법적·물리적·정신적 보호가 전무한 현실의 불균형을 목격한다. 2000년대 초반까지는 한국에 LGBT 권리를 보호할 법이 전혀 없었다지만, 남성적인 여학생이나 퀴어라고 의심되는 학생을 규제하는 방침 또한 없었던 게 사실이다. 하지만 2000년대 중반부터 동성애가 가시화되고 동성애 논쟁이 전면에 등장하면서 학교에서 혹은 기타 공적 차원에서 동성애 차별이 함께 증가하는 추세다.

2000년대 중반에 일부 학교는 제도화된 훈육 정책인 이른바 이반 검열을 실시했다. 여학생들 사이에서 '동성애'적으로 여겨지는 행동을 제재하는 규칙을 만든 것이다. 예컨대, 짧게 머리를 자르는 것부터 학생들끼리 손잡기, 안기, 복도에서 어울려 다니기, 화장실 같

설문지

* 본 설문지는 무기명으로 하여 절대 비밀을 보장하며, 학교의 건전한 생활 풍토를 마련하기 위한 것이므로 성심 성의껏 답변해주시기 바랍니다.

1. 여러분은 동성애에 대하여 어떻게 생각합니까?

    1) 그저 그렇게 생각한다.
    2) 이해할 수 있다.
    3) 이해할 수 없다.
    4) 생각해본 적 없다.

2. 우리 학교에도 동성애자가 있다고 생각합니까?

    1) 있다.
    2) 없다.
    3) 모르겠다.
    4) 들은 적은 있다.

3. 있다면 몇 학년이 가장 많다고 생각합니까?

    1) 1학년
    2) 2학년
    3) 3학년

4. 동성애 학생에 대하여 학교에서 취할 조치는 무엇이라 생각합니까?

    1) 상담
    2) 학교 내 봉사
    3) 무기정학
    4) 퇴학

5. 동성애를 하는 학생에 대하여 알고 있다면 그 학생의 학년 반 실명을 기재해주십시오.

    학년: 반: 성명:

〔자료 8-1〕 한 여학교에서 배포된 '동성애' 관련 설문지

이 가기, 편지 주고받기 같은 행위가 여학교에서 발생하면 교사들은 벌점을 매긴다.[32] 동성애자로 의심되는 학생을 색출하는 학교들도 있다. [자료 8-1]은 '건전한 생활 풍토'를 조성하려는 목적으로 한 여학교에서 시행된 설문이다. 학생들에게 '동성애'를 '하는' 사람을 알고 있는지 묻고 누구인지 신고하라고 요구하는 것을 확인할 수 있다. 아래 이야기는 이반 검열의 일면을 드러낸다.

중학교 때 '이반 검열'이라는 게 있었죠. 여중이었는데 여자애들 중에 이반(레즈비언)인 애들을 골라내서 못하게 하는 거였어요. "손잡고 다니지 마라", "포옹하지 마라", "화장실 같이 가지 마라" 이런 말들을 했고요. 교칙으로 문서화했는지는 잘 모르겠지만 선생님들이 교칙처럼 말했어요. 이반이라고 알려진 애들은 학생회실에 끌려가서 억지로 '하지 않겠습니다'라는 각서를 썼죠. 제가 직접 당하지는 않았지만 애들이 학생회실에 끌려가는 걸 봤어요. 머리채를 잡히고 손목을 잡혀서 말이에요. 나중에 불려갔던 애들한테 들은 건데, 선생님들이 "다른 애들도 그러느냐, 불어라. 말 안 하면 부모를 학교에 부르겠다"고 협박을 했다고 해요. 그때가 지방에서도 이반 검열이 있었고 시끄러울 때라 저희 학교에서도 대대적으로 그랬던 거 같아요. 이반이라고 '들킨' 애들은 선생님한테 무시도 당했어요. 반 애들한테 은근히 따돌림 당하기도 하고요. 저는 소수의 아이들만 제 정체성을 알아서 들키지는 않았는데 지금 생각해도 아찔해요. 그때 애들이 당하는 것을 보면서 정말 무서웠거든요. 들키면 끝장이겠다. 들켜서 부모님한테 이야기가 들어가면 평생 두려움에 떨겠구나. 사회에서 매장 당할 수도 있겠구나. 그렇게 생각했어요. 그때는 지금보다도 더 사회가 닫혀

있었으니까요. 그 후로 학교에서 선생님들이나 다른 학생들한테 절대 속 이야기는 하지 않게 됐어요.[33]

이런 사례들은 교사 등 학교 관리자들이 동성애를 처벌이 필요한 부적절한 비행으로 상정하는 방식을 드러낸다. 2000년대 중반 내내 신체를 단속하는 훈육과 검열은 학교에 동성애 혐오적 분위기를 조성하는 데 일조했다.

차별 사례들을 통해 이제 사람들의 시야에 공공연히 동성애가 포착되고 있다는 점과 교내 퀴어 여성 청소년이 차별에 대한 보호를 받기는커녕 제도화된 감시의 대상이 된 현실을 알 수 있다. 결국 레즈비언으로 인식되는 상황에 대한 퀴어 여성 청소년들의 공포는 이러한 곤란 가운데 피어난 것이었다. 이들에게 스스로의 가시성을 통제하는 힘, 즉 누구에게 커밍아웃할지를 선별하고 특정 환경에서는 정체성을 숨기는 능력이 절실해진 이유다. 이 통제력은 처벌이나 훈육을 피하거나 차별과 괴롭힘 없이 안전을 보장받는 데 중요한 요소다.

일부 여성 청소년은 성소수자 차별적인 환경과 성소수자임이 밝혀졌을 때 쏟아지는 가혹한 반응을 견디지 못한 나머지 자퇴를 선택한다. 연구 참여자들 중에서도 20퍼센트 가까이가 중등교육을 마치지 못하고 자퇴했다. 물론 그 이유가 단지 그들의 성정체성과 그로 인한 괴롭힘에 있다고는 할 수 없지만 이는 유의미한 수치다. 한국 사회에서 중학교나 고등학교를 자퇴한 사람은 '비행 청소년'으로 혹독하게 낙인찍히기 때문이다. 최정아가 설명했듯, 고등학교 졸업장은 '정상성'의 상징 같은 것이다.[34] 학교를 계속 다니는 것이 필수불가결한 선택일 때 여성 청소년들은 적대적인 교실 환경을 버틸 수밖에 없다.

고등학교를 갓 졸업한 수현은 나와 인터뷰하며 학창 시절을 고통스럽게 회고했다. 입학 직후 교사와 학교 친구들로부터 레즈비언이라는 의심을 받은 뒤 수현은 괴롭힘을 당하거나 차별받을까 두려워 자퇴하고 싶을 지경이었다. 하지만 수현의 아버지는 자퇴만큼은 안 된다는 강경한 입장이었다. "사람답게 살려면 최소한 학교는 졸업해야 될 것 아니냐"는 것이었다. 아버지 때문에 자퇴나 전학은 꿈도 꾸지 못했다. 자퇴가 좌절된 후 수현은 학교에 있는 내내 책상에 고개를 푹 처박고 그 누구와도 말하지 않았다. 수현이 유일하게 친하게 지내고 대화를 나눈 친구들은 학교가 아닌 온라인 커뮤니티에 있었다.

이처럼 젊은 퀴어 여성들은 정체성을 숨기려고 고군분투하는 중이다. 퀴어로 낙인 찍혔을 때 맞닥뜨리는 트라우마적 경험에 비하면 차라리 숨는 편이 낫다고 생각하는 것이다. 따라서 서구 사회의 동성애규범성은 노동계급 퀴어, 유색인 퀴어, 젠더비순응적인 퀴어들을 배제하면서 중산층 이성애 사회에 동화하려는 백인 중산층 레즈비언과 게이만을 대상으로 적용되는 반면 한국의 경우는 다르다. 젠더, 연령, 계급, 섹슈얼리티의 측면에서 가장 소외된 사람들이 스스로 보호막을 세우고자 자기방어 수단으로서 젠더 순응성과 이성애 사회에 융화되려는 욕망을 발휘하는 것이다.

'가시성'과 '커밍아웃'의 의미 차이

한국 문화의 특수성을 고려하면서 가시성 논의를 재구성해야 하는 이유는 한국 사회에서 커밍아웃이 서구 사회와 사뭇 다른 의미를 내포하기 때문이다. 크리스 탠은 "결과적으로 봤을 때 커밍아웃은 앵글로 아메리칸 게이들의 정체성 형성 과정에서 핵심적인 의식이라고 할 수 있다"고 주장했다.[35] 커밍아웃의 수사rhetoric 속에서 발화자는 "자기 자신에게 솔직해진" 것처럼 보인다.[36] 서양에 널리 알려진 가시성 정치와 '아웃 앤드 프라우드' 선전이 중요하게 겨냥하는 이런 지점은, 드러내지 않는 사람들에게 '진실하지 못하고' '퇴행적'이라는 꼬리표를 붙이면서 이들을 따돌리기도 한다. 실제로 팔레스타인 퀴어나 지방에 사는 젊은 퀴어, 혹은 비서구 사회의 퀴어들에게서 이런 일이 벌어지고 있다. 예컨대 제이슨 리치는 이스라엘 동성애자 인권 운동의 주류파가 정치적 성격을 잃었다고 비판한다. 그들이 오직 퀴어로서 가시성을 쟁취하고 사회에서 인정받는 것과, 벽장에서 나와 커밍아웃하는 데에만 매달려서 이스라엘 민족주의를 지지하고 "팔레스타인 국민들의 정치·경제·사회적 종속"을 유지하는 데 공모하고 있다고 지적했다.[37]

미국 지방에 거주하는 퀴어 청년들을 연구한 메리 그레이는, 사람들이 도시와 지방을 비교할 때 그 둘 사이의 차이를 무시한 채 가시성의 수사를 일괄적으로 적용한다는 것을 발견했다. 그는 이브 코소프스키 세즈윅을 인용하며 "가시성은 이분법적으로 작동한다. 누군가 정체성을 밝히려면 어딘가로부터 '나와야come out' 하므로, 반드시 한쪽에는 다른 누군가를 가둠으로써 그로부터 벗어나고자 투쟁하고 발버둥치게 만드는 벽장이 있어야 한다"고 말하기도 했다.[38] 따라서 가시성의 정치는 "특정 퀴어 정체성에만 권위를 부여"하는 결과로 이어질 수 있다는 것이다.[39] 이런 경우 지방에 사는 퀴어들은 "그곳에 진작 존재했으나 소외되어 있는" "'결함이 있거나' '불완전

한'"것으로 묘사되었다.[40]

이와 유사하게, 아시아 퀴어 연구자들은 가시성만을 강조하는 서구 사회의 관점을 비판한다. 가시성은 마치 LGBT의 진보성을 측정하는 주요한 기준처럼 여겨져왔다. 크리스 탠은 유교 국가인 싱가포르와 앵글로 아메리카 사회의 맥락을 비교하면서 '커밍아웃'과 '가시성'의 이상理想이 싱가포르에서는 들어맞지 않는다고 주장했다. 앵글로 아메리카에서 커밍아웃은 부모에게 말하는 것에서부터 시작된다. 하지만 싱가포르 게이들은 다른 아시아 유교 국가들의 성소수자와 마찬가지로 "부모에게 커밍아웃하기를 꺼리는데 이는 가족의 체면을 떨어뜨리지 않기 위함이다."[41] 심지어 부모에게 하는 커밍아웃을 의무라고 여기지도 않는다. 이런 상황을 고려했을 때 "앵글로 아메리카의 동성애자 인권 담론과 다르게 싱가포르 게이들의 일상에서는 커밍아웃이 중심적인 위치를 차지하고 있지 않다."[42]

조성배는 이러한 흐름 속에서 한국의 상황을 진단한다. 이분법적인 접근 그 자체에 도전하면서 가시성과 커밍아웃의 개념이 다르게 독해되는 맥락을 드러내는 것이다.

한국의 게이와 레즈비언에게 커밍아웃이란 쉽게 풀기 어려운 주제다. 공감, 죄책감, 걱정 같은 미묘한 감정들이 얽혀 있어 '자긍심pride 대 부끄러움shame' 혹은 '앎knowledge 대 무지ignorance'같이 이분법적으로 간단히 축소될 수는 없다. … 따라서 어떤 게이들은 동성애자로서의 삶을 미래로 유예하기를 선택한다. 부모가 사망한 다음에나 커밍아웃하고 완벽하게 게이로서 사는 것이다. … 한국 게이들 또한 '벽장'에 숨어 있는 것을 일시적인 보호대라 상상하며 부모가 사망하

면 그 후에 게이로서 온전히 자신을 알린다.[43]

그가 설명한 것처럼 한국 게이와 레즈비언들은 필수적으로 부모에게 커밍아웃해야 한다고 생각하지 않는다. 대신에 동성애자라는 것을 숨기거나 동성애자로서의 삶을 '유예'하거나 혹은 동성애자가 아닌 척 '벽장' 안에 일시적으로 머무르는 것이 부모의 성질을 거스르지 않는 선택이라고 간주한다.

한국의 젊은 퀴어 여성 이야기로 돌아가보자. 연구 참여자 대부분은 처벌이나 역풍backlash으로부터 자기 자신을 보호하려 했고 부모와 친척에게 성정체성을 숨기려고 갖은 노력을 다했다. 그중 몇몇은 성인이 되어서도 부모에게 커밍아웃하지 않을 거라 말했다. 하지만 커밍아웃하지 않는 것은 효도하는 마음이 깊거나 유교儒教 원리를 고수하는 탓이라기보다는, 자녀가 성소수자라는 것을 알게 되었을 때 부모가 받을 충격을 고려해 부모를 '보호'하기 위한 방법이다. 어떤 연구 참여자는 "아, 부모님이 화들짝 놀라실 걸요. 충격 받아서 황천길 건너실지도 몰라요. 레즈비언이라고 절대 말 안 할 거예요"라고 말하곤 했다. 이처럼 가족 간 유대가 끈끈한 문화에서는 자신의 정체성을 알리지 않는 성소수자의 선택이 다소 다른 의미를 함축한다. 부모를 '보호'한다는 의미를 포함해서 말이다.

당연히 서구의 도심지에 사는 모든 퀴어가 커밍아웃하기를 희망하거나 당당하게 드러내라는 아웃 앤드 프라우드 정치를 지지하는 입장이 아닌 것처럼, 내가 주장하는 바가 아시아나 한국의 퀴어들이 전부 커밍아웃하기를 주저하거나 가시성의 정치를 거부한다는 뜻은 아니다. 사실상 한국에서는 2000년대 초반 커밍아웃과 관련해서 이와 유사한 (하지만 차이가 있는) 긴장 지점이 생성되고, 활동가들 사이에서 활발한 논의가 이루어졌다. 일부 활동가들은 커밍아웃이 성소수자 운동activism을 위한 '전제 조건'이라 주장한 반면 운동과 커밍아웃을 동일하게 보는 관점을 경계하는 이들도 있었다. 실제로 한국에서도 정체성을 밝히고 정치적인 전략으로서 가시성을 높이기를 지향하는 사람들이 있으며 최근 몇 년 동안 이런 경향은 젊은 활동가들 사이에서 점점 짙어지는 추세인 것 같다. 따라서 내가 지금 하는 작업은 한국이나 아시아의 모든 퀴어가 커밍아웃을 꺼린다고 일반화하는 것이 아니라 한국 문화에서 커밍아웃과 가시성에 대해 광범위하게 통용되는 정서나 태도를 보여주는 데 있다. 젊은 퀴어 여성들이 이렇게 깊숙이 숨기까지의 변화를 보고 단순히 그들이 '퇴보'했다고 낙인찍거나 '규범성'을 지향하는 궤도를 따랐다고 말하기보다는 이를 문화적 맥락 속에서 분석할 필요가 있다.

가족의 의미:
'아시아'적 가치에서 나아가 경제 단위로서 기능하다

젊은 퀴어 여성이 부모에게 커밍아웃하기를 꺼리는 현상을 유교와 효孝에 기초한 가족 중심 문화로만 오롯이 설명할 수는 없다고 나는 주장한다. 권김현영과 조성배는 이성애 가족을 형성할 경우 고용 안정성이 상당히 높아질 수 있다는 점을 시사한다. 이성애 핵가족 구성원은 직장에서 가족 관련 복지 혜택을 누리는 반면 레즈비언과 게이의 경우 사내 복지는 고사하고 세금, 대출, 주거 등 다양한 분야에서 차별을 경험하고 공인된 보호자로서 병원을 방문할 권리도 얻기 힘들다.[44] 나아가 송제숙은 한국 정부가 1997년 IMF 경제 위기를 지나며, 이성애 핵가족을 "개인 안전을 책임지는 기본 단위"이자 "사회적 안녕감을 유지하기 위한 핵심"으로서 국민에게 적극 권장했다고 말한다.[45] 경제 위기는 한국 사회에서 가족 이데올로기를 강화하는 결과를 가져왔다. 이때 추구되는 이상적 가족상이란 이성애 결혼으로 이루어진 규범적 가족이다.

이성애 가족은 전반적으로 특권을 누리지만, 혜택을 별로 받지 못하는 노동계급 퀴어 청년들은 상황이 더 열악해졌다. 앞 절에서 언급했듯 연구가 진행된 10년 동안 높은 청년 실업률이 지속됐고 여성 취업률은 세대를 불문하고 저조했다. 주류 교육을 받지 못한 노동계급의 젊은 퀴어 여성들은 젠더, 연령, 교육 조건을 고려할 때 가장 소외된 범주에 해당된다. 상황이 이렇다 보니 먹고살기 위해 가족에게 의탁할 수밖에 없다. 고용 불안정성과 청년 실업률이 증가하고 복지 체제마저 이성애규범적 가족에 혜택을 집중하도록 설계된 현시대에, 젊은 퀴어들이 가족을 중요시하는 것은 경제적 안정을 필요로 한 결과이기도 하다.

덧붙이자면, 경제적 생존을 위해서 이성애 결혼 관계에 의지하는 나이 많은 레즈비언들도 있다. 강하며 독립적인 태도를 가지고 관습적인 가부장 규범에서 탈피해 살기를 희망하며 혼자 살던 여성들 사이에서조차 이런 일이 발생했다고 송제숙은 말한다. 무려 레즈비언으로 정체화한 여성들까지도 결혼을 선택지로 고려했다. "충분한 소득이 없거나 경제적인 안전망이 부재한 여성들은 고용이 불안정하고 지갑 사정이 열악하다 보니 결혼이 유일하다시피한 선택지일 수 있다"는 것이다.[46] 그가 진행한 연구에 참여한 몇몇 여성은 "살기 위해 결혼하는 것을" 심각하게 고려했다.[47] 일례로 한 연구 참여자는 다음과 같이 말했다. "직장에서 잘리고 부모님한테도 버려지면 굶어죽겠구나 싶어서 거의 돌아버릴 지경이었어요. 결혼을 진지하게 고려했죠. 남자랑 결혼해 같이 살면서 육체적으로 괴로운 것만 눈 딱 감고 견디면 최소한 굶어 죽지는 않을 테니까."[48] 이처럼 경제적 자원이 미미한 일부 노동계급 퀴어 여성에게는 남성과 결혼해 이성애규범적 가족의 일원이 되는 것이 삶을 지속하기 위한 유일한 '선택지'처럼 보일 수 있다. 이들은 상징적으로나마 가족 규범에 속할 수 있다는 측면보다도 먹고살 만한 경제력을 갖춘다는 점에 주목하고 있다.

다른 동아시아 국가의 퀴어 여성들과 미국의 퀴어 이민자 집단에서도 살기 위해서 가족에 의존하는 현상이 발견된다. 예를 들어 루세타 입로캄은 경제적 자립 가능 여부가 중국 도시 지역의 랄라스 lalas(레즈비언, 바이섹슈얼, 트랜스젠더)에게 굉장히 중요하다고 주장한다. 누군가에게 경제적으로 의탁해야 하는 랄라스는 "보다 부유한 남성과 결혼하지 않더라도 혼자 먹고살 수 있다고 가족을 설득해야 하는" 상황에 놓여 애를 먹는다는 것이다.[49] 홍콩의 상황도 이와 비슷하다. 높은 집세와 밀집된 주거 환경 때문에, 가족에게 의지하는 것은 레즈비언에게 선택이 아닌 필수다. 드니스 체샹 탕 또한 "가족 구조와 주거 공간은 성적 실천에 상당히 큰 제약이 된다"는 의견을 표출한다.[50] 나아가서 데이비드 엥은 다중적으로 소외된 노동계급이자 유색인인 미국 퀴어 이민자 집단이 가족과 친족에 의존하고 이성애규범성을 지향하는 현상은 후기 자본주의를 거치며 더욱 강화되었다는 것을 보여준다.[51]

연구 참여자들의 인터뷰 내용은 이런 분석을 뒷받침한다. 당시 참여자들은 결혼 적령기에 못 미치는 나이(10대에서 20대 초반)였기에, 가족 이야기에서 결혼이 언급되지는 않았다. 대신에 그들은 원가족과의 관계를 유지하는 데 관심을 기울였다. 2012년 인터뷰를 진행할 때 열일곱 살이던 준희는 레즈비언이라는 것을 아버지에게 들켜서 두들겨 맞은 후 가출을 감행했다. 이후 일주일 동안 친구들과 같이 머물다가 가족이 간곡히 부탁하여 다시 집으로 돌아갔다. 이 이야기가 끝나고 준희는 자신의 꿈이 컴퓨터 공학자가 되는 것이라고 덧붙였다. 그런데 딱히 공학이 적성에 맞아서라기보다는 경제적 안정성을 얻고자 하는 열망 때문이었다. 준희가 직접 설명한 이유는 다음과 같다. "물론 지금은 과거에 있었던 일을 암묵적으로 이야기하지 않으니까 '평화롭게' 지내는 것처럼 보이지만 가족이 언제 저를 내칠지 모르는 게 현실이니까요." "그러니 가족으로부터 (재정적) 지원이 끊길 때를 대비해서 좋은 직업을 가지고 있어야 돼요." 성정체성을 알게 된 부모가 호되게 군 탓에 준희는 어쩌면 가족의 자금 지원 없이 미래를 꾸려가야 할 수도 있다는 현실을 깨달은 것이다. 다시 말해, 전문직을 직업으로 삼는 것은 경제적 안전성을 확보하려는 그만의 방식이다. 한국 사회에서 가족과의 타협은, 정서적 지원 혹은 가족이나 친족kinship에 부여되는 전통적인 가치뿐 아니라 경제적 지원을 이유로도 이루어질 수 있다는 것을 이 사례는 보여준다.

순희처럼 생존 가능한 수준의 자금을 모으기 위한 전략이자 이성애 정상 가족에 대한 대안으로서 전문직이 되기를 원하는 이들이 많다. 하지만 문제는 노동계급의 퀴어 여성인 연구 참여자 중 대부분이 어린 나이에 자퇴하거나 학업 성취도가 낮아 그런 직업을 가질 수 있는 경력 조건을 갖추지 못하고 대개는 저임금을 받는 시간제 노동자로 계속 일한다는 것이다. 이런 경우 그들에게 주어진 선택지는 매우 적다. 부모 또한 급여 수준이 낮음에도 가족에게 의존하는 것이 사실상 앞으로의 삶을 위한 그나마 안전한 방법이다. 이쯤에서 야우 칭의 통찰을 빌려 말하자면, 최근 한국의 퀴어 여성들이 남성적인 외모나 남성성과의 연관을 꺼리는 상황, 정확히는 퀴어처럼 보이거나 인지되기를 피하는 현상은 단순히 이성애 사회에 동화되려는 욕망 때문이라기보다는 경제적 안정성을 유지하기 위한 선택에 가깝다. 따라서 젊은 여성들이 레즈비언으로 인식되지 않으려고 애쓰는 현상은 "애초부터 정상인으로서 살 권리나 선택권을 박탈당했으며, 거기에 저항할 수도 없었던 바로 그들이 한편으로 사회적 규범을 내면에 구축하면서 다른 한편으로는 규범과 타협해가는 복잡한 과정"과 맥을 같이한다는 것을 우리는 인식해야 한다.[52]

결론: 가시성과 동성애규범성 논의를 넘어서

2000년대 초 젊은 퀴어 여성들은 신촌공원 같은 공개적인 장소에 모이고 서울을 중심으로 그들만의 하위문화를 활발하게 형성했다. 물론 남성적으로 꾸민 모습에도 당당했다. 그러나 2010년대 초반으로 접어들며 그때 그 여성들은 어디론가 숨어서 보이지 않는 것만 같다. 가시성에서 비가시성으로, 여성의 남성성을 대체로 승인하는 문화에서 '이성애자처럼 보이는' 퀴어 여성을 선호하는 현상으로 전반적 전환이 일어난 것이다. 이런 흐름은 오프라인에서 퀴어 하위문화와 공동체가 사라지는 결과로 이어졌고, 젊은 퀴어 여성들이 서로를 쉽고 자유롭게 대면할 기회는 사라졌다. 오늘날 남성적인 퀴어 여성은 레즈비언 사이에서 퍼진 새로운 형태의 차별과 고정관념에 맞닥뜨렸다. 이런 변화를 서구적 관점의 동성애규범성이 끼친 영향으로 해석할 수도 있다. 즉, 젊은 퀴어 여성들이 공공장소에서 '비정상'으로 비추어질 만한 가능성을 줄여서 이성애 사회의 일원으로 받아들여지는 데 힘썼다고 보는 것이다. 하지만 내가 볼 때 이 변화를 단순히 동성애규범성 개념으로만 설명할 수는 없다.

퀴어 여성 연구를 해온 지난 10년 동안 LGBT 운동은 더 활기를 띠고 그 내용도 다채로워졌지만 한편으로는 기초적인 수준의 차별금지법안조차 통과되지 못했으며 보수 단체가 주최하는 반反동성애 집회는 날로 성행하고 있다. 청년 세대는 실업이나 불규칙한 노동 환경 탓에 경제적으로 큰 타격을 입었다. 젊은 퀴어 여성들이 마주한 이런 상황은 가족으로부터 독립하겠다는 바람을 더욱 성취하기 힘들게 했다. 전반적으로 한국 사회는 젊은 퀴어들이 학교, 가정, 직장에서 겪는 차별에 대처할 준비가 되어 있지 않았기 때문에 이 현상들은 극심한 불균형을 초래했다. 차별로 인한 악영향을 견디고 살아남는 것은 오롯이 퀴어 여성 자신의 짐으로 지워졌다. 이렇게 어떠한 대안도 제공하지 않는 사회에서 결국 젊은 퀴어 여성은 자신을 숨기는 데 혈안이 된 것이다. 레즈비언으로서 눈에 띄지 않은 채 살아가겠다는 결심은 젊은 퀴어 여성 사이에서 남성성을 기피하는 문화로 이어졌다. 따라서 이는 계급 상승에 대한 욕망이나 '정상' 사회에 동화되고자 하는 바람 때문이라기보다 생존하려는 욕구와 더 밀접하다. 이 경우 젠더 순응성으로 회귀하는 현상은 생존을 향한 욕구를 암시한다고 할 수 있다. 이 때문에 젊은 퀴어 여성의 하위문화와 '규범성'의 의미를 맥락화하고자 하는 것이다.

이 깨달음은 '가시성'에 대한 퀴어 연구자들의 논의와 '아웃 앤드 프라우드' 선전에 기반을 둔 LGBT 운동에도 기여할 것이다. 종종 LGBT 운동이 가시성을 지향하지 않는 사람을 열등하고 심지어 후진적이라고 낙인찍는 담론을 만들었기 때문이다. 다른 학자들이 이미 주장해왔고 나의 연구 또한 보여주는 바, 가시성이 언제나 행위자성agency의 기표는 아니다. 지역적인 의미나 상황에 따라, 숨은 채로 머무르는 것은 전략적인 선택이 될 수 있다. 지금까지 이 장에서는 퀴어 하위문화의 전환을 분석했다. 분석을 통해 젊은 퀴어 여성들이 사회경제적으로 불균형한 변화와 이성애 가족을 중심으로 발달한 국가 복지 체제의 영향을 받고 있다는 사실을 드러냈다. 따라서 이들이 남성성 기피를 생존 전략으로서 실천하고 이성애 사회에 드러나지 않는 성적 주체로 남기로 결심한 것은 지난 10년 동안 심화된 사회경제적 불균형에 대한 필수적인 반응이었음을 읽을 수 있다.

전략적 선택임에도 불구하고, 이러한 방식은 티부, 걸커, 트랜스젠더 등 배제당하는 집단을 만들고 한국 퀴어 공동체 속에서 위계질서를 구축하고 있다. 이런 변화는 두건과 같은 학자들이 서구적 맥락에서 경고해왔던 주류 레즈비언과 게이 집단이 체화한 동성애규범성의 효과와 유사한 결과를 낳을 수 있다. 진보를 지향하는 지식인이자 활동가로서 우리는 한국 사회에 근본적인 변화가 일어나기를 갈망하고 있다. 물론 우리는 남성성을 기피하는 젊은 퀴어 여성들을 마냥 비난할 수는 없다. 오히려 우리의 비평은 차별금지법이 지향하는 바와 같이 그들이 학교에서 벌어지는 처벌, 괴롭힘, 따돌림을 두려워하지 않도록 용기를 줄 것이다. 청년 실업과 노동 시장에서의 젠더 불평등에 주목하면서, 젊은 퀴어 여성들이 이성애 가족에 의존하는 등 특별한 지원 없이도 살아남아서 경기 침체기를 극복하는 능력을 가짐과 더불어 비로소 안정감을 느끼도록 우리가 도울 수 있기를 희망한다.

제9장

번호 이동과 성전환

주민등록제도, 국민국가 그리고 트랜스/젠더

루인 지음
정성조 정리·진행

몇 년 전 주민등록증을 발급받기 위해 동사무소에 갔을 때, 담당 공무원은 자연스럽게 지문을 채취해갔다. 그 과정이 너무도 자연스러워서, 당연히 하는 것이겠거니 했고, 다만 손에 검은 스탬프잉크가 묻는 것이 불쾌했다. 그런 날인捺印 과정이 마냥 유쾌하진 않았지만 주민등록증이 나온다는 것, 그런 어떤 카드가 나온다는 것이 다소 신기했던 것 같다. 그러면서도 주민등록증을 발급받고 싶지 않아 한참을 미루고서야 엄마 손에 이끌려 발급 신청을 했는데, 이것이 주민등록증과 주민등록제도 폐지 운동, 지문날인 거부 운동에 대해 알았기 때문은 아니었다. 주민등록번호는 초등학생 시절부터 알고 있었는데, 그것의 의미에는 별 관심이 없었다. 주민등록번호 뒷자리 첫 번째 숫자가 가지는 의미는 한참 지나서야 알았는데, 그때도 어떤 특별한 '문제의식'을 느끼진 않았다. 그렇다면 이런 반응들은 대한민국 국가가 국민들을 통제하는 수단을 완벽하게 내면화하고 있다는 증거인가? 지문을 날인하고 주민등록증을 발급받는 것이 반드시 국가에 복종한다는 의미인가? 거부 혹은 반대 역시 권력의 효과이며, 어떤 의미에서는 권력을 강력하게 승인하는 방식은 아닌가?

이 글은 부제에서도 암시하고 있듯, 주민등록증과 주민등록번호를 통해 국민국가가 젠더를 두 개로 통제하는 방식과 주민등록번호의 의미를 둘러싼 경합을 읽으려는 작업이다. 그렇다고 주민등록법이 구체적으로 어떻게 만들어졌는지를 상세하게 살피려는 것은 아니며, 기존의 관련 논의를 개괄하며 국민국가, 주민등록번호 그리고 성별의 의미를 트랜스젠더의 맥락으로 읽고, 트랜스젠더들의 호적상의 성별 변경이 가지는 의미를 모색하려고 한다.

국민국가-주민등록번호-군대

나의 나이 18세, 등록되었지
열 손가락 밑으로 지문 찍었지
내가 없어지면은 추적당할까
대한민국 사람은 주민등록증

...

내 머리에 새긴 내 몸 안의 숫자
지울 수 없어 잊을 수 없어
새겨놔야지 죽을 때까지
기억해야 하니까
— 시나위의 노래 「주민등록증」

주민등록제의 역사: 국민으로 편입되는/ 국민 되기 과정[1]

현행 주민등록제도는 크게 세 가지 요소로 이루어져 있는데, 주민등록번호 부여와 거주지 등록 그리고 지문을 날인한 주민등록증 발급이 그것이다. 주민등록제도가 주민등록의 필요성을 주장한 초기부터 이런 형태를 취한 것은 아니다. 길게 봐서 조선시대 호패 제도를 주민등록제도로 볼 때, 호패는 "일차적으로 신분을 정확히 하는 것이었지만 무엇보다 발급과 검열을 통해 병역의 의무를 수행하는 군정傾丁을 확보하고 피역자를 색출하는"[2] 것을 목적으로 했다. 부역과 병역이라는 당시 백성들의 주요 '의무'를 통제하기 위한 수단인 호패에는 신분, 거주지, 나이, 신체 특징을 자세히 기록했다. 이러한 호패는 성인 남성들에게 발행했지만 그 효과가 성공적이지는 않았다.

일제시대에는 단순히 거주 정보를 기준으로 한 주민등록이 아니라 가문의 대표인 호주를 중심으로 한 혈연관계를 통해 개인을 명시했다. 전시 총동원 체제를 실시하면서 징병제를 도입하고 이에 따라 전쟁에 동원할 인구에 대한 정확한 조사가 필요했던 것이다. 그 결과물이 1942년의 조선기류령朝鮮寄留令으로, 조선기류령은 1962년 박정희 정권이 도입한 주민등록법의 전신을 이룬다.

해방 이후의 주민등록제도는 좌익과 우익이라는 '이념 대립', 6·25라는 전쟁 상황과 밀접한 관련이 있다. 1948년 대한민국 정부가 수립되었고 국민에 대한 정확한 통계 및 통제가 필요했지만 그렇다고 모든 주민의 '국민 되기'가 자연스러웠던 것은 아니다. 서울 지역에 비해 비서울 지역, 특히 서울과 거리가 멀수록, 정부 수립의 의미를 체감하는 데 시간이 오래 걸렸다. 좌익과 우익의 대립이 심한 곳에서는 대한민국이라는 중앙정부가 아니라 "빨갱이"와 "산골 대통령"이라는 좌우 대립과 폭력, 사상 검열 속에서 "근대 국민국가의 존재를 깨닫기 시작"[3]했고 이런 과정에서 국민이 되기 시작했다.[4] '이념 대립'과 한국전쟁 과정에서 발급한 양민증, 도민증, 주민증과 같은 신분증은 철저한 사상 검열 과정을 거쳐 발급했고 그래서 '빨갱이'라고 불리는 좌익 혐의자는 발급 대상에서 배제되었다.[5] 이러한 반공 이념에 기반을 둔 국민 되기는 곧 '반공 국민'[6] 되기를 의미했다. 전쟁 중에 발급한 시민증과 도민증이란 이름의 주민등록증이 가지는 의미는,

하나는 끊임없이 대한민국 국가의 명령에 복종해야만 살아갈 수 있는 말 그대로의 대한민국이라는 정체성을 부여하는 것이었고, 또 하나는 반공을 국민정신으로 내면화시키는 것이었다. 주민등록증을 발급받는 대한민국 국민은 곧 좌익이 아닌 사람을 뜻했다.[7]

전후 국가는 신분증 발급을 통해 국민을 통제하려 했는데, 이를 위한 가장 확실한 근거는 간첩 색출이었다. 이 과정이 순탄치는 않아 국민들과 야당의 저항과 반대가 컸다. 그럼에도 이 제도는 지속되었다. 사실 도·시민증이 간첩 색출에는 별다른 효과가 없었고 이로 인해 상당한 비난과 반발이 있었음에도 지속할 수 있었던 이유는 "불심 검문의 근거가 되고 병역 기피자와 거주 부정자 등을 잡아내는 데 상당한 도움"[8]이 되었기 때문이다. 근대 국민국가가 국경을 만들고 이를 유지하기 위해 국민을 군인으로 만드는 과정이라는 점에서, 거주민을 국민/군인으로 만드는 과정은 근대 기획의 일환인 주민등

록제도의 주요 목적 중 하나다. 그렇기에 주민등록제도를 고집하는 것에는 경찰 제도를 통해 국가가 국민을 감시하는 국민 사찰 제도로서의 성격이 들어 있다.[9]

1960년대에 들어와, 박정희 정권은 주민등록제도를 다시 한 번 강화한다. 즉, 1962년 간첩 색출을 빌미로 기류법과 주민등록법을 제정하지만, 이 제도를 순조롭게 시행할 수 있었던 것은 아니다. 이 제도가 현재의 형태로 자리 잡을 수 있었던 것은 당시의 국제적인 정세―베트남전쟁 참전을 둘러싼 한국과 미국의 군사 관계―와 1960년대 중·후반에 발생한 남북 간의 교전이 큰 영향을 끼친다.[10] 베트남전 참전으로 한국 내에 주둔하는 군인의 감소, 조선민주주의인민공화국과의 교전, '간첩 도발' 등은 준전시 상태의 분위기를 조성했고, 이러한 정세 속에서 개인별 일련번호를 부여하는 주민등록증제도를 구성했다.

당시 이 제도를 담당했던 공무원들이 쓴 기록에는 주민등록증제도의 목적이 여과 없이 드러난다.

국가의 구성원인 국민의 인력 관리는 국가 건설과 번영의 기본이 되는 것이다. 더욱이 우리나라의 현실에서는 자주국방이라는 중대한 시정 목표가 있는가 하면, 국민 전체가 국토방위의 임무를 수행하여야 하며 그 구성원의 힘을 한곳으로 뭉치기 위해서는 인력의 적절한 관리가 절실히 요청된다.

…

당초 주민등록법의 개정 목적을 국가 보안상 불순분자의 색출과 각종 범법 도피자의 수사를 촉진하는 데 두었으며 주민등록증의 발

급과 발급 신청서의 중앙 집중 관리로 인하여 많은 효과가 거양하고 있음은 명백한 사실이다.[11]

주민등록은 주민의 거주 상황과 이동 상황을 정확히 파악하여 모든 행정의 기초 자료로 할 뿐 아니라 반공을 국시로 하는 우리나라의 범국민적인 승공 태세를 강화하고 국가 인적자원의 합리적인 관리 체제를 확립하는 데 있어서도 기틀이 되고 있다.[12]

당시 경기도 지방 과장인 우광선이나 내무부 주민등록 과장인 김태호의 글에서 명확하게 나타나듯, 국가는 국민을 국가의 정책에 따라 효율적으로 사용할 수 있도록 관리하려는 목적으로 주민등록번호와 주민등록증제도를 시행한다. 이러한 국민 관리 체제는 단순히 주민등록증제도를 통해서만 시행한 것이 아니라 박정희 스스로 "…정신적인 측면, 즉 근대화의 철학적 바탕에 대한 이해나 국민들의 올바른 마음가짐들을 통틀어 편의상 제2경제라고 불"[13]렀듯, '제2경제론'인 새마을운동, 국정교과서, 국민교육헌장, 교련 등을 통해 "몸에 익히도록 하였다."

이상에서 보듯 대한민국 국가가 국민을 통제하기 위해 국민을 획일화하고 국민 스스로 국가와 동일시하게 하는 과정에서 주민등록증제도는 중요한 역할을 한다.

젠더가 빠져 있는 논의들

이상에서 논의한 것처럼 주민등록제도와 관련해서 지금까지 나온

적지 않은 논의들[14]은 주민등록제도가 국민국가를 형성하는 과정에서 안보 논리를 통해 국민을 통제, 관리했다거나 지문날인 등 과도하게 개인 정보를 유출하여 인권을 침해하는 제도라는 측면에서 논의를 전개하고 있다(주민등록제도를 지지하건 비판하건 이러한 논리는 유사하다).

주민등록제도가 인권 침해라는 측면에서 비판하는 논의들은, 한편으로는 '쉽게' 공감을 불러일으킨다. 그러나 인권 담론이란, 그 자체로 본질적이거나 절대적인 개념이 아니라 경합하는 개념이라는 점, 인권이 무엇인가 하는 논쟁, '보편적 인권 담론'이 누가 인간인지, 인간을 어떻게 구성하고 인권을 어떻게 구성하는지를 논하지 않는다는 점에서 상당한 한계가 있다.

트랜스젠더와 관련한 언설들에서 많은 사람들이 "그들도 인간이다", "그들에게도 인권이 있다"는 식으로 반응하곤 한다. 그런 방식은 이런 식의 얘기를 할 수 있는/하는 자신의 위치를 질문하거나 성찰하지 않고 상대방을 '인정할 대상'으로 타자화한다는 점에서 문제이며, '인간' 이면에서 작동하는 기제를 질문하지 않는다는 점[15] 또한 문제다. 역사적으로 우리는 모든 '사람'을 '사람'으로 간주하지 않았고, 않고 있다. 근대 유럽은 아프리카 여성을 우리에 가두고 구경거리로 간주했고, 오늘날 한국에서 발생하는 아내 폭력의 가해 남편은 "사람을 때린 것이 아니라 집사람을 때린 것"이라고 얘기한다. '불법 체류' 중인 노동자를 잡을 때는 사냥용 그물을 사용하기도 하고, 동성애자라는 이유로 학교 교사들이 학생들에게 전학 갈 것을 종용하기도 하는데, 인간이란 것—누구를 '인간'으로 범주화할 것인가는 이처럼 보편적이기보다는 선택적이고 선별적인 개념이다. 보편적 인권 담론 역시, 누구의 경험에 기반을 둔 보편이며 인권인지를 질문하지 않는다는 점에서 이런 담론 속에서 작동하는 권력 기제를 가린다.

하지만 이들 관련 논의가 가지는 (이 글에서 문제 삼고자 하는) 또 다른 문제점은 젠더와 관련한 내용이 빠져 있다는 점이다. 주민등록 제도를 둘러싼 논의의 상당수가 주민등록제도를 시행하는 과정에서 성별을 두 가지로 구분하는 지점에 대해서는 거의 논하지 않고 있다. 병역제도와 안보 논리를 통해 성별을 1번(6번)과 2번(4번)으로 구획하고 할당하는 제도를 만드는 과정과 이를 통해 국민국가를 구성하는 과정은 논하지 않고 있으며, 개인이 국가가 할당한 번호와 충돌할 수 있다는 점 혹은 반드시 할당한 성별의 방식으로 살지는 않는다는 점을 논하지 않고 있다.

주민등록번호를 둘러싼 경험(들)

병역과 젠더 규정 그리고 친족 관계

1968년 이후 정부가 본격적으로 주민등록증과 주민등록번호제도를 시행하며 내세웠던 이유는 간첩 색출과 국민 관리였다. 이 '관리'라는 것은 불심검문 같은 형태로 이루어지기도 했고 공안 정국과 '북괴 도발'이라는 논리로 정당화되기도 했다. 그리고 이런 논리들의 핵심에 군내 제도가 있다. 대한민국 헌법은 모든 국민은 병역의 의무를 진다고 명시하지만, 병역의무를 지는 징집 대상은 '정상성'을 담보하는 남성들이다. 주민등록번호나 주민등록제도와 관련한 논의에 빠져 있는 논의의 상당수가 바로 이 지점이다. '왜 국민을 1번과 2번으로 구분하는가'에 대한 논의가 전무하다시피 한데, 이는 사람은 오직 둘뿐인 '젠더'/'섹스'로 태어난다는 걸 당연시해서였을 수도 있고, 그렇게 태어나지는 않는다 해도 결과적으로 둘 중 하나로 할당/배치할 수 있다는 의미에서 그랬을 수도 있다.

사실 1번과 2번으로 구분한 맥락과 관련해서는 많은 연구가 필요하다. 주민등록증과 주민등록번호가 없던 시절에도 사람을 오직 둘뿐인 젠더로 인식하고 태어날 때 할당한 젠더로 평생 살아갈 것이라고 인식했는지, 국민국가의 병역제도가 젠더를 두 가지로만 결정하고 인식하도록 했는지는 확실하지 않다. 이를테면 출생신고서의 '성별'란에는 '①남, ②여' 두 가지로만 나뉘어 있지만 출생증명서에는 성별을 '남, 여, 불상不詳' 세 가지로 나누고 있다. 즉, (출생신고를 위해서는 출생증명서가 필요하다는 점에서 출생증명서를 출생신고서에 앞서 작성한다고 가정할 때) 적어도 사람이 두 가지 성별로만 태어나지는 않음을 인식하지만 대한민국 법체계—국민 되기의 기획을 통해 둘 중하나로 편입시키려는 과정이 있음을 짐작할 수 있다. 이런 구분이 필요한 이유는 '남성임maleness(man-ness)'을 확인하기 위해서, 즉 대한민국 '국민'의 의무라고 불리는 병역의 의무를 수행할 인적자원을 확보하고 관리하기 위해서다. 근대화 이전의 젠더 인식 체계는 확실하지 않지만, 젠더 이분법은 군대와 자본주의 국민국가 체계를 운영하고 지속하기 위한 필수다. 공사 이분법, 성별 분업 등은 젠더를 오직두 가지로만 가정할 때 성립 가능한 인식이며 이런 인식에서 어느 쪽으로도 편입되지 않는 존재는 문제가 있는 존재 ('불상')인 동시에 (1번 아니면 2번으로 사라지는) '존재할 수 없는 존재'가 된다.

하지만 성별 기획을 병역 문제로만 해석할 수는 없다. 당시 개인 별 카드화를 기획하며 우광선은 현행 호적법상의 혈연관계를 "세대 주 중심으로 축소 확인하는 방안으로서 우리나라의 친족법상 필요 한 가족 구성의 원리를 준하는 것"[16]이라고 적고 있다. 주지하다시피 현행 한국 사회에서 친족 및 가족관계를 지칭하는 언어들(이모, 고모, 삼촌, 언니, 누나, 형, 오빠, 엄마, 아빠 등)은 지역이나 문화에 따라 의미 의 차이는 있지만 성별 구별과 사회문화적인 의미 차는 확고하다. 이 들 친족어는 상대의 지위나 관계를 상대의 성별에 따라 부른다. 이 때 기반을 두고 있는 성별은 단순히 상대방의 성별을 무엇으로 결정 하는가 하는 문제일 뿐 아니라 이런 언어를 사용할 자신의 성별을 규정하는 행위다. '언니'라는 호칭은 상대뿐 아니라 자신 역시 '여성' 이라는 가정에 기반을 두고 있고, '누나'란 호칭 역시 이런 식의 관계 를 통해 의미가 발생한다. 그래서 가족관계에서 남성으로 간주하는 사람이 '언니', '오빠'라는 호칭을 사용하는 경우는 드물다.[17]

주민등록제도와 주민등록번호를 통해 "친족법상 필요한 가족 구 성의 원리를 준하는" 것은 결국 가족 및 친족제도를 양성 체계로 확 고히 하겠다는 것이며 행여나 양성 체계로 편입할 수 없는 사람으로 인해 친족법이 흔들리는 불상사를 막겠다는 의도로 읽을 수 있다.

주민등록번호를 둘러싼 요구와 폐기, 그 언저리

ftm*인 제이콥 헤일은 한 사람을 지칭하는 대명사가 지닌 성별이

---

* female-to-male의 약자로 트랜스젠더 남성을 가리킨다.

분법과 관련해서 다음의 에피소드를 소개했다.

예를 들어 나의 아버지가 내 어린 시절 이야기를 하려고 할 때 아버지는 이렇게 말했다. "제이크가 어린 소년이었을 때 …, 아니 내 말은 어린 소녀였을 때 …, 아니 어린아이였을 때, 그는 …, 아니 내 말은 그녀는 …, 아니 그게 아니라 …, 내가 도대체 무슨 말을 하고 있는 거야!" 아버지는 여기에서 이야기를 중단했다.[18]

주민등록번호 1번을 할당받은 나는 누나와 언니라는 용어를 동시에 사용한다. 이성애 혈연가족 관계 내에서 '누나'를 부를 때는 누나라는 용어를, 그 외의 자리에서 '누나'를 지칭할 때는 언니나 별칭을 사용한다. '누나'란 용어를 사용할 때는 '남성'이었다가 '언니'란 용어를 사용할 때는 '여성'이 되는가? 나는 mtf*나 트랜스여성이라는 용어보다는 트랜스라는 용어로 자신을 더 자주 지칭하는데, 그렇다면 나를 지칭할 대명사는 '그'일까 '그녀'일까? 나는 나를 트랜스여성도 트랜스남성도 아닌 트랜스라고 부르고 때때로 mtf나 트랜스여성이라고 말하는데, 주민등록번호에 토대를 두지 않을 때, 나를 지칭할 수 있는 대명사나 친족어는 무엇이 가능할까? '누나'라고 부를 때 그 '누나'란 호칭은 20년 넘게 사용해온 관용어로서의 호칭이다. '남성'으로 정체화한 적도 없지만 트랜스젠더로 정체화하지도 않았던 시절을 '아들'로 부른다면 지금은 어떻게 부를 수 있을까? 자신은 한 번도 '남성'이었던 적이 없으며 처음부터 '여성'이었다고 얘기하는

---

* male-to-female의 약자로 트랜스젠더 여성을 가리킨다.

mtf/트랜스여성이 남자 중학교나 남자 고등학교를 다닌 경험이 있다면, '여성'이지만 남고를 다닌 경험까지 담을 수 있는 호명 방법은 기존의 언어 체계에서 무엇이 가능할까? 혹은 신체검사나 입대 등 군대를 둘러싼 경험이 있는 mtf/트랜스여성을 '여성'이나 방과 같은 친족어로 포착할 수 있을까? 트랜스젠더를 젠더가 '명확'하게 드러나는 언어를 사용하며 재현할 때마다 항상 이런 문제가 발생한다. 기존의 언어와 제도가 양성 체계—오직 둘뿐이라는 젠더 해석 체계—로 구성되어 있다는 점에서 트랜스젠더는 항상 미끄러지고, 붙잡으려는 순간 여러 맥락들과 경험들을 잘라내야 하는 상황이 발생한다. 나를 '남성'으로 부르는 순간 그것은 나를 부르는 것인 동시에 부르지 않는 것이며, '여성'으로 부르며 재현하려는 순간 역시 마찬가지다. (이 순간 '이성애'-양성 체계에 기반을 둔 호명은 어떤 식으로 가능할까?) '여성'으로만 부르고 재현한다면 '남성'으로서의 역사와 '아들'로 통하는 현재의 삶은 삭제되거나 존재하지만 부재중인 삶이 된다.

이런 경험이 트랜스젠더들은 기존의 '이성애'-양성 체계와 완전히 무관한 존재이거나 젠더를 초월한 존재라는 의미는 아니다. 트랜스젠더들을 젠더를 횡단하거나 초월했다고 정의하는 것은 상당히 위험한 인식이다.[19] 사실 많은 트랜스젠더들이 호적 정정을 요구하고 그래서 주민등록번호 뒷자리 첫 번째 숫자가 바뀌기를 바란다. 그렇다면 트랜스젠더의 이러한 요구는 기존의 국민국가 체계에 편입하려는 행위이며 그래서 주민등록제도 폐지 운동과는 충돌하는 것인가?

앞에서도 지적했듯 주민등록제도를 논하는 많은 글들이 인권 침해라는 측면에서 논의를 풀어가고 있고 "반드시 신분증을 소지한 채 자기 자신을 증명해야 하는지 의문을 갖게 되었다"[20]와 같은 얘기를 한다. 이 말이 가진 함의에는 동의하지만 이 말은 어쨌거나 신분증이 자신을 증명해준다는 것을 전제하고 있다.

현재의 한국 사회는 취직 등에 있어 주민등록초본 등 개인 정보를 과도하게 요구하고 있다. 성별 변경과 관련한 기록이 주민등록초본에는 남기 때문에(최근에 임시방편으로 본인의 요청이 있을 경우, 기록을 지울 수 있다고는 하지만 원칙적으로는 남는다), 입사 원서를 제출하는 것은 곧 "나는 트랜스젠더다"라고 커밍아웃/아웃팅하는 격이다. 트랜스젠더임을 말하지 않고 입사했다가 한참 후에 주변 사람들이 알게 되었을 때 퇴사 혹은 '권고사직'하는 사례가 비일비재한 상황에서 이러한 기록은 "나를 뽑지 말라"라고 말하는 것과 다르지 않다.

호르몬을 비롯한 의료 과정에 참여하고 있는 많은 트랜스젠더들은 "걔가 정말 네가 맞느냐"는 부인과 의심의 경험을 얘기한다. 신용카드나 핸드폰 멤버십 카드를 신청할 때 혹은 전화 통화를 통해 자신을 증명할 필요가 있는 상황에서 자신의 주민등록번호를 말하고 주민등록증 발급 일을 말했을 때 돌아오는 반응은 "다른 사람 것으로 말하지 마라", "고객님 신분을 확인할 수 없습니다"와 같은 말들이다. 이것은 목소리를 통해 성별이나 신분을 확인할 수 있다는 의미인가? 신분증은 '나'의 무엇을 증명하는가? 호르몬 등으로 목소리가 변한 이후, 전화로 통화하면서 주민등록상의 신분을 밝혀야 하는 상황에서 주민등록번호를 밝히는 것은 나를 증명하고 확인하는 상황이 아니라 간첩이나 범죄자가 아님을 증명하는 과정이다. 한 트랜스젠더는 음주운전 단속 중에 경찰에게 자신의 신분증을 제시했지만, 신분을 확인할 수 없다는 경찰의 요구로 열 손가락의 지문을 모두 찍어야 했다. 다른 트랜스젠더는 신분증 제시 후 겪을 부인 과정이 싫어서 상대방의 과실로 교통사고를 당했을 때에도 경찰에 신고하기보다는 그냥 넘어가는 편을 택했다고 한다. 이는 주민등록증이 자신을 증명하는 유일한(!) 수단으로 자리하고 있는 상황에서 발생하는 문제들이기도 하지만 현재의 제도 내에서 어떻게 협상하며 살아갈 것인가를 동시에 고민할 것을 요구하는 지점이기도 하다. 이런 상황에서 신분증명제도는 자신의 무엇을, 어떤 상황을 증명한다는 의미인가? 증명하기는 하는가? 이런 맥락에서 호적상의 성별 변경을 요구하는 것을 기존의 국민국가 체계를 강화하는 것이라고 단순히 비난할 수 있는가? 변경한 주민등록번호는 기존의 체제에 (재)편입되는 과정이기도 하지만, 자기 승인 과정이며 자기 증명 과정이기도 하다. 그리하여 더 이상 다른 사람들, 자신을 둘러싼 사회를 통해 '자신임'을 부인당하지 않을 수 있는 근거로 작동할 수도 있다.

한 ftm/트랜스남성은 만약 자신의 호적상 성별이 바뀌어 주민등록번호 뒷자리 첫 번째 숫자가 1로 바뀐다면, 더 이상 '남성성'을 '과잉' 재현하지 않으며 자신의 '여성스러움'을 살리고 싶다고 얘기했다. 이는 주민등록번호가 개인의 젠더 표현에 있어 얼마나 강력한 규율로 작동하는지를 드러낸다. 즉, 트랜스젠더들이 호적상의 성별 변경을 신청하며 주민등록번호 뒷자리 첫 번째 숫자를 바꾸려는 행위는, 한국 사회에서 주민등록번호가 얼마나 강력한 통제 방식인지를 알려준다. 모두는 아니지만 많은 트랜스젠더들이 주민등록번호를 바꾸려 한다거나, 수술이나 호적상의 성별 변경을 한 적이 없다는 듯 사는 것을 기존의 체제에 편입하려는 것으로만 읽는다면 그러한 행위가 위치한 맥락을 놓치는 위험에 빠질 수 있다. 오히려 이런 행위들이 한국 사회의 어떤 권력의 작동을 드러내고 있는지를 읽어낼 필요가 있다.

자신은 트랜스젠더가 아니라고 얘기하는 이들과 얘기를 나누다 보면, 트랜스젠더들끼리 주민등록증을 교환해서 다닌다는 얘기를 방송에서 들었는데 그런 건 위법 행위가 아니냐며 내 의견을 묻곤 한다. 주민등록증을 교환하는 것이 불법인데 그것을 처벌할 것인지 말 것인지와 같은 질문 구조, 주민등록증 교환이 당연하다고 여기는지와 같은 질문 구조는 현재 사회제도의 작동을 은폐한다. 이런 식의 질문 구조는 주민등록증을 교환하며 살아가야 하는 구조를 얘기하지 않는다. 불법이기는 하지만 처벌을 할 것인지를 고민한다는 말은 법 자체를 그대로 둔 채, 법이 가지는 문제점과 주민등록증이나 국가가 공인하는 개인 신분증명서를 과도하게 요구하는 사회·문화·제도적인 측면을 간과한다(트랜스젠더들에게 신분증은 신분을 증명하는 것이 아니라 부인하는 것임에도 불구하고). 취직할 때 호적등본을 제출하는 것, 술집에서 나이를 검사한다며 주민등록증을 보여달라고 요구할 수 있는 것과 같은 문화적인 (그리하여 제도적인) 맥락부터 얘기하지 않는다면, 기껏 국가에서 인지한 합법적인 존재들을 (은유로서 그리고 문자 그대로) 다시 불법체류자로 확정하는 셈이다. 트랜스젠더들의 주민등록증 교환 행위는, 한국 사회에서 주민등록증이 개인의 신분과 정체성을 구성하고 보증하는 데 있어 가장 강력한 증거로 작동하고 있음을 보여주는 현상이다.

트랜스젠더들은 트랜스젠더가 아니라고 불리는 이들보다 '남성성' 혹은 '여성성'을 더욱더 '과잉' 체화하는 경향이 있는데, 이럴 때에만 '진짜 남성' 혹은 '진짜 여성'으로 '인정'받기 때문이다. 하지만 '진짜'라고 승인받는 과정은 동시에 부인 과정이기도 하다("어쨌거나 넌 트랜스젠더이지만 그렇게 행동하니 진짜처럼 보이네"). 호적 정정과 바뀐 주민등록번호는 과잉 재현과 과잉 체화 '없이'도 자신임을 주장할 수 있는 수단이 된다는 점에서 주민등록제도가 가지는 의미는 그렇게 '단순'하지 않다. 승인이 곧 부인인 과정을 생략할 수 있기 때문이다. 그러므로 트랜스젠더들의 호적상의 성별 변경 신청이나 주민등록증 교환 행위가 기존의 법체계와 국가 제도를 지지하고 강화한다고 비난할 것이 아니라, 주민등록제도가 강력한 규율로 작동할 수 있게 하는 맥락을 질문해야 할 것이다.

입법과 의료 담론을 통한 '불법' 인간[21]

이러한 맥락에서 현재 계류 중인 '성전환자 성별 변경 등에 관한 특별법(이하 특별법)'의 제정은 의미 있는 작업이다.* 하지만 이러한 입법 과정은 트랜스젠더를 법적 한계 내로 편입해 '합법 트랜스젠더'와 '불법 트랜스젠더'로 나눌 수 있는 위험성 또한 내포하고 있고, 호적상의 성별 변경의 요건으로 원치 않는 수술이나 의료 과정을 경험할 것을 요구하고 있다.

사실 특별법을 둘러싼 운동 방식과 특별법이 가지는 의미는 주민등록제도가 가지는 의미만큼이나 양가적이다. 현재의 트랜스젠더 운동과 관련해서 가장 가시적으로 드러나고 있는 건, 특별법과 이를 통과시키려는 입법 운동이다. 하지만 이에 대해, 법안 자체의 한계[22]를 지적하는 것과 동시에 "왜 입법 운동이어야 하는가?"라는 질문이 가능하다. 입법을 중심으로 하는 운동 방식은 결국 더 많은 규제 조건들을 만들거나 명문화한다는 점, 기존의 법안들이 가지고 있는 문제점에 대해서는 얘기하지 않고 지나칠 수 있다는 점 등의 한계가 있다. 모든 입법 운동이 그렇지는 않겠지만, 호적상의 성별 변경 등과 관련한 특별법은 호적 정정은 필요하지만 요건에 부합하지 않는 이들에게 법적 요건에 부합하도록 요구하거나, 이들을 원천 배제한다. 그리하여 '진성 트랜스젠더'이기 위한 '조건', '자격 심사 기준'을 더 많이 그리고 더 까다롭게 만드는 효과를 낳는다.

트랜스젠더의 성별 변경과 관련한 문제는 현재의 특별법이나 입법 운동 방식만으로는 해결할 수 없는 경험들과 겹쳐 있다. 아이가 태어날 때 의사는 아이를 1번(6번) 아니면 2번(4번)으로 구분하고, 그렇게

---

* 트랜스젠더의 성별 정정과 관련된 입법 시도는 2002년 발의된 '성전환자의 성별 변경에 관한 특례법안'(김홍신 의원 대표발의), 2006년 발의된 '성전환자의 성별변경 등에 관한 특별법안'(노회찬 의원 대표발의) 등 두 건이 있었으나 모두 임기 만료 폐기된 이후 추가적인 입법 시도가 이어지지 못했다. 2022년 현재까지도 트랜스젠더의 성별 정정을 보장하기 위한 법안은 제정되지 않고 있다. 현재 트랜스젠더의 성별 정정은 트랜스젠더 개인이 법원에 가족관계등록부 상의 성별 정정을 신청하도록 되어 있으며, 그 결과는 각 법원의 개별적인 판단에 맡겨져 있다. 성별 정정 허가의 판단 기준은 2006년 대법원이 만든 '성전환자의 성별 정정 허가신청사건 등 사무처리 지침'을 따른다. 이 지침은 성별 정정을 위해 '정신과 진단, 성전환 수술 등 의료적 조치를 했을 것', '미성년자가 아닐 것', '현재 혼인 중이 아닐 것', '미성년 자녀가 없을 것' 등 지나치게 엄격한 기준을 요구하여 문제가 되고 있다. 한편 이 지침은 트랜스젠더 성별 정정에 필요한 제출 서류로 '부모 동의서'를 요구했으나, 2019년 8월 대법원은 해당 지침에서 '부모 동의서'를 삭제하여 더 이상 부모의 동의는 필요하지 않게 되었다. 또, 성별 정정에 성전환 수술을 반드시 요구하는 관행이 있었으나, 개별 법원의 판단에 따라 외부성기성형수술 없이 성별 정정을 한 사례도 존재한다. 트랜스젠더 남성(ftm)의 경우 2013년(서울서부지방법원 2013. 3. 15. 자 2012호파4225결정), 트랜스젠더 여성(mtf)의 경우 2017년(청주지방법원 영동지원 2015호기302 결정)에 해당 사례가 존재한다. 이는 성별 정정 관련 법률이 부재한 상황에서 성별 정정에 대한 법원의 허가가 일률적이지 않게 적용되고 있는 현실을 보여준다. 이와 관련한 보다 자세한 내용은 다음을 볼 것. 박한희, 「트랜스젠더의 법적 성별정정제도에 대한 입법적 제안」, 『인권과 정의』 통권 498호, 41~60쪽.

국가에 등록하고 관리하는 체계—주민등록제도와 호적제도—가 한국 사회에서 트랜스젠더들이 호적상의 성별 변경을 요구하는 토대라는 점에서, 문제는 법안을 제정해서 '해결'할 것이 아니라 호적법과 주민등록법 등 관련 법을 폐지하는 방향으로 가는 것이 더 '근본적인/효과적인 해결'일 수 있다. 입법 운동은 사실상 기존의 법을 문제시하지 않으며 기존의 법/담론에 부합하는 방식으로 새로운 법을 만든다는 점에서, 기존의 인식에 문제 제기하는 것은 별로 없으며 (있다고 해도 결국 기존의 법/담론의 체계 내에서 이루어지고) 호적 정정이 쉬워졌다고 해서 다른 불편들까지 해소할 수 있는 건 아니다.

그렇다고 해서 법안 폐지 운동이 더 괜찮냐 하면 그렇지도 않다. 어떤 의미에서 법안 폐지 운동은 사실상 입법 운동과 별 차이가 없다. 둘 다 법이라는 담론(혹은 기존의 성문법)을 중심으로 움직이고 있다는 점에서 여전히 법(만)을 최종심급으로 여긴다. 입법 운동이 법이 현재의 문제를 해결할 수 있다는 전략이라면, 법안 폐지 운동은 법이 있어서 문제라고 얘기하기에 법에 도전하는 것 같지만 '법이 없으면'이란 식의 언설을 통해 법의 권위를 강력하게 지지하는 방식이며 이런 방식 자체가 법/담론의 효과다. 현재의 삶은 법을 통해 해결할 수 있다는 인식을 공유하고 있다는 점에서 입법 운동과 법안 폐지 운동은 별반 다르지 않다.

이 말이 입법 운동도 법안 폐지 운동도 하지 말자는 것은 아니다. 경우에 따라, 입법 운동이 필요한 지점들이 있고 법안 폐지 운동이 필요한 지점들이 있다. 그럼에도 법을 단 하나의 기준으로 삼지 않기 위해, 현행 법/담론을 유일한 조건이 아닌 여러 법/담론들 중의 하나로 상대화하는 방식의 운동은 어떻게 진행할 수 있을까? 법의 효용을 완전히 포기하지 않으면서도 법을 상대화하는 방법은 없을까? 하지만 이런 고민은, 젠더나 섹슈얼리티가 이미 담론의 구성물임을 숨기고, 법 이전, 담론 이전의 어떤 젠더나 섹슈얼리티가 있다는 걸 또 다시 전제하는 셈이다. 현재 사회에서 얘기하는 젠더는 "오직 둘뿐이고 의사의 할당에 따라 불변하는 것"이란 수식어를 가린 것이므로 법조문이 없다면 젠더나 섹슈얼리티의 표현이 자유로워질 것이라는 믿음 역시 현행 법/담론의 효과다.

또 다른 쟁점은 왜 '산부인과 의사'를 매개하는 국가가 개인의 성별을 결정하고 그것에 맞게 살도록 하는 권한을 가지는가다. 태어날 때 오직 둘 중 하나로 태어나지도 않으며 '남성', '여성', '간성' 사이의 경계는 언제나 모호하지만[23] 그것을 어느 하나로 할당하려는 기획이 국민국가이며, 한국에서는 이것을 주민등록제도로 실행하고 있다. 이뿐 아니라 트랜스젠더의 성별 변경을 위한 요건은 성별과 그 성별에 따른 규범에 적합한지를 의사가 판단하고 결정할 수 있게 한다. 만약 어떤 트랜스여성이 자신은 여성이라고 얘기하는데, 의사는 여성이 아니라고 말한다면 어떻게 할 것인가? 미국의 사례이기는 하지만 실제 한 트랜스여성은 정신과 상담 과정이 끝날 즈음 바지를 입고 갔다가, 바지를 입었다는 이유—즉, 의사의 입장에서는 바지를 입는 (트랜스) 여성은 '진짜 여성'이 아니란 이유—로 정신과 상담을 연장해야 했다. 자신이 주장하는 '여성성(혹은 '남성성')'과 의사가 요구하는 '여성성(혹은 '남성성')'이 일치하지 않을 때, 결국 '진성' 트랜스젠더인가 아닌가는 의사(를 매개하는 어떤 담론)가 요구하는 규범성에 의해 결정된다. 하지만 트랜스젠더이건 아니건 상관없이 한국 사회에서 요구하는 이상적인 젠더규범에 완벽하게 부합하는 사람은 거의 없다. 누구나 이러한 젠더규범과 상당한 긴장 관계를 형성하며 살아가고, 누구도 이런 규범에서 완벽하게 자유로울 수는 없다.

그렇다면 비판 지점은 지문날인이나 주민등록제도가 아니라 개인을 '오직 둘뿐인 젠더'의 특정 하나로 편입시키는 체제와 그렇게 할당/배치하는 체제에 맞춰 살도록 하는 사회문화적인 제도가 아닐는지. 동시에, 트랜스젠더들이 요구하는 호적상의 성별 변경이 국가 체제로의 편입이라고 비판할 것이 아니라 왜 그렇게 하는지 그리고 그것이 의미하는 바가 무엇인지를 읽어내야 할 것이다.

주민등록번호는 당신에게 무엇을 알려주는가

어떤 여성은 '여성'이기 때문에 정소와 난소를 모두 지니고 있다고 얘기한다. 어떤 여성(이른바 '생물학적인 여성')은 '여성'이기 때문에 이른바 '남성 호르몬'이라고 말하는 테스토스테론을 정기적으로 투여한다. 어떤 남성은 자신은 남성이며 클리토리스가 있다고 얘기하고 어떤 여성은 여성이며 페니스가 있다고 얘기한다. 어떤 ftm/트랜스남성은 가슴 축소 수술은 해도 질은 그대로 두고 싶다고 얘기하고 어떤 레즈비언/무성애자 트랜스젠더는 발기하는 펠리토리스[24]가 있다고 얘기한다.[25]

주민등록으로 할당한 번호에 따른 성별이 요구하는 식으로 모든 사람들이 몸을 해석할 것 같지만, 자신의 몸을 해석하는 방식은 그렇게 단순하지 않다. mtf 혹은 트랜스여성 중에는 과거에 '이성애'나 레즈비언 관계로 만나 성관계를 한 후 아이를 가지는 경우가 있다.

발기와 사정은 '남성만의 경험'인가. '여성'들 간의 관계에서는 임신과 출산이 불가능하다는 상상력은 누가 말한/정한 것인가. 오직 둘뿐인 젠더와 그것이 확고하다는 제도 속에 살며 '남성'과 '여성'의 성 관계만이 임신과 출산이 가능하다고 상상하도록 훈육받은 것은 아닐는지. 또한 과거 '이성애 남성'이었다는 것, 그래서 자식이 있다는 것이 현재 레즈비언 트랜스여성이라는 '사실'을 부인할 만큼 강력한 증거라고 여긴다면 그것은 왜인가? ftm/트랜스남성에게 직접 출산한 아이가 있다는 것은 '진성 트랜스젠더'임을 부인하고 그래서 언제라도 "종전의 성으로 돌아갈 가능성"[26]이 있다는 것을 의미하는가. ftm과 mtf 커플의 경우, 아이를 가지고자 하는 바람이 있고 수술을 안 했다면, ftm/트랜스남성이 임신을 한다. 이 아이에게 자신을 낳은 사람이자 아버지는 ftm/트랜스남성이며, 어머니는 자신을 낳지 않은 mtf/트랜스여성이다. 이런 트랜스젠더의 맥락에서 정철의 시조 한 대목인 "아버지 날 낳으시고 어머니 날 기르시니"는 꽤나 정확한 내용이다. 그렇기에 '여성'은 '父'일 수 없고 '남성'은 '母'일 수 없으며, '父'는 영원히 '父'여야 하고 '母'는 영원히 '母'여야 한다는 선입견은 동성 결혼 금지와 동성애 혐오일 뿐 아니라 주민등록번호가 그 사람을 절대적으로 지시한다는 것들뿐인 젠더 상상력의 효과다.

펠리토리스를 가지고 있고 mtf/트랜스여성이기도 하지만 트랜스인 나를 만나 주민등록번호 뒷자리 첫 번째 숫자를 알았을 때, 당신은 나의 무엇을 안 것인가? 상대방의 혹은 자신의 외부 성기 혹은 주민등록번호 뒷자리 첫 번째 숫자를 알았을 때 그것은 무엇을 알려주며, 무엇을 알았다는 의미인가? 주민등록증을 위조하는 방법 중에 가장 간단한 아이디어는 사진을 바꾸는 것이다. 이 말은 주민등록증에 기재되어 있는 내용들이 '나'와 완벽하게 일치하기보다는 임의로 연결되어 있으며, 그 신분증을 제시하는 사람은 그 신분증에 기재되어 있는 내용과 완벽하게 일치할 것이라는 믿음이 주민등록증의 내용과 '나'를 일치시킬 뿐이라는 의미다. 그렇기에 나의 '정상성'으로 통하는 외형을 알았다고 해서 그런 외형이 내가 '남성'이라고 알려주는 것도 아니다.[27] 안다고 믿고 싶은 욕망, 그래서 통제하고 관리하고 싶은 욕망이 '안다'고 말하는 것은 아닌지 의심스럽다.[28] 그리고 이런 의문과 의심들이 트랜스젠더와 주민등록번호를 둘러싼 논쟁의 출발점이라고 믿는다.

미 주

서장 퀴어 코리아: 참여의 장을 향해

1. 그들의 혼종적인 앙상블은 프로이센 스타일의 교복과 네루(Nehru) 수트 그리고 일본의 소녀 만화『베르사유의 장미』에서 퀴어 캐릭터가 입은 의상을 결합했다. 그들이 입은 옷의 의복적 의미에 대한 통찰과 관련하여 2016년 8월 15일부터 페이스북 한국학 연구자 그룹에 올린 내 포스팅에 응답해준 이들에게 감사를 표한다.

2. 이 대치에 대한 분석으로는 다음을 참조. Joseph Yi, Joe Phillips, and Shin-Do Sung, "Same-Sex Marriage, Korean Christians, and the Challenge of Democratic Engagement", *Culture and Society* 51, 2014, pp. 415~422.

3. 나는 이러한 가능성에 대해 2013년 아리랑 텔레비전에서 진행한 인터뷰에서 예견한 바 있다. 이를 보려면 동영상(https://www.youtube.com/watch?v=vNFXWoi20sU)의 17분 30초부터 확인. 박원순의 논쟁적인 언급에 대해서는 다음을 참조. "Seoul Mayor Park Won-soon Wants Same-Sex Marriage in Korea as First in Asia", *San Francisco Examiner*, October 12, 2014. 지속되고 있는 논란에 대해서는 다음을 참조. "Seoul Mayor Wants South Korea to Legalize Same-Sex Marriage", *KoreAm Journal*, October 13, 2014. LGBTI 기반의 소비자주의를 국가적 목적으로 악용하는 양날의 칼에 대해서는 다음을 참조. Eng-Beng Lim, "Glocalqueering in New Asia: The Politics of Performing Gay in Singapore", *Theatre Journal* 57, 2005, pp. 383~405.

4. 한국의 퀴어 활동가들이 그들의 명분을 홍보하기 위해 강대국을 활용하는 것에 대해서는 다음을 참조. Woori Han, "Proud of Myself as LGBTQ: The Seoul Pride Parade, Homonationalism, and Queer Developmental Citizenship", *Korea Journal* 58, no. 2, 2018, pp. 27~57.

5. 지금의 지구화 시대와 관련된 성정치(sexual politics)의 개념에 대해서는 다음을 참조. Dennis Altman, "Global Gaze/Global Gays", *GLQ* 3, no. 4, 1997, pp. 417~436. 심지어 진보적 언론들도 2002년과 2011년, 2016년 헌법재판소가 유보한 군대 내 항문 성교 금지 조항의 폐지에 대한 "뒤처짐"에 관해 유사한 목적론적인 설명을 내놓았다. 이런 종류의 이야기는 다

음을 참조. "Constitutional Court Upholds Military's Ban on Sodomy", *Hankyoreh*, August 4, 2016. (https://english.hani.co.kr/arti/english_edition/e_national/755208.html 접속일: 2022. 10. 31.—옮긴이).

6. 이들의 결혼 과정에 대해 공동 연출된 영화는 다음을 참조. 장희선 감독, 「마이페어웨딩」, 레인보우팩토리, 2015. 퀴어 자녀의 삶에 계속 영향을 미치는 한국 가족의 문제는 트랜스젠더 자녀가 젠더확정수술(gender confirmation surgery)을 할 때, 심지어 이들이 법적 성인이더라도 부모의 동의를 요구하는 제도에서도 찾아볼 수 있다. Tari Young-Jung Na, "The South Korean Gender System: LGBTI in the Contexts of Family, Legal Identity, and the Military", *Journal of Korean Studies* 19, no. 2, 2014, p. 361.

7. Heonik Kwon, "Guilty by Association", *Papers of the British Association for Korean Studies* 13, 2011, pp. 89~104. 동성애 혐오의 연좌의 흥망성쇠에 관한 낙관적인 서사로는 다음을 참조. 김조광수 감독, 「두 번의 결혼식과 한 번의 장례식」, 청년필름, 2011; 정을영 연출, 김수현 극본, 「인생은 아름다워」, SBS, 텔레비전 드라마.

8. 미국 디아스포라에서의 퀴어 한국인들의 경험에 대해서는 다음을 참조. Jeeyeun Lee, "Toward a Queer Korean American Diasporic History", *Q & A: Queer in Asian America*, ed. David L. Eng and Alice Y. Hom, Philadelphia: Temple University Press, 1998, pp. 185~212; Ju Hui Judy Han, "Incidents of Travel", Eng and Hom, *Q & A*, pp. 185~212; Ju Hui Judy Han, "Organizing Korean Americans against Homophobia", *Sojourner* 25, no. 10, June 2000, pp. 1~4; Margaret Rhee, "Towards Community: *KoreAm Journal* and Korean American Cultural Attitudes on Same-Sex Marriage", *Amerasia Journal* 32, no. 1, 2006, pp. 75~88; Anna Joo Kim, "Korean American LGBT Movements in Los Angeles and New York", *Asian Americans: An Encyclopedia of Social, Cultural, Economic, and Political History*, ed. Xiaojian Zhao and Edward J. W. Park, Santa Barbara, CA: Greenwood, 2014, pp. 683~685. 일본에 사는 한국인 게이 남성의 이야기는 다음을 참조. Nakata Toiichi, dir., *Osaka Story: A Documentary*. (First Run/Icarus Films, New York, 1994).

9. LGBTI 한국인의 부모와 가족 들의 이야기는 다음을 참조. 성소수자부모모임, 『나는 성소수자의 부모입니다: 동성애자, 양성애자, 트랜스젠더 자녀를 둔 부모

들의 진솔한 이야기들』, 성소수자부모모임, 2015. (http://pflagkorea.org/성소
수자-부모-인터뷰집. 접속일: 2022. 10. 31.-옮긴이).

10. 정치적 시위를 위해 공공 공간을 점유하기 시작했을 때, 동아시아의 퀴어들
    은 남미 등 남반구 지역의 퀴어들처럼 북미와 서유럽에서 흔한 가시성의 양
    식으로부터는 상당히 멀어져 있지만, 관전자들에게 훨씬 강한 비판을 가했
    을 수도 있는 표현의 형식을 택했다. 이러한 시위 관행에 관한 연구는 다음
    을 참조. Fran Martin, "Surface Tensions: Reading Productions of Tongzhi
    in Contemporary Taiwan", *GLQ* 6, no. 1, 2000, pp. 61~86; Katsuhiko
    Suganuma, "Associative Identity Politics: Unmasking the Multilayered
    Formation of Queer Male Selves in 1990s Japan", *Inter-Asia Cultural
    Studies* 8, no. 4, 2007, pp. 485~502; José Quiroga, *Tropics of Desire:
    Interventions from Queer Latina America*, New York: New York University
    Press, 2000, 특히 pp. 1~29 참조.

11. 한편, 2013년 한국게이인권운동단체 친구사이가 LGBTI로 정체화한 4천여
    명의 한국인을 대상으로 수행한 설문 조사에서 36퍼센트가 시민결합(civil
    unions)을 옹호했지만, 60퍼센트가량의 응답자는 동성결합의 제도화를 지지
    했다. 이는 다음과 같은 조건적이고 미래지향적인 문항으로 제시되었다. "만약
    동성결합을 나타내는 다음과 같은 사항이 가능해진다면 무엇을 원하십니까?"
    Ch'ingusai, *Key Results of the South Korean LGBTI Community Social Needs
    Assessment Survey*, Ch'ingusai, Seoul, 2014, p. 24. (https://cdn.chingusai.
    net/files/research2014/주요결과보고서%20영문판.pdf); 한국어판의 서지 사
    항은 다음과 같다. 친구사이, 『한국 LGBTI 커뮤니티 사회적욕구조사 주요결
    과』, 친구사이, 2014, 22쪽. (https://cdn.chingusai.net/files/research2014/주
    요결과보고서%20한글판.pdf 접속일: 2022. 10. 31.-옮긴이).

12. 예를 들어 다음을 참조. 「한국의 '동성 결혼' 합법화를 위한 첫걸음이 시작됐
    다」, 『허핑턴포스트』 2015년 7월 6일 자; "Gay Couple Sue for Recognition
    of Their Same-Sex Marriage in South Korea", *The Telegraph*, July 7, 2015.

13. 예를 들어 다음을 참조. "Same-Sex Couple Seeks to Gain Legal Status",
    Korea Times, December 10, 2013.

14. 예를 들어 다음을 참조. 「한국의 '동성 결혼' 합법화를 위한 첫걸음이 시작
    됐다」; "Gay Couple Sue for Recognition of Their Same-Sex Marriage in
    South Korea."

15. 이 사건에 대해서는 다음을 참조. 장서연, 「한국에서 동성결합 소송 어떻게 할 것인가?」, 『'동성결합' 소송 어떻게 할 것인가?』, 2013, 4~40쪽; 원문에서 인용된 블로그 게시물의 원출처는 다음과 같다. 김상희, 「현직 판사 동성생활공동체 입법 논의 제안」, 『한겨레』 2005년 12월 13일 자. (http://www.hani.co.kr/arti/society/society_general/87128.html 접속일: 2022. 10. 31.−옮긴이). 이 사건과 관련된 기사를 알려준 J. B. 허(Hur)에게 감사드린다. 두 남성 간의 한국 최초의(?) 공개 결혼식에 대해서는 다음을 참조. 신은진, 「한국 최초 남성 동성애자 공개 결혼식」, 『조선일보』 2004년 3월 8일 자. (https://www.chosun.com/site/data/html_dir/2004/03/07/2004030770175.html 접속일: 2022. 10. 31.−옮긴이).

16. Petrus Liu, *Queer Marxism in Two Chinas*, Durham, NC: Duke University Press, 2015, p. 50. 이 상황에 대한 비판적 성명이나 학술적 응답에 대해서는 다음을 참조. Todd A. Henry, "In this Issue-Queer/Korean Studies as Critique: A Provocation", *Korea Journal* 58, no. 2, 2018, pp. 5~26.

17. 예를 들어 다음을 참조. 퀴어이론문화연구모임 WIG, 『젠더의 채널을 돌려라』, 사람생각, 2008; 권김현영·정희진·한채윤·나영정·루인·엄기호, 『남성성과 젠더』, 자음과모음, 2011; 권김현영·한채윤·루인·류진희·김주희, 『성의 정치 성의 권리』, 자음과모음, 2012; 박차민정, 『조선의 퀴어: 근대의 틈새에 숨은 변태들의 초상』, 현실문화, 2018; Henry, "In this Issue-Queer/Korean Studies as Critique."

18. 한반도 밖에 기반을 둔 일부 한국학 전문가들은 한국의 퀴어 활동가들과 밀접한 관계를 구축해왔고, 그곳의 정치적 투쟁을 통해 생산된 지식이 영어권 학계로 스며들도록 했다. 이 책은 이러한 학술적 관계의 확장을 추구한다. 그 한 예로는 다음을 참조. Tari Young-Jung Na, "The South Korean Gender System." 이와 관련해 기반이 되는 문서로는 다음을 참조. Seo Dong-jin, "Mapping the Vicissitudes of Homosexual Identities in South Korea", *Journal of Homosexuality* 40, nos. 3~4, 2001, pp. 56~79.

19. 이 영화제와 전시에 대해 더 읽고 싶다면 http://festival.sdaff.org/2014/remembering-queer-korea/와 http://kore.am/san-diego-asian-film-festival-remembers-queer-korea를 보라. 상영작 중 하나인 「화분」(1972)은 영어 자막과 함께 https://www.youtube.com/watch?v=jLvJBBHSRaw에서 볼 수 있다. 정은영의 작품에 대한 논의는 다음을 참조. 정은영 외, 『전환극장: 여

성국극 프로젝트 2009-2016』, 포럼에이, 2016.

20. 한 가지 예외로는 다음을 참조. Haruki Eda, *Outing North Korea: Necropornography and Homonationalism*, Master's thesis, London School of Economics, 2012.

21. Yi T'ae-jin, "Was Early Modern Korea Really a 'Hermit Nation'?", *Korea Journal* 38, no. 4, 1998, pp. 5~35.

22. 이 패러다임에 대한 비판으로는 다음을 참조. Bruce Cumings, "Boundary Displacement: The State, the Foundations, and Area Studies during and after the Cold War", *Learning Places: The Afterlives of Area Studies*, ed. Masao Miyoshi and Harry Harootunian, Durham, NC: Duke University Press, 2002, pp. 261~302.

23. Anjali Arondekar and Geeta Patel, "Area Impossible: Notes toward an Introduction", *GLQ* 22, no. 2, 2016, pp. 151~171. 중국학 분야에서는 페트루스 리우가 비슷하게 미국 기반의 퀴어 이론과 냉정 지정학 사이에 필요한 대화를 옹호했다. Liu, *Queer Marxism in Two Chinas*.

24. 퀴어적 삶의 근본적인 구조로서의 앞서가는 고통과 상실의 결과들에 대해서는 다음을 참조. Heather Love, *Feeling Backward: Loss and the Politics of Queer History*, Cambridge, MA: Harvard University Press, 2009.

25. Lauren Berlant, *Cruel Optimism*, Durham, NC: Duke University Press, 2011. 대담한 정치적 상상을 제공하는 퀴어적 분석은 다음을 참조. José Esteban Muñoz, *Cruising Utopia: The Then and There of Queer Futurity*, New York: New York University Press, 2009.

26. 후기 식민지적 부산물로서의 민족사학의 발전에 대해서는 다음을 참조. Henry H. Em, *The Great Enterprise: Sovereignty and Historiography in Modern Korea*, Durham, NC: Duke University Press, 2013.

27. 역사 쓰기에서 친일의 문제에 대해서는 다음을 참조. Koen De Ceuster, "The Nation Exorcised: The Historiography of Collaboration in South Korea", *Korean Studies* 25, no. 2, 2001, pp. 207~242; Kyu Hyun Kim, "Reflections on the Problem of Colonial Modernity and 'Collaboration' in Modern Korean History", *Journal of International and Area Studies* 1, no. 3, 2004, pp. 95~111. 매국 활동의 혐의를 받는 저명한 여성에 관한 연구는 다음을 참조. Insook Kwon, "Feminists Navigating the Shoals of Nationalism and

Collaboration: The Post-Colonial Korean Debate over How to Remember Kim Hwallan", *Frontiers* 27, no. 1, 2006, pp. 39~66.

28. 박차민정, 『조선의 퀴어』; 허윤, 「1950년대 퀴어 장과 법적 규제의 접속: 병역법, 경범법을 통한 섹슈얼리티의 통제」, 『법과 사회』 51, 2016, 229~250쪽.

29. 예를 들어 다음을 참조. 「고용병들의 무리」, 『로동신문』 2000년 1월 24일 자; 「세상웃음거리」, 『로동신문』 2001년 4월 29일 자; 「괴이한 "정치적 문제"」, 『로동신문』 2003년 8월 21일 자; 「인간의 도덕적 부패를 빚어내는 자본주의사회」, 『로동신문』 2011년 5월 28일 자; 「미국에서 사상 최악의 총격 사건, 100여 명 사상자 발생」, 『로동신문』 2016년 6월 14일 자. 1968년 푸에블로호 사건 과정 에서 포착된 미국 군인들의 동성애 혐의에 대한 단편소설에 대해서는 다음 을 참조. 전인광, 「평양의 눈보라」, 『조선문학』 637, 2000. 11, 1~22쪽. 이들 기 사를 제공해준 브노와 밸터리에(Benoit Berthelier)에게 감사드린다. 다음 역 시 참조할 것. "North Korea Slams UN Human Rights Report Because It Was Led by Gay Man", *Washington Post*, April 22, 2014. 북한의 순수성에 대 한 토착주의적 설명에 대해서는 다음을 참조. B. R. Myers, *The Cleanest Race: How North Koreans See Themselves—and Why It Matters*, New York: Melville House, 2010. (B. R. 마이어스, 고명희·권오열 옮김, 『왜 북한은 극우의 나라 인가』, 시그마북스, 2011.) 북한의 '퀴어'한 삶에 대한 설명은 다음을 참조. "Being Gay in the DPRK", NK News.org, November 13, 2013. https://www. nknews.org/2013/11/being-gay-in-the-dprk/; "A Gay NK Defector's Journey to Find Love", *Korea Herald*, May 28, 2015; "North Korean Defector Opens Up about Long-Held Secret: His Homosexuality", *New York Times*, June 5, 2015. 북한에서 게이 남성으로 산다는 것에 대한 자전적 소설은 다음을 참조. 장영진, 『붉은 넥타이: 장영진 자전소설』, 물망초, 2015.

30. 퀴어성과 공산주의의 최근의 연관성에 대해서는 다음을 참조. 한주희, 「퀴어 정치와 퀴어 지정학」, 『문화과학』 83, 2015, 62~81쪽. 한국의 비규범적 실천들 과 반국가적 정서 사이에 주조된 정치화된 관계를 비판하는 다큐멘터리는 다 음을 참조. 이영 감독, 「불온한 당신」, 여성영상집단 움, 2015.

31. 한반도의 현대적 규율의 관료주의적 관행에 대해서는 다음을 참조. Kyung Moon Hwang, *Rationalizing Korea: The Rise of the Modern State, 1894– 1945*, Berkeley: University of California Press, 2015.

32. 동학 운동의 지적 토대의 복잡성에 대해서는 다음을 참조. Susan S. Shin,

"Tonghak Thought: The Roots of Revolution", *Korea Journal* 19, no. 9, 1979, pp. 204~223; Shin Yong-ha, "Tonghak and Ch'oe Che-u", *Seoul Journal of Korean Studies* 3, 1990, pp. 83~102; George L. Kallander, *Salvation through Dissent: Tonghak Heterodoxy and Early Modern Korea*, Honolulu: University of Hawai'i Press, 2013. 초기 페미니스트 운동에 대해서는 다음을 참조. Yung-Hee Kim, "Under the Mandate of Nationalism: Development of Feminist Enterprises in Modern Korea, 1860‒1910", *Journal of Women's History* 7, no. 4, 1995, pp. 120~136; Hyaeweol Choi, *Gender and Mission Encounters in Korea: New Women, Old Ways*, Berkeley: University of California Press, 2009.

33. Andre Schmid, *Korea between Empires, 1895‒1919*, New York: Columbia University, 2002. (앤드레 슈미드, 정여울 옮김, 『제국 그 사이의 한국 1895‒1919』, 휴머니스트, 2007.) 다음 역시 참조. Henry H. Em, *The Great Enterprise*.

34. 근대화를 위한 노력에 대해서는 다음을 참조. Kim Dong-no, John B. Duncan, and Kim Do-hyung, eds., *Reform and Modernity in the Taehan Empire*, Seoul: Jimoodang, 2006. 그 외의 구국의 노력에 대해서는 다음을 참조. Yumi Moon, *Populist Collaborators: The Ilchinohoe and the Japanese Colonization of Korea, 1896‒1910*, Ithaca, New York: Cornell University Press, 2013.

35. 이러한 정치에 대해서는 다음을 참조. Hyaeweol Choi, "Gender and Mission Encounters in Korea"; Hyaeweol Choi, ed., *New Women in Colonial Korea: A Sourcebook*, New York: Routledge, 2012. 식민지 직전 시기의 한국 여성의 위치에 대해서는 다음을 참조. Yung-Hee Kim, "Under the Mandate of Nationalism."

36. 이 시기의 다양한 연구에 대해서는 박차민정, 『조선의 퀴어』 참조.

37. 모든 연구가 퀴어적 표현과 더 넓은 사회적 혹은 지적 관심을 연결하는 것에 대한 것은 아니지만, 식민지 시기에 관한 다른 연구들로는 다음을 참조. 신지연, 「1920‒30년대 "동성(연)애" 관련 기사의 수사적 맥락」, 『민족문화연구』 45, 2006, 265~292쪽; 박관수, 「1940년대의 '남자동성애' 연구」, 『비교민속학』 31, 2006, 389~438쪽. 이 책의 제8장 신라영의 글 역시 참조.

38. Todd A. Henry, *Assimilating Seoul: Japanese Rule and the Politics of Public*

Space in Colonial Korea, 1910−1945, Berkeley: University of California Press, 2014, pp. 62~91, pp. 168~203. (토드 A. 헨리, 김백영·정준영·이향아·이연경 옮김,『서울, 권력 도시: 일본 식민 지배와 공공 공간의 생활 정치』, 산처럼, 2020, 122~174쪽, 297~350쪽.)

39. 일본 제국주의에 대한 이러한 접근에 대해서 조던 샌드(Jordan Sand)가 편집한 특별호 *Positions: East Asia Culture Critique* 21, no. 1, 2013의 논문들을 볼 것. 다음 역시 참조. Christopher P. Hanscom and Dennis Washburn, eds., *The Affect of Difference: Representations of Race in East Asian Empire*, Honolulu: University of Hawai'i Press, 2016.

40. Theodore Jun Yoo, *It's Madness: The Politics of Mental Health in Colonial Korea*, Berkeley: University of California Press, 2016; Eunjung Kim, *Curative Violence: Rehabilitating Disability, Gender, and Sexuality in Modern Korea*, Durham, NC: Duke University Press, 2017, 특히 pp. 42~80. (김은정, 강진경·강진영 옮김,『치유라는 이름의 폭력: 근현대 한국에서 장애·젠더·성의 재활과 정치』, 후마니타스, 2022, 77~134쪽.)

41. 예를 들어 다음을 참조. Prasenjit Duara, "The Imperialism of 'Free Nations': Japan, Manchukuo, and the History of the Present", *Imperial Formations*, ed. Ann Laura Stoler, Carole McGranahan, and Peter C. Perdue, Santa Fe, NM: School for Advanced Research Press, 2007, pp. 211~239; Takashi Fujitani, *Race for Empire: Koreans as Japanese and Japanese as Americans during World War II*, Berkeley: University of California Press, 2011. (다카시 후지타니, 이경훈 옮김,『총력적 제국의 인종주의: 제2차 세계대전기 식민지 조선인과 일본계 미국인』, 푸른역사, 2019.)

42. 문화 말살에 대한 민족주의적 패러다임을 따르며 식민지 조선인들이 아시아태평양전쟁을 어떻게 경험했는지를 기술하는 연구로는 다음을 참조. 최유리,『일제 말기 식민지 지배정책연구』, 국학자료원, 1997.

43. 식민지 대만에 대한 주체-중심적 분석은 다음을 참조. Leo T. S. Ching, *Becoming "Japanese": Colonial Taiwan and the Politics of Identity Formation*, Berkcley: University of California Press, 2001.

44. 이 시기에 관한 관련 연구로는 다음을 참조. Bruce Cumings, *The Origins of the Korean War*, vol. 1, Princeton, NJ: Princeton University Press, 1981. (브루스 커밍스, 김자동 옮김,『한국전쟁의 기원』, 일월서각, 1986.); Suzy Kim,

Everyday Life in the North Korean Revolution, 1945‑1950, Ithaca, New York: Cornell University Press, 2013.

45. 이 수정론적 개념에 대한 개관은 다음을 참조. Namhee Lee, "The Theory of Mass Dictatorship: A Re-examination of the Park Chung Hee Period", *Review of Korean Studies* 12, no. 3, 2009, pp. 41~69.

46. 이러한 남성 중심적 패러다임에 대한 페미니스트적 비판으로는 다음을 참조. 정희진, 「한국 사회의 지식 생산 방법과 대중독재론」, 장문석·이상록 편, 『근대의 경계에서 독재를 읽다: 대중독재와 박정희 체제』, 그린비, 2006, 403~419쪽. 박정희 시대의 출판 매체에 관한 예외적인 연구로는 다음을 참조. 이상록, 「박정희 체제의 '사회정화' 담론과 청년문화」, 『근대의 경계에서 독재를 읽다』, 335~376쪽.

47. 이와 관련된 다른 연구는 다음을 참조. 서곡숙, 『1960년대 후반기 한국 변장 코미디 영화의 대중성 연구: 변장 모티프를 통한 내러티브 전략을 중심으로』, 동국대학교 박사학위논문, 2003.

48. 해방 후 남성성의 유동성에 대해서는 다음을 볼 것. 허윤, 『1950년대 한국소설의 남성 젠더 수행성 연구』, 역락, 2018; Charles R. Kim, *Youth for Nation: Culture and Protest in Cold War South Korea*, Honolulu: University of Hawai'i Press, 2017, pp. 43~74.

49. 유색인 퀴어 비평의 중심적 연구들은 다음을 참조. José Esteban Muñoz, *Disidenti fications: Queers of Color and the Performance of Politics*, Minneapolis: University of Minnesota Press, 1999; Roderick A. Ferguson, *Aberrations in Black: Toward a Queer of Color Critique*, Minneapolis: University of Minnesota Press, 2004; Jasbir Puar, *Terrorist Assemblages: Homonationalism in Queer Times*, Durham, NC: Duke University Press, 2007; Fatima El-Tayeb, *European Others: Queering Ethnicity in Postnational Europe*, Minneapolis: University of Minnesota Press, 2011.

50. 자경단 난동꾼들이 지구화된 신자유주의 체제와 경쟁하거나 심지어 이를 대체하고자 할 가능성을 제기한 한 익명의 심사자에게 감사를 표한다. 만약 한국에서 이것이 맞다면, 이러한 힘은 LGBTI 주체들이 자유주의적 포용으로부터 막 혜택을 보기 시작한 시점에 등장할 것이다.

51. 다음의 문집들은 이 연구의 장의 활기를 보여준다. Chris Berry, Fran Martin, and Audrey Yue, eds., *Mobile Cultures: New Media in Queer Asia*, Durham,

NC: Duke University Press, 2003; Fran Martin, Peter A. Jackson, Mark McLelland, and Audrey Yue, eds., *AsiaPacifiQueer: Rethinking Genders and Sexualities*, Urbana: University of Illinois Press, 2008; Raquel A. G. Reyes and William G. Clarence-Smith, *Sexual Diversity in Asia, c. 600-1950*, London: Routledge, 2012. 이 영역에 대한 소개는 다음을 참조. Megan Sinnot, "Borders, Diaspora, and Regional Connections: Trends in Asian 'Queer' Studies", *Journal of Asian Studies* 69, no. 1, 2010, pp. 17~31; Evelyn Blackwood and Mark Johnson, "Queer Asian Subjects: Transgressive Sexualities and Heteronormative Meanings", *Asian Studies Review* 36, no. 4, 2012, pp. 441~451.

52. 이러한 정치적 입장을 공표한 선언으로는 다음을 참조. Seo Dong-jin, "Mapping the Vicissitudes of Homosexual Identities in South Korea." 영화의 역할에 대해서는 다음을 참조. Jeongmin Kim, "Queer Cultural Movements and Local Counterpublics of Sexuality: A Case of Seoul Queer Films and Videos Festival", *Inter-Asia Cultural Studies* 8, no. 4, 2007, pp. 617~733. 보다 일반적으로 성소수자 운동을 역사화하는 연구로는 다음을 참조. Youngshik D. Bong, "The Gay Rights Movement in Democratizing Korea", *Korean Studies* 32, 2009, pp. 86~103; Hyun-young Kwon Kim and John (Song Pae) Cho, "The Korean Gay and Lesbian Movement 1993-2008: From 'Identity' and 'Community' to 'Human Rights'", *South Korean Social Movements: From Democracy to Civil Society*, ed. Gi-Wook Shin and Paul Chang, London: Routledge, 2011. 더욱 넓은 지역적 설명으로는 다음을 참조. Josephine Ho, "Is Global Governance Bad for East Asian Queers?", *GLQ* 14, no. 4, 2008, pp. 457~479.

53. 지역학, 특히 동아시아학의 발전과 이에 대한 비평으로는 Miyoshi and Harootunian, *Learning Places*를 보라. '아시안 퀴어 연구'라 부를 수 있는 것에 대한 작업으로는 다음을 참조. Ara Wilson, "Queering Asia", *Intersections* 14, 2006. http://intersections.anu.edu.au/issue14/wilson.html; Tom Boellstorff, *A Coincidence of Desires: Anthropology, Queer Studies, Indonesia*, Durham, NC: Duke University Press, 2007, pp. 181~218; Fran Martin, *Backward Glances: Contemporary Chinese Cultures and the Female Homoerotic Imaginary*, Durham, NC: Duke University Press, 2010; Howard

Chiang, "(De)Provincializing China: Queer Historicism and Sinophone Postcolonial Critique", *Queer Sinophone Cultures*, ed. Howard Chiang and Ari Larissa Heinrich, London: Routledge, 2014, pp. 19~51; Howard H. Chiang, Todd A. Henry, and Helen Hok-Sze Leung, "Trans-in-Asia, Asia-in-Trans: An Introduction", *TSQ* 5, no. 3, 2018, pp. 298~310; Todd A. Henry, *Japan's Gay Empire: Sex Tourism, Military Culture, and Memory Making in Postcolonial Asia-Pacific* (근간).

54. 점차 증가하는 이 하위 분야의 중요성과 제도화의 또 다른 지표는 2012년 페이스북에 퀴어동아시아연구(Queer East Asian Studies) 페이지가 만들어진 것과 2015년 미국아시아학회(Association for Asian Studies) 소속으로 아시아퀴어연구회(Society for Asian Queer Studies)가 설립된 것이다. 아시아학에 초점을 둔 것은 아니지만, 1988년 과거 레즈비언게이인류학자협회(Society of Lesbian and Gay Anthropologists)로 알려진 퀴어인류학회(Association for Queer Anthropology)가 미국인류학회(American Anthropological Association)의 분과로 설립되었다.

55. 일본에 관한 연구는 다음을 참조. Hideko Abe, *Queer Japanese: Gender and Sexual Identities through Linguistic Practices*, New York: Palgrave Macmillan, 2010; Sharon Chalmers, *Emerging Lesbian Voices from Japan*, London: Routledge, 2014; Gary Leupp, *Male Colors: The Construction of Homosexuality in Tokugawa Japan*, Berkeley: University of California Press, 1997; Jonathan D. Mackintosh, *Homosexuality and Manliness in Postwar Japan*, London: Routledge, 2010; Mark McLelland, *Male Homosexuality in Modern Japan: Cultural Myths and Social Realities*, Richmond, VA: Curzon, 2000; Mark McLelland, *Queer Japan from the Pacific War to the Internet Age*, Lanham, MD: Rowman and Littlefield, 2005; Gregory M. Pflugfelder, *Cartographies of Desire: Male-Male Sexuality in Japanese Discourse*, Berkeley: University of California Press, 1999; James Reichert, *In the Company of Men: Representations of Male-Male Sexuality in Meiji Literature*, Stanford, CA: Stanford University Press, 2006; Jennifer Robertson, *Takarazuku: Sexual Politics and Popular Culture in Modern Japan*, Berkeley: University of California Press, 1998; Katsuhiko Suganuma, *Contact Moments: The Politics of Intercultural Desire in Japanese Male-Queer Cultures*, Hong

Kong: University of Hong Kong Press, 2012; J. Keith Vincent, *Two-Timing Modernity: Homosocial Narrative in Modern Japanese Fiction*, Cambridge, MA: Harvard University Press, 2012.

중국과 대만, 홍콩, 싱가포르에 관한 연구는 다음을 참조. Howard Chiang, ed., *Transgender China*, New York: Palgrave Macmillan, 2012; Howard Chiang and Ari Larissa Heinrich, eds., *Queer Sinophone Cultures*, London: Routledge, 2013; Yau Ching, ed., *As Normal as Possible: Negotiating Sexuality and Gender in Mainland China and Hong Kong*, Hong Kong: Hong Kong University Press, 2010; Lynette J. Chua, *Mobilizing Gay Singapore: Rights and Resistance in an Authoritarian State*, Philadelphia: Temple University Press, 2014; Elisabeth L. Engebretsen, *Queer Women in Urban China: An Ethnography*, London: Routledge, 2015; Elisabeth Engebretsen, William F. Schroeder, and Hongwei Bao, eds., *Queer/Tongzhi China: New Perspectives on Research, Activism and Media Cultures*, Copenhagen: Nordic Institute of Asian Studies, 2015; Bret Hinsch, *Passions of the Cut Sleeve: The Male Homosexual Tradition in China*, Berkeley: University of California Press, 1992; Loretta Wing Wah Ho, *Gay and Lesbian Subculture in Urban China*, London: Routledge, 2011; Hans Huang, *Queer Politics and Sexual Modernity in Taiwan*, Hong Kong: Hong Kong University Press, 2011; Lucetta Y. L. Kam, *Shanghai Lalas: Female Tongzi Communities and Politics in Urban China*, Hong Kong: Hong Kong University Press, 2013; Wenqing Kang, *Obsession: Male Same-Sex Relations in China, 1900-1950*, Hong Kong: Hong Kong University Press, 2009; Travis S. K. Kong, *Chinese Male Homosexualities: Memba, Tongzhi and Golden Boy*, London: Routledge, 2012; Helen Leung, *Undercurrents: Queer Culture and Postcolonial Hong Kong*, Hong Kong: Hong Kong University Press, 2009; Petrus Liu, *Queer Marxism in Two Chinas;* Martin, *Backward Glances;* Fran Martin, *Situating Sexualities: Queer Representation in Taiwanese Fiction, Film and Public Culture*, Hong Kong: Hong Kong University Press, 2003; Lisa Rofel, *Desiring China: Experiments in Neoliberalism, Sexuality, and Public Culture*, Durham, NC: Duke University Press, 2007; Tze-Lan D. Sang, *The Emerging Lesbian: Female Same-Sex Desire in Modern China*, Chicago:

University of Chicago Press, 2003; Matthew Sommers, *Sex, Law, and Society in Late Imperial China*, Stanford, CA: Stanford University Press, 2002; Denise Tse-Shang Tang, *Conditional Spaces: Hong Kong Lesbian Desires and Everyday Life*, Hong Kong: Hong Kong University Press, 2011; Giovanni Vitiello, *The Libertine's Friend: Homosexuality and Masculinity in Late Imperial China*, Chicago: University of Chicago Press, 2011; Cuncun Wu, *Homoerotic Sensibilities in Late Imperial China*, London: Routledge, 2012; Audrey Yue and Jun Zubillaga-Pow, eds., *Queer Singapore: Illiberal Citizenship and Mediated Cultures*, Hong Kong: Hong Kong University Press, 2013; Tiantian Zheng, *Tongzhi Living: Men Attracted to Men in Postsocialist China*, Minneapolis: University of Minnesota Press, 2015.

인도네시아에 관한 연구는 다음을 참조. Evelyn Blackwood, *Falling into Lesbi World: Desire and Difference in Indonesia*, Honolulu: University of Hawai'i Press, 2010; Tom Boellstorff, *A Coincidence of Desires;* Tom Boellstorff, *The Gay Archipelago: Sexuality and Nation in Indonesia*, Princeton, NJ: Princeton University Press, 2005; Michael Peletz, *Gender Pluralism: Southeast Asia since Early Modern Times*, London: Routledge, 2009.

태국에 관한 연구는 다음을 참조. Peter A. Jackson, *Dear Uncle Go: Male Homosexuality in Thailand*, Bangkok: Bua Luang, 1995; Peter A. Jackson, *Male Homosexuality in Thailand: An Interpretation of Contemporary Sources*, Elmhurst, New York: Global Academic, 1989; Peter A. Jackson, *Queer Bangkok: 21st Century Markets, Media, and Rights*, Hong Kong: Hong Kong University Press, 2011; Peter A. Jackson and Gerard Sullivan, eds., *Lady Boys, Tom Boys, Rent Boys: Male and Female Homosexualities in Contemporary Thailand*, New York: Haworth, 1999; Megan Sinnott, *Toms and Dees: Transgender Identity and Female Same-Sex Relationships in Thailand*, Honolulu: University of Hawai'i Press, 2004.

인도에 관한 연구는 다음을 참조. Gayatri Gopinath, *Impossible Desires: Queer Diasporas and South Asian Public Cultures*, Durham, NC: Duke University Press, 2005; Serena Nanda, *Neither Man nor Woman: The Hijras of India*, Belmont, CA: Wadsworth, 1999; Gayatri Reddy, *With Respect to Sex: Negotiating Hijra Identity in South India*, Chicago: University of

Chicago Press, 2005; Ruth Vanita, *Queering India: Same-Sex Love and Eroticism in Indian Culture and Society*, London: Routledge, 2013.

56. Altman, "Global Gaze/Global Gays." 퀴어 아시안 및 퀴어 아시안 아메리칸 연구에서의 올트먼에 대한 초기 비평은 다음을 참조. Lisa Rofel, "Qualities of Desire: Imagining Gay Identities", *GLQ* 5, no. 4, 1999, pp. 451~474; Martin F. Manalansan IV, "Diasporic Deviants/Divas: How Filipino Gay Transmigrants 'Play with the World'", *Queer Diasporas*, ed. Cindy Patton and Benigno Sánchez-Eppler, Durham, NC: Duke University Press, 2000, pp. 183~203.

57. 이 분야의 토대가 되는 작업은 다음을 참조. Arnoldo Cruz-Malavé and Martin F. Manalansan IV, eds., *Queer Globalizations: Citizenship and the Afterlife of Colonialism*, New York: New York University Press, 2002; Inderpal Grewal and Caren Kaplan, "Global Identities: Theorizing Transnational Studies of Sexuality", *GLQ* 7, no. 4, 2001, pp. 663~679; Tithne Luibhéid and Lionel Cantù Jr., eds., *Queer Migrations: Sexuality, U.S. Citizenship, and Border Crossings*, Minneapolis: University of Minnesota Press, 2005; Martin F. Manalansan IV, *Global Divas: Filipino Gay Men in the Diaspora*, Durham, NC: Duke University Press, 2003; Cindy Patton and Benigno Sánchez-Eppler, eds., *Queer Diasporas*, Durham, NC: Duke University Press, 2000; Elizabeth A. Povinelli and George Chauncey, eds., "Thinking Sexuality Transnationally", *GLQ* 5, no. 4, 1999, pp. 439~450.

58. Tze-Lan D. Sang, *The Emerging Lesbian*, p. 9.

59. Dipesh Chakrabarty, *Provincializing Europe: Postcolonial Thought and Historical Difference*, Princeton, NJ: Princeton University Press, 2007, p. xiii. (디페시 차크라바티, 김택현·안준범 옮김, 『유럽을 지방화하기: 포스트식민 사상과 역사적 차이』, 그린비, 2014, 17쪽.) 동아시아와 동남아시아에 뿌리를 둔 관련된 학술적 기획은 다음을 참조. Kuan-Hsing Chen, *Asia as Method: Toward Deimperialization*, Durham, NC: Duke University Press, 2010. 한국에서의 빈응에 내해서는 Henry H. Em, *The Great Enterprise*, 특히 pp. 138~160 참조.

60. Howard Chiang, "(De)Provincializing China: Queer Historicism and Sinophone Postcolonial Critique", p. 32.

61. Wah-Shan Chou, *Tongzhi: Politics of Same-Sex Eroticism in Chinese Societies*, New York: Haworth, 2000, p. 1.

62. 이 중화권 개념을 발전시킨 작업의 컬렉션은 다음을 참조. Shu-mei Shih, Chien-hsin Tsai, and Brian Bernards, eds., *Sinophone Studies: A Critical Reader*, New York: Columbia University Press, 2012.

63. Tom Boellstorff, "I Knew It Was Me: Mass Media, 'Globalization', and Lesbian and Gay Indonesians", Berry et al., *Mobile Cultures*, p. 25

64. 퀴어 주체성의 다방향적 근원을 강조한 다른 연구는 다음을 참조. Eng-Beng Lim, "Glocalqueering in New Asia."

65. Michael Warner, *The Trouble with Normal: Sex, Politics, and the Ethics of Queer Life*, Cambridge, MA: Harvard University Press, 1999. 이를 정교화하는 논의는 다음을 참조. Lisa Duggan, *The Twilight of Equality? Neoliberalism, Cultural Politics, and the Attack on Democracy*, Boston: Beacon, 2003. (리사 두건, 한우리·홍보람 옮김, 『평등의 몰락: 신자유주의는 어떻게 차별과 배제를 정당화하는가』, 현실문화, 2017.)

66. David L. Eng, *The Feeling of Kinship: Queer Liberalism and the Racialization of Intimacy*, Durham, NC: Duke University Press, 2010.

67. Puar, *Terrorist Assemblages*, p. xiv.

68. Muñoz, *Disidentifications*. 유색인 비평의 다른 중요한 작업은 다음을 참조. Ferguson, *Aberrations in Black*.

69. Liu, *Queer Marxism in Two Chinas*, p. 7. 이와 유사하게 재스비어 푸아(Jasbir Puar)는 미국의 민족 연구에서 지배적인 분석 방법인 다문화주의와 다양성의 규율적(국가 중심적) 모델을 확립한 교차성의 한계를 제기했다. 이와 대조적으로, 그는 "발굴적 작업에서 벗어나 있고, 퀴어와 비퀴어 주체 간의 이분법적 대립을 탈특권화하고, 퀴어성을 오로지 반대와 저항, 대안(이 모든 것은 퀴어성의 중요한 일부이자 퀴어성이 행하는 것들이지만)으로서만 유지하는 대신에, … 지배적인 형성 과정의 우연성과 복잡성을 강조하는" 개념인 아상블라주(assemblages)를 옹호한다. Puar, *Terrorist Assemblages*, p. 205. 퀴어 분석의 근간으로서 대항적 정치를 탈이상화하기 위한 다른 시도에 대해서는 다음을 참조. Kadji Amin, *Disturbing Attachments: Genet, Modern Pederasty, and Queer History*, Durham, NC: Duke University Press, 2017.

70. Yau Ching, "Dreaming of Normal while Sleeping with Impossible:

Introduction", ed. Ching, *As Normal as Possible*, pp. 1~14.

71. 이 문제는 퀴어 이론의 규범성에 대한 최근의 논쟁과 공명한다. 그러나 이 중 요한 논쟁은 현재까지도 미국 학계에 기반을 둔 채 남아 있으며, 아시아 퀴어 연구 등 비서구 맥락의 영역에 생기를 부여하는 논의로부터 괄호가 쳐져 있다. 이러한 논쟁에 대해서는 로빈 위그먼(Robyn Wiegman)과 엘리자베스 A. 윌슨(Elizabeth A. Wilson)이 편집한 특집호 *Differences* 26, no. 1, May 2015의 논문들을 보라. 비판적 반론으로는 다음을 참조. Jack (Judith) Halberstam, "Straight Eye for the Queer Theorist: A Review of 'Queer Theory without Antinormativity'", *Bully Bloggers*, September 12, 2016. https://bullybloggers.wordpress.com/2015/09/12/straight-eye-for-the-queer-theorist-a-review-of-queer-theory-without-antinormativity-by-jack-halberstam.

72. Engebretsen, *Queer Women in Urban China*.

73. 이러한 실천에 대해서는 다음을 참조. John (Song Pae) Cho, "The Wedding Banquet Revisited: 'Contract Marriages' between Korean Gays and Lesbians", *Anthropological Quarterly* 82, no. 2, 2009, pp. 401~422; Engebretsen, *Queer Women in Urban China*, pp. 104~123.

74. Lucetta Y. L. Kam, *Shanghai Lalas*, p. 36.

75. 오늘날 한국에서도 여전히 들을 수 있는 이와 관련 있는 단어인 양보갈은 여성으로 전환하고 종종 돈이나 다른 물질적 보상을 위해 백인 남성과 성애적 관계를 맺은 한국 남성을 의미한다. 이 단어는 양공주와 밀접한 관계를 맺는다. 사실, 이 두 존재는 서울 도심의 이태원 가까이에 있는 미군 부대 근처에서 서로 가깝게 지내며 생계를 이어왔다. 이 역사에 대해서는 다음을 참조. 루인, 「캠프 트랜스: 이태원 지역 트랜스젠더의 역사 추적하기, 1960~1989」, 『문화연구』 1(1), 2012, 244~278쪽.

76. 퀴어 연구에서 지정학의 위치에 대한 다른 논의로는 다음을 참조. Liu, *Queer Marxism in Two Chinas*; Arondekar and Patel, "Area Impossible."

77. 한국 트랜스젠더의 경험에 관한 다른 연구는 다음을 참조. 김승섭, 『아픔이 길이 되려면: 정의로운 건강을 찾아 질병의 사회적 책임을 묻다』, 동아시아, 2017; Yi Horim and Timothy Gitzen, "Sex/Gender Insecurities: Trans Bodies and the South Korean Military", *TSQ* 5, no. 3, 2018, pp. 376~391.

78. LGBTI로 정체화한 4천여 명의 한국인을 대상으로 한 2013년 설문 조사에 따

르면, 28.4퍼센트가 자살을 시도한 적이 있었고 35퍼센트가 자해를 한 적이 있다고 응답했다. 18세 이하의 청소년 응답자 중 45.7퍼센트가 자살을 시도한 적이 있었고, 53.3퍼센트가 자해한 적이 있었다. 또한, 성소수자 지위로 인해 차별이나 폭력을 경험한 이들 가운데 40.9퍼센트가 자살을 시도한 적이 있었고, 48.1퍼센트가 자해한 적이 있었다. 이는 차별이나 폭력을 경험한 적이 없는 이들 중 20.9퍼센트가 자살 시도를, 26.9퍼센트가 자해를 한 적이 있었던 것에 비해 훨씬 높은 수치다. Ch'ingusai, *Key Results of the South Korean LGBTI Community Social Needs Assessment Survey*, pp. 34~35; 친구사이, 『한국 LGBTI 커뮤니티 사회적 욕구 조사 주요 결과』, 28쪽.

79. "North Executes Lesbians for Being Influenced by Capitalism", *Korea Times*, September 29, 2011.

80. 이러한 형태의 주된 변화에 대한 가장 최근의 기록으로는 다음을 참조. SOGI 법정책연구회, 『한국 LGBTI 인권 현황 2016』, SOGI법정책연구회, 2017. http://annual.sogilaw.org. 다음 역시 참조. Ch'ingusai, *Key Results of the South Korean LGBTI Community Social Needs Assessment Survey*; 친구사이, 『한국 LGBTI 커뮤니티 사회적 욕구 조사 주요 결과』.

81. 이 현상에 대해서는 다음을 참조. Doug Meyer, "An Intersectional Analysis of Lesbian, Gay, Bisexual, and Transgender (LGBT) People's Evaluations of Anti-Queer Violence", *Gender and Society* 26, no. 6, 2012, p. 8, pp. 49~73.

제1부 식민지와 후기 식민지 근대성의 규율할 수 없는 주체들

제1장 식민주의 드래그의 의례(儀禮) 전문가들: 1920년대 조선의 샤머니즘적 개입들

1. 「소위 숭신교회(崇神敎會) 조합설립자」, 『조선일보』 1920년 7월 2일 자, 3면. 김태곤은 김재현이 이 조합을 설립했다고 주장한다. 김태곤, 『한국 무속 연구』, 집문당, 1981, 456~457쪽. 무라야마 지준(村山智順) 또한 김재현이 조합을 설립했다고 주장하나, 설립연도를 1920년 7월 1일로 추정했다. 그는 1920년대가 무당들과 그들의 조합에게 "황금기"였다고 말한다. 村山智順, 『朝鮮民族の硏究』, 朝鮮總督府, 1938.

2. 화랑도 동료의 일부라고 기재되어 있었다. 「문화정치표현호(文化政治表現乎)」, 『동아일보』 1924년 5월 22일 자, 3면; 「함평행(咸平行) 5: 무당과 화랑」, 『조선일보』 1938년 7월 5일 자, 5면.

3. 「팔천 무녀를 내하(奈何)」, 『동아일보』 1923년 3월 24일 자, 3면; 「때의 소리」, 『동아일보』 1922년 3월 5일 자, 4면.

4. 『동아일보』는 조합이 "대개 먼저 회비를 중출하여 술과 기타의 음식을 장만하고, 장구와 풍물을 준비하여 취하도록 마신 뒤에는 상설극장에서도 볼 수 없는 "에로백페센트"의 연극을 개막하여 갑부인은 남편이 되고 을부인은 마누라가 되어 각기 복색을 갖춘다"고 명시했다. 「밤에는 칭칭 노리 낮에는 불공 긔도」, 『동아일보』 1932년 3월 5일 자, 3면.

5. 「팔천 무녀를 내하」, 『동아일보』 1923년 3월 24일 자, 3면.

6. 「문화정치표현호」, 『동아일보』 1924년 5월 22일 자, 3면.

7. José Esteban Muñoz, *Cruising Utopia: The Then and There of Queer Futurity*, New York: New York University Press, 2009. 언급되는 논의의 지점은 과거에 대한 나의 분석적 상상력에 기반을 두고 있기에 호세 에스테반 무뇨스나 페트루스 리우(Petrus Liu)에 대한 오역은 오로지 필자의 문제임을 밝히는 바이다.

8. 이용범, 「무속에 대한 근대 한국사회의 부정적 시각에 대한 고찰」, 『한국무속학』 9, 2005, 151~179쪽.

9. Petrus Liu, *Queer Marxism in Two Chinas*, Durham, NC: Duke University Press, 2015, pp. 7~15.

10. Laurel Kendall, "Of Gods and Men: Performance, Possession, and Flirtation in Korean Shaman Ritual", *Cahiers d'Extrême-Asie* 6, 1991, pp. 45~63.

11. 광범위한 이성애주의에 대한 주장으로 좋은 예시는 Gayle Rubin, "Thinking Sex: Notes for a Radical Theory of the Politics of Sexuality", *Pleasure and Danger: Exploring Female Sexuality*, ed. Carol S. Vance, Boston: Routledge and Kegan Paul, 1984, pp. 143~178 (게일 루빈, 임옥희·조혜영·신혜수·허윤 옮김, 「성을 시유하기: 급진적 섹슈얼리티 정치 이론을 위한 노트」, 『일탈』, 현실문화, 2015, 279~355쪽.)을 추천한다. 이와 대조적으로 로럴 켄달(Laurel Kendall)은 성적·젠더적 유동성이 샤먼 공동체들의 필수적인 요소라고 말한다.

12. 1차 자료의 출처는 국가기록원(www.archives.go.kr)이다. 가와세 다키야(川瀬貴也)는 식민지 시대의 종교 및 학술 운동에 대한 저작에서 이를 자세하게 논의한 바 있다. 김태훈은 1906년의 정책이 한국에 있는 일본인 선교사를 규제하기 위한 정책이었고, 그 이후의 정책은 한국인 식민지 주체들에 더 직접적으로 적용되었다고 상세하게 기술하고 있다. Taehoon Kim, "The Place of 'Religion' in Colonial Korea around 1910: The Imperial History of 'Religion'", *Journal of Korean Religions* 2, no. 2, 2011, pp. 28~30.

13. 기생은 주로 윤락업, 성매매와 연결되며 경멸적으로 '창녀'에 빗대어졌다. 일제강점기의 기생에 대한 인식은 이재헌, 『이능화와 근대 불교학』, 지식산업사, 2007, 18쪽 참조.

14. 조흥윤은 한국에 무당이 매우 널리 활동하고 있었기 때문에 일본인들이 와해하는 데 실패했다고 말한다. 그 대신, 무당들을 조종하고 규제하는 방식으로 전환했다. 조흥윤, 『무(巫)와 민족문화』, 민족문화사, 1990, 212~213쪽; 김태곤, 『한국 무속 연구』, 45~57쪽.

15. 1920년까지 한반도에 설치되었던 신토 신사는 107개에 불과했다. 그 후 10년 동안 297개의 신사가 추가 설치되었다. Nakajima Michio, "Shinto Deities That Crossed the Sea", *Japanese Journal of Religious Studies* 37, no. 1, 2010, pp. 26~29.

16. 「무당과 판수 취체법 문제」, 『동아일보』 1929년 10월 3일 자, 2면.

17. 「십일청년단체가 일당(一堂)에 집회하야」, 『동아일보』 1923년 7월 13일 자, 3면; 「문화정치표현호」, 『동아일보』 1924년 5월 22일 자, 3면.

18. 일찍이 1910년 6월, 『대한매일신보』는 "일인(日人) 곡구무시(谷口茂市)가 신리교를 조직하고 무당들에게 돈 오환씩을 받"았다는 기사를 실었다. 이 남성은 돈과 함께 사라졌으며, 무당들은 남부지방경찰서와 돈을 되찾으려 하고 있다. 「무녀 호소」, 『대한매일신보』 1910년 6월 26일 자, 1면.

19. 『동아일보』 1921년 11월 21일 자, 1면.

20. 「문화정치표현호」, 『동아일보』 1924년 5월 22일 자, 3면.

21. 「무당과 판수 취체법 문제」, 『동아일보』 1929년 10월 3일 자, 2면.

22. 「무당과 판수 취체법 문제」, 『동아일보』 1929년 10월 3일 자, 2면.

23. Gi-wook Shin, *Ethnic Nationalism in Korea: Genealogy, Politics, and Legacy*, Stanford, CA: Stanford University Press, 2006, p. 44. (신기욱, 이진준 옮김, 『한국 민족주의의 계보와 정치』, 창비, 2009.) 식민 종교 정책에 대한 추가

적인 문헌은 다음을 참조. 최석영, 『일제하 무속론과 식민지 권력』, 서경문화사, 1999; 장병길, 「조선총독부 종교정책」, 『한국 종교와 종교학』, 청년사, 2003, 217~233쪽.

24. Koji Osawa, "Kokusai bukky kyokai to 'Toa bukky'" (大澤廣嗣, 「國際佛教協會と東亞佛教」), 19th World Congress of the International Association for the History of Religion 발표문, Tokyo, March 28, 2005, pp. 66~78.

25. 주영하, 「무라야마 지준의 『석전·기우·안택』 연구: 조선의 제사와 사회교화론」, 『제국 일본이 그린 조선 민속』, 한국학중앙연구원, 2006, 162쪽.

26. 불교 역사가들은 불교(1930년대 후반 동남아시아 상좌부 종파를 포함한 모든 대승 종파)만큼 일본 제국주의 정책들과 협력한 여타 동아시아의 종교 단체는 없다고 주장해왔다. Takitya Kawase, "Jodo-Shinshu no Chosen fukyo: Bunmeika no shimei?" (川瀬貴也, 「浄土眞宗の朝鮮布教: 文明化の使命?」), 19th World Congress of the International Association for the History of Religion 발표문, Tokyo, March 28, 2005, p. 35.

27. 토착 신앙은 흔히 '신교'라고 불리기도 했다.

28. 대부분의 종교 잡지들은 (이분법적 주장에서 주로 미신을 근거로 삼아) 스스로를 이러한 침묵하는 무당들의 반대편에 편리하게 위치시키면서도 그러한 토착적 관습(indigenous practices)들과의 불안정한 거리를 드러냈다. 계간 『우리집』은 "미신을 종교로서 평가하기에는 어려움이 있다"라고 말하며 "미신이란 무엇인가? … 근거 없는 신앙이라고 말해질 수 있다. … 모든 종교는 미신을 포함하고 있다"고 말했다. 김종만, 『우리집』 8, 1933, 12쪽.

29. 이준석, 「미신해(迷信解)」, 『천도교회월보』 7, 1911. 2, 22쪽. 『천도교회월보』는 식민지 시대 동학운동과 연관된 여러 잡지 중 하나였다. 신일철, 『동학사상의 이해』, 사회비평신소, 1995, 169~184쪽. Kwangsik Kim, "Buddhist Perspectives on Anti-religious Movements in the 1930s", *The Review of Korean Studies* 3, 2000, p. 58 참조.

30. 무명한, 「교회 안의 반동세력을 경계하고 싶다」, 『개벽』 63, 1925. 11, 74~75쪽.

31. 마이클 로빈슨은 "정교한" 규칙이 문화통치기에 더 깊고 넓은 감시를 가능하게 했던 방법이라고 밀한다. Michael Robinson, "Broadcasting, Cultural Hegemony, and Colonial Modernity in Korea, 1924-1945", *Colonial Modernity in Korea*, ed. Gi-Wook Shin and Michael Robinson, Cambridge, MA: Harvard University Press, 1999, pp. 52~69. (마이클 로빈슨, 도면희 옮

김, 「방송, 문화적 헤게모니, 식민지 근대성, 1924~1945」, 신기욱·마이클 로빈
슨 편, 『한국의 식민지 근대성: 내재적 발전론과 식민지 근대화론을 넘어서』,
삼인, 2006, 49~54쪽.)

32. 『동아일보』는 김재현이라는 조선인 가명으로 활동하고 있는 일본인 고미네 겐
사쿠가 숭신인조합의 창립자라고 주장했다. 『동아일보』 1920년 5월 30일 자. 1
번 주 참조.

33. 토드 A. 헨리는 토착 신들이 1929년에 경성신사(京城神社)와 그 대축제에 편입
되기 시작했으며, 1930년대 이전에는 한국인의 참여가 의무적이지 않았다고
한다. "종묘의 민족 중심적 지도력은 경성(京城)과 교구 조직의 행정적 재정비
이후에도 조선총독부의 공식적인 목표였던 정신 동화에 방해가 되었다." Todd
A. Henry, *Assimilating Seoul: Japanese Rule and the Politics of Public Space in
Colonial Korea, 1910-1945*, Berkeley: University of California Press, 2014,
p. 66. (토드 A. 헨리, 김백영·정준영·이향아·이연경 옮김, 『서울, 권력 도시: 일
본 식민 지배와 공공 공간의 생활 정치』, 산처럼, 2020, 86쪽. 저자의 의도에 맞
추어 번역을 수정했다-옮긴이).

34. 식민지적 종교 동화에 대한 내용은 다음을 참조. 류성민, 「일제강점기의 한국
종교 민족주의」, 『한국종교』 24, 2000, 171~176쪽.

35. Taegon Kim, "Regional Characteristics of Korean Shamanism",
Shamanism: The Spirit World of Korea, ed. Yu Chai-shin and R. Guisso,
trans. Yi Yu-jin, Berkeley: Asian Humanities, 1988, p. 119.

36. 한국 샤머니즘과 대승불교 간의 고대의 종교적 융합은 다음을 참조. Hyun-
key Kim Hogarth, "Rationality, Practicality and Modernity: Buddhism,
Shamanism and Christianity in Contemporary Korean Society",
Transactions of the Royal Asiatic Society, Korea Branch 73, 1998, pp. 41~54.

37. 한국 샤머니즘이 공유하는 도교적 성격에 대해서는 다음을 참조. Yu Chai-
shin, "Korean Taoism and Shamanism", Yu and Guisso, *Shamanism*, pp.
98~118.

38. 샤먼에 대한 규제는 조선시대 17세기 이후 시행되었다. 그러나 샤먼과 국가
의 반(半)공식적 동맹은 18세기 초에 발달하기 시작해서 20세기 이후로 뻗어
나갔다. 임학성, 「조선 후기 호적 자료를 통해 본 경상도 무당의 '무업' 세습 양
태」, 『한국무속학』 9, 2005, 47~76쪽.

39. 좋은 예시로는 서울의 동묘가 있다. 중국의 후한(後漢)을 멸망시킨 전쟁 영웅

관우(關羽. 162~219)는 명(明)에서 유명한 도교의 신으로 추앙받았다. 관우의 신사들은 명에 대한 예우를 표하기 위해 조선에 세워졌다. 조선 후기에 이르러 이 신사들은 냉대를 받았으나 조선의 무당들은 그를 수호신으로 받아들이며 현재까지 매년 길거리에서 축제를 벌이고 있다. 2016년 4월 13일에 이 투어를 진행한 왕립아시아학회 한국 지부의 준 Y. K. 김(Jun. Y. K. Kim)에게 감사를 표한다.

40. 세금 혜택의 역사에 대한 자세한 내용은 다음을 참조. Kyung Moon Hwang, *Beyond Birth: Social Status in the Emergence of Modern Korea*, Cambridge, MA: Harvard University Asia Center, 2004. 무당 활동의 물리적 경계에 대해서는 다음을 참조. Boudewijn Walraven, "Interpretations and Reinterpretations of Popular Religion in the Last Decades of the Chosŏn Dynasty", *Korean Shamanism: Revivals, Survivals, and Change*, ed. Keith Howard, Seoul: Royal Asiatic Society, Korea Branch, 1998, pp. 55~72.

41. 서양자, 「조선시대의 무속」, 『경향잡지』 1386, 1983. 9, 46~49쪽.

42. 식민 지배 아래에서 '샤머니즘 연구'와 무속학이라는 용어가 출현했다.

43. 이사벨라 비숍은 무당과 주술사의 "조합들이 조선의 노동조합이지만, 정부는 다른 종류의 등록제를 시행했다"고 말한다. Isabella Bird Bishop, *Korea and Her Neighbours: A Narrative of Travel, with an Account of the Recent Vicissitudes and Present Position of the Country*, repr. ed., Seoul: Yonsei University Press, (1898) 1970, p. 402. (이사벨라 L. 버드 비숍, 신복룡 옮김, 『조선과 그 이웃 나라들』, 집문당, 2000, 372쪽.)

44. 1920년대를 시작으로 제화(除禍)교회, 신리(神理)교회, 성화교회, 영신단체 등이 발달했다. 김태곤, 『한국 무속 연구』, 456~457쪽.

45. 정부의 신토 정책은 1930년대 식민 통치에 한해 이루어졌으나, 규제되지 않은 신토는 조선에서 300년가량 소박하게 지속되어왔다. 최초의 일본 신토 신사인 긴도 신사는 1678년(숙종 4) 부산에 세워졌다. 조선에서 가장 인기가 많았던 신토 종파는 천리교(天理敎)였다. 천리교는 1893년에 조선인 개종자들을 받기 시작했으며, 일제강점기 말에는 8천 명에 가까운 신도가 있었다. Duk-whang Kim, *A History of Religions in Korea*, Seoul: Daeji Moonhwa-sa, 1988, pp. 431~444.

46. 최남선의 임용 기간은 1928~1936년, 이능화의 임용 기간은 1922~1938년이다. 이 연구는 조선의 역사를 삼국시대(기원전 57~기원후 668)부터 시작했다

고 단축한 점, 청일전쟁(1894~1895)과 같이 식민 지배를 야기한 역사적 사건들을 미화한 점 등으로 비판을 받았다.

47. Roger Janelli, "The Origins of Korean Folklore Scholarship", *Journal of American Folklore* 99, 1986, pp. 24~49.

48. Muñoz, *Cruising Utopia*, p. 31.

49. Hyung Il Pai, *Constructing Korean "Origins", A Critical Review of Archaeology, Historiography, and Racial Myth in Korean State-Formation Theories*, Harvard East Asian Monographs Series, Cambridge, MA: Harvard Asia Center, 2000, pp. 8~9.

50. 앨런 지즈코는 최남선의 종교적 글들이 그의 반식민지적 노력을 보여주는 강력한 증거라고 주장한다. Chizuko T. Allen, "Ch'oe Namson at the Height of Japanese Imperialism", *Sungkyun Journal of East Asian Studies* 5, no. 1, 2005, pp. 27~49. 나아가 김성례는 샤머니즘 연구가 식민 지배에서 "근대적 지식인의 민족적 자의식"으로 발전했다고 주장한다. 김성례, 「한국의 샤머니즘 개념 형성과 전개」, 『샤머니즘 연구』 5, 2003, 88쪽. 추가적인 정보는 다음을 참조. 김성례, 「일제시대 무속 담론의 형성과 근대적 재현: 식민 담론의 양의성」, 윤해동·이소마에 준이치 편, 『종교와 식민지 근대: 한국 종교의 내면화, 정치화는 어떻게 진행되었나』, 책과함께, 2013, 347~389쪽.

51. 조선의 식민지 이전 대륙주의 연구는 Andre Schmid, "Rediscovering Manchuria: Sin Ch'aeho and the Politics of Territorial History in Korea", *Journal of Asian Studies* 56, no. 1, 1997, pp. 26~46 참조.

52. 예를 들면, 그는 조선의 국제적 역사를 이해하기 위한 새로운 'shamanism'의 틀을 제시하기 위해 음역어인 'shaamanijm'을 제안한다.

53. 시오반 소머빌은 조지 천시(George Chauncey)가 19세기 후반 젠더 이데올로기의 변화에 따라 섹슈얼리티 패러다임이 어떻게 바뀌었는지 논의했다고 말했다. Siobhan Somerville, "Scientific Racism and the Invention of the Homosexual Body", *The Gender Sexuality Reader: Culture, History, Political Economy*, ed. Roger N. Lancaster and Micaela di Leonardo, New York: Routledge, 1997, p. 37.

54. 최남선은 조선사편수회에 재임된 후 몇 년 동안은 민족주의 연구를 단념하면서도 언어 개혁 운동을 지속적으로 추진하며 조선의 문학, 역사, 문화에 대한 글을 출판했다.

55. 공유 기원 이론과 일제 동화주의에 대한 추가적 설명은 다음을 참조. 최석영, 『일제의 동화이데올로기의 창출』, 서경문화사, 1997.

56. 그의 한국 고대 문헌에 대한 기여로서 『계명(啓明)』의 한 호 전체가 샤머니즘 연구로 꾸려졌다. 해당 호는 두 가지 부분으로 나뉘었다. 최남선은 세계의 토속적 관습에 대한 전반적인 시각을 제시하기 위해 첫 번째 부분을 집필했다. 그의 글 「살만교차기(薩滿敎箚記)」는 샤머니즘 연구를 포괄적으로 다루었다는 점에서 의의를 가진다. 최남선, 「살만교차기」, 『계명』 19, 1927. 5, 3~51쪽.

57. 최남선, 「살만교차기」, 1~3쪽. 그는 동음이의어인 샤먼(syaamon)의 역사적 기원과 더불어 샤먼의 다양한 음역, 기원적 관행, 종사자들 사이의 젠더 차이의 배경이 되는 여러 가능한 의미를 개괄적으로 탐구했다. 각각의 종사자들은 인식론, 신성시되는 글들, 의식의 종류와 샤머니즘적 위계 내에서 사회적 지위에 따라 설명되었다.

58. 최남선, 「살만교차기」, 3쪽. 에드워드 타일러는 문화적 생존은 근대성의 현상이라고 주장하며, 이것이 "문명과 과학의 일반적 경향 바깥의 야만적 사고의 부활과 생존"이며 "정신주의는 신도들을 중상위 계층이 아닌, 하위계층에서만 찾을 수 있는 '생존'이었다"고 말했다. Birgit Meyer and Peter Pels, eds., *Magic and Modernity: Interfaces of Revelation and Concealment*, Stanford, CA: Stanford University Press, 2003, pp. 256~257 참조.

59. '트랜스젠더'라는 용어는 원저의 직역이지만, 젠더는 의료인들이 생물학적 성별을 기반으로 한 사회적 구성물임과 동시에 개인적·사회적·구조적·역사적 차원에서 기능한다고 나는 생각한다. 사람들이 한 사람의 섹스 혹은 젠더라고(킴벌리 타우체스의 '이차 성징' 개념과 유사한) 생각하는 것은 젠더 귀속의 중요한 상징물로서 기능한다. Kimberly Tauches, "Transgendering: Challenging the 'Normal'", *Handbook of the New Sexuality Studies*, ed. Steven Seidman, Nancy Fischer, and Chet Meeks, New York: Taylor and Francis, 2007, pp. 186~192.

60. "차차 진보할수록 남자가 보게 되고, 처음에는 여자가 주(主)다가 세운(世運)이 나아갈수록 남자에게로 옮아서, 반대로 여자가 부수자(附隨者)가 되었습니다. 이것은 시방 시베리아 지방에서 행하는 바를 보아도 그러합니다." 최남선, 「살만교차기」, 12쪽. '트랜스젠더'는 일반적으로 태어날 때 주어진 성별 범주가 자신의 젠더와 일치하지 않는 사람들을 일컫는 포괄적인 용어로 사용된다. 내 연구는 '트랜스젠더'가 식민지 조선의 경우에는 시대착오적인 용어라고 제

안한다. 그러나 나의 사료들은 '성의 변경', '성별 전환'과 같은 용어를 통해 '호모섹슈얼리즘'의 역사와 사회를 설명하고 있다. 그들은 '통과의례'의 초기 문화기술적 모델과 분류 체계를 사람들의 정체성과 사회적 역할을 결정하는 전통적 제도로서 정의한다. 최남선은 젠더와 섹슈얼리티를 환경결정론에 근거해 판단한다.

61. 최남선, 「살만교차기」, 8쪽.

62. 최남선은 '재양성(再陽性)'을 언급하며 성별 전환은 시스젠더 남성 사이의 성교로 이어진다고 말했다. 최남선, 「살만교차기」, 12쪽.

63. 최남선은 '성의 변경'이라는 용어를 젠더 재지정이 어떠한 신비로운 샤먼적 의식의 입문을 통해 이루어진다고 말하기 위해 사용한다. 최남선, 「살만교차기」, 13~14쪽.

64. 크리스틴 쉴트와 로럴 웨스트브룩은 '비규범적'의 개념을 '트랜스'의 어원적 반의어인 '시스'로 대체하는 것으로 이성애규범성을 탈중심화하려고 시도했다. Kristen Schilt and Laurel Westbrook, "Doing Gender, Doing Heteronormativity: Gender Normals, Transgender People, and the Social Maintenance of Heterosexuality", *Gender and Society* 23, no. 4, 2009, pp. 440~464. 이들을 'mtf 샤먼'이라고 지칭하거나, 원래의 문화기술지적 용어인 '부드러운 남성들(soft men)'로 지칭하기보다는 '트랜스-의례자(spiritualists)'라고 부르려 한다. 이는 그들의 성공적인 트랜지션이 영적 수호자(spiritual guardians)와 공동체들에서 야기되었기 때문이다.

65. 이때의 '변경'은 영구적인 것이며 '트랜스'와 같은 의미라고 생각할 수 있다. 최남선, 「살만교차기」, 12~13쪽.

66. 최남선과 같은 방구석 연구자들은 트랜스 의례자들을 여성으로 받아들이는 것을 거부하며, 그들의 정신적 공동체가 포용한 시스젠더 사회에의 공헌과 그들의 성공적인 전환을 저평가한다.

67. 그의 불교 관련 저술에 대해서는 다음을 참조. Jongmyung Kim, "Yi Nunghwa, Buddhism, and the Modernization of Korea: A Critical Review", *Makers of Modern Korean Buddhism*, ed. Jin Y. Park, Albany: State University of New York Press, 2010, pp. 91~106.

68. 이능화는 최남선보다 스무 살이 많은 연상으로 대부분의 삶을 쇠퇴해가는 조선에서 살았다. 그는 그의 공저자보다 정치적으로는 보수적일지 몰라도, 다년간의 유교 교육을 받았다는 점을 감안해볼 때 조선의 고대 원문 역사를 보존

하는 데 최적의 인물이었고, 실제로 평생 동안 그 업을 지속했다. 이능화의 삶에 대한 글은 다음을 참조. 이능화,『조선해어화사(朝鮮解語花史)』, 한남서림, 1927, 3~4쪽. (이능화,『조선해어화사』, 동문선, 1992, 3~4쪽.)

69. 식민지 시대에도 단군에 대한 연구는 활발히 이루어졌다. 단군에 대한 가장 흥미로운 연구는 일제강점기 '샤머니즘 담론'의 토착적 비유로서의 단군으로, 김성례,「일제시대 무속 담론의 형성과 근대적 재현」 참조. 이능화는 "조선 민족은 … 천왕환웅(天王桓雄)과 단군왕검(檀君王儉)을 하늘에서 내려온 신, 혹은 신과 같은 인간이라 했다. 옛날에는 무당이 하늘에 제사하고 신을 섬겼으므로 사람들에게 존경을 받았다. 그러므로 신라에서는 무당이라는 말을 왕자(王者)의 호칭으로 삼았고, 고구려에는 사무(師巫)라는 명칭이 있었던 것이다"라고 말했다. 그는 이 문단에서 단군왕검 신화에 대한 참고문헌을 밝히지 않는다. 이는 원문의 인용일 수 있으나, 글에 표기되어 있지 않다. 이능화,「조선무속고(朝鮮巫俗考)」,『계명』 19, 1927. 5, 1쪽. (이능화, 서영대 옮김,『조선무속고: 역사로 본 한국 무속』, 창비, 2008, 71쪽.)

70. 이능화는 통일신라왕조(668~935) 유물에 대한 최근의 고고학적 발견들에 영감을 받아 '단군 연구'라는 새로운 하위 분야를 만들어낸 조선 학자들 중 하나다. 이능화와 동시대인인 신채호와 최남선은 단군 연구에 대해 가장 많은 저작을 내놓았지만, 단군신화는 다른 학자들에 의해 몇백 년 동안 연구되어왔다. 예를 들어 17세기의 유명한 개혁론자 이익은 단군이 탄생한 장소로 백두산의 신성한 지리와 주변의 환경을 연구했다. 이익, 최석기 옮김,『성호사설』, 한길사, 2002, 54~59쪽. 단군을 중심으로 한 새로운 종교인 단군교(檀君敎)와 대종교(大倧敎)는 1909년에 창시되었다. 해당 종교에 대한 추가적인 정보는 다음을 참조. 조흥윤,『한국종교문화론』, 동문선, 2002, 200~221쪽.

71. 이능화,「조선무속고」, 2쪽. (이능화,『조선무속고』, 78쪽. 번역의 일부를 수정했다─옮긴이).

72. 차차웅에 대한 연구를 위해 이능화는『삼국사기(三國史記)』를 참고했다.

73. 이능화,「조선무속고」, 2쪽. (이능화,『조선무속고』, 77~79쪽.)

74. 이능화의 샤머니즘 연구에는 그가 연구를 진행한 1927년 당시 화랑에 대해 저술된 글들을 다수 인용하고 있으며, 이 글에는『지봉유설(芝峰類說)』에 대한 자신의 글, 정약용의『아언각비(雅言覺非)』, 이규경의『무격변증설(巫覡辨證說)』이 포함되어 있다. 이는 이 주제가 1920년대에 인기 있었음을 보여준다. 이수광, 남만성 옮김,『지봉유설』, 을유문화사, 1994.

75. Jongmyung Kim, "Yi Nunghwa, Buddhism, and the Modernization of Korea."

76. 1513년은 중종 8년이다. 이능화, 「조선무속고」, 2쪽. (이능화, 『조선무속고』, 80쪽.) 이능화는 이와 더불어 1503년의 다른 관청 기록을 통해 그가 낭중이라고 발음하는 남무의 두 종류를 소개한다. 그는 그들이 화랑이라고 불리기도 한다고 했다.

77. Hyaeweol Choi, *New Women in Colonial Korea: A Sourcebook*, New York: Routledge, 2013, p. 13.

78. Muñoz, *Cruising Utopia*, p. 34.

79. Do-Hyun Han, "Shamanism, Superstition, and the Colonial Government", *Review of Korean Studies* 3, no. 1, 2000, p. 36. 샤먼들에 대한 식민주의적 수사 및 전략은 다음을 참조. 최석영, 『일제하 무속론과 식민지 권력』, 서경문화사, 1999.

80. 『동아일보』 1923년 3월 24일 자, 3면. 『동아일보』는 숭신인조합이 8천 명의 "단체 소속 무당"을 포함하고 있으며, 그들을 "일본인 소봉원작(小峯源作)이가 지배"하고 있다고 주장했다. 일본인 거류민들이 샤머니즘을 조선에 들여온다는 주장은 새로운 것이 아니었다. 약 20여 년 전, 식민지 시대가 시작될 무렵 『대한매일신보』가 유사한 주장을 했었다. 이 장의 이후 부분에는 '무당'이라는 단어를 번역하지 않고 사용함으로써 신문에서 언급된 무당의 종류를 특정하려 한다.

81. 일간지들은 숭신인조합이 경성신사에 자발적인 헌신을 보여주는 것을 표적으로 삼았다. 아마테라스 오미카미는 가장 널리 보급된 신이었으며, 그 다음으로는 메이지 천황(明治天皇)과 구니타마(國魂)의 오미카미(大御神)였다. Nakajima, "Shinto Deities That Crossed the Sea", p. 34. 신토 동화주의에 대한 면밀한 검토를 위해서는 다음을 참조. Todd A. Henry, "Spiritual Assimilation: Namsan's Shinto Shrines and Their Festival Celebrations", *Assimilating Seoul*, pp. 62~91. (토드 A. 헨리, 『서울, 권력 도시』, 122~174쪽.)

82. 「무당과 판수 취체법 문제」, 『동아일보』 1929년 10월 3일 자, 2면.

83. 주디스 (잭) 핼버스탬이 정의했듯이 "드래그 킹은 남성성을, '그 혹은 그녀의 행위(남자 드래그 킹도 가능하다)'에 포섭하는 행위자다. 드래그 킹은 단지 의복을 차려입는 것만으로도 공연이 될 수 있지만 립싱크나 에어기타, '호모', '기집애들'에 대한 저속한 농담을 할 수도 있다." Judith (Jack) Halberstam and Del

LaGrace Volcano, *The Drag King Book*, London: Serpent's Tail, 1999, p. 36.

84. 이들은 일본 식민지들 사이에 가장 공통적으로 숭배되고 있던 두 신토 신이었다.

85. 『동아일보』 1929년 10월 3일 자, 2면; 조흥윤, 『무(巫)와 민족문화』, 212쪽.

86. 마이클 펠레츠는 내가 여기서 설명하는 것과 유사한 방식으로 동남아시아의 '의례 복장 전환(transvestism)'을 여성의 자율성, 사회적 통제, 젠더 위반과 트랜스젠더 등을 위한 방법으로 설명한다. 다음을 참조. Michael Peletz, *Gender Pluralism: Southeast Asia since Early Modern Times*, New York: Routledge, 2009.

87. 1945년 이후 의례들은 가끔 한국 내 미 군정부에 정면으로 도전했던 의례들에서 더글러스 맥아더 장군과 같은 영혼들을 불러왔다. 비슷한 맥락으로, 1970년대 전후 상황에서 대한반공회는 남한의 냉전 체제에 대한 호소로 조직되었다. Tae-gon Kim, "Regional Characteristics of Korean Shamanism", p. 119.

88. Homi Bhabha, "Of Mimicry and Man: The Ambivalence of Colonial Discourse", *The Location of Culture*, New York: Routledge, pp. 121~131. (호미 바바 지음, 나병철 옮김, 『문화의 위치: 탈식민주의 문화이론』, 소명출판, 2012, 156~167쪽.)

89. Muñoz, *Cruising Utopia*, p. 55; Judith Butler, *Gender Trouble: Feminism and the Subversion of Identity*, New York: Routledge, 1990, p. 174. (주디스 버틀러, 조현준 옮김, 『젠더 트러블: 페미니즘과 정체성의 전복』, 문학동네, 2008, 151쪽.) 스제자나 조릭도 도당제(都堂祭, 도당굿)에 대한 유사한 주장을 했다. Snjezana Zoric, "The Magic of Performance in Korean Shamanic Ritual-Gut", *The Ritual Year 10: Magic in Rituals and Rituals in Magic*, ed. Tatiana Minniyakhmetova and Kamila Velkoborska, Tartu, Estonia: Innsbruck, 2015, pp. 374~375.

90. 버틀러의 젠더 수행성 모델과 호미 바바의 식민지적 혼종성과 모방 개념은 조선 샤먼들의 신토 드래그를 식민지적 저항으로 이해하도록 도와주었다. Butler, *Gender Trouble*. (주디스 버틀러, 『젠더 트러블』, 108~110쪽.); Homi Bhabha, "Remembering Fanon: Self, Psyche and the Colonial Condition", *Colonial Discourse and Post-colonial Theory: A Reader*, ed. Patrick Williams and Laura Chrisman, New York: Columbia University Press, 1994, pp. 112~124.

91. 핼버스탬의 "과도한 남성성은 규범에 대한 패러디나 노출로 전환된다"는 주장은 스스로의 자기-역량 강화(self-empowerment)를 위해 식민 지배자 판타지를 실험하는 피식민 공동체들을 분석하는 데 참고가 된다. Judith (Jack) Halberstam, *Female Masculinity*, Durham, NC: Duke University Press, 1998, pp. 3~4. (주디스 핼버스탬, 유강은 옮김, 『여성의 남성성』, 이매진, 2015, 3~4쪽.)

92. 다른 유형의 혼합주의에 대한 예시는 다음을 참조. Yu Chai-shin, "Korean Taoism and Shamanism."

93. 예시로서는 『동아일보』 1927년 12월 16일 자, 5면 참조.

94. 조흥윤, 『무(巫)와 민족문화』, 212~213, 225쪽.

95. 무라야마 지준은 샤먼적 치유 의례 등 비위생적인 의료 행위를 감시하는 공중위생법 시행을 총괄했다. "식민지 경찰에 따르면, 샤먼들은 의료법을 위반했다." Han Do-hyun, "Shamanism, Superstition, and the Colonial Government", p. 42.

96. 이들이 자치 법규를 위반했을지도 모르는 은밀한 사적 의식을 치렀는지 여부는 불분명하다.

97. 『동아일보』 1923년 3월 24일 자, 3면.

98. 이성애규범적 사회에 순응하는 것을 거부했던 샤먼들에 대한 사회적 재판들의 좋은 예시는 다음을 참조. Laurel Kendall, *The Life and Hard Times of a Korean Shaman: Of Tales and the Telling of Tales*, Honolulu: University of Hawai'i Press, 1988.

99. 비숍과 같은 유명한 여행 작가들은 샤먼들과 결혼을 했거나 관련이 있는 여성화된 남성들에 대해 "아내의 수입에 빌붙어 나태하게 사는" 유형이라며 언급했다. Bishop, *Korea and Her Neighbours*, pp. 423~425. (이사벨라 L. 버드 비숍, 신복룡 옮김, 『조선과 그 이웃 나라들』, 집문당, 2000, 397~399쪽. 저자의 의도에 맞추어 번역을 수정했다―옮긴이).

100. 『조선중앙일보』는 불교 승려와 여성 샤먼의 혼인 '스캔들'이 "세인을 아연케 하고 있다"고 말하며, "여사한 주지가 이 밖에도 있지 않은가 하여 감시의 눈을 빛내고 있다"고 경고했다. 「무당과 중이 공모 꿩 먹고 알 먹고 미신으로 혹세무민」, 『조선중앙일보』 1935년 4월 19일 자, 7면.

101. "대동군 임원면 노청리 두타사 주지 윤석한(38, 가명)은 불교도로서 금제(禁制)인 무녀 정녀화(32)를 아내로 삼"았다. 「무당과 중이 공모 꿩 먹고 알 먹고

미신으로 혹세무민」, 『조선중앙일보』 1935년 4월 19일 자, 7면.

102. 기자들은 여자 샤먼들이 남자 의례자들과 연관될 때마다 이러한 의례 전문가들에게 여성적이지 않고 불결한 특성을 부여함으로써 여성의 정신적 성도착을 풍자하는 것을 즐겼다. 앤 맥클린톡은 식민지 주체들의 성적 묘사에 대한 글들을 '포르노트로픽스(pornotropics)'라고 지칭한다. Anne McClintock, *Imperial Leather: Race, Gender, and Sexuality in the Colonial Contest*, New York: Routledge, 1995, p. 22.

103. '여성 문제'에 대해서는 다음을 참조. Hyaeweol Choi, *New Women in Colonial Korea*; 윤난지, 「무속과 여성에 관한 연구」, 이화여자대학교 석사학위 논문, 1978.

104. 『동아일보』 1934년 3월 3일 자, 6면.

105. 『조선중앙일보』 1934년 11월 27일 자.

106. 전라북도 경찰청장이 샤먼들과 짜고 친다는 의심도 있었다. 『동아일보』 1921년 5월 17일 자, 3면. 다른 예로는 『동아일보』 1921년 11월 21일 자, 1면.

107. 「무지민중을 기만하는 미신업자 삼천여 명」, 『동아일보』, 1933년 11월 11일 자, 3면.

108. 1920년대에 한국 신문들은 식민지 인구와 관련한 여성의 재생산 역할에 대해 점점 더 많이 논의했다. 모성 담론은 전미경, 「1920-30년대 '모성 담론'에 관한 연구: 『신여성』에 나타난 어머니 교육을 중심으로」, 『한국가정과교육학회지』 17(2), 2005, 95~112쪽; 여성과 식민지적 노동에 관해서는 정진성, 「식민지 자본주의화 과정에서의 여성 노동의 변모」, 『한국여성학』 4(1), 1988, 49~100쪽 등을 참조.

109. 언급된 순서에 따른 1차 자료는 다음과 같다. 「애자(愛子) 정신병 이용 위조금 불로 편재」, 『동아일보』 1929년 6월 26일 자, 2면; 「무당과 판수 취체법 문제」, 『동아일보』 1929년 10월 3일 자, 2면; 「천도교회의 분규」, 『동아일보』 1922년 4월 9일 자, 3면; 「밤에는 칭칭 노리 낮에는 불공 기도」, 『동아일보』 1932년 3월 5일 자, 3면.

110. 『동아일보(광주)』 1933년 11월 11일 자, 3면.

111. 『동아일보』 1923년 7월 13일 자, 3면.

112. 샤머니즘을 집중적으로 억압하기 위한 법령은 다음을 참조. Martina Deuchler, *The Confucian Transformation of Korea: A Study of Society and Ideology*, Yenching Institute Monograph Series, Cambridge, MA: Harvard

University Press, 1992, p. 260. (마르티나 도이힐러, 이훈상 옮김, 『한국의 유교화 과정: 신유학은 한국 사회를 어떻게 바꾸었나』, 너머북스, 2013, 243쪽.)

113. 식민지적 협력 정치의 일부로서의 샤머니즘은 다음을 참조. 강영심, 『일제 시기 근대적 일상과 식민지 문화』, 이화여자대학교 출판부, 2008, 161쪽.

114. 김성례의 연구에서 상당 부분이 이 지점을 잘 보여주고 있다. 그는 1948년 제주 4·3 사건 이후 샤먼 공동체들과 함께 보상 및 회복 작업을 지속해왔다.

115. 무뇨스는 수행은 변화의 의례이며, 이러한 변화는 정치적 개혁을 야기할 수 있다고 주장한다. José Esteban Muñoz, *Disidentifications: Queers of Color and the Performance of Politics*, Minneapolis: University of Minnesota Press, 1999, p. x, xiv, 13.

116. 조선의 샤머니즘에 대한 논문들이 출판된 1년 후인 1928년에, 최남선과 이능화는 고적조사위원회에 위촉되었다. 몇 년 후, 숭신인조합은 출현한 것만큼이나 빠르게 신기하게도 해체되었다. 김태곤, 「한국 무속연구사 서술방법에 대하여」, 『비교민속학』 12, 1995, 319~330쪽.

117. 무뇨스는 자신의 아름다운 책 *Cruising Utopia*에서, "이성애-선형적 시간 안에 살면서 또 다른 시간과 장소를 묻고, 욕망하고, 상상하는 것은 유토피아적이면서도 퀴어한 욕망을 표현하고 수행하는 것이다"라고 밝힌다. 나는 과거의 상황에서 무당이 고군분투하는 동안, 그들의 독특한 시간성(temporality)은 퀴어한 시간이라는 것을 강조하려 한다. 퀴어한 시간이란 잠재력, 약속, 엑스터시, 유토피아적 지평을 제공하는 변증법적 명령을 통해 역사화하는 과거로의 창조적 회귀를 의미한다. Muñoz, *Cruising Utopia*, pp. 26~28.

118. Liu, *Queer Marxism in Two Chinas*, p. 120.

119. Liu, *Queer Marxism in Two Chinas*, p. 123.

제2장 이성애 제국에서 퀴어의 시간을 이야기하기: 이상의 「날개」(1936)

1. 佐野正人, 「韓國モダニズムの位相: 李箱詩と安西冬衛をめぐって」, 『昭和文學硏究』 25, 1992, 31쪽.

2. Sone Seunghee, "The Mirror Motif in the Crow's-Eye View (Ogamdo) Poems", *Seoul Journal of Korean Studies* 29, no. 1, 2016, p. 201.

3. 임종국, 「세상을 거꾸로 살았던, 이상」, 신경림 외, 『한국의 괴짜』, 사회발전연구소, 1983, 157~159쪽.

4. 崔眞碩, 「近代を脱する: 李箱『倦怠』論」, 『社會文學』 42, 2015, 44쪽.

5. 川村湊, 「李箱の京城: 1930年代の"文學都市"ソウル」, 『朝鮮史研究會論文集』 30, 1992, 5쪽.

6. 李福淑, 「李箱の詩におけるモダニティ: その斷絶性について」, 『比較文學研究』 52, 1987, 128쪽.

7. 三枝壽勝, 「李箱のモダニズム: その成立と限界」, 『朝鮮學報』 141, 1991, 117쪽.

8. Michael Gregory Stephens, *The Dramaturgy of Style: Voice in Short Fiction*, Carbondale: Southern Illinois University, 1986, p. 1.

9. Stephens, *The Dramaturgy of Style*, p. 1.

10. 헨리 엠이 지적하듯, 이상은 '18'이라는 숫자를 한국어 속어 '시팔'의 동음이의어로 사용하고 있다. Henry Em, "Yi Sang's *Wings* Read as Anti-Colonial Allegory", *Muæ: A Journal of Transcultural Production*, ed. Walter K. Lew, New York: Kaya Production, 1996, p. 111. 또한 김윤식 편, 『이상 문학 전집』 제2권, 문학사상사, 1991, 344~345쪽, 7번 주 참조.

11. 김우창, 「일제하의 작가의 상황」, 『궁핍한 시대의 시인』, 민음사, 1977, 21쪽.

12. 長璋吉, 『朝鮮·言葉·人間』, 東京: 河出書房新社, 1989, 338쪽.

13. Christopher P. Hanscom, "Modernism, Hysteria, and the Colonial Double Bind: Pak T'aewŏn's One Day in the Life of the Author, Mr. Kubo", *Positions: East Asia Cultures Critique* 21, 2013, p. 620.

14. 한국 소설에 관한 더 많은 시대착오적 '퀴어' 독해에 관해서는 John Whittier Treat, "Introduction to Yi Kwang-su's 'Maybe Love'", *Azalea* 4, 2011, pp. 315~320 참조.

15. Walter K. Lew, "Jean Cocteau in the Looking Glass", *Muæ: A Journal of Transcultural Production*, p. 119.

16. Wayne Koestenbaum, *Double Talk: The Erotics of Male Collaboration*, New York: Routledge, 1989, p. 8.

17. Lew, "Jean Cocteau in the Looking Glass", p. 120.

18. Lew, "Jean Cocteau in the Looking Glass", p. 121.

19. Lew, "Jean Cocteau in the Looking Glass", p. 122.

20. Lauren Berlant, *Cruel Optimism*, Durham, NC: Duke University Press, 2011, p. 123.

21. Lew, "Jean Cocteau in the Looking Glass", p. 122.

22. Lew, "Jean Cocteau in the Looking Glass", p. 124.

23. Lew, "Jean Cocteau in the Looking Glass", p. 125.

24. Lew, "Jean Cocteau in the Looking Glass", pp. 130~132, p. 136.

25. Lew, "Jean Cocteau in the Looking Glass", p. 140.

26. Lew, "Untitled Essay", *Muæ: A Journal of Transcultural Production*, p. 72.

27. Em, "Yi Sang's *Wings* Read as an Anti-Colonial Allegory", pp. 105~106.

28. Judith (Jack) Halberstam, *In a Queer Time and Place: Transgender Bodies, Subcultural Lives*, New York: New York University Press, 2005, p. 1.

29. Kane Race, *Pleasure Consuming Medicine: The Queer Politics of Drugs* Durham & London: Duke University Press, 2009, p. 32, p. 113.

30. Race, *Pleasure Consuming Medicine*, p. 2.

31. Race, *Pleasure Consuming Medicine*, pp. 4~5.

32. Judith (Jack) Halberstam, in Dinshaw, et al., "Theorizing Queer Temporalities: A Roundtable Discussion", *GLQ* 13, no. 2, 2007, p. 182.

33. Halberstam, *In a Queer Time and Place*, p. 152.

34. Halberstam, *In a Queer Time and Place*, p. 2.

35. José Esteban Muñoz, *Cruising Utopia: The Then and There of Queer Futurity*, New York: New York University Press, 2009, p. 11.

36. Muñoz, *Cruising Utopia*, p. 91.

37. Muñoz, *Cruising Utopia*, p. 1.

38. Muñoz, *Cruising Utopia*, p. 3.

39. John Whittier Treat, "Returning to Altman: Same-Sex Marriage and the Apparitional Child", *After Homosexual: The Legacies of Gay Liberation*, Perth, WA: University of Western Australia Press, 2013, pp. 276~277.

40. 川村湊, 「李箱の京城: 1930年代の"文學都市"ソウル」, 11쪽.

41. 佐野正人, 「韓國モダニズムの位相: 李箱詩と安西冬衛をめぐって─」, 92쪽.

42. Muñoz, *Cruising Utopia*, p. 22, p. 26.

43. Muñoz, *Cruising Utopia*, p. 64.

44. 長璋吉, 『朝鮮·言葉·人間』, 339쪽; Won-shik, Choi, "Seoul, Tokyo, New York: Modern Korean Literature Seen through Yi Sang's "Lost Flowers", trans. Janet Poole, *Korea Journal* 39, 1999, p. 133. (최원식, 「서울, 東京, New York: 이상의 '실화(失花)'를 통해 본 한국 근대문학의 일각(一角)」, 『문학의 귀환』, 창비, 2001.) (이상, 「김기림에게 보내는 편지 (5)」, 『이상 전집』 제4권, 권영민 편,

태학사, 2013, 170쪽.)

45. John M. Frankl, "Distance as Anti-Nostalgia: Memory, Identity, and Rural Korea in Yi Sang's "Ennui", *Journal of Korean Studies* 17, 2012, p. 43. (이상, 「동경」, 『이상 전집』 제4권, 159쪽.)

46. 예컨대 김윤식, 「서울과 동경 사이: 절망의 새로운 표정」, 『이상 연구』, 문학사상사, 1987 참조.

47. Muñoz, *Cruising Utopia*, pp. 72~73.

48. Walter Benjamin, "Some Motifs in Baudelaire", trans. Harry Zohn, *Illuminations*, ed. Hannah Arend, New York: Harcourt, Brace and World, 1968, p. 174. (발터 벤야민, 김영옥·황현산 옮김, 「보들레르의 몇 가지 모티프에 관하여」, 『보들레르의 작품에 나타난 제2제정기의 파리·보들레르의 몇 가지 모티프에 관하여 외』, 길, 2010, 211쪽. 저자의 의도에 맞추어 번역을 수정했다—옮긴이).

49. Fredric Jameson, "Modernism and Imperialism", *Nationalism, Colonialism, and Literature*, ed. Terry Eagleton, Fredric Jameson, and Edward W. Said, Minneapolis: University of Minnesota Press, 1990, p. 44. (프레드릭 제임슨, 김준환 옮김, 「모더니즘과 제국주의」, 테리 이글턴·프레드릭 제임슨·에드워드 W. 사이드, 『민족주의, 식민주의, 문학: 이글턴, 제임슨, 사이드의 식민지 아일랜즈 모더니즘 다시 읽기』, 인간사랑, 2011, 75쪽.)

50. Jameson, "Modernism and Imperialism", p. 91. (프레드릭 제임슨, 김준환 옮김, 「모더니즘과 제국주의」, 106쪽. 번역을 일부 수정했다—옮긴이).

51. 長璋吉, 『朝鮮·言葉·人間』, 339쪽. (이상, 「김기림에게 보내는 편지 (6)」, 『이상 전집』 제4권, 171쪽.)

52. Janet Poole, *When the Future Disappears*, New York: Columbia University Press, 2014, p. 44; 김우창, 「일제하의 작가의 상황」, 20~22쪽.

53. Em, "Yi Sang's *Wings* Read as an Anti-Colonial Allegory", p. 106.

54. Tan Hoang Nguyen, in Dinshaw et al., "Theorizing Queer Temporalities", 특히 p. 192 참조.

55. Em, "Yi Sang's *Wings* Read as an Anti-Colonial Allegory", p. 108.

56. Elizabeth Grosz, "Thinking the New: Of Futures Yet Unthought", *Becomings: Explorations in Time, Memory, and Futures*, ed. Elizabeth Grosz, Ithaca, New York: Cornell University Press, 1999, p. 18.

57. Henning Bech, *When Men Meet: Homosexuality and Modernity*, Chicago: University of Chicago Press, 1997, pp. 158~159.

58. 崔眞碩, 「近代を脱する: 李箱『倦怠』論」, 33쪽.

59. 鄭百秀, 『日韓近代文學の交差と斷絶: 二項對立に抗し』, 東京: 明石書店, 2013, 68쪽.

60. 목록 전체는 다음을 참조. http://www.kinenote.com/main/award/kinejun/y1928.aspx. 이 참고사항에 대해 애런 게로(Aaron Gerow)에게 감사를 표한다.

61. Poole, *When the Future Disappears*, p. 1.

62. Muñoz, *Cruising Utopia*, p. 1.

63. Frankl, "Distance as Anti-Nostalgia", p. 40.

64. 엘리자베스 프리먼에 따르면 시간규범성은 "최대 생산성을 목표로 개인의 신체를 조직하는 시간 사용"으로 정의된다. Elizabeth Freeman, *Time Binds*, Durham, NC: Duke University Press, 2010, p. 3.

65. Halberstam, *In a Queer Time and Place*, p. 4. 강조는 필자.

66. Tom Boellstorff, "When Marriage Fails: Queer Coincidences in Straight Time", *GLQ* 13, nos. 2~3, 2007, p. 228. 삽입은 필자.

67. Judith (Jack) Halberstam, *The Queer Art of Failure*, Durham, NC: Duke University Press, 2011, p. 3.

제3장 사랑을 문제화하기: 식민지 조선의 친밀성 사건과 동성 간 사랑

1. 예컨대 일본의 후쿠자와 유키치(福澤諭吉, 1835~1901)는 잔존하던 유교주의 자들의 비판에 맞서 새로운 교육을 옹호하면서 사회관계와 도덕성에 대한 자신의 사유를 제시했다. 한국에서는 이광수(1892~1950)가 조선의 '진보'를 가로막는 걸림돌인 유교적 도덕률의 경직성과 중국 문화에의 '의존' 등을 강력히 비판했다. 그는 "종래 조선 문학은 산문·운문을 물론하고 반드시 유교 도덕으로 골자를 삼"았다고 썼다. 루쉰(魯迅, 1881~1936)은 그의 유명한 소설 『광인일기(狂人日記)』에서 중국 유교 문화의 억압적 특성을 가리켜 강자가 약자를 잡아먹는 '식인(食人)' 사회라고 규탄했다. 카니발리즘(cannibalism)의 증거를 찾기 위해 고문헌을 탐독하는 광인의 모습은 전통 유학에 대한 하나의 패러디다. 福澤諭吉, 「德育如何」, 『福澤諭吉全集』 5, 東京: 岩波書店, 1959, 349~364쪽; Yi Kwang-su, "What is Literature?", trans. Rhee Jooyeon, *Azalea* 4, 2011, pp. 293~313. (이광수, 「문학이란 하(何)오」, 『이광수 전집』 제1권, 삼중당, 1962, 506~519쪽.); 魯迅, 「狂人日記」, 『新靑年』, 1918. 5. (루쉰, 정석원 옮김, 「광인일

기」, 『아Q정전·광인일기』, 문예출판사, 2006.)

2. 이 주제와 관련된 연구에 대해서는 다음을 참조. Mark J. McLelland and Vera C. Mackie, eds., *Routledge Handbook of Sexuality Studies in East Asia*, New York: Routledge, 2015; Michiko Suzuki, *Becoming Modern Women: Love and Female Identity in Prewar Japanese Literature and Culture*, Stanford, CA: Stanford University Press, 2009; Sabine Frühstück, *Colonizing Sex: Sexology and Social Control in Modern Japan*, Berkeley: University of California Press, 2003; 권보드래, 『연애의 시대: 1920년대 초반의 문화와 유행』, 현실문화연구, 2003; 서지영, 『역사에 사랑을 묻다: 한국 문화와 사랑의 계보학』, 이숲, 2011; 洪郁如, 『近代臺灣女性史: 日本の植民地統治と'新女性'の誕生』, 東京: 勁草書房, 2001; Haiyan Lee, *Revolution of the Heart: A Genealogy of Love in China, 1900–1950*, Stanford, CA: Stanford University Press, 2007.

3. 자유결혼과 자유연애 담론이 등장하기 이전에, 조혼과 과부의 재혼을 포함한 결혼 문제가 1894년 갑오개혁에 의해 법적으로 개혁되었으며, 이는 전통적인 사회관계를 변화시켰다.

4. 엘리자베스 포비넬리의 설명에 따르면, 친밀성 사건은 관계의 경계를 흐릿하게 만드는 사랑 담론을 통해 상이한 젠더들과 사회적 계급들뿐 아니라 식민자와 피식민자의 관계가 재조정되는 통치의 위계적 피라미드를 말한다. 이러한 사회적 위계를 식민 통치 및 근대화 실천에 연결시키는 것은 자신과 타자 사이의 규범적으로 수용 가능한 관계를 이루어내는 매우 개인화된(personalized) 기획이다. Elizabeth Povinelli, *The Empire of Love: Toward a Theory of Intimacy, Genealogy, and Carnality*, Durham, NC: Duke University Press, 2006, pp. 3~4.

5. Kwon Boduerae, "The Paradoxical Structure of Modern 'Love' in Korea: Yeonae and Its Possibilities", *Korea Journal* 45, no. 3, 2005, p. 204.

6. 권보드래, 『연애의 시대』, 218쪽. 권보드래는 이인직의 「혈(血)의 누(淚)」(1906)와 같은, 1900년대에 창작된 유명한 신소설 작품들을 검토하면서 이렇게 주장했다. 「혈의 누」에서 주인공 옥련의 혼인은 전통적인 중매결혼도, 자유롭고 낭만적인 결혼도 아니다.

7. 권보드래, 『연애의 시대』, 15~16쪽.

8. 정혜영·류종렬, 「근대의 성립과 '연애'의 발견: 1920년대 문학에 나타난 '처녀성' 성립 과정을 중심으로」, 『한국현대문학연구』 18, 2005, 227~251쪽.

9. 스즈키 미치코(鈴木美智子)의 연구에 따르면, 엘렌 케이의 저작에 표명된 근대적 사랑 이데올로기의 두 가지 중요한 측면은 다음과 같이 설명될 수 있다. 첫째, 사랑은 여성의 자아(selfhood), 즉 궁극적으로 자신의 진정한 정체성으로 이어지는 자기 계발 과정에 필수적이다. 케이의 관점에서 볼 때, 개인과 인류 양자는 사랑을 통해 하나가 될 수 있으며 완성에 이를 수 있다. 둘째, 사랑은 개인을 완성시키는 정신적이면서 동시에 성적인 경험이다. 케이의 요지는 진정한 사랑이란 정신적이거나 플라토닉한 사랑이 성적 사랑보다 우월하다는 식의 위계적 틀을 따르는 것이 아니라, 반드시 이 두 가지를 결합한 것이어야 한다는 점이다. 사랑에 대한 이러한 생각은 섹스/젠더 차이 및 평등을 정의하고 형성하는 데 기여하는 하나의 이상(ideal)이 되었다. 비록 남성은 성적 욕망을 통해 사랑을 처음 경험한다고 이해되며 여성은 성적 사랑에 눈을 뜨기 전에 정신적 사랑을 느끼는 것으로 인식되긴 했지만, 남성과 여성 양자는 근대적 자아(self)로 나아가고 그것을 획득하기 위해 정신적 사랑과 성적 사랑을 모두 경험해야 했다. Suzuki, *Becoming Modern Women*, pp. 13~14.

10. 서지영, 『역사에 사랑을 묻다』, 229쪽.

11. 구리야가와 하쿠손(厨川白村, 1880~1923)은 동아시아에서 광범하게 유통되고 번역되었던 『근대의 연애관(近代の戀愛觀)』(1922)을 쓴 일본의 작가이자 문학 평론가다.

12. 김동인, 「김연실전」, 『문장』 1(2), 1939. 3, 33~35쪽, 40쪽.

13. Hyaeweol Choi, "Wise Mother, Good Wife: A Transcultural Discursive Construct in Modern Korea", *Journal of Korean Studies* 14, no. 1, 2009, pp. 1~34.

14. 결혼, 친족, 재생산 건강을 규제하는 사랑에 대한 국가 테크놀로지와 관련된 더 자세한 설명은 다음을 참조. Sonia Ryang, *Love in Modern Japan: Its Estrangement from Self, Sex and Society*, London: Routledge, 2006.

15. Kōjin Karatani, *Origins of Modern Japanese Literature*, Durham, NC: Duke University Press, 1993, p. 79. (가라타니 고진, 박유하 옮김, 『일본 근대문학의 기원』, 도서출판 b, 2010, 112~113쪽.)

16. Kwon Boduerae, "The Paradoxical Structure of Modern 'Love' in Korea", p. 192에서 재인용. (최남선, 「ABC계(契)」, 『소년』 3(7), 1910. 7, 20쪽.)

17. 버사 M. 클레이의 본명은 샬럿 메리 브레임(Charlotte Mary Brame, 1836~1884)이다.

18. 『매일신보』 1913년 5월 9일 자, 3면.

19. 계몽기에 출현한 신소설은 신문의 보급 및 유통 증가에 따라 추진력을 얻었다. 『한국신소설전집』(1968) 등의 연구 성과에서는 이인직이 소설을 처음 발표한 때부터 이광수가 『무정』을 발표한 때인 1900~1917년을 신소설의 시대로 규정한다.

20. 조중환은 두 일본 소설 『오노가쓰미』와 『곤지키야샤』의 번안에 대한 자신의 생각을 직접 글로 표현하기도 했다. 조선에 소설을 정립시키기 위해, 그는 식민지 맥락에 맞춰 배경 설정과 인물 이름을 바꿨다. 조중환, 「번역 회고: 『장한몽』과 『쌍옥루』」, 『삼천리』 6(9), 1934. 9, 234쪽 참조.

21. 조중환의 번역/번안에 대한 보다 자세한 설명은 다음을 참조. 박진영, 「일재 조중환과 번안소설의 시대」, 『민족문학사연구』 26, 2004, 199~230쪽.

22. 이광수의 『재생』은 1924년 11월 9일부터 1925년 9월 28일까지 총 218회에 걸쳐 『동아일보』에 연재되었다. 여기에서 나의 논의는 이 원래 연재본에 기초한다. 『곤지키야샤』, 『장한몽』, 『재생』 사이의 주목할 만한 관계에 대해서는 다음을 참조. 서영채, 「자기희생의 구조: 이광수의 『재생』과 오자키 고요의 『금색야차』」, 『민족문화연구』 58, 2013, 207~242쪽. 또한 이광수와 동시대인인 김동인도 『재생』이 『곤지키야샤』로부터 큰 영향을 받았다고 지적한 바 있다. 김동인, 「춘원 연구 (7)」, 『삼천리』 7(6), 1935. 7, 263~264쪽 참조.

23. 사에키 준코와 야나부 아키라(柳父章)에 따르면, 에도 시대 문학에서 사랑의 특성은 '이로(에로스)', '고이(戀, 끌림/열정)', '죠(情, 정서/감정)' 같은 상이한 단어들로 표현되었다. 그러나 성적 관계가 묘사될 때에는 가장 일반적으로 '이로'가 사용되었다. 메이지 시대 후기 문학에 이르러, 성적인 것을 넘어 연인들 사이의 로맨스를 나타낼 때 '아이'와 '렌아이'가 '이로'를 대체하기 시작했다. 관계의 순수한 정신적 특성이 강조될 때에는 영어 단어 '러브'를 가타카나로 옮긴 '라부'가 쓰였다. 佐伯順子, 『'色'と'愛'の比較文化史』, 東京: 岩波書店, 1998, 7~31쪽; 柳父章, 『愛』, 東京: 三省堂, 2001.

24. 몇 가지만 꼽아보면, 이러한 새로운 개념들에는 '자유', '평등', '혁명', '문명' 등이 포함된다.

25. 김기진은 유명한 영어 표현인 'Love is best'의 사색적(speculative) 특성에 대해 논한 바 있다. 그는 다음과 같이 쓴다. "'Love is best'라고 하는 놈도 한가한 녀석이겠지마는, 그렇다고 연애라는 것을 일종 감정의 유희라든가 혹은 프티 · 뿌르즈와의 감정의 소산물이라는 말은 너무도 인생에 대한 편견일 것이다.

경우에 의해서 이와 같은 말이 사용될 때는 많겠지만, 그렇다고 전부가 다 그럴 리는 없겠다. 마음의 폐허에 사는, 불쌍한 다대수의 인류에는, 사랑의 기갈이 든 사람이 얼마나 많으냐. 사랑-. 그것도 역시 처지가 같고, 이상이 같고, 그러한 뒤에 성립되는 사랑은 '완전'에 가깝다고 이를 것이다. 그러므로 결국은 '사랑'이라는 것도 생활 수단에 지나지 못한다. 러브·이스·뻬스트·라는 사람이야말로 미친 사람일 것이다./ 사랑에도 공상적 사랑이 있다. 실현성이 많은 이상적 사랑이 있다. 거기의 이상적과 공상적과의 사이는 거리가 멀다." 김기진, 「마음의 폐허, 겨울에 서서」, 『개벽』 42, 1923. 12, 132쪽.

26. Suh Ji-young, "Collision of Modern Desires: Nationalism and Female Sexuality in Colonial Korea", *Review of Korean Studies* 5, no. 2, 2002, pp. 111~132.

27. Kath Weston, *Families We Choose: Lesbians, Gays, Kinship*, New York: Columbia University Press, 1991, p. 110.

28. Povinelli, *The Empire of Love*, pp. 191~193.

29. 일본의 사회학자 후루카와 마코토(古川誠)에 따르면, '도세이아이'라는 합성어가 언제 처음 사용되었는지를 확정하기란 쉽지 않지만, 아마도 1922년경 성과학 텍스트에서 처음 등장한 것으로 보인다. 나아가 '도세이아이'가 동성 간 사랑이나 욕망을 가리키는 주요 용어로 확립되기 이전인 1910년대에는, '도세이노아이(同性の愛)', '도세이노렌(同性の戀)', '도세이렌아이(同性戀愛)' 등의 합성어가 공적 매체에 등장했다. 이러한 합성어가 1910년대에 '난쇼쿠(男色)' 같은 기존의 용어를 대체했으며, 주로 남성들 간의 에로티시즘을 지칭했다는 사실은 주목될 필요가 있다. 이후 이 합성어는 동성 간의 모든 사랑을 아우르는 것이 되었다. 그리고 1930년대 동안 이 단어는 점점 여성들 간의 관계, 성, 사랑을 명시하는 단어로 바뀌었다. 古川誠, 「同性'愛'考」, 『Imago』 6(11), 1995, 201~207쪽; 古川誠, 「セクシュアリティの變容: 近代日本の同性愛をめぐる3つのコード」, 『日美女性ジャーナル』 17, 1994, 29~55쪽; Gregory M. Pflugfelder, *Cartographies of Desire: Male-Male Sexuality in Japanese Discourse, 1600–1950*, Berkeley: University of California Press, 1999.

30. 신지연, 「1920–30년대 '동성(연)애' 관련 기사의 수사적 맥락」, 『민족문화연구』 45, 2006, 265~292쪽 참조.

31. 정석태, 「성욕의 생리와 심리」, 『별건곤』 19, 1928. 2, 64쪽.

32. 김윤경, 「성교육의 주창」, 『동광』 11, 1927. 3, 27쪽.

33. 이석윤, 「동성애 만담 (1)」, 『동아일보』 1932년 3월 17일 자, 5면.

34. 글에서 이석윤이 언급하는 동성 간의 동반 자살은 1931년 4월에 일어난 홍옥임과 김용주의 죽음을 가리킨다. 나는 이 사건을 뒤에서 다시 논의할 것이다.

35. 원문은 다음과 같다. "동성 간의 동성애는 이조시대(李朝時代)에 있어서 성황 '클라이막쓰'에 달했었다 한다. 소위 '남색'이라는 것인데 탐관오리들의 사이에 자기의 애첩을 상사에 제공함으로써 출세를 꾀하는 따위와 마찬가지로 '남색'은 그 시대에 있어서는 출세의 무기 밑천이었었다 한다. 문무양반을 물론하고 실력은 없더라도 '남색'의 노예 되기에 굴복하면 용이히 목적하는 벼슬을 얻고 소위 '입신양명'을 할 수 있었다는 것이다./ 여기 대하여는 필자에게 문헌이 없으므로 실례를 들어 구체적으로 기술할 수는 없으나 이조시대에 있어서의 '남색'은 저-멀리 '희랍'의 문화에 큰 역할을 했다는 '남성(男性)'과 어지간히 대등될 만할 것이다./ 이조시대의 소위 '오입장이'란 것은 '이성(異性)'의 에로 섭린자(涉猜者)(섭렵자(涉獵者)의 오식인 듯하다—옮긴이)가 아니요 곧 남색 남성애의 엽색자(獵索者)요 실행자를 일컬었다 하니 놀라지 않을 수 없다. 이 시대의 흥미 있는 남성 간의 동성애에 대하여는 후일 깊이 연구한 후에 쓰려고 한다." JaHyun Kim Haboush, ed., *Epistolary Korea: Letters from the Communicative Space of the Chosŏn, 1392–1910*, New York: Columbia University Press, 2009, pp. 243~244에서 재인용. (이석윤, 「동성애 만담 (2)」, 『동아일보』 1932년 3월 19일 자, 5면.)

36. 많은 다른 지식인들과 마찬가지로 김여제는 이 문제를 다루기 위해 여러 근대적 사회제도를 동원한다. 그는 다음과 같이 말한다. "그러면 우리는 동성연애란 것에 대하여 어떠한 태도를 취할 것인가? 동성연애는 한 누추한 풍습이요, 말세기적(末世紀的) 죄악이라고 해서 단순히 타기해버리고 말 것인가. 우리는 이 문제에 대하여서도 좀 더 과학적으로 연구를 해보고 좀 더 공평한 태도를 취할 필요가 있다고 합니다. 부모 되는 이는 물론이요 교육가 종교가 법률가 학자 문인 기타 일반 사회 지도자들은 마땅히 이 문제에 대하여 좀 더 깊은 이해를 가져야 할 것입니다." 김여제, 「동성연애」, 『조광』 3(3), 1937. 3, 288~294쪽 참조. (본문에 나오는 문장은 288쪽에서, 주석에 나오는 문장은 294쪽에서 인용한 것이다—옮긴이).

37. 김여제, 「동성연애」, 294쪽.

38. 김여제, 「동성연애」, 294쪽.

39. Judith (Jack) Halberstam, *In a Queer Time and Place: Transgender Bodies,*

Subcultural Lives, New York: New York University Press, 2005.

40. 이 절에서 논의하는 남성 간의 사랑에 관한 여러 텍스트들을 소개하고 제안해준 가브리엘 실비안(Gabriel Sylvian)에게 감사를 전한다.

41. 백악, 「동정(同情)의 누(淚) (2)」, 『학지광』 20, 1920. 7, 79쪽.

42. 이정숙, 「1910~20년대의 '동성애' 모티프 소설 연구」, 『한성어문학』 26, 2007, 371쪽.

43. 김현주, 「문학·예술교육과 '동정'」, 『상허학보』 12, 2004, 167~194쪽.

44. 외배, 「동정(同情)」, 『청춘』 3, 1914. 12, 57~58쪽.

45. 서영채, 『사랑의 문법: 이광수, 염상섭, 이상』, 민음사, 2004, 167쪽.

46. 波田野節子, 『李光洙·『無情』の硏究: 韓國啓蒙文學の光と影』, 東京: 白帝社, 2008, 303쪽.

47. 이러한 작품들로는 다음과 같은 소설들이 있다. 이보경, 「아이카(愛か)」, 『시로가네가쿠호(白金學報)』, 1909. 12. (이광수, 「사랑인가」, 김윤식 편역, 『이광수의 일어 창작 및 산문선』, 역락, 2007.); 춘원, 「소년의 비애」, 『청춘』 8, 1917. 6; 외배, 「어린 벗에게」, 『청춘』 9~11, 1917. 7~11; 춘원, 「방황」, 『청춘』 12, 1918. 3; 춘원, 「윤광호」, 『청춘』 13, 1918. 4; 춘원, 「H군의게」, 『창조』 7, 1920. 7 등. 이정숙, 「1910~20년대의 '동성애' 모티프 소설 연구」, 366쪽 참조. 문학평론가 김동인은 이 가운데 몇몇 작품을 가리켜 동성 간 사랑을 다룬 것이라고 말한 바 있다. 김동인, 「춘원 연구 (2)」, 『삼천리』 6(8), 1934. 8, 146~149쪽. (이보경, 춘원, 외배는 각각 이광수의 아명, 호, 필명이다―옮긴이).

48. 다음의 논의들을 참고할 것. John Whittier Treat, "Introduction to Yi Gwang-su's 'Maybe Love' (Ai ka, 1909)", *Azalea* 4, 2011, p. 318; 이정숙, 「1910~20년대의 '동성애' 모티프 소설 연구」, 374쪽; 임은희, 「탈주하는 성, 한국 현대소설」, 『한국문학이론과 비평』 47, 2010, 238~239쪽.

49. 미사오와 P의 아름다운 외모와 목소리는 문길과 광호에게 열등감을 불러일으킨다. 이 단편소설들의 배경은 동경의 한 학교다. 「아이카」의 미사오는 명백하게 일본인으로 식별되지만, 「윤광호」의 P는 인종이 확인되지 않는다. 나는 여기에서 P가 윤광호에 비해 신체적으로 우월하다는 점에 착안해 P가 일본인일 가능성이 있다고 파악한 이성희의 논의를 따르고자 한다. 이성희, 「이광수 초기 단편에 나타난 '동성애' 고찰」, 『관악어문연구』 30, 2005, 267~289쪽. 그러나 혹자는 김준원과 젊은 일본 남성이라는 또 다른 짝이 소설에서 정반대의 예로 제시된다고 주장할 수도 있다. 준원은 젊은 일본 남성이 미친 듯 사랑에

빠지는 '미소년'이기 때문이다. 두 경우 모두에서 선천적인 외모의 아름다움이 후천적인 재능을 이긴다. 나는 이것을 일종의 인종적 상징으로 독해한다.

50. "나를 사랑함으로써 백인 여성은 내가 백인의 사랑을 받을 자격이 있음을 증명한다. 나는 백인 남성처럼 사랑받고 있다. 나는 백인 남성이다." Frantz Fanon, *Black Skin, White Masks*, New York: Grove Press, 2008, p. 45. (프란 츠 파농, 노서경 옮김, 『검은 피부, 하얀 가면』, 문학동네, 2014, 63쪽. 번역의 일 부를 수정했다—옮긴이). Ashis Nandy, *The Intimate Enemy: Loss and Recovery of Self Under Colonialism*, Delhi: Oxford University Press, 1983. (아시스 난 디, 이옥순·이정진 옮김, 『친밀한 적: 식민주의하의 자아 상실과 회복』, 창비, 2015.)

51. 박영희, 「문학상으로 본 이광수」, 『개벽』 55, 1925. 1, 86쪽 참조.

52. 이광수, 「내 소설과 모델」, 『삼천리』 6, 1930. 5, 64쪽 참조.

53. Treat, "Introduction to Yi Gwang-su's 'Maybe Love'", p. 320.

54. Ann Sung-hi Lee, *Yi Kwang-su and Modern Korean Literature: Mujong*, Ithaca, New York: Cornell East Asia Program, 2005, p. 148. (이광수, 『무정』, 문학과지성사, 2005, 128쪽.) 동성 간 관계를 묘사한 이광수의 저작에 관한 더 자세한 논의는 다음을 참조. 한승옥, 「동성애적 관점에서 본 『무정』」, 『현대소 설연구』 20, 2003, 7~29쪽. 여학생들끼리의 동성 간 사랑에 대한 식민지 시기 의 다른 묘사에 대해서는 다음을 참조. 고범, 「여자의 일생 제2회 수학편(修學 篇)」, 『별건곤』 62, 1933. 4; 이광수, 『애욕의 피안』, 『조선일보』 1936년 5월 16일 자~1936년 12월 21일 자.

55. 두 여성 사이의 동성 간 에로티시즘을 묘사하기 직전 대목에서 다음과 같은 묘사를 찾을 수 있다. "영채도 이제는 남자가 그리운 생각이 나게 되었다. 못 보던 남자를 대할 때에는 얼굴도 후끈후끈하고 밤에 혼자 자리에 누워 잘 때 에는 품어줄 누군가가 있었으면 하는 생각이 나게 되었다." Ann Sung-hi Lee, *Yi Kwang-su and Modern Korean Literature*, p. 148. (이광수, 『무정』, 128쪽.)

56. Yi Hyo-sŏk, *Kaesalgu* (Wild Apricots), trans. Steven D. Capener, Seoul: Literature Translation Institute of Korea, 2014, p. 11. (이효석, 「개살구」, 『조 광』 3(10), 1937. 10, 251쪽.)

57. 이 글에서 독자들은 네 번째 인터뷰 대상자의 이름 첫 글자와 마지막 글자를 '류○준'과 같은 식으로만 알 수 있으며, 이름의 중간 글자는 가려져 있다. 「여 류명사의 동성연애기」, 『별건곤』 34, 1930. 11, 121쪽 참조.

58. 「여류명사의 동성연애기」, 120쪽.

59. 「여류명사의 동성연애기」, 120~121쪽.

60. 여기에서 언급된 학교들은 1903년부터 1906년 사이에 설립된 기독교계 학교로 근대 여성 교육을 개척한 곳이었다. 여학교 내의 동성연애 문화는 누구나 알고 있는 사실이었다. 「여학생 스케취」, 『여성』 2(7), 1937. 7 참조. 예컨대 한 기사는 이렇게 전한다. "이것(愛兒愛弟—옮긴이)은 주로 여학생 사이에, 여학생 중에도 기숙사에 들어 있는 학생 새에 있는 일이거니와, 그들 사이에는 남자 편으로 치면 짝패라 할 만한 사랑이란 것이 있다. ⋯ 이것이 유행어로 하면, 이른바 동성애라는 것이다." 기사의 저자는 이 문화의 인기를 보여주기 위해 몇몇 학교들의 이름을 언급한다. 소춘, 「요때의 조선 신여자」, 『신여성』 1(2), 1923. 11, 58쪽.

61. 「여류명사의 동성연애기」, 122쪽.

62. 신여성들 사이의 동성연애에 대한 더 자세한 설명은 다음을 참조. 서지영, 『역사에 사랑을 묻다』, 213~222쪽.

63. Fran Martin, *Backward Glances: Contemporary Chinese Cultures and the Female Homoerotic Imaginary*, Durham, NC: Duke University Press, 2010.

64. 「청춘 두 여성의 철도 자살 사건과 그 비판」, 『신여성』 5(4), 1931. 4, 30~31쪽.

65. 『동아일보』에 '정사'라는 키워드를 검색해보면 식민지 시기부터 거의 1만 건에 이르는 기사가 나온다. 이 현상에 대한 더 자세한 설명은 권보드래, 『연애의 시대』, 185~193쪽; 서지영, 『역사에 사랑을 묻다』, 251~266쪽 참조. 동아시아 사회의 공통적인 경험으로서 동성 간 사랑과 그 주체들, 특히 일본에서의 정사에 관한 많은 연구가 수행되어왔다. 다음을 참조. Michiko Suzuki, *Becoming Modern Women*; Jennifer Robertson, "Dying to Tell: Sexuality and Suicide in Imperial Japan", *Queer Diasporas*, ed. Cindy Patton and Benigno Sánchez-Eppler, Durham, NC: Duke University Press, 2000, pp. 38~70; Jennifer Robertson, *Takarazuka: Sexual Politics and Popular Culture in Modern Japan*, Berkeley: University of California Press, 1998. 다음도 참조. Pflugfelder, *Cartographies of Desire*.

66. 「작부 2명이 정사, 동성련애가 염세증이 되어 월미도 압헤 허리 매고 빠저」, 『시대일보』 1924년 5월 6일 자; 「철로에 떠러진 두 장미는 동성상애의 여직공, 가난과 불구에 패퇴」, 『동아일보』 1937년 8월 28일 자.

67. 다른 공적 비평들 역시 윤치호와 의견을 같이했다. 「정조 경시의 소설, 정사,

동성애의 예찬은 불가, 전시하의 소설도 통제」, 『동아일보』 1938년 9월 14일 자. (본문의 문장은 윤치호의 1931년 4월 10일 일기에서 인용한 것이다. 윤치호, 이순구·이상일 기획·편집, 박미경 옮김, 『국역 윤치호 영문 일기』 제8권, 국사편찬위원회, 2016, 548~549쪽―옮긴이).

68. Lee Edelman, *No Future: Queer Theory and the Death Drive*, Durham, NC: Duke University Press, 2004, pp. 16~17.

69. Jennifer Robertson, "Dying to Tell", p. 65.

70. 자세한 인터뷰 내용은 김태형, 「세 여자가 말하는 1930년대 '진짜 자유' 연애사, 뮤지컬 「콩칠팔 새삼륙」」, 『한겨레』 2012년 7월 3일 자 참조. http://www.hani.co.kr/arti/culture/music/540762.html

71. 예컨대 '연애'의 정의는 "남녀가 서로 그리워하고 사랑함"이며, 사전이 제시하는 '연애하다'의 용례는 "그녀는 고학생과 3년간 연애한 뒤 결혼했다"와 "우리는 연애한 지 6년 만에 결혼했다" 등이다. 여기에서 참조한 사전은 국립국어원에서 간행하는 표준국어대사전이다. http://stdweb2.korean.go.kr/main.jsp. 이 장에서 활용한 자료는 2017년 4월 13일에 수집한 것이다. (현재 '연애'의 정의는 "성적인 매력에 이끌려 서로 좋아하여 사귐"으로 개정되었다. https://stdict.korean.go.kr/search/searchView.do?pageSize=10&searchKeyword=%EC%97%B0%EC%95%A0―옮긴이).

72. 이 주체들의 목록은 내가 이 글의 앞 절에서 논의한 김윤경의 「성교육의 주창」에 나와 있다.

제4장 전시체제하의 여성성과 징후로서의 동성애

1. 박태원, 「미녀도」, 『한국근대단편소설대계』 제9권, 태학사, 1988, 261쪽.

2. 박태원, 「미녀도」, 261, 313쪽.

3. 전봉관, 『경성자살클럽』, 살림출판사, 2008, 197쪽.

4. 「여류명사의 동성연애기」, 『별건곤』 34, 1930. 11.

5. 소춘, 「요때의 조선 신여자」, 『신여성』 1(2), 1923. 11, 58쪽; 현루영, 「여학생과 동성연애 문제」, 『신여성』 2(9), 1924. 12, 22~25쪽.

6. 현루영, 「여학생과 동성연애 문제」.

7. 복면아(覆面兒), 「그 여자들은 웨 철도자살을 하엿나?, 홍·김 양여자, 영등포철도자살사건후문」, 『별건곤』 40, 1931. 5.

8. 「홍수(紅愁)와 녹한(綠恨)을 실은 춘풍! 청춘 양여성 철도정사」, 『동아일보』

1931년 4월 10일 자.

9. 박태원, 「미녀도」, 265, 272, 286, 292쪽.

10. 박태원, 「미녀도」, 293, 302, 303쪽.

11. 김여제, 「동성연애」, 『조광』 17, 1937. 3.

12. 「여류명사의 동성연애기」.

13. 김경일, 『여성의 근대, 근대의 여성: 20세기 전반기 신여성과 근대성』, 푸른역사, 2004, 57쪽.

14. 박영희, 「반려(제2회)」, 『삼천리문학』 2, 1938. 4, 51쪽.

15. 최정희, 「여명」, 『야담』 8(5), 1942. 5, 81쪽.

16. 조선임전보국단(朝鮮臨戰報國團) 주최, 「반도 지도층 부인(半島指導層婦人)의 결전보국(決戰報國)의 대사자후(大獅子吼)!!」, 『대동아』 14(3), 1942. 3, 94쪽.

17. 조선임전보국단(朝鮮臨戰報國團) 주최, 「반도 지도층 부인(半島指導層婦人)의 결전보국(決戰報國)의 대사자후(大獅子吼)!!」, 113~114쪽.

18. 조선임전보국단(朝鮮臨戰報國團) 주최, 「반도 지도층 부인(半島指導層婦人)의 결전보국(決戰報國)의 대사자후(大獅子吼)!!」, 99, 103쪽. '국가총동원법(1938)'이 공포된 후 국민정신총동원조선연맹에서는 '비상시 국민생활 개선 기준'을 정했으며, 여기에는 실제로 여성의 '파마넨트웨브, 그 외 화려한 화장, 복장'을 금지하는 등 여성의 복장과 외모에 대한 규제가 포함되어 있었다고 한다. 안태윤, 「일제말 전시체제기 여성에 대한 복장 통제: 몸뻬 강제와 여성성 유지의 전략」, 『사회와 역사』 74, 2007, 6쪽 참조.

19. 허영순, 「여성의 가장 큰 자랑은 굳센 모성애에만 있다」, 『여성』 3(9), 1938. 9; 송영, 「신사임당」(1945. 1), 『해방 전 공연희곡집』 제2권, 평민사, 2004 등 참조. 권명아는 이 시기 신체제의 이념이란 곧 여성의 사치를 폐지하는 일과 동일시되었고, 또한 신체제 이념과 배치되는 것이 곧 '여성의 사치'와 동일시되기도 했으며, 이때 '사치'의 의미란 이른바 자유주의적이고 개인주의적인 근대적 여성 정체성에 대한 혐오를 내포하는 것이었다는 점을 지적한 바 있다. 권명아, 『역사적 파시즘: 제국의 판타지와 젠더 정치』, 책세상, 2005, 200쪽 참조.

20. 권명아, 『역사적 파시즘』, 164쪽.

21. 최경희, 「친일 문학의 또 다른 층위: 젠더와 「야국초」」, 『해방 전후사의 재인식』 제1권, 책세상, 2006, 393~394쪽 참조. 마찬가지로, 식민지하에서 조선인들이 자신의 정체성을 형성해나가는 방식이 반드시 '민족'으로 단일화되지 않을 수도 있다는 가능성을 염두에 둘 필요가 있다. 신기욱·마이클 로빈슨 편, 도면

회 옮김, 『한국의 식민지 근대성: 내재적 발전론과 식민지 근대화론을 넘어서』, 삼인, 2006, 15쪽 참조.

22. '몸뻬 필착 운동'은 1944년 8월부터 전개된 것으로, 몸뻬 복장이 아니면 버스/전차의 승차를 거부하고 관공서/집회장의 출입도 금지하는 등 강제성을 띤 것이었다고 한다. 안태윤, 「일제말 전시체제기 여성에 대한 복장 통제」, 11~12쪽 참조.

23. 1945년 당시 경성여전 재학생이었던 남정희의 구술, 안태윤, 「일제말 전시체제기 여성에 대한 복장 통제」, 26쪽에서 재인용.

24. 문영희에 따르면 마당·부엌·마루 등 전근대적 공간만을 영위하던 여성들이 근대적 공간으로 진입하게 된 계기는 바로 여학교라는 교육 공간으로의 편입을 통해서였으며, 이들은 이러한 여학교 체험을 통해 비로소 "꼭 서양식"의 생활양식, 설비, 담론들을 영위하게 되었다고 한다. 문영희, 「공간의 재배치와 식민지 근대 체험」, 태혜숙·임옥희, 『한국의 식민지 근대와 여성공간』, 여이연, 2004, 276~278쪽 참조.

25. 장덕조, 노상래 옮김, 「행로」, 조선도서출판주식회사 편, 『반도작가단편집』, 제이앤씨, 2008, 100쪽.

26. 장덕조, 「행로」, 103쪽.

27. 장덕조, 「행로」, 91~92쪽.

28. 장덕조, 「행로」, 93~95쪽.

29. 장미경·김순전, 「여성 작가 소설에서 본 내선일체(內鮮一體) 장치(裝置): 최정희, 「幻の兵士」와 장덕조 「행로(行路)」를 중심으로」, 『일본어교육연구』 51, 2010, 186~187쪽.

30. 장덕조, 「행로」, 93~94쪽.

31. 장덕조, 「행로」, 100~101쪽.

32. 이선옥, 「여성해방의 기대와 전쟁 동원의 논리」, 김재용 외, 『친일문학의 내적 논리』, 역락, 2003, 265쪽; 이상경, 「식민지에서의 여성과 민족의 문제」, 『실천문학』 69, 2003. 2, 80쪽 등 참조.

33. 최정희, 「여명」, 76쪽.

34. 최정희, 「여명」, 77쪽.

35. 최정희, 「여명」, 81~84쪽.

36. 최정희, 「여명」, 78, 82쪽.

37. 최정희, 「여명」, 79~80쪽.

38. 최정희, 「여명」, 77쪽.

39. 최정희, 「여명」, 79~80쪽.

40. 최정희, 「여명」, 81쪽.

41. 최정희, 「여명」, 82쪽.

42. 슬라보예 지젝, 이수련 옮김, 『이데올로기라는 숭고한 대상』, 인간사랑, 2002, 132쪽.

43. 슬라보예 지젝, 『이데올로기라는 숭고한 대상』, 133, 136쪽.

44. 슬라보예 지젝, 『이데올로기라는 숭고한 대상』, 133쪽.

45. 최정희, 「여명」, 79~81쪽.

46. 심진경, 『한국문학과 섹슈얼리티』, 소명출판, 2006, 253쪽.

47. 김복순, 「'범주 우선성'의 문제와 최정희의 식민지 시기 소설」, 상허학회, 『일제 말기의 미디어와 문화정치』, 깊은샘, 2008, 225쪽 참조.

48. '동성연애'로 표상되는 근대 여성들의 문화를 기반으로 하여 작품에 접근하는 방식이란 일견 민족·제국·정치 등의 제도적 접근에 비하여 사소하게 느껴질 수도 있을 것이다. 그러나 여기서는 문화를 "사회적·정치적 구조 내 운동의 파생물 혹은 거품"으로만 파악하는 관점은 문화에 대한 진정한 이해를 차단한다는 케네스 웰스(Kenneth Wells)의 견해를 잠시 빌리고 싶다. 즉 "문화는 사물들, 적어도 중요한 사물들을 설명할 수 없으며 단지 설명될 수 있을 뿐"이라고 여기는 관점보다는, "문화가 형성되고 있으며 문화를 둘러싼 싸움이 진행된다는 점, 역사는 그 과정에서 만들어지고 있다는 점을 인식하는 게 중요"하다. 신기욱·마이클 로빈슨 편, 『한국의 식민지 근대성』, 286쪽 참조.

49. 이선옥, 「여성 해방의 기대와 전쟁 동원의 논리」, 268쪽; 이상경, 「식민지에서의 여성과 민족의 문제」, 80쪽 참조.

50. 김활란박사교수근속40주년기념사업위원회 편, 『김활란 박사 소묘』, 이화여대출판부, 1959; 김활란, 『그 빛 속의 작은 생명』, 이화여대출판부, 1965; 임우경, 「식민지 여성과 민족/국가 상상」, 『한국의 식민지 근대와 여성공간』, 63~66쪽에서 재인용.

제5장 여장 남자가 노래하는 국가 서사: 영화 「남자 기생」과 1960년대 한국의 젠더와 섹슈얼리티 정치

1. 이 글은 Chung-kang Kim, "Nation, Subculture, and Queer Representation: The Film Male Kisaeng and the Politics of Gender and Sexuality in

1960s South Korea" (*Journal of the History of Sexuality* 24, no. 3, 2015, pp. 455~477. Copyright © 2015 by the University of Texas Press)를 수정하여 재수록한 글이다.

2. 한국에서는 1960년대 중반부터 1990년대 초반까지 간접 배급 시스템이 운영되었기 때문에 관객 수에 대한 정확한 통계를 측정하기 어렵다. 하지만 서울의 인구가 1960년대 후반에 250만이었던 점을 고려하면, 「남자식모」는 기록적인 흥행 성적을 냈다고 볼 수 있다. 개봉관에서의 흥행 성적이 10만 관객을 돌파하면 제작비를 충분히 충당했다고 말하던 때였다. 과거 한국 영화 배급 시스템에 대한 자세한 연구는 김미현·정종화·장성호, 『한국영화 배급사 연구』, 영화진흥위원회, 2003, 14~28쪽 참조.

3. 퀴어 주제를 다룬 코미디 영화는 상당히 많았다. 다음은 한국영상자료원에 있는 영화와 시나리오 목록이다. 「총각김치」(장일호 감독, 대한연합영화주식회사, 1964, 시나리오), 「남자는 안팔려」(임권택 감독, 태원영화주식회사, 1964, 시나리오), 「여자가 더 좋아」(김기풍 감독, 연방영화주식회사, 1965, 시나리오), 「살사리 몰랐지」(김화랑 감독, 주식회사 아세아필림, 1966, 한국영상자료원 [상암] DVD D0159), 「만져만 봅시다」(김기풍, 연방영화주식회사, 1966, 시나리오), 「남자식모」(심우섭 감독, 신필림, 1968, 한국영상자료원 [상암] DVD D0317), 「남자미용사」(심우섭 감독, 주식회사 대한연합영화사, 1968, 한국영상자료원 [상암] DVD D0183), 「남자와 기생」(심우섭 감독, 신필림, 1969, KMDb VOD), 「남자식모(속)」(심우섭 감독, 주식회사 새한필림, 1970, 시나리오).

이러한 다양한 영화의 등장은 이 시기 성을 주제로 한 영화의 붐과 연관되어 있을 것으로 보인다. 성을 주제로 한 영화는 다음 작품들을 참조. 「주차장」(김수용 감독, 주식회사 극동필림, 1969, VHS), 「너의 이름은 여자」(이형표 감독, 주식회사 아세아필림, 1969, 시나리오), 「시발점」(김수용 감독, 연방영화주식회사, 1969, VHS), 「사랑하는 마리아」(주동진 감독, 연방영화주식회사, 1970, 시나리오), 「애와 사」(최경옥 감독, 안양영화제작주식회사, 1970, 시나리오), 「마님」(주동진 감독, 연방영화주식회사, 한국영상자료원 [상암] VHS 1795), 「비전」(이형표 감독, 태창흥업주식회사, 1970, 시나리오), 「방의 불을 꺼주오」(이형표 감독, 태창영화주식회사, 1970, 시나리오), 「해변의 정사」(신봉승 감독, 동양영화흥업주식회사, 1970, 시나리오), 「첫 경험」(황혜미 감독, 보한산업주식회사, 1970, 시나리오), 「푸른 침실」(이형표 감독, 주식회사 아세아필림, 1970, 시나리오).

4. '퀴어 영화'는 일반적으로 1990년대 초부터 서구에서 젠더와 섹슈얼리티에 대한 본질주의를 문제화하는 분명한 의도를 지닌 영화들을 일컫는다. Alexander Doty, "Queer Theory", *The Oxford Guide to Film Studies*, ed. John Hill, Oxford: Oxford University Press, 1998, pp. 148~151. (알렉산더 도티, 「동성애 이론」, 존 힐·파멜라 처치 깁슨 편, 안정효·최세민·안자영 옮김, 『세계영화연구』, 현암사, 2004, 178~183쪽.)

5. 주디스 버틀러는 젠더를 단일하고 단수적인 구성체로 파악하는 방식을 비판하며, "비정상적인" 성적 행위가 "안정적인 젠더"의 개념을 위협한다고 강조한다. Judith Butler, *Gender Trouble: Feminism and the Subversion of Identity*, New York: Routledge, 1999, pp. 1~25. (주디스 버틀러, 조현준 옮김, 『젠더 트러블: 페미니즘과 정체성의 전복』, 문학동네, 2008, 85~119쪽.)

6. 이러한 연구들은 국가 주도의 계획경제과 헤게모니적 사회 정치 구조가 국가를 움직이는 힘이 된다는 점에 초점을 맞춘다. 한국정신문화연구원 현대사연구소 편, 『5·16과 박정희정부의 성립: 주제별 문서철』, 한국학중앙연구원, 1999; 강만길 편, 『한국 자본주의의 역사: 빼앗긴 들에 서다』, 역사비평사, 2000; Eun Mee Kim, *Big Business, Strong State: Collusion and Conflict in South Korean Development, 1960–1990*, Albany: State University of New York Press, 1997. 또 다른 연구들은 민중의 저항적이고 역동적인 반헤게모니 운동에 초점을 맞춘다. 한국의 반헤게모니적 민중 운동을 개괄한 연구는 다음을 참조. Hagen Koo, ed., *Korean Workers: The Culture and Politics of Class Formation*, Ithaca, New York: Cornell University Press, 2001. (구해근, 신광영 옮김, 『한국 노동계급의 형성』, 창비, 2002.)

7. '통치의 테크놀로지'라는 개념에 관해서는 미셸 푸코의 저작에 잘 설명되어 있다. Michel Foucault, *The Birth of Biopolitics*, New York: Palgrave Macmillan, 2008, p. 297 (미셸 푸코, 심세광·전혜리·조성은 옮김, 『생명관리정치의 탄생: 콜레주드프랑스 강의 1978–79년』, 난장, 2012, 406~407쪽.) 비슷한 맥락에서 박정희 정부의 권력의 테크놀로지에 관해서도 상당한 논쟁이 있었다. 임지현·조희연 논쟁과 관련해서는 다음을 참조. 장문석·이상록 편, 『근대의 경계에서 독재를 읽다: 대중독재와 박정희 체제』, 그린비, 2006, 1~8쪽; 김준, 「박정희 시대의 노동: 울산 현대조선 노동자를 중심으로」, 장문석·이상록 편, 『근대의 경계에서 독재를 읽다』, 257~292쪽. 1980년대 진보적 운동에 대한 생생한 인류학적 연구에 관해서는 다음을 참조. Nancy Abelmann, *Echoes of the*

Past, Epics of Dissent: A South Korean Social Movement, Berkeley: University of California Press, 1996; Lee Namhee. "Making Minjung Subjectivity: Crisis of Subjectivity and Rewriting History, 1960–1988", Ph. D diss., University of Chicago, 2001.

8. 이에 관해서는 다음을 참조. 조혜정 편, 『성 가족 그리고 문화: 인류학적 접근』, 집문당, 1997; Elaine H. Kim and Chungmoo Choi, eds., *Dangerous Women: Gender and Korean Nationalism*, New York: Routledge, 1998. (일레인 김·최정무 편저, 박은미 옮김, 『위험한 여성: 젠더와 한국의 민족주의』, 삼인, 2001.); Seungsook Moon, *Militarized Modernity and Gendered Citizenship in South Korea*, Durham, NC: Duke University Press, 2005. (문승숙, 이현정 옮김, 『군사주의에 갇힌 근대: 국민 만들기, 시민 되기, 그리고 성의 정치』, 또하나의문화, 2007.); Hyun Mee Kim, "Work, Nation and Hyper-masculinity: The 'Woman' Question in the Economic Miracle and Crisis in South Korea", *Inter-Asia Cultural Studies* 2, no. 1, 2001, pp. 53~68.

9. 박정미, 「발전과 섹스: 한국 정부의 성매매관광정책, 1955-1988년」, 『한국사회학』 48(1), 2014, 235~264쪽.

10. 티모시 미첼은 국가의 통제-관리는 개인의 사회적 행위라는 체계 안에서 작동하지만 "그 (사회)구조를 여전히 지속시키는 효과를 만들어낸다"고 주장한다. Timothy Mitchell, "Society, Economy, and the State Effect", *State/Culture: State-formation after the Cultural Turn*, ed. George Steinmetz, Ithaca, New York: Cornell University Press, 1999, pp. 77~78.

11. Michel Foucault, *The History of Sexuality, Volume 1: An Introduction*, New York: Vintage, 1990, pp. 3~13. (미셸 푸코, 이규현 옮김, 『성의 역사 1: 지식의 의지』, 나남, 2019, 9~21쪽.)

12. 미국의 냉전 시대 동성애 혐오 문화에 대한 연구로는 다음을 참조. K. A. Cuordileone, "Politics in an Age of Anxiety: Cold War Political Culture and the Crisis in American Masculinity, 1949", *Journal of American History* 87, no. 2, 2000, pp. 515~545; Robert J. Corber, *Cold War Femme: Lesbianism, National Identity, and Hollywood Cinema*, Durham, NC: Duke University Press, 2011; Robert J. Corber, *Homosexuality in Cold War America: Resistance and the Crisis of Masculinity*, Durham, NC: Duke University Press, 1997.

13. 한국에서는 1990년대가 되어서야 공공 영역에서 성소수자를 대변하는 운동이 나타났는데, 합법적 성정체성의 개념과 이들(성소수자)을 희생양 삼는 것에 대한 지속적인 논쟁을 일으켰다는 점에서 한 단계 발전된 것이라고 볼 수 있다.

14. 이데올로기적 메시지를 전달하는 영화의 역할에 대해서는 다음을 참조. 이영일, 『한국영화전사』, 소도, 2004; 주유신 외, 『한국영화와 근대성: 「자유부인」에서 「안개」까지』, 소도, 2001; 장석영, 『코리안 뉴웨이브의 징후를 찾아서』, 현대미학사, 2002; Eung-jun Min, ed., *Korean Film: History, Resistance, and Democratic Imagination*, Santa Barbara, CA: Praeger, 2003; 김시무, 『영화예술의 옹호』, 현대미학사, 2001. 스튜어트 홀 또한 대중문화가 가진 "(보수적 문화의) 지속과 이에 대한 저항"이라는 이중적인 운동성을 강조했다. Stuart Hall, "Notes on Deconstructing 'the Popular'", *People's History and Socialist Theory*, ed. Raphael Samuel, London: Routledge and Kegan Paul, 1981, pp. 227~228.

15. 『문교월보』 32, 1957. 4.

16. 한국전쟁 이후 한국에 나타난 성역할 전도에 대해서는 다음을 참조. 이임하, 『여성, 전쟁을 넘어 일어서다: 한국전쟁과 젠더』, 서해문집, 2004. 1950년대 중반 한국 대중문화에서 여성의 섹슈얼리티의 도전성과 1950년대 후반–1960년대 초반의 변화에 대한 논의는 다음을 참조. 권보드래 편, 『아프레걸 사상계를 읽다: 1950년대 문화의 자유와 통제』, 동국대학교출판부, 2009.

17. 한국 영화 산업의 형성기에 대한 일반적인 논의와 신필름의 예에 관해서는 다음을 참조. Steven Chung, *The Split Screen Korea: Shin Sang-ok and Post-war Cinema*, Minneapolis: University of Minnesota Press, 2014, pp. 88~102.

18. 최근 나치 독일, 파시스트 이탈리아, 일본 제국과 같은 권위주의 정권 아래에서의 영화 문화는 학계의 많은 관심을 받고 있다. 관련하여 다음의 연구 참조. Steve Ricci, *Cinema and Fascism: Italian Film and Society, 1922–1943*, Oakland: University of California Press, 2008; Linda Schulte-Sasse, *Entertaining the Third Reich: Illusions of Wholeness in Nazi Cinema*, Durham, NC: Duke University Press, 1996; Michael Baskett, *The Attractive Empire: Transnational Film Culture in Imperial Japan*, Honolulu: University of Hawai'i Press, 2008.

19. 조혜정은 가부장 중심의 가족 이념과 이것이 민족국가(nation-state)를 젠더화해온 역사의 전반에 관하여 연구한 바 있다. Hae-joang Cho, "You Are Trapped in an Imaginary Well: The Formation of Subjectivity in a Compressed Development", *Inter-Asia Cultural Studies* 1, no. 1, 2000, pp. 62~64.

20. 변재란, 「대한뉴스, 문화영화, 근대적 기획으로서의 '가족계획'」, 『영화연구』 52, 2012, 207~235쪽.

21. 「로맨스빠빠」(신상옥 감독, 신필름, 1960, 한국영상자료원 [상암] DVD 3293); 「삼등과장」(이봉래 감독, 후반기프로덕션, 1960, 한국영상자료원 [상암] DVD 5582); 「해바라기 가족」(박성복 감독, 대성영화사, 1961, 한국영상자료원 [상암] DVD D0286); 「마이동풍」(이봉래 감독, 후반기프로덕션, 1961, 시나리오); 「인생 갑을병」(박성복 감독, 2프로덕션·박성복프로덕션, 1961, 시나리오); 「서울의 지붕밑」(이형표 감독, 신필름, 1961, 한국영상자료원 [상암] DVD 7931); 「로맨스 그레이」(신상옥 감독, 신필름, 1963, 한국영상자료원 [상암] DVD 8031); 「월급봉투」(김수용 감독, 한국예술영화주식회사, 1964, 시나리오).

22. 황정미, 「발전 국가와 모성: 1960-1970년대 '부녀정책'을 중심으로」, 심영희·정진성·윤정로 편, 『모성의 담론과 현실: 어머니의 성·삶·정체성』, 나남, 1999, 103쪽.

23. 비록 많은 영화가 하층계급의 상황을 반영하지 않고 있지만 다음 몇몇 작품에는 이러한 지점이 드러난다. 「육체의 길」(조긍하 감독, 1959), 「하녀」(김기영 감독, 1960) 그리고 「마부」(강태진 감독, 1960)와 같은 영화에서는 중산층 가부장의 남성성 위기, 중산층 가정의 붕괴, 급속한 도시화에 적응하기 위한 하층 남성이 겪는 역경과 같은 주제를 그리고 있다.

24. 노지승, 「영화, 정치와 시대성의 징후, 도시 중간계층의 욕망과 가족」, 『역사문제연구』 25, 2011, 169~176쪽.

25. 필자는 'B급 영화'라는 용어를 1960년대 후반의 '저속 취향' 영화를 지칭할 때 사용했다. 할리우드와 마찬가지로 현대 한국에서도 이 용어는 사용되고 있는데, 이 장에서 논의된 영화들처럼 예술적 가치가 거의 없고 저예산으로 만들어진 영화들을 일컫는 말이다. 그러나 1960년대 후반에는 이 영화들을 지칭하는 용어가 없었다. 그저 저속 취향의 영화라고 불릴 뿐이었다.

26. 심우섭, 필자와의 인터뷰, 서울, 2004년 9월 4일.

27. 유현목, 「저질 영화 책임은 당국이 져라. 최저 제작비 채찍엔 호구지책 싸움만」,

『조선일보』1970년 11월 29일 자.

28. 1960년대 초 농민의 소득은 도시 노동자에 비해 높았지만, 1960년대 말이 되면 40퍼센트 가까이 낮아졌다. 1969년 농촌의 가계소득은 도시 노동자의 65.3퍼센트에 불과했다. 김수행·박성호, 『박정희 체제의 성립과 전개 및 몰락: 국제적·국내적 계급관계의 관점』, 서울대학교 출판부, 2007, 62쪽.

29. 국가통계포털 웹사이트. http://kosis.kr.

30. 김수행·박성호, 『박정희 체제의 성립과 전개 및 몰락』, 73쪽.

31. 서울특별시, 『서울도시기본계획조정수립』, 서울시, 1970.

32. 연간 영화제작 편수는 다음과 같다. 1958년 74편, 1959년 111편, 1960년 87편, 1961년 79편, 1962년 112편, 1963년 148편, 1964년 137편, 1965년 161편, 1966년 172편, 1967년 185편, 1968년 212편, 1969년 229편, 1970년 231편. 1970년대의 연간 제작 편수는 대략 100편까지 줄어들었다. 영화진흥공사 편, 『한국영화자료편람: 초창기-1976년』, 영화진흥공사, 1977, 156쪽.

33. 영화진흥공사 편, 『한국영화자료편람』, 52쪽. 1960년대 후반 한국에는 100여 개의 극장이 있었는데, 그중 다수가 부심지에 있었다. 이 중 여덟 개만이 '개봉관'이었고, 나머지는 이른바 2차, 3차, 4차, 5차 재개봉관이었다. 다음 책의 진항범 증언 참조. 이길성·이호걸·이우석, 『1970년대 서울의 극장산업 및 극장문화 연구』, 영화진흥위원회, 2004, 153쪽.

34. 예를 들어 1968년 연흥극장(영등포 지역), 동일극장(청량리 지역), 대한극장(종로 지역), 성남극장과 평화극장 등의 극장은 부심지 극장을 중심으로 배급하는 중앙영화배급회사를 통하여, 개봉관의 영화를 재개봉하는 방식을 따르지 않고도 새로운 영화를 직접 배급받을 수 있었다. 이길성·이호걸·이우석, 『1970년대 서울의 극장산업 및 극장문화 연구』, 영화진흥위원회, 2004, 141~153쪽.

35. 영화의 지역 배급과 관련된 내용은 김미현·정종화·장성호, 『한국영화 배급사 연구』, 20~22쪽 참조. 재개봉관의 인기는 당시 더 많은 사람들이 이와 같은 문화 예술 형식을 접할 수 있었다는 것을 의미한다. 많은 미디어 전문가들은 텔레비전이 급속도로 증가하면서 영화관의 종말을 예측했지만, 텔레비전을 소유하지 않은 하층민을 중심으로 재개봉관의 관객 또한 증가할 것으로 예상했다. 「관객의 20% 상실, TV 위협 속에 허덕이는 방화(邦畫)」, 『매일경제』 1970년 2월 12일 자.

36. 「50연래의 불황에 허덕이는 우울한 영화가」, 『조선일보』 1970년 4월 26일 자.

37. 평균적으로, 1968~1969년 일반 극장 입장료는 130원이었다. 김동호, 「1960 -

70년대의 영화 배급 유통 구조와 상영관」, 이충직 편, 『한국 영화 상영관의 변천과 발전 방향』, 문화관광부, 2001, 24~42쪽.

38. 이러한 출판물의 더 많은 예시는 이 책의 제6장 토드 A. 헨리의 글을 참조.

39. 이 시기 도시의 저급한 대중문화 부흥은 추가적인 분석이 필요하다. 관련된 연구로는 이 책의 제6장 토드 A. 헨리의 글을 참조.

40. 스튜어트 홀은 20세기 초 관객 연구에서 '대중 계급'의 개념을 노동계급이나 하층계급과 직접적으로 일치하진 않는 것으로 설명하며, '대중 계급'이란 소비를 통해서 형성되는 정체성-형성 효과라고 분석했다. Hall, "Notes on Deconstructing 'the Popular'", p. 229. 한국에서 '대중 계급' 관객의 수는 1970~1980년대에 더욱 확대되어, "저점을 찍은" 것으로 알려진 당시의 한국 영화 산업을 회생시켰다. 김효정은 성매매 여성의 이야기와 같은 금지된 주제에 대한 "사실적(혹은 일탈적인)" 묘사가 어떻게 1970년대 한국 영화 산업을 지탱하는 데 큰 역할을 할 수 있었는지를 연구한 바 있다. 그는 서울 근교로 이주한 사람들의 이야기를 다루는 '호스티스 영화'로 인해 한국 영화 산업이 1970~1980년대의 긴 암흑기를 버틸 수 있었을 것이라고 주장했다. 이 연구는 주로 이 영화 텍스트 분석에 집중하긴 했지만, 이 시기에 관객들이 중산층에서 '대중 계급'으로 변화하는 지점을 언급한 것은 중요하게 볼 필요가 있다. Molly Hyo Kim, "Genre Convention of South Korean Hostess Films (1974–1982), Prostitutes and the Discourse of Female Sacrificer", *Acta Koreana* 17, no. 1, 2014, pp. 1~21.

41. 유사한 맥락에서, 유선영은 1970년대 성적인 내용이 담긴 한국 영화를 연구하며, 이러한 하위문화가 저항적 문화 공간을 만들어냈다고 주장했다. 유선영, 「동원체제의 과민족화 프로젝트와 섹스영화: 데카당스의 정치학」, 『언론과 사회』 15(2), 2007, 42~44쪽.

42. 이 여성들 중 다수가 식모, 기생, 미용사, 성매매 여성으로 일했다. 공창제도는 1948년에 공식적으로 폐지되었지만, 많은 여성들은 정부의 묵인하에 성산업에 종사했다. 식모로 일하는 것은 조금 더 존중받는 편이었지만, 이들 또한 남성 고용주의 성적 접근에 쉽게 노출되었다. 이발소 또한 성매매의 상징적인 장소였다. 박종성, 『한국의 매춘: 쾌락의 실재와 구원의 부재』, 인간사랑, 1994.

43. 영화 속 하층 여성 노동자들의 모습에 대한 묘사는 그들의 사회적 위치를 정확하게 담고 있다. 박정미는 성 노동자를 규제하려는 국가 제도의 역설을 분석했는데, 이를 "묵인-관리" 체제로 분석했다. Jeong-mi Park, "Paradoxes

of Gendering Strategy in Prostitution Policies: South Korea's 'Toleration-Regulation' Regime", *Women's Studies International Forum* 37, 2013, pp. 73~84. 미군 기지촌의 성매매 여성들은 더욱 가혹한 규제에 시달려야 했다. Bruce Cumings, "Silent but Deadly: Sexual Subordination in the U. S.-Korean Relationship", *Let the Good Times Roll: Prostitution and the U. S. Military in Asia*, ed. Saundra P. Sturdevant and Brenda Stoltzfus, New York: New Press, 1993, pp. 169~175. (브루스 커밍스, 김윤아 옮김, 「조용한, 그러나 끔찍한: 한-미 관계 속의 성적 종속」, 산드라 스터드반트·브렌다 스톨츠퍼스 편, 『그들만의 세상: 아시아의 미군과 매매춘』, 잉걸, 2003, 206~214쪽.) 필자가 다른 글에서도 주장했듯이, 기지촌 여성들은 거의 인종화되어 사회로부터 분리되었다. Chung-kang Kim, "Skin-Deep? The Politics of Black Korean Identity in Post-1945 Korean Literature and Film", *Journal of Literature and Film* 15, no. 1, 2014, pp. 5~41.

44. 이 영화에서 남성 인물의 이름은 배우의 성씨를 따라 지어졌다. 예를 들어, 구씨는 구봉서 배우의 성이고, 허사장은 허장강 배우의 성이다. 두 배우는 당대 스타였고, 이미 두 남자 주인공의 캐스팅을 염두에 두고 시나리오가 작성된 것이다. 하지만 여성 등장인물의 성은 영화 또는 시나리오에 모두 나오지 않는다. 따라서 이 글에서 줄거리를 설명할 때에는 편의상 남자 캐릭터는 성을, 여자 캐릭터는 이름을 사용한다.

45. '동성연애'는 의학적 용어이자 일상에서 대중적으로 사용되는 단어다.

46. 구봉서를 남자에서 여자로 변장시키는 이런 절충적인 태도는 감독 자신의 젠더규범적 인식에 의해 영향을 받았을 수 있다. 심우섭 감독은 인터뷰에서 "나는 구봉서를 여성스러운 남자로 만들겠다고는 생각하지 않았어"라고 했다. 이런 면에서 구봉서를 남성에서 여자로 변장시켰지만 그 모습을 남성스럽게 만든 것은 다분히 의도적이었다고 볼 수 있다. 심우섭, 필자와의 인터뷰, 서울, 2013년 12월 10일.

47. Butler, *Gender Trouble*, pp. 146~147. (주디스 버틀러, 『젠더 트러블』, 299~302쪽.)

48. Marjorie Garber, *Vested Interests: Cross-Dressing and Cultural Anxiety*, New York: Routledge, 1992, pp. 10~11.

49. 한국의 통치성에 관한 이 분석은 푸코의 저작을 읽으면서 받은 영감에 기댄 것이다. Foucault, *The History of Sexuality*, p. 23. (미셸 푸코, 『성의 역사 1』,

30~31쪽.)

50. "저속한" 문화에 대한 당대의 논쟁은 흔히 찾아볼 수 있다. 「다함께 생각해 봅시다: 음란의 한계는?」, 『경향신문』 1969년 7월 17일 자; 「음란서화 단속문 제」, 『동아일보』 1969년 7월 17일 자; 「지탄받는 에로 잡지, 규제와 정화의 방 향」, 『동아일보』 1969년 6월 14일 자; 「퇴폐풍속단속에 선행할 것」, 『동아일보』 1971년 9월 28일 자.

51. 「환각제의 싹부터 잘라라」, 『경향신문』 1971년 2월 25일 자.

52. 조풍연, 「영화와 성 '모랄'」, 『코리아시네마』 1, 1972. 3.

53. 「퇴폐풍조정화 세부시행 계획」, 『매일경제』 1971년 10월 2일 자.

54. 김수용, 「'스크린'에 못다 비친 영화연출의 이 얘기 저 얘기」, 『주간한국』 82, 1966년 4월 17일, 24~25쪽.

55. 1969년에 한국 역사상 처음으로 「춘몽」의 유현목 감독이 음화를 만들었다는 이유로 구속되었다. 보다 자세한 내용은 『경향신문』 1969년 7월 17일 자 참조. 이 판결 이후, 신상옥 감독은 「내시」에서 레즈비어니즘을 묘사했다는 이유로 조사를 받았다. 「너의 이름은 여자」의 이형표 감독도 영화에 노골적인 성적 표 현을 포함했다는 이유로 검찰의 조사를 받았다.

56. 당시의 3만 원은 현재의 가치로는 원화로 1천만 원, 혹은 달러로 1만 달러에 상응한다. 한국의 소비자 물가 지수는 다음 사이트 참조. http://www.index. go.kr/potal/main/EachDtlPageDetail.do?idx_cd=1060 (접속일: 2015. 4. 26.)

57. 「영화 「춘몽」 유죄」, 『경향신문』 1967년 3월 15일 자.

58. 이 발언은 서울에 본부를 두고 있는 NGO인 크리스천아카데미에서 열렸던 검 열에 관한 세미나에서 나왔다. 세미나의 토론 내용은 「영화검열은 필요한가?: 공보부와 감독의 공개토론」, 『경향신문』 1968년 5월 25일 자에 요약되어 있다.

59. 예를 들어, 앞서 언급한 세미나에서 헌법학자인 이항녕만이 공보국 검열 기준 이 위법하다는 점을 심각하게 비판했다.

60. 「영화검열의 문제점」, 『조선일보』 1968년 2월 22일 자.

61. 「'영화검열'이라는 '가위질'은 난도질인가」, 『주간한국』 193, 1968년 6월 2일, 20쪽.

62. 윤익삼, 「한국 영화는 사양길에 섰는가?」, 『아리랑』 16(5), 1970. 5, 194~197쪽.

63. 구봉서, 필자와의 인터뷰, 서울, 2004년 9월 2일.

64. '남자'와 '기생' 사이의 단어 '와'는 원제를 암시하기 위해서 매우 작게 인쇄되 어 있다.((도판 5-1) 참조)

65. 서곡숙은 많은 저급한 코미디 영화들이 검열관들에 의해 심각하게 훼손되지 않았음에도 불구하고 영화 코드의 규칙과 규정을 내재화했다고 주장한다. 서곡숙, 「한국 영화 검열과 코미디 영화: 1960년대 후반기 한국 박정희 정부의 영화 검열의 사전 억제와 코미디 영화의 순응의 의식화, 부조화의 내러티브 전략을 중심으로」, 『영화연구』 36, 2008, 345~370쪽.

66. 토머스 도허티는 1930년대 초 미국의 헤이스 코드(Hays Code)가 "성, 부도덕, 폭동"을 규제하기 시작한 이후 고전적 할리우드 영화들이 섹스 장면을 직접 묘사하기보다는 "심적 이미지(Mental image)"를 만들기 시작했다고 주장한다. Thomas Doherty, *Pre-code Hollywood: Sex, Immorality, and Insurrection in American Cinema, 1930-1934*, New York: Columbia University Press, 1999, pp. 2~3.

67. 김수용, 「'스크린'에 못다 비친 영화연출의 이 얘기 저 얘기」.

68. 김수용, 「'스크린'에 못다 비친 영화연출의 이 얘기 저 얘기」.

69. 유지나, 「60년대 한국 코미디: 핵심 코드와 사회적 의미작용」, 『영화연구』 15, 1999, 283~306쪽.

70. 「여장 26년의 중년 … "영감"을 유혹」, 『조선일보』 1969년 12월 7일 자.

제6장 교훈담이 된 퀴어의 삶: 한국 권위주의 시대의 여성 호모에로티시즘과 이성애가부장주의적 상상

* 2020년 말 한국에서의 법률적 발전과 이 장에서 논의된 인물들에 대한 많은 걱정들을 고려하여, 원래 기사에서 가명으로 인쇄되었더라도 대부분의 출판된 이름을 익명화하여 표기했다.

1. Kath Weston, *Families We Choose: Lesbians, Gays, Kinship*, New York: Columbia University Press, 1991, p. 40.

2. 영화계에 대한 역사적인 개요에 대해서는 다음을 참조. Pil Ho Kim and C. Colin Singer, "Three Periods of Korean Queer Cinema: Invisible, Camouflage, and Blockbuster", *Acta Koreana* 14, no. 1, 2011, pp. 115~134. 1945년 이후부터 활발하게 활동했던 여성으로만 이루어진 연극 극단에 대한 한 예술가의 참여에 대해서는 다음을 참조. 안소현, 「아카이브와 죽음: '전환극장'의 수행성에 대해」, 정은영 외, 『전환극장: 여성국극 프로젝트 2009-2016』, 포럼에이, 2016. 현대 한국에 대한 퀴어적 관점에서의 뛰어난 관련 저작들은 추후 인용.

3. 당시의 사회운동에 대해서는 다음을 참조. Youngshik D. Bong, "The Gay Rights Movements in Democratizing Korea", *Korean Stduies* 32, 2009, pp. 86~103; Hyun-young Kwon Kim and John (Song Pae) Cho, "The Korean Gay and Lesbian Movement 1993-2008: From 'Identity' and 'Community' to 'Human Rights'", *South Korean Social Movements: From Democracy to Civil Society*, ed. Gi-Wook Shin and Paul Chang, London: Routledge, 2011, pp. 206~223. 영화의 역할에 대해서는 다음을 참조. Jeongmin Kim, "Queer Cultural Movements and Local Counterpublics of Sexuality: A Case of Seoul Queer Films and Videos Festival", *Inter-Asia Cultural Studies* 8, no. 4, 2007, pp. 617~633; Chris Berry, "May Queer Korea: Identity, Space, and the 1998 Seoul Queer Film and Video Festival", *Intersections* 2, 1999. http:// intersections.anu.edu.au/issue2/Berry.html.

4. 이 영화와 2000년 이전에 나왔던 선구적인 퀴어 영화들에 대해서는 다음을 참조. Jooran Lee, "Remembered Branches: Towards a Future of Korean Homosexual Film", *Journal of Homosexuality* 39, nos. 3~4, 2000, pp. 273~281.

5. 나는 재생산 지향적인 가정들과 국가 정부 및 자본주의 생산의 남성 중심적 모델 안에서 남성 지배적인 체제가, 대안적인 친족 관계들이 사라지지 않으면 비정상적이거나 비난받아 마땅한 것으로 여겨지도록 사회적으로 소외시키는 규범적 체제와 어떻게 동등하게 협력하여 작동하고 있는지 강조하고 싶다. 이러한 다면적인 통제 체제의 역사적인 징후에 대한 더 자세한 내용은 다음을 참조. Francisco Valdes, "Unpacking Hetero-patriarchy: Tracing the Conflation of Sex, Gender and Sexual Orientation to Its Origins", *Yale Journal of Law and Humanities* 8, no. 1, 2013, pp. 161~211; Maile Arvin, Eve Tuck, and Angie Morrill, "Decolonizing Feminism: Challenging Connections between Settler Colonialism and Heteropatriarchy", *Feminist Formations* 25, no. 1, 2013, pp. 8~34; Jongwoo Han and L. H. M. Ling, "Hypermasculinized State: Hybridity, Patriarchy and Capitalism in Korea", *International Studies Quarterly* 42, no. 1, 1998, pp. 53~78.

6. 이 단편영화가 개봉된 이후, 한국 영화계에서 게이 크루징(gay cruising)의 역사에 대한 장편영화를 만들고자 시도했으나 프로젝트를 완수하는 데 필요한 충분한 기록물을 찾지 못했다. 이 실패한 시도에 대해서는 다음의 다큐멘터리

일부를 참조. 이혁상, 「종로의 기적」, 연분홍치마, 2010.

7. 이에 대해서는 다음을 참조. 이희일, 「서 있는 사람들, 극장의 역사」, 『버디』 3, 1998. 3, 44~48쪽; 이희일, 「길녀, 베니스에 가다, 터미널, 공원과 남산의 역사」, 『버디』 4, 1998. 6, 49~53쪽; 이희일, 「호모사절, 사우나와 찜질방의 역사」, 『버디』 5, 1998. 7, 49~53쪽; 이희일, 「박꽃 흐드러진 WHITE SATURDAY NIGHT, 게이바의 역사」, 『버디』 6, 1998. 8, 49~53쪽. 여성 호모에로티시즘에 대한 역사적인 경험에 대해서는 다음을 참조. 한채윤, 「한국 레즈비언 커뮤니티의 역사」, 『진보평론』 49, 2011, 100~128쪽.

8. 비록 주류 학자들이 필수적으로 읽고 있지는 않지만, 대학원생들과 대학의 정년이 보장되지 않은 계약직 연구자들이 중요한 작업을 수행하고 있다. 예를 들면 다음을 참조. 퀴어이론문화연구모임 WIG, 『젠더의 채널을 돌려라』, 사람생각, 2008; 권김현영·정희진·한채윤·나영정·루인·엄기호, 『남성성과 젠더』, 자음과모음, 2011; 권김현영·한채윤·루인·류진희·김주희, 『성의 정치 성의 권리』, 자음과모음, 2012; 루인, 「캠프 트랜스: 이태원 지역 트랜스젠더의 역사 추적하기, 1960-1989」, 『문화연구』 1(1), 2012, 244~278쪽.

9. 이 시기 영화의 역할에 대해서는 이 책의 제5장 김청강의 글 참조. 1987년 이후 한국의 퀴어 미디어에 대해서는 다음을 참조. 박지훈, 「한국 퀴어 미디어의 역사와 발전」, 한국방송학회 편, 『한국 사회 미디어와 소수자 문화 정치』, 커뮤니케이션북스, 2011, 321~364쪽.

10. Christina Klein, *Cold War Orientalism: Asia in the Middlebrow Imagination, 1945-1961*, Berkeley: University of California Press, 2003.

11. 이러한 접근은 다음의 연구들에 의지하고 있다. Petrus Liu, *Queer Marxism in Two Chinas*, Durham, NC: Duke University Press, 2005; Rosemary Hennessy, *Profit and Pleasure: Sexual Identities in Late Capitalism*, New York: Routledge, 2000; Kevin Floyd, *The Reification of Desire: Towards a Queer Marxism*, Minneapolis: University of Minnesota Press, 2009; Jordana Rosenberg and Amy Villajero, "Introduction: Queerness, Norms, Utopia", *GLQ* 18, no. 1, 2012, pp. 1~18.

12. Jie-Hyun Lim, "Mapping Mass Dictatorship: Towards a Transnational History of Twentieth Century Dictatorship", *Gender Politics and Mass Dictatorship: Global Perspectives*, ed. Lim Jie-Hyun, London: Palgrave, 2011, pp. 1~22. 이 패러다임의 윤곽에 대해서는 다음을 참조. Namhee Lee, "The

Theory of Mass Dictatorship: A Re-examination of the Park Chung Hee Period", *Review of Korean Studies* 12, no. 3, 2009, pp. 41~69. 페미니스트들의 비판은 다음을 참조. 정희진, 「한국 사회의 지식 생산 방법과 대중독재론」, 장문석·이상록 편, 『근대의 경계에서 독재를 읽다: 대중독재와 박정희 체제』, 그린비, 2006, 403~419쪽.

13. 권위주의적인 개발의 죽음정치적(necropolitical) 이면을 강조하는 문화연구로는 다음을 참조. Jin-kyung Lee, *Service Economies: Militarism, Sex Work, and Migrant Labor in South Korea*, Minneapolis: University of Minnesota Press, 2010. (이진경, 나병철 옮김, 『서비스 이코노미: 한국의 군사주의, 성 노동, 이주 노동』, 소명출판, 2015.)

14. 이러한 개념을 제안해준 김한상에게 감사드린다. 비록 게이 남성들이 박정희와 그의 후임자들이 정권을 잡은 시기 동안 한국 사회에서 일반적으로 부도덕한 병적 존재로서 묘사되기는 했지만, 일화적 증거(anecdotal evidence)는 그들이 크루징 장소에 대한 주간지의 기사들을 어디서 그리고 어떻게 다른 남성들과 섹스하는지에 대한 정보를 제공하는 투어 가이드로 사용했다는 사실을 시사한다.

15. 다음을 참조. 신지연, 「1920-30년대 '동성(연)애' 관련 기사의 수사적 맥락」, 『민족문화연구』 45, 2006, 265~293쪽; 박차민정, 『조선의 퀴어: 근대의 틈새에 숨은 변태들의 초상』, 현실문화, 2018; 이 책의 제4장 하신애의 글. 식민지 시대의 전례를 반영한 전후 초기 기록은 다음을 참조. 「여성 남장의 시비론」, 『부산신문』 1946년 11월 10일 자; 「동성연애로 자살?」, 『중앙신문』 1947년 10월 31일 자; 「동성애로 정사, 경방여공 두 명이」, 『공업신문』 1947년 11월 1일 자.

16. 연도를 확인하는 것이 불가능하긴 하지만, 1958년 초 발행된 불안을 조장하려 했던 한 기사는 남한에 약 1,400쌍의 여성 커플이 살고, 그중 약 400쌍은 서울에 거주하고 있다고 주장했다. 「여인: 30대의 저항」, 『주간희망』 116, 1958년 3월 14일, 4~6쪽. 1969년에 발행된 기사에 따르면, 500~600명의 레즈비언들이 수도에 살고 있다고 했다. 「서울의 레즈비언들」, 『주간경향』 2(8), 1969년 3월 2일, 54~56쪽. 여성 커플에 대한 킨제이 보고서는 다음을 참조. 「유명 여유도 동정모도 동성부부의 이색지대」, 『주간여성』 444, 1977년 8월 14일, 42~44쪽.

17. 한국전쟁 후 과부들에 대한 역사는 다음을 참조. 이임하, 『전쟁미망인, 한국현대사의 침묵을 깨다: 구술로 풀어 쓴 한국전쟁과 전후 사회』, 책과함께, 2010.

18. 전쟁 시기의 사랑, 결혼 그리고 가족들의 삶에 대해서는 다음을 참조. 『신태

양』 1(3), 1952. 10, 38~39쪽, 42~43쪽; 『신태양』 4(1), 1955. 1, 142~145쪽; 『주
간희망』, 1958년 5월 23일, 5~6쪽. 또한, 다음을 참조. 이임하, 『전쟁미망인, 한
국현대사의 침묵을 깨다』, 181~308쪽.

19. 다음을 참조. 「남자로 행세하기 6년」, 『신태양』 4(11), 1955. 11, 66~69쪽; 「미
남 웨이터 알고 보니 남장 여학사」, 『선데이 서울』 11(10), 1978년 3월 12일,
22쪽.

20. 여성-여성 결혼식에 대한 언론 기사의 사진 이미지들 역시 친구들과 가족들
이 이들의 결혼식에 정식으로 참석한 것을 보여준다. 다음을 참조. 「화제 추
적 여자끼리 정식 결혼식 올린 김OO, 김OO 부부」, 『영레이디』 5(6), 1985. 6,
232~236쪽. 이 시기에 남성들끼리 동거를 하는 경우도 있긴 했지만, 남성들
간의 동성 결혼, 특히 젠더규범적인 결혼식의 형태는 극히 드물었다. 전쟁 이
전의 남성들 사이의 호모에로틱한 관계에 대한 연구는 다음을 참조. 박관수,
「1940년대 '남자동성애' 연구」, 『비교민속학』 31, 2006, 389~438쪽.

21. 5년 이상의 기록 연구(archival research) 후에, 내가 발견해낸 이러한 특징
에 관한 전후(戰後) 초기의 기사는 다음과 같다. 「신랑도 여자, 신부도 여자」,
『실화』 5(4), 1957. 4, 190~194쪽; 「동성부부의 이혼 소동 내막」, 『야담과 실화』
2(4), 1958. 4, 266~267쪽. 레즈비어니즘에 대한 초기 기사는 다음을 참조. 「유
한 마담들의 동성애」, 『진상』 2(6), 1957. 6, 25~27쪽.

22. 다음을 참조. 「여인: 30대의 저항」, 5쪽. 이러한 관점을 지지하기 위해서 이 관
음증적인 기사는 레즈비언을 '변태성욕자'로 묘사한 의사를 인용한다. 하지만
이와 같은 의료 전문가도 삽입을 필요로 하지 않는 트리바디즘(tribadism)의
일반적인 관행을 강조함으로써 레즈비언들의 에로틱 생활을 이성애중심적으
로 본 리포터의 분석에 이의를 제기한다. 「여인: 30대의 저항」, 6쪽. 유사한 레
즈비언 섹스 관행에 대한 (포르노) 이미지적인 기사는 다음을 참조. 「동성부
부의 애정 말로」, 『야담과 실화』 4(11), 1963. 11, 177쪽.

23. Elizabeth Lapovsky Kennedy and Madeline D. Davis, *Boots of Leather,
Slippers of Gold: The History of a Lesbian Community*, New York: Routledge,
1993. (1980년대 후반의) 비슷한 분석은 다음을 참조. Kath Weston, *Render
Me, Gender Me: Lesbians Talk Sex, Class, Color, Nation, Studmuffins*, New
York: Columbia University Press, 1996.

24. 현대 한국의 '바지씨'에 대한 더 많은 의미와 복장 전환(cross-dressing)의 초
기 계보에 대해서는 다음을 참조. 한채윤, 「설익은 레즈 치마씨와 바지씨를 만

나다」, 『버디』 6, 1998. 8, 16~17쪽; 김일란, 「다른 세상 읽기: 1960년대의 여장남자와 남장여인」, 퀴어이론문화연구모임 WIG, 『젠더의 채널을 돌려라』, 사람생각, 2008.

25. 전시의 혼란 속에서, 여성 동성애를 포함한 비규범적인 관계들에 대한 문헌적인 재현들 속에서 어떻게 이러한 흐름을 찾았는지, 또 이러한 흐름들이 어떻게 헤게모니적(hegemonic) 남성성을 약화시켰는지에 대해서는 다음을 참조. 허윤, 「1950년대 전후 남성성의 탈구축과 젠더의 비수행(Undoing)」, 『여성문학연구』 30, 2013, 43~71쪽. 이성애와 동성애의 구분을 통한 전후 한국 사회의 재건과 관련된 연구는 다음을 참조. 허윤, 「1950년대 퀴어 장과 법적 규제의 접속: 병역법, 경범법을 통한 섹슈얼리티의 통제」, 『법과 사회』 51, 2016, 229~250쪽. 모두 여성으로만 이루어져 있던 한국 여성국극의 한국전쟁 이후 흥망성쇠와 연결하여 이성애-가부장주의의 부활을 분석한 연구는 다음을 참조. 김지혜, 「1950년대 여성국극의 단체 활동과 쇠퇴 과정에 대한 연구」, 『한국여성학』 27(2), 2011, 1~33쪽.

26. 별로도 언급되지 않는다면, 다음의 논의는 이 기사를 바탕으로 한다. 「법정여말(法廷余沫) 6: 동성 간의 치정살인사건」, 『동아일보』 1958년 7월 17일 자.

27. 「요모조모」, 『경향신문』, 1958년 2월 22일 자; 「단상단하」, 『동아일보』 1958년 2월 22일 자. 이 기사들은 '아내'의 성을 임이 아니라 인으로 적고 있다.

28. 한국전쟁과 다른 아시아의 반공 투쟁들이 낳은 충격적인 폭력과 친족 트라우마는 다음을 참조. Heonik Kwon, *The Other Cold War*, New York: Columbia University Press, 2010.

29. 「요모조모」, 『경향신문』, 1958년 2월 22일 자. 1958년 사건이 일어난 지 두 달이 되지 않아 한 유명 주간지가 이 위험한 부부에 대한 장문의 기사를 내보냈고, 그 기사에는 독자들이 이 반항적인 여성들을 더 효과적으로 확인할 수 있도록 돕는 몇 장의 사진도 있었다. 「여인: 30대의 저항」, 4~6쪽.

30. 「임(任)에 5년 언도」, 『조선일보』 1958년 7월 6일 자. 이 사건에 대한 재판 결과는 다음을 참조. BA0079706, 국가기록원, 1958, 286~288쪽. 이 희귀한 문서를 얻게 해준 김태호에게 감사드린다. 복수를 위한 여성들 간의 치정 범죄에 대한 이후의 논쟁은 다음을 참조. 「여자가 여자를 범한 여자의 복수」, 『주간여성』 145, 1971년 10월 20일, 84~85쪽.

31. 대중매체도 종종 오래 지속되는 여성 결합 관계가 부정할 수 없는 사실임을 인정했다. 다음을 참조. 「아들 나아 기른 레즈비언 10년에」, 『주간여성』 50,

1969년 12월 10일, 78~79쪽; 「통도 크고 팁도 많이 주더라」, 『주간한국』 459, 1973년 7월 15일, 10~11쪽; 「여자끼리 신랑 신부」, 『주간경향』 8(2), 1975년 1월 19일, 28쪽; 「동성 부부 … 금실 좋은 15년 뭐가 이상해?」, 『주간경향』 10(13), 1977년 4월 10일, 28~29쪽; 「유명 여유도 동정모도 동성 부부의 이색 지대」, 42~44쪽; 「충격 르포: 아내도 여자, 남편도 여자」, 『영레이디』 2(12), 1982. 12, 192~195쪽.

32. 별도로 언급되지 않는다면, 다음의 논의는 이 기사를 바탕으로 한다. 「동성부부 음독」, 『동아일보』 1963년 8월 5일 자; 「남편에 위계(僞計) 살인 혐의」, 『동아일보』 1963년 8월 6일 자; 「남장하고 버젓이 남편 노릇」, 『경향신문』 1983년 8월 6일 자.

33. 「동성부부의 애정 말로」, 174~177쪽.

34. 「동성부부(?)끼리 도둑질」, 『경향신문』 1965년 3월 8일 자. 이러한 다양한 범죄에 대한 신문 보도는 권위주의 정권 동안 내내 반복적으로 나타난다.

35. 남성복을 입은 정치가 김옥선은 대중매체에서 특별하게 다루어졌다. 그녀의 초기 커리어는 다음을 참조. 「남장여인 입후보자」, 『동아일보』 1960년 7월 8일 자; 「'넥타이' 맨 남장의 압도」, 『동아일보』 1965년 5월 25일 자. 중요성에 비해 주목받지 못했던 이 인물에 대한 연구가 필요하다.

36. 이러한 형태의 노동이 가진 불안정성과 대중문화 안에서의 이에 대한 재현에 관해서는 Jin-kyung Lee, *Service Economies*, 특히 pp. 79~123 참조. (이진경, 『서비스 이코노미』, 161~239쪽.)

37. Kennedy and Davis, *Boots of Leather, Slippers of Gold*, p. 152.

38. 「동성부부(?)끼리 도둑질」.

39. 트랜스젠더 연구에 관한 학문적 접근을 다룬 넓은 범위의 연구들은 다음을 참조. Susan Stryker and Aren Z. Aizura, eds., *The Transgender Studies Reader*, vol. 2, New York: Routledge, 2013.

40. 별도로 언급되지 않는다면, 다음의 논의는 이 기사를 바탕으로 한다. 「아들 바라던 부모, 사내로 길러 남장 28년」, 『동아일보』 1965년 4월 2일 자. 1960년대 초, 젠더에 순응하지 않았던 여성들에 대한 다른 기사는 다음을 참조. 「남장 10년 처녀의 호소」, 『동아일보』 1961년 3월 5일 자; 「남장 십년의 처녀」, 『야담과 실화』, 1961. 6, 250~255쪽; 「비련의 남장 여인」, 『야담과 실화』, 1965. 12, 376~381쪽.

41. 초기 한국의 트랜스젠더 관행과 성 확정 수술의 역사에 대해서는 다음을 참

조. 한영희, 「의학화의 과정 속에서의 성전환 욕망, 성전환수술, 성전환자」, 퀴어이론문화연구모임 WIG, 『젠더의 채널을 돌려라』, 사람생각, 2008, 48~83쪽. 서양에서 남성 같은 관행에 참여한 생물학적인 여성에 대한 기록은 다음을 참조. Judith (Jack) Halberstam, *Female Masculinity*, Durham, NC: Duke University Press, 1998. (주디스 핼버스탬, 유강은 옮김, 『여성의 남성성』, 이매진, 2015.)

42. 남성복을 입은 여성 광부에 대한 유사한 아웃팅은 다음을 참조. 「탄광에 핀 현대판 '심청'」, 『동아일보』 1961년 2월 12일 자. 이 시기의 더 많은 노동운동은 다음을 참조. Hagen Koo, *Korean Workers: The Culture and Politics of Class Formation*, Ithaca, New York: Cornell University Press, 2001 (구해근, 신광영 옮김, 『한국 노동계급의 형성』, 창비, 2002.); Hwasook B. Nam, *Building Ships, Building a Nation: Korea's Democratic Unionism under Park Chung Hee*, Seattle: University of Washington Press, 2009. (남화숙, 남관숙·남화숙 옮김, 『배 만들기, 나라 만들기: 박정희 시대의 민주노조운동과 대한조선공사』, 후마니타스, 2013.)

43. 박정희 정권과 언론 사이의 친밀한 관계에 대해서는 다음을 참조. 이정훈, 「압축적 상업화: 1960년대 한국 신문 언론의 상업화 과정」, 『커뮤니케이션 이론』 10(2), 2014, 242~283쪽.

44. 주간지의 초기 발전은 다음을 참조. 전상기, 「1960년대 주간지의 매체적 위상」, 『언론정보연구』 36, 2008, 225~258쪽; 김지, 「1960년대 상업 주간지 『주간한국』 연구」, 연세대학교 석사학위논문, 2015. 젠더 및 섹슈얼리티와 관련된 주간지에 대한 논의는 다음을 참조. 박성아, 「『선데이 서울』에 나타난 여성의 유형과 표상」, 『한국학연구』 22, 2006, 159~190쪽; 임종수·박세현, 「『선데이 서울』에 나타난 여성, 섹슈얼리티 그리고 1970년대」, 『한국문학연구』 44, 2013, 91~136쪽; 전원근, 「1980년대 『선데이 서울』에 나타난 동성애 담론과 남성 동성애자들의 경험」, 『젠더와 문화』 8(2), 2015, 139~170쪽.

45. 주간지 기사에 대한 배경 정보는 박무일(1941년 출생)과의 인터뷰를 통해 알 수 있었다. 이 재능 있는 기자는 1960년대 중반 동안 두 개의 월간 오락 잡지(『아리랑』과 『명랑』)에서 근무한 후, 1968년 창간 이후 『주간한국』에서 기사들을 썼다. 박정희 시대의 기자들 사이에 전문 직업 정체성의 발전에 대해서는 다음을 참조. 박용규, 「박정희 정권 시기 언론인의 직업적 정체성의 변화」, 『언론정보연구』 51(2), 2014, 34~76쪽.

46. 김지, 「1960년대 상업 주간지 『수산한국』 연구」, 34쪽.

47. 박정희 시대 신문 독자들의 소비 관행에 대해서는 다음을 참조. 채백, 「박정희 시대 신문 독자의 사회문화사」, 『언론정보연구』 51(2), 2014, 5~33쪽.

48. 이 세계적인 현상에 대해서는 다음을 참조. Eric Schaefer, ed., *Sex Scene: Media and the Sexual Revolution*, Durham, NC: Duke University Press, 2014; Gert Hekma and Alain Giami, eds., *Sexual Revolutions*, New York: Palgrave, 2014.

49. 이러한 전략에 대해서는 다음을 참조. Eun Mee Kim, *Big Business, Strong State: Collusion and Conflict in South Korean Developments, 1960–1990*, Albany: State University of New York Press, 1997; Gregg A. Brazinsky, *Nation Building in South Korea: Koreans, Americans, and the Making of a Democracy*, Chapel Hill: North Carolina University Press, 2009. (그렉 브라진스키, 나종남 옮김, 『대한민국 만들기 1945–1987: 경제성장과 민주화, 그리고 미국』, 책과함께, 2011.); Byung-Wook Kim and Ezra Vogel, eds., *The Park Chung Hee Era: The Transformation of South Korea*, Cambridge, MA: Harvard University Press, 2011.

50. 다음을 참조. 「제3의 성시대」, 『주간한국』 116, 1966년 12월 11일, 22쪽; 「레즈비언들의 밤과 낮의 생활 진상」, 『주간여성』 129, 1971년 6월 30일, 36~37쪽; 「한국판 '레즈비언'들 광란」, 『주간중앙』 217, 1972년 10월 22일, 26쪽; 「통도 크고, 팁도 많이 주더라」, 『주간한국』 459, 1973년 7월 15일, 10~11쪽. 비슷한 초국가적 역동은 미국과 유럽 사이 그리고 유럽 안에서 일어났다. 이러한 비교적인 관점에 대해서는 다음을 참조. Eric Schaefer, "'I'll Take Sweden': The Shifting Discourses of the 'Sexy Nation' in Sexploitation Films", *Sex Scene*, ed. Eric Schaefer, pp. 207~234; Hekma and Giami, *Sexual Revolutions*. 일본 주간지의 전후 발전에 대해서는 다음을 참조. 影山加代子, 『'性メディア'不足: 週刊誌「朝日ゲンオ」で見る不足として性』, 東京: ハーベスト士砂, 2010; 淺岡隆裕, 「高度經濟成長とライト週刊誌讀者: 總合週刊誌とその讀者であるサラリーマンを中心に」, 吉田則昭・岡田章子 編, 『座式メディアの文化史: 變貌する戰後パラダイム』, 東京: 新華社, 2012, 129~162쪽.

51. 「서울의 레즈비언들」, 『주간경향』 2(8), 1969년 3월 2일, 54~56쪽. 또, 다음도 참조. 「제3의 성시대」, 22쪽.

52. 이 장의 서두에서 언급되었던 단편 작품인 「이발소 이씨(異氏)」(권종관, 인디

스페이스, 2000)에는, 감독의 경험을 기반으로 한 예시로서, 남자 같은 모습의 이발사인 여성 주인공이 백인 여성의 세미누드 포스터를 어색하게 바라보다가 결국 그녀의 남성 고객들의 성차별적인 관행을 모방하려고 하는 장면이 있다.

53. 주간지 기자들은 기사를 작성하는 데 필요한 영감을 주는 정보들을 찾기 위해 일간지의 사회 칼럼을 샅샅이 뒤졌다. 기자들은 자신들이 직접 수행한 조사나 지역 경찰 및 시민들의 제보를 바탕으로 다른 이야기를 만들기도 했다.

54. 다음을 참조. 「여자끼리 결혼식」, 『경향신문』 1963년 6월 13일 자; 「일본의 '레스비안'」, 『주간중앙』 28, 1969년 3월 9일, 22쪽; 「동성 결혼 허가 요구」, 『경향신문』 1970년 2월 20일 자; 「미 두 여인 결혼 신청」, 『경향신문』 1970년 7월 10일 자; 「동성연애 결혼 인정」, 『경향신문』 1970년 9월 28일 자; 「동성부부 법정투쟁」, 『경향신문』 1971년 9월 9일 자; 「다방서 동성 결혼」, 『매일경제』 1972년 3월 21일 자; 「급증하는 '레즈비언 가정'」, 『경향신문』 1973년 9월 22일 자; 「늘어나는 레스비언들의 애정 질투 정사」, 『주간여성』 289, 1974년 8월 4일, 22~23쪽; 「미국에서 동성 결혼 유행」, 『경향신문』 1975년 4월 24일 자; 「착오로 동성 결혼 공인」, 『동아일보』 1975년 7월 4일 자; 「여성끼리 결혼은 무효」, 『동아일보』 1977년 4월 23일 자.

55. 다음을 참조. 「두 노처녀가 동성 결혼했단다」, 『주간한국』 65, 1965년 11월 28일, 10~11쪽.

56. 산업화의 중심지로서 영등포의 식민지적 기원은 다음을 참조. 김하나, 「1930년대 전후 공업도시 담론과 영등포의 서울 편입」, 『도시연구』 11, 2011, 37~68쪽.

57. 퀴어 착취의 미디어 관행에 대한 이러한 윤리적 대응 방식을 제시해준 김한상에게 감사드린다.

58. 맷돌부부에 대한 초기의 인용과 설명은 다음을 참조. 「여안: 30대의 저항」, 4~6쪽. 당시 영화 「비전」(1970)은 관객들에게 이 역사적인 관행을 상기시켰을 것이다. 이 영화의 충격적인 '레즈비언' 정사 장면에 대한 설명은 다음을 참조. 「무더위 속, 동성연애 베드신」, 『주간여성』 74, 1970년 8월 26일, 74쪽; 「동성애 같은 건 상상도 못해봤어요」, 『주간조선』 13, 1970년 8월 30일, 13쪽. 대중매체에서 사용된 또 다른 조선 시기의 표현은 '대식(對食)'이다. 이 표현은 말 그대로, '서로 대면해서 식사한다'라는 뜻으로, 궁녀들 사이의 성관계를 지칭했다. 기원에 대해서는 다음을 참조. 「결혼식도 어엿하게 호머섹스 한국적 백태」, 『주간조선』 152, 1971년 9월 19일, 22~23쪽.

59. 이러한 침입은 이 동성부부의 다른 한쪽 배우자를 매우 화나게 만들었는데,

그녀는 자신은 그냥 사적인 일로 두고, 기자에게 레즈비언 세계를 기꺼이 보여 줄 다른 대상을 찾으라고 말했다. 「서울의 레즈비언들」, 54~56쪽.

60. 이 사진에서 '아내'가 남성복을 입은 그녀의 '남편'처럼 바지를 입고 있는지는 분명하지 않다. 「여미용사와 여무당이 한국 첫 동성 결혼식」, 『주간한국』 313, 1970년 9월 27일, 12쪽.

61. 내가 찾아낸 초기 전후의 기사는 1957년으로 거슬러 올라간다. 이 기사는 부부가 정식 예식을 치르지는 않고 결혼 기념사진을 촬영하고, 집에서 피로연을 열었다고 전하고 있다. 「신랑도 여자 신부도 여자」, 190~194쪽.

62. 1965년 기사는 각각 '남편'과 '아내'로서 성역할을 규범화하면서도 여성 동성애의 엄연한 현실을 설명하기 위해서 의료 전문가 두 명의 의견을 인용했는데, 이들은 모두 동성애가 병리적인 현상이라고 보았다.

63. 「서울의 레즈비언들」, 54~56쪽.

64. 이어지는 논의는 다음을 참조. 「여미용사와 여무당이 한국 첫 동성 결혼식」, 12~13쪽; 「한국 최초로 동성 결혼식」, 『주간여성』 92, 1970년 10월 7일, 18~19쪽.

65. 「여미용사와 여무당이 한국 첫 동성 결혼식」, 12쪽.

66. 1990년대 전에 동성 결혼 합법화에 대한 공적 토론은 매우 드물었다. 그에 대한 한 예외는 다음을 참조. 「두 노처녀가 동성 결혼했단다」, 11쪽; 이에 대한 짧은 인용은 다음을 참조. 「동성 부부 … 금실 좋은 15년 뭐가 이상해?」, 28~29쪽; 「화제 추적 여자끼리 정식 결혼식 올린 김OO, 김OO 부부」, 236쪽.

67. 별도로 언급되지 않는다면, 다음의 논의는 이 기사를 참조. 「우리 성생활을 묻지 마라오」, 『여성중앙』 2(1), 1971. 1, 332~337쪽.

68. 남성 중심적인 직업(예를 들어 택시기사 또는 직업군인)을 가졌던 남성적인 여성들이 사회적인 위협으로 여겨졌던 것과 다르게, 미용사가 되었거나 다른 여성 지향적인 직업(예를 들어 간호사 또는 패션 디자이너)을 선택했던 여성적인 남성들은 희극적인 조롱의 대상이 되었지만 상대적으로 힘이 없는 것으로 여겨졌다. 여성으로 정체화한 남자를 영화적으로 표현한 것에 대해서는 이 책의 제5장 김청강의 글 참조.

69. 영화(한형모 감독)에서 채선은 조현병을 앓고 있는데, 이는 남성들에 대한 병적인 혐오감(남성혐오증)으로 인한 것이다. 한국전쟁 때 성폭행을 당한 그녀는 결혼이 여성을 남성의 노예로 만든다고 믿는다. 그래서 채선은 여성을 좋아하게 되고, 전쟁 중에 고아가 된 의동생 금이를 지극히 아끼게 된다. 채선은 심지

어 금이에게 반해서 금이와 결혼을 약속한 애인과 고향 친구인 광호가 금이를 만나지 못하게 한다. 하지만 영화가 끝날 무렵, 채선은 정신적인 치료를 통해 남성혐오증이라는 일시적인 '일탈'에서 회복하고, 레즈비어니즘에서도 벗어난다. 불행히도, 이 영화의 사본이 사라져 더 자세한 분석은 진행할 수 없다. 이 요약의 근거가 된 각본은 한국영상자료원의 영상도서관에서 볼 수 있다. 두 여주인공이 어색하게 서로를 안고 있는 스틸 사진이 『퀴어 코리아』 원서의 표지와 오프닝 페이지를 장식하고 있다. (한국어 번역본 표지에서도 같은 사진을 사용했다―옮긴이).

70. 유신 체제에서 박정희와 민주공화당은 그들이 행정권, 입법권, 사법권을 독점할 수 있도록 하는 새로운 헌법을 제정했다. 박정희는 이 독재적인 체제를 통해 노동자와 학생들의 요구를 억누르는 한편, 중공업과 국방을 장려했다. 이러한 억압적인 권력은 광주항쟁(1980)과 그 이후의 부의 재분배 및 정치적 자유에 대한 시위로 이어졌다. 이 시기에 대한 자세한 내용은 다음을 참조. Kim and Vogel, *The Park Chung Hee Era*; Namhee Lee, *The Making of Minjung: Democracy and the Politics of Representation in South Korea*, Ithaca, New York: Cornell University Press, 2007. (이남희, 이경희・유리 옮김, 『민중 만들기: 한국의 민주화운동과 재현의 정치학』, 후마니타스, 2015.)

71. 다음의 논의는 이 기사를 참조. 「남자는 싫어…」, 『주간중앙』, 1974년 3월 10일, 29쪽; 「29살 여인과 38살 여인이 동성 결혼!」, 『주간여성』 269, 1974년 3월 17일, 18~19쪽. 여성과 결혼한 많은 여성들이 결혼식의 주례를 부탁하기 위해 스님을 찾아갔는데, 이는 불교와의 강한 연결을 보여준다. 이 종교와의 중요한 연결을 더 명확히 하기 위해 후속 연구가 필요하다.

72. 현대 한국의 이러한 낙인적인 인물들의 위치에 대해서는 다음을 참조. Jin-kyung Lee, *Service Economies*, pp. 125~183. (이진경, 『서비스 이코노미』, 240~329쪽.) 양색시에 대한 해외의 분석에 대해서는 다음을 참조. Grace M. Cho, *Haunting the Korean Diaspora: Shame, Secrecy, and the Korean War*, Minneapolis: University of Minnesota Press, 2008.

73. 이전에 제시되었던 것처럼 많은 기사들이 부분적으로 조작되었지만, 문화적으로 무관하지 않다는 것을 강조하면서 모순적인 정보를 제시했다. 이 경우, 3월 17일 자 기사는 김진미가 윌리엄과 결혼해 미국으로 따라갔고 2년 뒤 윌리엄이 자동차 사고로 사망했다는 내용을 담고 있다. 어느 쪽이든, 버려진 김진미의 운명은 그대로였다. 경제력과 관련하여 여성 호모에로티시즘에 대해 씌

어진 다른 기사들은 다음을 참조. 「쇠고랑찬 남장 여인」, 『조선일보』 1964년 3월 3일 자; 「칼부림으로 쇠고랑찬 '남장 아가씨'」, 『주간한국』 459, 1975년 9월 7일, 21쪽; 「여자끼리의 결혼식에 하객 200명」, 『선데이 서울』 11(1), 1978년 1월 1일, 26~27쪽.

74. 퀴어한 장소로서 1945년 이후 용산의 발전에 대해서는 다음을 참조. 루인, 「캠프 트랜스」. 남성의 배신, 미군 성매매 그리고 결국 레즈비어니즘으로 가는 눈에 띄게 비슷한 주제들에 대한 1인칭 이야기들에 대해서는 다음을 참조. 「다시 '남자'를 사랑할 수만 있다면」, 『영레이디』 7(10), 1987. 10, 298~303쪽.

75. 인공수정도 종종 논의되기는 했었지만, 실제로 행해지지는 않았다. 다음을 참조. 「탐방 동성애 부부: 여자끼리만…홈 스위트홈」, 『아리랑』, 1969년 8월, 234~237쪽; 「아들 나아 기른 레즈비언 10년에」, 78~79쪽; 「의학계 권위들의 임상노트 (30)」, 『경향신문』 1975년 3월 26일 자; 「여자끼리 모여 살며 '여보', '당신'」, 『아리랑』 22(4), 1976. 4, 100~103쪽; 「유명 여유도 동정모도 동성부부의 이색지대」, 43쪽. 한국의 국내 입양에 대해서는 다음을 참조. 허남순, 「국내 입양사업의 현황분석에 관한 연구: 한국기독교양자회를 중심으로」, 이화여자대학교 석사학위논문, 1974.

76. 신체적인 쾌락을 넘어 정신적인 안정을 강조했던 또 다른 기사는 다음을 참조. 「여자끼리 신랑, 신부」, 32~33쪽; 「산전수전 다 겪은 여자끼리 결혼식」, 『선데이 서울』 18, 1985년 5월 26일, 32~33쪽. 서울의 레즈비언 커뮤니티에 대해서는 다음을 참조. 「서울의 레즈비언들」, 54~56쪽; 「남자는 질색의 서울의 레즈비언들」, 『주간경향』 2(36), 1969년 9월 17일, 90~91쪽; 「한국판 '레즈비언'들 광란」, 『주간중앙』 217, 1972년 10월 22일, 26쪽; 「통도 크고 팁도 많이 주더라」, 10~11쪽; 「늘어나는 레스비언들의 애정 질투 정사」, 22~23쪽; 「여자끼리 모여 살며 '여보', '당신'」, 100~103쪽; 「유명 여유도 동정모도 동성부부의 이색지대」, 42~43쪽; 「금남 지대: 서울에 레즈비언 클럽」, 『주간경향』 15(39), 1982년 10월 3일, 22~24쪽; 「서방님 할 땐 언제고 이제 와서 변심이냐: 레즈비언 상대 변심에 행패 부린 남자 역의 살롱녀」, 『선데이 서울』 16(48), 1985년 12월 8일, 128~129쪽.

77. 구술사에 의하면 적어도 일부의 여성들이 이 시기 동안 레즈비언 정체성에 대한 안정적인 감각을 느끼고 있었을 것이라고 시사한다. 하지만 이러한 정체성은 현재의 관점과 기억 생성 과정을 통해 소급해 만들어졌을지도 모른다. 게다가, 역사적으로 확립된 레즈비언 정체성의 형성은 성소수자와 인권 담

론의 시대였던 1990년대 이후 어른이 된 페미니스트 세대의 개입적인 활동(intervening activites)에 (당시 레즈비언이라는 정체성이 있었는지 없었는지 명확하지 않은 상황에서 젊은 페미니스트들이 나이든 레즈비언들의 언어 해석에 개입했다는 의미다―옮긴이) 의해 도움을 받았을 가능성이 높다. 한국의 나이든 '레즈비언'의 주체성을 기록하면서 동시에 정체성적인 측면에서 (재)해석하고자 했던 활동가들의 설명은 다음을 참조. 박김수진 편, 『50대 레즈비언, 최명환 이야기』, 레즈비언권리연구소, 2003. 스스로 자신을 레즈비언으로 규정한 여성들에 대한 다른 구술사들은 다음을 참조. 성정숙, 「불완전한 몸'의 질곡을 넘어」, 『한국사회복지학』 64(2), 2012, 85~109쪽; 박김수진 편, 『너는 왜 레즈비언이니?: 조금은 외로운 우리들의 레인보우 인터뷰』, 이매진, 2014.

78. 별도로 언급되지 않는다면, 다음의 논의는 이 기사를 참조. 「산전수전 다 겪은 여자끼리 결혼식」, 32~33쪽; 「노처녀끼리 동성 결혼」, 『주간중앙』 860, 1985년 3월 26일, 23쪽; 「동성애 여자 부부 일호 파경」, 『주간경향』 20(18), 1987년 3월 10일, 42~44쪽.

79. (라디오 드라마를 각색한) 박상호 감독의 동명의 영화 「또순이」(세종영화주식회사, 1962) 참조. 영어 자막 버전은 한국영상자료원이 「A Happy Businesswoman」으로 개봉했다. 사생활 침해적이었던 한 기자는, 가족을 부양하는 데 헌신하느라 결혼할 시간도 없었던 효녀인 순미가 직접 자신을 설명한 내용을 보도했다. 그러나 규범적인 가정주부로서 미래에 대한 그녀의 걱정은, 그녀가 다른 여성들을 향해 말할 수 없는 욕망을 가졌다는 이유로 가려지고 의심받았을 것이다. 「화제 추적 여자끼리 정식 결혼식 올린 김OO, 김OO 부부」, 235~236쪽.

80. 퀴어 여성과 택시기사 사이의 연결은 다음을 참조. 「동성 여자 운전사」, 『주간중앙』 722, 1982년 9월 12일, 35쪽; 「사모관대 의젓이 여자끼리 결혼식」, 『선데이 서울』 16(44), 1983년 11월 6일, 24~25쪽; 「여자 운전사끼리 공개 동성 결혼식 올렸다!」, 『주간경향』 16(49), 1983년 12월 18일, 26~27쪽.

81. 한 기사는 위자료가 2천만 원이었다고 언급하고 있다. 「화제 추적 여자끼리 정식 결혼식 올린 김OO, 김OO 부부」, 236쪽.

82. 「동성애 '여자 부부'끼리 위자료 싸움」, 『주간경향』 30(37), 1987년 9월 20일, 58~59쪽. 위자료 지급 가능성을 언급한 이전 기사는 다음을 참조. 「통도 크고, 팁도 많이 주더라」, 10~11쪽.

83. 별도로 언급되지 않는다면, 다음의 논의는 이 기사를 참조. 「동거생활 4년 만

에 파경」, 『주간여성』 130, 1971년 7월 7일, 24~25쪽. 조금 더 뒤 시기의 비슷한 기사로는 다음을 참조. 「밤이 두려워 변심한 레즈비언의 종말」, 『선데이 서울』 21(2), 1988년 1월 17일, 46~47쪽.

84. 여성이 군인인 다른 예외에 대해서는 다음을 참조. 「여군 아가씨들 결혼한대요」, 『명랑』, 1964. 5, 176~180쪽; 「18세 여군」, 『주간중앙』 2, 1968년 8월 31일, 10~11쪽. 징병제로 인한 한국 남성들의 특권적인 위치에 대해서는 다음을 참조. Seungsook Moon, "Imagining a Nation through Differences: Reading the Controversy Concerning the Military Service Extra Points System in South Korea", *Review of Korean Studies* 5, no. 2, 2002, pp. 73~109.

85. 이러한 퀴어 관행의 식민지 시대의 역사에 대해서는 다음을 참조. 박정애, 「여자를 사랑한 여자: 1931년 동성연애 철도자살 사건」, 길밖세상 편, 『20세기 여성 사건사: 근대 여성교육의 시작에서 사이버페미니즘까지』, 여성신문사, 2001, 100~108쪽. 일본의 경우에 대해서는 다음을 참조. Jennifer Robertson, "Dying to Tell: Sexuality and Suicide in Imperial Japan", *Signs* 25, no. 1, 1999, pp. 1~35.

86. 별도로 언급되지 않는다면, 다음의 논의는 이 기사를 참조. 「여자끼리 사랑하다 실연의 자살」, 『선데이 서울』 8(17), 1975년 5월 4일, 28~29쪽. 여성 공장 노동자들의 동성애 관행을 포함한 더 많은 경우에 대해서는 다음을 참조. 「처녀에겐 '형부'와 '여름'과 '산'이 강적이다: 여공의 성 보고서」, 『주간한국』 178, 1968년 2월 18일, 14~15쪽; 「유명 여유도 동정모도 동성부부의 이색지대」, 42~43쪽.

87. 그녀가 '국내 성매매'라고 불렀던 것의 문화적 재현에 대해서는 다음을 참조. Jin-kyung Lee, *Service Economies*, pp. 79~123. (이진경, 『서비스 이코노미』, 161~239쪽.)

88. 「여자 동성애 4년 비극의 종말」, 『주간경향』 10(6), 1977년 2월 13일, 94~95쪽. 레즈비언 비극을 통한 이성애의 승리에 대한 비슷한 기사들은 다음을 참조. 「동성 여자 운전사」, 35쪽; 「레즈비언 남편역 변심 자살 기도」, 『선데이 서울』 19(30), 1986년 8월 3일, 133쪽.

89. 현재의 쟁점들에 대한 활동가들의 분석에 대해서는 다음을 참조. Tari Young-Jung Na, "The South Korean Gender System: LGBTI in the Contexts of Family, Legal Identity, and the Military", *Journal of Korean Studies* 19, no. 2, 2014, pp. 357~377.

90. 캐스 웨스턴이 주장한 것처럼, "국가의 인정에 초점을 맞추는 것은 법적 지위를 얻을 희망이 없는 친족 관행을 약화시키고 사람들이 만드는 친밀성의 범위를 축소시킬 수 있다." Kath Weston, "Families in Queer States: The Rule of Law and the Politics of Recognition", *Radical History Review* 93, 2005, p. 135. 한국인의 경우를 고려한 비슷한 주장은 다음을 참조. 서동진, 「퀴어가족? 가족, 사회, 국가 사이의 거리를 어떻게 측정할 것인가」, 『진보평론』 48, 2011, 88~119쪽.

제2부 탈권위 시대의 시민과 소비자, 활동가

제7장 한국 남성 동성애의 세 얼굴: 보갈, 이반, 신자유주의적 게이

1. Elizabeth A. Povinelli and George Chauncey, "Thinking Sexuality Transnationally", *GLQ* 5, 1999, pp. 439~450. 이 장의 제목은 김필호와 C. 콜린 싱어의 논문 제목에서 착안했다. Pil Ho Kim and C. Colin Singer, "Three Periods of Korean Queer Cinema: Invisible, Camouflage, and Blockbuster", *Acta Koreana* 14, no. 1, 2011, pp. 115~134. 김필호와 싱어는 퀴어 콘텐츠가 대중과 정부에 노출되고 수용된 양상에 따라 한국 퀴어 영화의 역사를 세 개의 연대기, 즉 비가시화된 시대(1976~1998), 위장 시대(1998~2005), 블록버스터 시대(2005~현재)로 구분한다.

2. Dennis Altman, *Global Sex*, Chicago: University of Chicago Press, 2001. (데니스 알트먼, 이수영 옮김, 『글로벌 섹스: 섹스의 세계화, 침실의 정치학』, 이소, 2003.)

3. 예컨대 다음을 참조. Evelyn Blackwood, *Falling into the Lesbi World: Desire and Difference in Indonesia*, Honolulu: University of Hawai'i Press, 2010; Fran Martin, *Situating Sexualities: Queer Representation in Taiwanese Fiction, Film and Public Culture*, Hong Kong: Hong Kong University Press, 2003; Mark McLelland, *Queer Japan from the Pacific War to the Internet*, Oxford: Rowman and Littlefield, 2005; Ara Wilson, *The Intimate Economies of Bangkok: Tomboys, Tycoons, and Avon Ladies in the Global City*, Berkeley: University of California Press, 2004.

4. Chris Berry, Fran Martin, and Audrey Yue, eds. *Mobile Cultures: New*

Media in Queer Asia, Durham, NC: Duke University Press, 2003.

5. Gerard Sullivan and Peter A. Jackson, eds. *Gay and Lesbian Asia: Culture, Identity, Community*, New York: Routledge, 2001.

6. 나는 여기에서 페트루스 리우의 정식화를 따라 동성애를 역사적으로 구성된 담론적 구성물로 개념화하고 있다. Petrus Liu, "Queer Marxism in Taiwan", *Inter-Asia Cultural Studies* 8, no. 4, 2007, pp. 517~539 참조. 이 세 가지 시대 구분은 무엇보다 발견적 장치라 할 수 있다. 보갈과 이반이라는 담론 범주 사이에는 명확한 역사적 단절이 존재하지만, 이반 범주는 현재에도 게이와 퀴어 등 서구화된 용어와 공존하며, 동성애에 대한 헤게모니적 담론이나 거대 서사가 발전할 수 없는 사회 속에서 "각각의 용어는 나름의 구심력으로 작은 소용돌이"를 일으키고 있다. Dong-Jin Seo, "Mapping the Vicissitudes of Homosexual Identities in South Korea", *Journal of Homosexuality* 40, nos. 3~4, 2001, pp. 65~78.

7. Peter Drucker, "The Fracturing of LGBT Identities under Neoliberal Capitalism", *Historical Materialism* 19, no. 4, 2011, pp. 3~32; Barry D. Adam, *The Rise of a Gay and Lesbian Movement*, Boston: Twayne, 1987; Martin Manalansan, "In the Shadows of Stonewall: Examining Gay Transnational Politics and the Diasporic Dilemma", *GLQ* 2, 1995, p. 428에서 재인용.

8. Chris Berry, "Asian Values, Family Values: Film, Video, and Lesbian and Gay Identities", *Gay and Lesbian Asia*, ed. Sullivan and Jackson, New York: Routledge, 2011, pp. 211~232.

9. John D'Emilio, "Capitalism and Gay Identity", *Powers of Desire: The Politics of Sexuality*, ed. Ann Snitow, Christine Stansell, and Sharan Thompson, New York: Monthly Review, 1983, pp. 100~114.

10. John N. Erni and Anthony Spires, "The Formation of a Queer-Imagined Community in Post-Martial Law Taiwan", *Asian Media Studies: Politics of Subjectivities*, ed. John Erni and Chua Siew Keng, Malden, MA: Blackwell, 2005, p. 227.

11. Younghan Cho, "The National Crisis and De/constructing Nationalism in South Korea during the IMF Intervention", *Inter-Asia Cultural Studies* 9, no. 1, 2008, pp. 82~96; Beng Huat Chua, *Communitarian Politics in*

Asia, London: Routledge, 2004; Aihwa Ong, *Neoliberalism as Exception: Mutations in Citizenship and Sovereignty*, Durham, NC: Duke University Press, 2006. 이 책에서 토드 A. 헨리와 신라영은 각각 신자유주의적 개인주의(neoliberal individualism)의 경계에서 한국의 퀴어 행위자성(agency) 및 정치가 출현한다는 점을 재차 언급한다.

12. Chua, *Communitarian Politics in Asia*, p. 202; Sea-ling Cheng, "Assuming Manhood: Prostitution and Patriotic Passions in Korea", *East Asia* 18, no. 4, 2000, pp. 40~78.

13. Hae-joang Cho Han, "'You Are Entrapped in an Imaginary Well': The Formation of Subjectivity within Compressed Development—A Feminist Critique of Modernity and Korean Culture", *Inter-Asia Cultural Studies* 1, no. 1, 2000, pp. 49~69; Chungmoo Choi, "Nationalism and Construction of Gender in Korea", *Dangerous Women: Gender and Korean Nationalism*, ed. Elaine H. Kim and Chungmoo Choi, New York: Routledge, 1998, pp. 9~31. (최정무, 박은미 옮김, 「한국의 민족주의와 성(차)별 구조」, 일레인 김·최정무 편저, 『위험한 여성: 젠더와 한국의 민족주의』, 삼인, 2001.); Hyun-Mee Kim, "Work, Nation and Hypermasculinity: The 'Woman' Question in the Economic Miracle and Crisis in South Korea", *Inter-Asia Cultural Studies* 2, no. 1, 2001, pp. 53~68; Frantz Fanon, *Black Skin, White Masks*, New York: Grove, (1967) 2008. (프란츠 파농, 노서경 옮김, 『검은 피부, 하얀 가면』, 문학동네, 2014.); Ashis Nandy, *The Intimate Enemy: Loss and Recovery of Self under Colonialism*, Oxford: Oxford University Press, (1983) 2010. (아시스 난디, 이옥순·이정진 옮김, 『친밀한 적: 식민주의하의 자아 상실과 회복』, 창비, 2015.)

14. Ara Wilson, "Queering Asia", *Intersections* 14, 2006. http://intersections.anu.edu.au/issue14/wilson.html.

15. Youngshik D. Bong, "The Gay Rights Movement in Democraticizing Korea", *Korean Studies* 32, 2008, pp. 86~103.

16. 한국은 주디스 (잭) 핼버스탬이 동성애자의 삶 내부의 "퀴어한 시간과 장소"라고 명명한 정치, 경제, 가족, 젠더, 섹슈얼리티, 공간, 정보 및 기술 사이의 모순을 이해할 수 있는 현장이다. Judith (Jack) Halberstam, *In a Queer Time and Place: Transgender Bodies, Subcultural Lives*, New York: New York

University Press, 2005. 한국이 이런 현장이 되는 것은 무엇보다도 한국의 게이들이 겪은 매우 억압적인 역사의 성격 때문이다. 또한 인구 밀도가 높은 초연결 국가라는 한국의 성격도 감안해야 한다. 앞서 언급한 여러 요소들 사이의 역동(dynamics)은 자연화된 채 남아 있을 수 있었고 실제로 어떤 지역에서는 비가시화되기도 하지만, 한국에서는 결과적으로 그 역학이 부각된다.

17. 이 남자는 인터뷰 중 나의 질문에 "다들 이미 알지 않나"라고 말했다(여기서 "다들"은 게이를 의미한다). 그는 인터뷰나 질문 자체를 성가셔 했다. 즉 게이 경험은 동질적이고 자명한 성격을 지녔고 별도의 심문이 필요하지 않다고 가정하는 것처럼 보였다. 이 사례에서 나는 곧바로 인터뷰를 중단했다.

18. Kathy Charmaz, *Constructing Grounded Theory*, London: Sage, 2014. (이 책의 구판이 번역되어 있다. 캐시 샤마즈, 이상균·박현선·이채원 옮김, 『근거이론의 구성: 질적 분석의 실천 지침』, 학지사, 2013.)

19. Vincent Crapanzano, *Hermes' Dilemma and Hamlet's Desire: On the Epistemology of Interpretation*, Cambridge, MA: Harvard University Press, 1992; Johannes Fabian, "Ethnography and Intersubjectivity: Loose Ends", *HAU: Journal of Ethnographic Theory* 4, no. 1, 2014, pp. 199~209.

20. Émile Durkheim, "What Is a Social Fact?", *The Rules of the Sociological Method*, ed. Steven Lukes, New York: Free Press, 1982, pp. 50~59. (에밀 뒤르켐, 윤병철·박창호 옮김, 『사회학적 방법의 규칙들: 뒤르켐 사회학 방법론의 이해』, 새물결, 2019.)

21. J. W. Han and L. H. M. Ling, "Authoritarianism in the Hypermasculinized State: Hybridity, Patriarchy, and Capitalism in Korea", *International Studies Quarterly* 42, no. 1, 1999, pp. 53~78.

22. Bruce Cumings, *Korea's Place in the Sun: A Modern History*, New York: W. W. Norton, 1993. (브루스 커밍스, 이교선·한기욱·김동노·이진준 옮김, 『브루스 커밍스의 한국현대사』, 창비, 2001.); Cheng, "Assuming Manhood", p. 63 에서 재인용.

23. Seungsook Moon, "Begetting the Nation: The Androcentric Discourse of National History and Tradition in South Korea", *Dangerous Women: Gender and Korean Nationalism*, ed. Elaine H. Kim and Chungmoo Choi, New York: Routledge, 1998, pp. 33~66. (문승숙, 박은미 옮김, 「민족 공동체 만들기: 남한의 역사와 전통에 담긴 남성 중심적 담론(1961-1987)」, 일레인 김·최

정무 편저, 『위험한 여성』.)

24. Seungsook Moon, "Begetting the Nation", p. 37. (문승숙, 「민족 공동체 만들기」, 58쪽.) "아시아의 네 마리 호랑이"는 1960년대부터 1990년대 사이에 이례적으로 높은 경제성장률을 달성한 홍콩, 싱가포르, 한국, 대만을 일컫는다.

25. Hyun-Mee Kim, "Work, Nation and Hypermasculinity", p. 1.

26. 한국의 발전주의 시기 중 언제 게이 문화가 형성되기 시작했는지는 불분명하다. 혹자는 1980년대 중반부터 게이 문화가 존재했다고 설명한다. 다음을 참조. Dong-Jin Seo, "Mapping the Vicissitudes of Homosexual Identities in South Korea." 하지만 내 정보원 중 하나인 '채플린'은 1978년부터 극장과 바를 중심으로 조직된 서울의 게이 문화에 참여했다고 회상한다.

27. 박차민정, 「AIDS 패닉 혹은 괴담의 정치」, 『말과 활』 12, 2016, 35~48쪽; 한채윤, 「한국 동성애 커뮤니티 10년간의 연대기」, 『버디』 20, 2002. 4, 20쪽.

28. 박은영, 「남자에 빠진 남자들」, 『일요신문』 1997년 6월 8일 자, 39쪽.

29. Pyong-choon Hahm, *Korean Jurisprudence, Politics, and Culture*, Seoul: Yonsei University Press, 1986.

30. Hae-joang Cho, "Male Dominance and Mother Power: The Two Sides of Confucian Patriarchy in Korea", *Confucianism and the Family*, ed. Walter H. Slote and George A. De Vos, Albany: State University of New York Press, 1998, pp. 187~207.

31. Cheng, "Assuming Manhood", p. 53.

32. 생물학적으로 이어지지 않은 남성들 사이의 관계를 일컫는 데 형제라는 용어를 사용하는 현상은 한국의 인맥이 그만큼 친족 관계에 기반을 두고 있음을 보여준다.

33. '386세대'는 2000년대 초 노무현 정부 시절 유행했던 조어로, 당시 30대였던 이들이 1980년대에 교육을 받고 1960년대에 태어났음을 나타낸다.

34. Dana Luciano, *Arranging Grief: Sacred Time and the Body in Nineteenth Century America*, New York: New York University Press, 2007.

35. 한국의 경제성장은 젠더를 엄격한 이분법에 따라 개념화했고 행복과 성공을 이성애규범적 관념으로 정착시켰다. 나는 기혼 게이 세대가 민주화 운동을 지지하면서 군사독재의 잔재를 털어내는 데 적극적이었음에도 경제성장을 위해 자신의 친밀한 삶을 희생했음을 강조하기 위해 그들이 386세대의 성원권을 지녔음을 언급하고자 한다. 다시 말해, 게이·레즈비언 운동이라는 섹슈얼리티

혹은 정동의 정치는 민주화 운동의 유산을 심화시키는 동시에 별개의 정치적 경로를 따랐다.

36. William Frederick Schroeder, "An Anthropology of the Weekend: Recreation and Relatedness in Gay and Lesbian Beijing", PhD diss., University of Virginia, Charlottesville, 2009.

37. 김경민, 『겨울 허수아비도 사는 일에는 연습이 필요하다』, 성림, 1993. (저자는 출판사를 '코아트센터'로 표기했으나 오기로 보아 수정한다―옮긴이).

38. Dong-Jin Seo, "Mapping the Vicissitudes of Homosexual Identities in South Korea."

39. 김경민, 『겨울 허수아비도 사는 일에는 연습이 필요하다』, 24쪽.

40. Hae-joang Cho Han, "You Are Entrapped in an Imaginary Well.'"

41. Sara Ahmed, *The Promise of Happiness*, Durham, NC: Duke University Press, 2010. (사라 아메드, 성정혜·이경란 옮김, 『행복의 약속: 불행한 자들을 위한 문화비평』, 후마니타스, 2021.)

42. Lee Edelman, *No Future: Queer Theory and the Death Drive*, Durham, NC: Duke University Press, 2014.

43. Wei Wei, "'Wandering Men' No Longer Wander Around: Production and Transformation of Local Homosexual Identities in Contemporary Chengdu, China", *Inter-Asia Cultural Studies* 8, no. 4, 2007, pp. 572~588.

44. 그럼에도 불구하고, 가족, 친척, 친구, 동료 관계를 명확하게 분리하기 어려울 만큼, 인맥은 한국 사회의 근간을 이룬다. 게이들은 안정적인 정체성과 경제생활을 위해 인맥에 의존하고 있으며, 다른 남자를 만나는 것 역시 경계할 수밖에 없다.

45. 김경민, 『겨울 허수아비도 사는 일에는 연습이 필요하다』, 88쪽.

46. Jürgen Habermas, *The Structural Transformation of the Public Sphere: An Inquiry into a Category of Bourgeois Society*, Cambridge: Polity, 1989. (위르겐 하버마스, 한승완 옮김, 『공론장의 구조변동: 부르주아 사회의 한 범주에 관한 연구』, 나남, 2004.)

47. Michael Warner, *Publics and Counterpublics*, New York: Zone, 2002.

48. Dong-Jin Seo, "Mapping the Vicissitudes of Homosexual Identities in South Korea", p. 69.

49. 김경민, 『겨울 허수아비도 사는 일에는 연습이 필요하다』, 96쪽.

50. Dong-Jin Seo, "Mapping the Vicissitudes of Homosexual Identities in South Korea", p. 69.

51. Dong-Jin Seo, "Mapping the Vicissitudes of Homosexual Identities in South Korea", p. 66.

52. Hyun-Mee Kim, "Hypermasculinity", p. 53.

53. Hae-joang Cho, "'You Are Entrapped in an Imaginary Well'", p. 60.

54. 이 책에서 토드 A. 헨리와 신라영은 이러한 논점을 각각 '존엄(dignity)의 정치'와 '동성애규범성(homonormativity)'과의 관계 속에서 논의한다.

55. Schroeder, "An Anthropology of the Weekend."

56. Schroeder, "An Anthropology of the Weekend."

57. Eun-shil Kim, "Itaewon as an Alien Space within the Nation-State and a Place in the Globalization Era", *Korea Journal* 44, no. 3, 2004, pp. 34~64.

58. Jesook Song, *South Korea in the Debt Crisis: The Creation of a Neoliberal Welfare Society*, Durham, NC: Duke University Press, 2009. (송제숙, 『복지의 배신』, 이후, 2016.)

59. 이희일, 「은어를 쫓는 은어의 세계: 종로 은어 사전」, 『버디』 14, 1999. 4, 17쪽.

60. Jennifer Elizabeth Moon, "Cruising and Queer Counterpublics: Theories and Fictions", PhD diss., University of Michigan, Ann Arbor, 2006, p. 7.

61. Dong-Jin Seo, "Mapping the Vicissitudes of Homosexual Identities in South Korea", p. 69.

62. Jesook Song, *South Korea in the Debt Crisis*, p. 51. (송제숙, 『복지의 배신』, 152~153쪽.)

63. Jesook Song, *South Korea in the Debt Crisis*, p. 52. (송제숙, 『복지의 배신』, 153쪽.)

64. Don Slater, "Consumption without Scarcity: Exchange and Normativity in an Internet Setting", *Commercial Cultures: Economies, Practices, Spaces*, ed. Peter A. Jackson, Michelle Lowe, Daniel Miller, and Frank Mort, Oxford: Berg, 2000, pp. 123~142.

65. Henning Bech, *When Men Meet: Homosexuality and Modernity*, Chicago: University of Chicago Press, 1997, p. 112; Schroeder, "An Anthropology of the Weekend"에서 재인용.

66. Sherry Turkle, *Alone Together: Why We Expect More from Technology and*

Less from Each Other, New York: Basic, 2011. (셰리 터클, 이은주 옮김, 『외로
워지는 사람들: 테크놀로지가 인간관계를 조정한다』, 청림, 2012.)

67. Slater, "Consumption without Scarcity."

68. 결혼하지 않은 게이가 "주중 이성애자"와 "주말 게이"로서의 삶을 구별하기 위
해 사용된 시간적·공간적·정동적 경계를 세운 데 반해, 기혼 게이는 그 경계
를 흐린다는 이유로 '박쥐'로 불렸다. 다시 말해, '게이' 범주가 범주로서 성원권
이나 헌신 사이의 명확한 경계를 넘어선 것과 마찬가지로, '박쥐'로 불린 게이
들은 게이의 세계에서 모호한 위치를 차지했다. 이들은 한편으로는 이성애와
동성애의 세계 사이의 경계를 넘나드는 성적 혼종화의 핵심 벡터였고, 공적 불
안과 관심을 가장 격렬하게 불러일으키는 대상 중 하나였다.

69. Lauren Berlant, "Nearly Utopian, Nearly Normal: Post-Fordist Affect in *La
Promesse and Rosetta*", *Public Culture* 19(2), 2007, pp. 273~301. (이 글이 재
수록된 단행본이 곧 한국어로 번역될 예정이다. 로런 벌랜트, 윤조원·박미선
옮김, 『잔인한 낙관』, 후마니타스 옮긴이).

70. Berlant, "Nearly Utopian, Nearly Normal", p. 278.

71. 집단으로서의 게이가 지닌 온라인에서의 가시성과 오프라인에서의 투명성은
대조적이다. 이러한 불일치는 조선의 군주 연산군과 그의 광대 공길의 삼각관
계를 그린 블록버스터 「왕의 남자」(2005)와 같은 대중 영화에서의 동성애 재
현에도 반영되어 있다. 이 불일치는 동성애라는 주제가 상업화되는 방식을 반
영하기도 한다. 동성애라는 주제의 상업화는 영화의 서사에 긴장감을 주긴 하
지만, 평범한 퀴어들이 숨어서 얼굴 없는 채 남아 있도록 강제하는 이성애규범
적 가족주의 문화에 직접 도전하지는 않는다.

72. Josephine Ho, "Is Global Governance Bad for East Asian Queers?", *GLQ*
14, no. 4, 2008, pp. 457~479; Fred C. Alford, *Think No Evil: Korean Values
in the Age of Globalization*, Ithaca, New York: Cornell University Press,
1999, p. 151.

73. Jonathan Dollimore, *Sexual Dissonance: Augustine to Wilde, Freud to Foucault*,
Oxford: Oxford University Press, 1991; Martin, *Situating Sexualities*, p. 182
에서 재인용.

74. Hyun Mee Kim, "The State and Migrant Women: Diverging Hopes in the
Making of 'Multicultural Families' in Contemporary Korea", *Korea Journal*
47(4), 2007, pp. 100~122. 더욱이, 군대와 같은 동성사회적 제도(homosocial

institution)는 남자들 사이의 밀접한 감정적 유대를 배양한다는 점에서 호모에로티시즘과 동성애를 꾸준히 생산하는 공장으로도 볼 수 있다.

75. Avery F. Gordon, *Ghostly Matters: Haunting and the Sociological Imagination*, Minneapolis: University of Minnesota Press, 1997, p. 17.

76. Martin, *Situating Sexualities*, p. 182.

77. Roseann Rife, "South Korea: Soldier Convicted in Outrageous Military Gay Witch-Hunt", *Amnesty International*, May 24, 2017. https://www. amnesty.org/en/latest/press-release/2017/05/south-korea-soldier-convicted-in-outrageous-military-gay-witch-hunt.

78. Dong-Jin Seo, "Mapping the Vicissitudes of Homosexual Identities in South Korea", p. 78. 또한 이 책의 제8장에서 신라영은 동성애를 '관용'한다고 주장하는 새로운 유형의 동성애 혐오가 등장했음을 지적한다.

제8장 티부(티 나는 부치성) 피하기: 생존하기 위해 자신을 감추는 한국의 젊은 퀴어 여성들

1. 한국의 퀴어 주체들이 만든 용어인 이반(용어 그대로 '2반')은 퀴어의 소외된 위치를 드러내며 '이등' 시민이라는 의미라기보다는 일반과 '다르다'는 점을 강조한다. 이 용어는 2000년대 초·중반 유행했으며 내가 만난 연구 참여자들도 스스로를 이반이라 지칭했다. 2012년에는 다른 용어인 띵(레즈비언 혹은 바이)이 연구 참여자 사이에서 더 많이 쓰이는 용어가 되기도 했다. 이 글에서 나는 용어가 어디서 어떻게 쓰였는지에 따라 혹은 연구 참여자들의 언어 선택을 존중하는 차원에서 '퀴어', '이반'을 교환적으로 사용한다. 일반적인 이론을 다룰 때나 인터뷰의 맥락에 따라 '레즈비언'과 '게이'라는 용어도 쓸 것이다. 2002~2003년경 나는 이반으로 정체화한 젊은 여성 21명을 알게 되었다. 그들의 나이는 열다섯 살에서 스무 살 정도였다. 그리고 2012~2013년에 열여섯 살에서 서른두 살 사이의 젊은 퀴어 여성을 88명 더 만났다. 대부분의 참여자들은 노동계급 출신의 소외 계층이었다. 그들의 부모는 미숙련직에 종사했고, 비정규 일용직 노동자인 경우가 많았고 대개는 서울의 교외 지역에 살았다.

2. 나의 연구 주제와 유사하게, 이지은은 2000년대 초반 한국에서 10대 퀴어 여성에 대한 연구를 진행했다. 정체성, 섹슈얼리티, 대중문화가 상호 연관되어 있을 뿐 아니라 대중문화가 '정상' 범주에 속하지 않는 섹슈얼리티를 '실험'할 수 있는 열린 공간임을 발견했다. 더 자세한 내용은 다음을 참조. 이지은, 「10대

여성 이반의 커뮤니티 경험과 정체성에 관한 연구」, 연세대학교 석사학위논문,
2005.

한편, 10대 때 형성된 퀴어 정체성을 생각 없는 선택이나 일시적이며 진실되
지 못한 것으로 생각하는 고정관념을 강화시킬 수 있기 때문에 '실험'적이라
는 용어를 쓰는 것에는 다소 조심스럽다. 그럼에도 나 또한 케이팝과 팬덤 문
화, 특히 팬코스는 어린 여성 팬들에게 젠더와 성정체성을 탐색하는 공간이
라고 주장한 바 있다. 더 자세한 사항은 다음을 참조. Layoung Shin, "Queer
Eye for K-Pop Fandom: Popular Culture, Cross-Gender Performance, and
Queer Desire in South Korean Cosplay of K-Pop Stars", *Korea Journal* 58,
no. 4, 2018, pp. 87~113.

3. 서울 시내에 위치한 공공장소인 신촌공원은 2000년대 초반 '레즈비언 공원'으
로 이름을 떨쳤다. 몇몇 젊은 퀴어 여성들은 이 공원을 '집'과 같은 곳이라 부
르며 들락거렸다.

4. 그런데 소유는 결국 이 티부와 만났고 몇 개월 동안 사귀었다. 소유의 예상과
다르게 상대가 바람을 피는 일은 없었고 다만 서로 나눌 수 있는 공통점이 얼
마 없었기 때문에 얼마간 시간이 지난 후 그들은 헤어졌다.

5. Lisa Duggan, *The Twilight of Equality? Neoliberalism, Cultural Politics, and
the Attack on Democracy*, Boston: Beacon, 2003. (리사 두건, 한우리·홍보람
옮김, 『평등의 몰락: 신자유주의는 어떻게 차별과 배제를 정당화하는가』, 현실
문화, 2017.)

6. John D'Emilio, "Capitalism and Gay Identity", *Powers of Desire: The Politics
of Sexuality*, ed. Ann Snitow, Christine Stansell, and Sharon Thompson,
New York: Monthly Review, 1983, pp. 100~113.

7. Peter Drucker, "The Fracturing of LGBT Identities under Neoliberal
Capitalism", *Historical Materialism* 19, no. 4, 2011, pp. 3~32.

8. Drucker, "The Fracturing of LGBT Identities under Neoliberal Capitalism",
p. 16.

9. Duggan, *The Twilight of Equality?* (리사 두건, 『평등의 몰락』.)

10. Duggan, *The Twilight of Equality?* p. 50. (리사 두건, 『평등의 몰락』, 123쪽. 번
역을 일부 수정했다—옮긴이).

11. Maxime Cervulle, "French Homonormativity and the Commodification
of the Arab Body", *Radical History Review* 100, 2008, pp. 170~179;

Fred Fejes, *Gay Rights and Moral Panic: The Origins of America's Debate on Homosexuality*, New York: Palgrave Macmillan, 2008; Roderick A. Ferguson, "Administering Sexuality or, the Will to Institutionality", *Radical History Review* 100, 2008, pp. 158~169; Sandra Jeppesen, "Queer Anarchist Autonomous Zones and Publics: Direct Action Vomiting against Homonormative Consumerism", *Sexualities* 13, no. 4, 2010, pp. 463~478; Martin F. Manalansan, "Race, Violence, and Neoliberal Spatial Politics in the Global City", *Social Text* 23, no. 3, 2005, pp. 141~155; David Murray, *Homophobias: Lust and Loathing across Time and Space*, Durham, NC: Duke University Press, 2009; Jasbir K. Puar, *Terrorist Assemblages: Homonationalism in Queer Times*, Durham, NC: Duke University Press, 2007; Margot D. Weiss, "Gay Shame and BDSM Pride: Neoliberalism, Privacy, and Sexual Politics", *Radical History Review* 100, 2008, pp. 86~101.

12. '국가가 인정하는 퀴어'에 관해서라면 다음을 참조. Puar, *Terrorist Assemblages*. '잘나가는 동성애자'에 대해 더 알고 싶다면 다음을 참조. Fejes, *Gay Rights and Moral Panic*.

13. John (Song Pae) Cho, "Faceless Things: South Korean Gay Men, Internet, and Sexual Citizenship", PhD diss., University of Illinois, Urbana-Champaign, 2011; Lisa Rofel, *Desiring China: Experiments in Neoliberalism, Sexuality, and Public Culture*, Durham, NC: Duke University Press, 2007; Denise Tse-Shang Tang, *Conditional Spaces: Hong Kong Lesbian Desires and Everyday Life*, Hong Kong: Hong Kong University Press, 2011.

14. Drucker, "The Fracturing of LGBT Identities under Neoliberal Capitalism", p. 24. 드러커가 모든 노동계급, 유색인 레즈비언과 게이들이 동성애규범적이지 않다고 주장하는 것은 아니다. 그들 역시 직장 생활이 위험해지기를 원치 않기 때문에 정체성이 드러나는 일에 민감하다.

15. 백소영, 「잠재성을 잉여라 부르는 세상」, 백소영 외, 『잉여의 시선으로 본 공공성의 인문학』, 이파르, 2011, 13~43쪽; 엄기호, 「세 청년의 이야기」, 백소영 외, 『잉여의 시선으로 본 공공성의 인문학』, 44~70쪽.

16. 최현정, 「젊은 층의 자조 섞인 유행어 '잉여인간'」, 『동아일보』 2009년 3월 10일자. http://news.donga.com/3/all/20090310/8706013/1. (접속일: 2014. 7. 7.)

17. 통계청, 「취업자 수/실업률 추이」, 『e-나라 지표』 2017년 6월 15일 자. http://

www.index.go.kr/potal/main/EachDtlPageDetail.do?idx_cd=1063. (접속일: 2017. 9. 27.)

18. 윤진호, 「신자유주의 시대의 고용불안과 청년실업」, 『황해문화』 67(6), 2010, 240~258쪽; 양호경, 「좋은 일자리 향한 '직업 계단' 만들어야」, 『한겨레』 2013 년 2월 4일 자. http://www.hani.co.kr/arti/society/society_general/572768. html. (접속일: 2013. 2. 5.)

19. 노동계급의 미숙련 노동자들은 대부분 여성이며, 이 유형의 노동은 비정규직 중 가장 높은 비중인 66.3퍼센트를 차지한다. 더 자세한 사항은 다음을 참조. Shin Kwang-Yeong, "Globalization and Social Inequality in South Korea", *New Millennium South Korea: Neoliberal Capitalism and Transnational Movements*, ed. Jesook Song, New York: Routledge, 2011, p. 19. 비정규 직 노동자들은 정규직 노동자들의 50~70퍼센트밖에 못 미치는 급여를 받는 다. 그들은 연 단위로 계약을 갱신할 뿐 아니라 정규직 노동자가 받는 혜택으 로부터 소외되어 직업 안정성도 얻지 못한다. 더 자세한 사항은 다음을 참조. Shin Kwang-Yeong, "Economic Crisis, Neoliberal Reforms, and the Rise of Precarious Work in South Korea", *American Behavioral Scientist* 57, no. 3, 2013, pp. 335~353; Yoonkyung Lee, "Labor after Neoliberalism: The Birth of the Insecure Class in South Korea", *Globalizations* 12, no. 2, 2014, pp. 184~202.

20. 더 자세한 내용은 다음을 참조. 김순남, 「이성애 결혼/가족 규범을 해체/(재)구 성하는 동성애 친밀성」, 『한국여성학』 29(1), 2013, 85~125쪽.

21. Duggan, *The Twilight of Equality?* (리사 두건, 『평등의 몰락』.); Puar, *Terrorist Assemblages*.

22. Yau Ching, "Dreaming of Normal while Sleeping with Impossible: Introduction", *As Normal as Possible: Negotiating Sexuality and Gender in Mainland China and Hong Kong*, ed. Yau Ching, Hong Kong: Hong Kong University Press, 2010, p. 3.

23. 일반스트는 '일반 스타일'의 줄임말로 일반(이성애자)처럼 보이는 레즈비언을 지칭하는 말이다. 즉, 일반스트는 여성스럽고 '평범한' 모습이기에 이성애 사회 에서 이성애자로 '패싱'될 수 있다. 이 용어는 평범하고 여성스럽게 꾸미는 레 즈비언을 가리키는 '펨'과 비슷한 의미로 쓰인다.

24. 레즈는 레즈비언의 줄임말로 여기서는 낮잡아보는 의미로 쓰였다.

25. 여기서 펨은 여성스러운 특징을 지닌 일반스트와 유사하게 쓰이고 있다.

26. danah boyd, "Why Youth (Heart) Social Network Sites: The Role of Networked Publics in Teenage Social Life", *Youth, Identity, and Digital Media*, ed. David Buckingham, Cambridge, MA: MIT Press, 2008, p. 126. 많은 학자들이 논한 것처럼, (디지털) 미디어는 이성애규범이나 시스젠더스러운 방식에서 벗어난 친밀감, 욕망, 섹슈얼리티를 위한 새로운 공간을 제공할 수 있다. 따라서 미디어는 그 자체로 퀴어나 퀴어 공동체, 정치적 실천에 긍정적이거나 부정적이지 않다. 예컨대 미디어는 온라인 연결을 통해 퀴어 공동체를 형성하는 데 필요한 정보와 자원을 제공하여 체제 전복적 기능을 할 수도 있지만, 이용자를 감시하거나 인권 침해를 야기할 수도 있다. 디지털 미디어가 현실에서 동떨어져 존재하는 것이 아니라 여러 사회적 제약과 긴밀히 연결되어 있고 오프라인 세계의 일들이 디지털 미디어에서 재현될 가능성이 높기 때문이다. 디지털 미디어와 오프라인과의 관계성에 대해서는 다음을 참조. Daniel Miller and Don Slater, *The Internet: An Ethnographic Approach*, New York: Berg, 2000; Tom Boellstorff, *Coming of Age in Second Life*, Princeton, NJ: Princeton University Press, 2008. 아시아인들의 퀴어 문화 속 디지털 미디어의 활용에 대해 궁금하다면 다음을 참조. Chris Berry, Fran Martin, and Audrey Yue, eds., *Mobile Cultures: New Media in Queer Asia*, Durham, NC: Duke University Press, 2003.

27. boyd, "Why Youth (Heart) Social Network Sites", p. 126.

28. 서울 시내 동대문에 있는 두타와 밀리오레는 24시간 운영하는 유명 쇼핑몰이다. 고객의 이목을 끌기 위해 춤이나 노래 경연 같은 행사를 공개 무대에서 진행한다.

29. Drucker, "The Fracturing of LGBT Identities under Neoliberal Capitalism", p. 17.

30. 군형법 제92조의6은 항문 성교나 그 밖의 추행을 계간죄로 규정하고 처벌 대상 범죄로 보고 있다. 이 조항은 동의 여부나 행위가 발생한 장소에 상관없이 군인 간 성관계를 처벌한다. 이 법에 의거해 군 관계자들은 게이로 추정되는 군인들을 확인 차 조사했고 2017년 5월 한 군인이 계간죄 혐의로 군 재판에 넘겨져 징역 6개월, 집행유예 1년을 선고받았다.

31. 경기도, 광주광역시에 이어 서울특별시는 2011년 학생인권조례를 제정했다. 세 지역의 학생인권조례는 교내에서 차별 대우해서는 안 되는 요인 중 하나로

'성적 지향'을 제시한다. 보수 성향인 중앙정부와 달리 해당 시의회 의원 과반수가 진보 성향인 덕분이었다. 보수파 의원들의 강한 반대에도 불구하고 교육계·청소년·성소수자 활동가들의 노력과 진보 성향의 시의회의 지원에 힘입어 학생인권조례가 제정되었다.

32. 벌점 제도는 학생들을 훈육하기 위해 활용됐던 체벌의 대안으로서 2005년 중고등학교에 도입되었다. 교내 규칙을 어긴 학생들에게는 이 제도에 의거해 벌점이 부과된다. 벌점이 기준치를 초과한 학생들은 처벌을 받거나 다른 학교로 강제 전학 혹은 퇴학당할 수 있다. 학교 내 퀴어 여성 청소년 처벌에 대해 더 자세히 알고 싶다면 다음을 참조. 현이유빈, 「손잡으면 징계하는 학교, 벼랑 끝에 내몰리는 청소년 동성애자들」, 『한국NGO뉴스』 2006년 2월 20일 자. http://www.ngo-news.co.kr/sub_read.html?uid=509&section=sc9&section2=. (접속일: 2009. 6. 30.)

33. 학생인권조례 성소수자 공동행동 편, 『성소수자 학교 내 차별 사례 모음집』, 2011, 85～86쪽. https://www.kpil.org/board_archive/성적소수자-학교내-차별사례모음집/

34. Jung-ah Choi, "New Generation's Career Aspirations and New Ways of Marginalization in a Postindustrial Economy", *British Journal of Sociology of Education* 26, no. 2, 2005, p. 277.

35. Chris K. K. Tan, "Go Home, Gay Boy! Or, Why Do Singaporean Gay Men Prefer to 'Go Home' and Not 'Come Out'?", *Journal of Homosexuality* 58, nos. 6~7, 2011, p. 866.

36. Tan, "Go Home, Gay Boy!", p. 868.

37. Jason Ritchie, "How Do You Say 'Come out of the Closet' in Arabic? Queer Activism and the Politics of Visibility in Israel-Palestine", *GLQ* 16, no. 4, 2010, p. 558.

38. Mary L. Gray, *Out in the Country: Youth, Media, and Queer Visibility in Rural America*, New York: New York University Press, 2009, p. 4.

39. Gray, *Out in the Country*, p. 4.

40. Gray, *Out in the Country*, pp. 9~10.

41. Tan, "Go Home, Gay Boy!", p. 865.

42. Tan, "Go Home, Gay Boy!", p. 866.

43. John (Song Pae) Cho, "'Deferred Futures': The Diverse Imaginaries of

Gay Retirement in Post-IMF South Korea", *Culture, Theory and Critique* 58, no. 2, 2017, p. 252.

44. John (Song Pae) Cho and Hyun-young Kwon Kim, "The Korean Gay and Lesbian Movement 1993–2008: From 'Identity' and 'Community' to 'Human Rights'", *South Korean Social Movements: From Democracy to Civil Society,* ed. Gi-wook Shin and Paul Chang, New York: Routledge, 2010, pp. 206~223. 이들은 한국 문화에서 가족에 특권을 부여하는 현상이 조선 시대부터 시작됐다고 주장한다.

45. Jesook Song, *South Koreans in the Debt Crisis: The Creation of a Neoliberal Welfare Society*, Durham, NC: Duke University Press, 2009, p. 52. (송제숙, 추선영 옮김,『복지의 배신』, 이후, 2016, 153쪽. 번역을 일부 수정했다―옮긴이).

46. Jesook Song, *Living on Your Own: Single Women, Rental Housing, and Post-revolutionary Affect in Contemporary South Korea*, Albany: State University of NewYork Press, 2014, p. 9. (송제숙, 황성원 옮김,『혼자 살아가기: 비혼여성, 임대주택, 민주화 이후의 정동』, 동녘, 2016, 30쪽. 번역을 일부 수정했다―옮긴이).

47. Jesook Song, *Living on Your Own*, p. 33. (송제숙,『혼자 살아가기』, 76쪽. 번역을 일부 수정했다―옮긴이).

48. Jesook Song, *Living on Your Own*, p. 33. (송제숙,『혼자 살아가기』, 76쪽. 번역을 일부 수정했다―옮긴이).

49. Lucetta Y. L. Kam, *Shanghai Lalas: Female Tongzi Communities and Politics in Urban China*, Hong Kong: Hong Kong University Press, 2013, p. 91.

50. Tang, *Conditional Spaces*, p. 20.

51. David L. Eng, *The Feeling of Kinship: Queer Liberalism and the Racialization of Intimacy*, Durham, NC: Duke University Press, 2010.

52. Ching, "Dreaming of Normal while Sleeping with Impossible", p. 3.

제9장 번호 이동과 성전환: 주민등록제도, 국민국가 그리고 트랜스/젠더

1. 이 부분은 지금까지 나온 다음 논의를 토대로 해서 썼다. 김기중,「국가의 국민권리체계와 인권」, 세계인권선언 50주년 기념 학술행사 발표문, 1999; 김기중,「주민등록제도 이대론 안 된다」,『월간 말』158, 1999. 8; 김동춘,「20세기 한국에서의 '국민'」,『창작과 비평』106, 1999. 12; 김보현,「주민등록제도와 시방

공무원제도 그리고 지방행정연수원」, 『지방행정』 47(540), 1998; 김영미, 「주민등록증은 왜 생겼나」, 『내일을 여는 역사』 25, 2006. 9; 김태호, 「주민등록정비와 지방행정통계사무」, 『지방행정』 19(206), 1970; 문흥안, 「신분등록제도 개편 논의에 있어 개인정보의 보호와 주민등록번호의 역할」, 『가족법 연구』 18(1), 2004; 박태균, 「1960년대 중반 안보 위기와 제2경제론」, 『역사비평』 72, 2005. 8; 우광선, 「주민등록과 호적법 개선 방안」, 『지방행정』 19(205), 1970; 이승훈, 「간첩이 아니라는 걸 증명해 봐」, 『오마이뉴스』 2003년 7월 18일 자; 홍석만, 「주민등록제도는 파시즘이다」, 『월간 말』 171, 2000. 9; 황보열, 「우리나라 주민등록증 현황과 개선 방향」, 한국행정학회 2004년도 동계학술대회 발표논문집, 2004.

2. 김영미, 「주민등록증은 왜 생겼나」, 140쪽.

3. 노용석, 「해방 이후 국가 형성 과정에 대한 지방민의 인식」, 『동향과 전망』 62, 2004, 82쪽.

4. 김동춘, 「20세기 한국에서의 '국민'」; 김영미, 「주민등록증은 왜 생겼나」; 노용석, 「해방 이후 국가 형성 과정에 대한 지방민의 인식」.

5. 김영미, 「주민등록증은 왜 생겼나」, 145쪽.

6. 김동춘, 「20세기 한국에서의 '국민'」, 36쪽.

7. 김영미, 「주민등록증은 왜 생겼나」, 146쪽.

8. 김영미, 「주민등록증은 왜 생겼나」, 147쪽.

9. 김영미, 「주민등록증은 왜 생겼나」; 우광선, 「주민등록과 호적법 개선방안」.

10. 당시의 상황과 관련해서는 캐서린 H. S. 문의 『동맹 속의 섹스』(이정주 옮김, 삼인, 2000)와 박태균의 「1960년대 중반 안보 위기와 제2경제론」을 참조.

11. 우광선, 「주민등록과 호적법 개선방안」, 65~67쪽.

12. 김태호, 「주민등록정비와 지방행정통계사무」, 80쪽.

13. 박태균, 「1960년대 중반 안보 위기와 제2경제론」, 267쪽에서 재인용.

14. 김기중, 「국가의 국민관리체계와 인권」; 김기중, 「주민등록제도 이대론 안 된다」; 김동춘, 「20세기 한국에서의 '국민'」; 김보현, 「주민등록제도와 지방공무원제도 그리고 지방행정연수원」; 김영미, 「주민등록증은 왜 생겼나」; 김태호, 「주민등록정비와 지방행정통계사무」; 문흥안, 「신분등록제도 개편 논의에 있어 개인정보의 보호와 주민등록번호의 역할」; 박태균, 「1960년대 중반 안보 위기와 제2경제론」; 우광선, 「주민등록과 호적법 개선방안」; 이승훈, 「간첩이 아니라는 걸 증명해봐」; 홍석만, 「주민등록제도는 파시즘이다」; 황보열, 「우리나라 주민등

록증 현황과 개선 방향」.

15. 채운조, 「성전환 제국(empire), 성전환 흡혈귀(vampire), 성전환 심판(umpire): 레즈비언 페미니즘과 트랜스젠더리즘의 경계 분쟁」, 제13회 여성문화이론연구소 콜로키움 발표문, 2006.

16. 우광선, 「주민등록과 호적법 개선방안」, 55쪽.

17. 드물다고 간주할 뿐 없는 건 아닌데, 게이 문화에서는 형뿐만 아니라 언니란 호칭도 빈번하게 쓰이고, 남매 관계에서 '언니(누나)'들만 여럿 있을 경우 남성이어도 언니라고 부르는 경우가 종종 있다.

18. 제이콥 C. 헤일, 김고연주·이장원 옮김, 「내 목에 남아 있는 희미한 추억을 추적하며」, 톰 디그비 편, 『남성 페미니스트』, 또하나의문화, 2004, 182쪽.

19. 루인, 「젠더를 둘러싼 경합들(gender dysphoria): 트랜스/젠더 정치학을 모색하며」, 『여/성이론』 15, 2006.

20. 김기중, 「국가의 국민관리체계와 인권」, 1999.

21. 이 부분은 2007년 4월 21일 '법과사회 대학원생 모임 집담회'에 초대받아 발표한 발제문 「법으로서의 젠더/섹슈얼리티」를 토대로 하고 있다. 이 발제문의 전문은 http://www.runtoruin.com/839에서 확인할 수 있다.

22. 특별법이 요구하는 성별 변경의 요건은 "1. 의료법 제2조에 정한 의사 2인 이상(정신과 의사 1인을 포함)의 소견서, 2. 생식 능력이 없을 것, 3. 혼인 관계에 있지 않을 것", 이렇게 세 가지다. 특별법의 요건을 어떻게 해석할 것인가는 여러 논의들이 가능하다. 어떤 사람들은 요건이 너무 적거나 느슨하다며 이제 아무나 호적상의 성별 변경을 할 수 있을 것이라고 말하고, 이와는 달리 지나치게 규제하고 제한하는 것 아니냐며 비판하는 이들도 있다. 나의 경우, 다분히 후자의 입장에서, 이 법안 내용에 상당히 비판적인 편이다. 이를테면 요건 2호는 "생식 능력이 없을 것"을 요구하는데 그렇다면 호르몬 투여만으로도 생식 능력이 없어진다는 점에서 호르몬을 일정 기간 이상 투여하면 된다는 건지, 그럼에도 성기 재구성 수술을 해야 한다는 건지, 무정자증이나 '불임'이라면 호르몬 투여 등의 의학적 조치가 없어도 된다는 건지, ftm의 경우 호르몬 투여도 없었지만 완경으로 생식 능력이 없다면 된다는 건지 모호해서 결국 판사의 재량에 맡겨질 가능성이 크다는 점 때문이다. (이것이 법을 구체적으로 혹은 좀 더 엄격하게 만들어야 한다는 의미는 아니다.)

23. 홍춘의, 「성전환자의 성별 결정에 대한 법적 접근」, 한인섭·양현아 편, 『성적 소수자의 인권』, 사람생각, 2002; Anne Fausto-Sterling. "The Five Sexes:

Why Male and Female Are Not Enough", *Sciences* 33, no. 2, 1993; Peter Hegarty in conversation with Cheryl Chase, "Intersex Activism, Feminism and Psychology: Opening a Dialogue on Theory, Research and Clinic Practice", *Feminism & Psychology* 10, no. 1, 2000. (셰릴 체이즈·피터 헤가티, 제이 옮김, 「피터 헤가티(Peter Hegarty)와 셰릴 체이즈(Cheryl Chase)의 대화—간성 운동, 페미니즘 그리고 심리학: 이론, 연구, 그리고 임상 관행에 대한 대화를 시작하기」, 『여/성이론』 27, 2012.); Suzanne J. Kessler, "The Medical Construction of Gender: Case Management of Intersexed Infants", *Signs* 16, no. 1, 1990; Stephanie S. Turner, "Intersex Identities: Locating New Intersections of Sex and Gender", *Gender and Society* 13, no. 4, 1999; Riki Wilchins, *Queer Theory, Gender Theory: An Instant Primer*, LA: Alyson Books, 2004. (리키 윌친스, 시우 옮김, 『퀴어, 젠더, 트랜스: 정체성 정치를 넘어서는 퀴어이론, 젠더이론의 시작』, 오월의봄, 2021.)

24. 펠리토리스는 페니스(penis)와 클리토리스(clitoris)의 조어로, mtf/트랜스여성이나 ftm/트랜스남성 어느 한쪽에서만 사용하는 것은 아니다.

25. 루인, 「우리는 어디로 가는가: '트랜스'젠더 혹은 'to'에 관한 단상」, 『이대 대학원 신문』 2006년 11월 15일 자.

26. 이것은 대법원이 성별 정정을 허가하기 위한 기준으로 제시한 내용이다.

27. 이런 식의 말을 하면 사람들은 "그럼 성폭력범에게 면죄부를 줄 수 있다", "군대를 기피하는 수단이 될 수도 있어 우려스럽다"라고 얘기한다. 전자는 모든 성폭력 가해자는 '남성'일 뿐 '여성'일 수는 없다는 가정, 즉 성폭력은 '이성애' 구조에서만 일어난다는 가정을 토대로 한다. 이는 '동성' 관계에서의 성폭력을 은폐할 수도 있거니와(즉, '동성' 간의 관계를 평화롭고 낭만적인 관계로 이상화하여 박제시킬 수 있고), 가해자가 자신을 '여성'으로 주장한다고 해서 가해 사실이 없어지는 것이 아님을 '망각'한 결과로 여겨진다. 후자의 경우, (왜 군대를 기피하면 안 되는지 모르겠지만) 형사법이나 군법으로 처리할 문제이며, 이런 식의 반응은, 반드시 그렇진 않다고 해도, 성폭력특별법을 제정할 당시 법 제정을 반대하며 '꽃뱀' 운운했던 것과 별로 다르지 않다.

28. 덧붙이면 당신이 상대의 외모를 통해 젠더를 짐작했다는 것은 무엇을 의미하는가? 호르몬 투여를 안 하거나 의료 과정 자체에 참가하지 않겠다는 트랜스여성은 너무도 쉽게 남성으로 통하는데, 남성처럼 보인다는 당신의 해석이 상대의 무엇을 알려주고 상대의 무엇을 알았음을 의미하는가? 이와 관련한 고민

을 하는 사람들과 얘기를 나누는 과정에서, 어떤 누군가를 너무도 당연히 비성전환-이성애자로 간주하며 얘기를 해서, "그 사람이 트랜스젠더이거나 동성애자일 수도 있지 않느냐"라고 물었더니 그것은 맥락이 다르지 않느냐는 반응을 본 적이 있다. 이런 반응을 보며 슬펐는데, 트랜스젠더 혹은 동성애, 퀴어는 별도로 설명해야 할 존재들로 여기는 건 아닌가 했기 때문이다. 언제나 이성애를 문제시하면서도 결국 이성애가 기준이고, 트랜스젠더나 퀴어들은 저기 너머 어딘가에 존재하기에 설명의 맥락이 완전히 다른, 이성애 제도의 완벽한 타자/외부자일까? 혹은 자신에게 커밍아웃을 해야만 비로소 상대의 정체성을 '인정'한다는 것일까?

참고문헌

서장 퀴어 코리아: 참여의 장을 향해

신문과 잡지

『로동신문』

『조선문학』

『조선일보』

『한겨레』

『허핑턴포스트코리아』

Korea Herald

Korea Times

KoreAm Journal

New York Times

San Francisco Examiner

The Telegraph

Washington Post

한국어

권김현영·정희진·한채윤·나영정·루인·엄기호, 『남성성과 젠더』, 자음과모음, 2011.

권김현영·한채윤·루인·류진희·김주희, 『성의 정치 성의 권리』, 자음과모음, 2012.

김승섭, 『아픔이 길이 되려면: 정의로운 건강을 찾아 질병의 사회적 책임을 묻다』, 동아시아, 2017.

박관수, 「1940년대의 '남자동성애' 연구」, 『비교민속학』 31, 2006, 389~438쪽.

박차민정, 『조선의 퀴어: 근대의 틈새에 숨은 변태들의 초상』, 현실문화, 2018.

루 인, 「캠프 트랜스: 이태원 지역 트랜스젠더의 역사 추적하기, 1960−1989」, 『문화연구』 1(1), 2012, 244~278쪽.

서곡숙, 『1960년대 후반기 한국 변장코미디영화의 대중성 연구: 변장 모티프를 통한 내러티브 전략을 중심으로』, 동국대학교 박사학위논문, 2003.

성소수자부모모임, 『나는 성소수자의 부모입니다: 동성애자, 양성애자, 트랜스젠더 자녀를 둔 부모들의 진솔한 이야기들』, 성소수자부모모임, 2015.

신지연, 「1920 –30년대 '동성(연)애' 관련 기사의 수사적 맥락」, 『민족문화연구』 45, 2006, 265~292쪽.

이상록, 「박정희 체제의 '사회정화' 담론과 청년문화」, 장문석·이상록 편, 『근대의 경계에서 독재를 읽다: 대중독재와 박정희 체제』, 그린비, 2006, 335~376쪽.

장서연, 「한국에서 동성결합 소송 어떻게 할 것인가?」, 『'동성결합' 소송 어떻게 할 것인가?』, 2013, 4~40쪽.

장영진, 『붉은 넥타이: 장영진 자전소설』, 물망초, 2015.

정은영 외, 『전환극장: 여성국극 프로젝트 2009 –2016』, 포럼에이, 2016.

정희진, 「한국 사회의 지식 생산 방법과 대중독재론」, 장문석·이상록 편, 『근대의 경계에서 독재를 읽다: 대중독재와 박정희 체제』, 그린비, 2006, 403~419쪽.

최유리, 『일제 말기 식민지 지배정책연구』, 국학자료원, 1997.

한주희(Ju Hui Judy Han), 「퀴어 정치와 퀴어 지정학」, 『문화과학』 83, 2015, 62~81쪽.

허 윤, 「1950년대 퀴어 장과 법적 규제의 접속: 병역법, 경범법을 통한 섹슈얼리티의 통제」, 『법과 사회』 51, 2016, 229~250쪽.

_____, 『1950년대 한국소설의 남성 젠더 수행성 연구』, 역락, 2018.

SOGI법정책연구회, 「한국 LGBTI 인권현황 2016」, SOGI법정책연구회, 2017.

영어

Abe, Hideko, *Queer Japanese: Gender and Sexual Identities through Linguistic Practices*, New York: Palgrave Macmillan, 2010.

Altman, Dennis, "Global Gaze/Global Gays", *GLQ* 3, no. 4, 1997, pp. 417~436.

Amin, Kadji, *Disturbing Attachments: Genet, Modern Pederasty, and Queer History*. Durham, NC: Duke University Press, 2017.

Arondekar, Anjali, and Geeta Patel, eds., "Area Impossible: Notes on an Introduction", *GLQ* 22, no. 2, 2016, pp. 151~171.

Blackwood, Evelyn, *Falling into Lesbi World: Desire and Difference in Indonesia*, Honolulu: University of Hawai'i Press, 2010.

Blackwood, Evelyn, and Mark Johnson, "Queer Asian Subjects: Transgressive Sexualities and Heteronormative Meanings", *Asian Studies Review* 36, no. 4, 2012, pp. 441~451.

Berlant, Lauren, *Cruel Optimism*, Durham, NC: Duke University Press, 2011.

Berry, Chris, Fran Martin, and Audrey Yue, eds. *Mobile Cultures: New Media in*

Queer Asia, Durham, NC: Duke University Press, 2003.

Boellstorff, Tom, *A Coincidence of Desires: Anthropology, Queer Studies, Indonesia*, Durham, NC: Duke University Press, 2007.

＿＿＿, *The Gay Archipelago: Sexuality and Nation in Indonesia*, Princeton, NJ: Princeton University Press, 2005.

＿＿＿, "I Knew It Was Me: Mass Media, 'Globalization', and Lesbian and Gay Indonesians", *Mobile Cultures: New Media in Queer Asia*, ed. Chris Berry, Fran Martin, and Audrey Yue, Durham, NC: Duke University Press, 2003, pp. 21~51.

Bong, Youngshik D., "The Gay Rights Movement in Democratizing Korea", *Korean Studies* 32, 2009, pp. 86~103.

Choi, Hyaeweol, *Gender and Mission Encounters in Korea: New Women, Old Ways*, Berkeley: University of California Press, 2009.

Choi, Hyaeweol, ed. *New Women in Colonial Korea: A Sourcebook*, New York: Routledge, 2012.

Chakrabarty, Dipesh, *Provincializing Europe: Postcolonial Thought and Historical Difference*, Princeton, NJ: Princeton University Press, 2007. (디페시 차크라바르티, 김택현·안준범 옮김, 『유럽을 지방화하기: 포스트식민 사상과 역사적 차이』, 그린비, 2014.)

Chalmers, Sharon, *Emerging Lesbian Voices from Japan*, London: Routledge, 2014.

Chen, Kuan-Hsing, *Asia as Method: Toward Deimperialization*, Durham, NC: Duke University Press, 2010.

Chiang, Howard, "(De)Provincializing China: Queer Historicism and Sinophone Postcolonial Critique", *Queer Sinophone Cultures*, ed. Howard Chiang and Ari Larissa Heinrich, London: Routledge, 2014, pp. 19~51.

Chiang, Howard, ed., *Transgender China*, New York: Palgrave Macmillan, 2012.

Chiang, Howard, and Ari Larissa Heinrich, eds., *Queer Sinophone Cultures*, London: Routledge, 2013.

Chiang, Howard H., Todd A. Henry, and Helen Hok-Sze Leung, "Trans-in-Asia, Asia-in-Trans: An Introduction", *TSQ* 5, no. 3, 2018, pp. 298~310.

Ching, Leo T. S., *Becoming "Japanese": Colonial Taiwan and the Politics of Identity*

Formation, Berkeley: University of California Press, 2001.

Ching, Yau, ed., *As Normal as Possible: Negotiating Sexuality and Gender in Mainland China and Hong Kong*, Hong Kong: Hong Kong University Press, 2010.

Ch'ingusai, *Key Results of the South Korean LGBTI Community Social Needs Assessment Survey*, Report, Ch'ingusai, Seoul, 2014. (친구사이, 『한국 LGBTI 커뮤니티 사회적 욕구 조사 주요 결과』, 친구사이, 2014.)

Cho, John (Song Pae), "The Wedding Banquet Revisited: 'Contract Marriages' between Korean Gays and Lesbians", *Anthropological Quarterly* 82, no. 2, 2009, pp. 401~422.

Chou, Wah-Shan, *Tongzhi: Politics of Same-Sex Eroticism in Chinese Societies*, New York: Haworth, 2000.

Chua, Lynette J., *Mobilizing Gay Singapore: Rights and Resistance in an Authoritarian State*, Philadelphia: Temple University Press, 2014.

Cruz-Malavé, Arnoldo, and Martin F. Manalansan IV, eds., *Queer Globalizations: Citizenship and the Afterlife of Colonialism*, New York: New York University Press, 2002.

Cumings, Bruce, "Boundary Displacement: The State, the Foundations, and Area Studies during and after the Cold War", *Learning Places: The Afterlives of Area Studies*, ed. Masao Miyoshi and Harry Harootunian, Durham, NC: Duke University Press, 2002, pp. 261~302.

_____, *The Origins of the Korean War*, vol. 1, Princeton, NJ: Princeton University Press, 1981. (브루스 커밍스, 김자동 옮김, 『한국전쟁의 기원』, 일월서각, 1986.)

De Ceuster, Koen, "The Nation Exorcised: The Historiography of Collaboration in South Korea", *Korean Studies* 25, no. 2, 2001, pp. 207~242.

Duara, Prasenjit, "The Imperialism of 'Free Nations': Japan, Manchukuo, and the History of the Present", *Imperial Formations*, ed. Ann Laura Stoler, Carole McGranahan, and Peter C. Perdue, Santa Fe, NM: School for Advanced Research Press, 2007, pp. 211~240.

Duggan, Lisa, *The Twilight of Equality? Neoliberalism, Cultural Politics, and the Attack on Democracy*, Boston: Beacon, 2003. (리사 두건, 한우리·홍보람 옮

김, 『평등의 몰락: 신자유주의는 어떻게 차별과 배제를 정당화하는가』, 현실문화, 2017.)

Eda, Haruki, "Outing North Korea: Necropornography and Homonationalism", Master's thesis, London School of Economics, 2012.

El-Tayeb, Fatima, *European Others: Queering Ethnicity in Postnational Europe*, Minneapolis: University of Minnesota Press, 2011.

Em, Henry H., *The Great Enterprise: Sovereignty and Historiography in Modern Korea*, Durham, NC: Duke University Press, 2013.

Eng, David L., *The Feeling of Kinship: Queer Liberalism and the Racialization of Intimacy*, Durham, NC: Duke University Press, 2010.

Engebretsen, Elisabeth L., *Queer Women in Urban China: An Ethnography*, London: Routledge, 2015.

Engebretsen, Elisabeth, William F. Schroeder, and Hongwei Bao, eds., *Queer/Tongzhi China: New Perspectives on Research, Activism and Media Cultures*, Copenhagen: Nordic Institute of Asian Studies, 2015.

Ferguson, Roderick A., *Aberrations in Black: Toward a Queer Color of Critique*, Minneapolis: University of Minnesota Press, 2004.

Fujitani, Takashi, *Race for Empire: Koreans as Japanese and Japanese as Americans during World War II*, Berkeley: University of California Press, 2011. (다카시 후지타니, 이경훈 옮김, 『총력적 제국의 인종주의: 제2차 세계대전기 식민지 조선인과 일본계 미국인』, 푸른역사, 2019.)

Gopinath, Gayatri, *Impossible Desires: Queer Diasporas and South Asian Public Cultures*, Durham, NC: Duke University Press, 2005.

Grewal, Inderpal, and Caren Kaplan, "Global Identities: Theorizing Transnational Studies of Sexuality", *GLQ* 7, no. 4, 2001, pp. 663~679.

Halberstam, Jack (Judith), "Straight Eye for the Queer Theorist: A Review of 'Queer Theory without Antinormativity'", *Bully Bloggers*, September 12, 2016. https://bullybloggers.wordpress.com/2015/09/12/straight-eye-for-the-queer-theorist-a-review-of-queer-theory-without-antinormativity-by-jack-halberstam.

Han, Ju Hui Judy, "Incidents of Travel", *Q & A: Queer in Asian America*, ed. David L. Eng and Alice Y. Hom, Philadelphia: Temple University Press,

1998, pp. 397~404.

_____, "Organizing Korean Americans against Homophobia", *Sojourner* 25, no. 10, 2000, pp. 1~4.

Han, Woori, "Proud of Myself as LGBTQ: The Seoul Pride Parade, Homonationalism, and Queer Developmental Citizenship", *Korea Journal* 58, no. 2, 2018, pp. 27~57.

Hanscom, Christopher P., and Dennis Washburn, eds., *The Affect of Difference: Representations of Race in East Asian Empire*, Honolulu: University of Hawai'i Press, 2016.

Ho, Josephine, "Is Global Governance Bad for East Asian Queers?", *GLQ* 14, no. 4, 2008, pp. 457~479.

Henry, Todd A., *Assimilating Seoul: Japanese Rule and the Politics of Public Space in Colonial Korea, 1910–1945*, Berkeley: University of California Press, 2014. (토드 A. 헨리, 김백영·정준영·이향아·이연경 옮김, 『서울, 권력 도시: 일본 식민 지배와 공공 공간의 생활 정치』, 산처럼, 2020.)

_____, "In this Issue–Queer/Korean Studies as Critique: A Provocation", *Korea Journal* 58, no. 2, 2018, pp. 5~26.

_____, *Japan's Gay Empire: Sex Tourism, Military Culture, and Memory Making in Postcolonial Asia–Pacific*. (근간)

Hinsch, Bret, *Passions of the Cut Sleeve: The Male Homosexual Tradition in China*, Berkeley: University of California Press, 1992.

Ho, Loretta Wing Wah, *Gay and Lesbian Subculture in Urban China*, London: Routledge, 2011.

Huang, Hans, *Queer Politics and Sexual Modernity in Taiwan*, Hong Kong: Hong Kong University Press, 2011.

Hwang, Kyung Moon, *Rationalizing Korea: The Rise of the Modern State, 1894–1945*, Berkeley: University of California Press, 2015.

Jackson, Peter A., *Dear Uncle Go: Male Homosexuality in Thailand*, Bangkok: Bua Luang, 1995.

_____, *Male Homosexuality in Thailand: An Interpretation of Contemporary Sources*, Elmhurst, New York: Global Academic, 1989.

_____, *Queer Bangkok: 21st Century Markets, Media, and Rights*, Hong Kong:

Hong Kong University Press, 2011.

Jackson, Peter A., and Gerard Sullivan, eds., *Lady Boys, Tom Boys, Rent Boys: Male and Female Homosexualities in Contemporary Thailand*, New York: Haworth, 1999.

Kallander, George L., *Salvation through Dissent: Tonghak Heterodoxy and Early Modern Korea*, Honolulu: University of Hawai'i Press, 2013.

Kam, Lucetta Y. L., *Shanghai Lalas: Female Tongzi Communities and Politics in Urban China*, Hong Kong: Hong Kong University Press, 2013.

Kang, Wenqing, *Obsession: Male Same-Sex Relations in China, 1900–1950*, Hong Kong: Hong Kong University Press, 2009.

Kim, Anna Joo, "Korean American LGBT Movements in Los Angeles and New York", *Asian Americans: An Encyclopedia of Social, Cultural, Economic, and Political History*, ed. Xiaojian Zhao and Edward J. W. Park, Santa Barbara, CA: Greenwood, 2014, pp. 683~685.

Kim, Charles R., *Youth for Nation: Culture and Protest in Cold War South Korea*, Honolulu: University of Hawai'i Press, 2017.

Kim, Dong-no, John B. Duncan, and Kim Do-hyung, eds., *Reform and Modernity in the Taehan Empire*, Seoul: Jimoodang, 2006.

Kim, Eunjung, *Curative Violence: Rehabilitating Disability, Gender, and Sexuality in Modern Korea*, Durham, NC: Duke University Press, 2017. (김은정, 강진경·강진영 옮김, 『치유라는 이름의 폭력: 근현대 한국에서 장애·젠더·성의 재활과 정치』, 후마니타스, 2022.)

Kim, Jeongmin, "Queer Cultural Movements and Local Counterpublics of Sexuality: A Case of Seoul Queer Films and Videos Festival", *Inter-Asia Cultural Studies* 8, no. 4, 2007, pp. 617~733.

Kim, Kyu Hyun, "Reflections on the Problem of Colonial Modernity and 'Collaboration' in Modern Korean History", *Journal of International and Area Studies* 1, no. 3, 2004, pp. 95~111.

Kim, Suzy, *Everyday Life in the North Korean Revolution, 1945–1950*, Ithaca, New York: Cornell University Press, 2013.

Kim, Yung-Hee, "Under the Mandate of Nationalism: Development of Feminist Enterprises in Modern Korea, 1860–1910", *Journal of Women's History* 7, no. 4, 1995, pp. 120~136.

Kong, Travis S. K., *Chinese Male Homosexualities: Memba, Tongzhi and Golden Boy*, London: Routledge, 2012.

Kwon, Heonik, "Guilty by Association", *Papers of the British Association for Korean Studies* 13, 2011, pp. 89~104.

Kwon, Insook, "Feminists Navigating the Shoals of Nationalism and Collaboration: The Post-Colonial Korean Debate over How to Remember Kim Hwallan", *Frontiers* 27, no. 1, 2006, pp. 39~66.

Kwon Kim, Hyun-young, and John (Song Pae) Cho, "The Korean Gay and Lesbian Movement 1993–2008: From 'Identity' and 'Community' to 'Human Rights.'", *South Korean Social Movements: From Democracy to Civil Society*, ed. Gi-Wook Shin and Paul Chang, London: Routledge, 2011, pp. 206~223.

Lee, Jeeyeun, "Toward a Queer Korean American Diasporic History", *Q & A: Queer in Asian America*, ed. David L. Eng and Alice Y. Hom, Philadelphia: Temple University Press, 1998, pp. 185~212.

Lee, Namhee, "The Theory of Mass Dictatorship: A Re-examination of the Park Chung Hee Period", *Review of Korean Studies* 12, no. 3, 2009, pp. 41~69.

Leung, Helen, *Undercurrents: Queer Culture and Postcolonial Hong Kong*, Hong Kong: Hong Kong University Press, 2009.

Leupp, Gary, *Male Colors: The Construction of Homosexuality in Tokugawa Japan*, Berkeley: University of California Press, 1997.

Lim, Eng-Beng, "Glocalqueering in New Asia: The Politics of Performing Gay in Singapore", *Theatre Journal* 57, 2005, pp. 383~405.

Liu, Petrus, *Queer Marxism in Two Chinas*, Durham, NC: Duke University Press, 2015.

Love, Heather, *Feeling Backward: Loss and the Politics of Queer History*, Cambridge, MA: Harvard University Press, 2009.

Luibhéid, Tithne, and Lionel Cantù Jr., eds., *Queer Migrations: Sexuality, U.S. Citizenship, and Border Crossings*, Minneapolis: University of Minnesota Press, 2005.

Mackintosh, Jonathan D., *Homosexuality and Manliness in Postwar Japan*,

London: Routledge, 2010.

Manalansan, Martin F., IV., "Diasporic Deviants/Divas: How Filipino Gay Transmigrants 'Play with the World'", *Queer Diasporas*, ed. Cindy Patton and Benigno Sánchez-Eppler, Durham, NC: Duke University Press, 2000, pp. 183~203.

_____, *Global Divas: Filipino Gay Men in the Diaspora*, Durham, NC: Duke University Press, 2003.

Martin, Fran, *Backward Glances: Contemporary Chinese Cultures and the Female Homoerotic Imaginary*, Durham, NC: Duke University Press, 2010.

_____, *Situating Sexualities: Queer Representation in Taiwanese Fiction, Film and Public Culture*, Hong Kong: Hong Kong University Press, 2003.

_____, "Surface Tensions: Reading Productions of Tongzhi in Contemporary Taiwan", *GLQ* 6, no. 1, 2000, pp. 61~86.

Martin, Fran, Peter A. Jackson, Mark McLelland, and Audrey Yue, eds., *AsiaPacifiQueer: Rethinking Genders and Sexualities*, Urbana: University of Illinois Press, 2008.

McLelland, Mark, *Male Homosexuality in Modern Japan: Cultural Myths and Social Realities*, Richmond, VA: Curzon, 2000.

_____, *Queer Japan from the Pacific War to the Internet Age*, Lanham, MD: Rowman and Littlefield, 2005.

Meyer, Doug, "An Intersectional Analysis of Lesbian, Gay, Bisexual, and Transgender (LGBT) People's Evaluations of Anti-Queer Violence", *Gender and Society* 26, no. 6, 2012, pp. 849~873.

Miyoshi, Masao, and Harry Harootunian, eds., *Learning Places: The Afterlives of Area Studies*, Durham, NC: Duke University Press, 2002.

Moon, Yumi, *Populist Collaborators: The Ilchinohoe and the Japanese Colonization of Korea, 1896–1910*, Ithaca, New York: Cornell University Press, 2013.

Muñoz, José Esteban, *Cruising Utopia: The Then and There of Queer Futurity*, New York: New York University Press, 2009.

_____, *Disidentifications: Queers of Color and the Performance of Politics*, Minneapolis: University of Minnesota Press, 1999.

Myers, B. R., *The Cleanest Race: How North Koreans See Themselves–and Why It*

Matters, New York: Melville House, 2010. (B. R. 마이어스, 고명희·권오열 옮김, 『왜 북한은 극우의 나라인가』, 시그마북스, 2011.)

Na, Tari Young-Jung, "The South Korean Gender System: LGBTI in the Contexts of Family, Legal Identity, and the Military", *Journal of Korean Studies* 19, no. 2, 2014, pp. 357~377.

Nanda, Serena, *Neither Man nor Woman: The Hijras of India*, Belmont, CA: Wadsworth, 1999.

Patton, Cindy, and Benigno Sánchez-Eppler, eds., *Queer Diasporas*, Durham, NC: Duke University Press, 2000.

Peletz, Michael, *Gender Pluralism: Southeast Asia since Early Modern Times*, London: Routledge, 2009.

Pflugfelder, Gregory M., *Cartographies of Desire: Male-Male Sexuality in Japanese Discourse*, Berkeley: University of California Press, 1999.

Povinelli, Elizabeth A., and George Chauncey, eds., "Thinking Sexuality Transnationally", *GLQ* 5, no. 4, 1999, pp. 439~450.

Puar, Jasbir, *Terrorist Assemblages: Homonationalism in Queer Times*, Durham, NC: Duke University Press, 2007.

Quiroga, José, *Tropics of Desire: Interventions from Queer Latina America*, New York: New York University Press, 2000.

Reddy, Gayatri, *With Respect to Sex: Negotiating Hijra Identity in South India*, Chicago: University of Chicago Press, 2005.

Reichert, James, *In the Company of Men: Representations of Male-Male Sexuality in Meiji Literature*, Stanford, CA: Stanford University Press, 2006.

Reyes, Raquel A. G., and William G. Clarence-Smith, *Sexual Diversity in Asia, c. 600-1950*, London: Routledge, 2012.

Rhee, Margaret, "Towards Community: *KoreAm Journal* and Korean American Cultural Attitudes on Same-Sex Marriage", *Amerasia Journal* 32, no. 1, 2006, pp. 75~88.

Robertson, Jennifer, *Takarazuku: Sexual Politics and Popular Culture in Modern Japan*, Berkeley: University of California Press, 1998.

Rofel, Lisa, *Desiring China: Experiments in Neoliberalism, Sexuality, and Public Culture*, Durham, NC: Duke University Press, 2007.

_____, "Qualities of Desire: Imagining Gay Identities", *GLQ* 5, no. 4, 1999, pp. 51~474.

Sang, Tze-Lan D., *The Emerging Lesbian: Female Same-Sex Desire in Modern China*, Chicago: University of Chicago Press, 2003.

Schmid, Andre, *Korea between Empires, 1895–1919*, New York: Columbia University Press, 2002. (앙드레 슈미드, 정여울 옮김, 『제국 그 사이의 한국 1895–1919』, 휴머니스트, 2007.)

Seo, Dong-jin, "Mapping the Vicissitudes of Homosexual Identities in South Korea", *Journal of Homosexuality* 40, nos. 3~4, 2001, pp. 56~79.

Shih, Shu-mei, Chien-hsin Tsai, and Brian Bernards, eds., *Sinophone Studies: A Critical Reader*, New York: Columbia University Press, 2012.

Shin, Susan S., "Tonghak Thought: The Roots of Revolution", *Korea Journal* 19, no. 9, 1979, pp. 204~223.

Shin, Yong-ha, "Tonghak and Ch'oe Che-u", *Seoul Journal of Korean Studies* 3, 1990, pp. 83~102.

Sinnot, Megan, "Borders, Diaspora, and Regional Connections: Trends in Asian 'Queer' Studies", *Journal of Asian Studies* 69, no. 1, 2010, pp. 17~31.

_____, *Toms and Dees: Transgender Identity and Female Same-Sex Relationships in Thailand*, Honolulu: University of Hawai'i Press, 2004.

Sommers, Matthew, *Sex, Law, and Society in Late Imperial China*, Stanford, CA: Stanford University Press, 2002.

Suganuma, Katsuhiko, "Associative Identity Politics: Unmasking the Multilayered Formation of Queer Male Selves in 1990s Japan", *Inter-Asia Cultural Studies* 8, no. 4, 2007, pp. 485~502.

_____, *Contact Moments: The Politics of Intercultural Desire in Japanese Male-Queer Cultures*, Hong Kong: Hong Kong University Press, 2012.

Tang, Denise Tse-Shang, *Conditional Spaces: Hong Kong Lesbian Desires and Everyday Life*, Hong Kong: Hong Kong University Press, 2011.

Vanita, Ruth, *Queering India: Same-Sex Love and Eroticism in Indian Culture and Society*, London: Routledge, 2013.

Vincent, J. Keith, *Two-Timing Modernity: Homosocial Narrative in Modern Japanese Fiction*, Cambridge, MA: Harvard University Press, 2012.

Vitiello, Giovanni, *The Libertine's Friend: Homosexuality and Masculinity in Late Imperial China*, Chicago: Chicago University Press, 2011.

Warner, Michael, *The Trouble with Normal: Sex, Politics, and the Ethics of Queer Life*, Cambridge, MA: Harvard University Press, 1999.

Wilson, Ara, "Queering Asia", *Intersections* 14, 2006. http://intersections.anu.edu.au/issue14/wilson.html.

Wu, Cuncun, *Homoerotic Sensibilities in Late Imperial China*, London: Routledge, 2012.

Yi, Horim, and Timothy Gitzen, "Sex/Gender Insecurities: Trans Bodies and the South Korean Military", *TSQ* 5, no. 3, 2018, pp. 376~391.

Yi, Joseph, Joe Phillips, and Shin-Do Sung, "Same-Sex Marriage, Korean Christians, and the Challenge of Democratic Engagement", *Culture and Society* 51, 2014, pp. 415~422.

Yi, T'ae-jin, "Was Early Modern Korea Really a 'Hermit Nation'?", *Korea Journal* 38, no. 4, 1998, pp. 5~35.

Yoo, Theodore Jun, *It's Madness: The Politics of Mental Health in Colonial Korea*, Berkeley: University of California Press, 2016.

Yue, Audrey, and Jun Zubillaga-Pow, eds., *Queer Singapore: Illiberal Citizenship and Mediated Cultures*, Hong Kong: Hong Kong University Press, 2013.

Zheng, Tiantian, *Tongzhi Living: Men Attracted to Men in Postsocialist China*, Minneapolis: University of Minnesota Press, 2015.

제1부 식민지와 후기 식민지 근대성의 규율할 수 없는 주체들

제1장 식민주의 드래그의 의례(儀禮) 전문가들: 1920년대 조선의 샤머니즘적 개입들

신문과 잡지

『개벽』

『경향잡지』

『계명시보』

『대한매일신보』

『동아일보』
『우리집』
『조선일보』
『조선중앙일보』

한국어

강영심, 『일제시기 근대적 일상과 식민지 문화』, 이화여자대학교 출판부, 2008.

김성례, 「한국의 샤머니즘 개념 형성과 전개」, 『샤머니즘 연구』 5, 2003, 85~124쪽.

_____, 「일제시대 무속 담론의 형성과 근대적 재현: 식민 담론의 양의성」, 윤해동·
    이소마에 준이치 편, 『종교와 식민지 근대: 한국 종교의 내면화, 정치화는 어
    떻게 진행되었나』, 책과함께, 2013, 347~389쪽.

김태곤, 『한국 무속 연구』, 집문당, 1981.

_____, 「한국 무속연구사 서술방법에 대하여」, 『비교민속학』 12, 1995, 319~330쪽.

류성민, 「일제강점기의 한국 종교 민족주의」, 『한국종교』 24, 2000, 171~176쪽.

무라야마 지준(村山智順), 『조선 민족의 연구(朝鮮民族の研究)』, 서울: 조선총독부,
    1938.

신일철, 「동학 사상의 이해」, 『사회비평신소』, 나남, 1995.

윤난지, 「무속과 여성에 관한 연구」, 이화여자대학교 석사학위논문, 1978.

이능화, 『조선해어화사(朝鮮解語花史)』, 한남서림, 1927.

이수광, 남만성 옮김, 『지봉유설』, 을유문화사, 1994.

이용범, 「무속에 대한 근대 한국 사회의 부정적 시각에 대한 고찰」, 『한국무속학』 9,
    2005, 151~179쪽.

이익, 최석기 옮김, 『성호사설』, 한길사, 2002.

이재헌, 『이능화와 근대불교학』, 지식산업사, 2007.

임학성, 「조선 후기 호적자료를 통해 본 경상도 무당의 '무업' 세습 양태」, 『한국무속
    학』 9, 2005, 47~76쪽.

장병길, 「조선총독부 종교정책」, 『한국 종교와 종교학』, 청년사, 2003, 217~233쪽.

전미경, 「1920-30년대 '모성 담론'에 관한 연구: 『신여성』에 나타난 어머니 교육을
    중심으로」, 『한국가정과교육학회지』 17(2), 2005, 95~112쪽.

정진성, 「식민지 자본주의화 과정에서의 여성 노동의 변모」, 『한국여성학』 4(1),
    1988, 49~100쪽.

조흥윤, 『한국종교문화론』, 동문선, 2002.

_____, 『무(巫)와 민족문화』, 민족문화사, 1990. (조흥윤, 『무(巫)와 민족문화』, 한국
학술정보, 2004. 개정판—옮긴이).

주영하·임경택·남근우, 「조선의 제사와 사회교화론」, 『제국 일본이 그린 조선 민
속』, 한국학중앙연구원, 2006, 157~198쪽.

최석영, 『일제하 무속론과 식민지 권력』, 서경문화사, 1999.

_____, 『일제의 동화이데올로기의 창출』, 서경문화사, 1997.

일본어

Osawa, Koji, "Kokusai bukkyo kyokai to 'Toa bukkyo" (大澤廣嗣, 「國際佛教協會
と東亞佛教」), *Paper presented at the 19th World Congress of the International
Association for the History of Religions*, Tokyo, March 28, 2005, pp. 66~78.

Takaya, Kawase, "Jodo-Shinshu no Chosen fukyo: Bunmeika no shimei?" (川瀬
貴也, 「浄土眞宗の朝鮮布教: 文明化の使命?」), *Paper presented at the 19th World
Congress of the International Association for the History of Religions*, Tokyo,
March 28, 2005.

영어

Allen, Chizuko, "Ch'oe Namson at the Height of Japanese Imperialism",
Sungkyun Journal of East Asian Studies 5, no. 1, 2005, pp. 27~49.

Bhabha, Homi, "Of Mimicry and Man: The Ambivalence of Colonial
Discourse", *The Location of Culture*, New York: Routledge, 2004, pp.
121~131. (호미 바바, 나병철 옮김, 『문화의 위치: 탈식민주의 문화이론』, 소명
출판, 2012.)

Bhabha, Homi, "Remembering Fanon: Self, Psyche and the Colonial Condition",
Colonial Discourse and Post-colonial Theory: A Reader, ed. Patrick Williams
and Laura Chrisman, New York: Columbia University Press, 1994, pp.
112~124.

Bishop, Isabella Bird, *Korea and Her Neighbours: A Narrative of Travel, with an
Account of the Recent Vicissitudes and Present Position of the Country*, repr.
ed. Seoul: Yonsei University Press, (1898) 1970. (이사벨라 L. 버드 비숍, 신
복룡 옮김, 『조선과 그 이웃 나라들』, 집문당, 2019.)

Butler, Judith, *Gender Trouble: Feminism and the Subversion of Identity*, New

York: Routledge, 1990. (주디스 버틀러, 조현준 옮김, 『젠더 트러블: 페미니즘과 정체성의 전복』, 문학동네, 2008.)

Choi, Hyaeweol, *New Women in Colonial Korea: A Sourcebook*, New York: Routledge, 2013.

Deuchler, Martina, *The Confucian Transformation of Korea: A Study of Society and Ideology*, Yenching Institute Monograph Series, Cambridge, MA: Harvard University Press, 1992. (마르티나 도이힐러, 이훈상 옮김, 『한국의 유교화 과정: 신유학은 한국 사회를 어떻게 바꾸었나』, 너머북스, 2013.)

Halberstam, Judith (Jack), and Del LaGrace Volcano, *The Drag King Book*, London: Serpent's Tail, 1999.

Halberstam, Judith (Jack), *Female Masculinity*, Durham, NC: Duke University Press, 1998. (주디스 핼버스탬, 유강은 옮김, 『여성의 남성성』, 이매진, 2015.)

Han, Do-Hyun, "Shamanism, Superstition, and the Colonial Government", *Review of Korean Studies* 3, no. 1, 2000, pp. 34~54.

Henry, Todd A., *Assimilating Seoul: Japanese Rule and the Politics of Public Space in Colonial Korea, 1910-1945*, Berkeley: University of California Press, 2014. (토드 A. 헨리, 김백영·정준영·이향아·이연경 옮김, 『서울, 권력 도시: 일본 식민 지배와 공공 공간의 생활 정치』, 산처럼, 2020.)

Hwang, Kyung Moon, *Beyond Birth: Social Status in the Emergence of Modern Korea*, Cambridge, MA: Harvard University Asia Center, 2004.

Janelli, Roger, "The Origins of Korean Folklore Scholarship", *Journal of American Folklore* 99, 1986, pp. 24~49.

Kendall, Laurel, *The Life and Hard Times of a Korean Shaman: Of Tales and the Telling of Tales*, Honolulu: University of Hawai'i Press, 1988.

Kendall, Laurel, "Of Gods and Men: Performance, Possession, and Flirtation in Korean Shaman Ritual", *Cahiers d'Extrême-Asie* 6, 1991, pp. 45~63.

Kim, Duk-whang, *A History of Religions in Korea*, Seoul: Daeji Moonhwa-sa, 1988.

Kim, Jongmyung, "Yi Nunghwa, Buddhism, and the Modernization of Korea: A Critical Review", *Makers of Modern Korean Buddhism*, ed. Jin Y. Park, Albany: State University of New York Press, 2010, pp. 91~106.

Kim, Kwangshik, "Buddhist Perspectives on Anti-religious Movements in the

1930s", *The Review of Korean Studies* 3, no. 1, 2000, p. 58.

Kim Tae-gon, "Regional Characteristics of Korean Shamanism", *Shamanism: The Spirit World of Korea*, ed. Chai-shin Yu and R. Guisso, trans. Yi Yu-jin, Berkeley, CA: Asian Humanities, 1988, pp. 119~130.

Kim Hogarth, Hyun-key, "Rationality, Practicality and Modernity: Buddhism, Shamanism and Christianity in Contemporary Korean Society", *Transactions of the Royal Asiatic Society, Korea Branch* 73, 1998, pp. 41~54.

Liu, Petrus, *Queer Marxism in Two Chinas*, Durham, NC: Duke University Press, 2015.

McClintock, Anne, *Imperial Leather: Race, Gender, and Sexuality in the Colonial Contest*, New York: Routledge, 1995.

Meyer, Birgit, and Peter Pels, eds., *Magic and Modernity: Interfaces of Revelation and Concealment*, Stanford, CA: Stanford University Press, 2003.

Muñoz, José Esteban, *Cruising Utopia: The Then and There of Queer Futurity*, New York: New York University Press, 2009.

_____, *Disidentifications: Queers of Color and the Performance of Politics*, Minneapolis: University of Minnesota Press, 1999.

Nakajima, Michio, "Shinto Deities That Crossed the Sea", *Japanese Journal of Religious Studies* 37, no. 1, 2010, pp. 21~46.

Pai, Hyung Il, *Constructing Korean 'Origins': A Critical Review of Archaeology, Historiography, and Racial Myth in Korean State-Formation Theories*, Harvard East Asian Monographs Series, Cambridge, MA: Harvard University Asia Center, 2000.

Peletz, Michael, *Gender Pluralism: Southeast Asia since Early Modern Times*, New York: Routledge, 2009.

Robinson, Michael, "Broadcasting, Cultural Hegemony, and Colonial Modernity in Korea, 1924–1945", *Colonial Modernity in Korea*, ed. Gi-Wook Shin and Michael Robinson, Cambridge, MA: Harvard University Press, 1999, pp. 52~69. (마이클 로빈슨, 도면회 옮김, 「방송, 문화적 헤게모니, 식민지 근대성, 1924–1945」, 신기욱·마이클 로빈슨 편, 『한국의 식민지 근대성: 내재적 발전론과 식민지 근대화론을 넘어서』, 삼인, 2006.)

Rubin, Gayle, "Thinking Sex: Notes for a Radical Theory of the Politics of

Sexuality", *Pleasure and Danger: Exploring Female Sexuality*, ed. Carol S. Vance, Boston: Routledge and Kegan Paul, 1984, pp. 143~178. (게일 루빈, 임옥희·조혜영·신혜수·허윤 옮김, 「성을 사유하기: 급진적 섹슈얼리티 정치 이론을 위한 노트」, 『일탈』, 현실문화, 2015.)

Schilt, Kristen, and Laurel Westbrook, "Doing Gender, Doing Heteronormativity: "'Gender Normals'", Transgender People, and the Social Maintenance of Heterosexuality", *Gender and Society* 23, no. 4, 2009, pp. 440~464.

Schmid, Andre, "Rediscovering Manchuria: Sin Ch'aeho and the Politics of Territorial History in Korea", *Journal of Asian Studies* 56, no. 1, 1997, pp. 26~46.

Shin, Gi-wook, *Ethnic Nationalism in Korea: Genealogy, Politics, and Legacy*, Stanford, CA: Stanford University Press, 2006. (신기욱, 이진준 옮김, 『한국 민족주의의 계보와 정치』, 창비, 2009.)

Somerville, Siobhan, "Scientific Racism and the Invention of the Homosexual Body", *The Gender Sexuality Reader: Culture, History, Political Economy*, ed. Roger N. Lancaster and Micaela di Leonardo, New York: Routledge, 1997, pp. 37~52.

Tauches, Kimberly, "Transgendering: Challenging the 'Normal'", *Handbook of the New Sexuality Studies*, ed. Steven Seidman, Nancy Fischer, and Chet Meeks, New York: Taylor and Francis, 2007, pp. 186~192.

Walraven, Boudewijn, "Interpretations and Reinterpretations of Popular Religion in the Last Decades of the Chosn Dynasty", *Korean Shamanism: Revivals, Survivals, and Change*, ed. Keith Howard, Seoul: Royal Asiatic Society, Korea Branch, 1998, pp. 55~72.

Yoo, Jun T., *The Politics of Gender in Colonial Korea: Education, Labor, and Health, 1910–1945*, Berkeley: University of California Press, 2008.

Yu Chai-shin, "Korean Taoism and Shamanism", *Shamanism: The Spirit World of Korea*, ed. Chai-shin Yu and R. Guisso, Berkeley, CA: Asian Humanities Press, 1988, pp. 98~118.

Zoric, Snjezana, "The Magic of Performance in Korean Shamanic Ritual-Gut", *The Ritual Year 10: Magic in Rituals and Rituals in Magic*, ed. Tatiana Minniyakhmetova and Kamila Velkoborska, Tartu, Estonia: Innsbruck,

2015, pp. 367~375.

제2장 이성애 제국에서 퀴어의 시간을 이야기하기: 이상의 「날개」(1936)
이상 텍스트
김윤식·이승훈 편, 『이상 문학 전집』 제1~5권, 문학사상사, 1989~2001.
김주현 편, 『정본 이상 문학 전집』 제1~3권, 소명출판, 2009.
권영민 편, 『이상 전집』 제1~4권, 태학사, 2013.

한국어
김우창, 「일제하의 작가의 상황」, 『김우창 전집 1: 궁핍한 시대의 시인』, 민음사, 1977, 12~35쪽.
김윤식, 『이상 연구』, 문학사상사, 1987.
임종국, 「세상을 거꾸로 살았던, 이상」, 신경림 외, 『한국의 괴짜』, 사회발전연구소, 1983, 157~172쪽.

일본어
三枝壽勝, 「李箱のモダニズム: その成立と限界」, 『朝鮮學報』 141, 1991, 131~178쪽.
李福淑, 「李箱の詩におけるモダニティ-その斷絶性について」, 『比較文學硏究』 52, 1987, 128~139쪽.
長璋吉, 『朝鮮·言葉·人間』, 東京: 河出書房新社, 1989.
鄭百秀, 『日韓近代文學の交差と斷絶: 二項對立に抗して』, 東京: 明石書店, 2013.
佐野正人, 「韓國モダニズムの位相: 李箱詩と安西冬衛をめぐって」, 『昭和文學硏究』 25, 1992, 31~43쪽.
川村湊, 「李箱の京城: 1930年代の"文學都市"ソウル」, 『朝鮮史硏究會論文集』 30, 1992, 5~23쪽.
崔眞碩, 「近代を脱する: 李箱『倦怠』論」, 『社會文學』 42, 32~47쪽.

영어
Bech, Hennin, *When Men Meet: Homosexuality and Modernity*, trans. Teresa Mesquit and Tim Davies, Chicago: University of Chicago Press, 1997.
Benjamin, Walter, "Some Motifs in Baudelaire", trans. Harry Zohn, *Illuminations*, ed. Hannah Arendt, New York: Harcourt, Brace and World,

1968, pp. 157~202. (발터 벤야민, 김영옥·황현산 옮김, 「보들레르의 몇 가지 모티프에 관하여」, 『보들레르의 작품에 나타난 제2제정기의 파리·보들레르의 몇 가지 모티프에 관하여 외』, 길, 2010, 177~250쪽.)

Berlant, Lauren, *Cruel Optimism*, Durham, NC: Duke University Press, 2011.

Boellstorff, Tom, "When Marriage Fails: Queer Coincidences in Straight Time", *GLQ* 12, nos. 2~3, 2007, pp. 227~248.

Dinshaw, Carolyn, Lee Edelman, Roderic A. Ferguson, Carla Freccero, Elizabeth Freeman, Judith Halberstam, Annamarie Jagose, Christopher Nealon, Nguyen Tan Hoang, "Theorizing Queer Temporalities: A Roundtable Discussion", *GLQ* 13, nos. 2~3, 2007, pp. 177~195.

Em, Henry, "Yi Sang's *Wings* Read as an Anti-colonial Allegory", *Muæ: A Journal of Transcultural Production*, ed. Walter K. Lew, New York: Kaya Production, 1996, pp. 104~111.

Frankl, John M, "Distance as Anti-Nostalgia: Memory, Identity, and Rural Korea in Yi Sang's 'Ennui'", *Journal of Korean Studies* 17, no. 1, 2012, pp. 39~68.

Freeman, Elizabeth, *Time Binds: Queer Temporalities, Queer Histories*, Durham, NC: Duke University Press, 2010.

Grosz, Elizabeth, "Thinking the New: Of Futures Yet Unthought", *Becomings: Explorations in Time, Memory, and Futures*, ed. Elizabeth Grosz, Ithaca, New York: Cornell University Press, 1999, pp. 15~28.

Halberstam, Judith (Jack), *The Queer Art of Failure*, Durham, NC: Duke University Press, 2011.

_____, *In a Queer Time and Place: Transgender Bodies, Subcultural Lives*, New York: New York University Press, 2005.

Hanscom, Christopher P., "Modernism, Hysteria, and the Colonial Double Bind: Pak T'aewŏn's One Day in the Life of the Author, Mr. Kubo", *Positions: East Asia Cultures Critique* 21, no. 3, 2013, pp. 607~636.

Jameson, Fredric, "Modernism and Imperialism", *Nationalism, Colonialism, and Literature*, ed. Terry Eagleton, Fredric Jameson, and Edward W. Said, Minneapolis: University of Minnesota Press, 1990, pp. 43~66. (프레드릭 제임슨, 김준환 옮김, 「모더니즘과 제국주의」, 테리 이글턴·프레드릭 제임슨· 에드워드 W. 사이드, 『민족주의, 식민주의, 문학: 이글턴, 제임슨, 사이드의 식

민시 아일랜드 모더니즘 다시 읽기!』, 인간사랑, 2011, 73~114쪽)

Koestenbaum, Wayne, *Double Talk: The Erotics of Male Collaboration*, New York: Routledge, 1989.

Lew, Walter K., "Jean Cocteau in the Looking Glass: A Homotextual Reading of Yi Sang's Mirror Poems", *Muæ: A Journal of Transcultural Production*, ed. Walter. K. Lew, New York: Kaya Production, 1996, pp. 118~147.

_____, "Untitled Essay", *Muæ: A Journal of Transcultural Production*, ed. Walter. K. Lew, New York: Kaya Production, 1996, pp. 71~73.

Muñoz, José Esteban, *Cruising Utopia: The Then and There of Queer Futurity*, New York: New York University Press, 2009.

Poole, Janet, *When the Future Disappears: The Modernist Imagination in Late Colonial Korea*, New York: Columbia University Press, 2014.

Race, Kane, *Pleasure Consuming Medicine: The Queer Politics of Drugs*, Durham, NC: Duke University Press, 2009.

Sone, Seunghee, "The Mirror Motif in the Crow's Eye View (Ogamdo) Poems", *Seoul Journal of Korean Studies* 29, 2016, pp. 193~217.

Stephens, Michael, *The Dramaturgy of Style: Voice in Short Fiction*, Carbondale: Southern Illinois University Press, 1986.

Treat, John Whittier, "Introduction to Yi Kwang-su's 'Maybe Love'(Aika, 1909)", *Azalea* 4, 2011, pp. 315~327.

_____, "Returning to Altman: Same-Sex Marriage and the Apparitional Child", *After Homosexual: The Legacies of Gay Liberation*, ed. Carolyn D'Cruz and Mark Pendleton, Perth, WA: University of Western Australia Press, 2013, pp. 265~281.

제3장 사랑을 문제화하기: 식민지 조선의 친밀성 사건과 동성 간 사랑
신문과 잡지

『개벽』
『동광』
『동아일보』
『매일신보』
『별건곤』

『삼천리』
『시대일보』
『시로가네가쿠호(白金學報)』
『신여성』
『신칭니엔(新青年)』
『여성』
『조광』
『조선일보』
『창조』
『청춘』
『학지광』
『한겨레』

한국어

권보드래, 『연애의 시대: 1920년대 초반의 문화와 유행』, 현실문화연구, 2003.

김현주, 「문학·예술교육과 '동정'」, 『상허학보』 12, 2004, 167~194쪽.

박진영, 「일재 조중환과 번안소설의 시대」, 『민족문학사연구』 26, 2004, 199~230쪽.

서영채, 「자기희생의 구조: 이광수의 『재생』과 오자키 고요의 『금색야차』」, 『민족문화연구』 58, 2013, 207~242쪽.

_____, 『사랑의 문법: 이광수, 염상섭, 이상』, 민음사, 2004.

서지영, 『역사에 사랑을 묻다: 한국 문화와 사랑의 계보학』, 이숲, 2011.

신지연, 「1920-30년대 '동성(연)애' 관련 기사의 수사적 맥락」, 『민족문화연구』 45, 2006, 265~292쪽.

이성희, 「이광수 초기 단편에 나타난 '동성애' 고찰」, 『관악어문연구』 30, 2005, 267~289쪽.

이정숙, 「1910-20년대의 '동성애' 모티프 소설 연구」, 『한성어문학』 26, 2007, 359~378쪽.

임은희, 「탈주하는 성, 한국 현대소설」, 『한국문학이론과 비평』, 47, 2010, 231~257쪽.

정혜영·류종렬, 「근대의 성립과 '연애'의 발견: 1920년대 문학에 나타난 '처녀성' 성립 과정을 중심으로」, 『한국현대문학연구』 18, 2005, 227~251쪽.

한승옥, 「동성애적 관점에서 본 『무정』」, 『현대소설연구』 20, 2003, 7~29쪽.

일본어

古川誠, 「同性'愛'考」, 『Imago』 6(11), 1995, 201~207쪽.

_____, 「セクシュアリティの變容: 近代日本の同性愛をめぐる3つのコード」, 『日美女性ジャーナル』 17, 1994, 29~55쪽.

柳父章, 『愛』, 東京: 三省堂, 2001.

福澤諭吉, 「德育如何」, 『福澤諭吉全集』 5, 東京: 岩波書店, 1959, 349~364쪽.

佐伯順子, 『'色'と'愛'の比較文化史』, 東京: 岩波書店, 1998.

波田野節子, 『李光洙·『無情』の研究: 韓國啓蒙文學の光と影』, 東京: 白帝社, 2008.

洪郁如, 『近代臺灣女性史: 日本の植民地統治と'新女性'の誕生』, 東京: 勁草書房, 2001.

영어

Choi, Hyaeweol, "Wise Mother, Good Wife: A Transcultural Discursive Construct in Modern Korea", *Journal of Korean Studies* 14, no. 1, 2009, pp. 1~34.

Edelman, Lee, *No Future: Queer Theory and the Death Drive*, Durham, NC: Duke University Press, 2004.

Fanon, Frantz, *Black Skin, White Masks*, trans. Richard Philcox, New York: Grove Press, 2008. (프란츠 파농, 노서경 옮김, 『검은 피부, 하얀 가면』, 문학동네, 2014.)

Frühstück, Sabine, *Colonizing Sex: Sexology and Social Control in Modern Japan*, Berkeley: University of California Press, 2003.

Halberstam, Judith (Jack), *In a Queer Time and Place: Transgender Bodies, Subcultural Lives*, New York: New York University Press, 2005.

Karatani, Kōjin, *Origins of Modern Japanese Literature*, trans. Brett de Bary, Durham, NC: Duke University Press, 1993. (가라타니 고진, 박유하 옮김, 『일본 근대문학의 기원』, 도서출판 b, 2010.)

Kim Haboush, JaHyun, ed., *Epistolary Korea: Letters from the Communicative Space of the Chosŏn, 1392-1910*, New York: Columbia University Press, 2009.

Kwon, Boduerae (Kwŏn Podŭrae), "The Paradoxical Structure of Modern 'Love' in Korea: Yeonae and Its Possibilities", *Korea Journal* 45, no. 3, 2005, pp. 185~208.

Lee, Ann Sung-hi, *Yi Kwang-su and Modern Korean Literature: Mujong*, Ithaca, New York: Cornell East Asia Program, 2005.

Lee, Haiyan, *Revolution of the Heart: A Genealogy of Love in China, 1900–1950*, Stanford, CA: Stanford University Press, 2007.

Martin, Fran, *Backward Glances: Contemporary Chinese Cultures and the Female Homoerotic Imaginary*, Durham, NC: Duke University Press, 2010.

McLelland, Mark J., and Vera C. Mackie, eds., *Routledge Handbook of Sexuality Studies in East Asia*, New York: Routledge, 2015.

Nandy, Ashis, *The Intimate Enemy: Loss and Recovery of Self under Colonialism*, Delhi: Oxford University Press, 1983. (아시스 난디, 이옥순·이정진 옮김, 『친밀한 적: 식민주의하의 자아상실과 회복』, 창비, 2015.)

Pflugfelder, Gregory, *Cartographies of Desire: Male-Male Sexuality in Japanese Discourse, 1600–1950*, Berkeley: University of California Press, 1999.

Povinelli, Elizabeth, *The Empire of Love: Toward a Theory of Intimacy, Genealogy, and Carnality*, Durham, NC: Duke University Press, 2006.

Robertson, Jennifer, "Dying to Tell: Sexuality and Suicide in Imperial Japan", *Queer Diasporas*, ed. Cindy Patton and Benigno Sánchez-Eppler, Durham, NC: Duke University Press, 2000, pp. 38~70.

_____, *Takarazuka: Sexual Politics and Popular Culture in Modern Japan*, Berkeley: University of California Press, 1998.

Ryang, Sonia, *Love in Modern Japan: Its Estrangement from Self, Sex and Society*, London: Routledge, 2006.

Suh, Ji-young (Sŏ Chi-yŏng), "Collision of Modern Desires: Nationalism and Female Sexuality in Colonial Korea", *Review of Korean Studies* 5, no. 2, 2002, pp. 111~132.

Suzuki, Michiko, *Becoming Modern Women: Love and Female Identity in Prewar Japanese Literature and Culture*, Stanford, CA: Stanford University Press, 2009.

Treat, John Whittier, "Introduction to Yi Gwang-su's 'Maybe Love' (Ai ka, 1909)", *Azalea* 4, 2011, pp. 315~327.

Yi Hyo-sŏk, *Kaesalgu* (Wild Apricots), trans. Steven D. Capener, Seoul: Literature Translation Institute of Korea, 2014. (이효석, 「개살구」, 『조광』 3(10), 1937.)

Yi Kwang-su, "What Is Literature?", trans. Rhee Jooyeon. *Azalea* 4, 2011, pp. 293~313. (이광수, 「문학이란 하(何)오」, 『이광수 전집』 제1권, 삼중당, 1962, 506~519쪽.)

Weston, Kath, *Families We Choose: Lesbians, Gays, Kinship*, New York: Columbia University Press, 1991.

제4장 전시체제하의 여성성과 징후로서의 동성애

신문과 잡지

『대동아』

『동아일보』

『별건곤』

『삼천리문학』

『신여성』

『여성』

『조광』

한국어

권명아, 『역사적 파시즘: 제국의 판타지와 젠더 정치』, 책세상, 2005.

김경일, 『여성의 근대, 근대의 여성: 20세기 전반기 신여성과 근대성』, 푸른역사, 2004.

김미지, 『누가 하이카라 여성을 데리고 사누: 여학생과 연애』, 살림, 2005.

김복순, 「'범주 우선성'의 문제와 최정희의 식민지 시기 소설」, 상허학회, 『일제 말기의 미디어와 문화 정치』, 깊은샘, 2008.

김수진, 『신여성, 근대의 과잉: 식민지 조선의 신여성 담론과 젠더정치, 1920-1934』, 소명출판, 2009.

김양선, 「일제 말기 여성작가들의 친일 담론 연구」, 『어문연구』 33, 2005.

김재용 외, 『친일문학의 내적 논리』, 역락, 2003.

박태원, 「미녀도」, 『한국근대단편소설대계』 제9권, 태학사, 1988.

슬라보예 지젝, 이수련 옮김, 『이데올로기라는 숭고한 대상』, 인간사랑, 2002.

신기욱·마이클 로빈슨 편, 도면회 옮김, 『한국의 식민지 근대성: 내재적 발전론과 식민지 근대화론을 넘어서』, 삼인, 2006.

심진경, 『한국문학과 섹슈얼리티』, 소명출판, 2006.

연구공간 '수유+너머' 근대매체연구 팀, 『매체로 본 근대 여성 풍속사: 신여성』, 한겨레출판, 2005.

장덕조, 노상래 옮김, 「행로」, 조선도서출판주식회사 편, 『반도작가단편집』, 제이앤씨, 2008.

장미경·김순전, 「여성 작가 소설에서 본 내선일체(內鮮一體) 장치(裝置): 최정희 「幻の兵士」와 장덕조 「행로(行路)」를 중심으로」, 『일본어교육연구』 51, 2010.

전봉관, 『경성자살클럽』, 살림출판사, 2008.

최경희, 「친일 문학의 또 다른 층위: 젠더와 「야국초」」, 『해방 전후사의 재인식』 제1권, 책세상, 2006.

최정희, 「여명」, 『야담』, 1942. 5.

최혜실, 『신여성들은 무엇을 꿈꾸었는가: 편견, 인습, 제도와 맞선 나혜석, 김명순, 김일엽의 삶과 문학』, 생각의나무, 2000.

태혜숙 외, 『한국의 식민지 근대와 여성공간』, 여이연, 2004.

제5장 여장 남자가 노래하는 국가 서사: 영화 「남자 기생」과 1960년대 한국의 젠더와 섹슈얼리티 정치

신문과 잡지

『경향신문』

『동아일보』

『매일경제』

『문교월보』

『아리랑』

『주간한국』

『조선일보』

『코리아시네마』

한국어

강만길 편, 『한국 자본주의의 역사: 빼앗긴 들에 서다』, 역사비평사, 2000.

권보드래 편, 『아프레걸 사상계를 읽다: 1950년대 문화의 자유와 통제』, 동국대학교출판부, 2009.

김동호, 「1960–70년대의 영화 배급 유통 구조와 상영관」, 이충직 편, 『한국 영화 상영관의 변천과 발전 방향』, 문화관광부, 2001, 24~42쪽.

김미현·정종화·장성호, 『한국영화 배급사 연구』, 영화진흥위원회, 2003.

김수행·박성호, 『박정희 체제의 성립과 전개 및 몰락: 국제적·국내적 계급관계의 관점』, 서울대학교 출판부, 2007.

김시무, 『영화예술의 옹호』, 현대미학사, 2001.

김   준, 「박정희 시대의 노동: 울산 현대조선 노동자를 중심으로」, 장문석·이상록 편, 『근대의 경계에서 독재를 읽다: 대중독재와 박정희 체제』, 그린비, 2006, 257~293쪽.

노지승, 「영화, 정치와 시대성의 징후, 도시 중간계층의 욕망과 가족」, 『역사문제연구』 25, 2011, 159~192쪽.

박정미, 「발전과 섹스: 한국 정부의 성매매관광정책, 1955-1988년」, 『한국사회학』 48(1), 2014, 235~264쪽.

박종성, 『한국의 매춘: 쾌락의 실재와 구원의 부재』, 인간사랑, 1994.

변재란, 「대한뉴스, 문화영화, 근대적 기획으로서의 '가족계획'」, 『영화연구』 52, 2012, 207~235쪽.

서곡숙, 「한국 영화 검열과 코미디 영화: 1960년대 후반기 한국 박정희 정부의 영화 검열의 사전 억제와 코미디 영화의 순응의 의식화, 부조화의 내러티브 전략을 중심으로」, 『영화연구』 36, 2008, 345~370쪽.

서울특별시, 『서울도시기본계획조정수립』, 서울시, 1970.

영화진흥공사 편, 『한국영화자료편람: 초창기~1976년』, 영화진흥공사, 1977.

유선영, 「동원체제의 과민족화 프로젝트와 섹스영화: 데카당스의 정치학」, 『언론과 사회』 15(2), 2007, 2~56쪽.

유지나, 「60년대 한국 코미디: 핵심 코드와 사회적 의미작용」, 『영화연구』 15, 1999, 283~306쪽.

이영일, 『한국영화전사』, 소도, 2004.

이임하, 『여성, 전쟁을 넘어 일어서다: 한국전쟁과 젠더』, 서해문집, 2004.

이길성·이호걸·이우석, 『1970년대 서울의 극장 산업 및 극장 문화 연구』, 영화진흥위원회, 2004.

장문석·이상록 편, 『근대의 경계에서 독재를 읽다: 대중독재와 박정희 체제』, 그린비, 2006.

장석영, 『코리언 뉴웨이브의 징후를 찾아서』, 현대미학사, 2002.

정희진, 「한국 사회의 지식 생산 방법과 대중독재론」, 장문석·이상록 편, 『근대의 경계에서 독재를 읽다: 대중독재와 박정희 체제』, 그린비, 2006, 403~419쪽.

조혜정 편, 『성 가족 그리고 문화: 인류학적 접근』, 집문당, 1997.

주유신 외, 『한국영화와 근대성: 「자유부인」에서 「안개」까지』, 소도, 2001.

한국정신문화연구원 현대사연구소 편, 『5·16과 박정희정부의 성립: 주제별 문서철』, 한국학중앙연구원, 1999.

황정미, 「발전 국가와 모성: 1960-1970년대 '부녀정책'을 중심으로」, 심영희·정진성·윤정로 편, 『모성의 담론과 현실: 어머니의 성·삶·정체성』, 나남, 1999, 167~196쪽.

영어

Abelmann, Nancy, *Echoes of the Past, Epics of Dissent: A South Korean Social Movement*, Berkeley: University of California Press, 1996.

Baskett, Michael, *The Attractive Empire: Transnational Film Culture in Imperial Japan*, Honolulu: University of Hawai'i Press, 2008.

Butler, Judith, *Gender Trouble: Feminism and the Subversion of Identity*, New York: Routledge, 1999. (주디스 버틀러, 조현준 옮김, 『젠더 트러블: 페미니즘과 정체성의 전복』, 문학동네, 2008.)

Cho, Hae-joang, "You are Trapped in an Imaginary Well: The Formation of Subjectivity in a Compressed Development", *Inter-Asia Cultural Studies* 1, no. 1, 2000, pp. 62~64.

Chung, Steven, *The Split Screen Korea: Shin Sang-ok and Post-war Cinema*, Minneapolis: University of Minnesota Press, 2014.

Corber, Robert J., *Cold War Femme: Lesbianism, National Identity, and Hollywood Cinema*, Durham, NC: Duke University Press, 2011.

_____, *Homosexuality in Cold War America: Resistance and the Crisis of Masculinity*, Durham, NC: Duke University Press, 1997.

Cumings, Bruce, "Silent but Deadly: Sexual Subordination in the U.S.-Korean Relationship", *Let the Good Times Roll: Prostitution and the U.S. Military in Asia*, ed. Saundra P. Sturdevant and Brenda Stoltzfus, New York: New Press, 1993, pp. 169~175. (브루스 커밍스, 김윤아 옮김, 「조용한, 그러나 끔찍한: 한-미 관계 속의 성적 종속」, 산드라 스터드반트·브렌다 스톨츠퍼스 편, 『그들만의 세상: 아시아의 미군과 매매춘』, 잉걸, 2003, 206~214쪽)

Cuordileone, K. A., "Politics in an Age of Anxiety: Cold War Political Culture and the Crisis in American Masculinity, 1949", *Journal of American History* 87, no. 2, 2000, pp. 515~545.

Doherty, Thomas, *Pre-code Hollywood: Sex, Immorality, and Insurrection in American Cinema, 1930-1934*, New York: Columbia University Press, 1999.

Doty, Alexander, "Queer Theory", *The Oxford Guide to Film Studies*, ed. John Hill, Oxford: Oxford University Press, 1998, pp. 148~151. (알렉산더 도티, 「동성애 이론」, 존 힐·파멜라 처치 깁슨 편, 안정효·최세민·안자영 옮김, 『세계 영화연구』, 현암사, 2004, 178~183쪽.)

Foucault, Michel, *The Birth of Biopolitics*, New York: Palgrave Macmillan, 2008. (미셸 푸코, 심세광·전혜리·조성은 옮김, 『생명관리정치의 탄생: 콜레주드프 랑스 강의 1978-79년』, 난장, 2012.)

_____, *The History of Sexuality, Volume 1: An Introduction*, New York: Vintage, 1990. (미셸 푸코, 이규현 옮김, 『성의 역사 1: 지식의 의지』, 나남, 2019.)

Garber, Marjorie, *Vested Interests: Cross-Dressing and Cultural Anxiety*, New York: Routledge, 1992.

Hall, Stuart, "Notes on Deconstructing 'The Popular'", *People's History and Socialist Theory*, ed. Raphael Samuel, London: Routledge and Kegan Paul, 1981, pp. 442~453.

Kim, Chung-kang, "Skin-Deep? The Politics of Black Korean Identity in Post-1945 Korean Literature and Film", *Journal of Literature and Film* 15, no. 1, 2014, pp. 5~41.

Kim, Elaine H., and Chungmoo Choi, ed. *Dangerous Women: Gender and Korean Nationalism*, New York: Routledge, 1998. (일레인 김·최정무 편저, 박은미 옮김, 『위험한 여성: 젠더와 한국의 민족주의』, 삼인, 2001.)

Kim, Eun Mee, *Big Business, Strong State: Collusion and Conflict in South Korean Development, 1960-1990*, Albany: State University of New York Press, 1997.

Kim, Hyun Mee, "Work, Nation and Hypermasculinity: The 'Woman' Question in the Economic Miracle and Crisis in South Korea", *Inter-Asia Cultural Studies* 2, no. 1, 2001, pp. 53~68.

Kim, Molly Hyo, "Genre Convention of South Korean Hostess Films (1974-1982),

Prostitutes and the Discourse of Female Sacrificer", *Acta Koreana* 17, no. 1, 2014, pp. 1~21.

Koo, Hagen, ed. *Korean Workers: The Culture and Politics of Class Formation*, Ithaca, New York: Cornell University Press, 2001. (구해근, 신광영 옮김, 『한국노동계급의 형성』, 창비, 2002.)

Lee, Namhee, "Making Minjung Subjectivity: Crisis of Subjectivity and Rewriting History, 1960-1988", PhD diss., University of Chicago, 2001.

Min, Eung-jun, ed. *Korean Film: History, Resistance, and Democratic Imagination*, Santa Barbara, CA: Praeger, 2003.

Mitchell, Timothy, "Society, Economy, and the State Effect", *State/Culture: State-formation after the Cultural Turn*, ed. George Steinmetz, Ithaca, New York: Cornell University Press, 1999, pp. 76~97.

Moon, Seungsook, *Militarized Modernity and Gendered Citizenship in South Korea*, Durham, NC: Duke University Press, 2005. (문승숙, 이현정 옮김, 『군사주의에 갇힌 근대: 국민 만들기, 시민 되기, 그리고 성의 정치』, 또하나의문화, 2007.)

Park, Jeong-mi, "Paradoxes of Gendering Strategy in Prostitution Policies: South Korea's 'Toleration Regulation' Regime", *Women's Studies International Forum* 37, 2013, pp. 73~84.

Ricci, Steve, *Cinema and Fascism: Italian Film and Society, 1922-1943*, Oakland: University of California Press, 2008.

Schulte-Sasse, Linda, *Entertaining the Third Reich: Illusions of Wholeness in Nazi Cinema*, Durham, NC: Duke University Press, 1996.

제6장 교훈담이 된 퀴어의 삶: 한국 권위주의 시대의 여성 호모에로티시즘과 이성애가부장주의적 상상

신문과 잡지

『경향신문』

『공업신문』

『동아일보』

『매일경제』

『명랑』

『버디』
『부산신문』
『선데이 서울』
『신태양』
『실화』
『아리랑』
『야담과 실화』
『여성중앙』
『영레이디』
『주간경향』
『주간여성』
『주간중앙』
『주간조선』
『주간한국』
『주간희망』
『조선일보』
『중앙신문』
『진상』

한국어

권김현영·정희진·한채윤·나영정·루인·엄기호, 『남성성과 젠더』, 자음과모음, 2011.

권김현영·한채윤·루인·류진희·김주희, 『성의 정치 성의 권리』, 자음과모음, 2012.

김일란, 「다른 세상 읽기: 1960년대의 여장 남자와 남장여인」, 퀴어이론문화연구모임 WIG, 『젠더의 채널을 돌려라』, 사람생각, 2008.

김 지, 「1960년대 상업 주간지 『주간한국』 연구」, 연세대학교 석사학위논문, 2015.

김지혜, 「1950년대 여성국극의 단체활동과 쇠퇴 과정에 대한 연구」, 『한국여성학』 27(2), 2011, 1~33쪽.

김하나, 「1930년대 전후 공업도시 담론과 영등포의 서울 편입」, 『도시연구』 11, 2011, 37~68쪽.

루 인, 「캠프 트랜스: 이태원 지역 트랜스젠더의 역사 추적하기, 1960-1989」, 『문화연구』 1(1), 2012, 244~278쪽.

박관수, 「1940년대 '남자동성애' 연구」, 『비교민속학』 31, 2006, 389~438쪽.

박김수진 편, 『너는 왜 레즈비언이니?: 조금은 외로운 우리들의 레인보우 인터뷰』, 이매진, 2014.

박성아, 「『선데이 서울』에 나타난 여성의 유형과 표상」, 『한국학연구』 22, 2006, 159~190쪽.

박용규, 「박정희 정권 시기 언론인의 직업적 정체성의 변화」, 『언론정보연구』 51(2), 2014, 34~76쪽.

박정애, 「여자를 사랑한 여자: 1931년 동성연애 철도 자살 사건」, 길밖세상 편, 『20세기 여성 사건사: 근대 여성 교육의 시작에서 사이버페미니즘까지』, 여성신문사, 2001, 100~108쪽.

박지훈, 「한국 퀴어 미디어의 역사와 발전」, 한국방송학회 편, 『한국 사회 미디어와 소수자 문화 정치』, 커뮤니케이션북스, 2011, 321~364쪽.

박차민정, 『조선의 퀴어: 근대의 틈새에 숨은 변태들의 초상』, 현실문화, 2018.

서동진, 「퀴어가족? 가족, 사회, 국가 사이의 거리를 어떻게 측정할 것인가」, 『진보평론』 48, 2011, 88~119쪽.

성정숙, 「불완전한 몸'의 질곡을 넘어」, 『한국사회복지학』 64(2), 2012, 85~109쪽.

신지연, 「1920-30년대 '동성(연)애' 관련 기사의 수사적 맥락」, 『민족문화연구』 45, 2006, 265~293쪽.

이임하, 『전쟁미망인, 한국현대사의 침묵을 깨다: 구술로 풀어 쓴 한국전쟁과 전후 사회』, 책과함께, 2010.

이정훈, 「압축적 상업화: 1960년대 한국 신문 언론의 상업화 과정」, 『커뮤니케이션 이론』 10(2), 2014, 242~283쪽.

임종수·박세현, 「『선데이 서울』에 나타난 여성, 섹슈얼리티 그리고 1970년대」, 『한국문학연구』 44, 2013, 91~136쪽.

전상기, 「1960년대 주간지의 매체적 위상」, 『언론정보연구』 36, 2008, 225~258쪽.

전원근, 「1980년대 『선데이 서울』에 나타난 동성애 담론과 남성 동성애자들의 경험」, 『젠더와 문화』 8(2), 2015, 139~170쪽.

정희진, 「한국 사회의 지식 생산 방법과 대중독재론」, 장문석·이상록 편, 『근대의 경계에서 독재를 읽다: 대중독재와 박정희 체제』, 그린비, 2006, 403~419쪽.

채 백, 「박정희 시대 신문 독자의 사회문화사」, 『언론정보연구』 51(2), 2014, 5~33쪽.

퀴어이론문화연구모임 WIG, 『젠더의 채널을 돌려라』, 사람생각, 2008.

한영희, 「의학화의 과정 속에서의 성전환 욕망, 성전환수술, 성전환자」, 퀴어이론문화연구모임 WIG, 『젠더의 채널을 돌려라』, 사람생각, 2008.

한채윤, 「한국 레즈비언 커뮤니티의 역사」, 『진보평론』 49, 2011, 100~128쪽.

허남순, 「국내입양사업의 현황 분석에 관한 연구: 한국기독교양자회를 중심으로」, 이화여자대학교 석사학위논문, 1974.

허 윤, 「1950년대 전후 남성성의 탈구축과 젠더의 비수행(Undoing)」, 『여성문학연구』 30, 2013, 43~71쪽.

_____, 「1950년대 퀴어 장과 법적 규제의 접속: 병역법, 경범법을 통한 섹슈얼리티의 통제」, 『법과 사회』 51, 2016, 229~250쪽.

일본어

影山加代子, 『性, メディア, 不足: 週刊誌『朝日ゲンオ』で見る不足として性』, 東京: ハーベスト土砂, 2010.

淺岡隆裕, 「高度經濟成長とライト週刊誌讀者: 總合週刊誌とその讀者であるサラリーマンを中心に」, 吉田則昭・岡田章子, 『座式メディアの文化史: 變貌する戰後パラダイム』, 東京: 新華社. 2012, 129~162쪽.

영어

Arvin, Maile, Eve Tuck, and Angie Morrill, "Decolonizing Feminism: Challenging Connections between Settler Colonialism and Heteropatriarchy", *Feminist Formations* 25, no. 1, 2013, pp. 8~34.

Berry, Chris, "My Queer Korea: Identity, Space, and the 1998 Seoul Queer Film and Video Festival", *Intersections* 2, 1999. http://intersections.anu.edu.au/issue2/Berry.html. (접속일: 2019. 4. 27.)

Bong, Youngshik D., "The Gay Rights Movement in Democratizing Korea", *Korean Studies* 32, 2009, pp. 86~103.

Brazinsky, Gregg A., *Nation Building in South Korea: Koreans, Americans, and the Making of a Democracy*, Chapel Hill: North Carolina University Press, 2009. (그렉 브라진스키, 나종남 옮김, 『대한민국 만들기 1945-1987: 경제성장과 민주화, 그리고 미국』, 책과함께, 2011.)

Cho, Grace M., *Haunting the Korean Diaspora: Shame, Secrecy, and the Korean War*, Minneapolis: University of Minnesota Press, 2008.

Floyd, Kevin, *The Reification of Desire: Towards a Queer Marxism*, Minneapolis: University of Minnesota Press, 2009.

Halberstam, Judith (Jack), *Female Masculinity*, Durham, NC: Duke University Press, 1998. (주디스 핼버스탬, 유강은 옮김, 『여성의 남성성』, 이매진, 2015.)

Han, Jongwoo, and L. H. M. Ling, "Hypermasculinized State: Hybridity, Patriarchy and Capitalism in Korea", *International Studies Quarterly* 42, no. 1, 1998, pp. 53~78.

Hekma, Gert, and Alain Giami, eds., *Sexual Revolutions*, New York: Palgrave, 2014.

Hennessy, Rosemary, *Profit and Pleasure: Sexual Identities in Late Capitalism*, New York: Routledge, 2000.

Kennedy, Elizabeth Lapovsky, and Madeline D. Davis, *Boots of Leather, Slippers of Gold: The History of a Lesbian Community*, New York: Routledge, 1993.

Kim, Byung-Wook, and Ezra Vogel, eds., *The Park Chung Hee Era: The Transformation of South Korea*, Cambridge, MA: Harvard University Press, 2011.

Kim, Eun Mee, *Big Business, Strong State: Collusion and Conflict in South Korean Developments, 1960-1990*, Albany: State University of New York Press, 1997.

Kim, Jeongmin, "Queer Cultural Movements and Local Counterpublics of Sexuality: A Case of Seoul Queer Films and Videos Festival", *Inter-Asia Cultural Studies* 8, no. 4, 2007, pp. 617~633.

Kim, Pil Ho, and C. Colin Singer, "Three Periods of Korean Queer Cinema: Invisible, Camouflage, and Blockbuster", *Acta Koreana* 14, no. 1, 2011, pp. 115~134.

Klein, Christina, *Cold War Orientalism: Asia in the Middlebrow Imagination, 1945-1961*, Berkeley: University of California Press, 2003.

Koo, Hagen, *Korean Workers: The Culture and Politics of Class Formation*, Ithaca, New York: Cornell University Press, 2001. (구해근, 신광영 옮김, 『한국 노동 계급의 형성』, 창비, 2002.)

Kwon, Heonik, *The Other Cold War*, New York: Columbia University Press, 2010.

Kwon Kim, Hyun-young, and John (Song Pae) Cho, "The Korean Gay and Lesbian Movement 1993-2008: From 'Identity' and 'Community' to

'Human Rights'", *South Korean Social Movements: From Democracy to Civil Society*, ed. Gi-Wook Shin and Paul Chang, London: Routledge, 2011, pp. 206~223.

Lee, Jin-Kyung, *Service Economies: Militarism, Sex Work, and Migrant Labor in South Korea*, Minneapolis: University of Minnesota Press, 2010. (이진경, 나병철 옮김, 『서비스 이코노미: 한국의 군사주의, 성 노동, 이주 노동』, 소명출판, 2015.)

Lee, Jooran, "Remembered Branches: Towards a Future of Korean Homosexual Film", *Journal of Homosexuality* 39, nos. 3~4, 2000, pp. 273~281.

Lee, Namhee, *The Making of Minjung: Democracy and the Politics of Representation in South Korea*, Ithaca, New York: Cornell University Press, 2007. (이남희, 이경희·유리 옮김, 『민중 만들기: 한국의 민주화운동과 재현의 정치학』, 후마니타스, 2015.)

_____, "The Theory of Mass Dictatorship: A Re-examination of the Park Chung Hee Period", *Review of Korean Studies* 12, no. 3, 2009, pp. 41~69.

Lim, Jie-Hyun, "Mapping Mass Dictatorship: Towards a Transnational History of Twentieth Century Dictatorship", *Gender Politics and Mass Dictatorship: Global Perspectives*, ed. Lim Jie-Hyun, London: Palgrave, 2011, pp. 1~22.

Liu, Petrus, *Queer Marxism in Two Chinas*, Durham, NC: Duke University Press, 2005.

Moon, Seungsook, "Imagining a Nation through Differences: Reading the Controversy Concerning the Military Service Extra Points System in South Korea", *Review of Korean Studies* 5, no. 2, 2002, pp. 73~109.

Na, Tari Young-Jung, "The South Korean Gender System: LGBTI in the Contexts of Family, Legal Identity, and the Military", *Journal of Korean Studies* 19, no. 2, 2014, pp. 357~377.

Nam, Hwasook B., *Building Ships, Building a Nation: Korea's Democratic Unionism under Park Chung Hee*, Seattle: University of Washington Press, 2009. (남화숙, 남관숙·남화숙 옮김, 『배 만들기, 나라 만들기: 박정희 시대의 민주노조운동과 대한조선공사』, 후마니타스, 2013.)

Robertson, Jennifer, "Dying to Tell: Sexuality and Suicide in Imperial Japan", *Signs* 25, no. 1, 1999, pp. 1~35.

Rosenberg, Jordana, and Amy Villajero, "Introduction: Queerness, Norms, Utopia", *GLQ* 18, no. 1, 2012, pp. 1~18.

Schaefer, Eric, "'I'll Take Sweden': The Shifting Discourses of the 'Sexy Nation' in Sexploitation Films", *Sex Scene: Media and the Sexual Revolution*, ed. Eric Schaefer, Durham, NC: Duke University Press, 2014, pp. 207~234.

Schaefer, Eric, ed., *Sex Scene: Media and the Sexual Revolution*, Durham, NC: Duke University Press, 2014.

Stryker, Susan, and Aren Z. Aizura, eds., *The Transgender Studies Reader*, vol. 2, New York: Routledge, 2013.

Valdes, Francisco, "Unpacking Hetero-patriarchy: Tracing the Conflation of Sex, Gender and Sexual Orientation to Its Origins", *Yale Journal of Law and Humanities* 8, no. 1, 2013, pp. 161~211.

Weston, Kath, "Families in Queer States: The Rule of Law and the Politics of Recognition", *Radical History Review* 93, 2005, pp. 122~141.

_____, *Families We Choose: Lesbians, Gays, Kinship*, New York: Columbia University Press, 1991.

_____, *Render Me, Gender Me: Lesbians Talk Sex, Class, Color, Nation, Studmuffins*, New York: Columbia University Press, 1996.

제2부 탈권위 시대의 시민과 소비자, 활동가

제7장 한국 남성 동성애의 세 얼굴: 보갈, 이반, 신자유주의적 게이
신문과 잡지

『뉴스추적』
『버디』
『일요신문』

한국어

김경민, 『겨울 허수아비도 사는 일에는 연습이 필요하다』, 성림, 1993.
박차민정, 「AIDS 패닉 혹은 괴담의 정치」, 『말과 활』 12, 2016, 35~48쪽.

영어

Adam, Barry D., *The Rise of a Gay and Lesbian Movement*, Boston: Twayne, 1987.

Ahmed, Sara, *The Promise of Happiness*, Durham, NC: Duke University Press, 2010. (사라 아메드, 성정혜·이경란 옮김, 『행복의 약속: 불행한 자들을 위한 문화비평』, 후마니타스, 2021.)

Alford, Fred C., *Think No Evil: Korean Values in the Age of Globalization*, Ithaca, New York: Cornell University Press, 1999.

Altman, Dennis, *Global Sex*, Chicago: University of Chicago Press, 2001. (데니스 알트먼, 이수영 옮김, 『글로벌 섹스: 섹스의 세계화, 침실의 정치학』, 이소, 2003.)

Bech, Henning, *When Men Meet: Homosexuality and Modernity*, Chicago: University of Chicago Press, 1997.

Berlant, Lauren, "Nearly Utopian, Nearly Normal: Post-Fordist Affect in La Promesse and Rosetta", *Public Culture* 19, no. 2, 2007, pp. 273~301.

Berry, Chris, "Asian Values, Family Values: Film, Video, and Lesbian and Gay Identities", *Gay and Lesbian Asia: Culture, Identity, Community*, ed. Gerard Sullivan and Peter A. Jackson, New York: Routledge, 2001, pp. 211~232.

Berry, Chris, Fran Martin, and Audrey Yue, eds., *Mobile Cultures: New Media in Queer Asia*, Durham, NC: Duke University Press, 2003.

Blackwood, Evelyn, *Falling into the Lesbi World: Desire and Difference in Indonesia*, Honolulu: University of Hawai'i Press, 2010.

Bong, Youngshik D., "The Gay Rights Movement in Democraticizing Korea", *Korean Studies* 32, 2008, pp. 86~103.

Charmaz, Kathy, *Constructing Grounded Theory*, London: Sage, 2014.

Cheng, Sea-ling, "Assuming Manhood: Prostitution and Patriotic Passions in Korea", *East Asia* 18, no. 4, 2000, pp. 40~78.

Cho, Hae-joang, "Male Dominance and Mother Power: The Two Sides of Confucian Patriarchy in Korea", *Confucianism and the Family*, ed. Walter H. Slote and George A. De Vos, Albany: State University of New York Press, 1998, pp. 187~207.

Cho Han, Hae-joang, "'You Are Entrapped in an Imaginary Well': The Formation of Subjectivity within Compressed Development—A Feminist

Critique of Modernity and Korean Culture", *Inter-Asia Cultural Studies* 1, no. 1, 2000, pp. 49~69.

Cho, Younghan, "The National Crisis and De/constructing Nationalism in South Korea during the IMF Intervention", *Inter-Asia Cultural Studies* 9, no. 1, 2008, pp. 82~96.

Choi, Chungmoo, "Nationalism and Construction of Gender in Korea", *Dangerous Women: Gender and Korean Nationalism*, ed. Elaine H. Kim and Chungmoo Choi, New York: Routledge, 1998, pp. 9~31. (최정무, 박은미 옮김, 「한국의 민족주의와 성(차)별 구조」, 일레인 김·최정무 편저, 『위험한 여성: 젠더와 한국의 민족주의』, 삼인, 2001.)

Chua, Beng Huat, *Communitarian Politics in Asia*, London: Routledge, 2004.

Crapanzano, Vincent, *Hermes' Dilemma and Hamlet's Desire: On the Epistemology of Interpretation*, Cambridge, MA: Harvard University Press, 1992.

Cumings, Bruce, *Korea's Place in the Sun: A Modern History*, New York: W. W. Norton, 1997. (브루스 커밍스, 이교선·한기욱·김동노·이진준 옮김, 『브루스 커밍스의 한국현대사』, 창비, 2001.)

D'Emilio, John, "Capitalism and Gay Identity", *Powers of Desire: The Politics of Sexuality*, ed. Ann Snitow, Christine Stansell, and Sharon Thompson, New York: Monthly Review, 1983, pp. 100~113.

Dollimore, Jonathan, *Sexual Dissonance: Augustine to Wilde, Freud to Foucault*, Oxford: Oxford University Press, 1991.

Drucker, Peter, "The Fracturing of LGBT Identities under Neoliberal Capitalism", *Historical Materialism* 19, no. 4, 2011, pp. 3~32.

Durkheim, Émile, "What Is a Social Fact?", *The Rules of the Sociological Method* ed. Steven Lukes, New York: Free Press, 1982, pp. 50~59. (에밀 뒤르켐, 윤병철·박창호 옮김, 『사회학적 방법의 규칙들: 뒤르켐 사회학 방법론의 이해』, 새물결, 2019.)

Edelman, Lee, *No Future: Queer Theory and the Death Drive*, Durham, NC: Duke University Press, 2014.

Erni, John N., and Anthony Spires, "The Formation of a Queer-Imagined Community in Post-Martial Law Taiwan", *Asian Media Studies: Politics of Subjectivities*, ed. John Erni and Chua Siew Keng, Malden, MA: Blackwell,

2005, pp. 225~252.

Fabian, Johannes, "Ethnography and Intersubjectivity: Loose Ends", *HAU: Journal of Ethnographic Theory* 4, no. 1, 2014, pp. 199~209.

Fanon, Frantz, *Black Skin, White Masks*, New York: Grove, (1967) 2008. (프란츠 파농, 노서경 옮김, 『검은 피부, 하얀 가면』, 문학동네, 2014.)

Gordon, Avery F., *Ghostly Matters: Haunting and the Sociological Imagination*, Minneapolis: University of Minnesota Press, 1997.

Habermas, Jürgen, *The Structural Transformation of the Public Sphere: An Inquiry into a Category of Bourgeois Society*, Cambridge: Polity, 1989. (위르겐 하버마스, 한승완 옮김, 『공론장의 구조변동: 부르주아 사회의 한 범주에 관한 연구』, 나남, 2004.)

Hahm, Pyong-choon, *Korean Jurisprudence, Politics, and Culture*, Seoul: Yonsei University Press, 1986.

Halberstam, Judith (Jack), *In a Queer Time and Place: Transgender Bodies, Subcultural Lives*, New York: New York University Press, 2005.

Han, J. W., and L. H. M. Ling, "Authoritarianism in the Hypermasculinized State: Hybridity, Patriarchy, and Capitalism in Korea", *International Studies Quarterly* 42, no. 1, 1999, pp. 53~78.

Ho, Josephine, "Is Global Governance Bad for East Asian Queers?", *GLQ* 14, no. 4, 2008, pp. 457~479.

Kim Eun-shil, "Itaewon as an Alien Space within the Nation-State and a Place in the Globalization Era", *Korea Journal* 44, no. 3, 2004, pp. 34~64.

Kim, Hyun-Mee, "The State and Migrant Women: Diverging Hopes in the Making of 'Multicultural Families' in Contemporary Korea", *Korea Journal* 47, no. 4, 2007, pp. 100~122.

_____, "Work, Nation and Hypermasculinity: The 'Woman' Question in the Economic Miracle and Crisis in South Korea", *Inter-Asia Cultural Studies* 2, no. 1, 2001, pp. 53~68.

Kim, Pil Ho, and C. Colin Singer, "Three Periods of Korean Queer Cinema: Invisible, Camouflage, and Blockbuster", *Acta Koreana* 14(1), 2011, pp. 115~134.

Liu, Petrus, "Queer Marxism in Taiwan", *Inter-Asia Cultural Studies* 8, no. 4,

2007, pp. 517~539.

Luciano, Dana, *Arranging Grief: Sacred Time and the Body in Nineteenth Century America*, New York: New York University Press, 2007.

Manalansan, Martin, "In the Shadows of Stonewall: Examining Gay Transnational Politics and the Diasporic Dilemma", *GLQ* 2, 1995, pp. 425~438.

Martin, Fran, *Situating Sexualities: Queer Representation in Taiwanese Fiction, Film and Public Culture*, Hong Kong: Hong Kong University Press, 2003.

McLelland, Mark, *Queer Japan from the Pacific War to the Internet*, Oxford: Rowman and Littlefield, 2005.

Moon, Jennifer Elizabeth, "Cruising and Queer Counterpublics: Theories and Fictions", PhD diss., University of Michigan, Ann Arbor, 2006.

Moon, Seungsook, "Begetting the Nation: The Androcentric Discourse of National History and Tradition in South Korea", *Dangerous Women: Gender and Korean Nationalism*, ed. Elaine H. Kim and Chungmoo Choi, New York: Routledge, 1998, pp. 33~66. (문승숙, 박은미 옮김, 「민족 공동체 만들기: 남한의 역사와 전통에 담긴 남성 중심적 담론(1961–1987)」, 일레인 김·최정무 편저, 『위험한 여성: 젠더와 한국의 민족주의』, 삼인, 2001.)

Nandy, Ashis, *The Intimate Enemy: Loss and Recovery of Self under Colonialism*, Oxford: Oxford University Press, (1983) 2010. (아시스 난디, 이옥순·이정진 옮김, 『친밀한 적: 식민주의하의 자아 상실과 회복』, 창비, 2015.)

Ong, Aihwa, *Neoliberalism as Exception: Mutations in Citizenship and Sovereignty*, Durham, NC: Duke University Press, 2006.

Povinelli, Elizabeth A., and George Chauncey, "Thinking Sexuality Transnationally", *GLQ* 5, 1999, pp. 439~450.

Rife, Roseann, "South Korea: Soldier Convicted in Outrageous Military Gay Witch-Hunt", *Amnesty International*, May 24, 2017. https://www.amnesty.org/en/latest/press-release/2017/05/south-korea-soldier-convicted-in-outrageous-military-gay-witch-hunt.

Schroeder, William Frederick, "An Anthropology of the Weekend: Recreation and Relatedness in Gay and Lesbian Beijing", PhD diss., University of Virginia, Charlottesville, 2009.

Seo, Dong-Jin, "Mapping the Vicissitudes of Homosexual Identities in South Korea", *Journal of Homosexuality* 40, nos. 3~4, 2001, pp. 65~78.

Slater, Don, "Consumption without Scarcity: Exchange and Normativity in an Internet Setting", *Commercial Cultures: Economies, Practices, Spaces*, ed. Peter Jackson, Michelle Lowe, Daniel Miller, and Frank Mort, Oxford: Berg, 2000, pp. 123~142.

Song, Jesook, *South Korea in the Debt Crisis: The Creation of a Neoliberal Welfare Society*, Durham, NC: Duke University Press, 2009. (송제숙, 추선영 옮김, 『복지의 배신』, 이후, 2016).

Sullivan, Gerard, and Peter A. Jackson, eds., *Gay and Lesbian Asia: Culture, Identity, Community*, New York: Routledge, 2001.

Turkle, Sherry, *Alone Together: Why We Expect More from Technology and Less from Each Other*, New York: Basic, 2011. (셰리 터클, 이은주 옮김, 『외로워지는 사람들: 테크놀로지가 인간관계를 조정한다』, 청림, 2012.)

Warner, Michael, *Publics and Counterpublics*, New York: Zone, 2002.

Wei, Wei, "'Wandering Men' No Longer Wander Around: Production and Transformation of Local Homosexual Identities in Contemporary Chengdu, China", *Inter-Asia Cultural Studies* 8, no. 4, 2007, pp. 572~588.

Wilson, Ara, *The Intimate Economies of Bangkok: Tomboys, Tycoons, and Avon Ladies in the Global City*, Berkeley: University of California Press, 2004.

_____, "Queering Asia", *Intersections* 14, 2006. http://intersections.anu.edu.au/issue14/wilson.html.

제8장 티부(티 나는 부치성) 피하기: 생존하기 위해 자신을 감추는 한국의 젊은 퀴어 여성들

신문과 잡지

『동아일보』
『한겨레』
『한국NGO신문』

한국어

김순남, 「이성애 결혼/가족 규범을 해체/(재)구성하는 동성애 친밀성」, 『한국여성학』

29(1), 2013, 85~125쪽.

백소영, 「잠재성을 잉여라 부르는 세상」, 백소영 외, 『잉여의 시선으로 본 공공성의 인문학』, 이파르, 2011.

엄기호, 「세 청년의 이야기」, 백소영 외, 『잉여의 시선으로 본 공공성의 인문학』, 이파르, 2011.

윤진호, 「신자유주의 시대의 고용불안과 청년실업」, 『황해문화』 67(6), 2010, 240~258쪽.

이지은, 「십대 여성 이반의 커뮤니티 경험과 정체성에 관한 연구」, 연세대학교 석사 학위논문, 2005.

통계청, 「취업자 수/실업률 추이」, 『e-나라 지표』 2017년 6월 15일 자. http://www.index.go.kr/potal/main/EachDtlPageDetail.do?idx_cd=1063. (접속일: 2017. 9. 27.)

학생인권조례 성소수자 공동행동 편, 『성소수자 학교 내 차별 사례 모음집』, 2011.

영어

Berry, Chris, Fran Martin, and Audrey Yue, eds., *Mobile Cultures: New Media in Queer Asia*, Durham, NC: Duke University Press, 2003.

Boellstorff, Tom, *Coming of Age in Second Life*, Princeton, NJ: Princeton University Press, 2008.

boyd, danah, "Why Youth (Heart) Social Network Sites: The Role of Networked Publics in Teenage Social Life", *Youth, Identity, and Digital Media*, ed. David Buckingham, Cambridge, MA: mit Press, 2008, pp. 119~142.

Cervulle, Maxime, "French Homonormativity and the Commodification of the Arab Body", *Radical History Review* 100, 2008, pp. 170~179.

Ching, Yau, "Dreaming of Normal while Sleeping with Impossible: Introduction", *As Normal as Possible: Negotiating Sexuality and Gender in Mainland China and Hong Kong*, ed., Yau Ching, Hong Kong: Hong Kong University Press, 2010, pp. 1~14.

Cho, John (Song Pae), "'Deferred Futures': The Diverse Imaginaries of Gay Retirement in Post-IMF South Korea", *Culture, Theory and Critique* 58, no. 2, 2017, pp. 243~259.

Cho, John (Song Pae), and Hyun-young Kwon Kim, "The Korean Gay and

Lesbian Movement 1993-2008: From 'Identity' and 'Community' to 'Human Rights'", *South Korean Social Movements: From Democracy to Civil Society*, ed. Gi-wook Shin and Paul Chang, New York: Routledge, 2010, pp. 206~223.

Choi, Jung-ah, "New Generation's Career Aspirations and New Ways of Marginalization in a Postindustrial Economy", *British Journal of Sociology of Education* 26, no. 2, 2005, pp. 269~283.

D'Emilio, John, "Capitalism and Gay Identity", *Powers of Desire: The Politics of Sexuality*, ed. Ann Snitow, Christine Stansell, and Sharon Thompson, New York: Monthly Review, 1983, pp. 100~113.

Drucker, Peter, "The Fracturing of LGBT Identities under Neoliberal Capitalism", *Historical Materialism* 19, no. 4, 2011, pp. 3~32.

Duggan, Lisa, *The Twilight of Equality? Neoliberalism, Cultural Politics, and the Attack on Democracy*, Boston: Beacon, 2003. (리사 두건, 한우리·홍보람 옮김, 『평등의 몰락: 신자유주의는 어떻게 차별과 배제를 정당화하는가』, 현실문화, 2017.)

Eng, David L., *The Feeling of Kinship: Queer Liberalism and the Racialization of Intimacy*, Durham, NC: Duke University Press, 2010.

Fejes, Fred, *Gay Rights and Moral Panic: The Origins of America's Debate on Homosexuality*, New York: Palgrave Macmillan, 2008.

Ferguson, Roderick A., "Administering Sexuality: Or, the Will to Institutionality", *Radical History Review* 100, 2008, pp. 158~169.

Gray, Mary L, *Out in the Country: Youth, Media, and Queer Visibility in Rural America*, New York: New York University Press, 2009.

Jeppesen, Sandra, "Queer Anarchist Autonomous Zones and Publics: Direct Action Vomiting against Homonormative Consumerism", *Sexualities* 13, no. 4, 2010, pp. 463~478.

Kam, Lucetta Y. L., *Shanghai Lalas: Female Tongzi Communities and Politics in Urban China*, Hong Kong: Hong Kong University Press, 2013.

Lee, Yoonkyung, "Labor after Neoliberalism: The Birth of the Insecure Class in South Korea", *Globalizations* 12, no. 2, 2014, pp. 184~202.

Manalansan, Martin F., "Race, Violence, and Neoliberal Spatial Politics in the

Global City", *Social Text* 23, no. 3, 2005, pp. 141~155.

Miller, Daniel, and Don Slater, *The Internet: An Ethnographic Approach*, New York: Berg, 2000.

Murray, David A. B. ed., *Homophobias: Lust and Loathing across Time and Space*, Durham, NC: Duke University Press, 2009.

Puar, Jasbir K., *Terrorist Assemblages: Homonationalism in Queer Times*, Durham, NC: Duke University Press, 2007.

Ritchie, Jason, "How Do You Say 'Come out of the Closet' in Arabic? Queer Activism and the Politics of Visibility in Israel-Palestine", *GLQ* 16, no. 4, 2010, pp. 557~575.

Rofel, Lisa, *Desiring China: Experiments in Neoliberalism, Sexuality, and Public Culture*, Durham, NC: Duke University Press, 2007.

Shin, Kwang-Yeong, "Economic Crisis, Neoliberal Reforms, and the Rise of Precarious Work in South Korea", *American Behavioral Scientist* 57, no. 3, 2013, pp. 335~353.

_____, "Globalization and Social Inequality in South Korea", *New Millennium South Korea: Neoliberal Capitalism and Transnational Movements*, ed. Jesook Song, New York: Routledge, 2011, pp. 11~28.

Shin, Layoung, "Queer Eye for K-Pop Fandom: Popular Culture, Cross-Gender Performance, and Queer Desire in South Korean Cosplay of K-Pop Stars", *Korea Journal* 58, no. 4, 2018, pp. 87~113.

Song, Jesook, *Living on Your Own: Single Women, Rental Housing, and Post-revolutionary Affect in Con temporary South Korea*, Albany: State University of New York Press, 2014. (송제숙, 황성원 옮김, 『혼자 살아가기: 비혼여성, 임대주택, 민주화 이후의 정동』, 동녘, 2016.)

_____, *South Koreans in the Debt Crisis: The Creation of a Neoliberal Welfare Society*, Durham, NC: Duke University Press, 2009. (송제숙, 추선영 옮김, 『복지의 배신』, 이후, 2016.)

Tan, Chris K. K., "Go Home, Gay Boy! Or, Why Do Singaporean Gay Men Prefer to 'Go Home' and Not 'Come Out'?", *Journal of Homosexuality* 58, nos. 6~7, 2011, pp. 865~882.

Tang, Denise Tse-Shang, *Conditional Spaces: Hong Kong Lesbian Desires and*

Everyday Life, Hong Kong: Hong Kong University Press, 2011.

Weiss, Margot D., "Gay Shame and bdsm Pride: Neoliberalism, Privacy, and Sexual Politics", *Radical History Review* 100, 2008, pp. 86~101.

제9장 번호 이동과 성전환: 주민등록제도, 국민국가 그리고 트랜스/젠더
신문과 잡지
『사목』

『오마이뉴스』

『월간 말』

『이대대학원신문』

『창작과 비평』

『한겨레21』

한국어
김기중, 「국가의 국민관리체계와 인권」, 세계인권선언 50주년 기념 학술행사 발표문, 1999.

_____, 「주민등록제도 이대론 안 된다」, 『월간 말』 158, 1999. 8.

김동춘, 「20세기 한국에서의 '국민'」, 『창작과 비평』 106, 1999. 12.

김보현, 「주민등록제도와 지방공무원제도 그리고 지방행정연수원」, 『지방행정』 47(540), 1998.

김영미, 「주민등록증은 왜 생겼나」, 『내일을 여는 역사』 25, 2006. 9.

김은실, 『여성의 몸, 몸의 문화정치학』, 또하나의문화, 2001.

_____, 「지구화, 국민국가 그리고 여성의 섹슈얼리티」, 『여성학논집』 19, 2002.

김태호, 「주민등록정비와 지방행정통계사무」, 『지방행정』 19(206), 1970.

노용석, 「해방 이후 국가 형성 과정에 대한 지방민의 인식」, 『동향과 전망』 62, 2004.

루 인, 「트랜스/젠더 선언문」, 미간행, 2006.

_____, 「나를 증명할 길은 수술뿐인가」, 『한겨레21』 626, 2006년 9월 12일.

_____, 「젠더를 둘러싼 경합들(gender dysphoria): 트랜스/젠더 정치학을 모색하며」, 『여/성이론』 15, 2006.

_____, 「우리는 어디로 가는가: '트랜스'젠더 혹은 'to'에 관한 단상」, 『이대 대학원 신문』 2006년 11월 15일 자.

문흥안, 「신분등록제도 개편 논의에 있어 개인 정보의 보호와 주민등록번호의 역할」, 『가족법연구』 18(1), 2004.

미셸 푸코, 이규현 옮김, 『성의 역사: 앎의 의지』, 나남, 1990.

박완서, 『그 많던 싱아는 누가 다 먹었을까』, 웅진출판, 1992.

_____, 『그 산이 정말 거기 있었을까』, 웅진출판, 1995.

박태균, 「1960년대 중반 안보 위기와 제2경제론」, 『역사비평』 72, 2005. 8.

_____, 「국가의 이름으로, 애국의 이름으로」, 『사목』 329, 2006. 6.

박한희, 「트랜스젠더의 법적 성별정정제도에 대한 입법적 제안」, 『인권과 정의』 498, 2021, 41~60쪽. (─정리·진행자 추가).

우광선, 「주민등록과 호적법 개선 방안」, 『지방행정』 19(205), 1970.

이승훈, 「간첩이 아니라는 걸 증명해 봐」, 『오마이뉴스』 2003년 7월 18일 자.

이호영, 「유럽의 시간: 새로운 공동체를 찾아서」, 『창작과 비평』 107, 2000. 3.

정희진, 「인권, 보편성과 특수성의 딜레마: 여성주의 시각에서 본 인권」, 한국여성의 전화 연합 기획, 정희진 편, 『성폭력을 다시 쓴다: 객관성, 여성운동, 인권』, 한울, 2003.

제이콥 C. 헤일, 김고연주·이장원 옮김, 「내 목에 남아 있는 희미한 추억을 추적하며」, 톰 디그비 편, 『남성 페미니스트』, 또하나의문화, 2004.

채운조, 「성전환 제국(empire), 성전환 흡혈귀(vampire), 성전환 심판(umpire): 레즈비언 페미니즘과 트랜스젠더리즘의 경계 분쟁」, 제13회 여성문화이론연구소 콜로키움 발표문, 미간행, 2006.

홍석만, 「주민등록제도는 파시즘이다」, 『월간 말』 171, 2000. 9.

홍춘의, 「성전환자의 성별 결정에 대한 법적 접근」, 한인섭·양현아 편, 『성적 소수자의 인권』, 사람생각, 2002.

황보열, 「우리나라 주민등록증 현황과 개선 방향」, 한국행정학회 2004년도 동계학술대회 발표논문집, 2004.

영어

Abu-Lughod, Lila, "The Romance of Resistance: Tracing Transformation of Power Through Bedouin Women", *American Ethnologist* 17, no. 1, 1990.

Butler, Judith, *Gender Trouble: Feminism and the Subversion of Identity*, New York: Routledge, 1999/1990. (주디스 버틀러, 조현준 옮김, 『젠더 트러블: 페미니즘과 정체성의 전복』, 문학동네, 2008.)

Fausto-Sterling, Anne, "The Five Sexes: Why Male and Female Are Not Enough", *Sciences* 33, no. 22, 1993.

Gagne, Patricia, and Richard Tewksbury, "Conformity Pressures and Gender Resistance Among Transgendered Individuals", *Social Problems* 45, no. 1, 1998.

Garber, Marjorie, "Spare Parts: The Surgical Construction of Gender", *The Lesbian and Gay Studies Reader*, ed. Henry Aelove, Michele Aina Barale, and David M. Halperin, New York: Routledge, 1993.

Herdt, Gilbert, "Mistaken Gender: 5-Alpha Reductase Hermaphroditism and Biological Reductionism in Sexual Identity Reconsidered", *American Anthropologist*, New Series 92, no. 2, 1990.

Hegarty, Peter in conversation with Cheryl Chase, "Intersex Activism, Feminism and Psychology: Opening a Dialogue on Theory, Research and Clinic Practice", *Feminism & Psychology*, 10, no. 1, 2000. (셰릴 체이즈·피터 헤가티, 제이 옮김, 「피터 헤가티(Peter Hegarty)와 셰릴 체이즈(Cheryl Chase)의 대화-간성 운동, 페미니즘 그리고 심리학: 이론, 연구, 그리고 임상 관행에 대한 대화를 시작하기」, 『여/성이론』 27, 2012.)

Kessler, Suzanne J., "The Medical Construction of Gender: Case Management of Intersexed Infants", *Signs* 16, no. 1, 1990.

Kessler, Suzanne J., and Wendy McKenna, *Gender: An Ethnomethodological Approach*, Chicago: University of Chicago Press, 1997.

Moon, Katharine H. S., *Sex Among Allies: Military Prostitution in U.S.-Korea Relations*, New York: Columbia University Press, 1997. (캐서린 H. S. 문, 이정주 옮김, 『동맹 속의 섹스』, 삼인, 2002.)

Namaste, Ki, "The Politics of Inside/Out: Queer Theory Poststructuralism, and a Sociological Approach to Sexuality", *Sociological Theory* 12, no. 2, 1994.

Rubin, Henry S., "Phenomenology as Method in Trans Studies", *GLQ: A Journal of Lesbian and Gay Studies* 4, no. 2, 1998.

———, "Reading Like a (Transsexual) Man", *Men Doing Feminism*, ed. Tom Digby, New York: Routledge, 1998. (헨리 S. 루빈, 김고연주·이장원 옮김, 「(성전환자) 남성처럼 글 읽기」 톰 디그비 편, 『남성 페미니스트』, 또하나의문화, 2004.)

Scott, Joan W., "Experience", *Feminist Theorize The Political*, ed. Judith Butler and Joan W. Scott, New York: Routledge, 1992.

Turner, Stephanie S., "Intersex Identities: Locating New Intersections of Sex and Gender", *Gender and Society* 13, no. 4, 1999.

Valentine, David, and Riki Anne Wilchins, "One Percent on the Burn Chart: Gender, Genitals, and Hermaphrodites with Attitude", *Social Text* 15, nos. 52~53, 1997.

Wilchins, Riki, *Queer Theory Gender Theory: An Instant Primer*, LA: Alyson Books, 2004. (리키 윌친스, 시우 옮김, 『퀴어, 젠더, 트랜스: 정체성 정치를 넘어서는 퀴어이론, 젠더이론의 시작』, 오월의봄, 2021.)

ᄂ

ᄃ

지은이 소개

김청강

연세대학교 사학과에서 한국사 전공 후 미국 일리노이주립대학교에서 한국영화사를 전공했다. 2010년 「1950–60년대 황금기 코미디 영화에 대한 연구: 산업, 장르와 대중문화」로 박사학위를 받았다. 미국 콜로라도주립대학교를 거쳐 현재 한양대학교 연극영화학과 영화이론 부교수로 재직 중이다. 주요 연구 분야는 영화와 대중문화 전반의 (트랜스)내셔널리티이며, 한국과 동아시아 영화사, 문화연구, 젠더, 인종, 섹슈얼리티 연구, 냉전과 트랜스내셔널 시각문화/사를 중점적으로 연구하고 있다. 지은 책으로는 『고아, 족보 없는 자』(책과함께, 2014), 『성스러운 국민』(서해문집, 2017), *Rediscovering Korean Cinema*(공저, 미시간대학교 출판부, 2019) 등이 있다.

루 인

트랜스/젠더/퀴어연구소와 한국퀴어아카이브 퀴어락에서 활동하는 연구자다. 한국 사회의 문화를 분석하며 트랜스젠더퀴어 인식론을 모색하고 있으며, 폭력, 몸, 젠더 범주 구성 사이의 관계 역시 모색하고 있다. 지은 책으로는 『여성 혐오가 어쨌다구?』(공역, 현실문화, 2015), 『양성평등에 반대한다』(공역, 교양인, 2016), 『퀴어 페미니스트, 교차성을 사유하다』(공역, 여이연, 2018), 『퀴어돌로지』(공역, 오월의봄, 2021) 등이 있고, 옮긴 책으로는 『트랜스젠더의 역사』(이매진, 2016)가 있다.

메로즈 황

하이럼대학교의 부교수이자 아시아학 부전공의 프로그램 코디네이터다. 연세대학교 한국학연구소 연구위원, 서강대학교 종교연구소 객원학자다. 주로 민간 종교와 제도화된 종교 사이의 관계를 연구한다.

신라영

사회문화인류학자이자 문화정치학 강사다. 아시아네트워크 루스재단ASIA Network-Luce Foundation 박사후 선임연구원이었다. 인종, 섹슈얼리티, 계급적 요소에 관심을 두고 한국의 퀴어 청소년, 욕망, 팬덤 문화를 연구하고 있다.

조성배

퀴어 인류학자. 일리노이대학교 어바나샴페인 캠퍼스에서 인류학으로 박사학위를 받고 현재 브리티시컬럼비아대학교 공동체·문화·글로벌연구학과Department of Community, Culture and Global Studies 교수다. 인류학, 젠더와 섹슈얼리티, 퀴어 연구, 인터넷, 신자유주의 등에 관심이 있다. 주요 논문으로 「사랑이라는 사치The Luxury of Love」, 「지연된 미래Deferred Futures」 등이 있으며, 지은 책으로는 『생활정치: 한국 게이 남성과 인터넷 *Lifestyle Politics: South Korean Gay Men and the Internet*』(듀크대학교 출판부 출간 예정) 등이 있다.

존 휘티어 트리트

1975년 애머스트 칼리지에서 아시아학과를 졸업하고 이후 예일대학교 동아시아어문학과에서 석사·박사학위를 취득했다. 워싱턴대학교, 캘리포니아대학교 버클리 캠퍼스를 거쳐 현재는 예일대학교 동아시아어문학과의 명예교수로 있다. 저서로는 『현대 일본 문학의 흥망*The Rise and Fall* *of Modern Japanese Literature*』(2018), 『그라운드 제로 쓰기: 일본 문학과 원자폭탄*Wrting Ground Zero: Japanses Literature and the Atomic Bomb*』(1995) 등이 있고, 일본 문학 및 식민지 시기 한국문학에 관한 다수의 논문을 발표했다.

첸페이전

대만 국립정치대학교 대만문학과 조교수다. 2016년 코넬대학교 아시아학과에서 박사학위를 받았다. 현재 집필 중인 저서 『사랑의 정치학: 식민지 대만과 조선의 근대적 섹슈얼리티*The Politics of Love: Modern Sexuality in Colonial Taiwan and Korea*』는 대만과 한국의 비교연구로, 사랑/섹슈얼리티의 구성과 서구/일본 제국주의에 대한 역사적 대응 등을 서로 비교함으로써, 식민지적 세계 질서에 관한 새로운 문화사를 제시한다.

토드 A. 헨리

1972년에 태어나 1996년 조지워싱턴대학교 국제관계학과를 졸업하고, 1999년 일본 조치上智대학교에서 국비유학생으로 석사를 마친 후, 2006년 캘리포니아대학교 로스앤젤레스 캠퍼스UCLA에서 역사학으로 박사학위를 받았다. 콜로라도주립대학교 조교수, 하버드대학교 한국학연구소 연구원을 거쳐 현재 캘리포니아대학교 샌디에이고 캠퍼스UCSD 역사학과 부교수로 재직 중이다. 저서로는 『서울, 권력 도시: 일본 식민 지배와 공공 공간의 생활 정치』(산처럼, 2020) 등이 있으며, 한국 권위주의 시기(1948~1993) 퀴어 역사에 관한 책 두 권을 준비하고 있다. 2022년에는 홍민키 감독과 「낙원」이라는 단편영화를 제작했다.

하신애

연세대학교 국어국문학과를 졸업하고 같은 대학교 국문과 대학원에서 석사·박사학위를 받았다. 명지대학교 방목기초교육대학 객원 조교수, 원광대학교 동북아시아인문사회연구소 HK+ 연구교수를 거쳐 현재 연세대학교 국학연구원 학술연구교수다. 모빌리티·젠더·문화지리학에 초점을 맞춰 근현대 한국문학/문화를 연구하고 있다. 주요 저서로는 『아시아 트러블』(앨피, 2018), 『동북아시아의 설화적 상상력과 문화연대』(공저, 경인문화사, 2019) 등이 있다.

옮긴이 소개

백종륜

대학교에서 미학과 국어국문학을 전공하고, 대학원에서 국어국문학 박사 과정을 수료했다. 한국 퀴어 문학을 역사화하는 작업과 더불어, 교차적 관점에 입각한 채식주의/비거니즘 윤리를 탐구하는 데 관심을 두고 있다.

부 영

탈동성애 담론을 분석한 논문으로 이화여자대학교에서 여성학 석사학위를 받았다. 낯설고 기이한 존재들과 함께 이분법의 경계를 넘는 일에 관심을 두고 여전히 퀴어/페미니즘을 공부하고 있다. 한국양성평등교육진흥원, 아하서울시립청소년성문화센터를 거쳐 현재 이화여자대학교 아시아여성학센터 연구원으로 재직 중이다. 옮긴 책으로는 『동물 노동』(공역, 책공장더불어, 2023)이 있다.

이동윤

한국예술종합학교 영상원 영화과를 졸업하고 같은 대학원에서 극영화 시나리오, 영상문화이론을 전공했다. 독립장편영화 『포도나무를 베어라』(2007), 『오이시맨』(2009)의 각본을 맡았고, CGV아트하우스 큐레이터, 춘천SF영화제 프로그래머를 역임했으며, 『한국퀴어영화사』(서울국제프라이드영화제, 2019), 『한국트랜스젠더영화사』(서울LGBT아카이브, 2020), 『한국레즈비언영화사』(서울LGBT아카이브, 2021), 『한국게이영화사』(서울LGBT아카이브, 2022)를 책임 편집했다. 지은 책으로는 『자유로운 개인들의 연합을 향하여』(공저, 문화과학사, 2022)가 있다. 현재 영화와 관련된 다양한 글쓰기를 수행하며 창작 작업을 이어가고 있다.

이시마

서울대학교 여성학협동과정 석사과정을 수료했다. 주로 퀴어 미디어 재현과 페미니스트 현대미술을 연구하며 미디어 아티스트로서 활동하고 있다. 저서로는 『이름생존자』(튄, 2019), 『가을놀이』(AbMC, 2022) 등이 있다.

이호림

고려대학교에서 성소수자 건강 연구로 보건학 박사학위를 받았다. 현재 행동하는성소수자인권연대에서 상임활동가로 일하면서 성소수자의 건강, 국가 통계와 성소수자, 동성혼 법제화 등의 의제에 관심을 가지고 활동과 연구를 병행하고 있다. 지은 책으로는 『오롯한 당신: 트랜스젠더, 차별과 건강』(공저, 숨쉬는책공장, 2018)이 있고, 옮긴 책으로는 『사회정의와 건강』(공역, 한울아카데미, 2021), 『성의 역전』(공역, 아모르문디, 2022) 등이 있다.

이호섭

서울대학교 철학과를 졸업하고 같은 대학원에서 박사과정에 재학 중이다. 전공은 서양 고대 철학으로, 헬레니즘 철학 및 라틴 문학에 주된 관심을 두고 공부하고 있다.

정성조

중앙대학교 사회학과에서 군대 남성성과 동성애 혐오를 분석한 석사 논문을 썼고, 같은 학교에서 박사과정을 수료했다. 젠더와 섹슈얼리티, 사회운동, 인권사회학 분야에 관심이 많다. 젠더&섹슈얼리티 연구소 숨, 다양성을 향한 지속 가능한 움직임 다움에서 활동하고 있다. 옮긴 책으로는 『성의 역전』(공역, 아모르문디, 2022)이 있다.

차영화

이화여자대학교에서 사회학과 뇌인지사회학을 복수 전공하고 같은 대학원에서 석사로 사회학을 전공했다. 관심 분야는 체화된 인지, 인지 형성 메커니즘, 문화자본, 사회불평등 등이다. 환경과 배경에 따라 다르게 형성되는 인지 방식의 사회적·인지적 메커니즘과 그로 인한 갈등 및 차별, 다름의 극복에 관심이 있다.

허성원

서울대학교 여성학협동과정에서 박사과정을 수료하고 캘리포니아대학교 데이비스 캠퍼스 문화학 박사과정 중이다. 퀴어 이론, 정동 이론, 후기 식민주의 등 비판이론에 관심을 두고 한국 사회의 퀴어 수행성을 연구한다. 몇 편의 젠더 및 퀴어 이론 텍스트를 번역했다.

퀴어 코리아
주변화된 성적 주체들의 한국 근현대사

편저자 토드 A. 헨리
옮긴이 성소수자 대학원생/신진연구자 네트워크
펴낸이 윤양미
펴낸곳 도서출판 산처럼

등 록 2002년 1월 10일 제1-2979
주 소 서울시 종로구 사직로8길 34 경희궁의 아침 3단지 오피스텔 412호
전 화 02) 725-7414
팩 스 02) 725-7404
이메일 sanbooks@hanmail.net

제1판 제1쇄 2023년 2월 10일

값 35,000원
ISBN 979-11-91400-10-6 03910

* 잘못된 책은 바꾸어드립니다.